KB252496

바둑 新 사전 시리즈

100% 실전에 나오는 맥점 형태를 간단, 명료하게 정리한 실전맥사전!

실전맥  사전

09

양재호 九단 해설

BM (주)도서출판 성안당

머리말

　맥(脈)이란 정석, 공방, 사활, 수상전, 끝내기 등 바둑 전반에 걸쳐 광범위하게 활용되는, 반드시 익혀 두어야 할 종합기술이다. 맥은 먼거리를 최대한 신속하게 갈 수 있도록 좁혀 주는 일종의 축지법과 같은 것으로서, 바둑판 위에 놓이는 돌과 형태의 능률을 극대화하는 데 그 목적이 있다.

　맥점에는 좁은 의미의 맥점과, 넓은 의미의 맥점이 있다. 예컨대 건너붙임, 배붙임, 코붙임, 쌍립되는 곳, 제1선의 마늘모 등과 같이 시각적인 형태에 따라 이름이 붙어 있는 것들은 좁은 의미의 맥점이라고 할 수 있다. 그러나 바둑을 두다 보면, 이름이 붙어 있는 맥점들 말고도, 사용되는 용도에 따라, 곤경을 멋지게 타개하거나 상대를 일거에 꼼짝못하게 만드는 수들을 허다히 보게 된다. 그런 수들이 바로 넓은 의미의 맥점인 것. 다시 말해서 우리가 흔히 묘수·기수(奇手)·귀수(鬼手) 등으로 부르는 그런 수들 전부가 넓은 의미의 맥점인 것이다. 또 흔히 말하는 '급소'는 맥 중에서도 치명적인 것을 말하는 것일 뿐 그 역시 맥의 범주에 속한다고 할 수 있다.

　맥은 초반의 접전부터 종반의 마무리 과정까지 한 판의 바둑 전반에 걸쳐 골고루 활용된다고 했는데, 더욱 중요한 것은 맥에는 맥점 그 자체보다 그것을 둘러싼 일련의 수순이 있다는 사실이다. 그러한 맥점과 일련의 수순, 그 전체를 흔히 수법(手法)이라 말하는데, 이 책의 궁극적인 주제가 바로 이 수법에 해당한다.

이 책을 기획하면서, 독자가 알기 쉽게 이해할 수 있도록 우리는 두 가지 관점에서 주목할 만한 특징을 부여하였다. 먼저 '자료선택'이라는 관점에서, 형태별·용도별로 패턴화된 온갖 소재 중 100% 실전에 활용되는 맥점형태를 선별 취급함으로써 독자 여러분의 실전적인 기력향상을 꾀하였다는 점이다.

나머지 하나는 '체계화'의 관점인데, 장의 대분류는 돌의 모양상 형태별로 나누었지만, 세부 내용에 들어가면 해당 주제를 분명하게 이해할 수 있도록, 수법의 쓰임새에 따라 유형별·계통별로 일목요연하게 정리하였다는 점이다. 어디까지나 한 판의 바둑에서 부분적인 기술이 어느 장면에서 어떤 식으로 발휘되는지 체계적이면서도 실전적으로 이해하게 함으로써 역시 다양한 실전의 살아 숨쉬는 맛을 골고루 보여 주기 위함이다. 다만 이 책에서는 대분류상 날일자의 맥이 누락되었는데, 그 이유는 비교적 다른 맥에 비해 실전빈도가 낮고, 그 중 실전에 필요한 형태는 다른 형태의 맥에서 흡수하여 다루었기 때문이다.

훌륭한 스승을 만나야 제실력을 능률적으로 쌓을 수 있는데, 좋은 책이야말로 훌륭한 스승이나 다름없다. 한 판의 파란만장한 승부의 세계에서, 부디 이 책이 좋은 길잡이가 되어 여러분의 기력향상에 큰 보탬이 된다면 그 이상의 보람이 어디 있겠는가.

양재호

실전맥 新사전

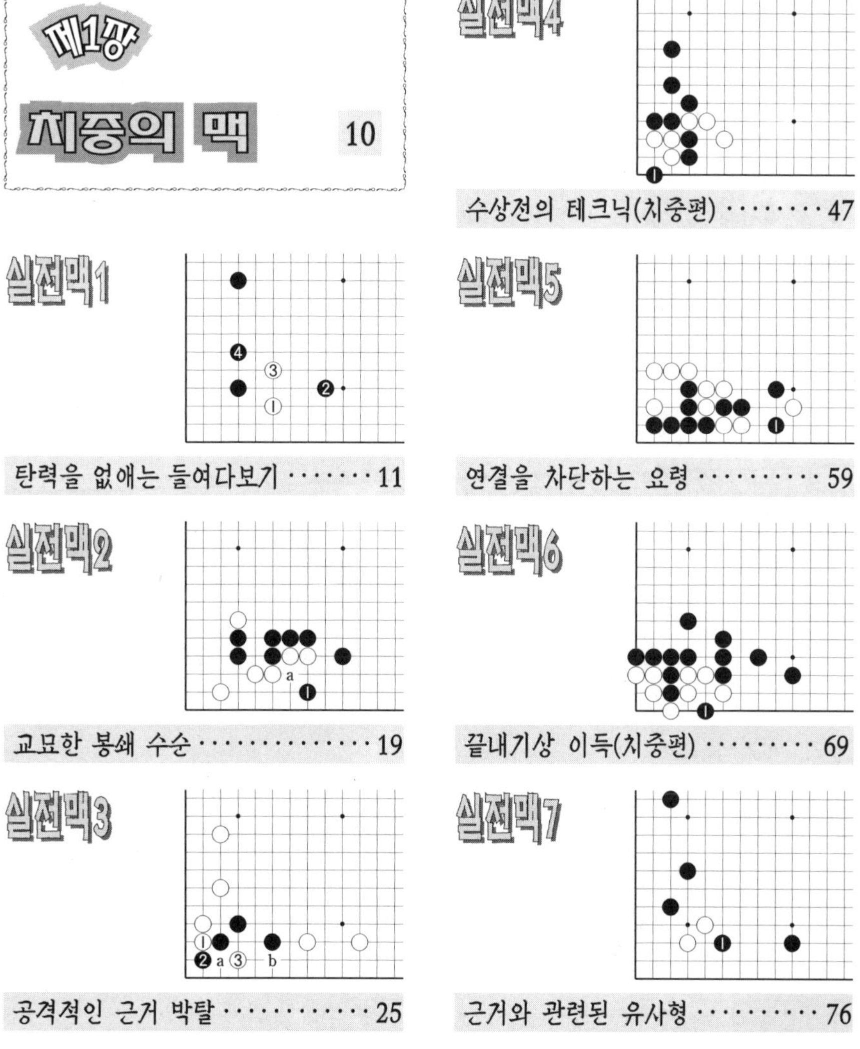

제1장

치중의 맥 ·········· 10

실전맥1
탄력을 없애는 들여다보기 ······· 11

실전맥2
교묘한 봉쇄 수순 ············· 19

실전맥3
공격적인 근거 박탈 ·········· 25

실전맥4
수상전의 테크닉(치중편) ······· 47

실전맥5
연결을 차단하는 요령 ·········· 59

실전맥6
끝내기상 이득(치중편) ········· 69

실전맥7
근거와 관련된 유사형 ········· 76

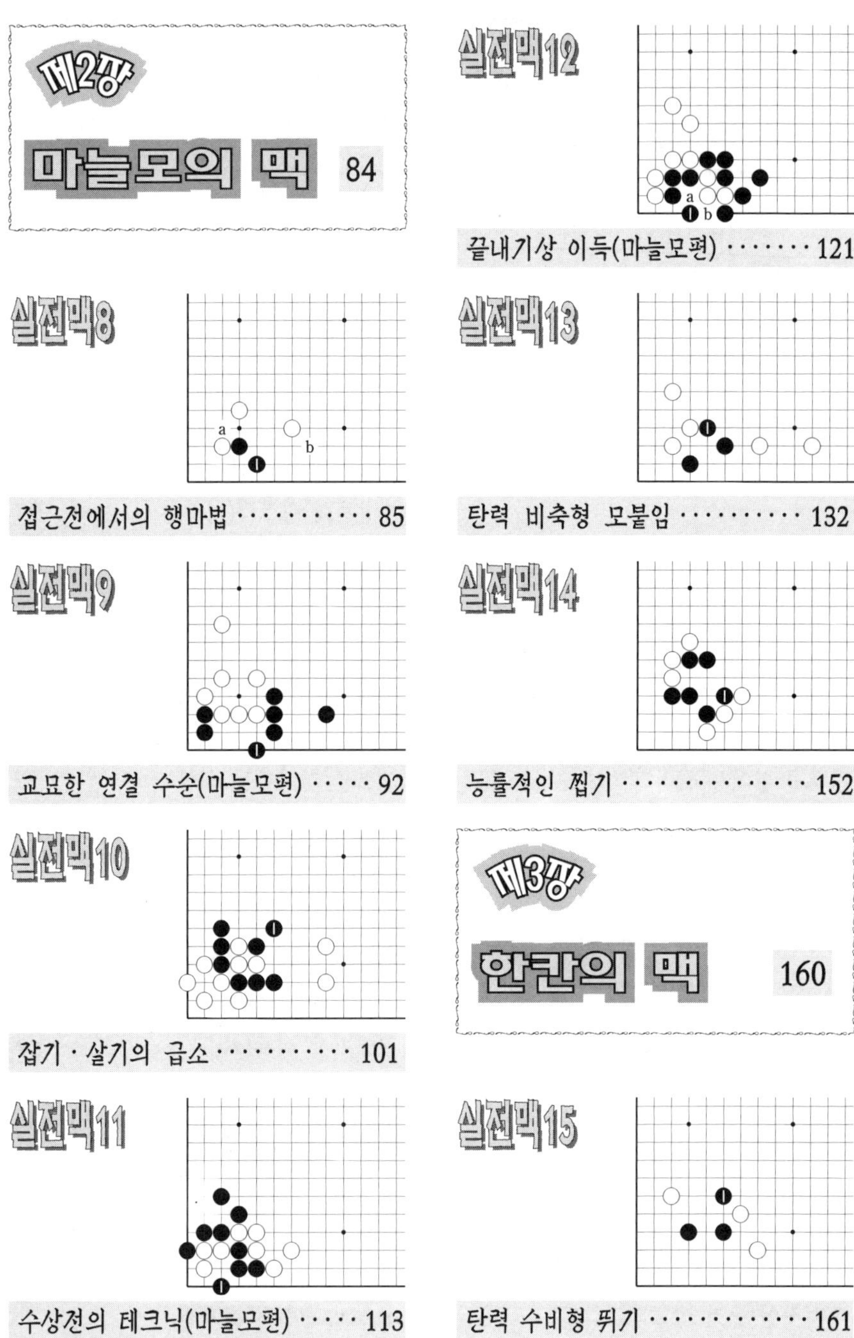

제2장

마늘모의 맥   84

실전맥8
접근전에서의 행마법 · · · · · · · 85

실전맥9
교묘한 연결 수순(마늘모편) · · · · 92

실전맥10
잡기 · 살기의 급소 · · · · · · · · · 101

실전맥11
수상전의 테크닉(마늘모편) · · · · · 113

실전맥12
끝내기상 이득(마늘모편) · · · · · · 121

실전맥13
탄력 비축형 모붙임 · · · · · · · · · · 132

실전맥14
능률적인 찝기 · · · · · · · · · · · · · 152

제3장

한칸의 맥   160

실전맥15
탄력 수비형 뛰기 · · · · · · · · · · · 161

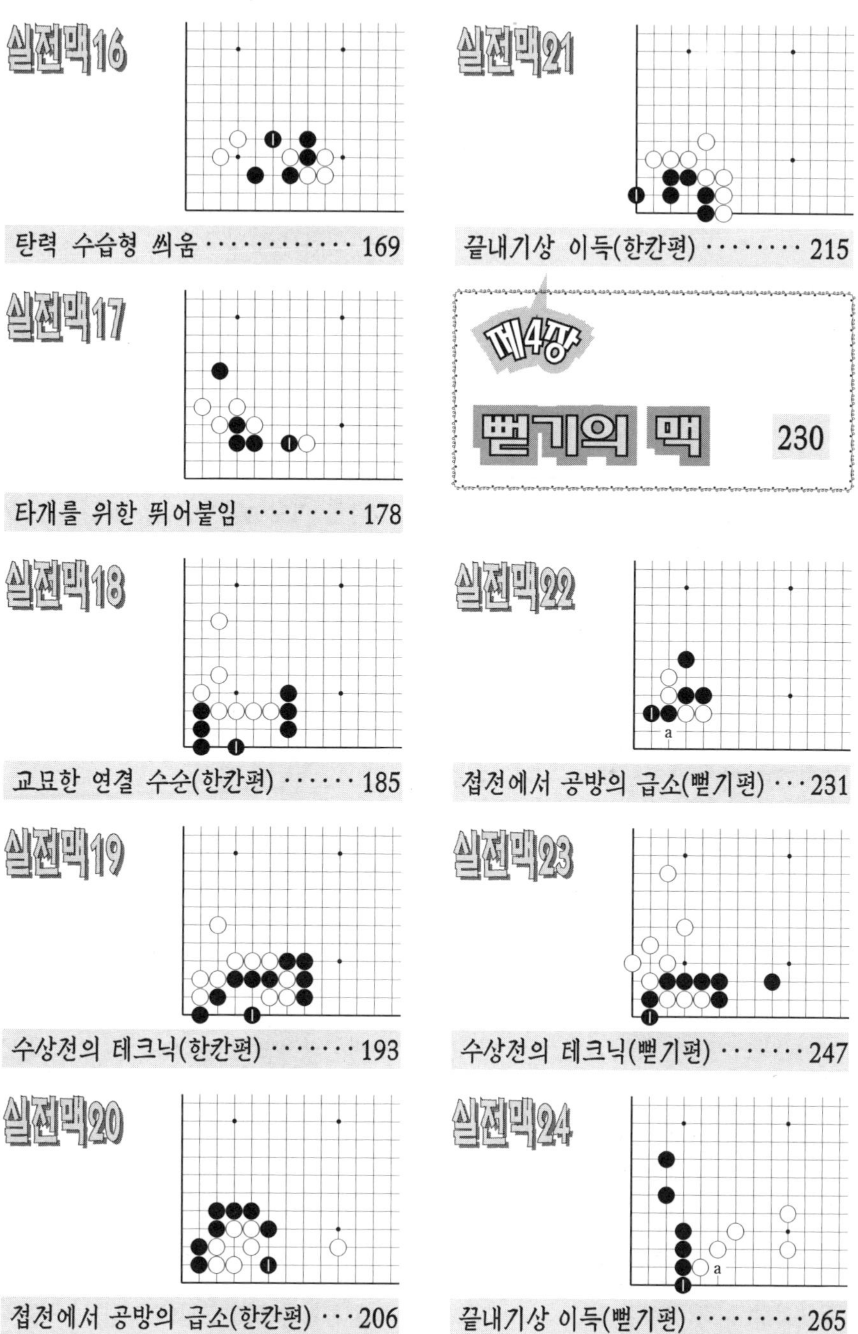

실전맥16
탄력 수습형 씌움 · · · · · · · · · · · 169

실전맥17
타개를 위한 뛰어붙임 · · · · · · · · · 178

실전맥18
교묘한 연결 수순(한칸편) · · · · · · 185

실전맥19
수상전의 테크닉(한칸편) · · · · · · · 193

실전맥20
접전에서 공방의 급소(한칸편) · · · 206

실전맥21
끝내기상 이득(한칸편) · · · · · · · 215

제4장 뻗기의 맥 230

실전맥22
접전에서 공방의 급소(뻗기편) · · · 231

실전맥23
수상전의 테크닉(뻗기편) · · · · · · · 247

실전맥24
끝내기상 이득(뻗기편) · · · · · · · · 265

제5장
젖힘의 맥
276

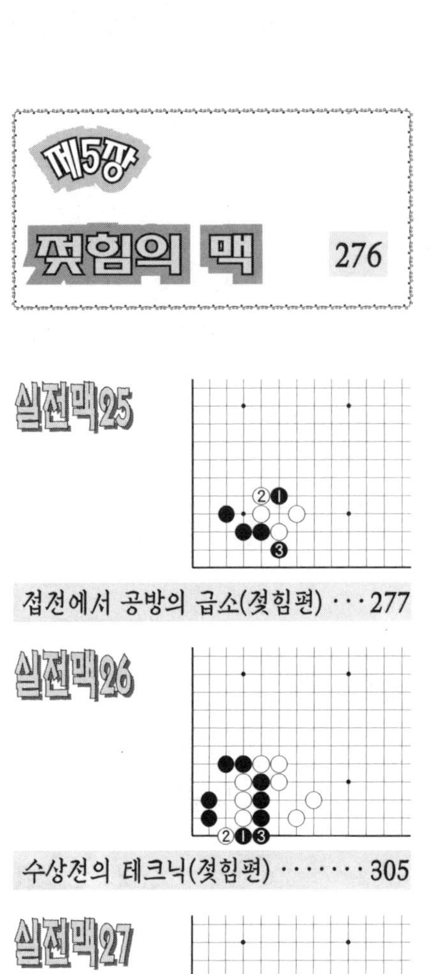

실전맥25
접전에서 공방의 급소(젖힘편) ··· 277

실전맥26
수상전의 테크닉(젖힘편) ······· 305

실전맥27
숨어 있는 수단 ············· 319

실전맥28
끝내기상 이득(젖힘편) ······· 337

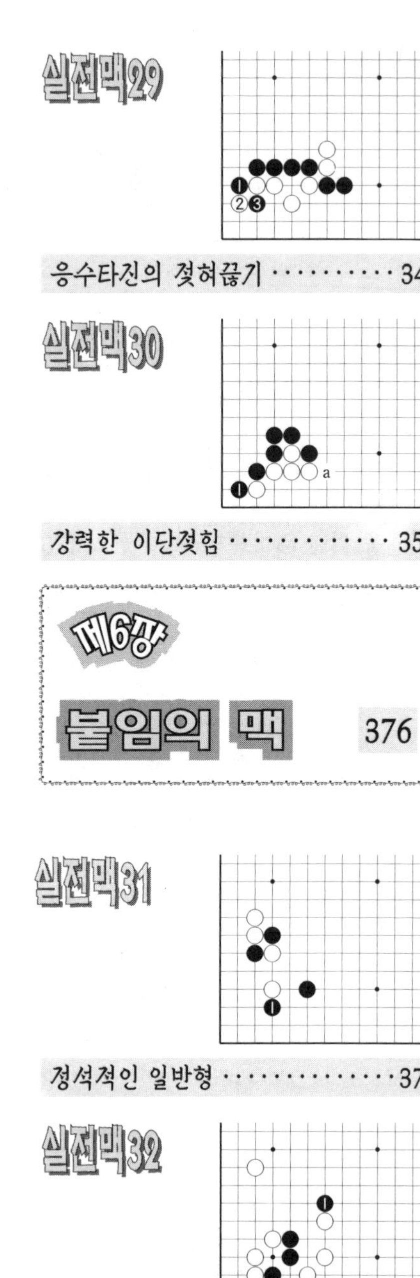

실전맥29
응수타진의 젖혀끊기 ········· 346

실전맥30
강력한 이단젖힘 ········· 359

제6장
붙임의 맥
376

실전맥31
정석적인 일반형 ············· 377

실전맥32
방향전환의 머리붙임(코붙임) ··· 396

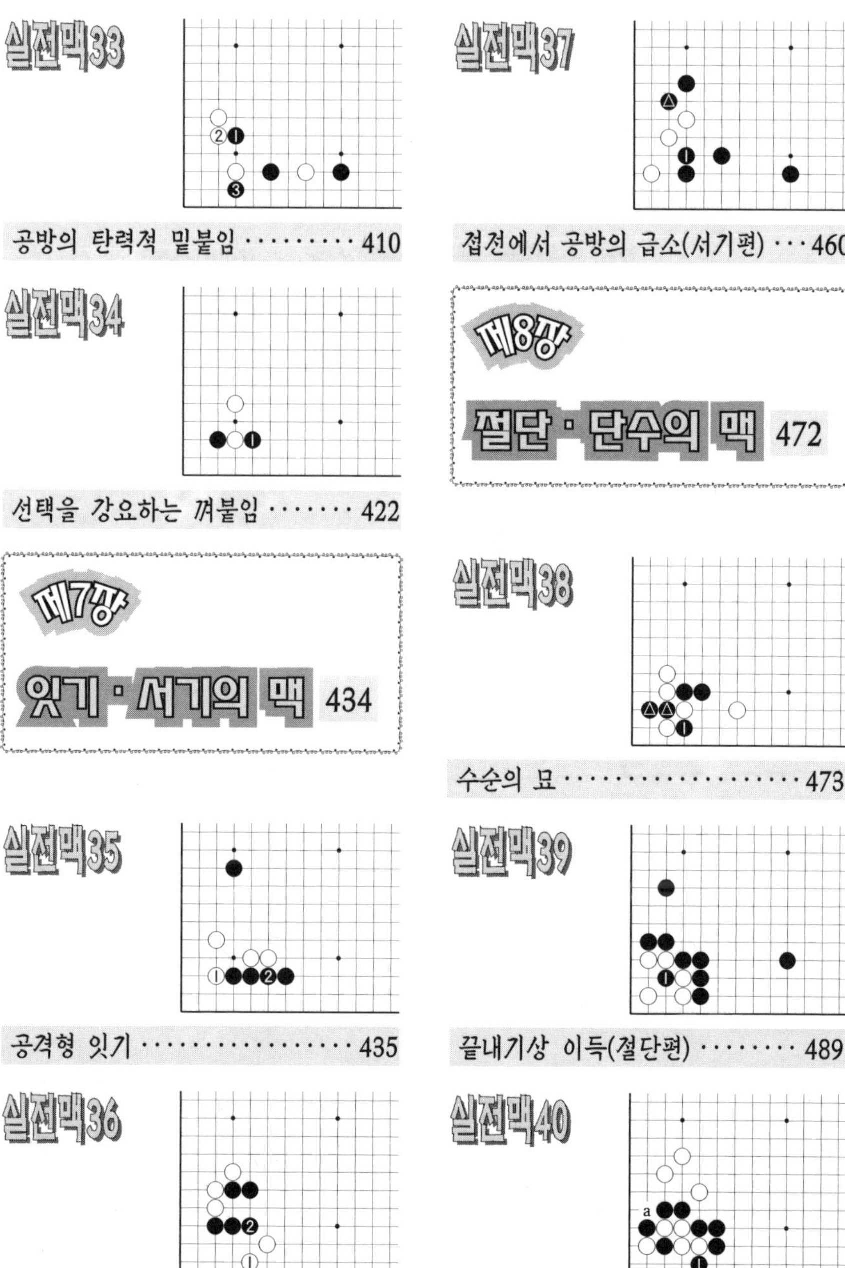

실전맥33 공방의 탄력적 밑붙임 · · · · · · · 410

실전맥34 선택을 강요하는 껴붙임 · · · · · · 422

제7장 잇기 · 서기의 맥 434

실전맥35 공격형 잇기 · · · · · · · · · · · 435

실전맥36 인내형 수비 · · · · · · · · · · 451

실전맥37 접전에서 공방의 급소(서기편) · · · 460

제8장 절단 · 단수의 맥 472

실전맥38 수순의 묘 · · · · · · · · · · · · · 473

실전맥39 끝내기상 이득(절단편) · · · · · · · · 489

실전맥40 대세를 결정짓는 단수 · · · · · · · · · 498

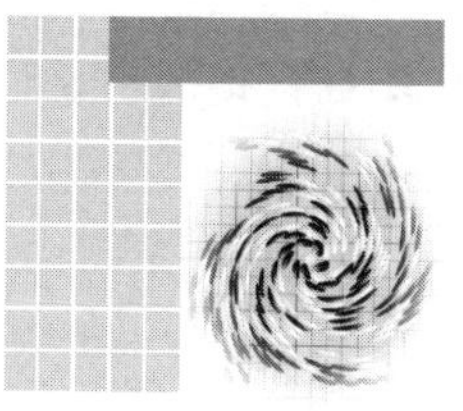

제1장
치중의 맥

- 탄력을 없애는 들여다보기
- 교묘한 봉쇄 수순
- 공격적인 근거 박탈
- 수상전의 테크닉
- 연결을 차단하는 요령
- 끝내기상 이득
- 근거와 관련된 유사형

탄력을 없애는 들여다보기

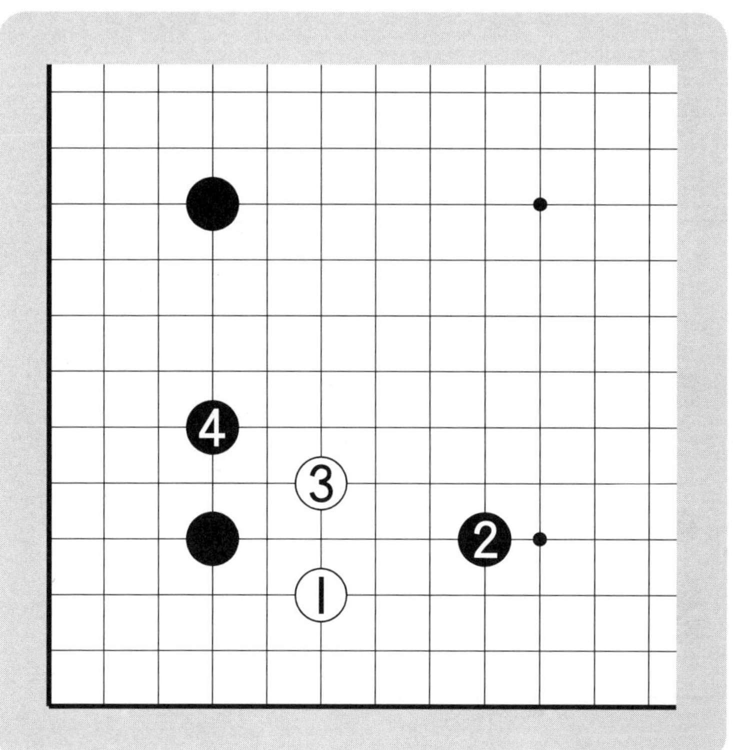

백1부터 흑4까지는 접바둑에서 자주 볼 수 있는 진행이다. 이후 백이 이곳을 방치하면 흑에게 호된 공격을 받게 되는데, 흑도 그 공격의 수순을 알아야 한다. 흔히 '들여다본다'는 말이 이 경우에 해당되며, '들여다보기'는 상대의 돌을 무겁게 만들어 쉽사리 포기하지 못하도록 하는 기술이다. 여기서 돌이 무겁다는 것은 돌이 탄력을 잃었다는 뜻이다.

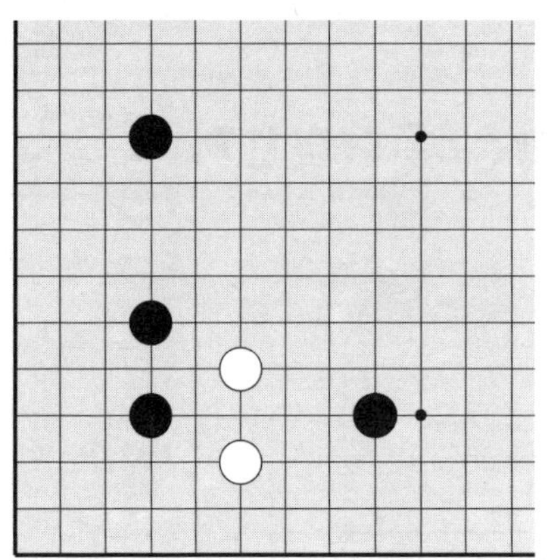

제1형 (흑선)

본형은 가장 기본적인 공격 패턴을 가지고 있다. 즉 탄력을 없앤 후 근거를 박탈하는 것이다.

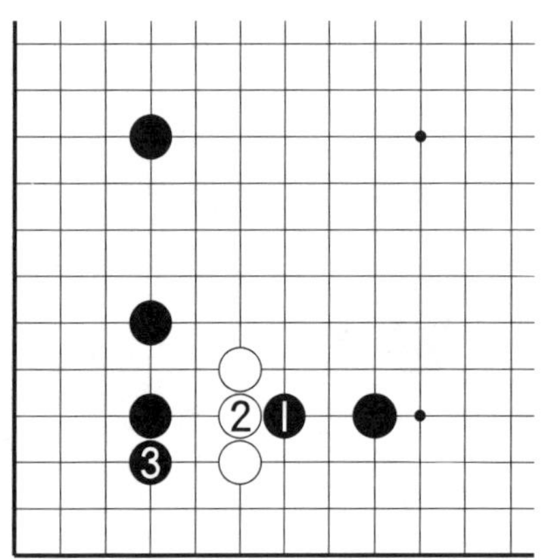

1도(정해)

1도(무겁게 만드는 수순)

흑1은 백2로 잇게 하여 무겁게 만드는 수순이다. 그리고 흑3은 근거를 박탈한 수다. 이제 백은 중앙으로 달아나지 않으면 안 되며, 흑은 이 백의 공격을 통해 상당한 이득을 취할 수 있다.

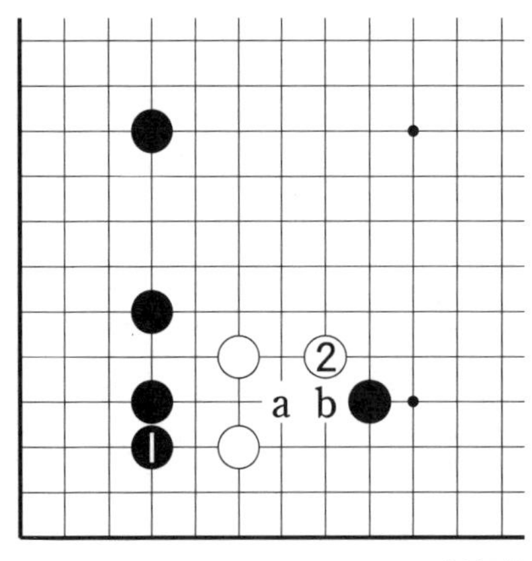

2도(실격)

2도(수순 미스)

흑1은 수순을 그르쳤다. 백2로 정비한 후에는 흑a의 들여다보기가 성립하지 않는다. 백b로 관통하는 수가 있기 때문이다.

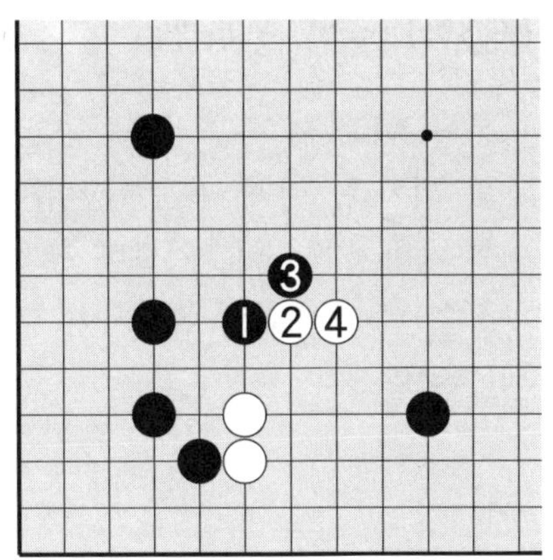

제2형 (흑선)

본형 흑1부터 백4까지도 접바둑에서 흔히 볼 수 있는 진행이다. 이때 흑에게는 준엄한 공격 수단이 있는데, 이 역시 안형을 파괴하는 수순이 중요하다.

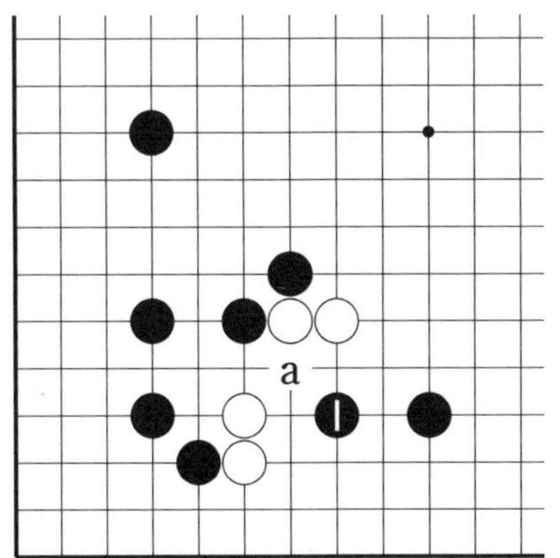

1도(정해)

1도(공격대상)

흑1로 a의 절단점을 연결하도록 하는 수가 통렬하다. 백은 이곳을 연결해도 안형이 없기 때문에 계속 공격대상이다.

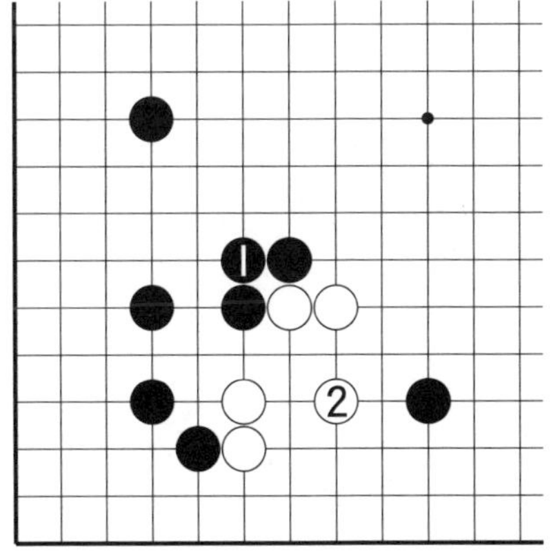

2도(실격)

2도(지나친 몸조심)

흑1은 지나친 몸조심이다. 백2로 수비하면 이 돌은 더 이상 공격하기 힘들다.

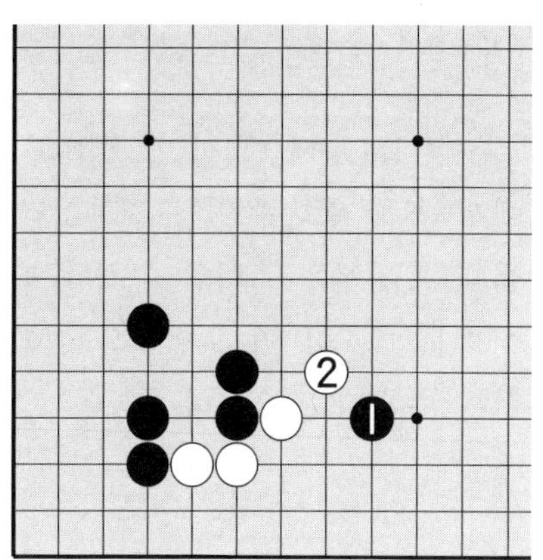

제3형 (흑선)

 본형 흑1은 이 백을 공격하는 급소의 위치다. 이때 백2는 궁여지책의 행마지만, 흑도 정확한 공격 방법을 모르면 쉽게 안정시켜 줄 수도 있다.

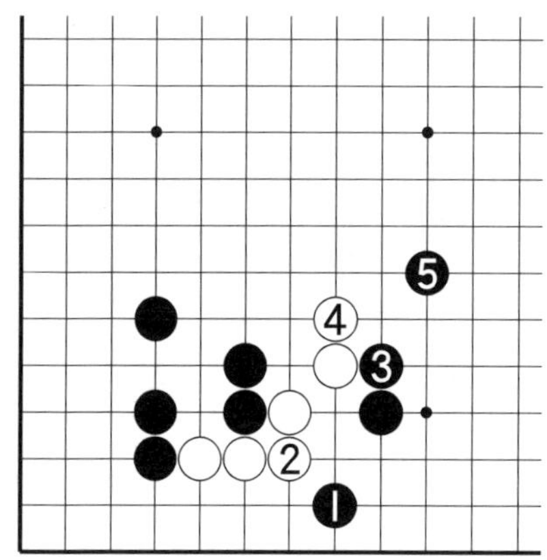

1도(정해)

1도(행마의 요령)

 흑1로 들여다보는 수가 안형을 파괴하는 급소이며, 계속하여 흑3·5로 추궁하는 것이 행마의 요령이다.

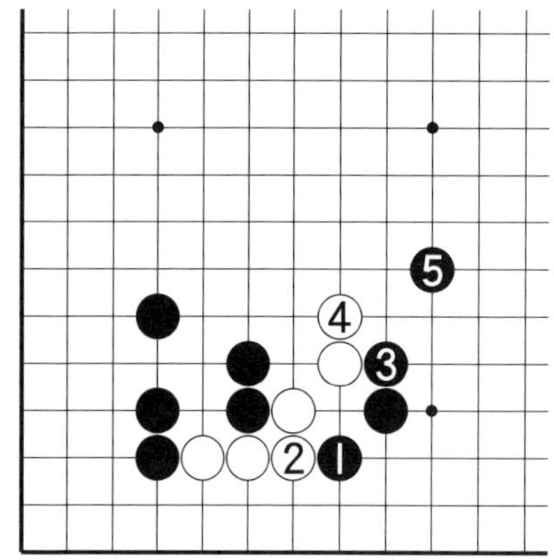

2도(실격)

2도(미흡)

 흑1 이하로 공격해도 백은 피곤하지만, 전도에 비해 백의 근거에 여유가 있어 흑으로서는 약간 미흡하다.

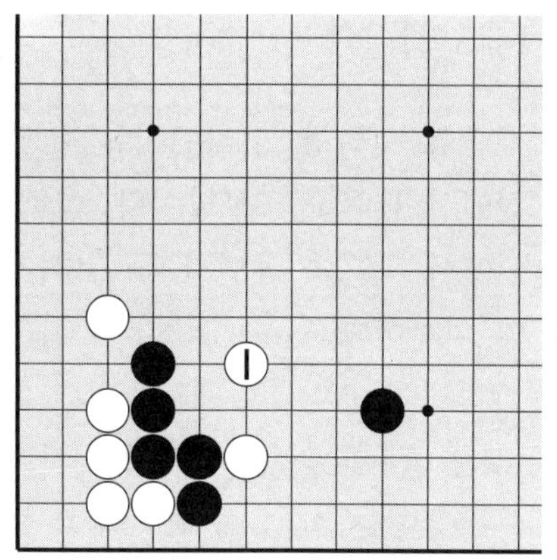

제4형 (흑선)

백1로 뛰는 수단도 실전에서 자주 등장한다. 이 경우 흑의 응수가 잘못되면 순식간에 공수의 입장이 바뀐다.

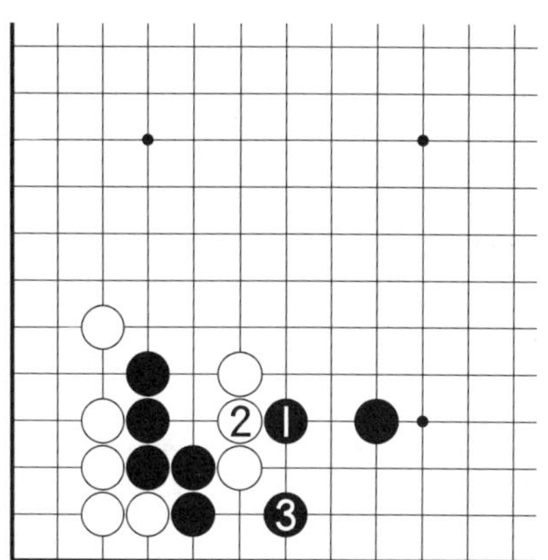

1도(정해)

1도(침착)

흑1·3이 침착한 대응이다. 이 백3점은 근거가 없기 때문에 흑의 공격대상이 된다.

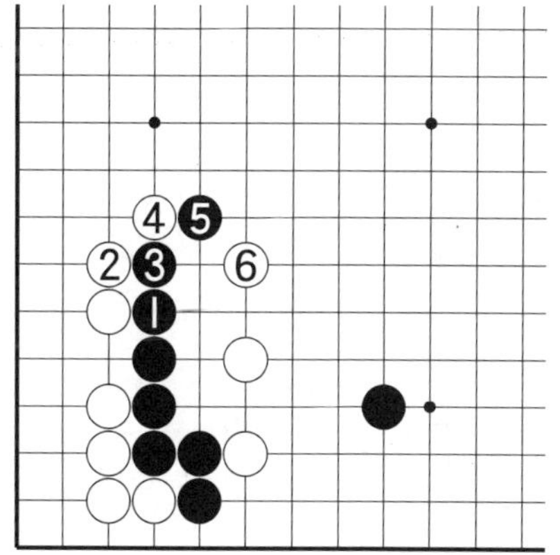

2도(실격)

2도(무모)

흑1 이하 흑5까지 크게 포위하여 공격하려는 것은 무모하다. 백6으로 역습당하고 나면 흑세력이 곤마로 전락할 수도 있다.

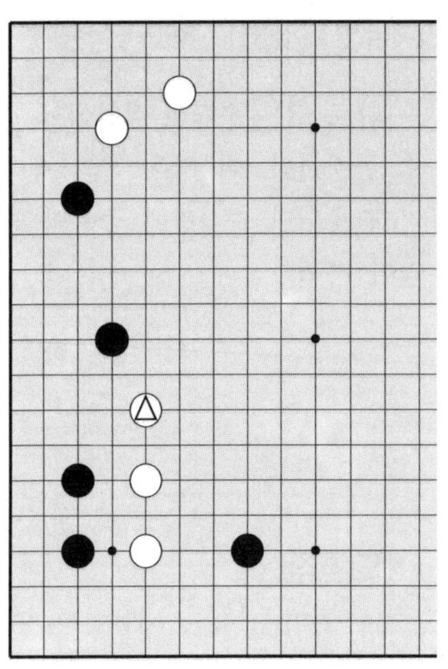

제5형 (흑선)

본형은 일명 '고바야시류'의 포진에서 등장하는 모양이다. 이 장면에서 백△는 유연한 듯 보이지만 완착이다.

1도 흑1의 들여다보기가 적시의 타이밍으로, 흑3부터 백 전체가 무거워져 백의 때이른 고전이다.

2도 흑1은 백이 바라는 바로 진영이 편재되므로 불만이다.

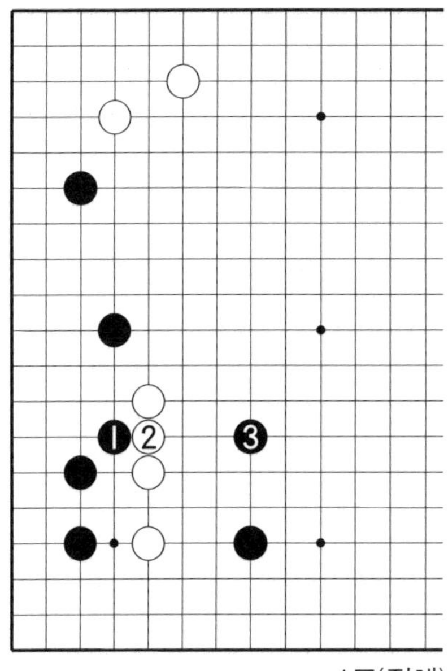

1도(정해)

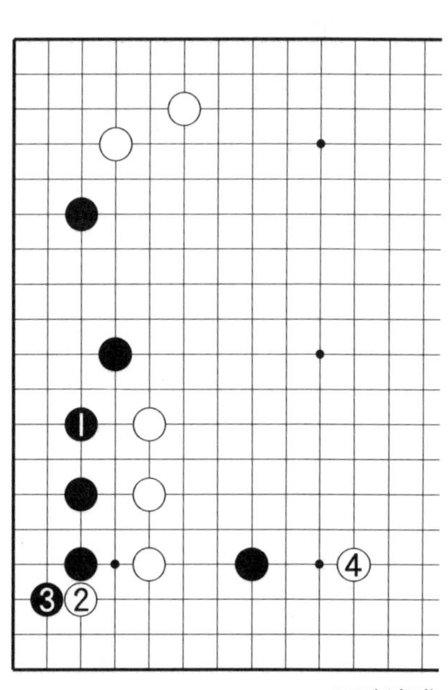

2도(실격)

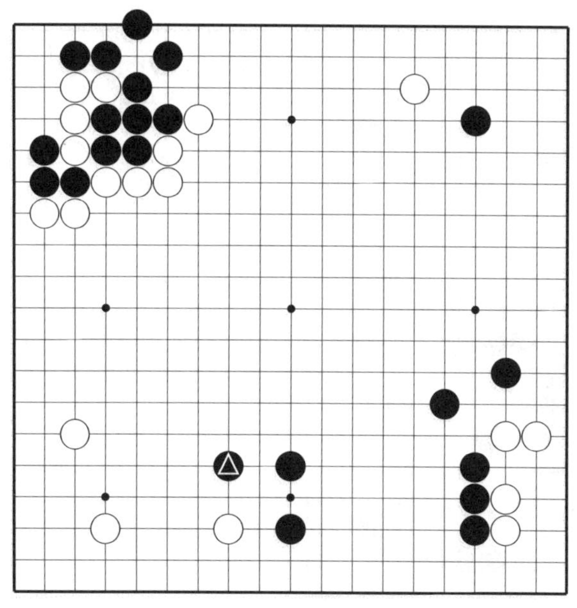

1954년 10번기   ● 坂田榮男   ○ 吳淸源

좌하에서 좌중앙에 이르는 백진의 확장을 견제하려 흑▲에 둔 장면인데, 이때 백의 교묘한 수순이 있었다.

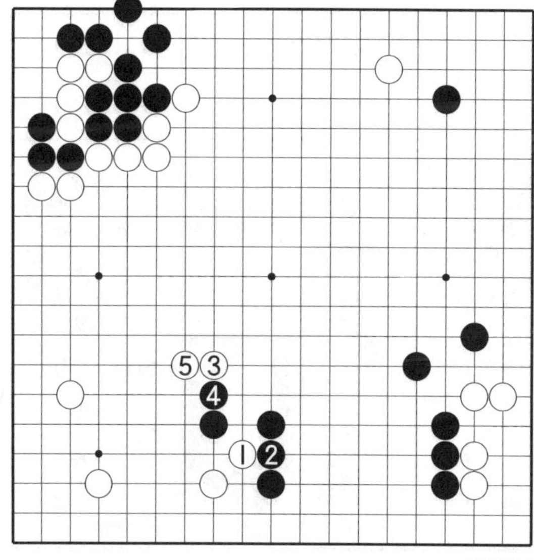

진행도

진행도(명응수타진)

백1·3의 수순이 그것이다. 백1의 들여다보기는 대개 속수지만 이 경우 적절한 응수타진이었다.

흑2의 곳을 뚫릴 수는 없으므로 흑2는 절대인데, 또 이때 백3의 들여다보기가 초반의 흐름을 주도한 명점이었다.

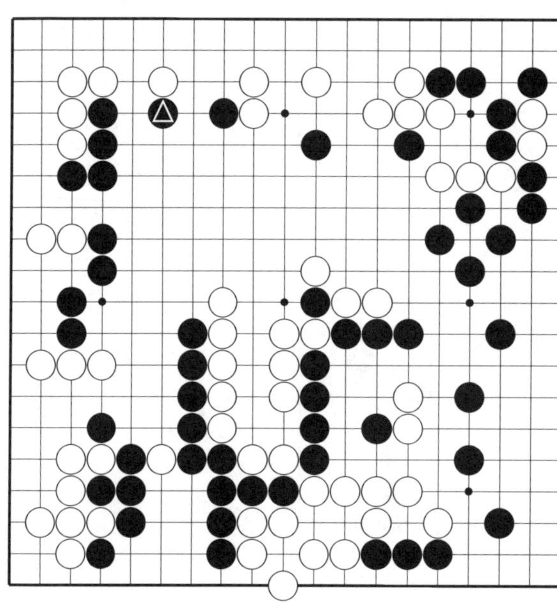

제2기 일본 명인전
도전 7번기 제7국
(1963년 9월)

● 藤澤秀行
○ 坂田榮男

흑이 ●로 붙여 중앙 백의 두터움을 효과적으로 지우면 충분하다고 판단한 순간 백의 귀수가 작렬했다.

1도(일류의 감각)

백1의 '들여다보기'는 20세기 최고의 묘수라고 불리워지는 사카다 일류의 감각이었다. 이하 백13까지 역전되어 백의 승리는 부동이다.

2도(흑 두터움)

흑이 읽었던 백의 수순은 본도였다고 한다. 흑2까지 이 진행이라면 흑이 두텁다.

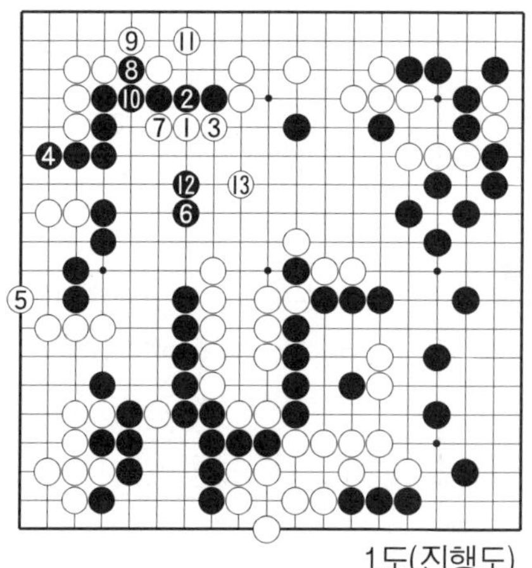

1도(진행도)

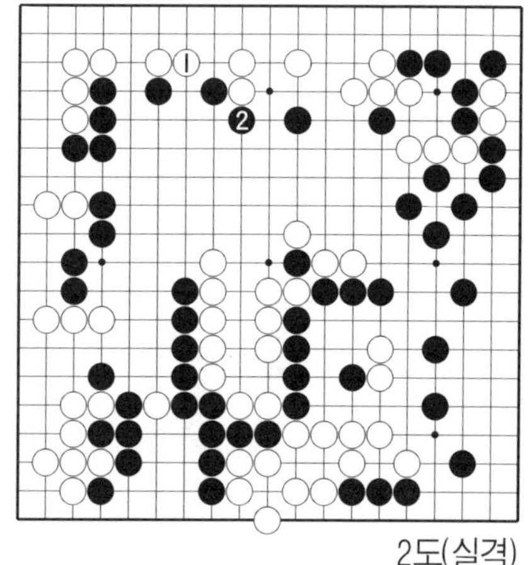

2도(실격)

교묘한 봉쇄 수순

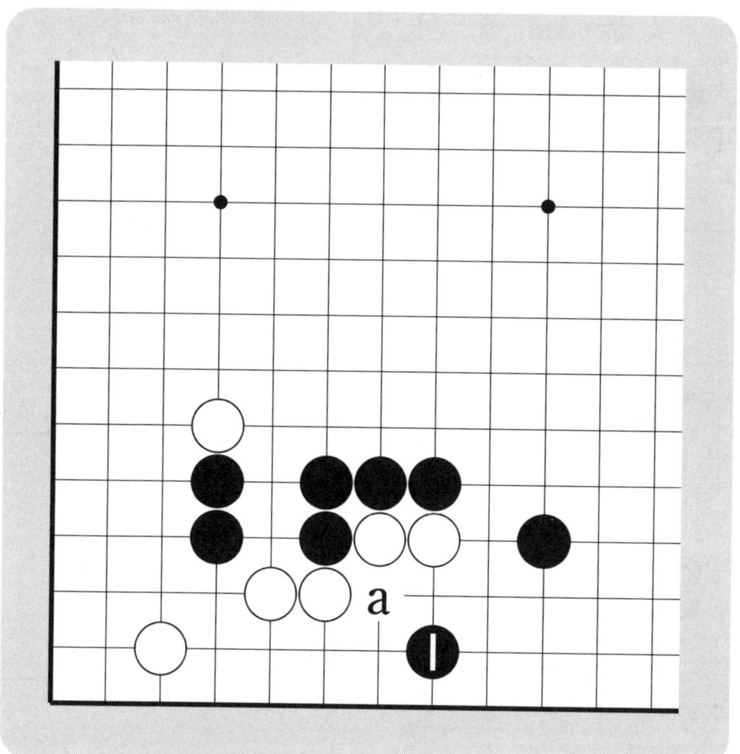

흑1로 a의 절단을 노리는 수는 봉쇄하기 전 필수적인 수순이다. 그 이유는 봉쇄한 후 두게 되면 백이 두 점을 포기할 수도 있기 때문이다. 만약 지금 시점에서 백이 손을 빼어 끊기면, 흑이 한 수를 득 본 것이 되므로 백도 지금은 손뺄 수 없다.

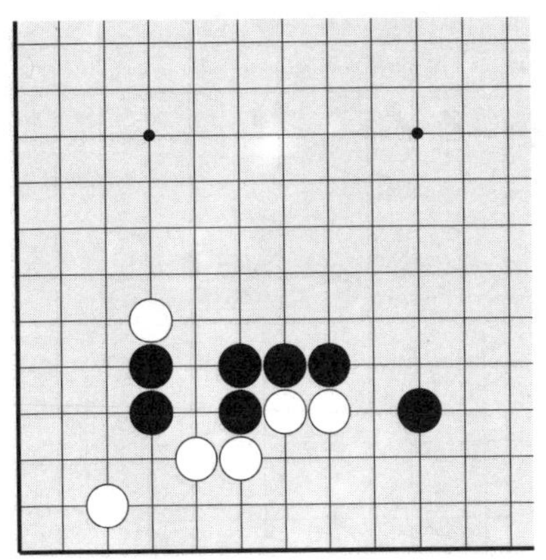

제1형 (흑선)

1도(정해)

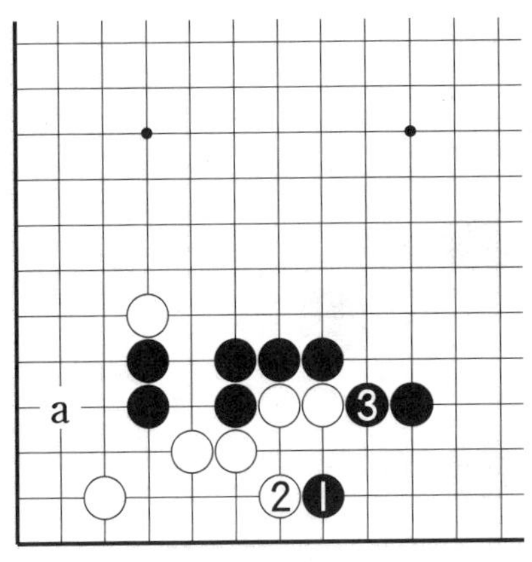

2도(변화)

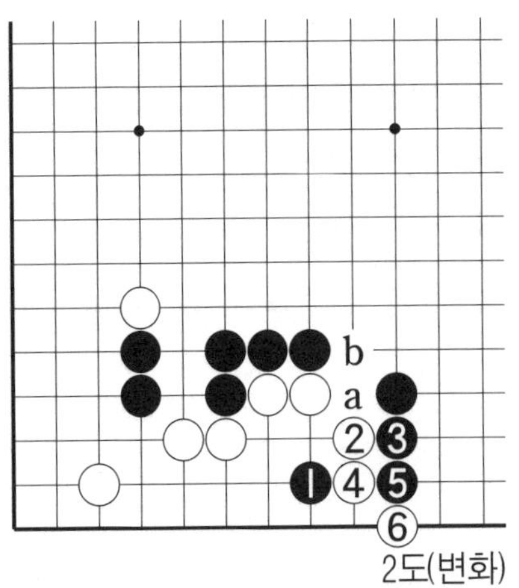

【제1형】 완벽한 봉쇄 수단

본형은 정석과정에서 만들어지는 진행이다. 흑이 이곳을 둔다면 완벽한 봉쇄의 수단 외에는 없다.

1도(봉쇄의 수순)

흑1·3이 수순이다. 수순을 바꾸어 흑3을 먼저 둔다면, 다음 흑1 때는 백이 a에 먼저 두고 두 점을 포기할 수도 있기 때문이다.

2도(가능한 수법)

흑1에 대해 최근에는 백2 이하로 두는 수법도 시도된 바 있다. 이 결과는 흑a나 b가 선수로 작용하여 흑이 두터운 대신 백도 집을 얻고 있어, 경우에 따라서는 백이 충분히 선택할 수도 있다.

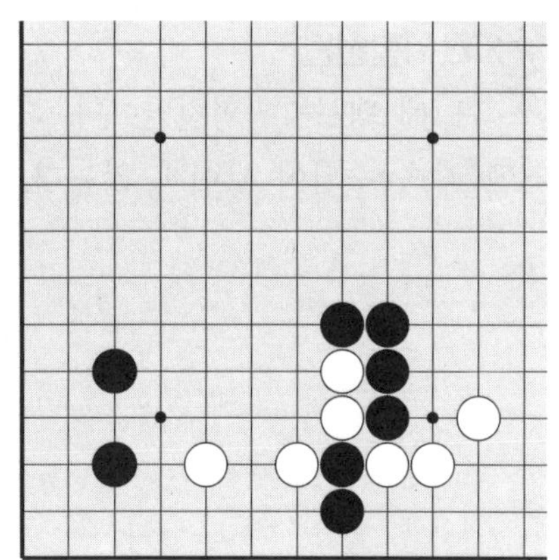

제2형 (흑선)

본형은 실전에서 등장해도 간과하기 쉬운 모양이다. 백을 봉쇄하는 급소를 찾아야 한다.

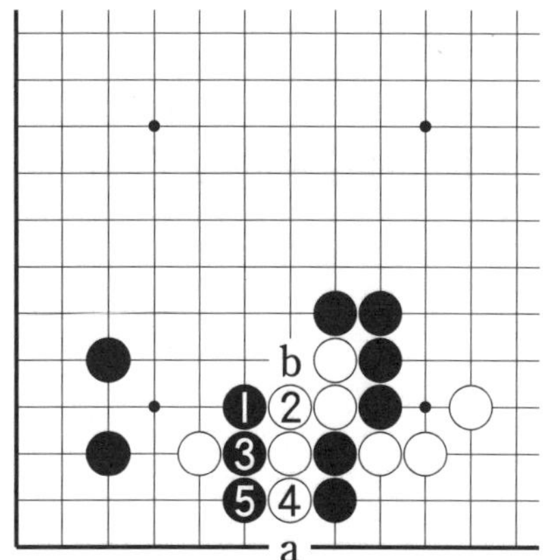

1도(정해)

1도(통렬한 맥점)

흑1이 이 경우 통렬한 맥점이다. 백2 이하 흑5까지 백은 이곳을 봉쇄당하는 수밖에 없다. 계속해서 백b 등으로 두어 흑a로 넘어가면 그것으로 바둑도 끝이다.

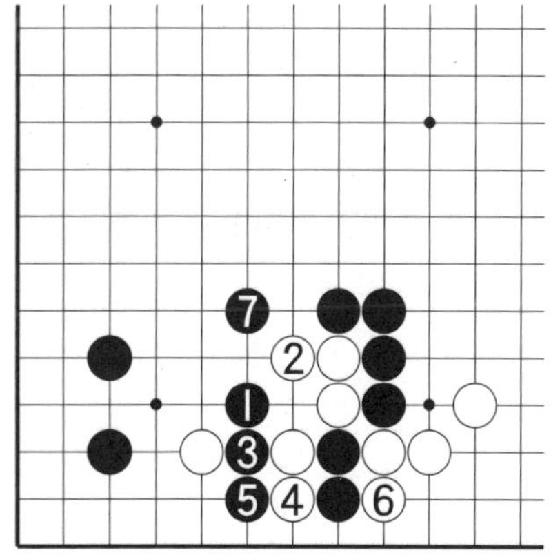

2도(변화)

2도(돌파 불가능)

흑1 때 백2 이하의 진행도 봉쇄를 면할 수는 없다. 흑7에 이르러 흑이 이곳을 돌파할 수 있는 수단은 없다.

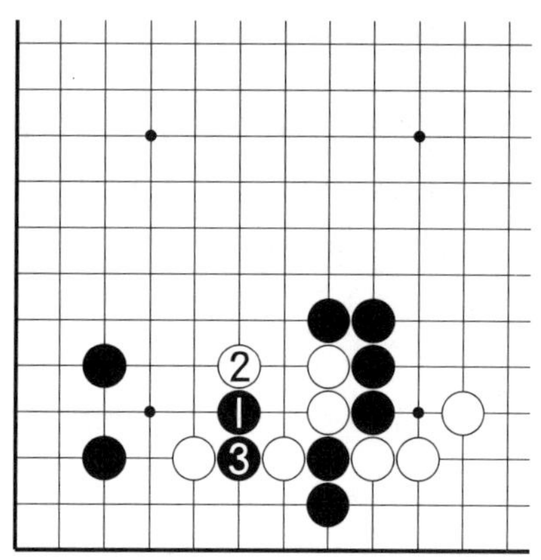

3도(백의 실격)

3도(위험천만)

흑1 때 백2는 위험천만이다. 흑3에 후속 수단이 보이지 않는다.

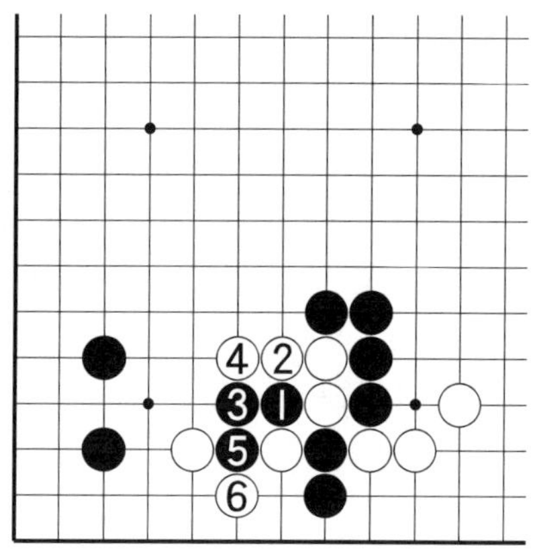

4도(실격)

4도(맥점 간과)

흑1·3은 백6의 맥점을 간과한 것이다. 이 수에 흑의 후속수단은 없다.

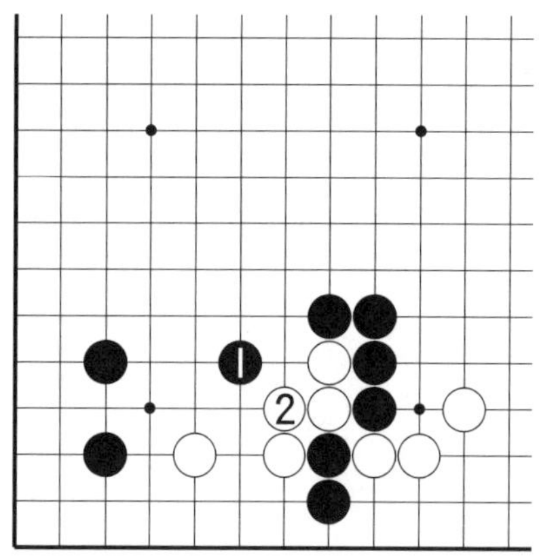

5도(실격)

5도(느슨)

흑1과 같은 수도 맥점의 모양이지만 이 경우는 너무 느슨하다. 백2로 잇고 나면 흑이 별로 한 것이 없다.

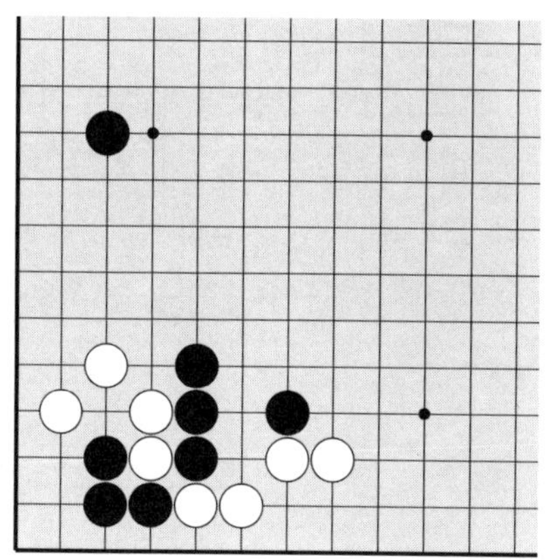

제3형 (흑선)

본형과 같은 모양에서 한눈에 봉쇄의 급소를 찾는다면 감각이 뛰어나다고 할 수 있다.

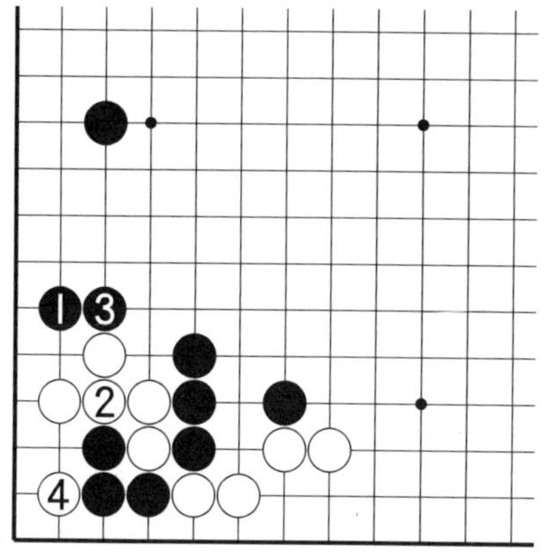

1도(정해)

1도(봉쇄의 맥점)

흑1이 통렬한 봉쇄의 맥점이다. 백4까지 선수로 훌륭하게 봉쇄할 수 있는 것이다.

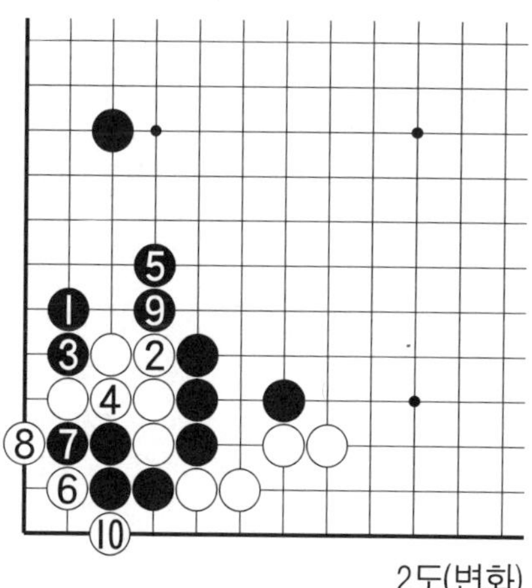

2도(변화)

2도(완벽 봉쇄)

흑1 때 백2에는 흑3의 수순이 중요하다. 이하 백10까지 역시 물 샐 틈 없이 봉쇄할 수 있다.

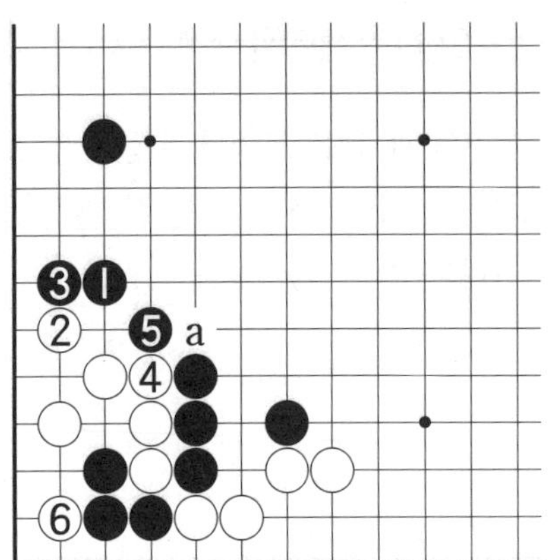

3도(실격)

3도(단점 노출)

본도 흑1은 같은 봉쇄라도 정해와 비교하여 큰 차이가 있다. 집의 크기뿐 아니라 a의 단점도 노출되었기 때문이다. 수순중 흑3으로 -

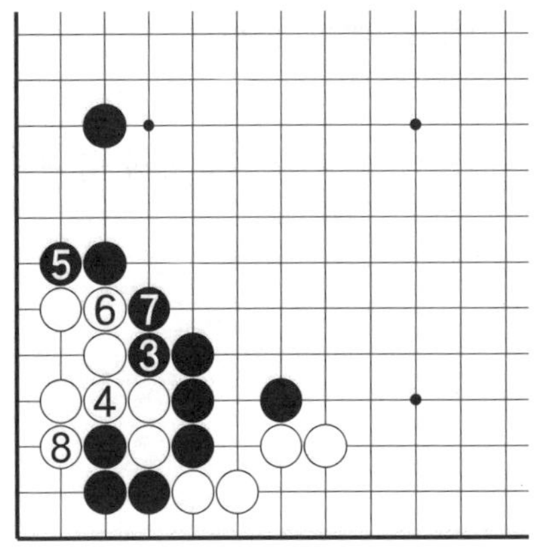

4도(변화)

4도(대동소이)

본도처럼 두어도 전도와 별반 다르지 않다.

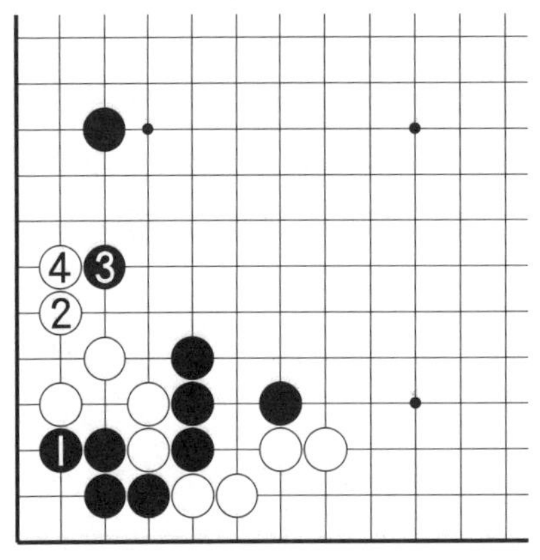

5도(실격)

5도(최악의 선택)

흑1로 대응하는 수도 백2에 지켜, 이 진행은 3, 4도 만도 못한 결과다.

공격적인 근거 박탈

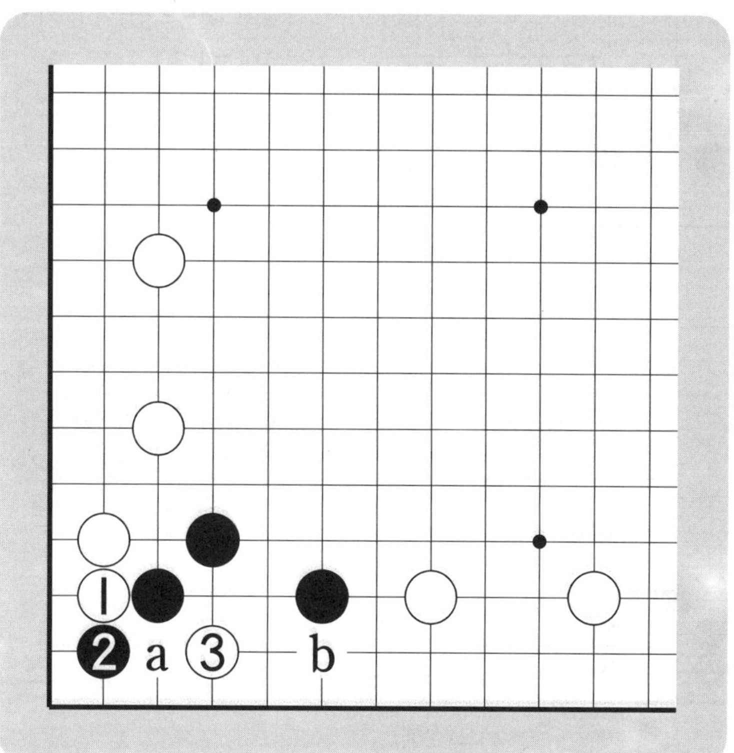

　백1·3의 수순은 맞바둑 보다 접바둑에서 흔히 볼 수 있는 수법이다. 백3은 a의 절단과 b의 넘기를 동시에 보고 있는 것으로, 이 변화에는 일반적으로 축관계가 작용한다고 알고 있지만, 축이 아니더라도 백에게는 봉쇄의 수단이 있어 흑이 좋은 결과를 기대한다는 것은 무리다. 따라서 흑으로서는 이 모양을 처음부터 안 만드는 것이 상책이다.

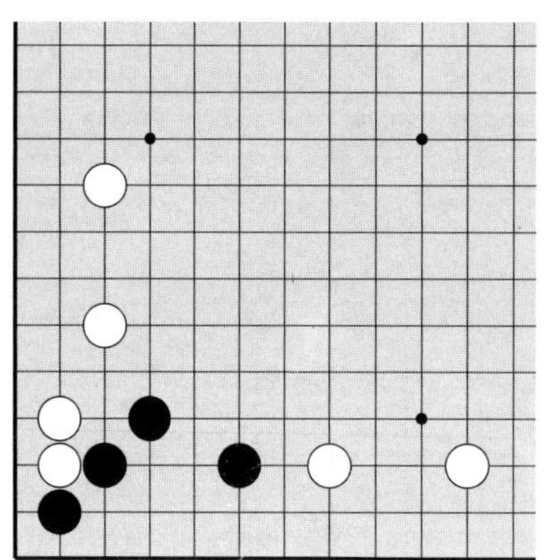

제1형 (백선)

본형은 흑이 얼마간의 손해를 감수하지 않으면 안 되는 모양이다. 그렇지 않으려면 미리 가일수를 해 놓아야 한다.

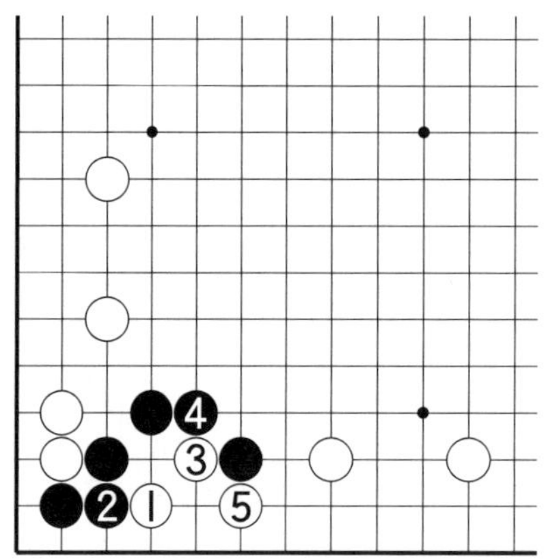

1도(정해)

1도(접바둑형)

본도의 진행이 접바둑에서 가장 많이 나타나는 모양으로, 흑은 근거를 박탈당해 백에게 상당한 공격을 받게 된다.

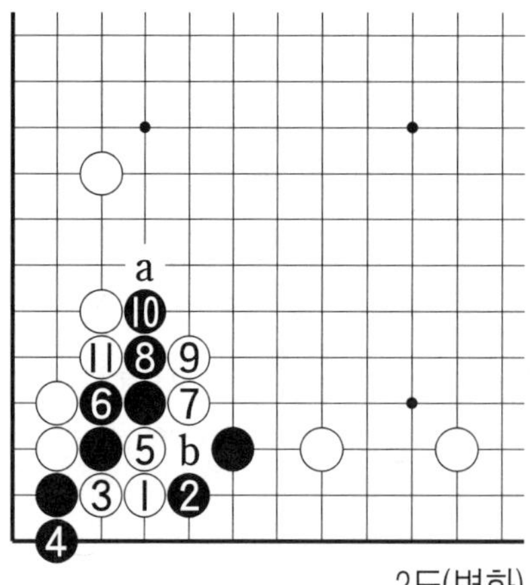

2도(변화)

2도(축관계)

본도의 진행이 축과 관련된 변화다. 흑8 때 백이 축이 유리하면 백11까지 추궁할 수 있다. 흑은 a의 축 때문에 b로 끊을 수 없다. 그러나 백은 축이 불리해도-

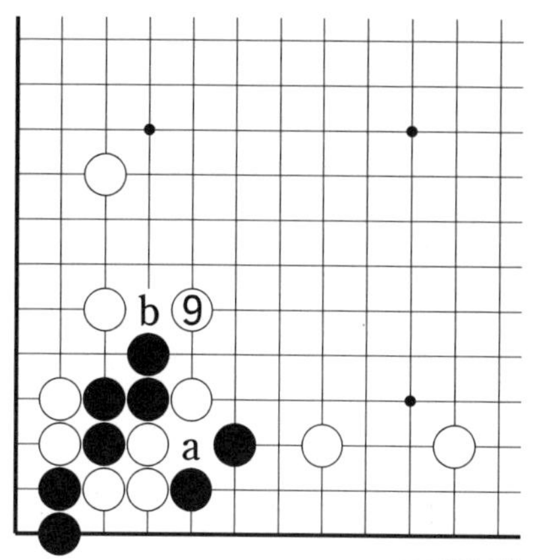

3도(변화)

3도(봉쇄)

전도 흑8로 빠져 나갈 때 본도 백9로 봉쇄하는 수단이 있다. 흑 a라면 백b로 죄어 이 역시 흑이 근거는 마련했지만 봉쇄되어 좋지 않다.

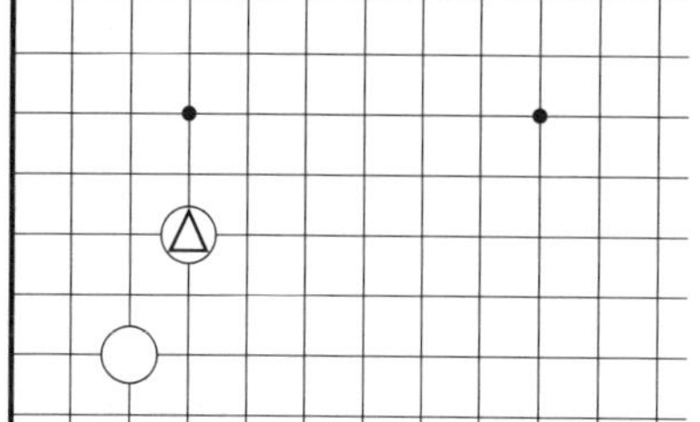

참고형(껴붙임의 맥)

[참고형]

제1형과 비교하여 백돌이 △에 있고 중앙 쪽의 축이 흑에게 유리하면 '껴붙임'의 맥이 있으므로 참고하기 바란다.

풀이 1의 백11 때 흑12의 껴붙임이 그것이다. 계속해서 풀이 2의 수순으로 축은 성립하지 않는다.

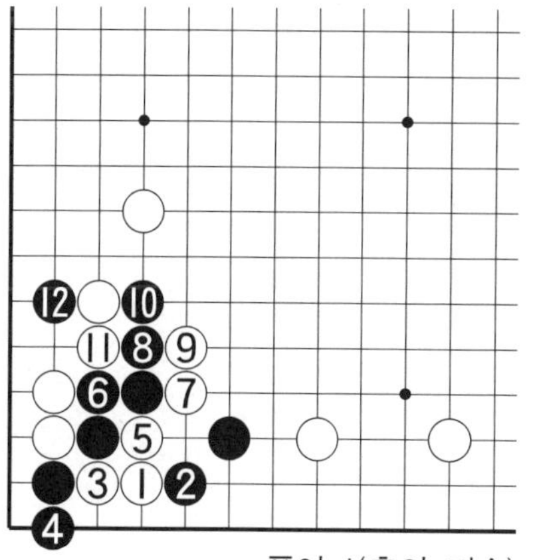

풀이 1(흑의 귀수)

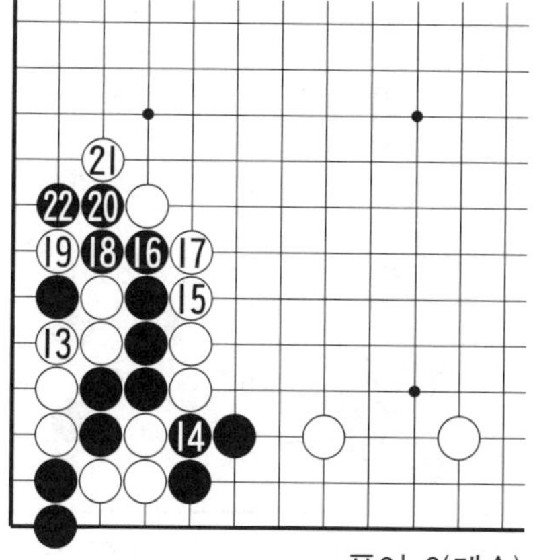

풀이 2(계속)

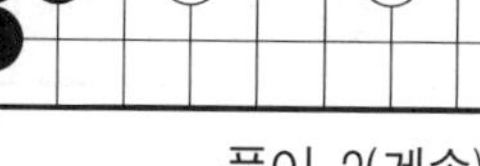

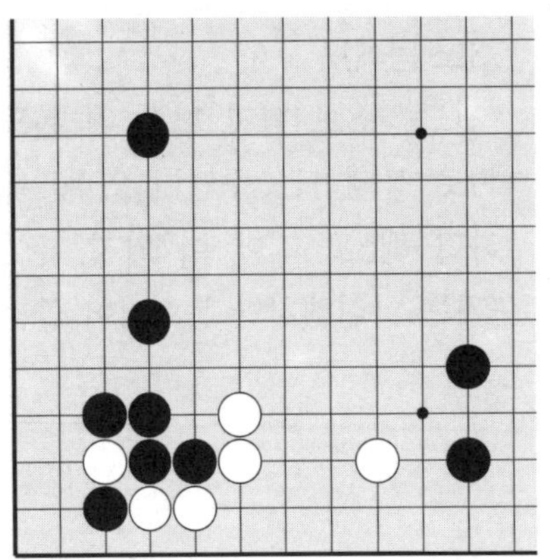

제2형 (흑선)

　본형도 접바둑에서 백이 손을 뺀 모양으로 자주 등장한다. 이때도 흑은 백의 근거를 박탈하여 호되게 공격할 수 있다.

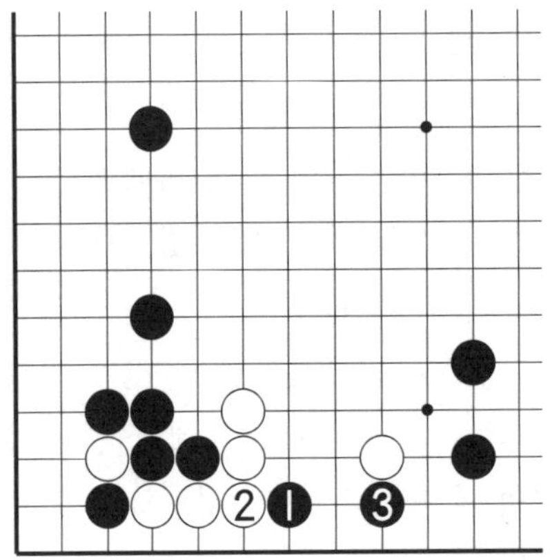

1도(정해)

　1도(근거 박탈)

　흑1로 들여다본 후 흑3에 붙이는 수법은 제1형 1도의 수법과 같은 맥락이다. 이것으로 백의 근거는 없다.

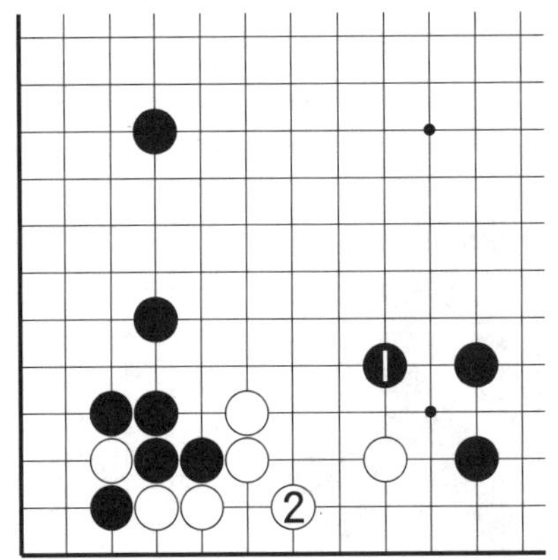

2도(실격)

　2도(공격 미스)

　흑1은 이 경우 공격수법이 아니다. 백2로 안정하여 실속이 없기 때문이다.

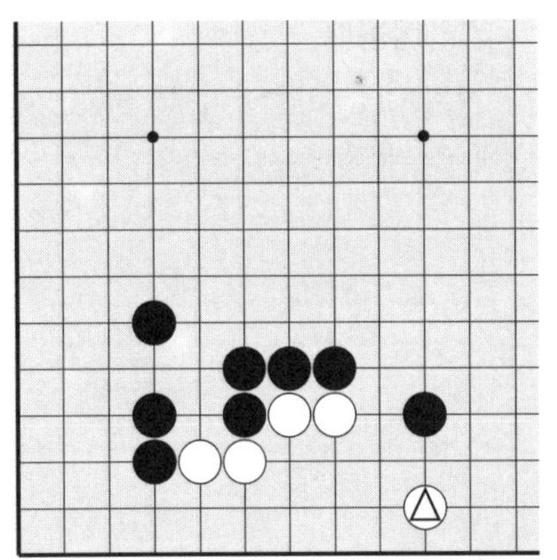

제3형 (흑선)

【제3형】 근거 박탈의 급소

본형의 백△는 일종의 행마법이
이지만 궁여지책의 수법이다. 그
러나 흑도 섣불리 공격하면 반격
을 당할 수도 있다.

1도(정해)

1도(호수순)

흑1·3의 수순이 이 백의 근거
를 탈취하는 호수순이다. 다만 흑
3으로는 —

2도(변화)

2도(변을 봉쇄)

변에 중점을 두고 싶다면 본도
흑3으로 변을 봉쇄할 수도 있다.
이 수도 흑a의 노림이 남아 있으
므로 선수가 된다.

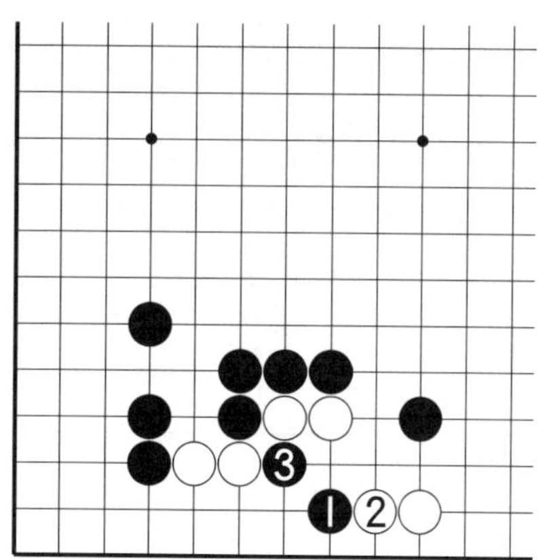

3도(변화)

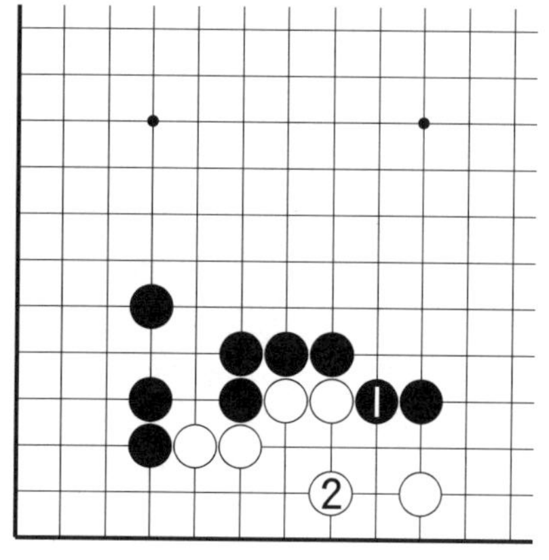

4도(실격)

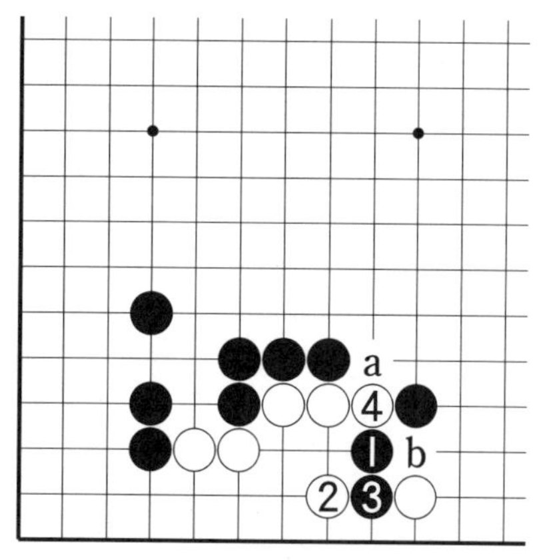

5도(실격)

3도(끊음)

백의 대응수단 중 본도 백2는 흑 3에 끊겨 후속수단이 없다.

4도(단순한 막음)

흑1은 단순한 막음에 불과한 것으로, 백2로 정비하여 실속이 없다.

5도(백의 주문)

본도의 진행이 백의 주문이다. 흑1·3은 백2·4의 수법으로 중앙에 진출하게 된다. 만약 흑이 a에 막는다면 백b에 끊겨 손실이 크다.

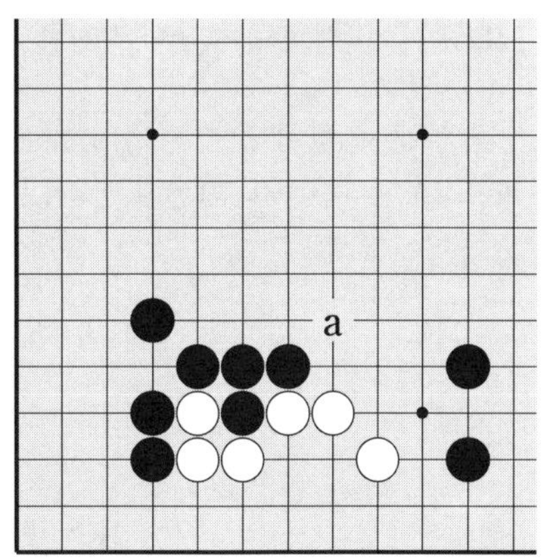

제4형 (흑선)

본형은 한 수로 봉쇄가 가능한 모양이다. 그러나 봉쇄가 먼저인가 근거 박탈이 먼저인가는 생각해 보아야 한다. 참고로 백이 중앙에 진출하는 행마법은 a의 곳이다.

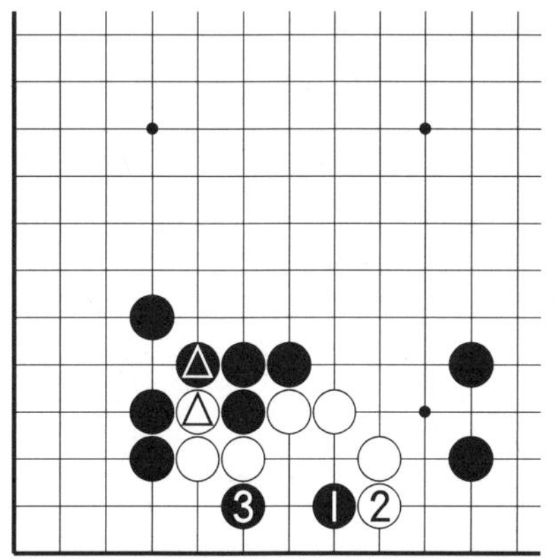

1도(정해)

1도(공격의 요령)

우선 백△와 흑▲가 교환되어 자충이 되었음에 주목해야 한다. 이때도 전형과 같은 수법 흑1·3으로 근거를 박탈할 수 있다. 그리고 추격하면서 전과를 얻어내는 것이 공격의 요령이다.

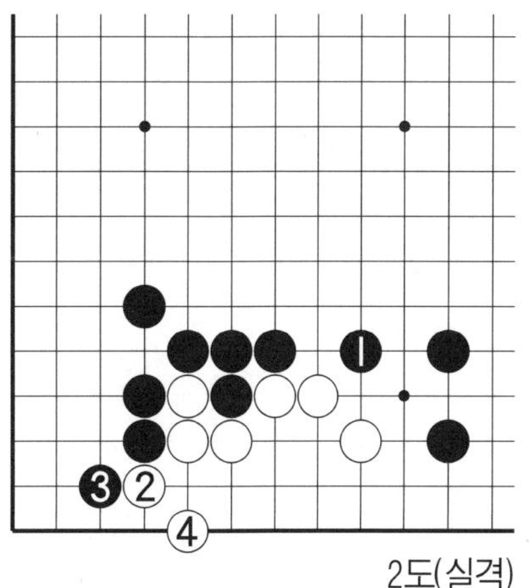

2도(실격)

2도(안정)

특별한 경우를 제외하고 흑1로 봉쇄하는 것은 백2·4로 안정하여 실속이 없다.

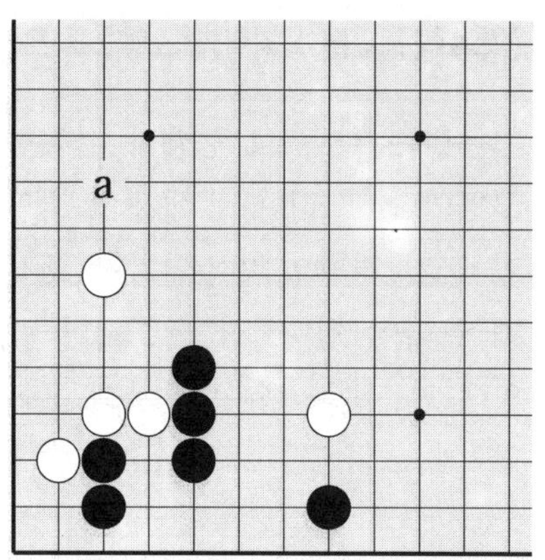

제5형 (흑선)

본형에서 백이 a에 지키지 않은 것은 흑의 준엄한 공격을 간과한 것이다.

1도(준엄한 수법)

이때는 흑1 이하 흑7까지의 수법이 준엄하다. 흑7 때 백은 a의 절단 때문에 b로 더 나갈 수 없다. 따라서 백a 때 흑b로 이제 이 백은 흑에게 상당한 전과를 지불해야 한다.

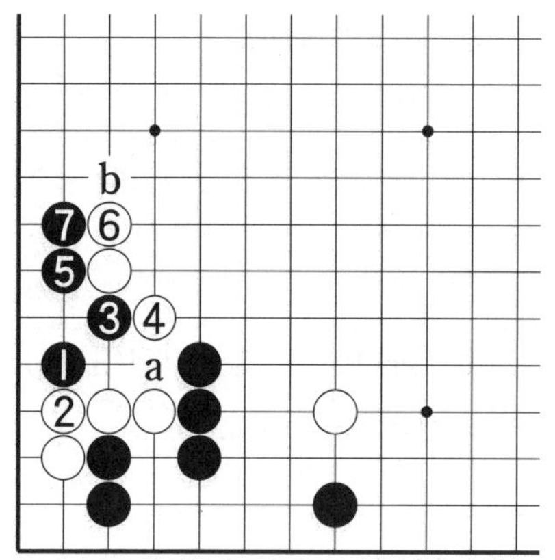

1도(정해)

2도(대동소이)

본도 백2 이하 흑7까지의 변화도 1도와 별반 다를 것이 없다.

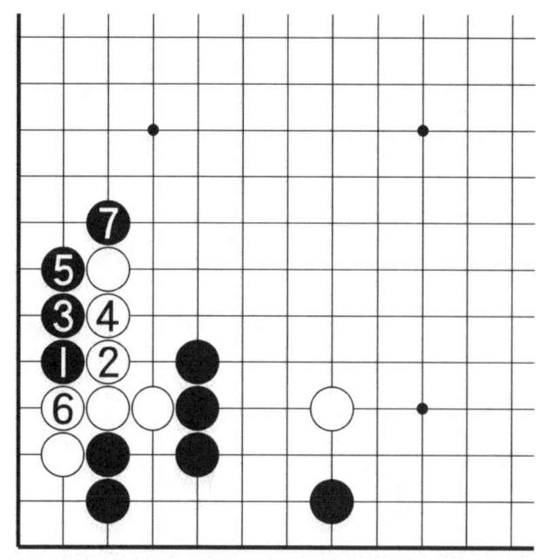

2도(변화)

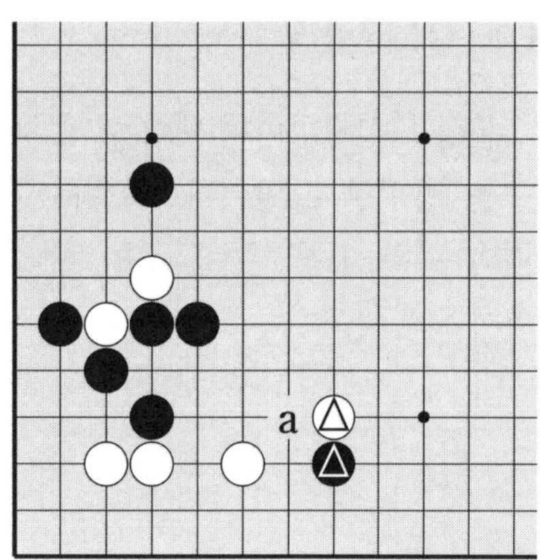

제6형 (흑선)

예전에는 흑▲ 때 백△의 붙임이 종종 두어진 적이 있었다. 그러나 근래에는 a로 받는 것이 보편화되었다. 그 이유는 무엇일까?

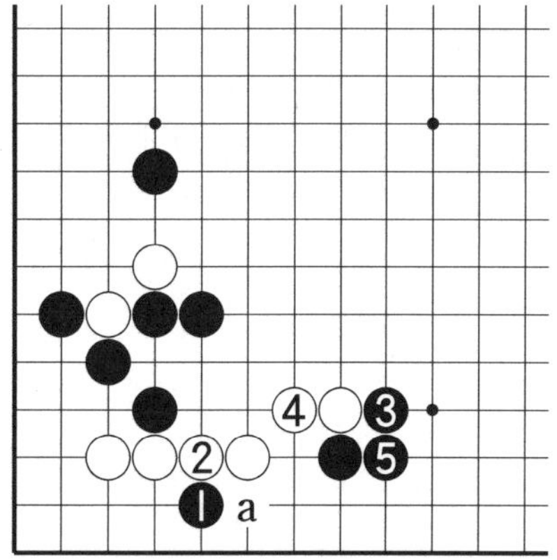

1도(정해)

1도(적시타)

흑1은 흑3을 두기 전 적시의 들여다보기다. 흑5 이후 흑은 a로 흑 한점을 살리는 수가 남았다. 흑1이 적시타인 이유는―

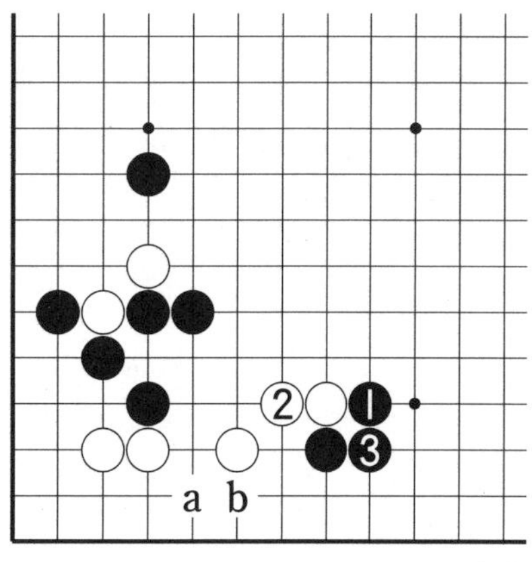

2도(실격)

2도(막는 수)

흑1, 백2가 교환된 후, 나중 흑 a에는 백b로 막는 수가 성립하기 때문이다.

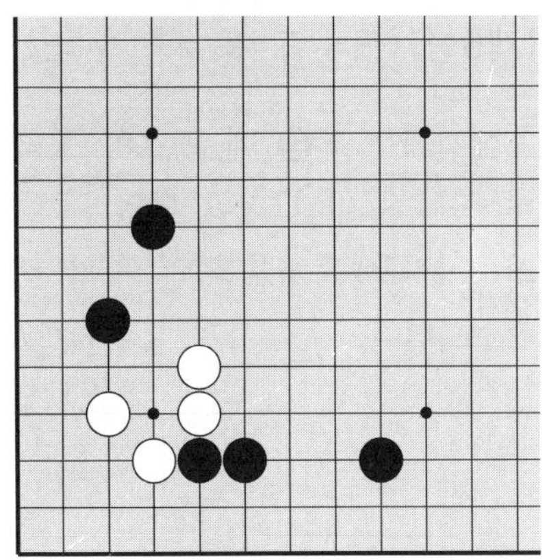

제7형 (흑선)

본형도 실전형이며 백이 귀의 치중을 방치한 모양이다. 그렇다면 백의 귀를 공격하는 급소는 어디일까?

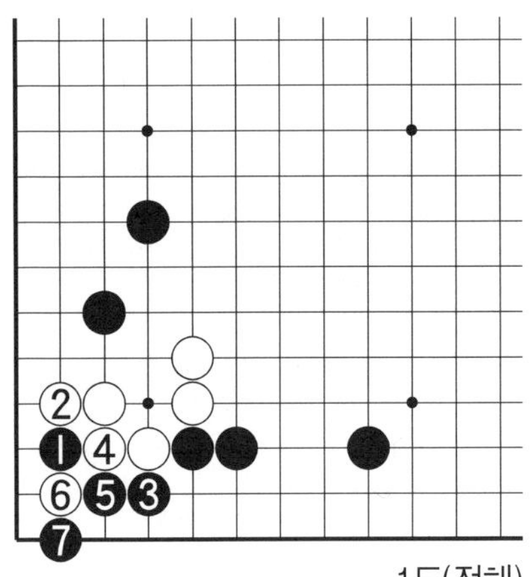

1도(정해)

1도(근거 파괴)

흑1의 치중이 급소다. 이것으로 흑7까지 귀의 근거가 크게 파괴되었다.

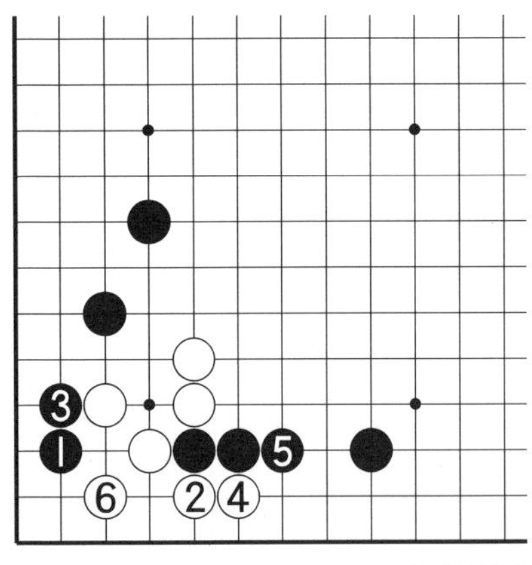

2도(변화)

2도(마찬가지)

흑1에 대해 백2로 대응하는 것도 백6이 불가피하여, 이 결과 역시 1도와 다름없다.

본형도 치중이 위협적인 패턴 중 하나다. 근거와도 관련이 되기 때문이다.

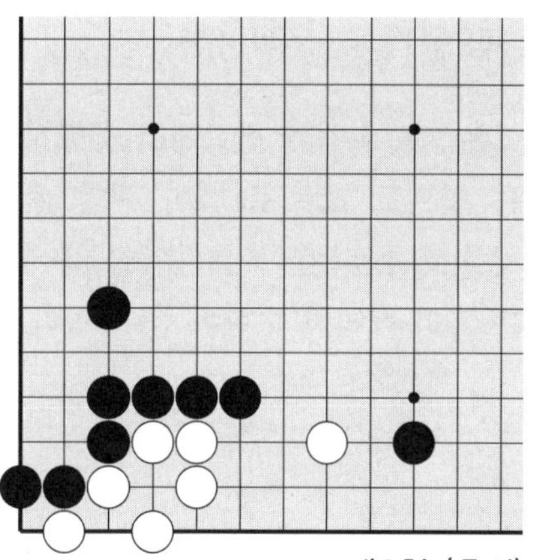

제8형 (흑선)

1도(상당한 전과)

흑1의 치중이 급소로 이하 백이 연결해도 흑에게 상당한 전과를 허용하지 않으면 안 될 것이다.

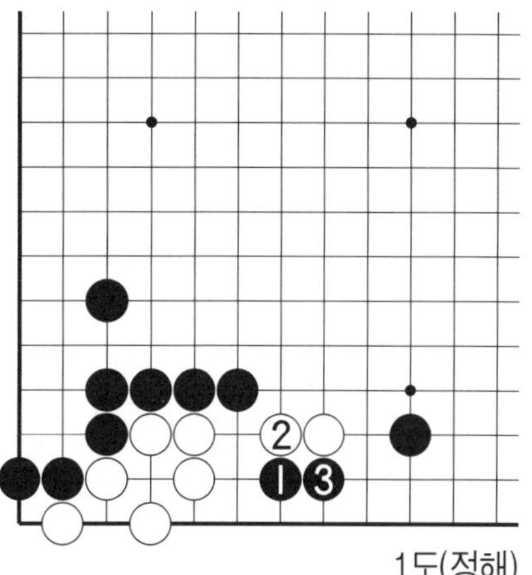

1도(정해)

2도(흑 대만족)

흑1 때 백2·4라면 5까지 흑은 귀를 잡아 크게 만족이다.

2도(변화)

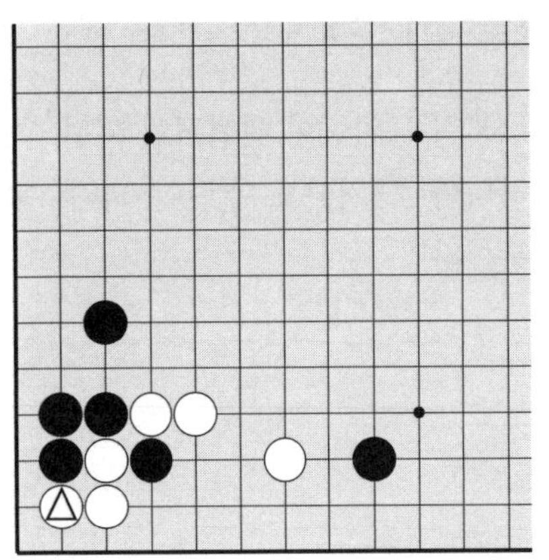

제9형 (흑선)

본형은 화점의 변화에서 등장하는 것으로, 백△로 백이 귀를 차지한 것으로 보이지만 백집 속에는 흑의 예리한 수단이 숨어 있다.

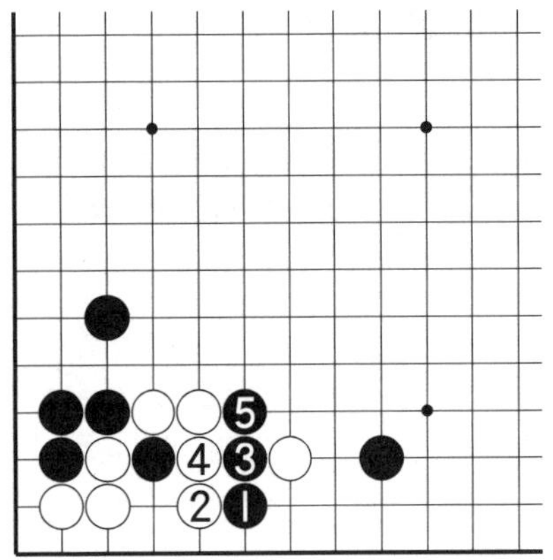

1도(정해)

1도(피해를 감수)

흑1의 치중에는 백2·4로 응수할 수밖에 없다. 흑5까지 백이 피해를 감수할 수밖에 없는 이유는—

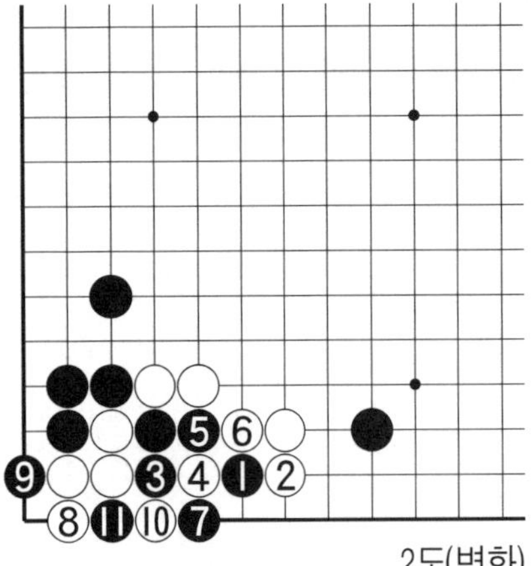

2도(변화)

2도(패)

본도 백2에 막으면 이하 흑11까지 패가 되는데, 초반에 이에 상당하는 패감은 거의 없기 때문이다.

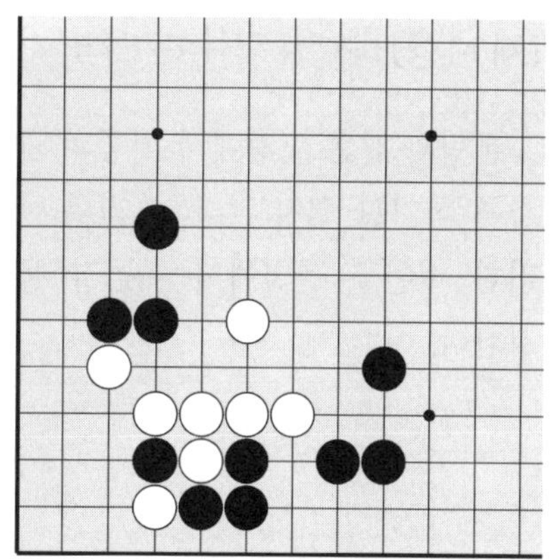

제10형 (흑선)

　본형도 실전적인 형태로 치중의 위험이 방치된 장면이다. 역시 백 귀의 근거를 탈취하는 수순을 찾아야 한다.

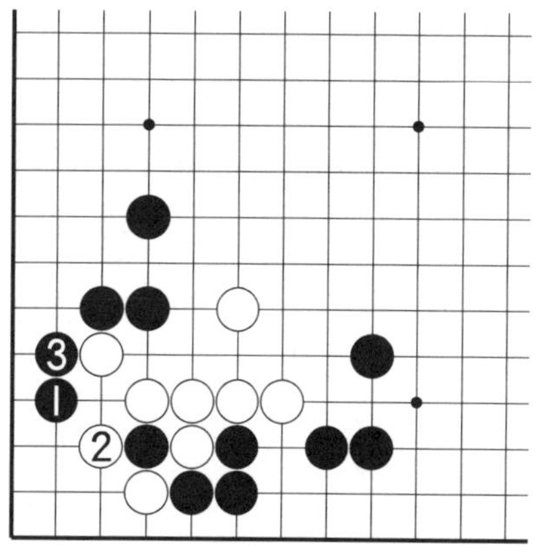

1도(정해)

　1도(근거 박탈)
　흑1의 치중이 백의 근거를 박탈하는 급소다. 이때 백2는 어쩔 수 없다. 만약 백2로─

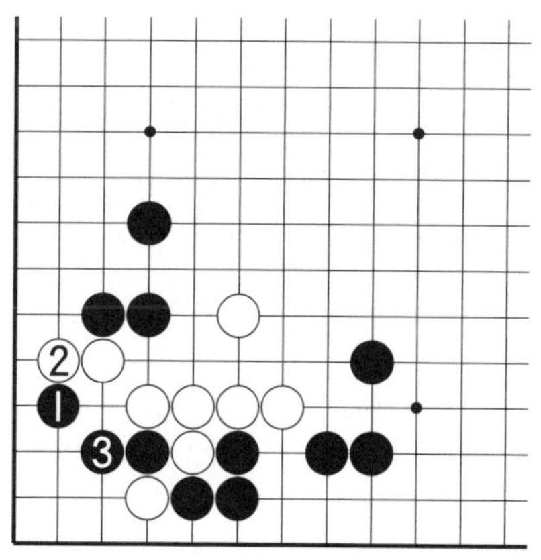

2도(변화)

　2도(근거 완전 소멸)
　본도 백2에 막는 것은 흑3으로 근거가 완전히 없어지고 만다.

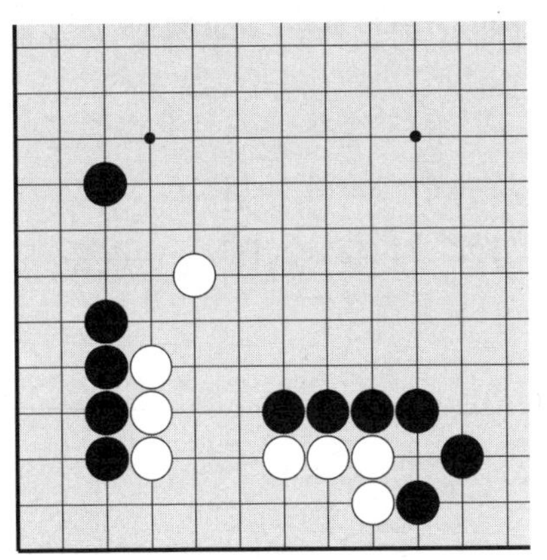

제11형 (흑선)

【제11형】 근거를 탈취하는 방법

본형과 같은 모양에서 치중의 급소를 찾기란 쉽지 않다. 그러나 이러한 패턴도 실전에서는 곧잘 등장한다.

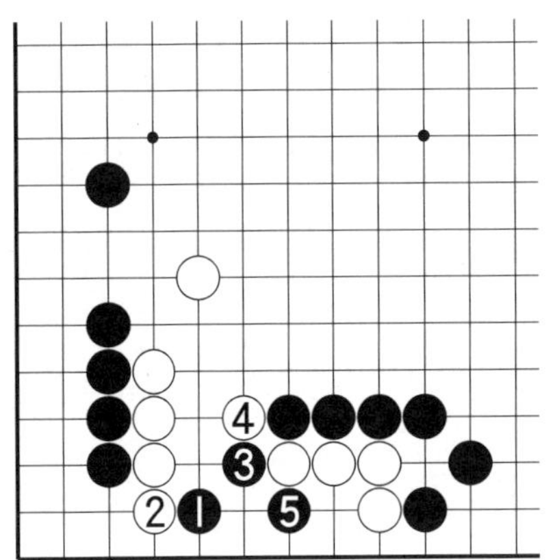

1도(정해)

1도(통용)

흑1·3·5의 수순이 이 경우 통용되는 수법이다. 이 결과는 백 넉점이 잡힌 모습이므로, 이를 피해 흑1 때 백3에 두면 흑2로 넘어가, 흑은 실속을 차리며 백을 호되게 공격하게 된다.

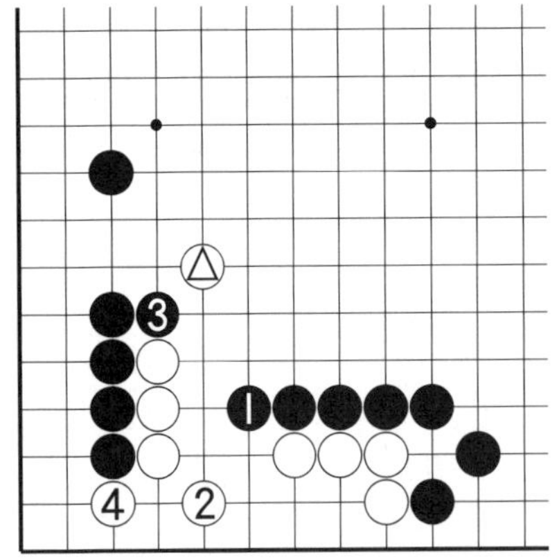

2도(실격)

2도(크게 안정)

흑1·3은 백△를 차단하여 전과를 얻은 것이기는 하지만, 이 모양에서 백2·4로 백이 크게 안정한 댓가로는 너무 적다.

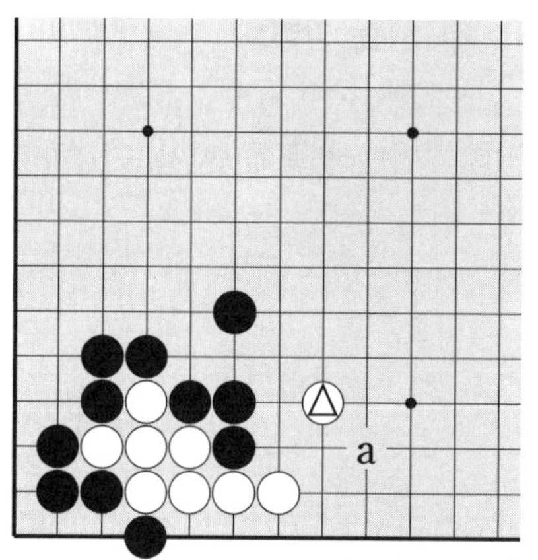

제12형 (흑선)

　본형 백△는 a가 정수다. 대개의 경우 중앙으로 머리를 내밀고 싶은 조급한 마음에 이처럼 두게 되지만, 이때는 흑에게 신랄한 공격을 당하게 된다.

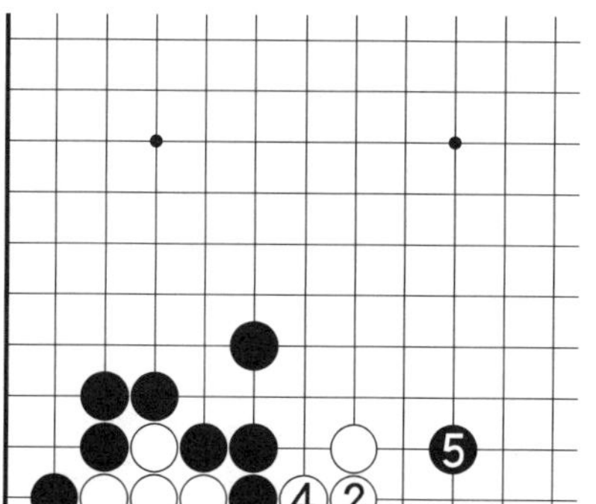

1도(정해)

1도(추격)

　흑1이 이 모양의 급소다. 계속해서 백2가 불가피할 때 흑3·5로 추격하면서 전과를 획득할 수 있다. 수순중 백2로-

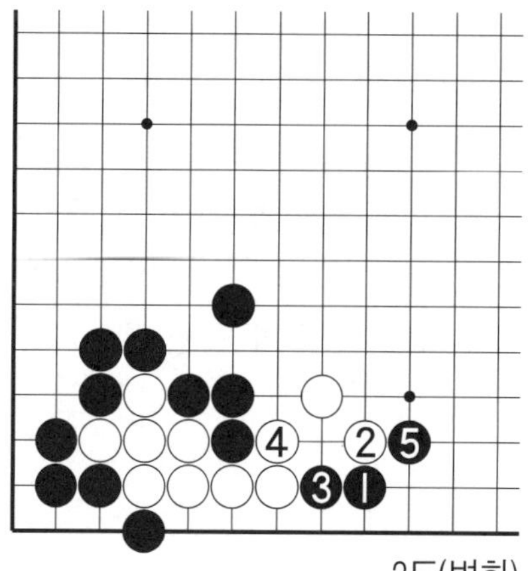

2도(변화)

2도(마찬가지)

　본도와 같이 두어도 흑5까지 백이 괴로운 것은 마찬가지다. 또 흑은 3으로-

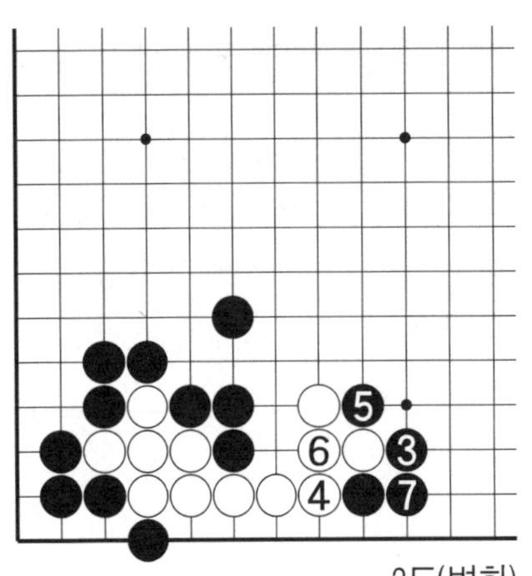

3도(변화)

3도(다른 방법)

본도와 같이 두어 공격할 수도 있다. 어떤 변화든 백이 수습하기는 쉽지 않은 것들이다.

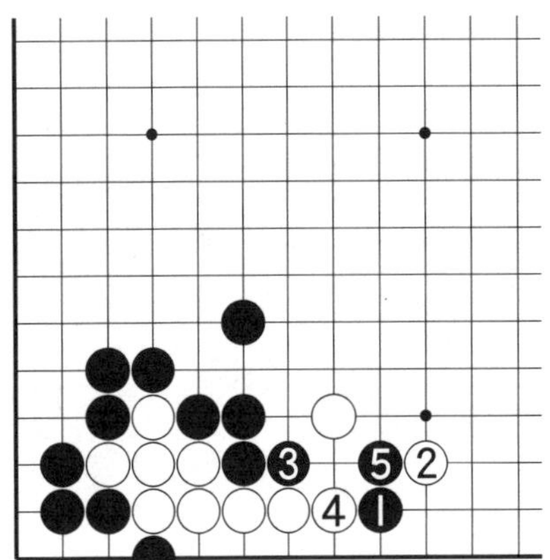

4도(1도의 변화)

4도(허장성세)

흑1 때 백2의 포위는 허장성세에 불과하다. 흑3·5의 수순으로 더 이상 후속수단이 없다.

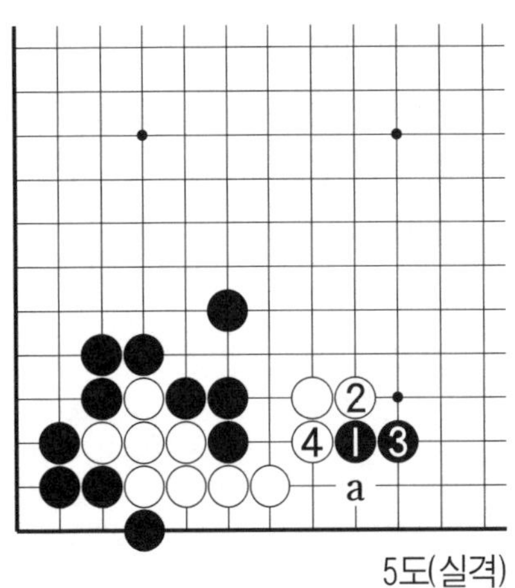

5도(실격)

5도(미흡한 공격)

흑1로 공격하는 수도 생각할 수 있지만 백2·4로 대응하여 정해보다는 미흡하다. 또 백2 때 흑a에 두면 역시 백4에 두어, 정해와 비교하여 흑의 행마가 한 발 늦다.

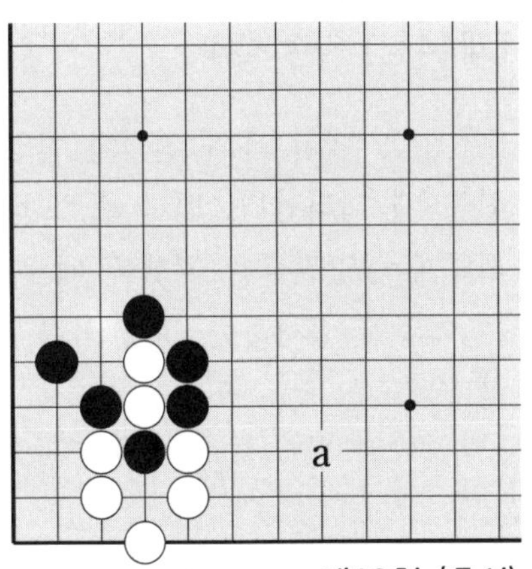

제13형 (흑선)

【제13형】 백의 근거를 추궁하는 수단

　본형은 정석과정에서 백이 a에 두어 완결하게 된다. 이때 백이 a를 생략하면 흑은 어떻게 이 백을 추궁하는 수단이 있을까?

1도(외벽)

　흑1이 백에게 근거의 형태를 주지 않는 준엄한 공격이다. 백2 이하 6까지 중앙으로 진출해도 흑7까지 외벽을 허락해 불리하다. 따라서 백은 귀를 살아 두는 것이 보통이다.

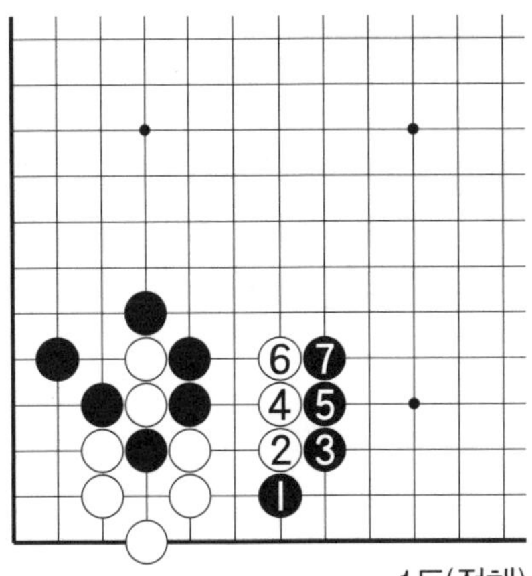

1도(정해)

2도(외세작전)

　흑1도 둘 수 있는 수다. 다만 이 수는 중앙에 세를 펴고 싶을 때 사용한다. 어디까지나 근거를 박탈하는 목적이라면 실격이다.

2도(실격)

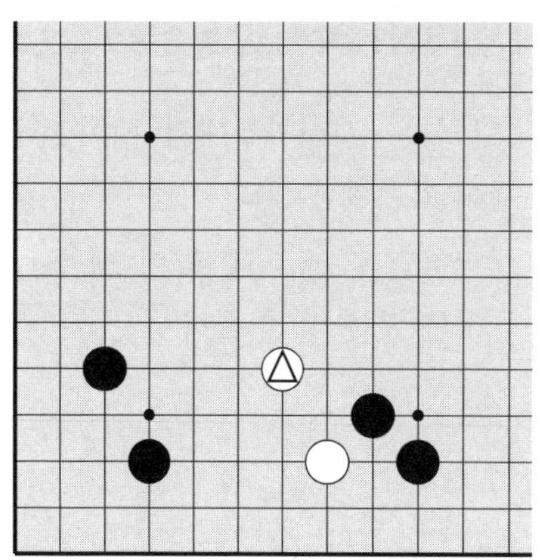

제14형 (흑선)

본형은 백이 흑의 진영에 침입했을 때 나타난다. 백이 △로 경쾌하게 중앙진출을 꾀했을 때 흑은 어떻게 공격하는 것이 바람직할까?

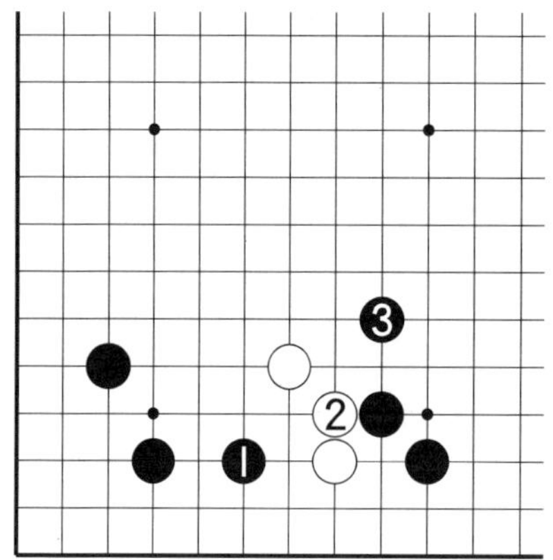

1도(정해)

1도(선취점)

흑1로 우선 백의 근거를 박탈한 후 백2를 기다려 흑3으로 진출하는 것이 수순이다. 흑은 일단 흑1만큼의 득을 선취하고 있다.

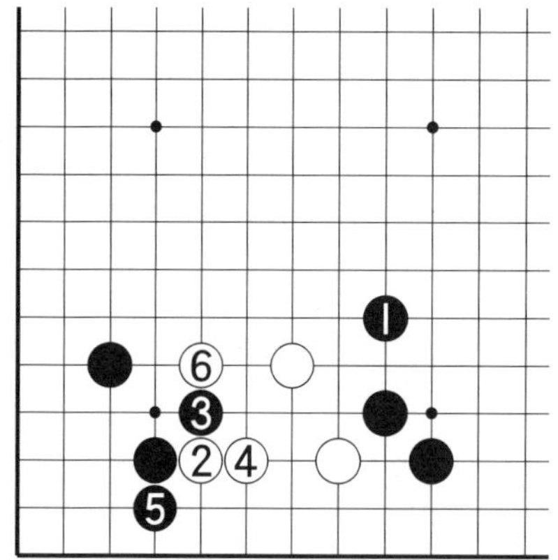

2도(실격)

2도(자체 안정)

단순히 흑1에 진출하는 것은 백에게 근거를 확보할 타이밍을 주어 불만이다. 백2와 같은 상용의 수법으로 자체 안정을 꾀할 것이다. 또 백은 4로 –

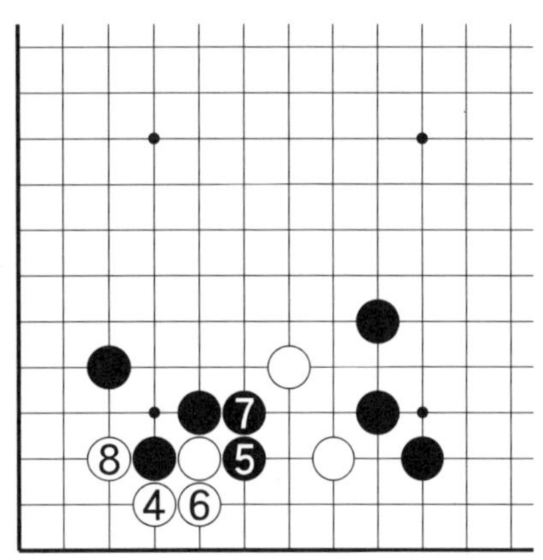

3도(변화)

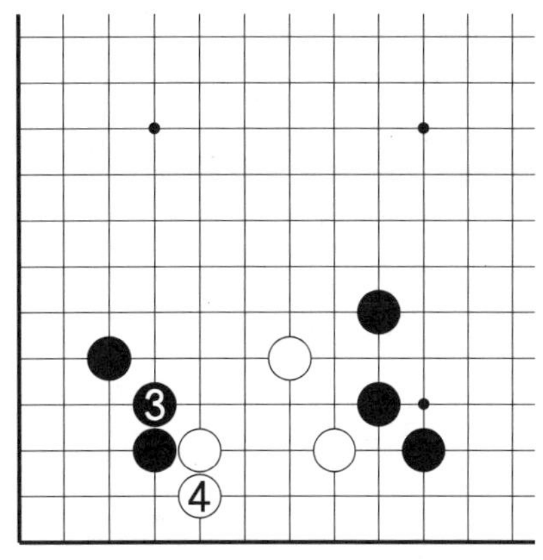

4도(2도의 변화)

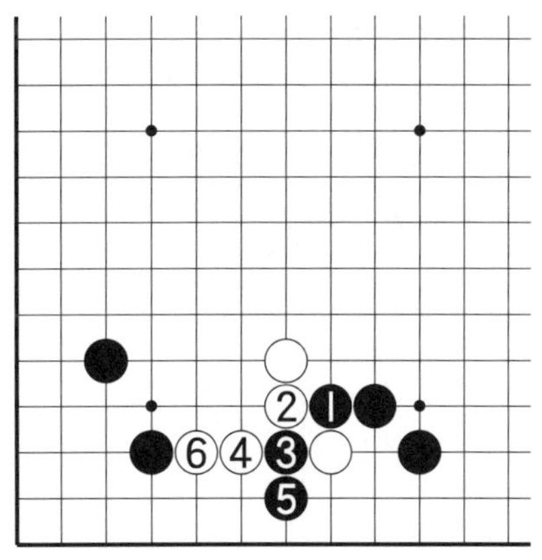

5도(실격)

3도(귀를 중시)

본도 백4 이하로 변화할 지도 모른다. 이하 백8까지 백은 귀를 선수로 점거하고 다른 곳에 전환할 수도 있다.

4도(근거 마련)

2도 흑3으로 본도 흑3과 같이 두면 백도 4로 근거를 잡게 된다.

5도(흑 대손해)

흑1·3의 절단은 백4·6의 치받는 맥을 유발시켜 손해가 크다.

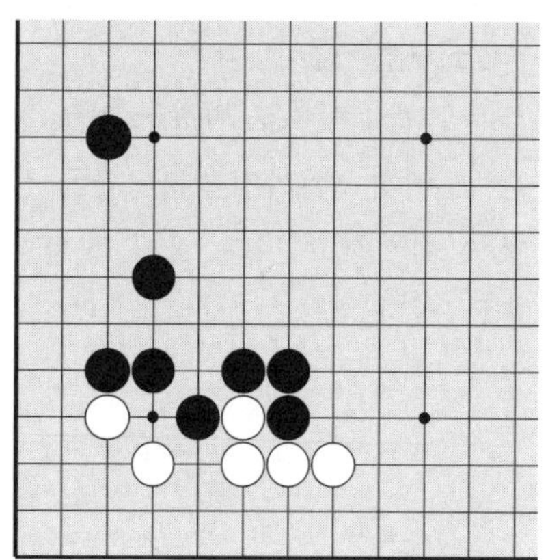

제15형 (흑선)

【제15형】 귀의 근거를 추궁하는 수단

본형은 백을 공격하는 것과는 무관하나 근거형 치중으로 이득을 취하는 수법이 있다.

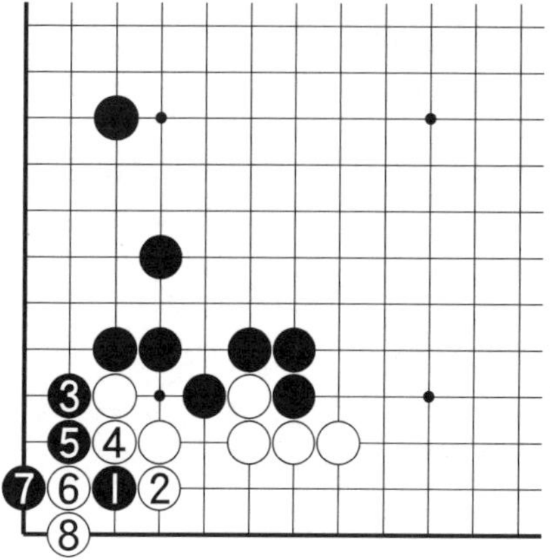

1도(정해)

1도(선수 이득)

흑1의 치중으로 이하 백8까지, 흑은 선수로 약 10집의 득을 볼 수 있다. 주의할 점은-

2도(실격)

2도(단수)

흑1에 먼저 찌르는 것은 흑3 때 백4의 단수가 성립하여, 이하 백8까지 흑의 실패다.

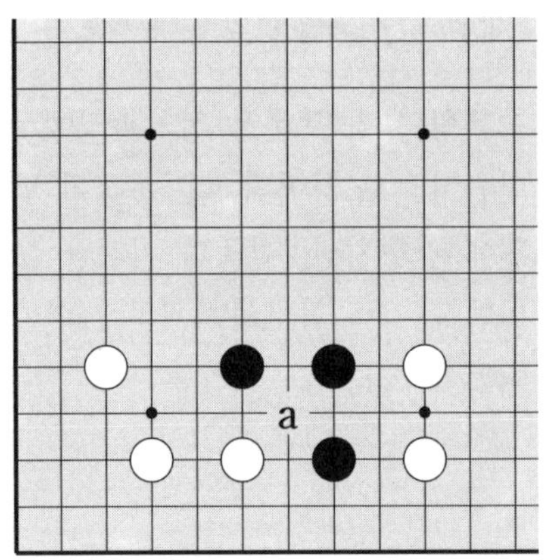

제16형 (흑선)

본형과 같은 모양은 실전에서 비일비재하게 등장하는 패턴이다. 요지는 백a의 들여다보기를 어떻게 방비하는가이다.

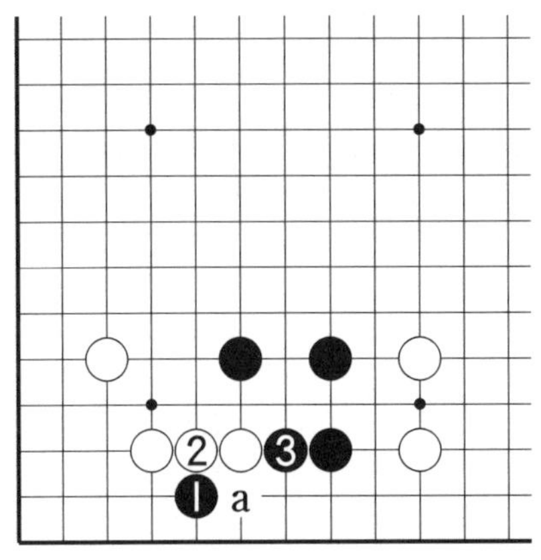

1도(정해)

1도(모양정비의 수순)

흑1의 치중이 이 패턴의 포인트다. 백2에는 흑3으로 치받아 선수로 정비할 수 있다. 흑a가 있기 때문이다. 또 백2로—

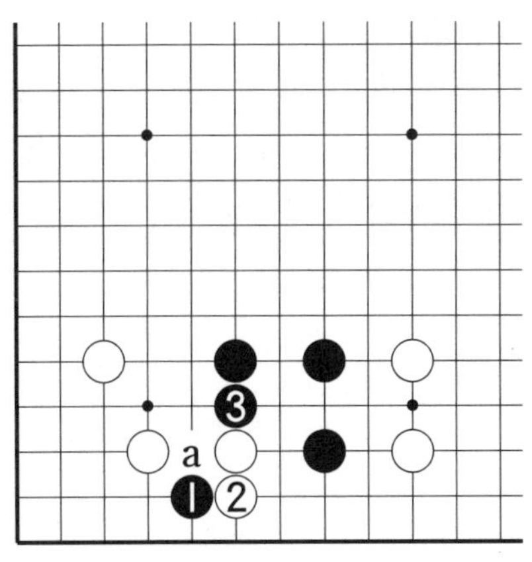

2도(변화)

2도(선수로 정비)

본도 백2라면 이번에는 흑3에 치받아 선수로 정비한다. 역시 흑a가 있기 때문이다.

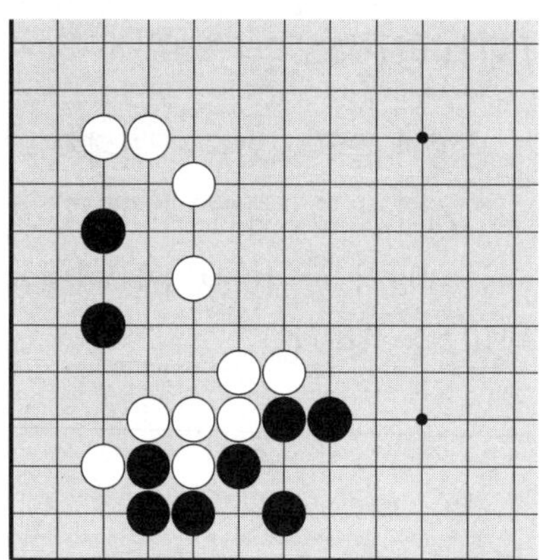

제17형 (흑선)

본형의 귀 부분은 정석과정에서 만들어진 모양이다. 흑 두점이 백진에 갇혔지만, 귀쪽의 약점을 노리면 근거를 확보하기에는 그다지 어렵지 않다.

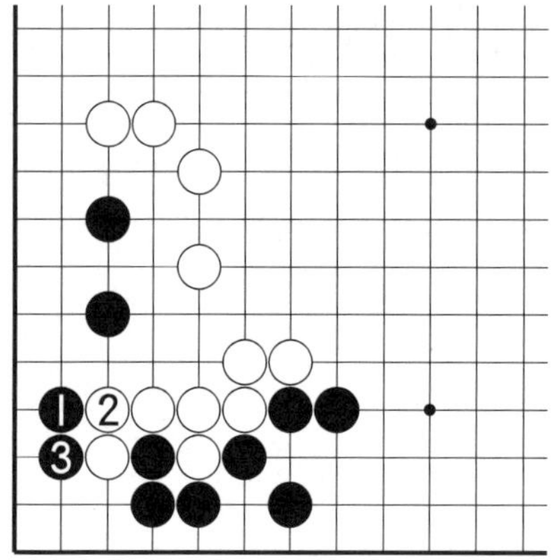

1도(정해)

1도(근거 확보)

흑1·3의 수순이 근거를 확보하는 알기 쉬운 수법이다. 만약 이 수로—

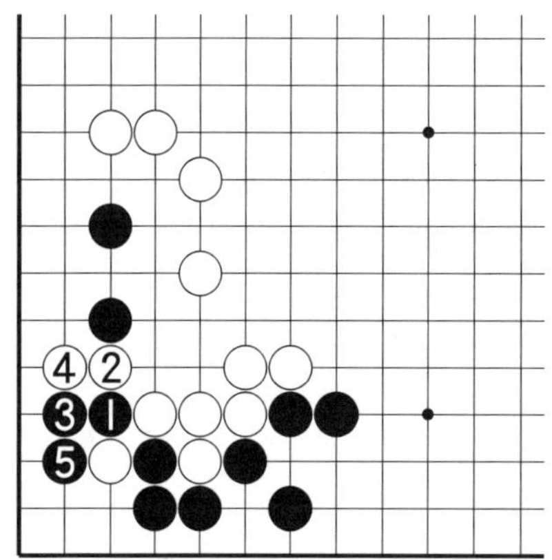

2도(실격)

2도(두 점이 크다)

본도 흑1·3으로 백 한점을 끊어 잡는 수도 크지만, 흑 두점이 잡힌 것과는 비교할 수는 없다.

수상전의 테크닉

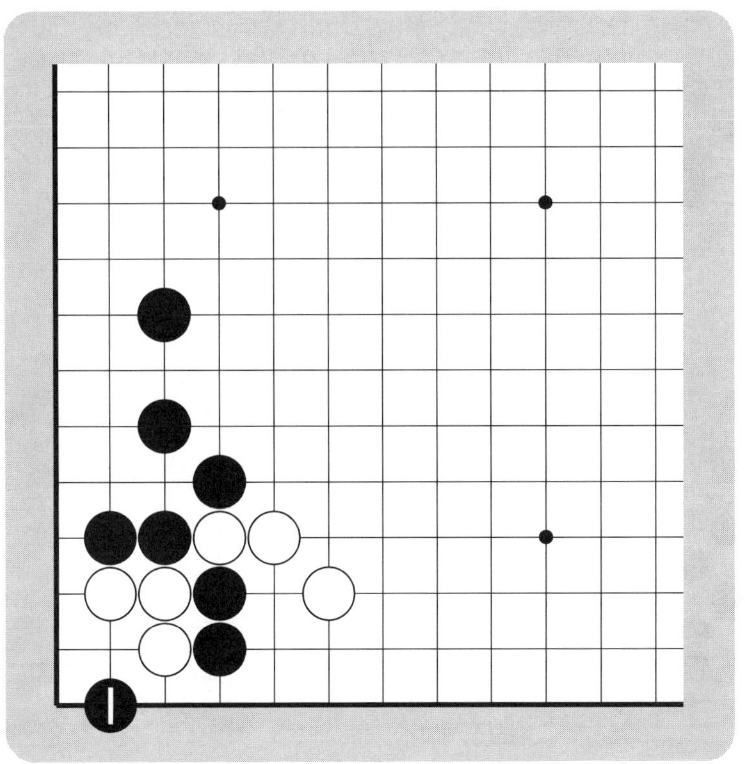

　흑1은 수상전의 기본 테크닉 중 치중의 맥이 사용되는 대표적인 패턴이다. 그러나 알아 두어야 할 점은 반드시 이 치중만이 정해는 아니라는 것이다. 또 치중으로는 해결 되지 않는 경우도 있다. 다만 치중이 우선적으로 검토되어 야 할 패턴임에는 분명하므로 반드시 숙지해 둘 필요가 있다.

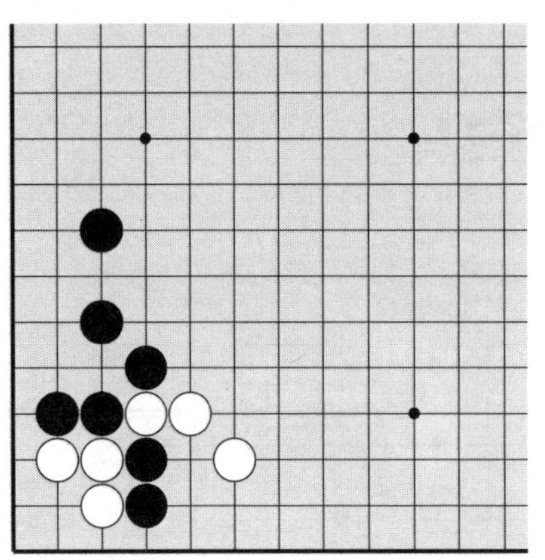

제1형 (흑선)

본형은 실전에 자주 등장하는 수 상전의 한 유형이다. 흑백 모두 3 수씩이므로 흑이 먼저 두면 무조 건 이길 것 같지만 곧바로 수를 줄이는 방법으로는 성공하지 못한 다.

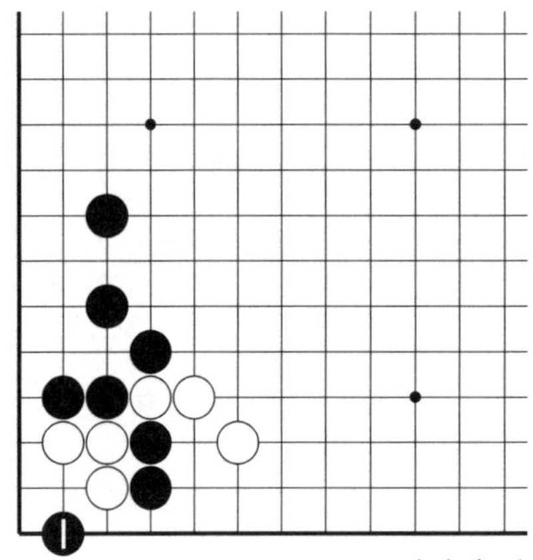

1도(정해 1)

1도(치중의 역할)

흑1의 치중이라야 한다. 이 수 는 수를 줄이는 것이 아니라 흑의 수를 한 수 늘이는 역할을 한다. 따라서 이 수로는-

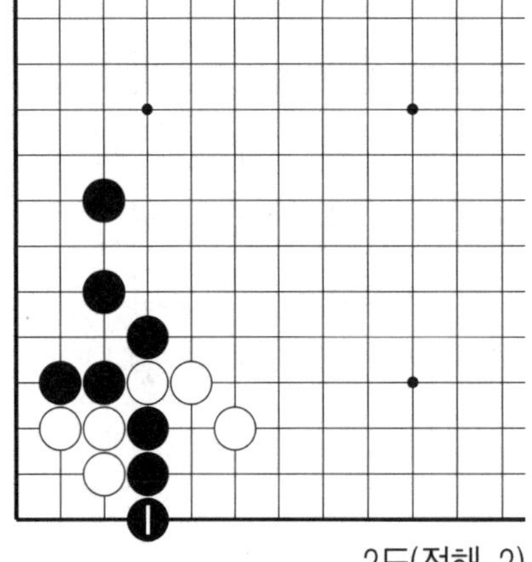

2도(정해 2)

2도(뻗음)

본도 흑1의 뻗음도 성립한다. 이 수도 수상전에 유익한 수이므로 익 혀 두는 편이 좋을 것이다.

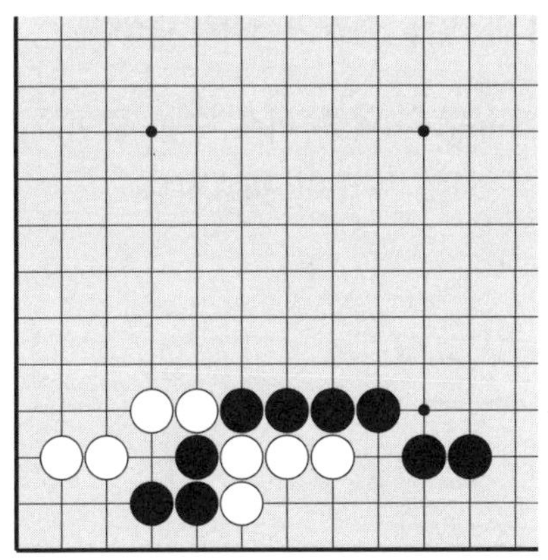

제2형 (흑선)

제2형 (흑선)

【제2형】 고전형 수상전

본형은 고전에 빠짐없이 등장하는 수상전 모양인데, 이 유형도 치중의 맥으로 해결하는 것이 유일한 방법이다.

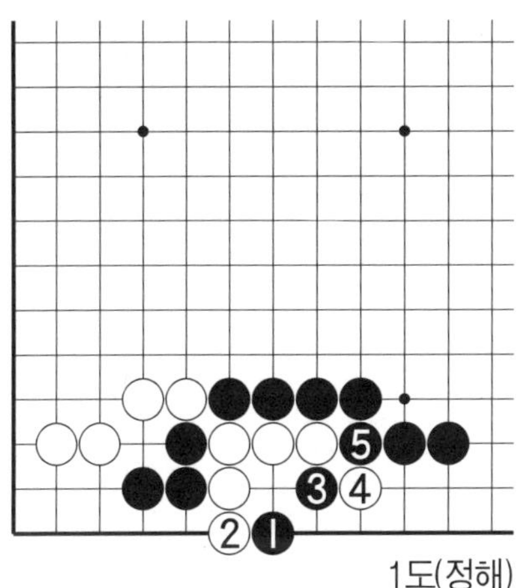

1도(정해)

1도(수상전의 맥)

흑1의 치중은 전형과 마찬가지로 백이 수 줄이는 것을 방비하는 수상전의 맥이다. 백2에는 흑3·5의 수순이 기다리고 있다.

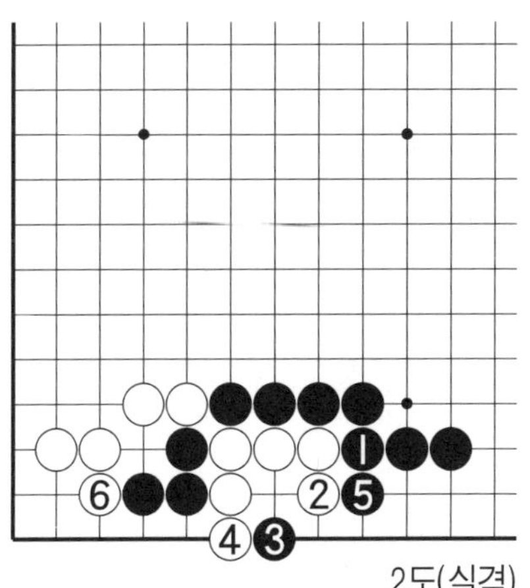

2도(실격)

2도(백 1수승)

흑1로 수를 줄여가려는 것은 백2로 백의 수가 한 수 늘어, 백6까지 흑이 1수 부족이다.

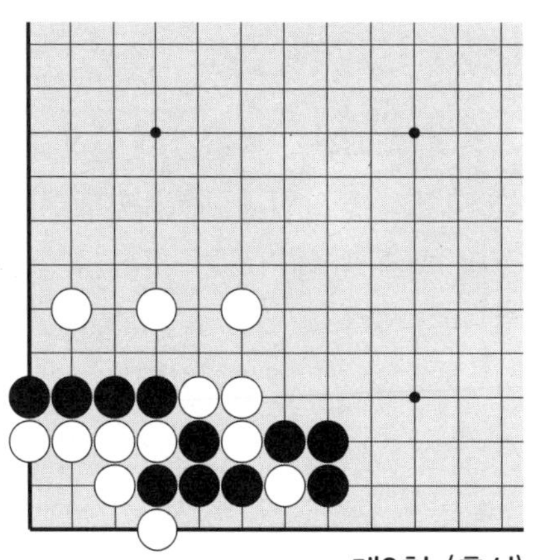

제3형 (흑선)

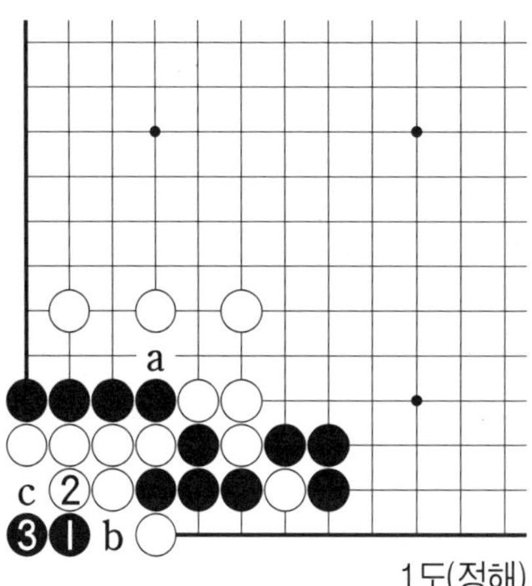

1도(정해)

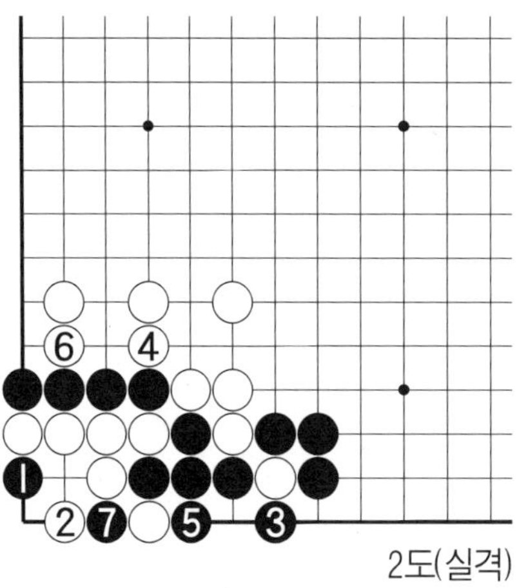

2도(실격)

본형은 치중 이후 수를 줄여 가는 기초 수순이 필요하다.

1도(흑 1수승)

흑1의 치중이 일단 맥이며 흑3 이후 백a면 흑b, 백c로 따낼 때, 흑1의 수순으로 흑 1수 승이다.

2도(패)

흑1이 수를 빨리 줄이는 것 같지만 백2의 저항이 있다. 이하 흑 7까지 패가 되어 실격이다.

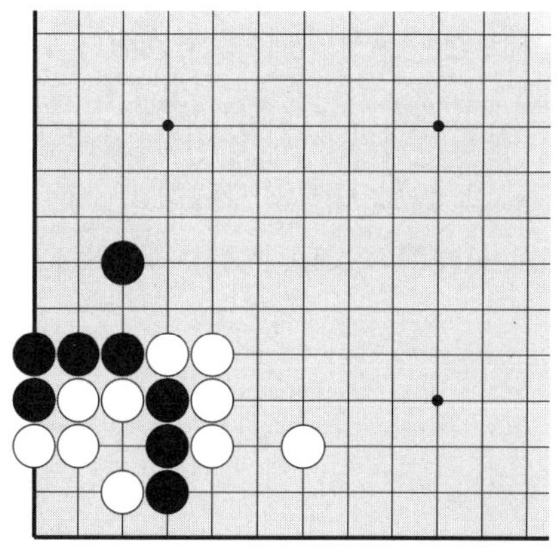

제4형 (흑선)

본형도 고전에 거의 실려 있는 모양으로 치중의 맥을 필요로 한다. 다만 정해는 빅 또는 패다.

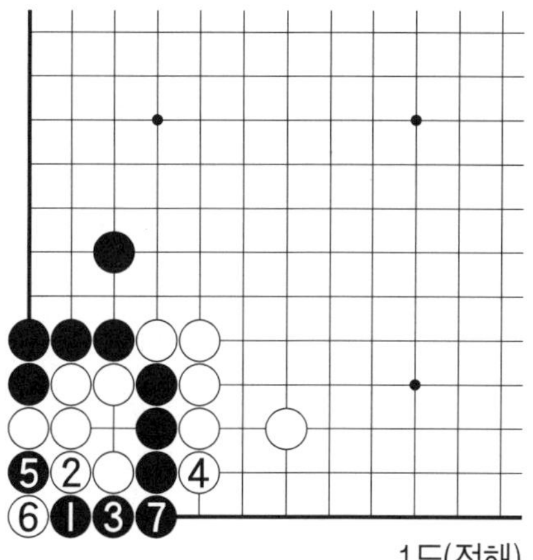

1도(정해)

1도(선택)

흑1로 치중한 다음, 이하 흑7까지 패를 하거나, 패가 불리하면 빅으로 하거나 흑이 선택할 수 있다.

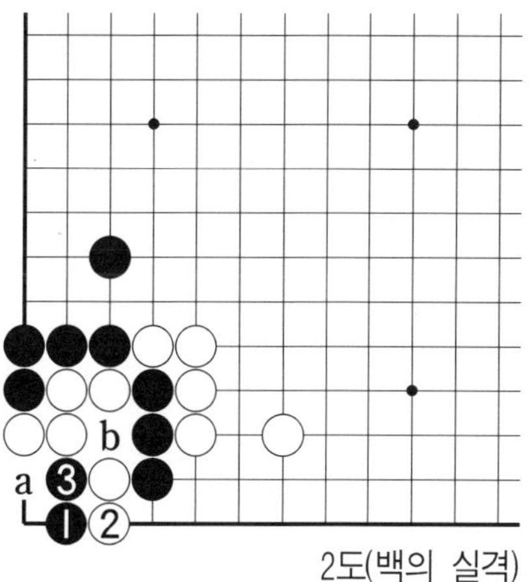

2도(백의 실격)

2도(백 죽음)

흑1에 백2는 흑3으로 죽음이 있다. 흑3 이후 백a면 흑b로 계속 단수가 된다.

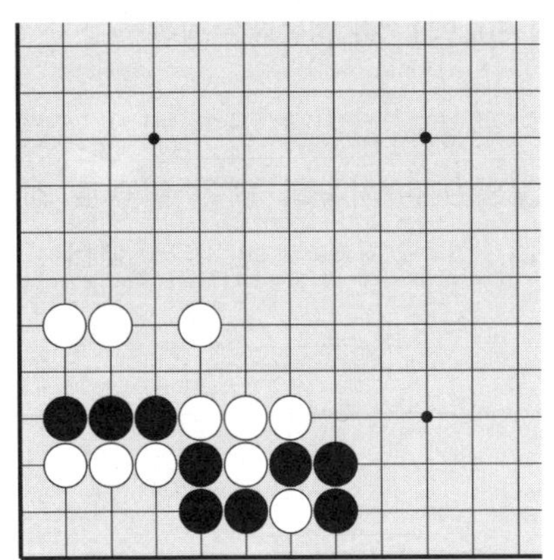

제5형 (흑선)

본형에서의 치중은 다소 난해할 것 같지만, 사실은 제1형의 치중이 확대된 것이라고 할 수 있다.

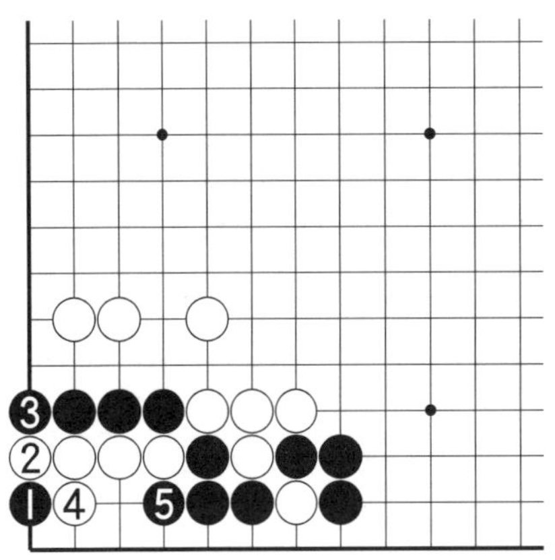

1도(정해)

1도(백의 수줄임을 방비)

흑1의 치중도 백이 수를 줄이는 것을 방비한다는 점에서 제1형과 같다. 다만 제1형과 다른 점이 있다면 흑1로 3의 곳에 뻗는 수가 성립하지 않는다는 것이다. 그 변화는 4도에 있다.

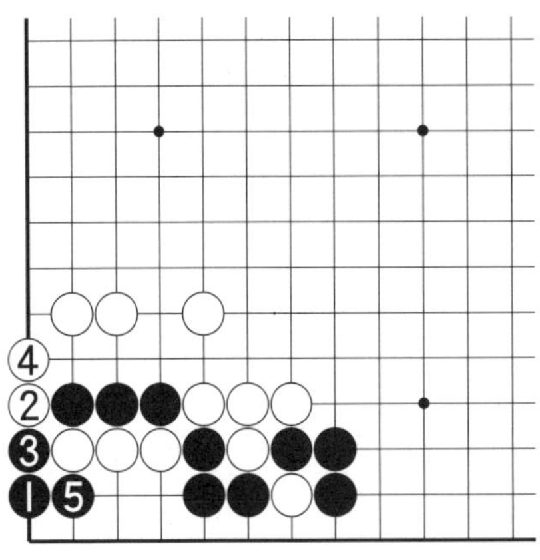

2도(변화)

2도(절단)

흑1 때 백2라면 흑3의 절단으로 그만이다.

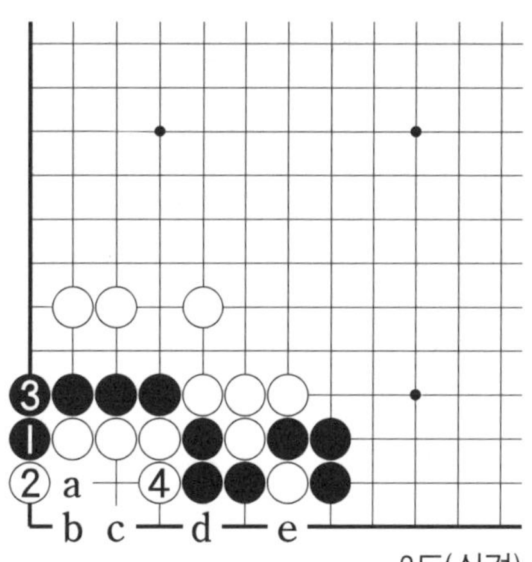

3도(실격)

3도(젖힘)

흑1에 젖히는 것은 백2·4로 패 이상의 결과는 없다. 즉 흑a라면 백b로 패가 되고, 흑b라면 백d, 흑e, 백a로 백 1수승이며, 흑c의 치중은 백d, 흑e, 백b로 살아 버리므로 실격이다.

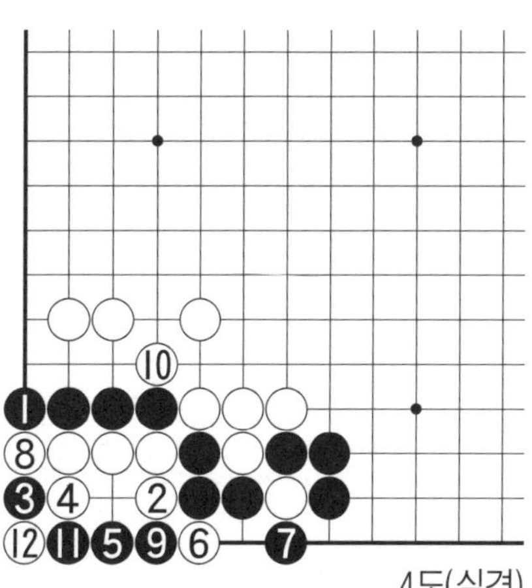

4도(실격)

4도(패)

흑1로 뻗는 것은 이 경우 백에게 2 이하 12까지 패로 저항하는 수가 있어 실격이다.

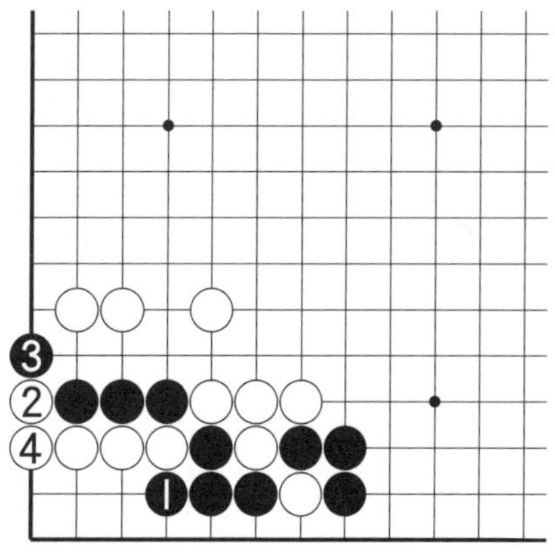

5도(실격)

5도(수줄임)

흑1은 백2·4로 수를 줄이는 수순이 있어 실격이다.

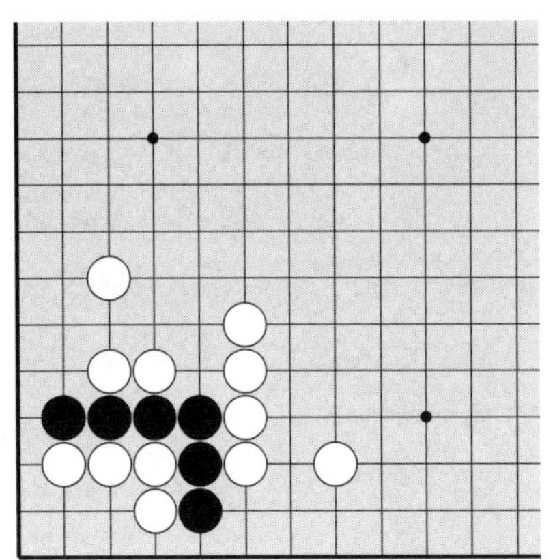

제6형 (흑선)

【제6형】 귀6궁형 수상전

【제6형】 귀6궁형 수상전

본형은 귀6궁형의 수를 줄이는 상용의 맥을 찾아야 한다. 이 수법은 필수적이라고 해도 과언이 아니다.

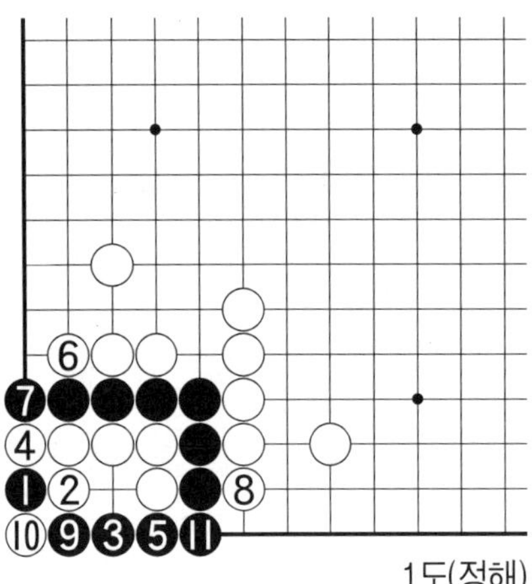

1도(정해)

1도(연속 치중)

흑1·3의 연속된 치중이 이 패턴의 열쇠다. 이하 흑11까지 패와 관계 없이 흑 1수승이다.

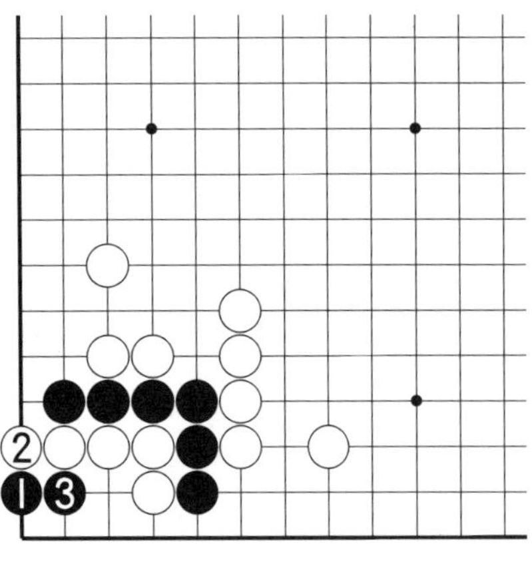

2도(변화)

2도(흑 2수승)

흑1에 백2로 차단하면 흑3으로 흑 2수승이다.

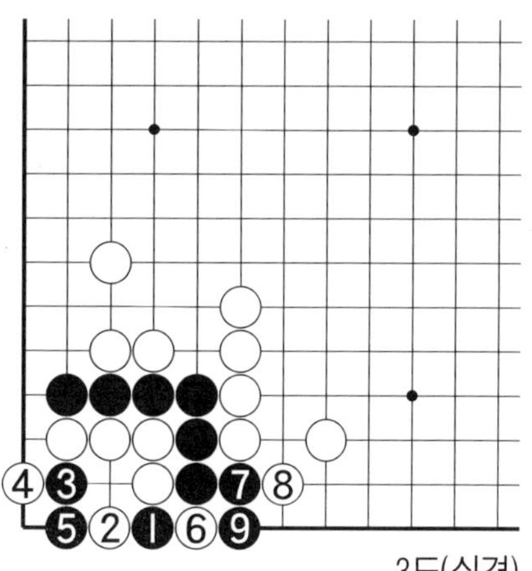

3도(실격)

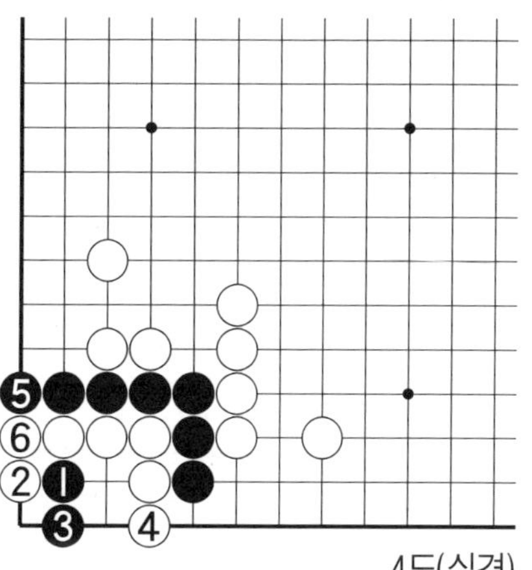

4도(실격)

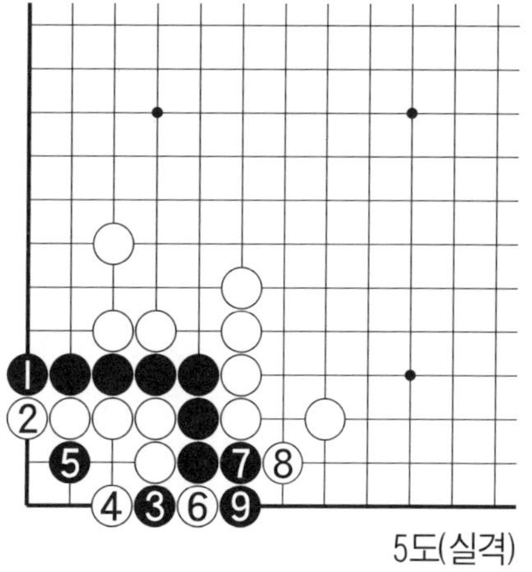

5도(실격)

3도(1수 늘어진 패)

본도 흑1·3의 수순도 기억해 둘 만한 수순인데, 다만 이 경우는 1수 늘어진 패가 되어 실격이다.

4도(백 2수승)

흑1이 가장 조심해야 할 수다. 대개의 하급자들이 이렇게 두어 수상전에 지는 케이스가 많은데, 백6까지 백의 궁도가 넓어져 백7수, 흑5수로 백 2수승이다.

5도(뻗기)

흑1로 뻗은 다음, 이하의 방법도 3도와 다를 바 없게 되어 실격이다.

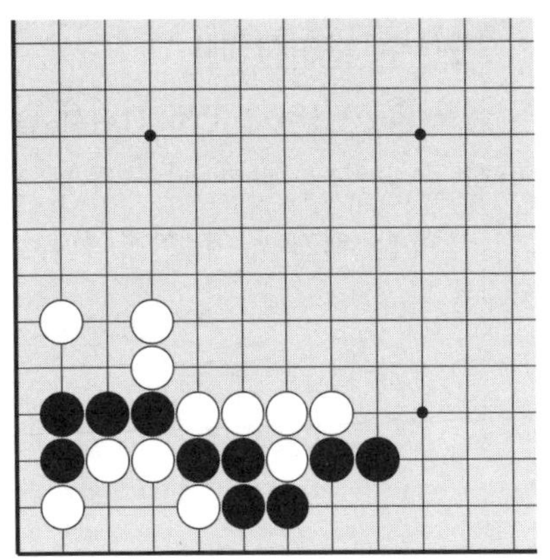

제7형 (흑선)

【제7형】 좌측 흑넉점의 수상전

本형은 치중의 맥을 모르면 패로 만들기에 안성맞춤이다.

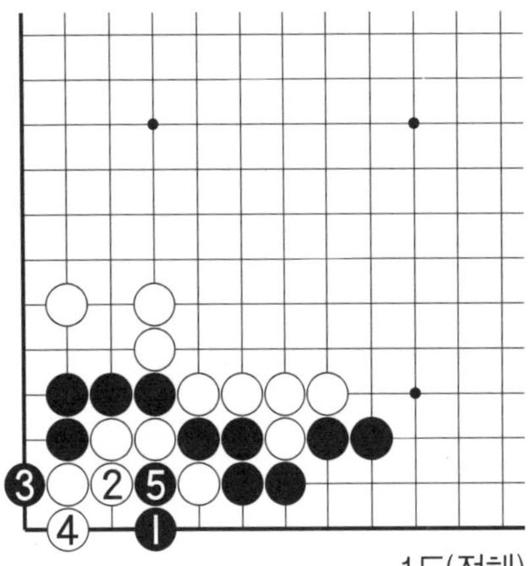

1도(정해)

1도(흑 1수승)

흑1의 치중이 정맥이다. 백2가 불가피할 때 흑3·5로 흑의 1수승이다.

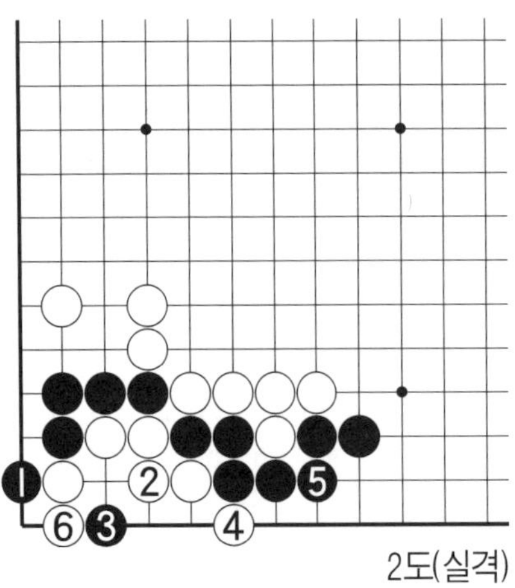

2도(실격)

2도(백 1수승)

단순히 흑1로 젖히는 것은 백2쪽을 잇는 수가 있어, 이하 백6까지라면 백의 1수승이다.

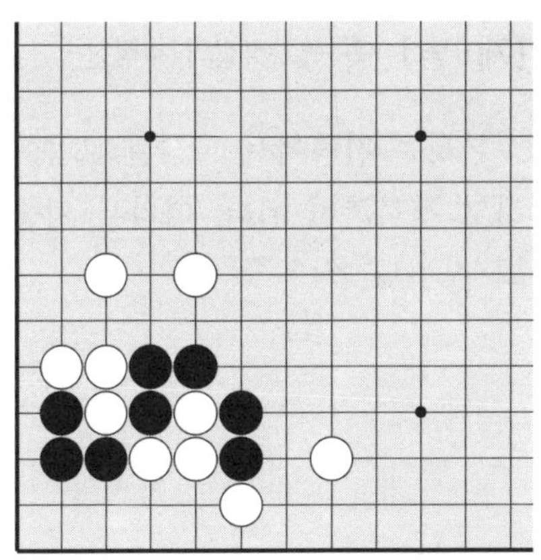

제8형 (흑선)

 본형은 일본식 조어로 속칭 '너구리 배 두들기기'라고 하는 유명한 수상전 형태로, 1선에 쌍점으로 치중하는 특이한 형태인데, 이 수법은 반드시 숙지할 필요가 있다.

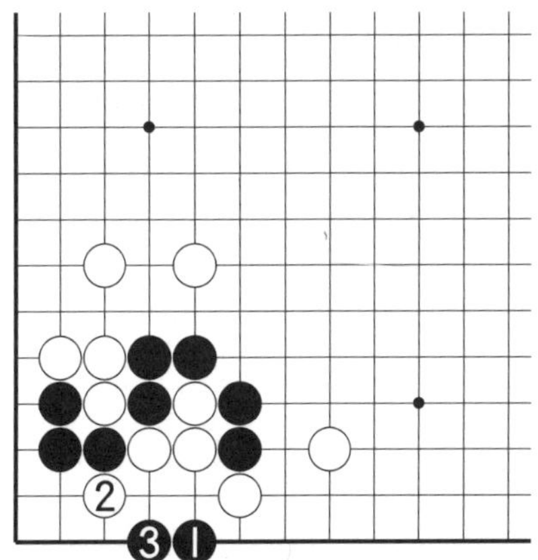

1도(정해)

1도(쌍점 치중)

 흑1·3이 이 수상전의 정해다. 이 수순만이 백을 끝까지 2수로 유지하는 수법이다.

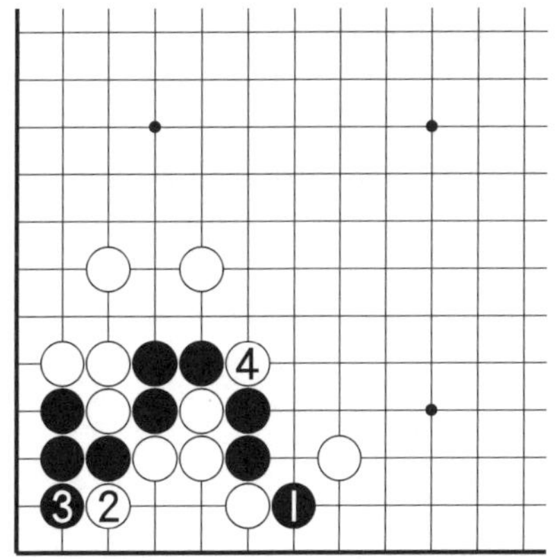

2도(실격)

2도(백의 주문)

 흑1로 받는 것이 백의 주문이다. 이때 백은 2로 젖혀 1수를 늘린 다음 백4로 끊어 역습이 가능해진다.

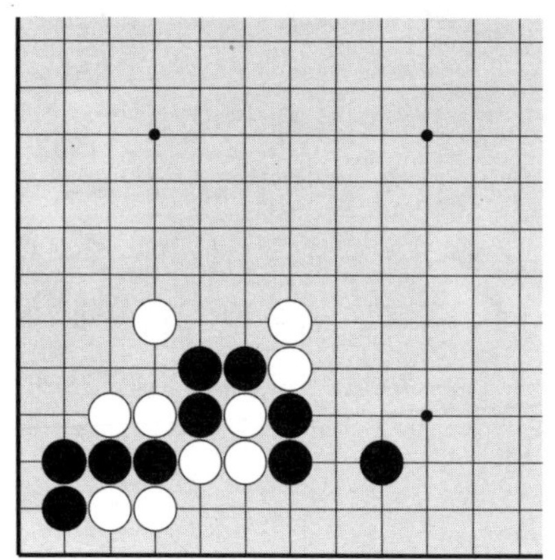

제9형 (흑선)

본형은 전형에서 파생된 모양이라고 생각하면 된다. 따라서 치중의 장소도 같다.

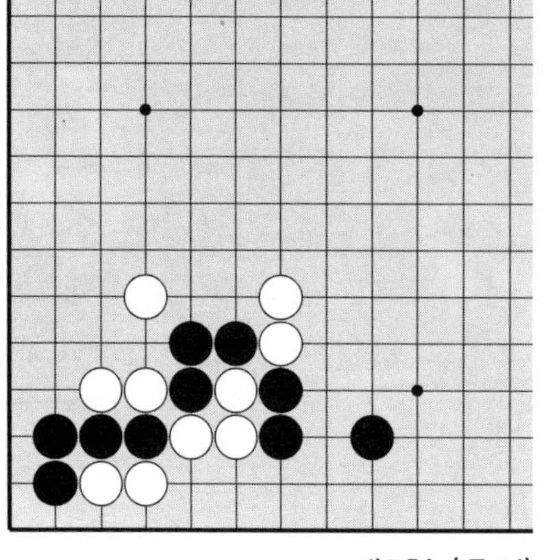

1도(정해)

1도(흑 1수승)

흑1의 치중은 전형의 치중과 같은 맥락이다. 백2라면 흑3으로 수를 줄여 흑쪽이 1수 빠르다.

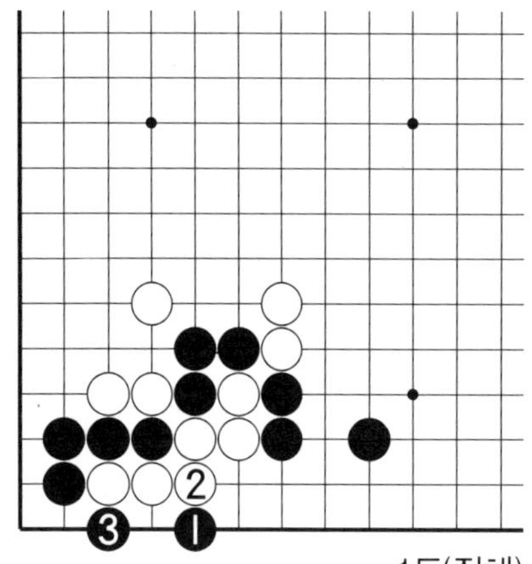

2도(변화)

2도(양자충)

이 모양에서 백2에는 '너구리 배'를 두들기는 것보다 흑3·5로 두는 것이 더 알기 쉽다. 이것으로 백은 양자충의 모양이다.

연결을 차단하는 요령

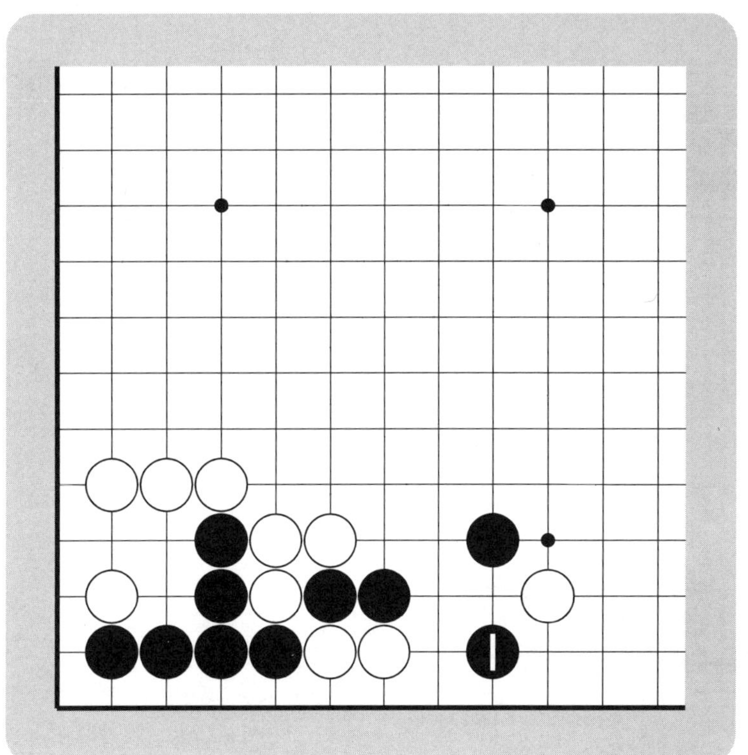

　흑1은 실전에서 언뜻 떠올리기 쉽지 않은 차단의 맥이
다. 그러나 분석해 보면 돌이 몇 개 생략되었을 뿐 이 수
역시 치중하는 위치에 있다.

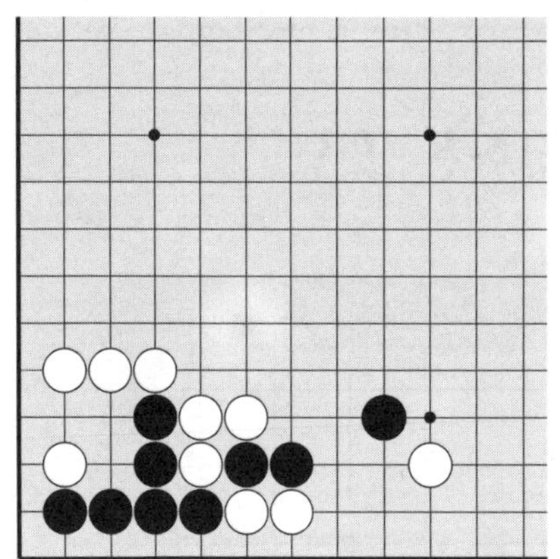

제1형 (흑선)

본형은 1도의 수순을 진행하고 나면 이해가 빠를 것이다. 지금은 돌이 생략되어 상급자도 이해하기는 쉽지 않다.

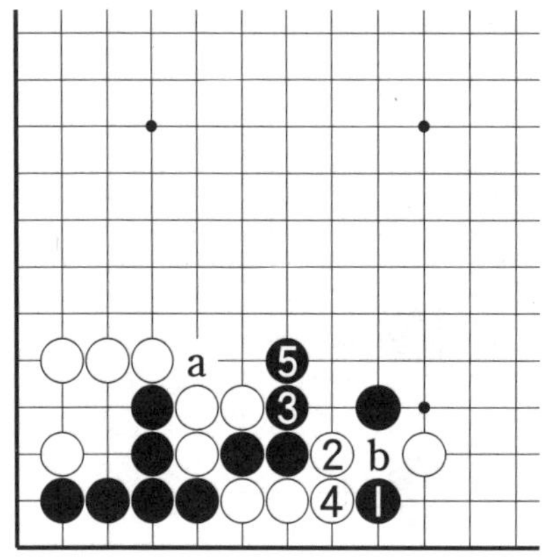

1도(정해)

1도(맞보기)

백2, 흑3이 두어진 다음에 보면 흑1이 확실히 치중이라는 것을 알 수 있을 것이다. 백4에는 흑5로 a와 b를 맞보고 있다.

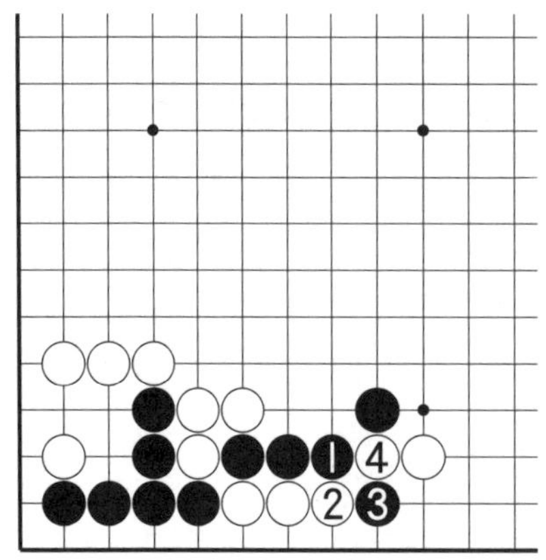

2도(실격)

2도(차단 불가능)

흑1은 순진. 백2·4로 차단이 불가능하여 실격이다.

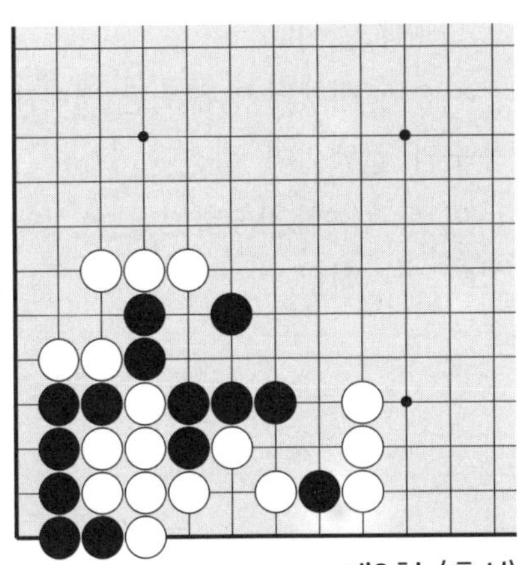

제2형 (흑선)

　본형은 단순한 수순이기는 하지만 치중의 필요성을 절감하기에 충분하다. 치중을 생각하지 못하면 상급자도 패로 만들기 십상이다.

1도(촉촉수)

　흑1의 치중이 우선이다. 그리고 백의 응수에 따라 다음 수를 결정할 수 있다. 백2라면 흑3·5로 촉촉수가 되며 –

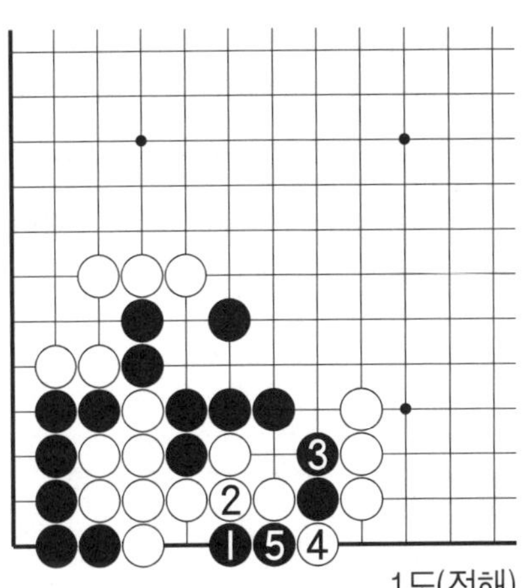

1도(정해)

2도(준비된 수순)

　본도 백2로 차단하면 이때는 흑3으로 잡는 것이 준비된 수순이다.

2도(변화)

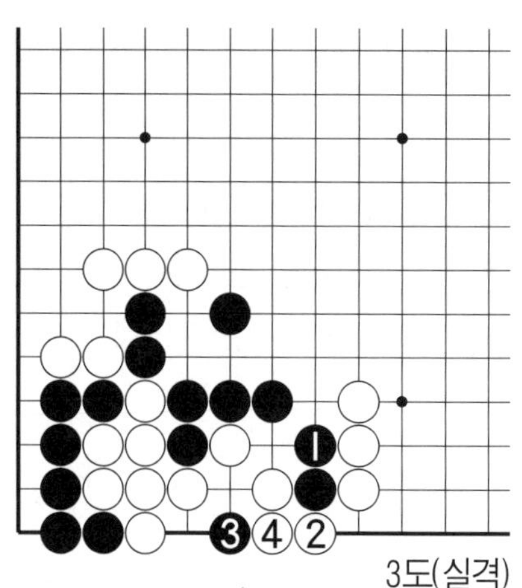

3도(실격)

3도(백 안전)

치중이 선행되지 않으면 백에게 응수의 선택권이 생긴다. 그냥 흑 1 이후 흑3에 치중하면 백은 4에 이어 안전하다.

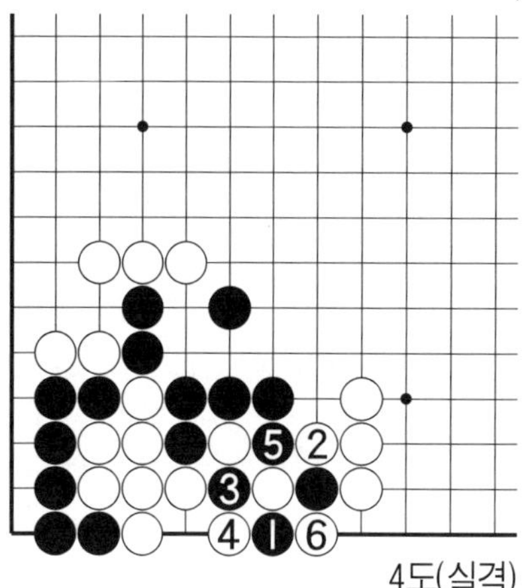

4도(실격)

4도(패)

흑1의 젖힘도 일종의 맥이다. 이렇게 두는 수법이 없는 것은 아니지만 이 경우는 패가 되어 실격이다. 참고로 백2로는 -

❼…❸

5도(백 손해패)

본도 백2에 받아도 패가 되는데, 이 패는 같은 패라도 4도에 비해 백의 수준이 낮다.

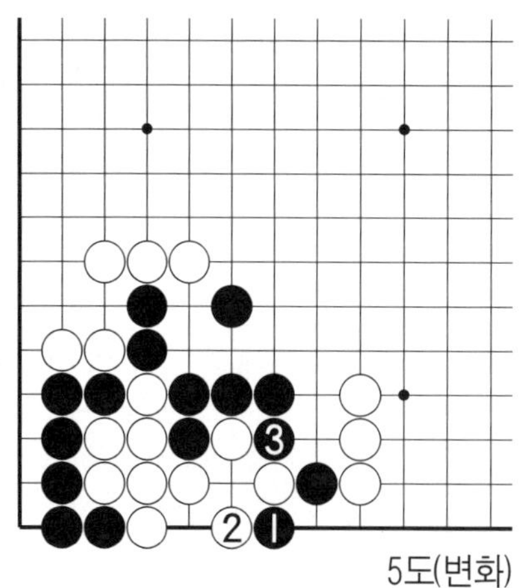

5도(변화)

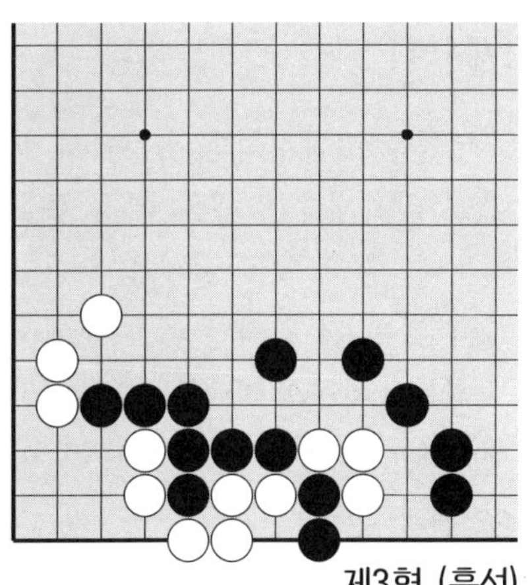

제3형 (흑선)

본형과 같은 모양에서도 1선의 치중으로 차단이 가능하다.

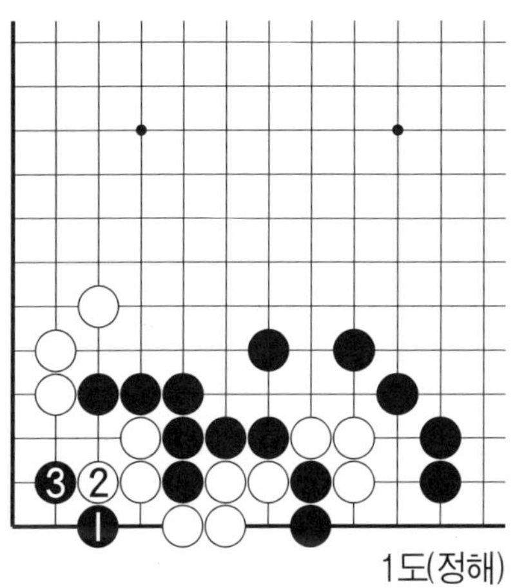

1도(정해)

1도(차단의 맥점)

흑1의 치중이 차단의 맥점이다. 백2에는 흑3으로 백에게는 더 이상의 후속수단이 없다.

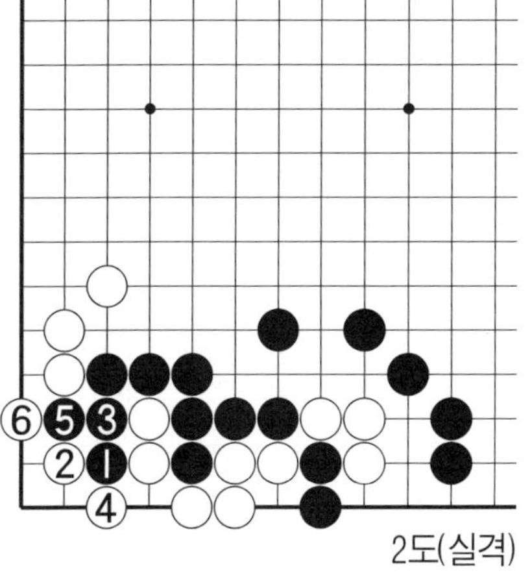

2도(실격)

2도(연결)

실전이라면 보통의 경우 흑1로 두게 마련이지만, 이 수는 백2이하 백6까지의 수순으로 연결시켜 주게 되어 실격이다.

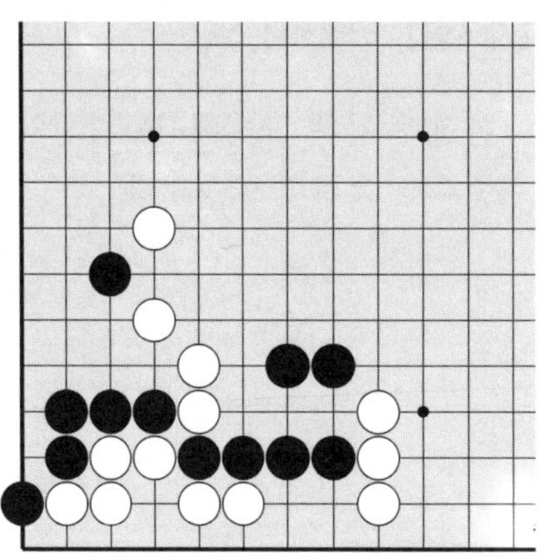

제4형 (흑선)

【제4형】 귀를 공격하는 방법

본형은 고목정석의 과정에서 백이 무리하게 이탈했을 때 만들어지는데, 귀의 백은 얼핏 맞보기로 살아 있는 것 같지만 이 모양에서도 역시 차단의 맥이 있다. 다만 백에게도 끈질긴 저항 수단이 있어 패가 된다.

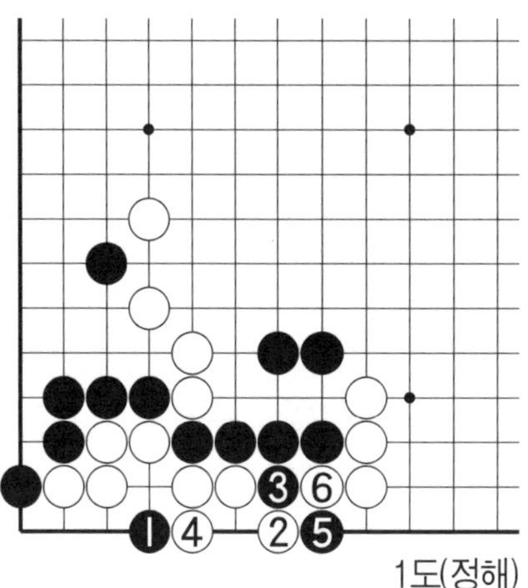

1도(정해)

1도(패)

흑1의 치중이 먼저다 이곳을 두지 않으면 두 눈으로 살기 때문이다. 다만 백도 2로 버티는 수가 있어 백6까지 패가 된다. 만약 백2로 -

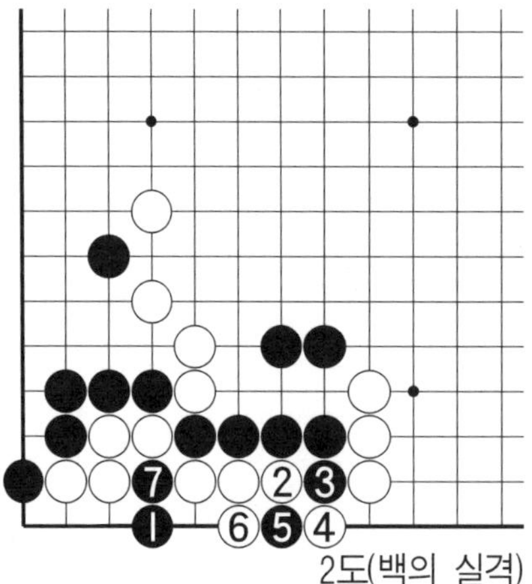

2도(백의 실격)

2도(차단의 수순)

백2로 연결하려는 것은 흑3·5·7의 수순으로 차단된다.

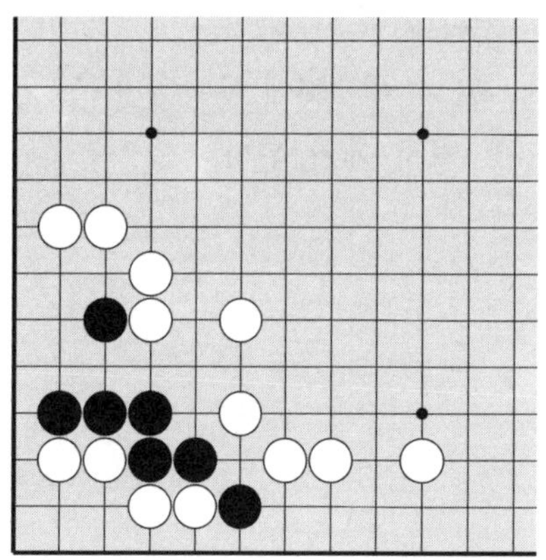

제5형 (흑선)

본형은 결론을 먼저 말하면 정해가 두 개다. 복잡한 변화로는 후절수까지도 있으나, 엄밀한 의미로는 같은 맥점에서 출발하는 것이다.

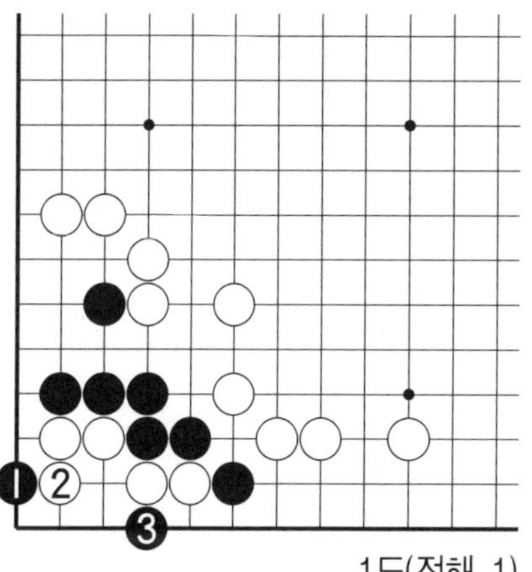

1도(정해 1)

1도(맥점 두 방)

흑1의 치중은 이 모양에서 패의 결함을 노리는 첫 번째 맥이고, 백2 때 연이은 흑3의 껴붙이기가 흑1의 취지를 살려 패로 추궁하려는 맥점이다. 계속하여 −

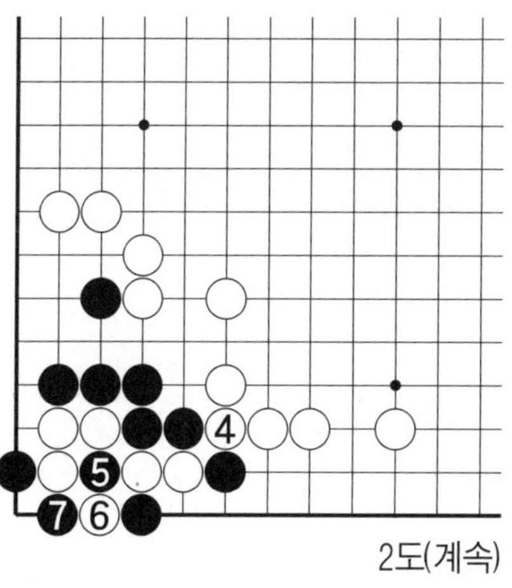

2도(계속)

2도(패)

백4로 끊을 때 흑5로 먹여친 다음 흑7로 패를 만든다.

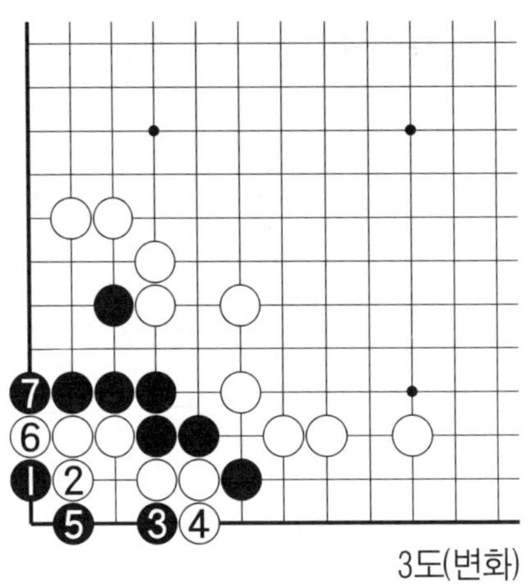

3도(변화)

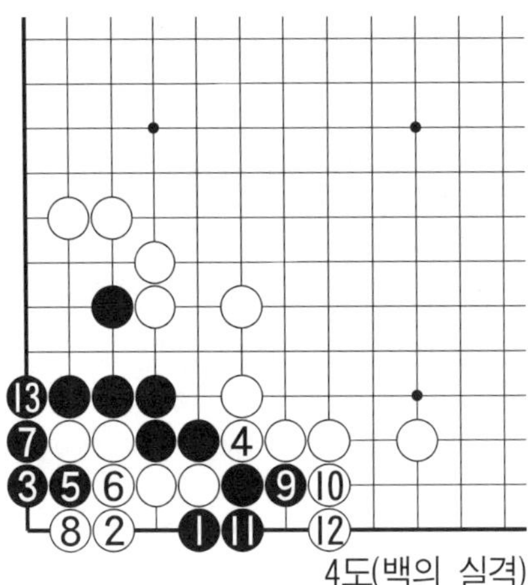

4도(백의 실격)

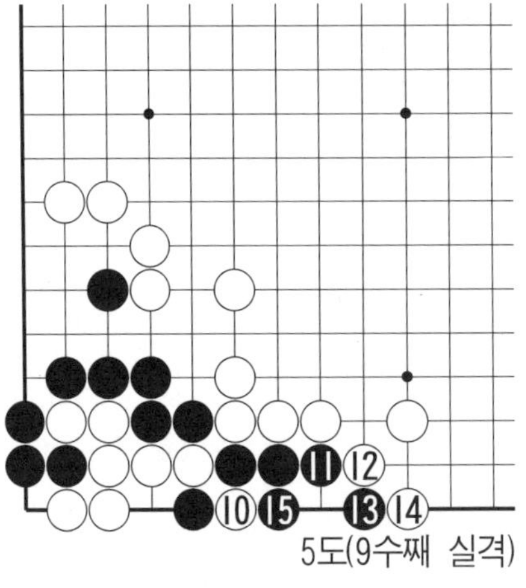

5도(9수째 실격)

3도(패)

흑1·3에 백4에 차단하면 흑5·7로 역시 패가 된다.

4도(후절수)

흑1로 젖힌 다음 흑3의 치중도 역시 성립한다. 흑13까지는 후절수의 모양인데 이 결과는 백의 실격이다. 이 방법은 고전에도 보이는 수순이지만, 사실 이 모양은 흑9 때 백10으로 –

5도(먹여치는 수)

본도 백10에 먹여치는 수가 있다. 계속해서 흑13·15로 버티면 한 수 늘어진 패가 되어 이번에는 흑의 실격이다.

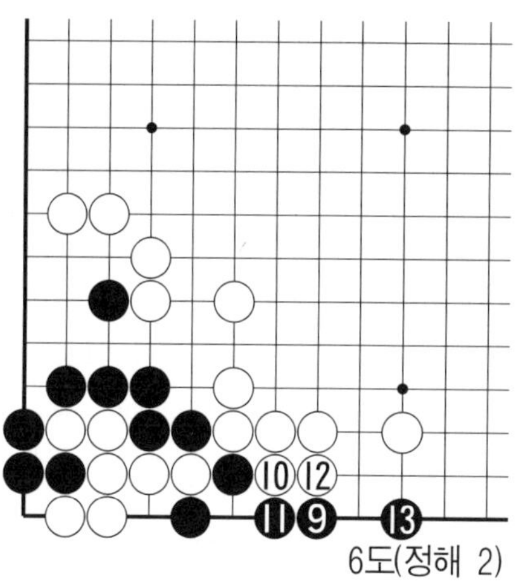

6도(정해 2)

6도(단패)

따라서 4도 흑9로는 본도 흑9의 맥으로 두어 단패로 만드는 것이 중요하다. 만약 백도 10으로 11의 곳에 건너붙이면 다시 후절수가 부활한다. 또 수순중 흑13도 매우 긴요한 한칸의 맥이다.

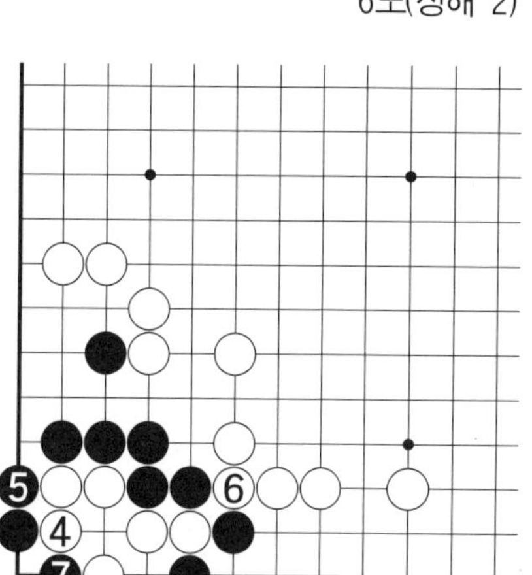

7도(4도의 변화)

7도(패)

4도 백4로 본도처럼 두어도 흑 7까지 간단하게 패가 되며, 또 -

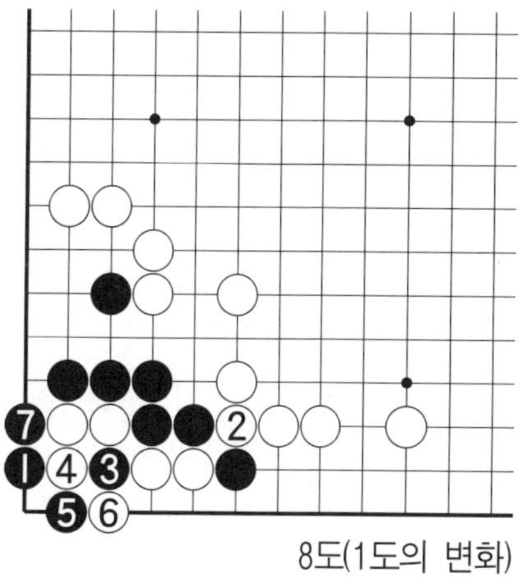

8도(1도의 변화)

8도(패)

흑1 때 백2로 끊으면 흑3 이하 흑7까지 역시 패가 된다.

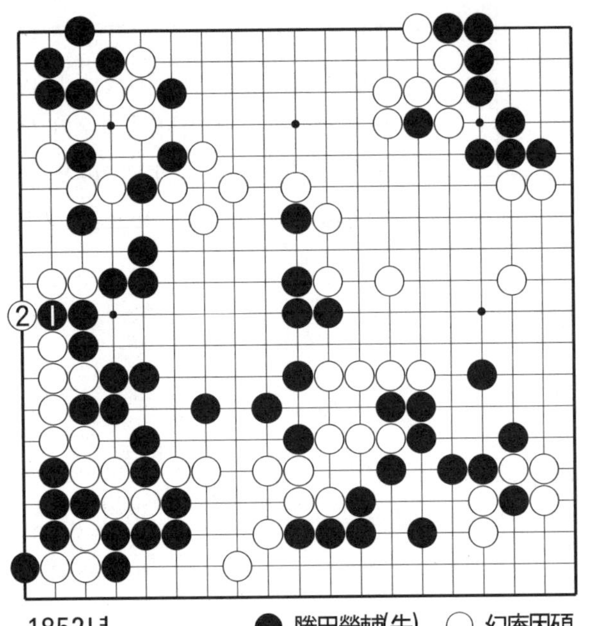

1852년   ● 勝田榮輔(先)   ○ 幻庵因碩

현재의 국면은 백을 든 겐안(幻庵)의 압도적인 우세다. 그러나 좌변에 형세를 역전시킬 수 있는 흑의 귀수가 숨어 있는 것을 겐안은 간과하고 있었으니…. 겐안이 백2로 넘어갔다고 생각한 순간 —

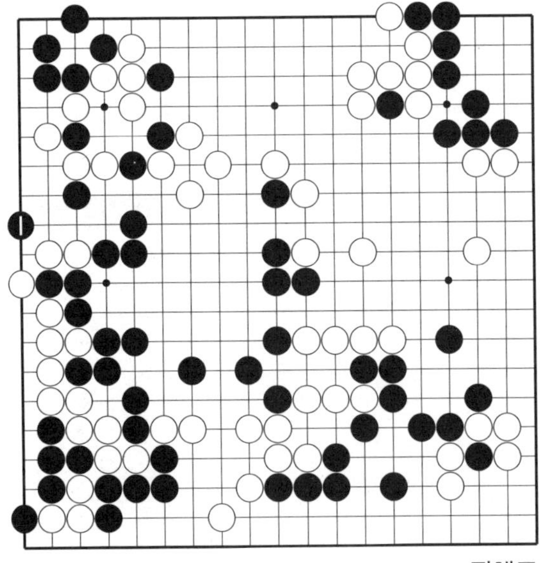

진행도

진행도(귀수)

마쓰다(勝田)의 귀수가 작렬한다. 흑1의 치중이 그것이다. 이것으로 좌변 백11점이 좌상 백과 차단되어 전멸. 이것으로 역전이 분명하지만 마쓰다는 우세를 끝까지 견지할 만한 기력이 못 되었던지 겐안이 끈질기게 추격하여 결국 백 1집승으로 재역전되고 말았다.

끝내기상 이득

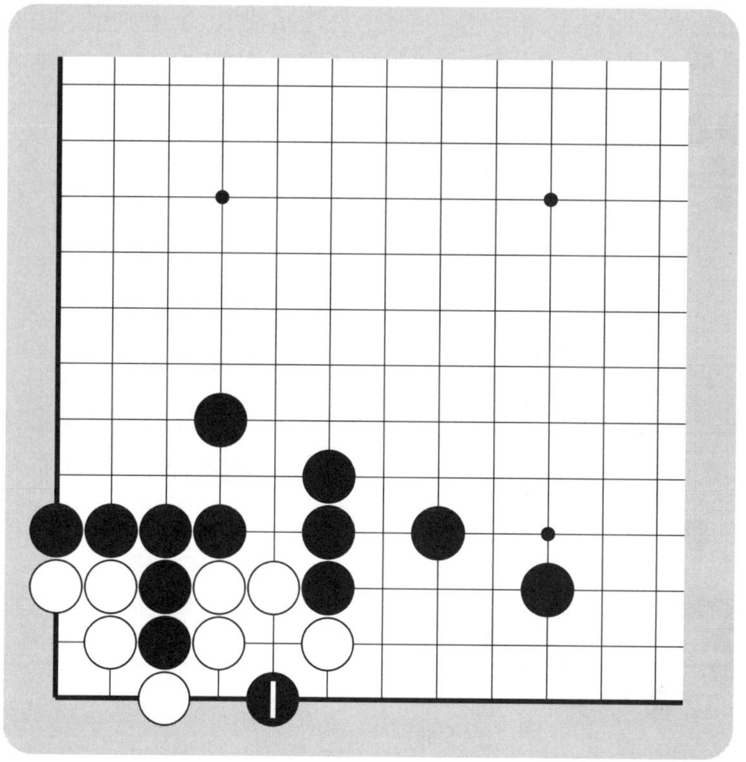

흑1로 치중한 수는 사활과는 무관하다. 그러나 이러한 패턴에서는 이 수를 먼저 둠으로 인해 하변을 선수로 막을 수 있어, 7집 정도의 득을 보장받게 된다.

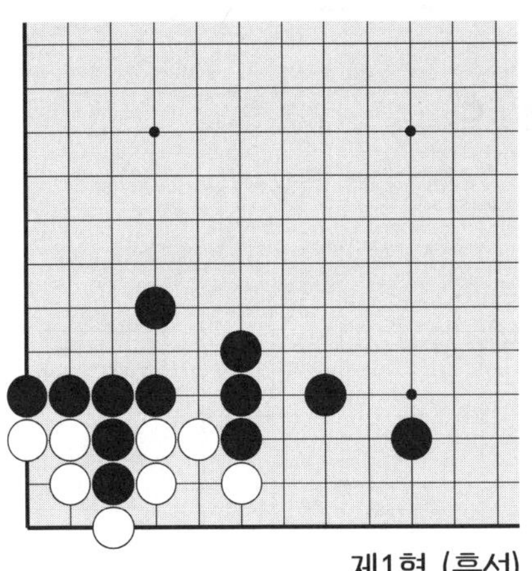

제1형 (흑선)

1도(정해)

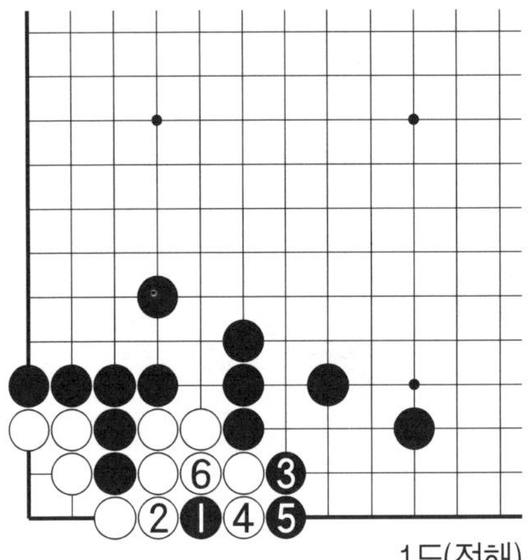

2도(실격)

본형은 끝내기라는 차원에서 생각하는 것이지만 실전에서는 반드시 종반이 아니더라도 나타날 수 있다. 이때 이곳을 어떻게 처리하느냐에 따라 몇 집이 득이 되거나 증발해 버린다.

1도(끝내기의 맥)

흑1의 치중은 흑3·5를 선수로 둘 수 있게 하는 끝내기의 맥이다. 이 장면에서는 흑1로 인해 흑이 약 7집을 득보고 있다. 그 이유는—

2도(선후수의 차이)

단순히 흑1로 막으면 흑3의 수비가 필요해 후수가 되는데, 만약 흑3을 손빼면 백a로 붙이는 끝내기가 성립하여 이 차이가 약 7집이 되는 것이다.

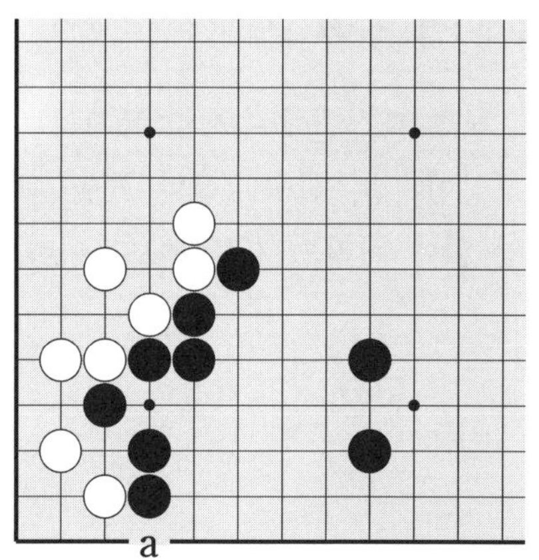

제2형 (흑선)

【제2형】 귀의 처리법

본형은 백a의 젖힘이 백의 권리로 남아 있는 것 같아 보인다. 그러나 흑에게도 a를 선수로 둘 수 있는 맥과 수순이 있다.

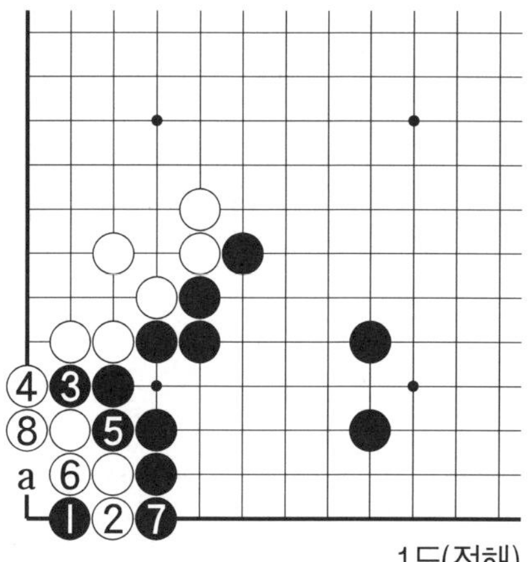

1도(정해)

1도(선수)

흑1의 치중부터 흑7까지의 수순은 음미해 둘 만하다. 흑7 때 백이 8을 두지 않으면 흑a로 패를 하는 수단이 있다.

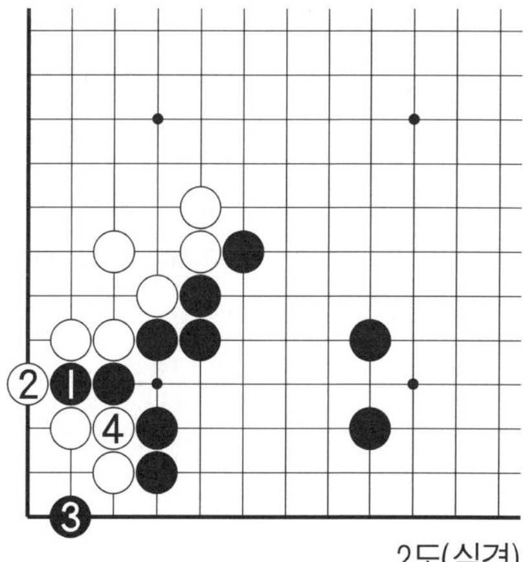

2도(실격)

2도(수순착오)

흑1을 먼저 두는 것은 수순착오다. 흑3 때 백4로 먼저 단수치기 때문이다. 또 흑3으로 4에 두면 이번에는 백도 3에 받게 되므로 선수가 되지 않는다.

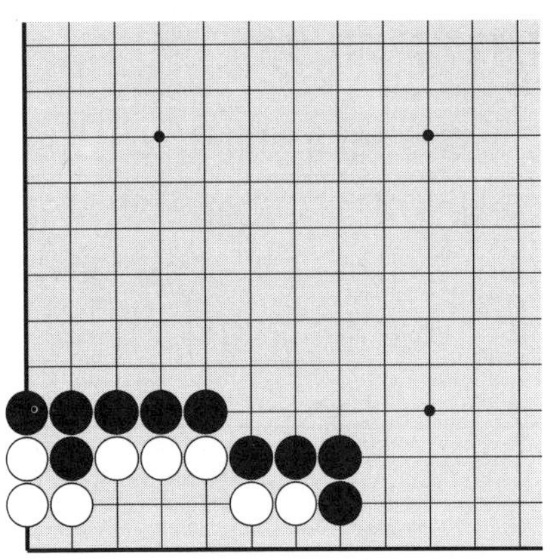

제3형 (흑선)

　본형은 실전에 수시로 등장하는 모양이지만, 선수 2집의 득을 그냥 없애 버리는 경우가 보통이다.

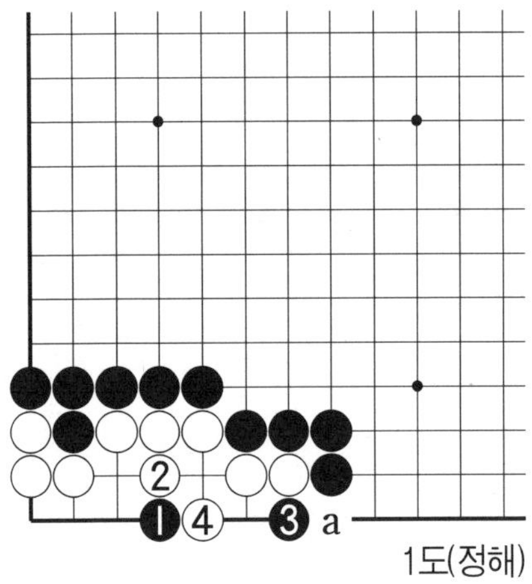

1도(정해)

1도(5집)

　흑1로 먼저 치중하고 흑3에 젖혀 두는 것으로 2집을 득보는 것이다. 흑a가 선수이므로 이곳 백집은 5집인데, 만약—

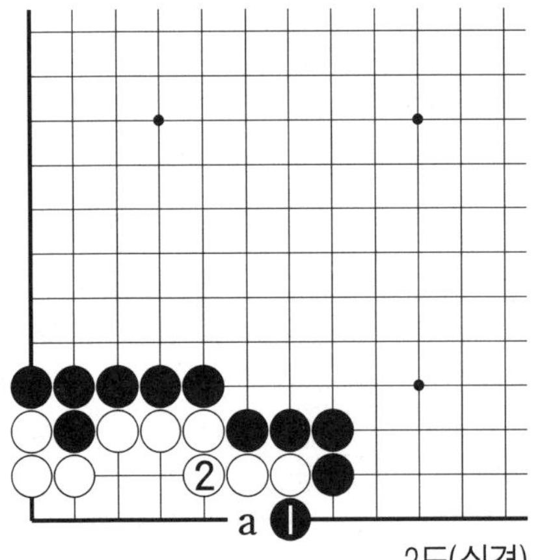

2도(실격)

2도(7집)

　단순히 흑1에 젖히는 것은 백2로 잇게 되어 치중 수단이 없어진다. 백a가 선수이므로 이곳의 백집은 7집. 따라서 1도에 비해 백집이 2집 늘어난 것이다.

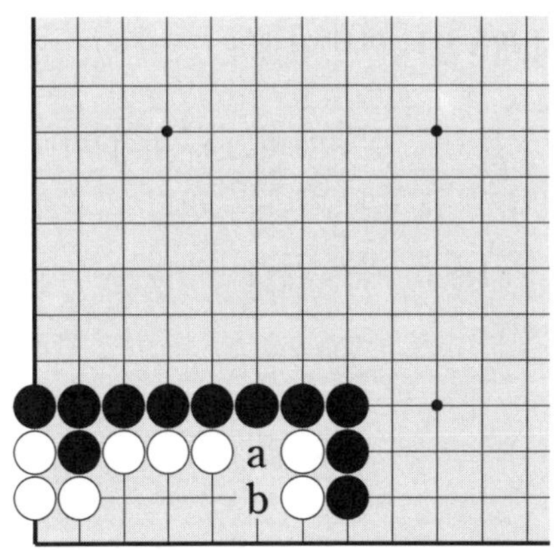

제4형 (흑선)

본형은 전형과 비교해 흑a, 백 b의 교환이 생략된 모양이다. 이때는 전형보다 더 준엄한 끝내기 수단이 있다.

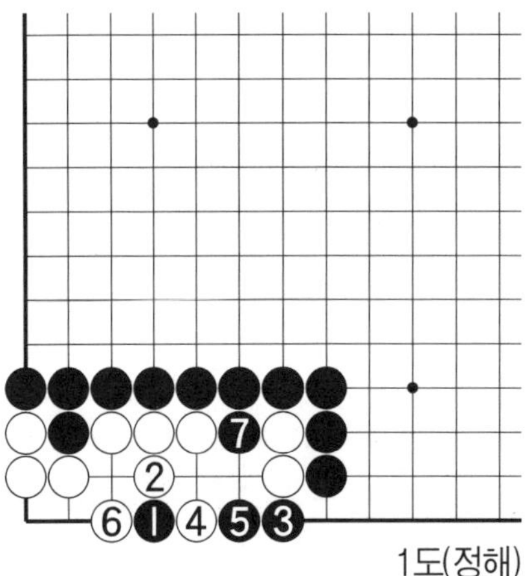

1도(정해)

1도(백집 제로)

흑1의 치중부터 백4까지는 같은 수순이지만 이 모양에서는 흑이 5로 둘 수 있는 것이 다르다. 따라서 흑7로 백 두점을 잡게 되면 흑집이 5집 생겨 이곳 백집은 제로나 마찬가지다.

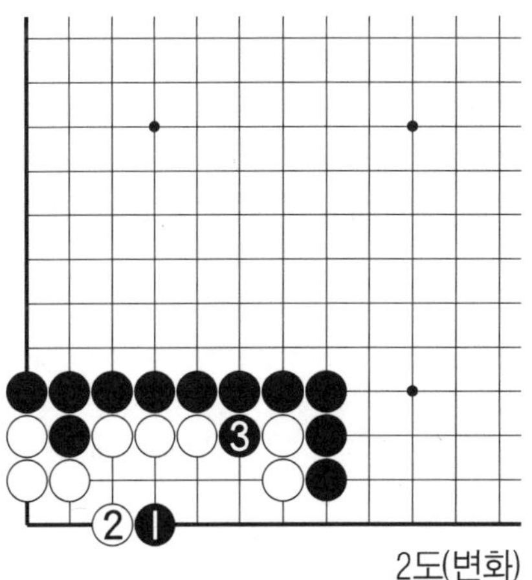

2도(변화)

2도(뚫고 나옴)

흑1 때 백2로 수비하면 흑3으로 뚫고 나오는 수가 있다.

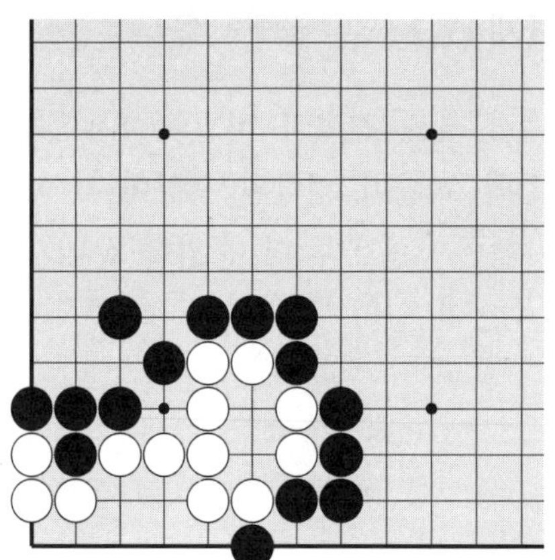

제5형 (흑선)

본형도 실전에서는 무심히 지나치기 쉽지만, 지나는 길의 치중으로 1집을 거저 득볼 수 있는 모양이다.

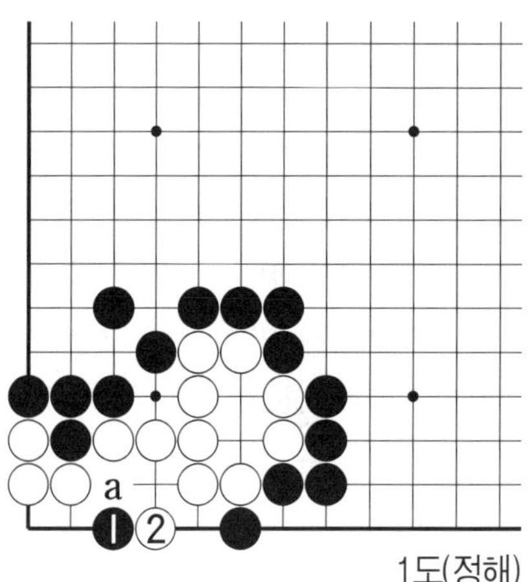

1도(정해)

1도(5집)

흑1의 치중에 백2의 수비는 정수다. 귀의 백집은 마지막에 백이 a로 이어야 하므로 5집인데, 보통은-

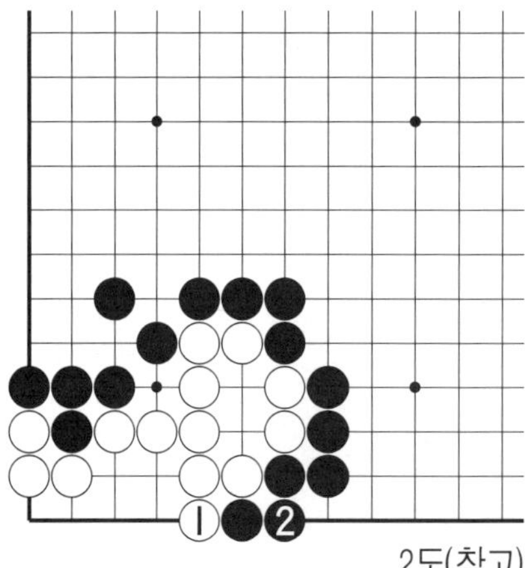

2도(참고)

2도(계산 미스)

전도의 선수 이득을 간과하면, 백1이 선수라고 생각하여 백집을 6집으로 계산하기 쉽다.

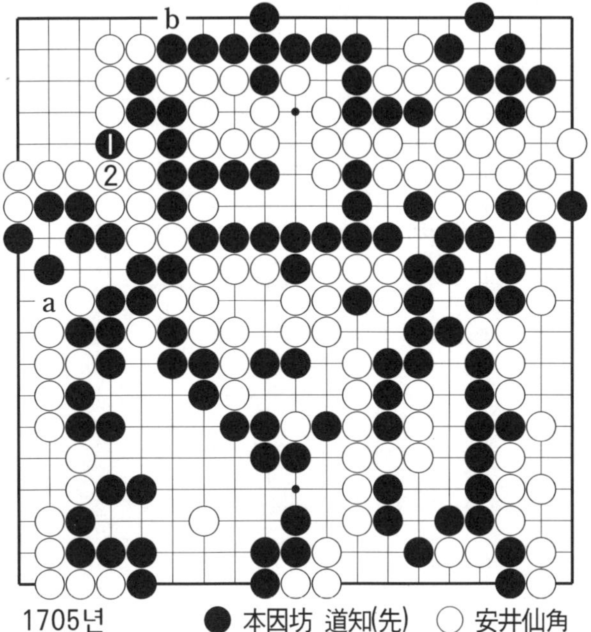

이 장면에서 흑a면 백b로 젖혀 이어 백 2집승이 예상된다. 그러나 이때 도치(道知)의 역사적인 끝내기가 등장한다. 흑1의 선수에 이어-

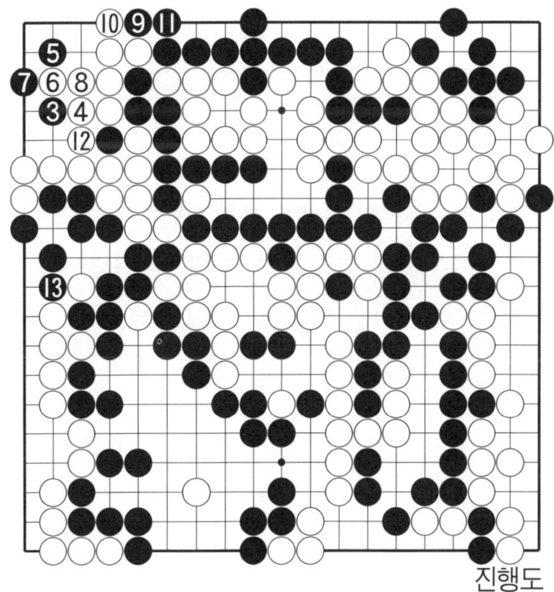

진행도(선수 3집)

흑3의 치중부터 흑9·11의 젖혀 이음까지 백이 귀에 12로 가일수하지 않을 수 없어 순식간에 선수로 3집을 득본 것이다. 그리고 대망의 흑13. 이것으로 도치의 역전 흑 1집승이 되었다.

근거와 관련된 유사형

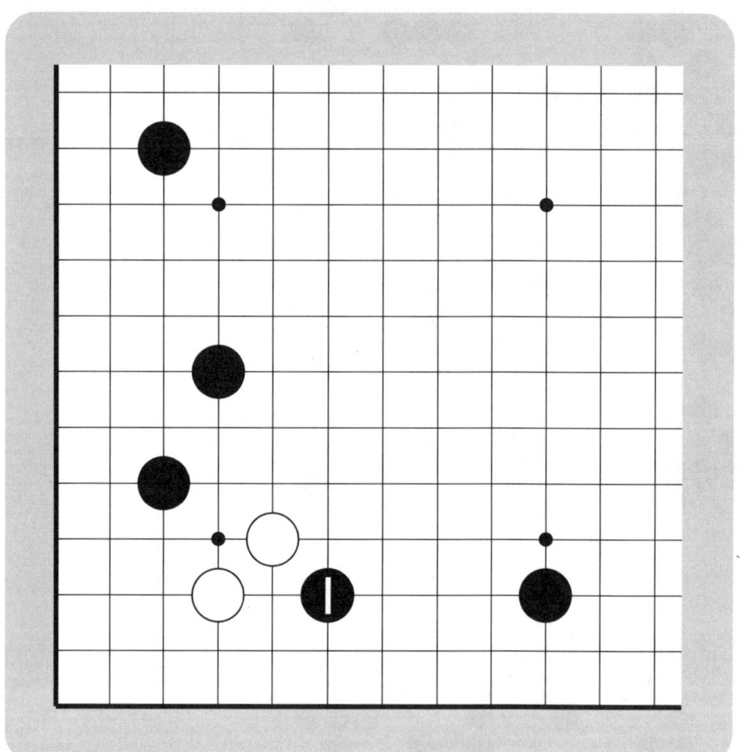

흑1로 다가서는 것은 맥과 무관한 듯이 보이지만 사실은 넓게 보면 맥의 범주에 속한다. 흑은 이 수로 근거를 위협해 집으로 득을 보면서 귀의 백 두점을 신랄하게 추궁하고 있는 것이다.

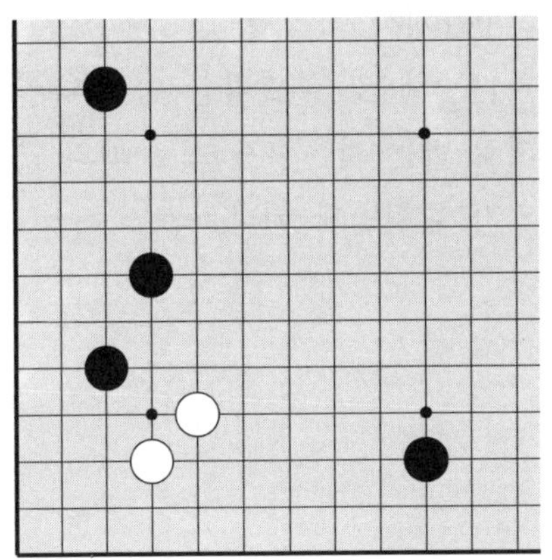

제1형 (흑선)

본형은 포석 시기에 나타나는 것이지만, 이 때도 엄연히 접근전의 맥이 존재한다. 하변을 중시한다는 전제 하에서 과연 그 급소는 어디일까?

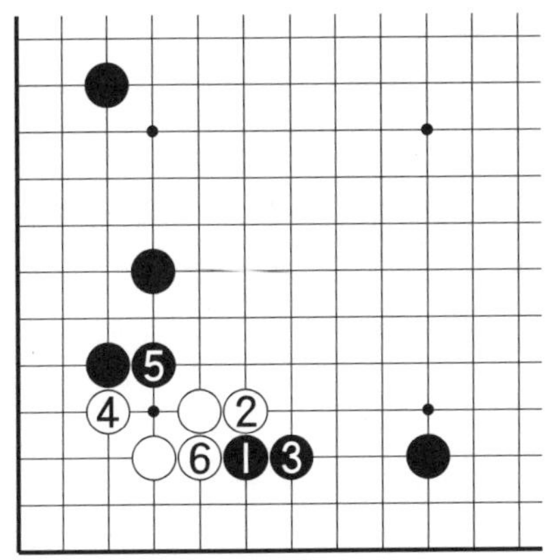

1도(정해)

1도(선수로 근거확보)

흑1로 다가서는 것은 단순한 접근이 아니다. 흑1은 하변 흑 한 점의 근거를 선수로 확보하는 것이지만, 집 자체로 큰 득인 것이다. 또 백2로 –

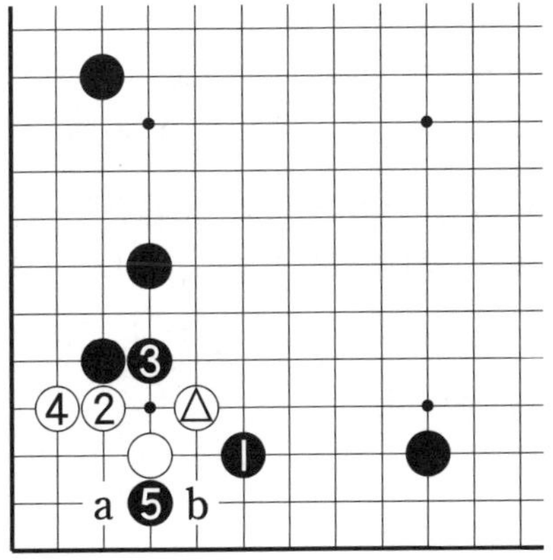

2도(변화)

2도(준엄한 붙임)

본도처럼 두는 것은 흑5의 붙임이 준엄하여 백이 곤란하다. 백a라면 흑b로 백의 근거가 불완전하고, 백b라면 백△가 끊기게 된다.

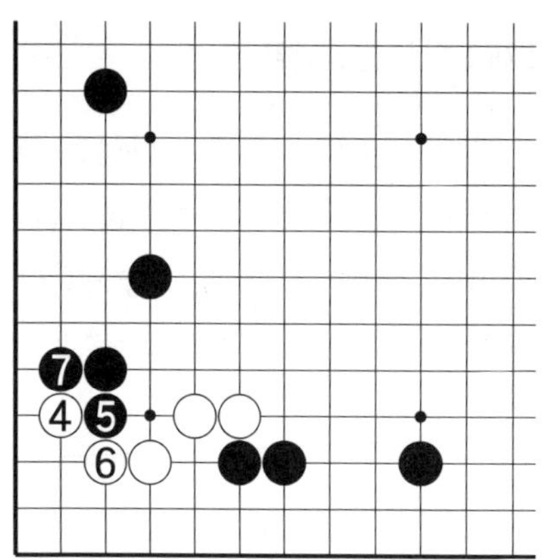

3도(1도의 변화)

3도(처진 날일자)

1도 백4로 본도처럼 처진 날일자로 받는 것은 흑5·7로 백의 근거가 위협받게 된다.

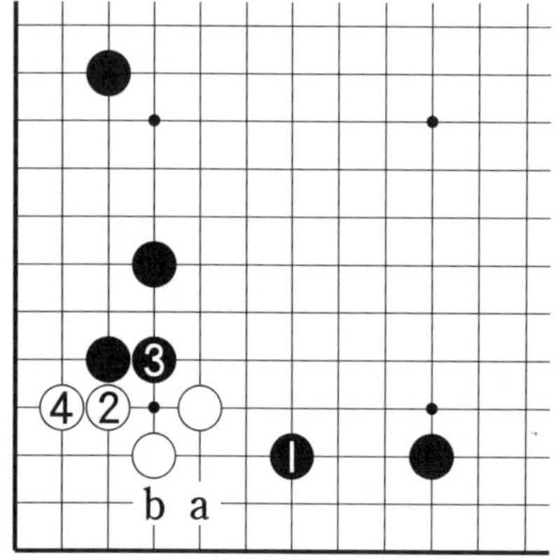

4도(실격)

4도(단순한 벌림)

흑1의 두칸벌림은 백에게 위협적이지 못해 불만이다. 백2·4 때 흑은 a까지 다가설 수밖에 없으므로 백b로 막아 충분하다. 결국 흑1은 단순한 벌림의 수준인 셈이다.

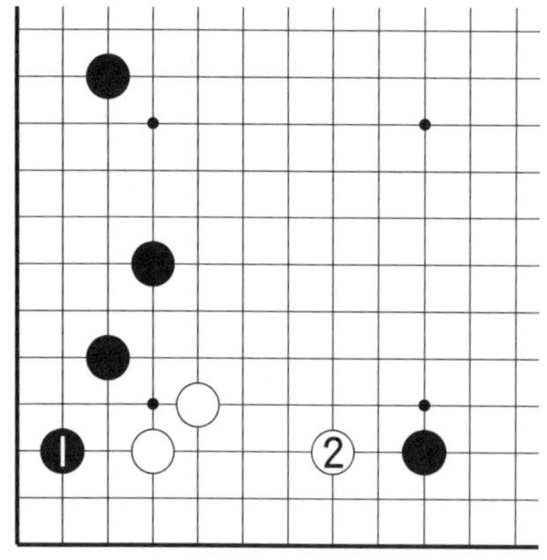

5도(실격)

5도(단순한 집내기)

경우에 따라 흑1로 둘 수 없는 것은 아니지만, 백2라면 하변 흑 한점에 백의 영향력이 생긴다. 좌변은 흑1이 아니더라도 안정되어 있기 때문에 흑1은 단순한 집내기인 셈이다.

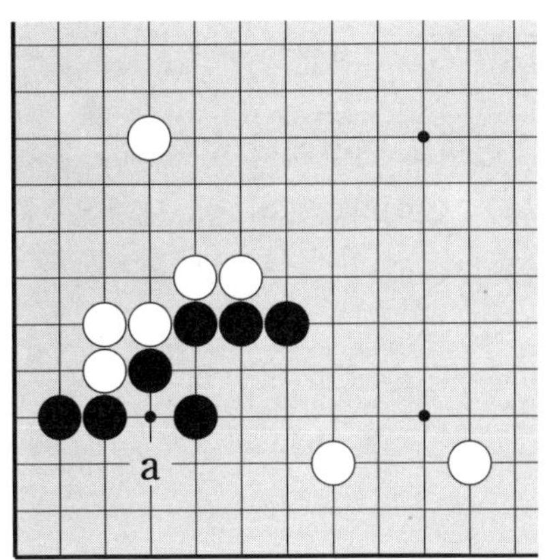

제2형 (흑선)

【제2형】 능률적인 수비

본형은 정석과정에 생기는 모양인데, 백이 a로 들여다보아 흑의 근거를 박탈하려는 것을 능률적으로 방비하는 것까지가 정석화되어 있다.

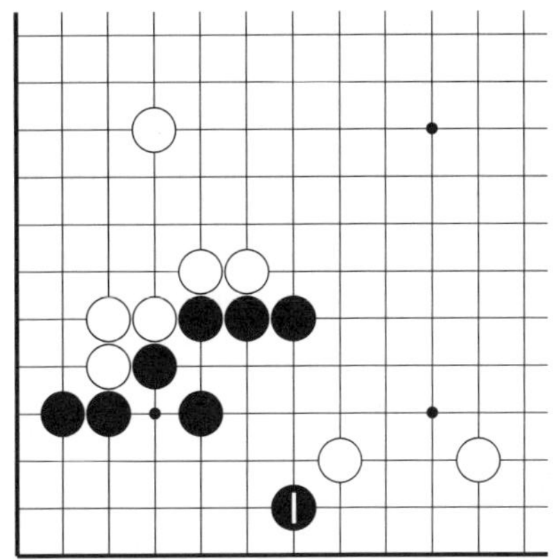

1도(정해)

1도(능률적인 수비)

흑1로 두는 수가 능률적인 수비이며 일종의 맥이다. 이 수는 흑의 윗쪽이 두텁기 때문에 가능한 수이기도 하다. 이 수로—

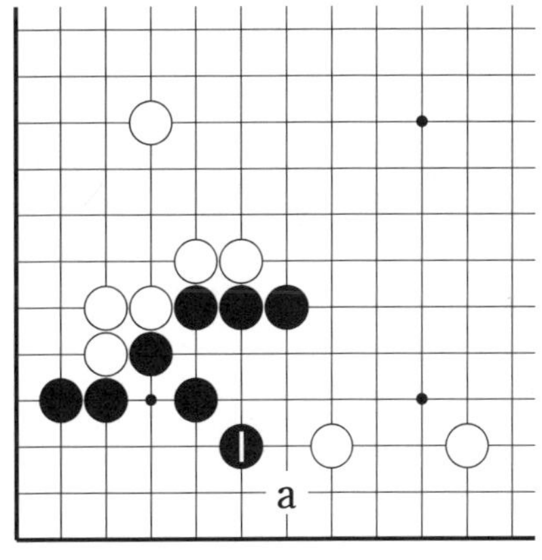

2도(실격)

2도(비능률)

흑1로 상식선에서 지키는 것은 윗쪽의 두터움을 살리지 못한 수로, 백a의 끝내기가 남아 능률이 없다.

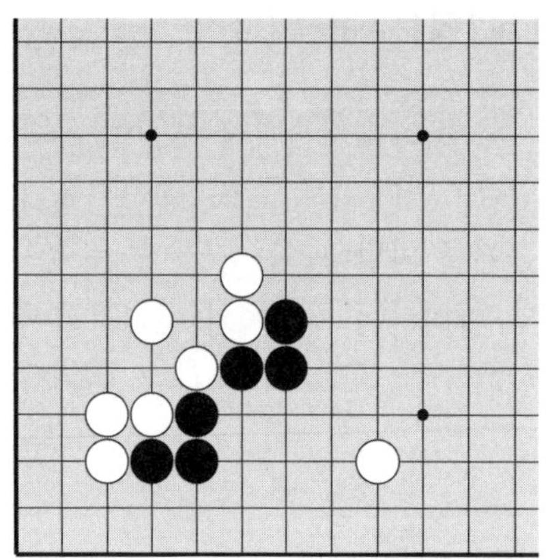

제3형 (흑선)

본형도 실전에서 수시로 등장하는 모양이다. 흑이 이 모양을 수비하는 데에도 능률이 필요하다.

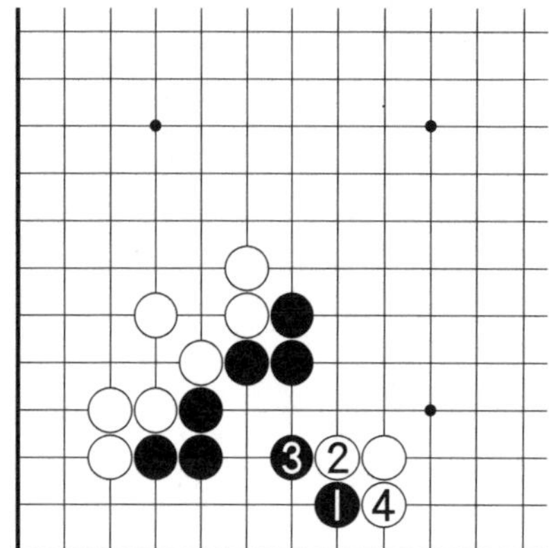

1도(정해)

1도(능률 수비)

흑1이 능률적인 수비 수법이다. 이 곳은 백이 3의 곳에 들여다볼 때도 사용하는 간접 수비장소인데, 이 맥은 실전맥 3 - 제16형에서 설명한 바 있다.

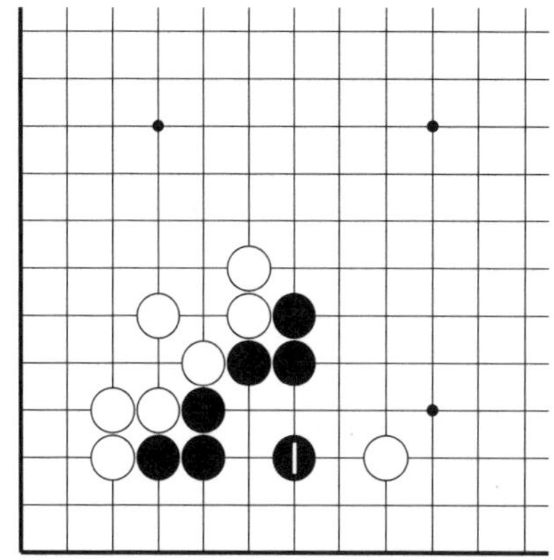

2도(실격)

2도(단순한 수비)

흑1은 단순한 수비일 뿐이다. 그러나 실전에서는 이런 수비만 제대로 해도 고급 실력이라 할 수 있다.

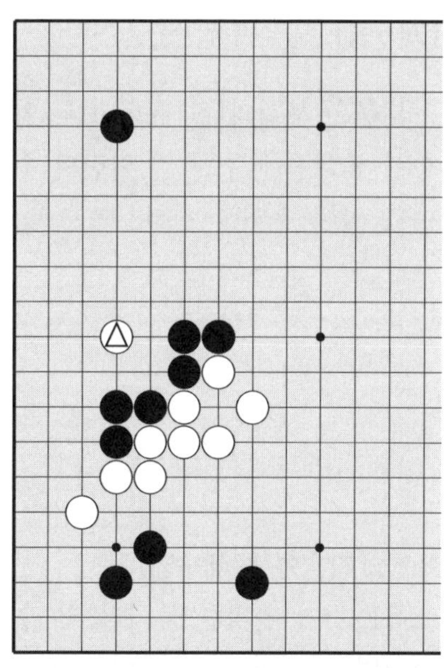

제4형 (흑선)

【제4형】 능률적인 반격

본형은 실전맥 3-제16형과 전형을 염두에 두면서 기억하기 바란다. 실전에서는 백△의 들여다보기에 대해 반격하는 패턴이 거의 공식화되어 있다.

1도의 수순과 2도의 수순이 그 대표적인 반격 수법으로, 흑1의 위치가 실전맥 3-제16형과 전형에서 보았던 것이다.

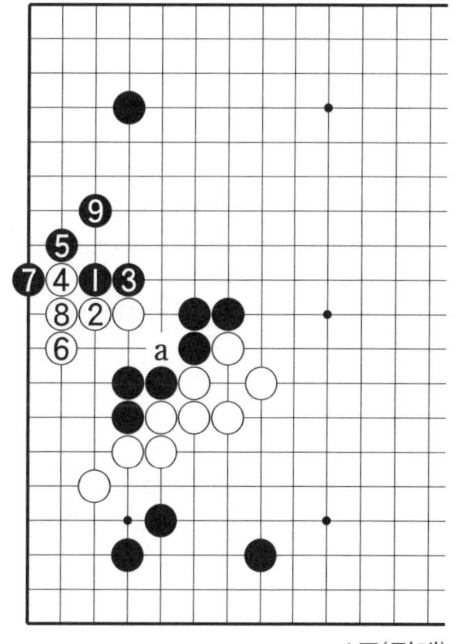

1도(정해)

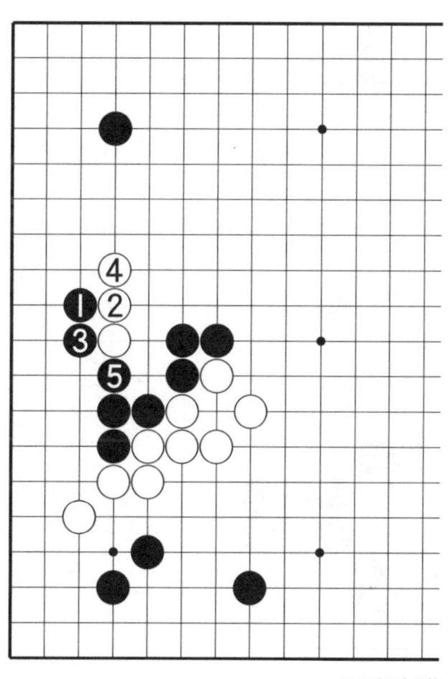

2도(변화)

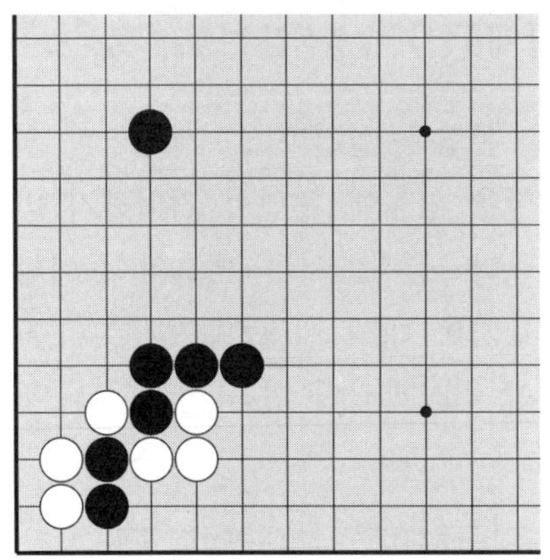

제5형 (흑선)

본형은 봉쇄의 한 유형인데, 치중형 봉쇄점을 두기 전 일련의 수순도 알아 두어야 한다.

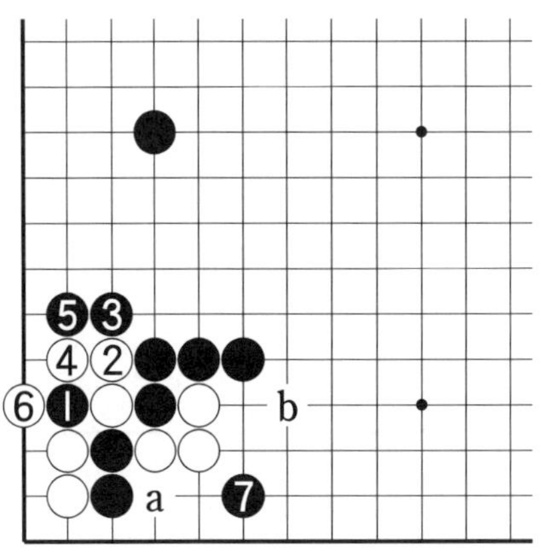

1도(정해)

1도(치중형 봉쇄수법)

흑1·3이 완벽한 봉쇄의 첫 수법이며, 마지막으로 흑7이 치중형 봉쇄수법이다. 이후 백a라면 흑b로 늦추어 봉쇄한다. 만일 흑7로―

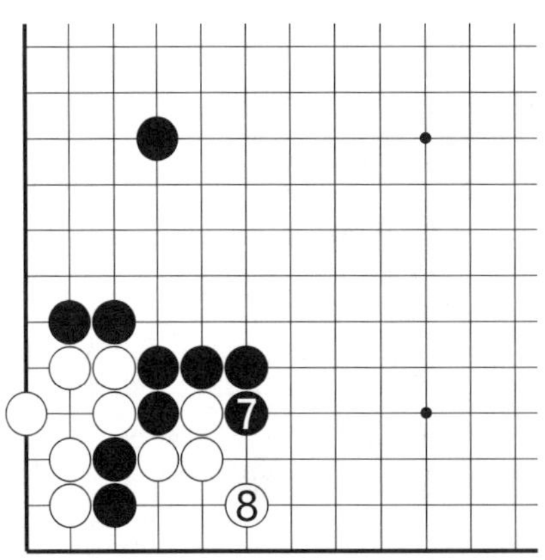

2도(7수째 실격)

2도(수비법)

본도 흑7에 두면 백은 8에 늦춰 받는 것이 올바른 수비법이다.

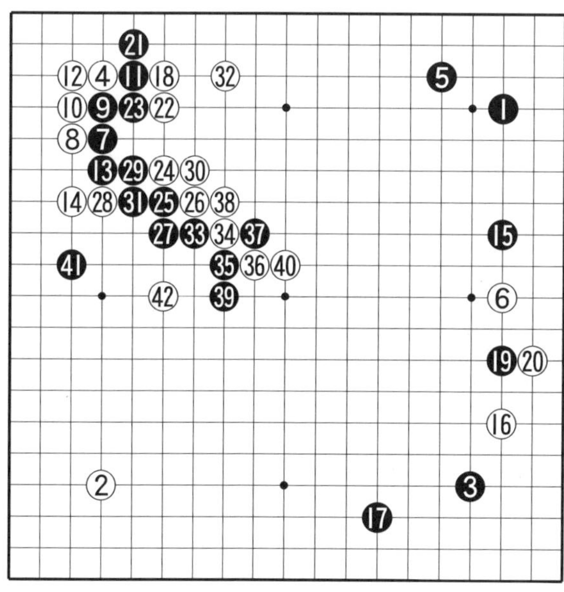

제10기 기성전
도전 3번기 제1국
● 이창호 ○ 목진석

백42로 들여다 본 장면에서 흑이 대응하는, 맥점을 통한 일련의 수법은 상용적인 것으로 익혀 둘 만하다.

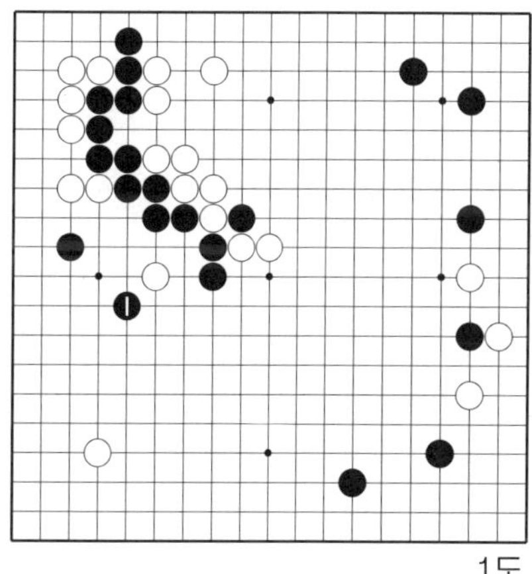

1도

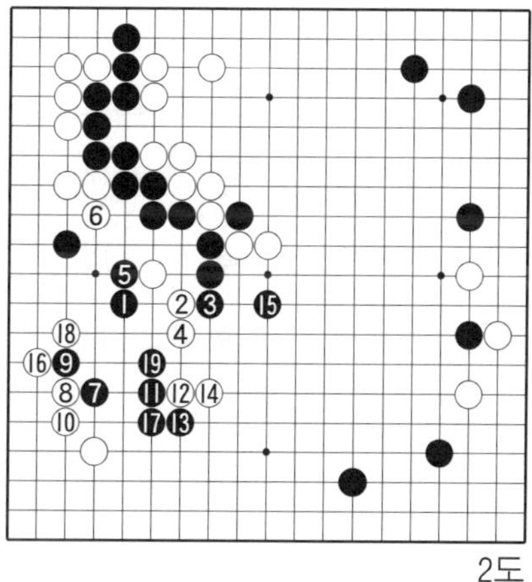

2도

1도(실전진행1)

흑1의 맥점은 실전맥 7–제4형과 같은 의미로 상대의 치중수법을 완화시키는 상용의 수법이다.

2도(실전진행2)

1도의 계속된 진행이다. 이하 흑19까지 흑이 중앙의 백을 역공하여 주도권을 가지게 되었다.

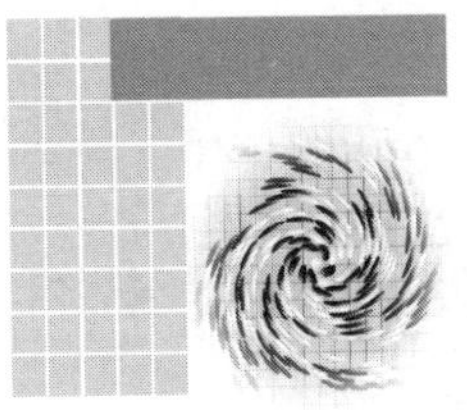

제2장
마늘모의 맥

- 접근전에서의 행마법
- 교묘한 연결 수순
- 잡기·살기의 급소
- 수상전의 테크닉
- 끝내기상 이득
- 탄력 비축형 모붙임
- 능률적인 찝기

접근전에서의 행마법

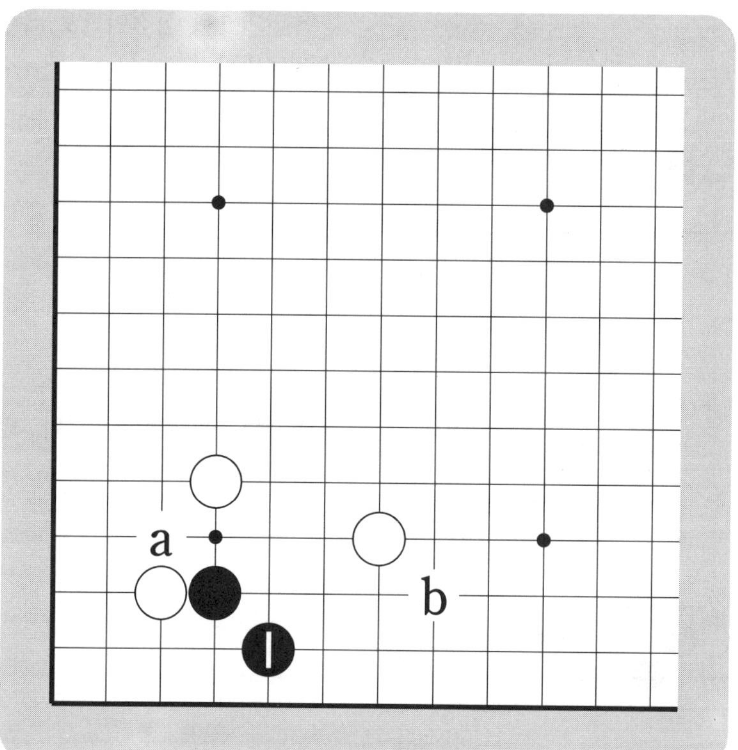

흑1은 접근전의 행마형 맥이다. 이와 같은 패턴은 힘을 비축하는 모양으로, 다음 흑a로 잡는 수와 흑b로 탈출하는 수를 동시에 보고 있다. 맥은 돌의 접촉이 일어나기 전 이처럼 접근의 단계부터 시작된다.

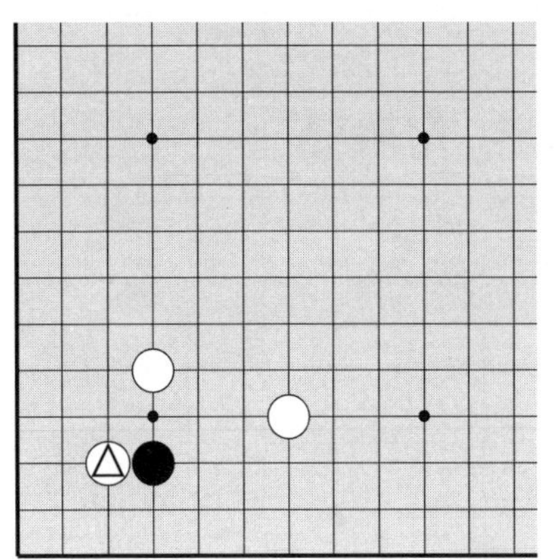

제1형 (흑선)

본형은 백△의 붙임에 대한 흑의 수법을 알아 보는 것이다. 물론 3대 1의 접전이므로 흑이 결코 유리해지지는 않는다.

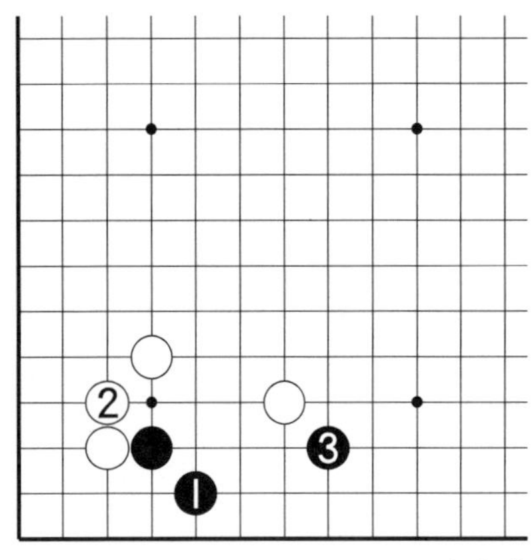

1도(정해)

1도(탈출)

흑1의 마늘모가 맥으로 백2에는 흑3으로 탈출할 수 있다. 만약 흑3으로—

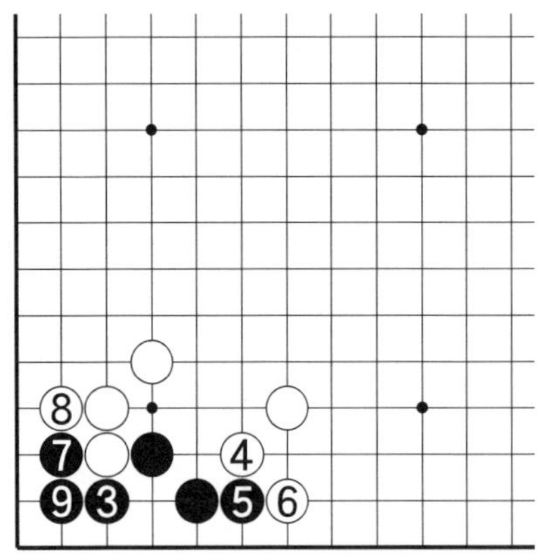

2도(3수째 실격)

2도(흑 불만)

욕심을 내어 흑3에 먼저 두면 백은 4의 곳으로 외곽을 봉쇄하므로, 이 결과는 흑이 불만이다. 이 결과는—

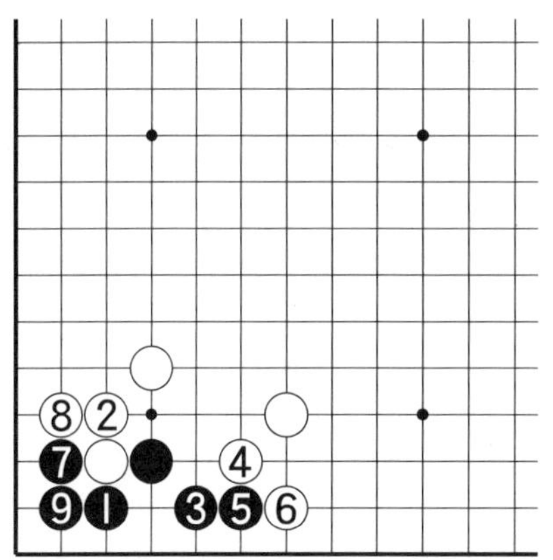

3도(실격)

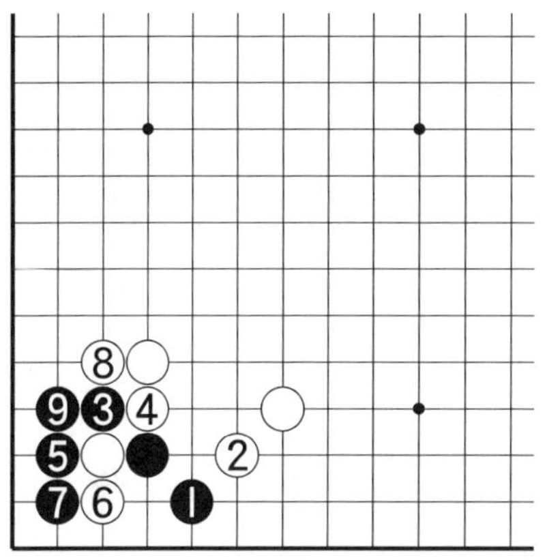

4도(1도의 변화)

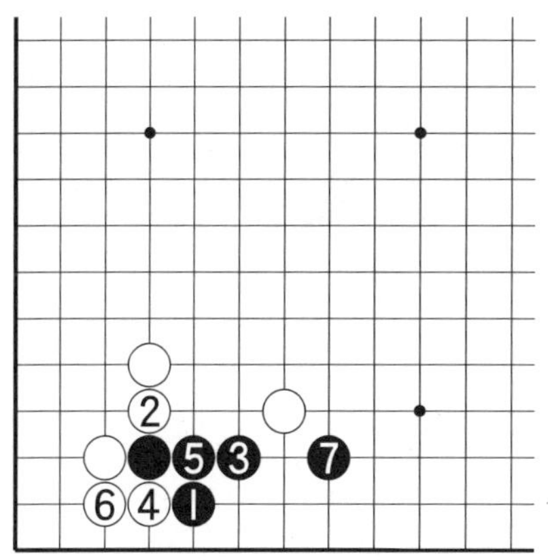

5도(1도의 변화)

3도(같은 결과)

1도 흑1을 두기 전에, 본도 흑 1에 먼저 두는 것과 같은 결과로서, 흑9까지 봉쇄되어 역시 흑이 불만이다.

4도(대신 귀를 차지)

흑1에 대해 백2로 우측으로의 탈출을 차단하면, 흑3 이하 귀를 차지하는 것으로 불만이 없다.

5도(변으로 진출)

흑1에 대해 백2라면 흑3이 좋은 자세이며, 이하 흑7까지 변으로 진출한다.

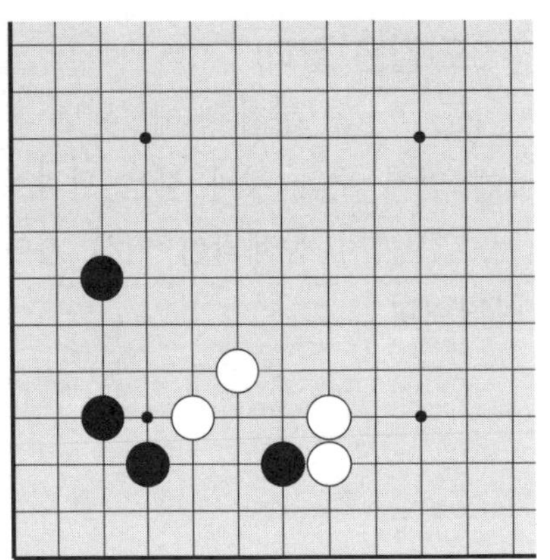

제2형 (흑선)

본형은 정석과정의 마지막 단계로, 역시 힘을 비축하며 연결을 꾀하는 패턴이다.

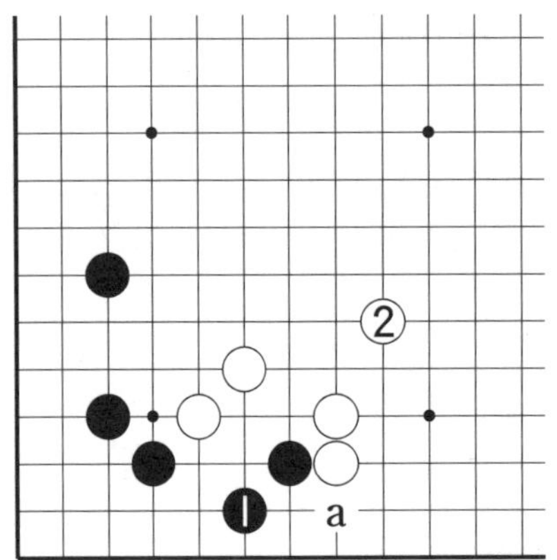

1도(정해)

1도(정맥)

흑1의 마늘모가 정맥이다. 백2도 올바른 수비법이며, 다음 흑은 a의 젖힘이 보장되어 있다.

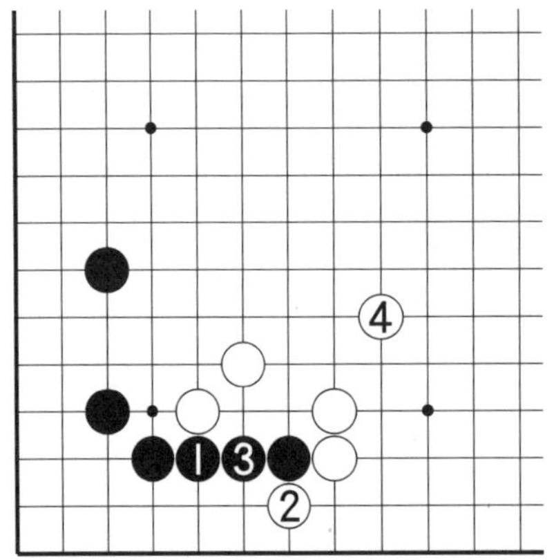

2도(실격)

2도(흑 손해)

흑1은 단순한 연결에 지나지 않는다. 백2·4로 정비하면 이 결과는 1도에 비해 흑이 백2의 젖힘을 허용한 만큼 손해다.

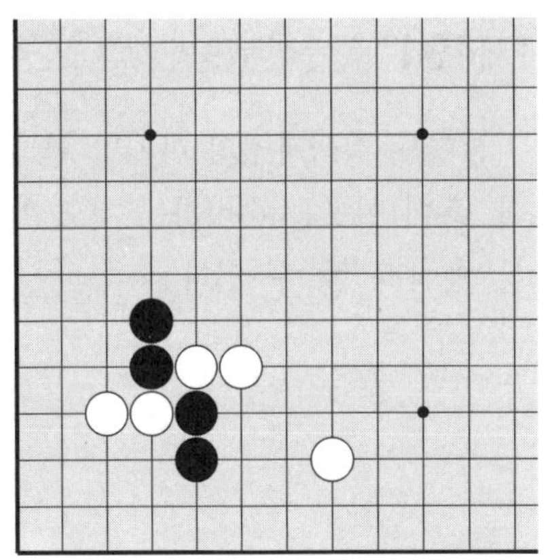

제3형 (흑선)

본형은 정석과정에서 백이 이탈한 모양이다. 이 패턴에서도 힘 비축형 맥이 사용된다.

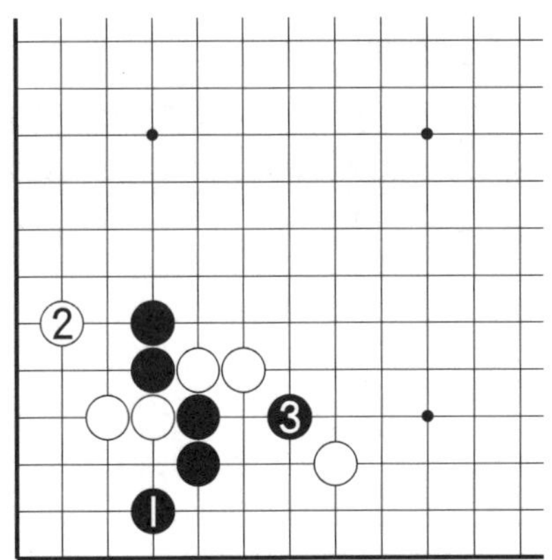

1도(정해)

1도(진출을 위한 준비)

흑1의 마늘모가 맥으로, 백2에는 흑3으로 진출이 가능하다. 따라서 흑1은 흑3으로 진출하기 위한 준비단계였던 셈이다.

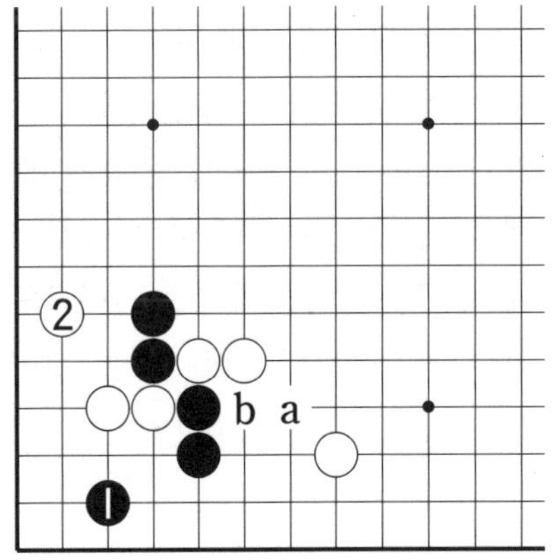

2도(실격)

2도(연결 불가능)

흑1은 힘이 비축되지 않는다. 백2 다음 흑a라면 백은 b로 끊을 수 있는 것이다. 흑1이 깊었기 때문에 연결이 불가능한 셈이다.

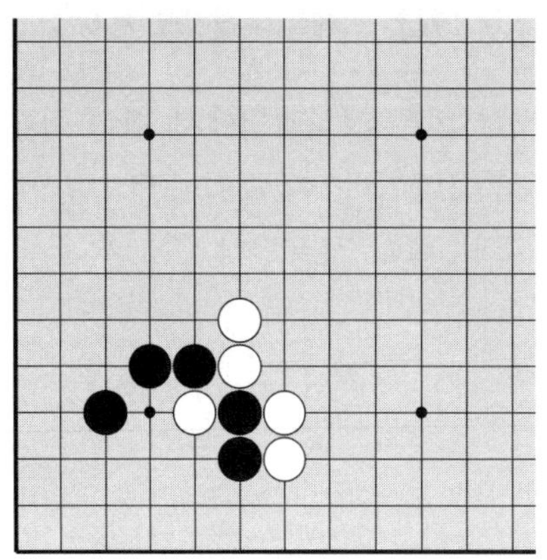

제4형 (흑선)

본형도 정석과정의 마지막 단계다. 흑이 이곳을 수비하는 것도 기본 맥이라 할 수 있다.

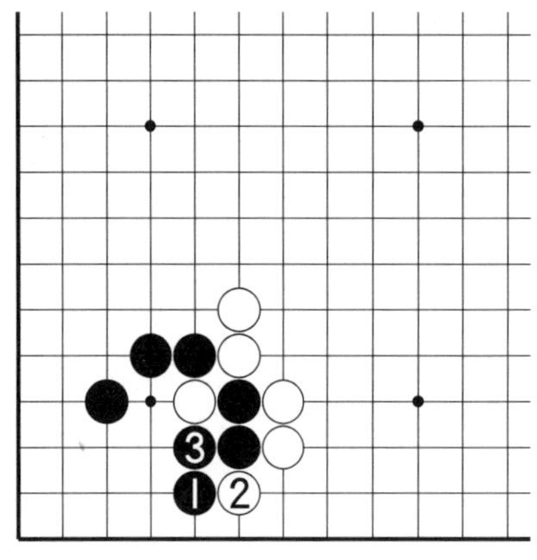

1도(정해)

1도(정석)

흑1의 마늘모가 정맥으로, 흑3까지가 정석으로 되어 있다. 만약 흑1로-

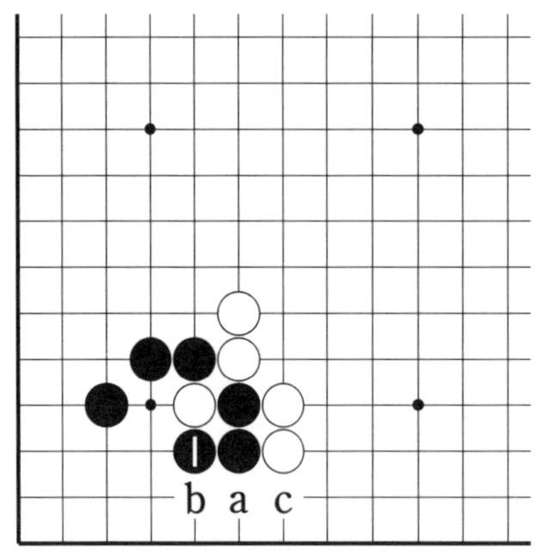

2도(실격)

2도(선수끝내기의 맛)

흑1에 두고 나면 백은 전도의 모양처럼 a, b를 교환할 필요가 없게 된다. 본도는 나중에 백c의 끝내기가 선수에 가깝다는 것이 1도와 다르다. 그런 맛을 없앤 것이 바로 1도 흑1의 효과이다.

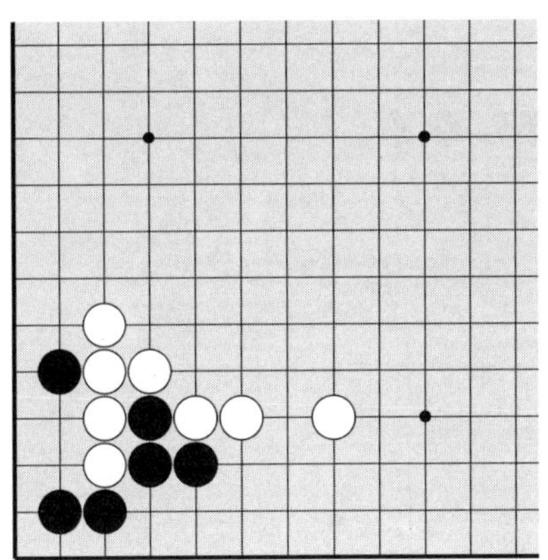

제5형 (흑선)

【제5형】 귀의 수비 방법

본형도 정석과정의 마지막 단계다. 흑이 손을 빼도 죽는 것은 아니지만, 방치하면 비참하게 살아야 한다. 그러나 가일수하는 방법에도 맥이 존재한다.

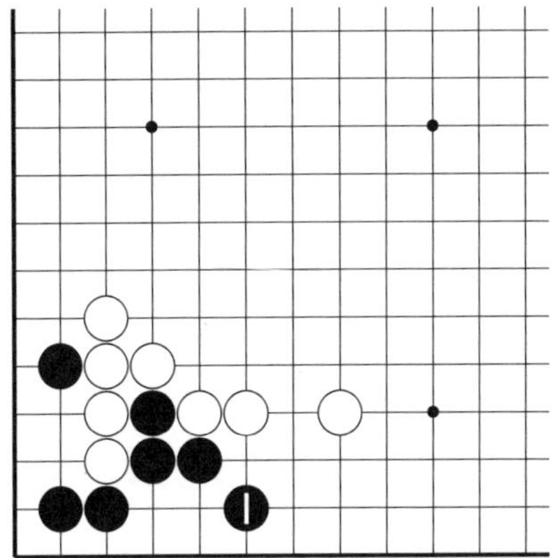

1도(정해)

1도(수비의 맥)

흑1이 수비의 맥이다. 좀 움츠려 있는 것 같지만, 만일 이 수로—

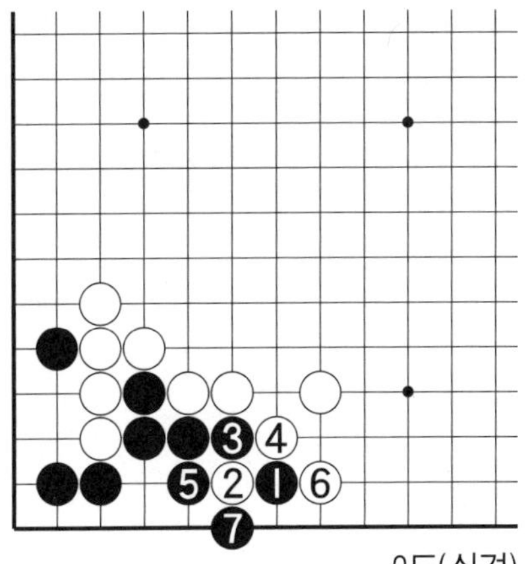

2도(실격)

2도(건너붙이는 맥)

흑1처럼 좀더 멀리 진출하는 것은 백2의 건너붙이는 맥을 당한다. 이하 흑7까지 선수로 완벽하게 봉쇄당해 불만이다.

교묘한 연결 수순

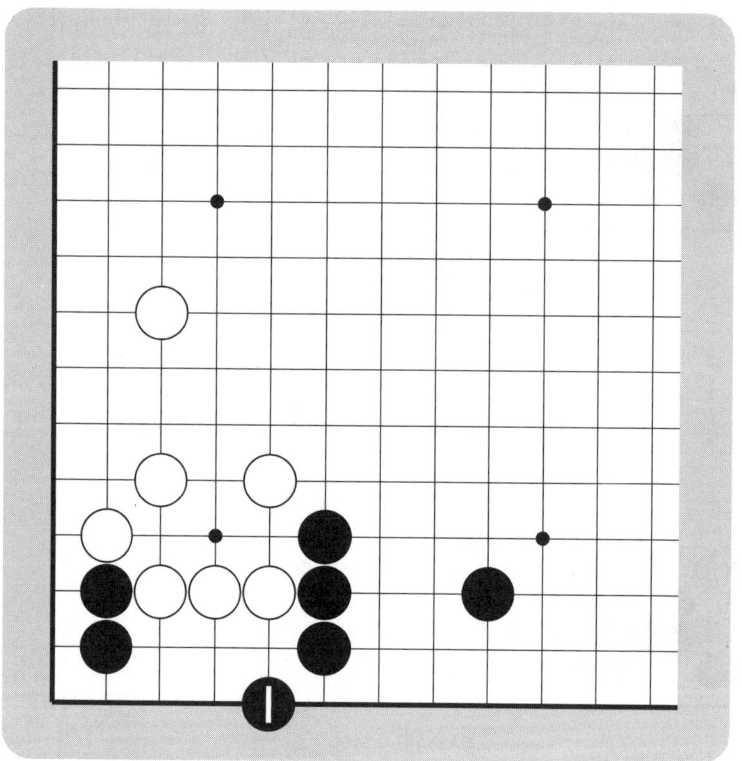

흑1로 연결하는 것은 '넘기'의 가장 기초적인 패턴이다. 그러나 이러한 기초형에서 출발하여 수많은 파생형이 만들어지는 것이다.

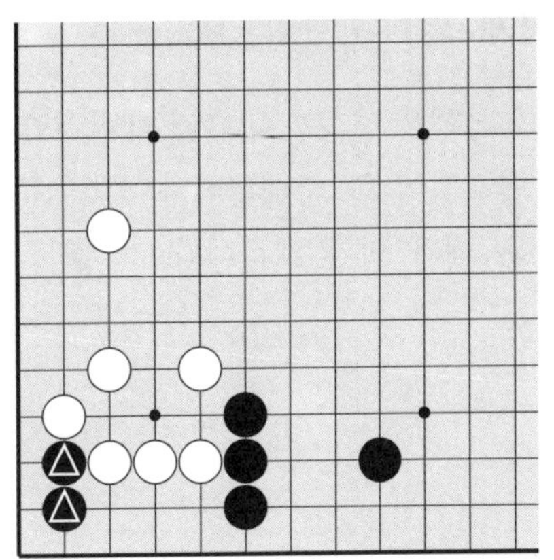

제1형 (흑선)

본형은 흑▲를 구출하려는 것인데, 현재 이 흑을 살리려면 연결하는 방법 외에는 없다. 다만 연결점은 두 군데라는 것이다.

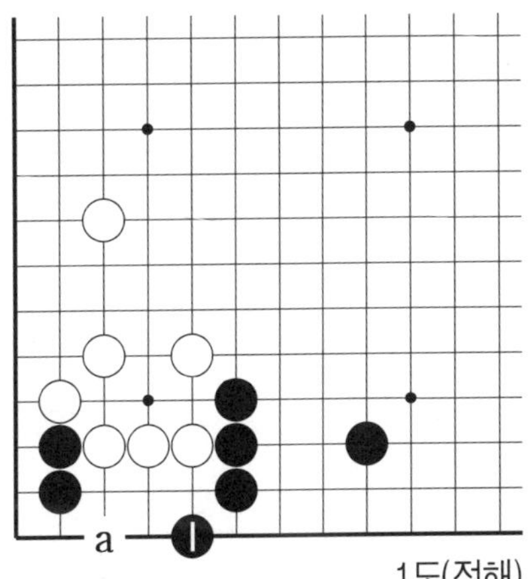

1도(정해)

1도(연결점)

흑1 또는 흑a가 연결점이다. 이 수로 —

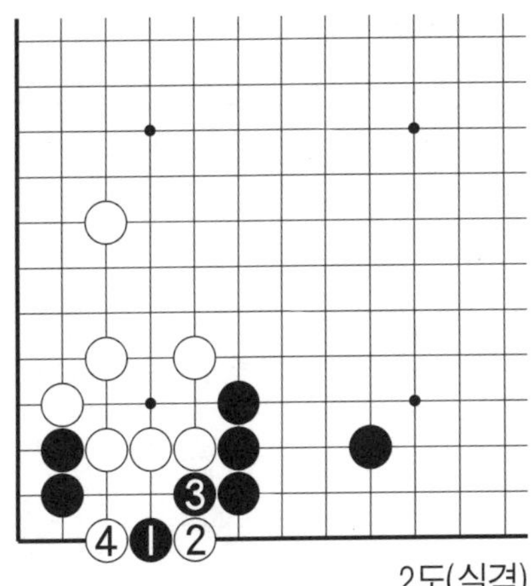

2도(실격)

2도(흑 잡힘)

'바둑은 중앙에 수있다'처럼 흑1에 두는 것은, 이 경우에는 백2·4로 차단당해 삶이 없다.

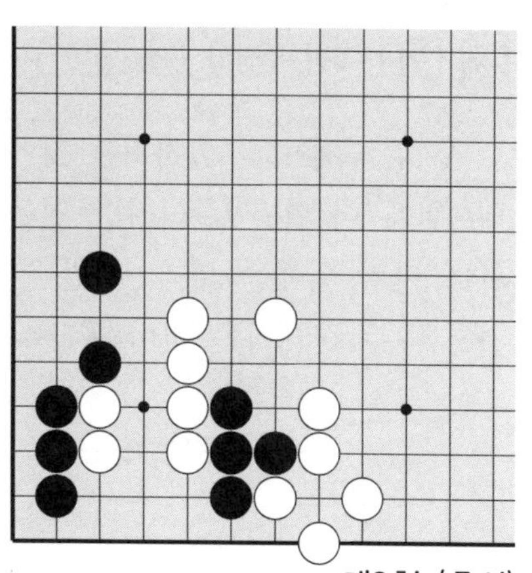

제2형 (흑선)

【제2형】 흑 넉점의 활로

【제2형】 흑 넉점의 활로

본형은 전형과 비슷해 보이지만, 연결점이 한 군데뿐이다. 다른 쪽은 패가 되기 때문이다.

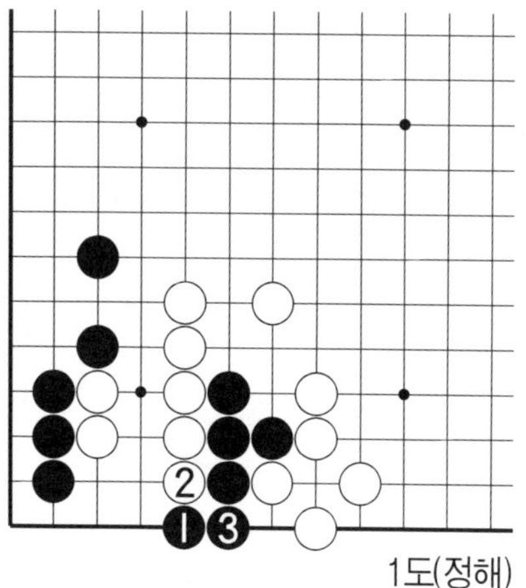

1도(정해)

1도(침착한 이음)

흑1쪽이 정해다. 그리고 백2 때 흑3으로 침착하게 잇는 수가 긴요하다. 이곳을 방치하면 패가 된다.

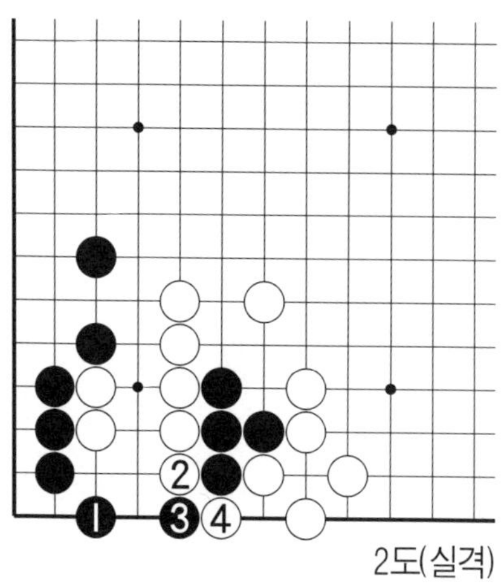

2도(실격)

2도(패)

흑1은 이 경우 실격이다. 백2·4로 패가 되기 때문이다.

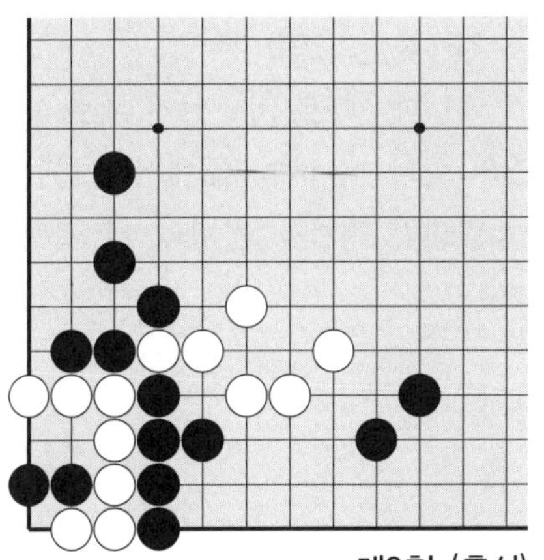

제3형 (흑선)

본형은 촉촉수를 피하지 못하면 실패한다. 촉촉수란 항상 자충에 서 출발하는 것이다.

1도(연결의 맥)

흑1·3이 마늘모형 연결의 맥의 진수를 보여 준다. 얼핏 보면 좌측 흑돌과 연결이 안 되고 있는 것 같지만, 이 상태로 자충을 피해 연결되고 있는 것이다. 계속해 서 −

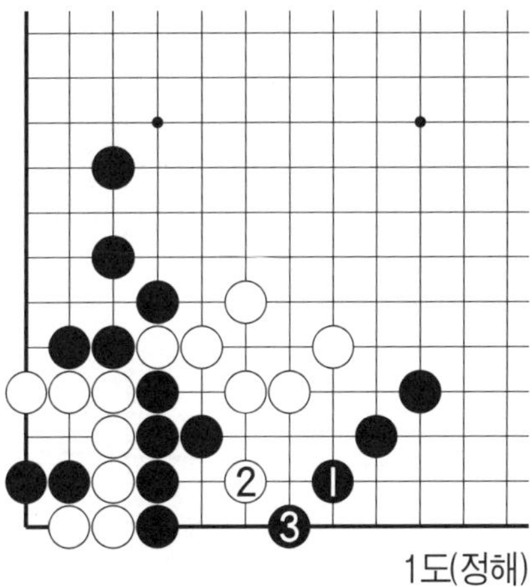

1도(정해)

2도(백 잡힘)

백4에 막는다면 흑5·7로 끊는 다. 이곳은 백이 a로 메워도 자체 로 빅이지만, 귀의 백돌이 죽어 있 으므로, 빅과 관계 없이 백 전체 가 잡힌 모습이다.

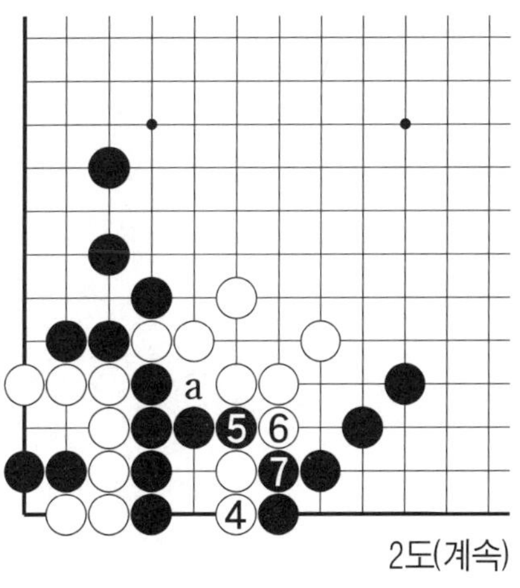

2도(계속)

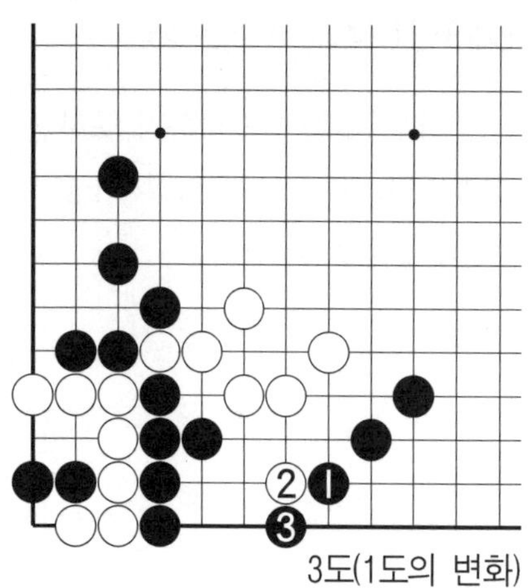

3도(1도의 변화)

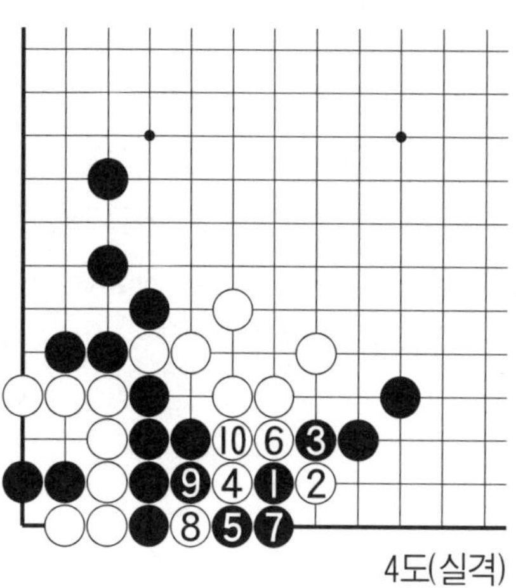

4도(실격)

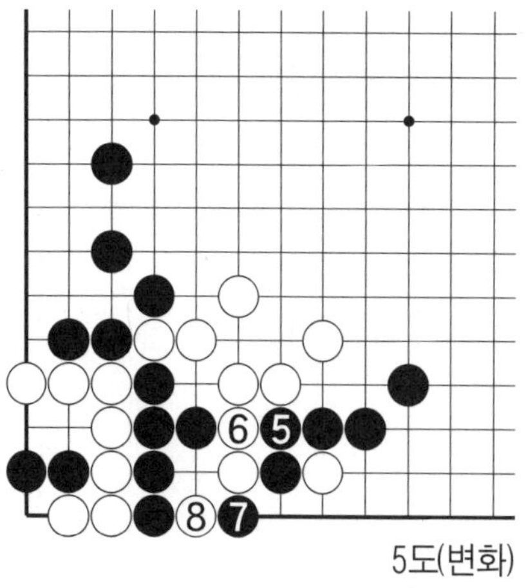

5도(변화)

3도(젖힘의 맥)

흑1 때 백2로 차단하려 해도 흑3의 곳이 맥이다. 1도에서는 마늘모였지만 지금은 젖힘이 된 것뿐이다.

4도(촉촉수)

본도 흑1은 백2·4의 수순을 거쳐 백10까지, 촉촉수가 성립하여 흑 죽음이다. 또 흑5로-

5도(마찬가지)

본도 흑5에 두어도 백8까지 촉촉수에는 변함이 없다.

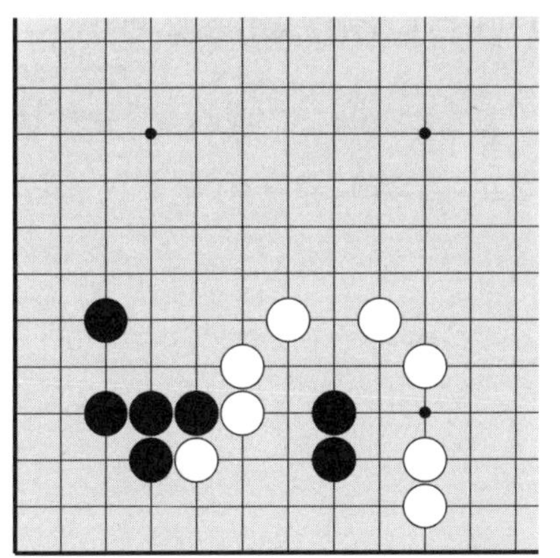

제4형 (흑선)

　본형과 같은 패턴에서 연결하는 수법은 크게 3가지가 있다. 지금처럼 마늘모의 맥이 있고, 또 단수젖힘, 날일자 치중 등의 맥도 종종 사용된다.

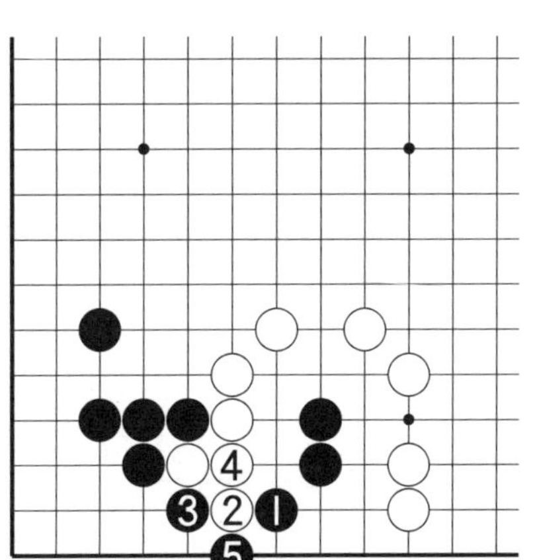

1도(정해)

　지금은 1도의 마늘모가 정맥이다. 2도의 단수젖힘이나 3도의 날일자 치중은 이 경우 모두 마늘모의 곳으로 차단당해 연결이 불가능하다.

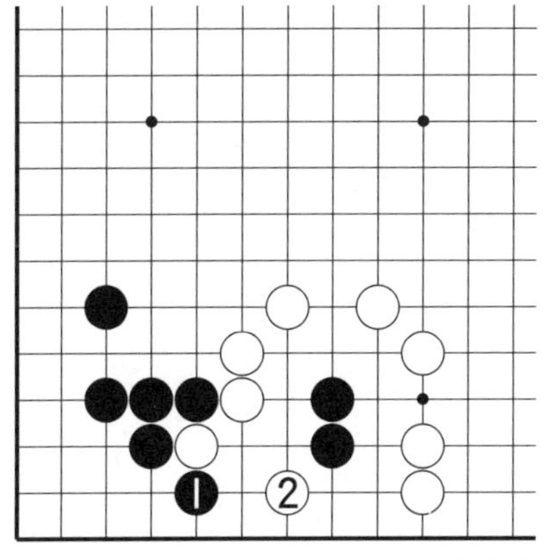

2도(실격)

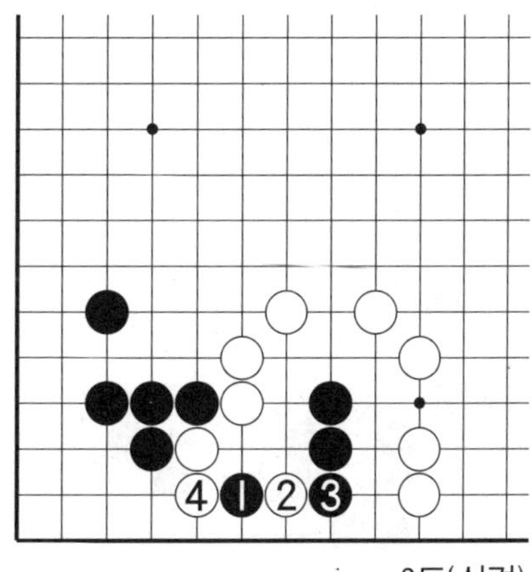

3도(실격)

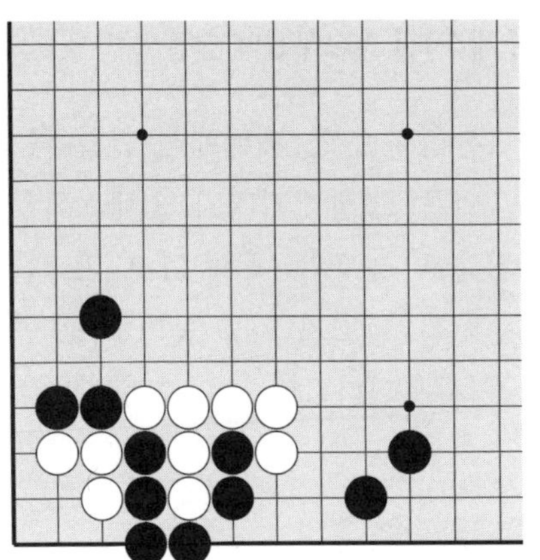

제5형 (흑선)

본형도 연결의 패턴 중 마늘모 맥의 진수에 해당한다.

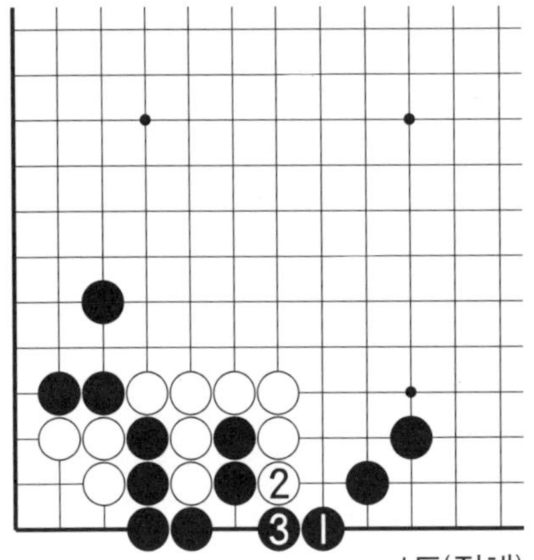

1도(정해)

1도(자충을 피해)

연결하려면 흑1로 두는 한 수뿐이다. 백2에 흑3으로 자충을 피하는 유일한 곳이기 때문이다.

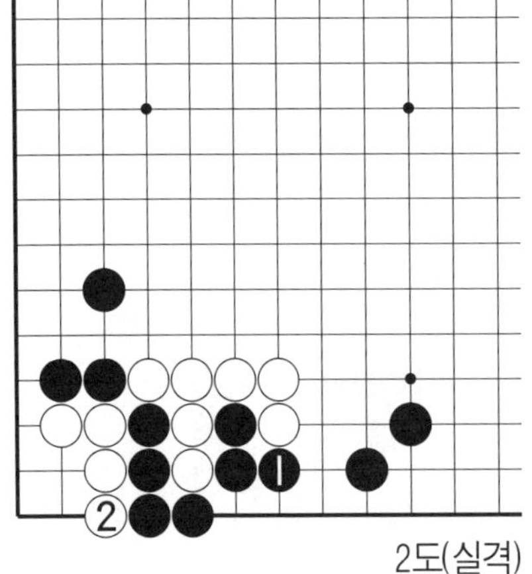

2도(실격)

2도(뒤에서 단수)

그냥 흑1로 꼬부리는 것은 백2로 뒤에서 단수하여 연결이 불가능하다.

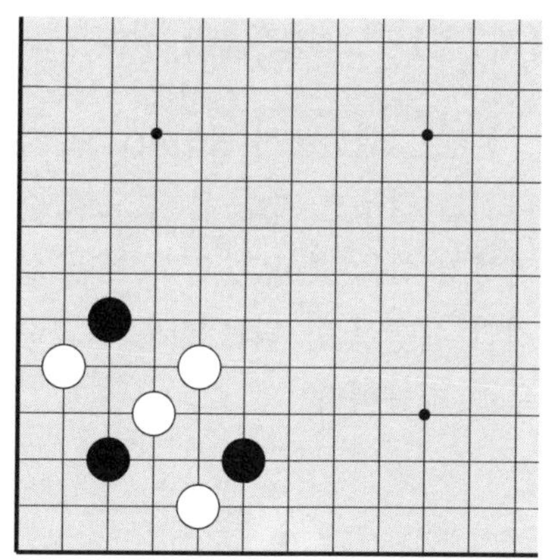

제6형 (흑선)

본형은 '좌우동형'에 해당하므로 일단은 그 중앙을 생각할 수 있다면, 답을 찾는 것이 어렵지는 않다. 그러나 '좌우동형'도 중급자까지는 실전에서는 잊기 십상이다.

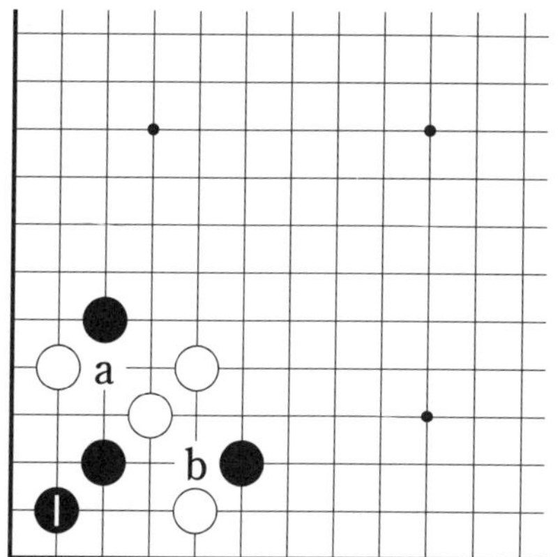

1도(정해)

1도(좌우동형의 중앙)

흑1이 '좌우동형'의 중앙이다. 이 수는 흑a와 b의 절단을 동시에 보고 있다.

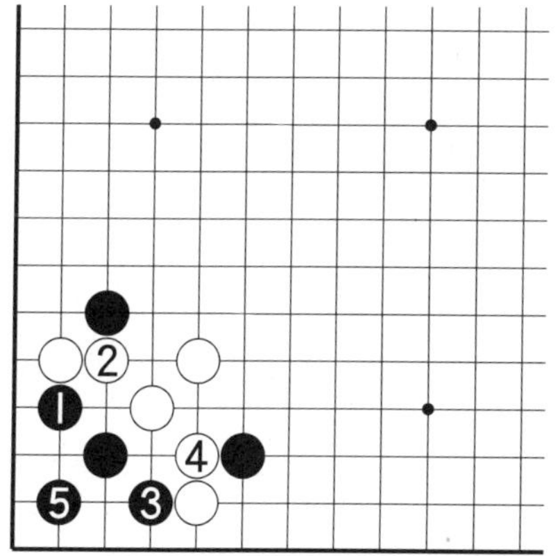

2도(실격)

2도(생불여사)

중급자 이하라면 실전에서는 본도처럼 사는 경우가 훨씬 더 많을 것이다. 그러나 이렇게 사는 것은 '생불여사'다. 백모양을 매우 튼튼하게 해 주었기 때문이다.

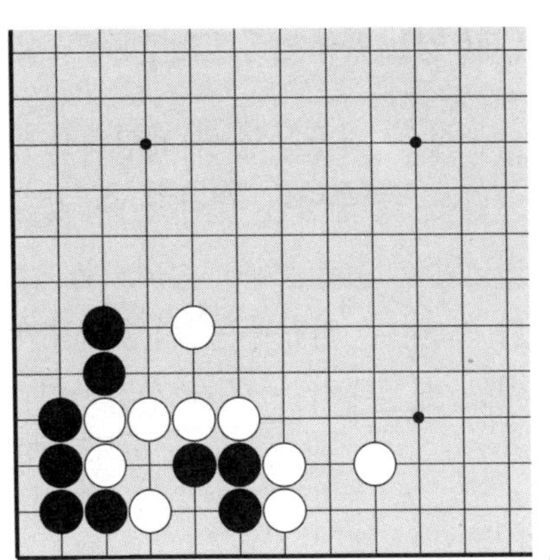

제7형 (흑선)

　본형은 실전에서 유단자급도 지나치는 경우를 자주 볼 정도로 간과하기 쉬운 맥이다. 알고 보면 쉽지만 실행이 안 되는 것은 연습량 부족 때문이다.

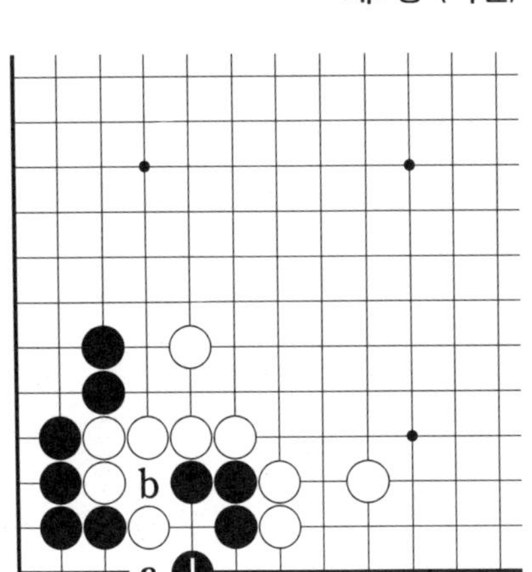

1도(정해)

1도(연결의 맥)

　흑1의 마늘모가 a와 b를 맞보는 연결의 맥이다.

2도(실격)

2도(되젖힘)

　흑1의 젖힘은 백2로 되젖혀 그만이다.

잡기 · 살기의 급소

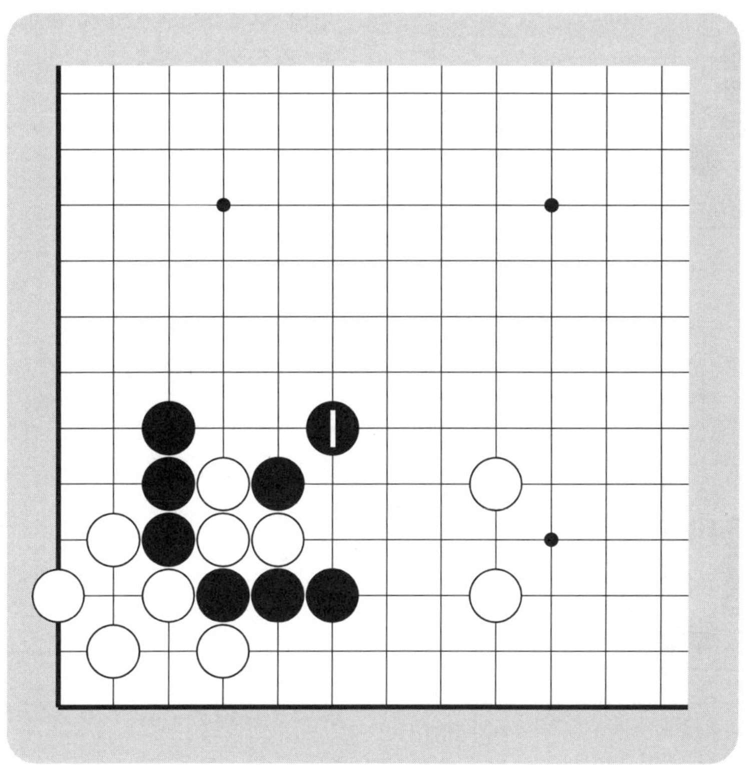

흑1은 포위기술로서 일종의 장문에 해당한다. 이 수는 촉
촉수까지의 수읽기를 필요로 하지만, 첫 수에 대한 감각은
역시 마늘모의 맥이다.

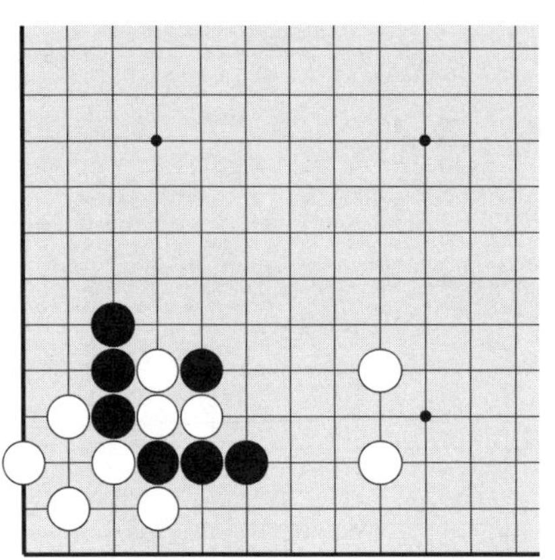

제1형 (흑선)

본형에서 백 석점을 가두는 포위점은 일단 한 군데로 보인다. 그러나 그 이후 촉촉수까지 보는 것은 수읽기에 해당한다.

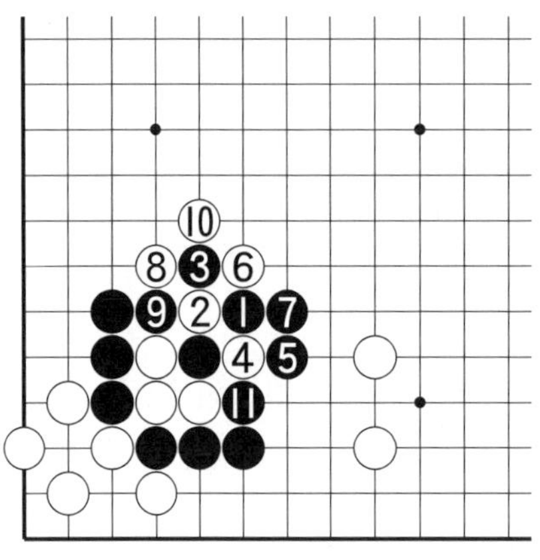

1도(정해)

1도(촉촉수)

흑1 다음 백2·4에 대응하여 흑3·5로 두는 수단이 긴요하다. 계속해서 흑11까지 촉촉수가 된다.

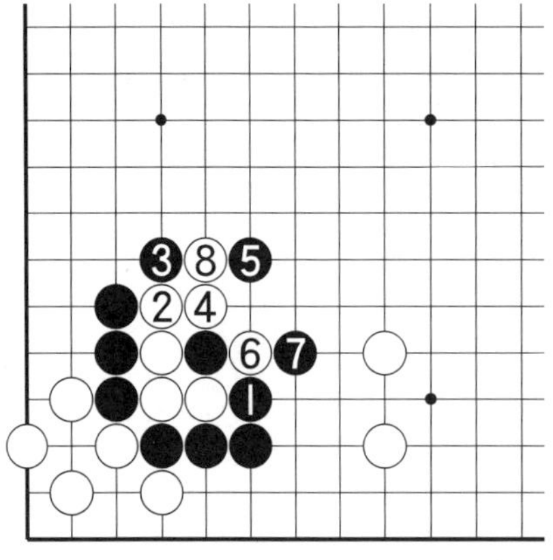

2도(실격)

2도(주변의 약점)

흑1·3·5도 포위기술의 한 패턴이지만, 이 경우는 주변의 약점이 많아 성립하지 않는다.

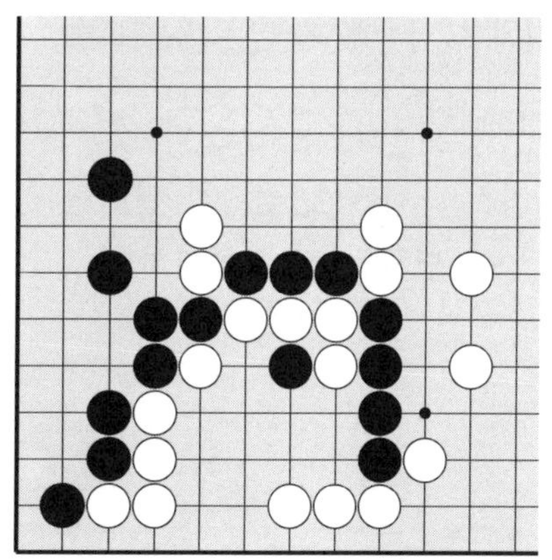

제2형 (흑선)

　본형도 사실상 전형과 같은 맥락의 포위점을 갖고 있다.

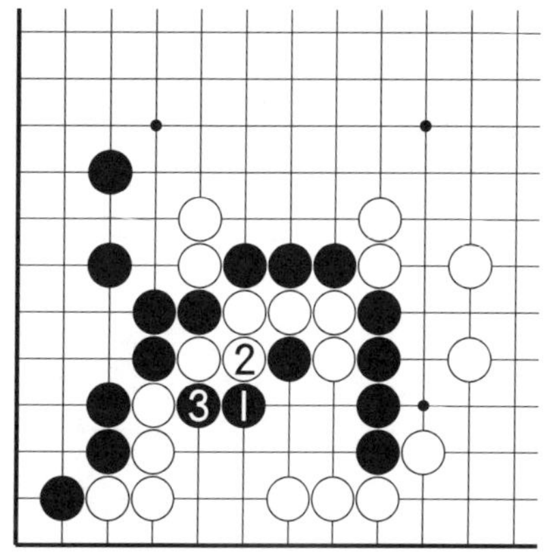

1도(정해)

1도(포위의 맥)

　흑1이 포위의 맥이다. 다음 백의 어떤 저항수단도 통하지 않는다. 백2라면 흑3의 단수로 그만이다.

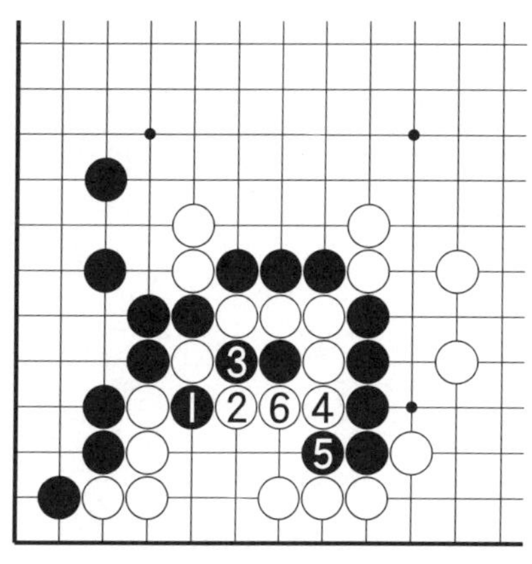

2도(실격)

2도(탈출)

　흑1의 단수는 포위점을 벗어났다. 백에게는 2의 포위점을 통해 탈출하는 수가 있는 것이다.

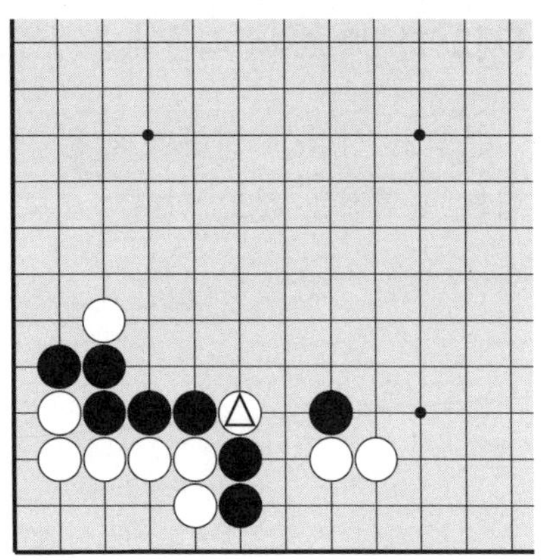

제3형 (흑선)

 백△를 잡는 기술은 마늘모의 맥이기도 하지만, 정확히 말하면 장문이 변형된 것에 불과하다.

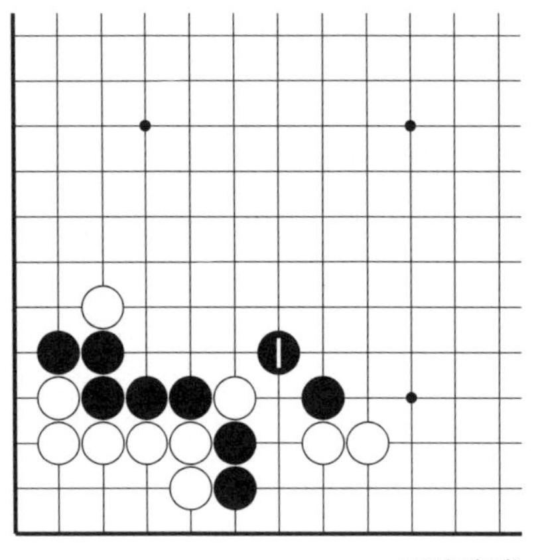

1도(정해)

1도(포위)

 흑1의 포위로 요석 백 한점은 탈출이 불가능하다.

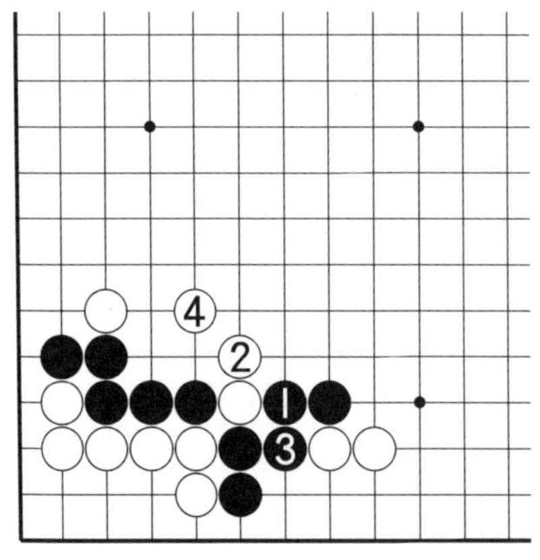

2도(실격)

2도(단순)

 흑1·3은 단순한 수순으로, 백4까지 좌측을 포기하는 수밖에 없다.

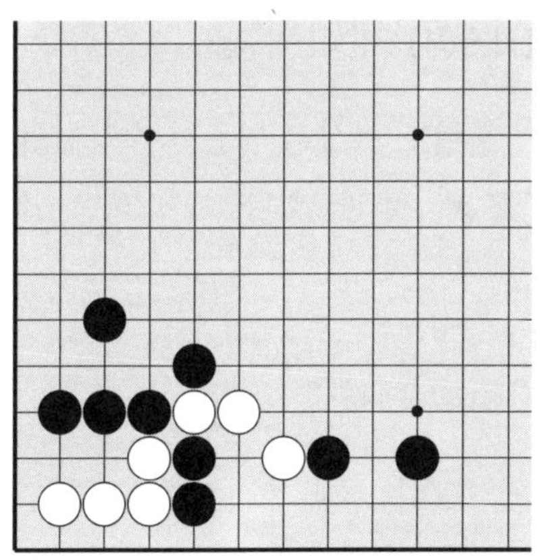

제4형 (흑선)

본형은 연결과 수상전이 결합된 수법이 필요한데, 이곳의 맥은 사실상 대표적인 실전형 중 하나로 맥에 관한 책에는 빠뜨릴 수 없는 패턴이다.

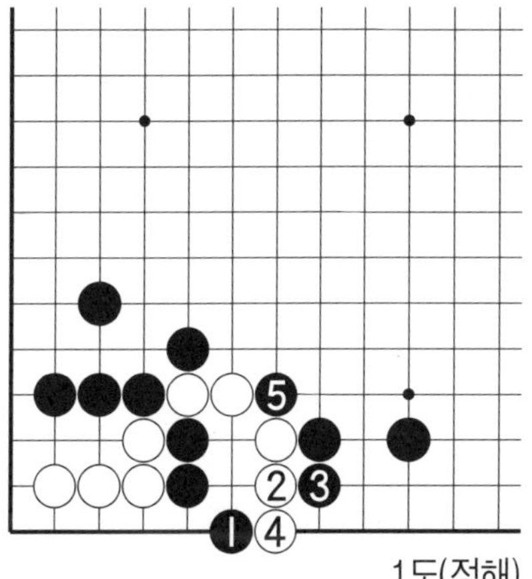

1도(정해)

1도(연결과 수상전)

흑1은 연결을 도모하는 맥이지만, 백이 2·4로 차단하면 흑5로 갑자기 수상전의 맥으로 둔갑한다. 이후 백에게는 더 이상의 수단이 없다.

2도(변화)

2도(한칸의 맥)

흑1에 대해 백2라면 이번에는 흑3의 한칸 뛰는 맥이 준비되어 있다.

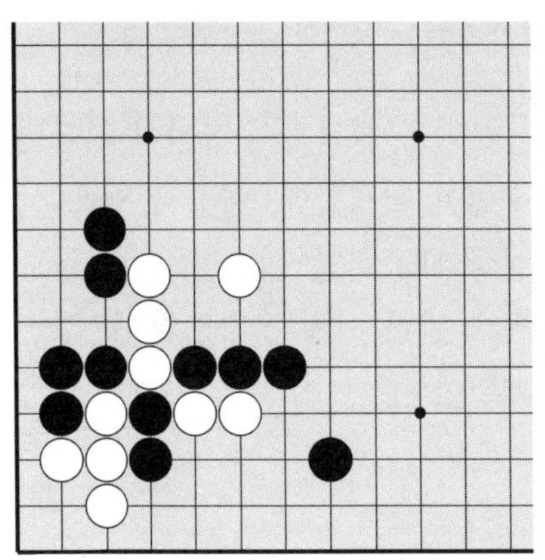

제5형 (흑선)

【제5형】 수상전의 급소

본형도 사실은 일종의 수상전의 맥이라 할 수 있다.

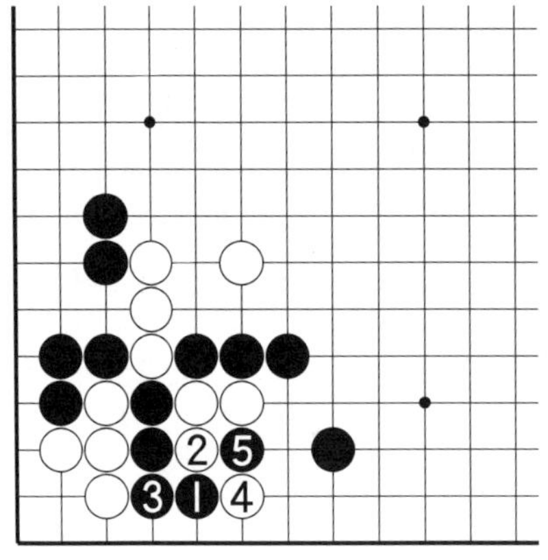

1도(정해)

1도(촉촉수)

흑1이 정맥으로 백2·4의 대응에 대해 흑5의 먹여치기를 통한 촉촉수를 유도하고 있다. 이곳의 싸움은 먹여치기로 인해 흑이 1수 빠르다.

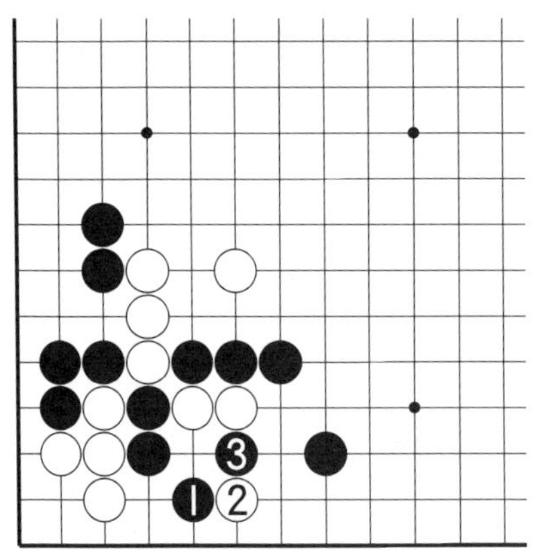

2도(변화)

2도(환격)

흑1 때 백2로 차단하면 흑3으로 이번에는 환격이다.

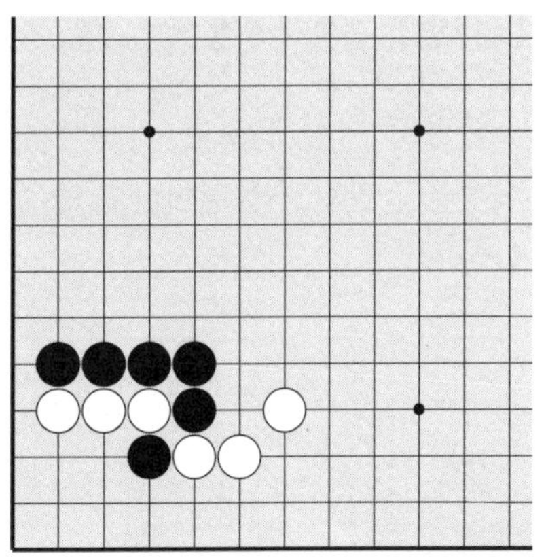

제6형 (흑선)

　본형은 마늘모의 맥이 아니면, 백에게도 끈질기게 패로 저항하는 맥이 숨겨져 있다.

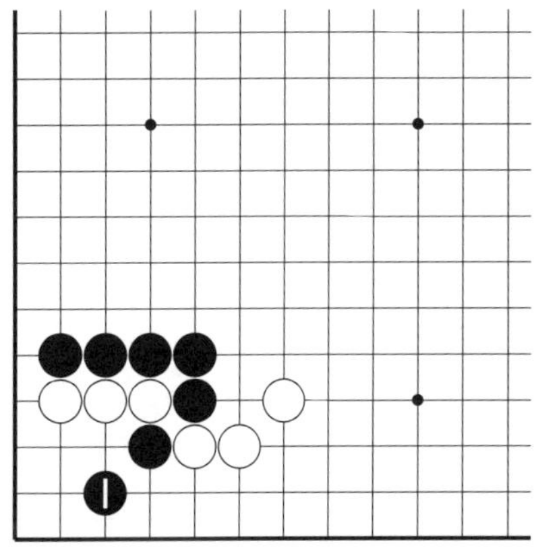

1도(정해)

1도(유일)

　이 백을 탈없이 잡는 수법은 흑 1의 마늘모로 두는 한 수뿐이다.

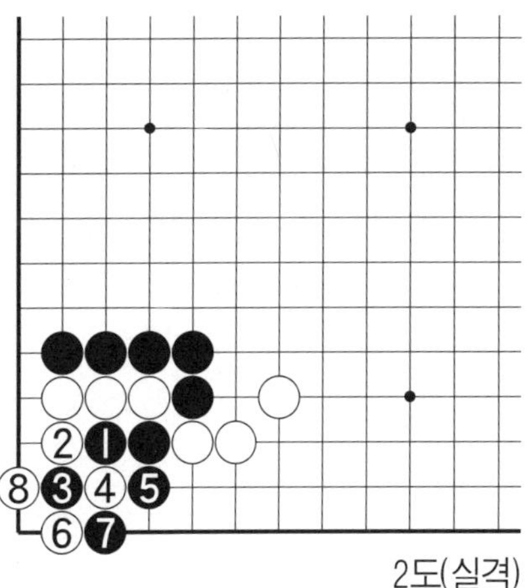

2도(실격)

2도(패)

　흑1로 바로 막아 잡는 것이 더 쉬울 것 같지만, 귀끝에는 항상 패가 숨어 있게 마련이다. 백8까지 패로 저항하는 수법은 사실 교과서적인 것이다.

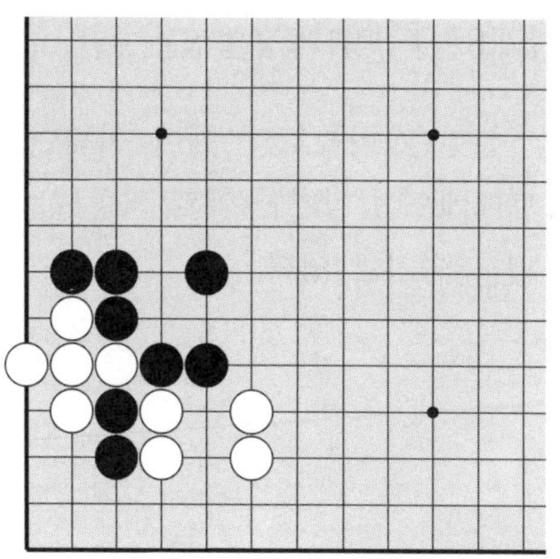

제7형 (흑선)

　본형도 어떻게 보면 귀끝의 특수성을 감안한 수상전이라고 할 수 있다.

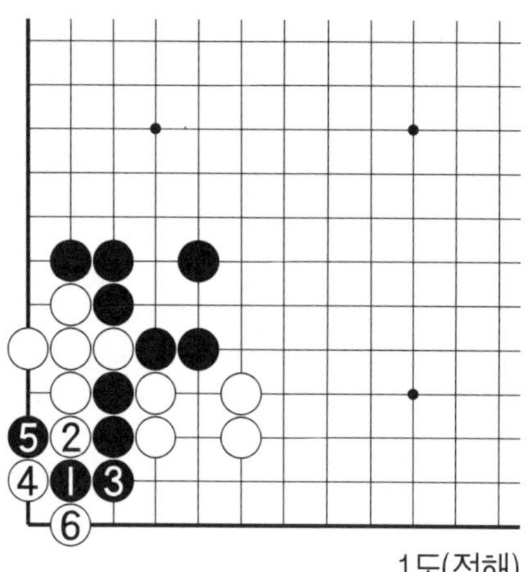

1도(정해)

1도(정맥)

　흑1이 정맥으로 이하 백6까지 흑이 여유 있는 패가 되는데, 만약 흑1로 -

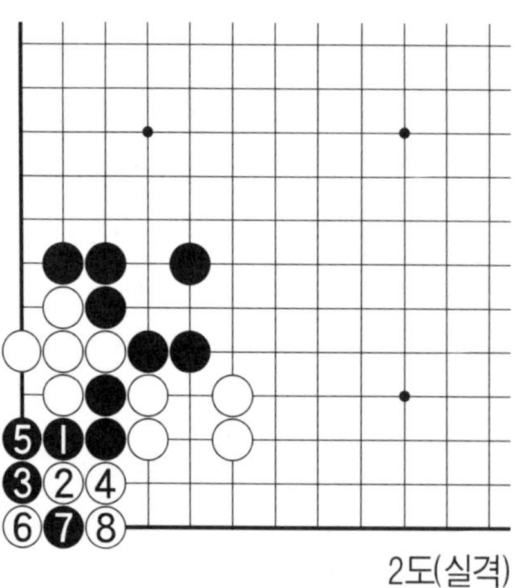

2도(실격)

2도(백의 선패)

　흑1에 바로 막으면 이하 백8까지 백의 선패가 된다. 또 수순중 흑3으로 백4에 두는 것은 백이 5의 곳으로 넘어가 흑이 그냥 잡힌다.

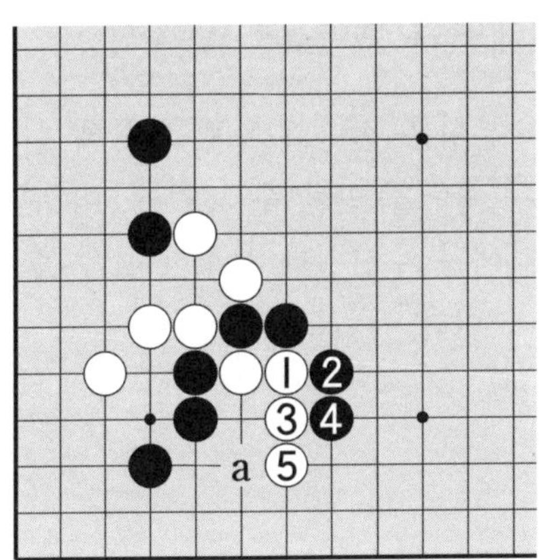

제8형 (흑선)

　본형은 정석과정에서 백이 이탈하여 완력을 행사하고 있는 진행이다. 백5 때 흑의 대응책은 무엇일까? 참고로 백1은 a에 두어 응수타진하는 것이 정석이다.

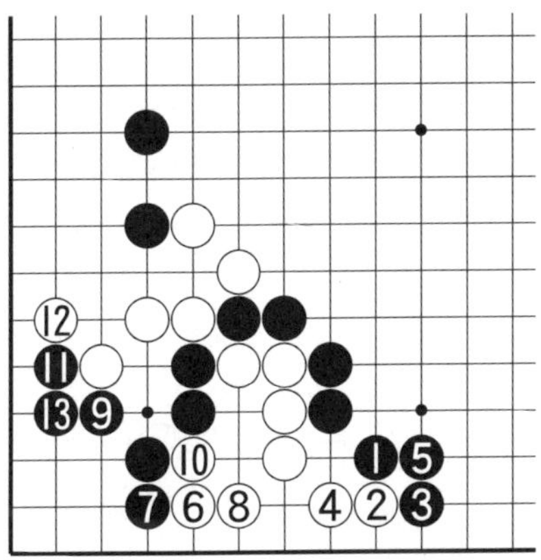

1도(정해)

1도(흑 유리)

　흑1로 늦추는 것이 맥이다. 이하 흑13까지 각생하게 되는데, 이 결과는 양쪽을 처리한 흑이 유리하다.

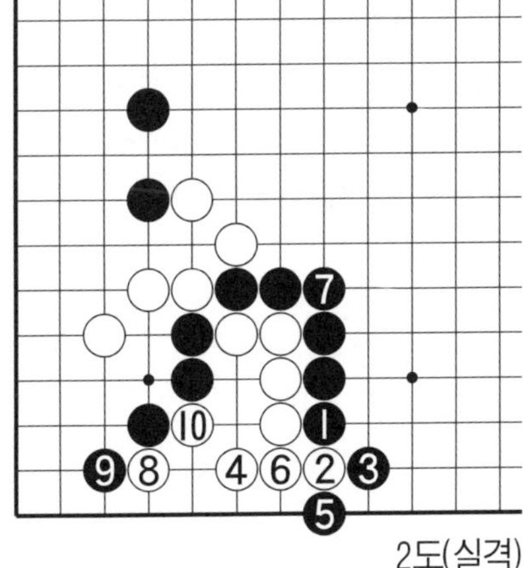

2도(실격)

2도(탄력)

　흑1로 급하게 가두려는 것은 오히려 백2·4로 탄력을 주어, 약점상 흑7을 생략할 수 없을 때 백8·10으로 흑귀가 죽게 된다.

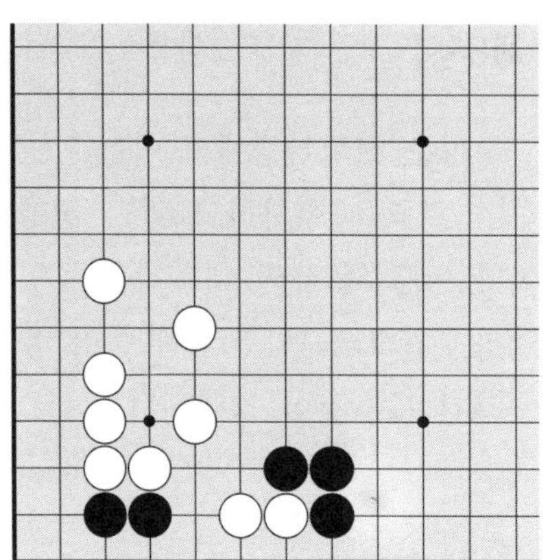

제9형 (흑선)

본형은 절단의 노림을 통해 사는 수단을 만들 수 있는데, 이 변화에는 수상전과 사활이 모두 숨어 있다.

1도(일석이조의 맥)

흑1이 수상전과 사활을 동시에 해결하는 맥이다. 백2라면 흑3·5·7로 한 수 빠르고, 백2로 백4에 차단하면 흑은 2의 곳에 두어 살 수 있다.

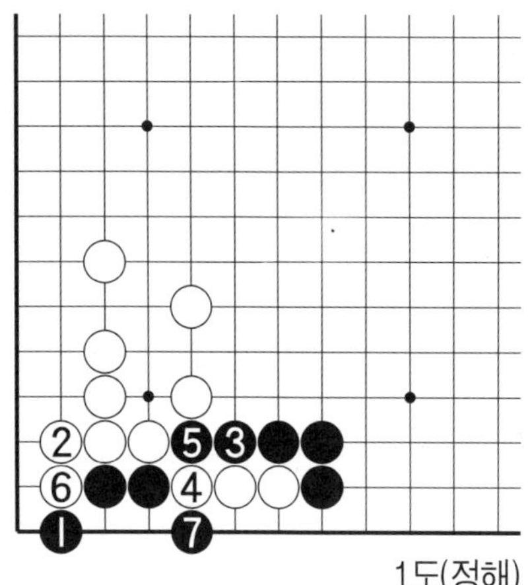

1도(정해)

2도(귀곡사)

본도 흑1에 두어도 마찬가지일 것 같지만, 이때는 백2의 치중이 있어 이하 백8까지 귀곡사의 죽음이 있다.

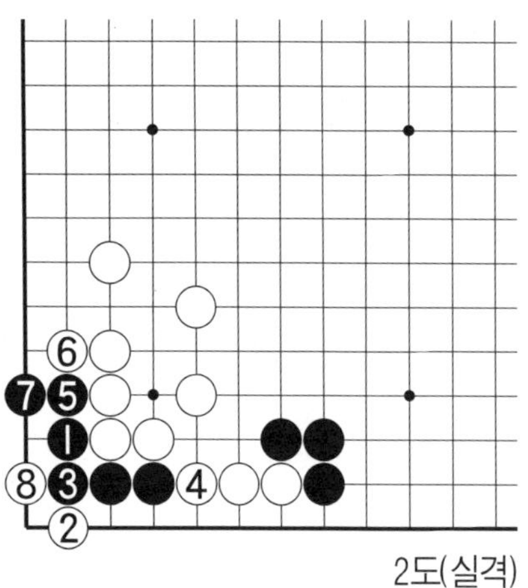

2도(실격)

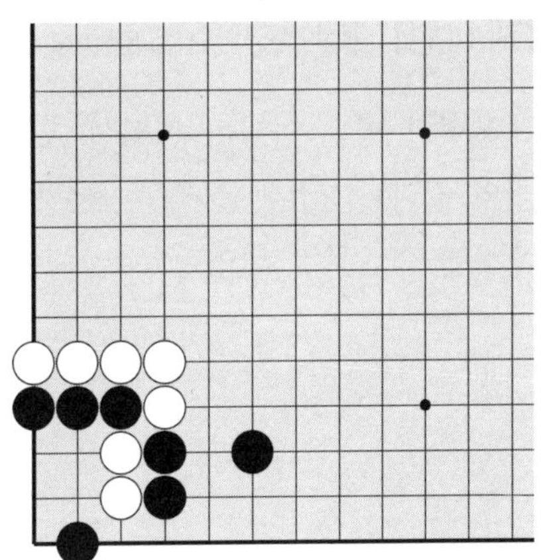

제10형 (흑선)

본형도 기본 맥의 연습 과정에 빠짐 없이 등장하는 맥으로, 흑 석점을 살리는 수는 역시 마늘모뿐이다.

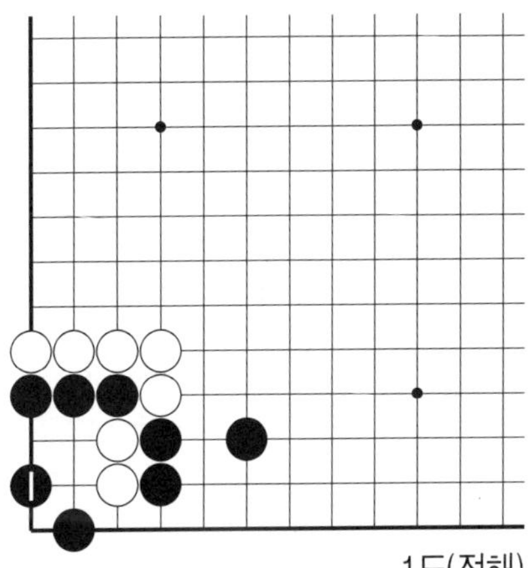

1도(정해)

1도(활로)

이런 좁은 공간에서는 흑1의 마늘모가 유일한 활로다.

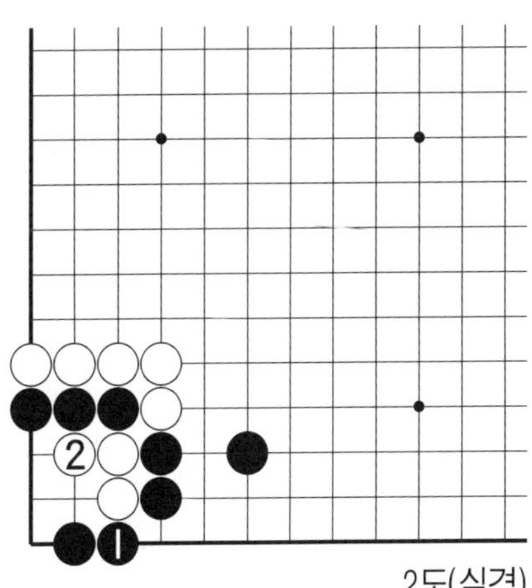

2도(실격)

2도(조급)

조급하게 흑1로 넘어가는 것은 전체를 보지 못한 수로, 백2로 간단히 잡힌다.

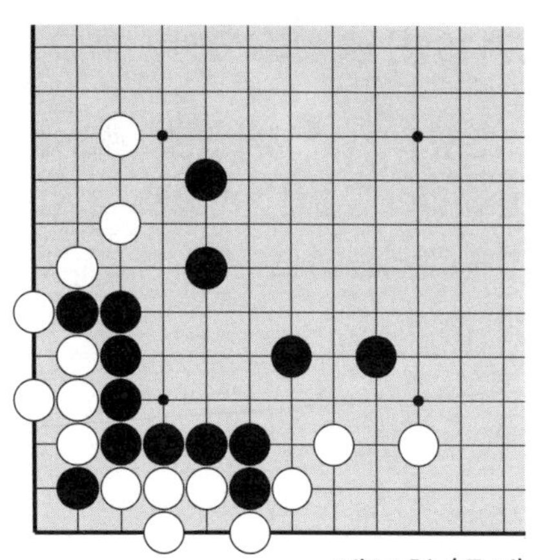

제11형 (흑선)

본형의 맥은 엄밀히 말하면 호구와 같다. 그러나 호구도 이론적으로는 마늘모일 뿐이다.

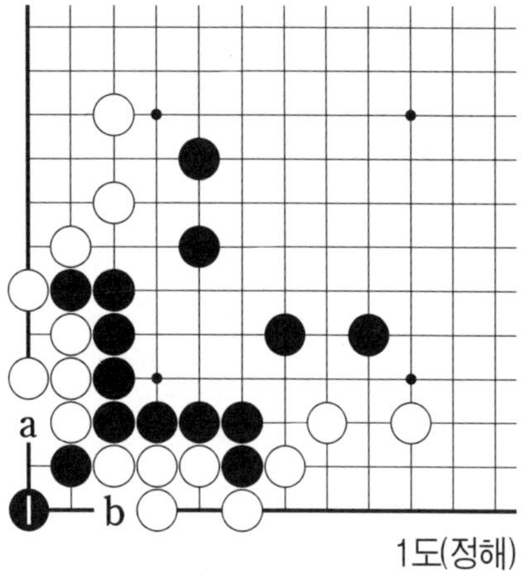

1도(정해)

1도(패의 수단)

흑1이 a, b를 맞보는 맥이다. 어느 쪽이든 패를 피할 수 없다.

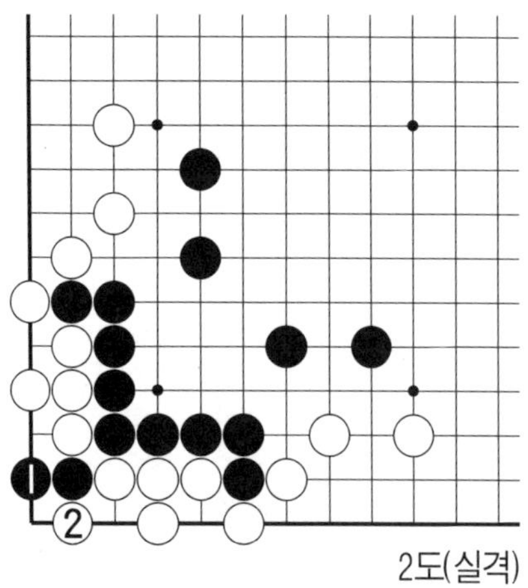

2도(실격)

2도(맥을 모름)

흑1은 맥을 보지 못한 수로, 백2로 젖혀 그만이다. 마찬가지로 흑1로 백2면 역시 백이 1의 곳에 젖혀 결과는 같다.

수상전의 테크닉

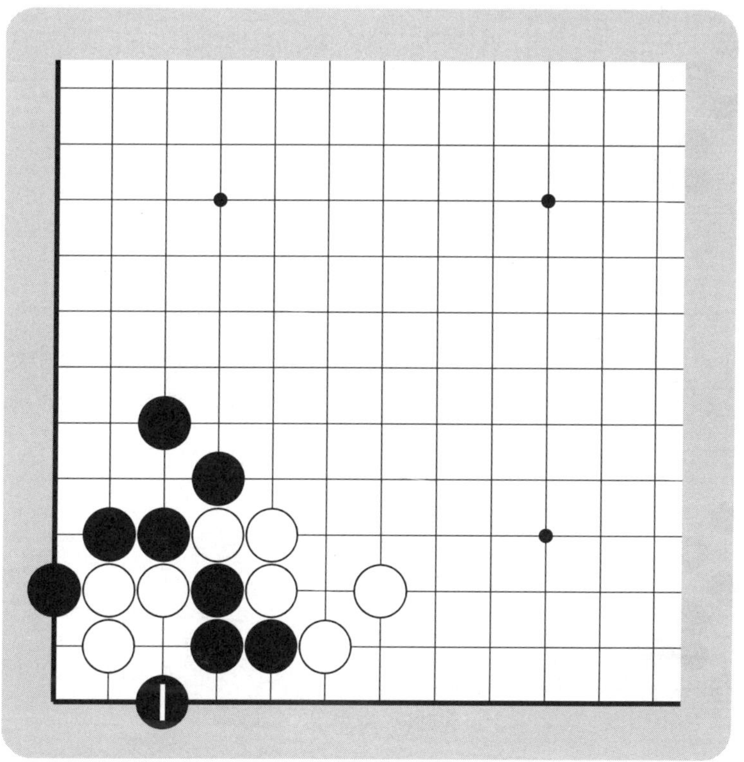

흑1은 이곳 수상전의 맥이다. 이곳을 누가 선점하느냐에
따라 수상전의 승패가 갈리는 급소인 셈이다.

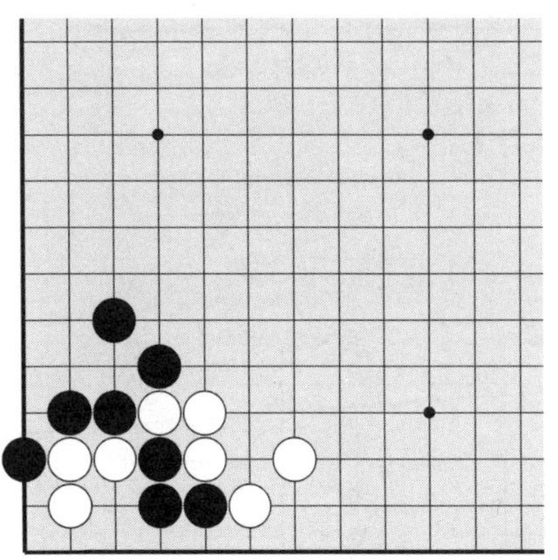

제1형 (흑선)

【제1형】 흑 석점의 수상전

【제1형】 흑 석점의 수상전

본형은 실전에서 흑이 패를 만들기 쉬운 모양이다. 그러나 정맥에 충실하면 이런 싸움에서 상대를 압도할 수 있다.

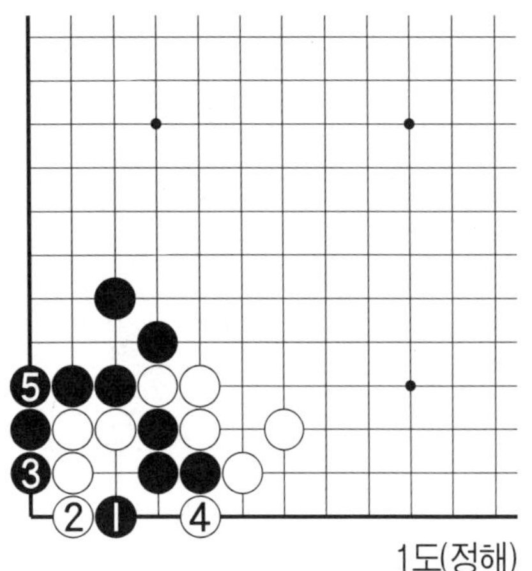

1도(정해)

1도(흑 1수승)

흑1의 마늘모가 백의 수를 줄이는 맥이다. 계속하여 흑5까지 흑 1수승이다.

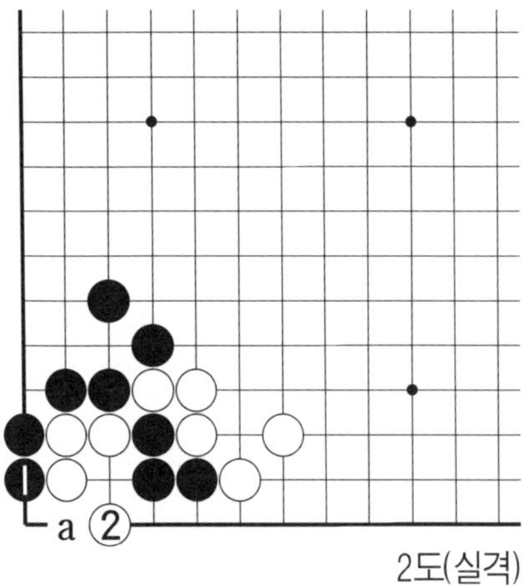

2도(실격)

2도(패)

그냥 흑1로 수를 줄이는 것은 백2를 백이 차지하여, 흑은 a로 패를 할 수밖에 없으므로 실격이다.

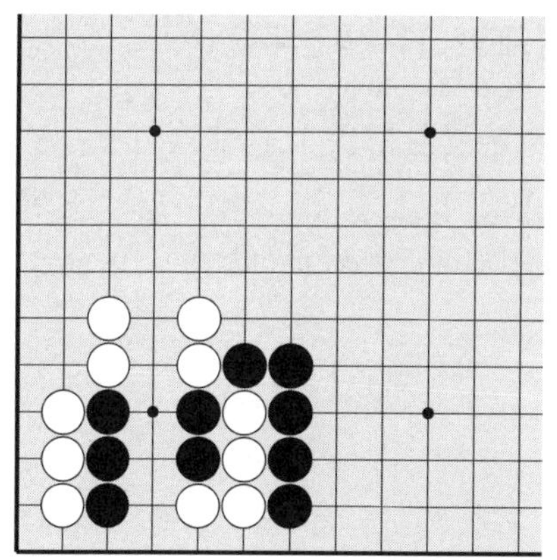

제2형 (흑선)

본형도 마늘모가 아니면 이길 수 없는 수상전이다.

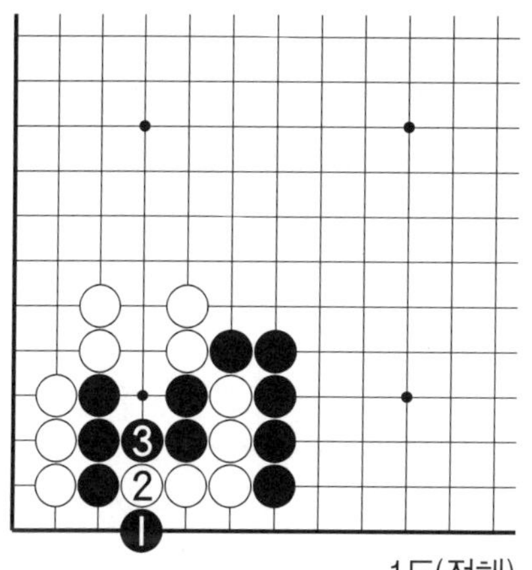

1도(정해)

1도(흑 1수승)

흑1의 맥에 이어 백2 때 흑3에 두는 것이 긴요하다. 이것으로 흑이 1수 빠르다.

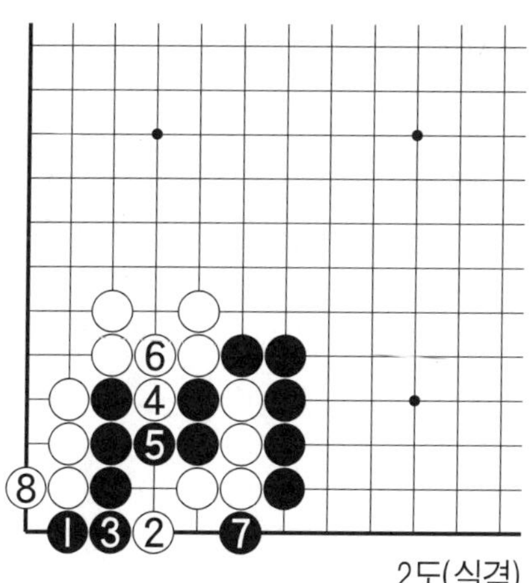

2도(실격)

2도(백 1수승)

흑1로 귀끝에 1수를 늘이려는 것은 백에게 2의 맥을 거꾸로 당해 백8까지 1수 부족이 된다.

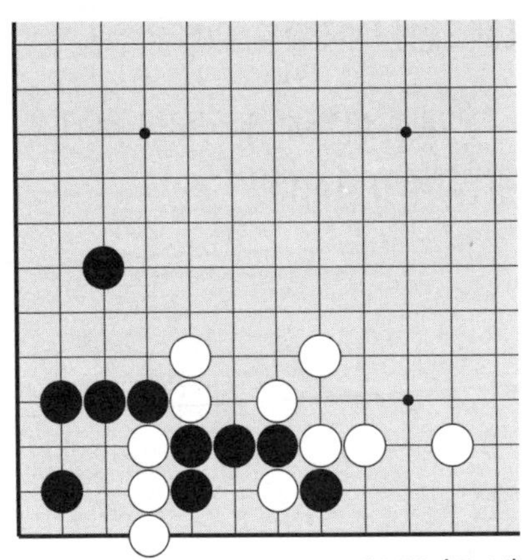

제3형 (흑선)

본형은 언뜻 보기에 흑이 1수 부족 같아 보인다. 그러나 맥이란 이럴 때 그 위력을 발휘하는 법이다.

1도(자충 유도)

흑1의 마늘모는 일종의 자충을 유도하는 맥이다. 이하 백4 때 흑5로 뒤에서 수를 줄이는 것이 요령으로, 흑이 1수 빠르다. 또 백4로 -

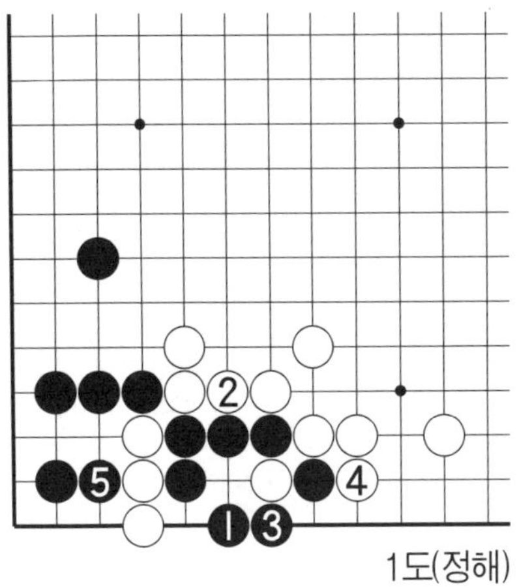

1도(정해)

2도(흑 1수승)

본도 백4로 턱 밑까지 바짝 다가 오면, 흑5로 미는 수가 준비된 수순이다. 이하 흑11까지 역시 흑의 1수 승이다.

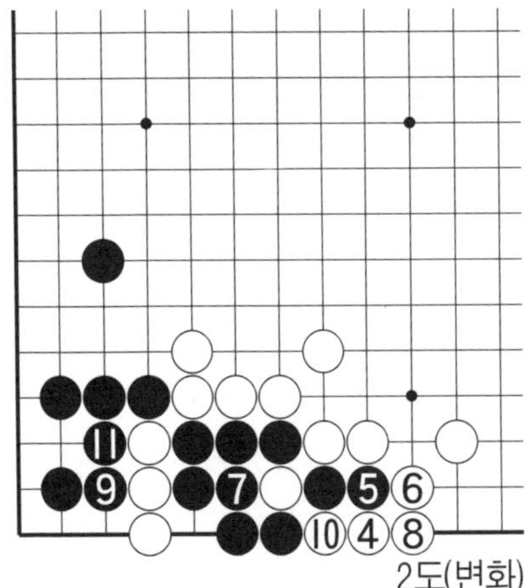

2도(변화)

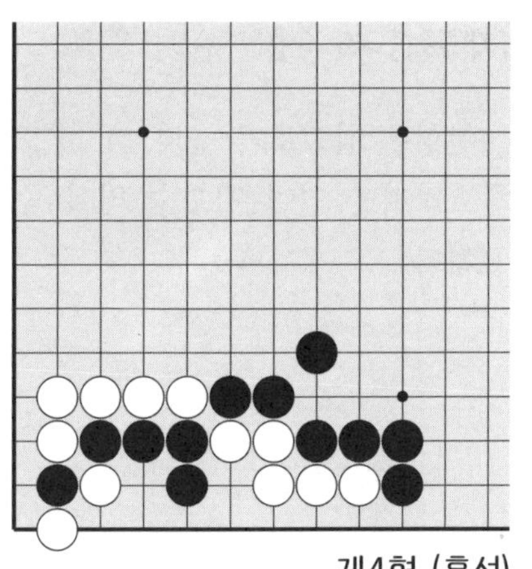

제4형 (흑선)

본형도 자충을 유도하여 흑의 수수를 1수 늘리는 수법이다.

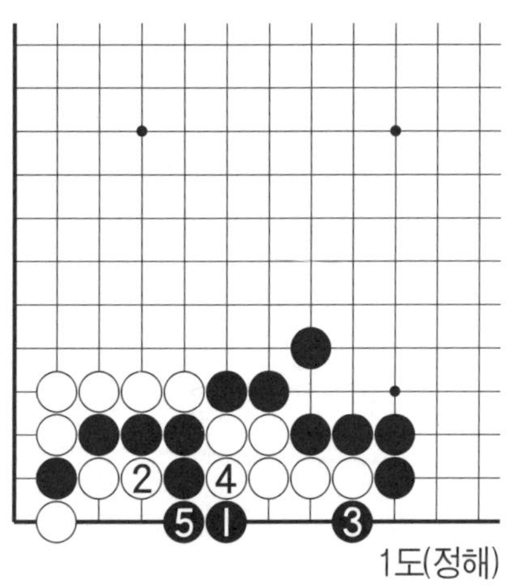

1도(정해)

1도(흑 1수승)

흑1의 마늘모가 요령으로, 흑5까지 귀의 자충 관계상 백이 바깥에서 단수를 칠 수 없어 흑이 1수 빠르다.

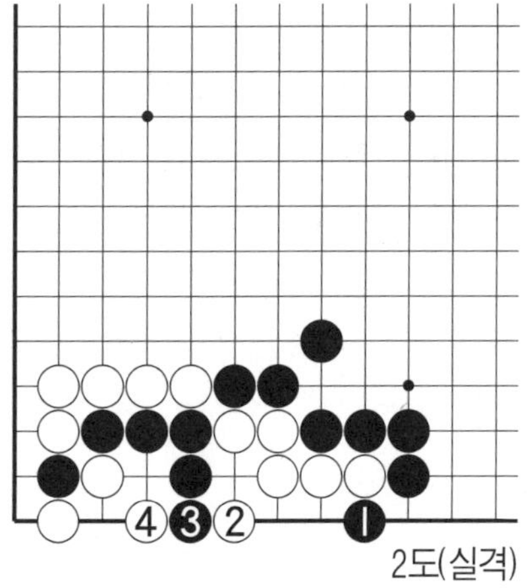

2도(실격)

2도(백 1수승)

흑1로 젖혀 단순히 수를 줄이는 것은 백2의 맥을 거꾸로 당해 백이 1수 빨라진다.

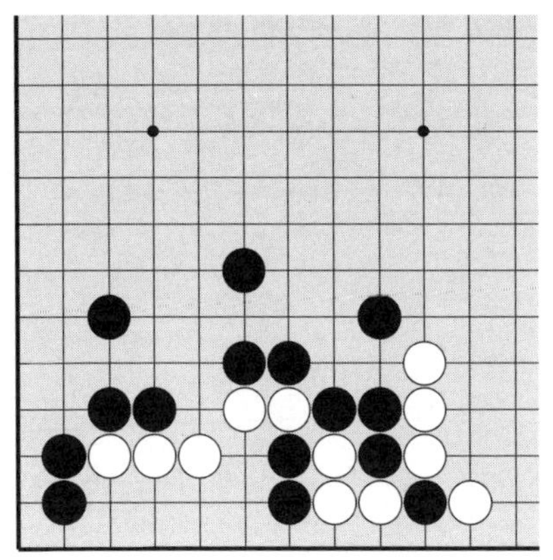

제5형 (흑선)

본형은 난이도가 높다. 첫 수도 중요하지만 연이은 수순 역시 중요하다.

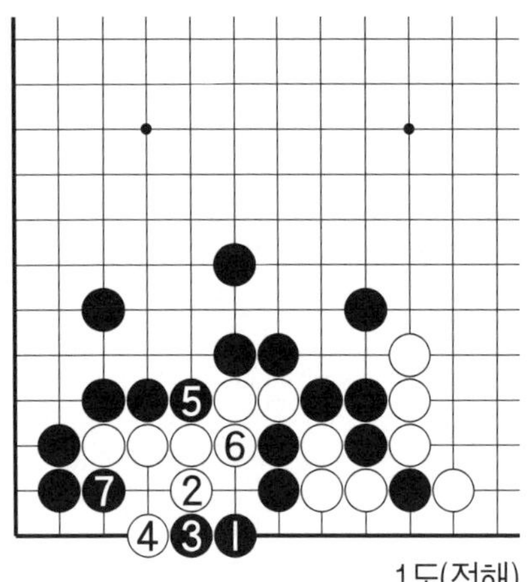

1도(정해)

1도(여유)

흑1의 맥에 이어 백2로 받으면 흑3·5·7이 정확한 수순이다. 흑은 여유 있게 백을 잡는다.

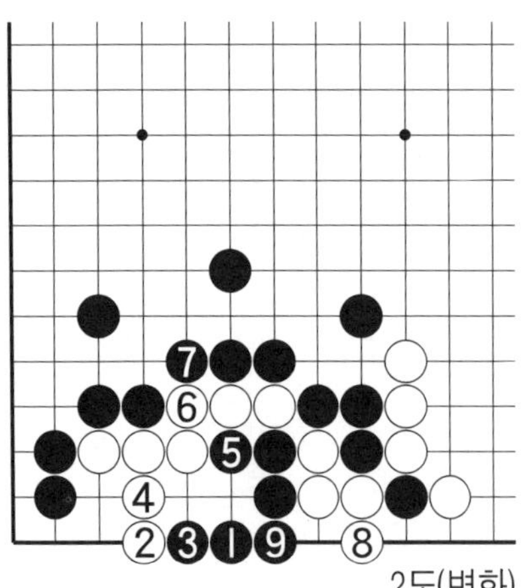

2도(변화)

2도(난이도)

흑1 때 백2로 받는다면 조금 더 난이도가 높아진다. 흑3 이하 흑9까지가 정확한 수순이다. 수순중 백8은 기교를 부린 것인데, 반드시 흑9에 이어 패의 수단을 방지해야 한다.

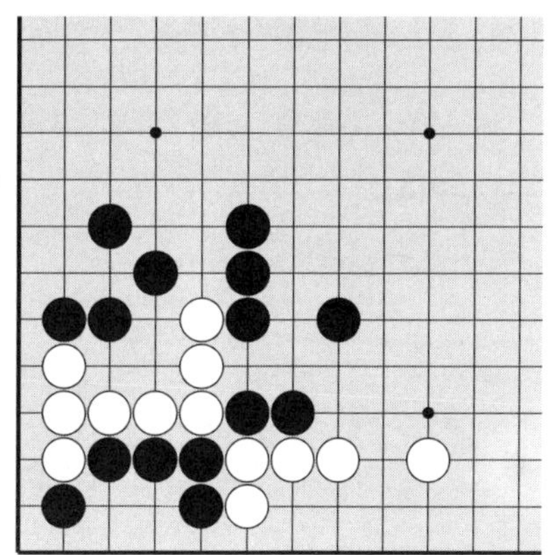

제6형 (흑선)

본형은 유명한 수상전 형태다. 귀의 흑이 사는 수는 없고 다만 최대로 수를 늘려 수상전에서 이기는 길뿐이다. 귀의 흑은 최대로 늘리면 6수가 된다.

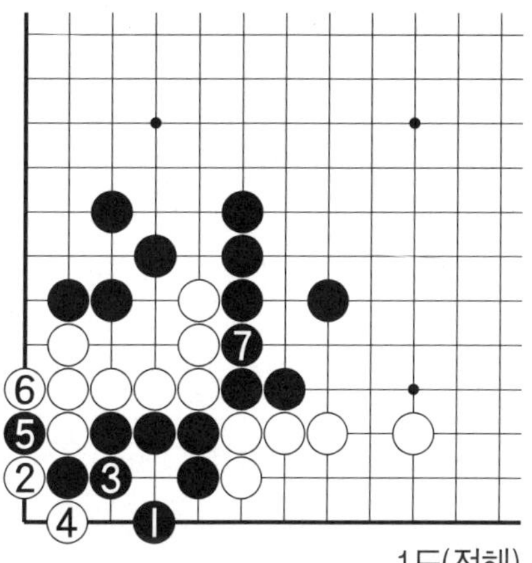

1도(정해)

1도(수늘리기)

흑1·3의 수순이 6수로 늘리는 수법이다. 계속하여 흑5로 먹여친 다음 흑7에 두어 수를 줄이면 이 수상전은 흑 1수 승이다.

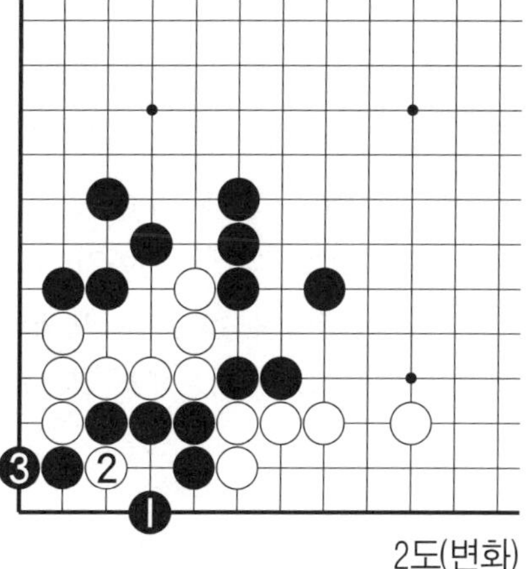

2도(변화)

2도(귀살이)

흑1에 대해 백이 2로 수를 늘리는 급소를 방해하면, 흑3에 빠져 흑귀가 살게 된다.

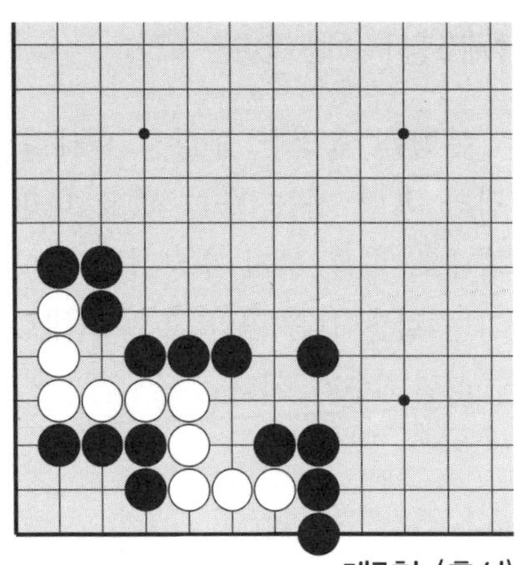

제7형 (흑선)

.본형은 궁도를 넓혀 수를 늘리는 수법이다.

1도(수늘리는 오궁도화)

흑1·3은 반드시 기억해 둘 만한 수법으로, 오궁도화로 유도하여 수를 늘리는 것이다. 흑5까지이 수상전은 흑 1수 승이다.

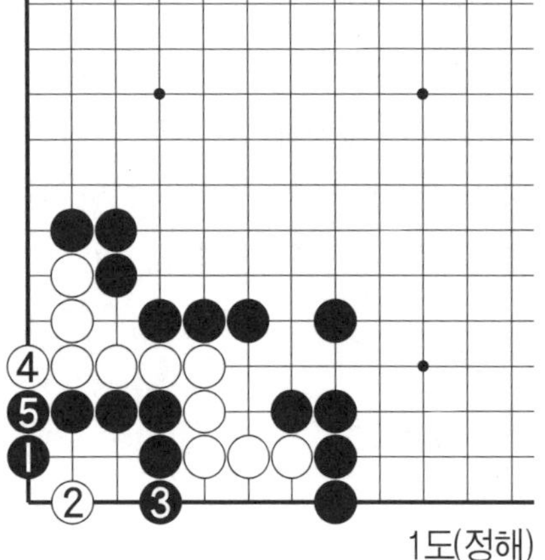

1도(정해)

2도(단순한 넓힘)

흑1로 단순히 넓히면 백2의 치중이 있다. 흑a에는 백b로 이 흑귀는 4수밖에 되지 않는다. 또 흑b로 막는 것도 백a로 넘어가 흑의 수가 늘어나지 않는다. 백2의 치중은 실전맥4 - 제5형에서 본 바 있다.

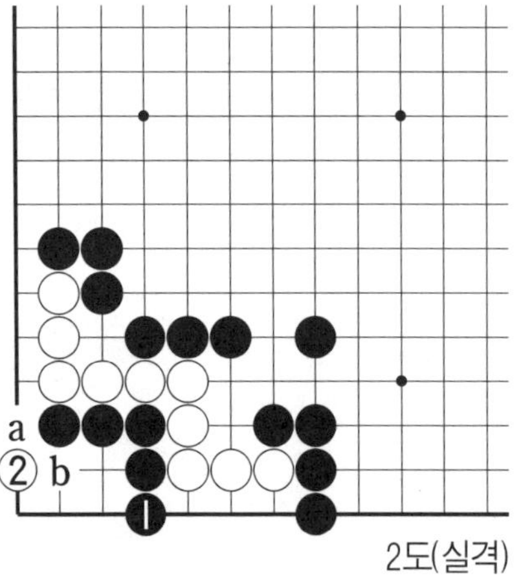

2도(실격)

끝내기상 이득

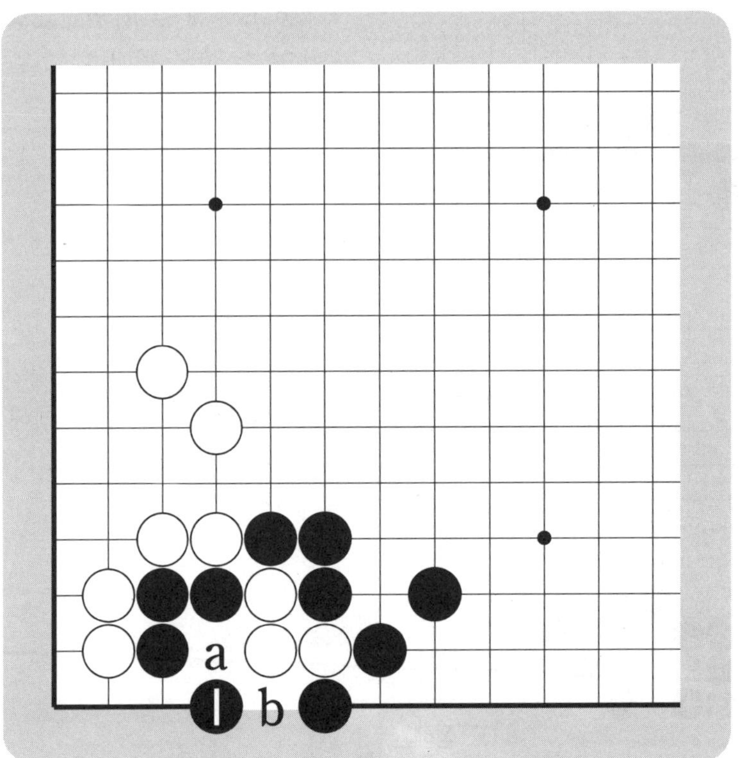

흑1로 잡는 것은 a, b에 집을 갖게 되어 그냥 잡는 것
에 비해 두 집이 득이다. 사소한 것 같지만, 2집이란 전문
가의 영역에서는 하늘과도 같은 가치가 있다.

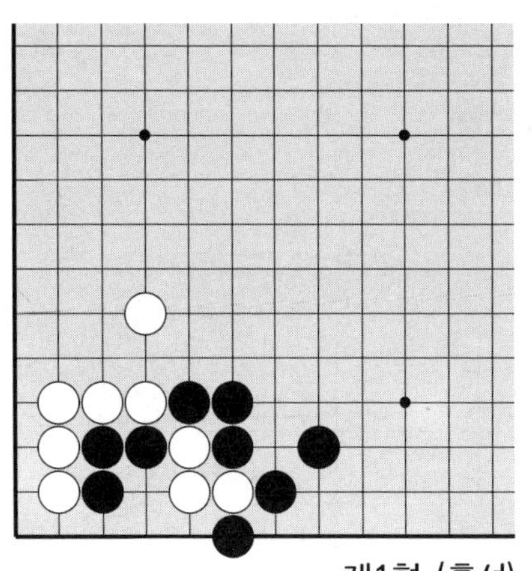

제1형 (흑선)

본형은 실전에서 대개 무심코 지나가는 모양이기도 하다. 이제는 그동안 손해 보고 있던 2집을 되찾을 수 있을 것이다.

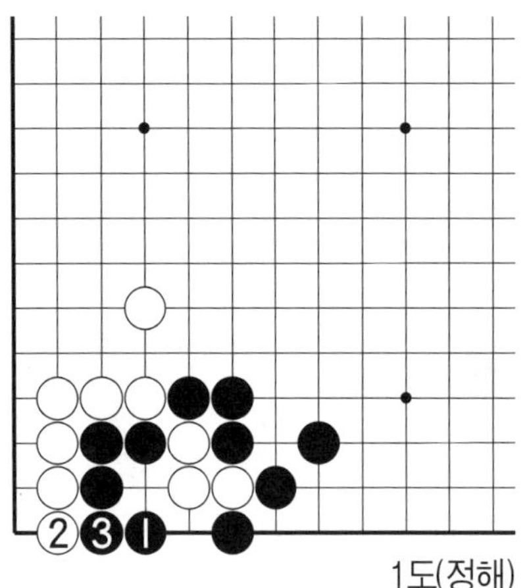

1도(정해)

1도(2집 이득)

흑1의 마늘모로 두는 것이 정수다. 이것이 그냥 잡는 것에 비해 2집을 벌은 셈이 되는 것이다. 다만 주의할 점은-

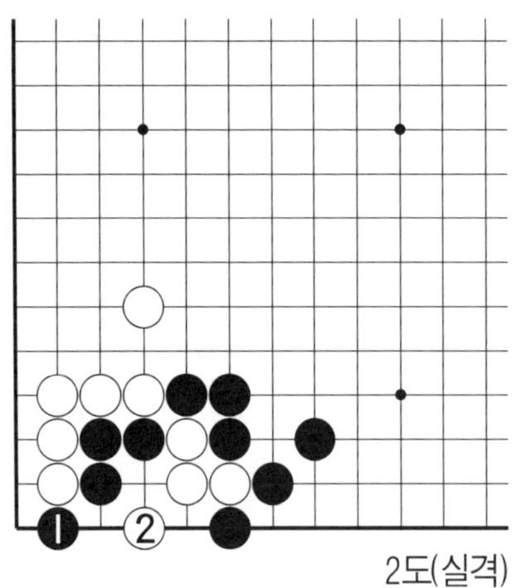

2도(실격)

2도(흑 잡힘)

조금 더 득을 보려 흑1에 두는 것은 백2로 급소를 거꾸로 당해 죽는다는 것이다. 지나치게 독선적인 수읽기는 화를 부르는 법이다.

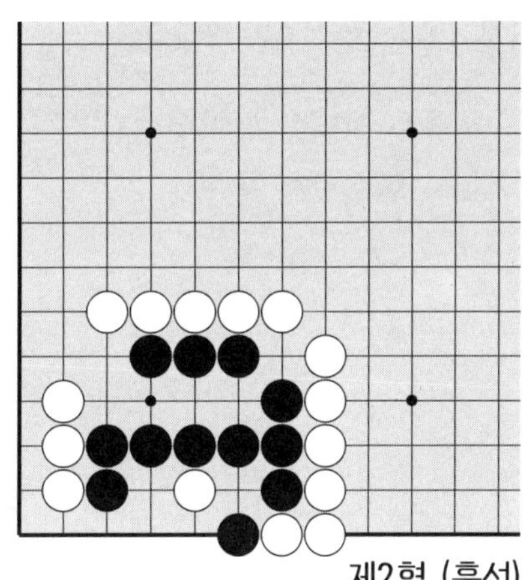

제2형 (흑선)

본형도 전형과 같은 맥락이다. 다만 이번에는 사는 방법의 차이일 뿐이다.

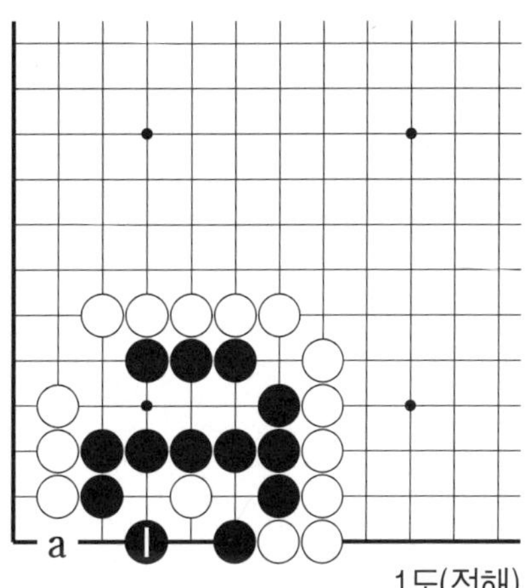

1도(정해)

1도(1집 득)

흑1로 사는 것이 정수로, 2도에 비해 무조건 1집 득이다. 백a가 선수가 아니기 때문이다.

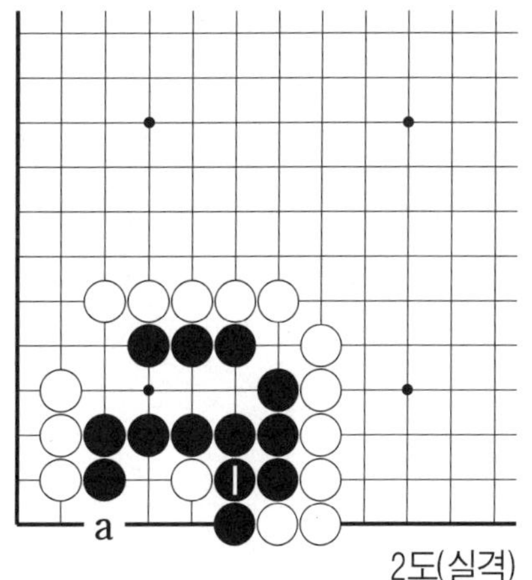

2도(실격)

2도(자기 집을 메움)

흑1로 잇는 것은 백이 만일 a로 젖혀 잇게 되면, 흑은 자기 집을 메우는 것과 같아진다. 따라서 1도에 비해 흑이 1집 손해인 셈이다.

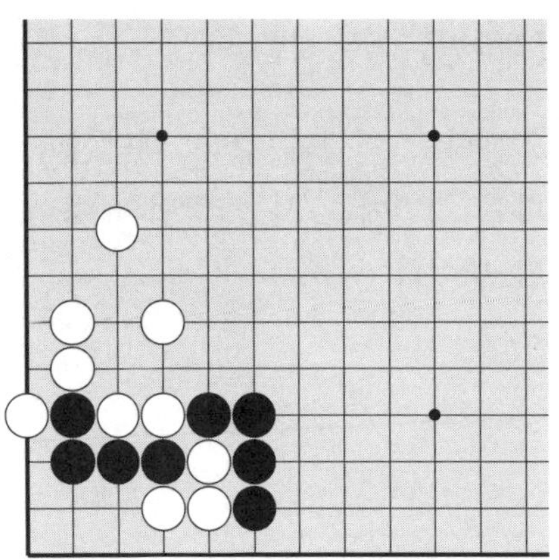

제3형 (흑선)

본형은 정맥을 안다면 4집을 손해보지 않을 수 있다.

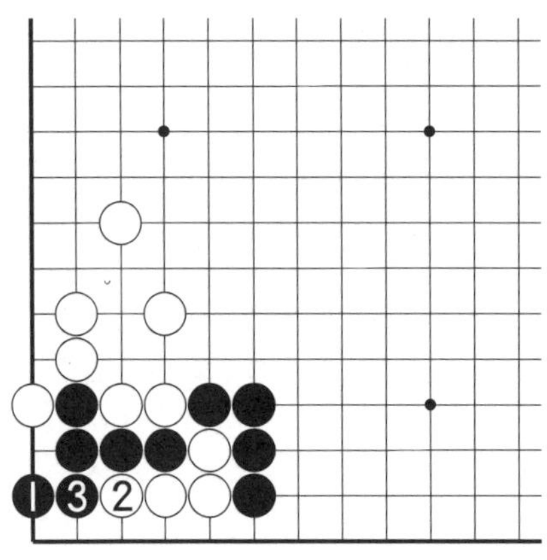

1도(정해)

1도(요령)

흑1이 정맥으로 이렇게 귀를 지키는 것이 요령이다. 백2면 흑3으로 흑이 1수 빠르다.

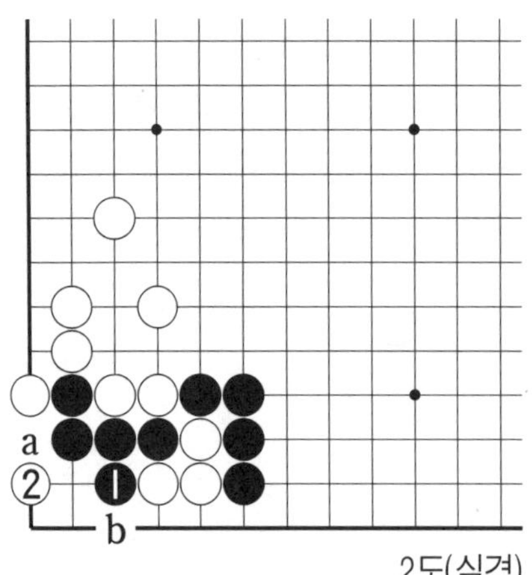

2도(실격)

2도(4집 손해)

단순히 흑1에 지켜 백2의 치중을 당하는 것과 1도와의 차이는 약 4집이다. 눈뜨고 4집을 도둑맞는 것과 같은 격이다. 백2 때 흑a의 차단은 백b로 흑귀가 잡힌다.

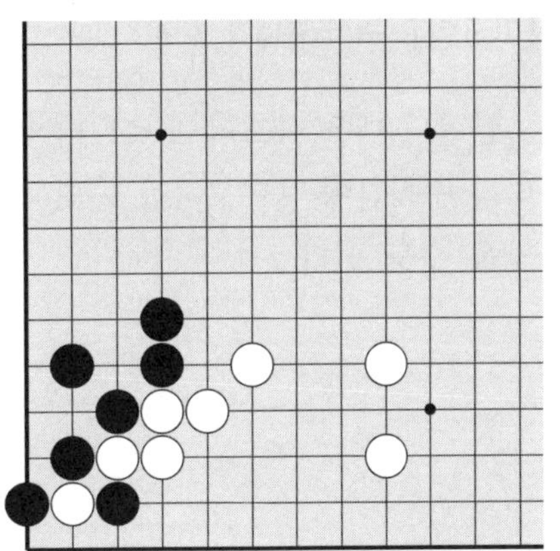

제4형 (흑선)

본형은 자칫하면 득도 없으면서 후수가 되기 쉽다.

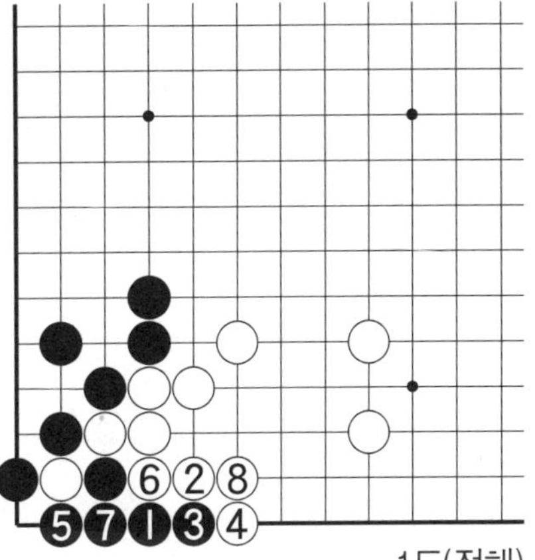

1도(정해)

1도(끝내기 요령)

흑1의 마늘모로 들어간 후 이하 백8까지가 끝내기 요령이다. 기분 좋게 백의 영토를 상당히 침식한 결과이다.

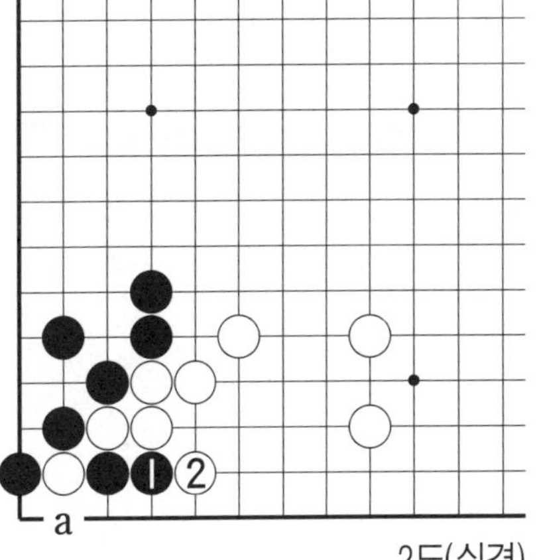

2도(실격)

2도(후수)

무심코 본도 흑1에 미는 것은 백2 다음 흑a로 잡지 않을 수 없으며, 그 결과 1도와 비교하여 득도 없이 후수만 잡은 꼴이다.

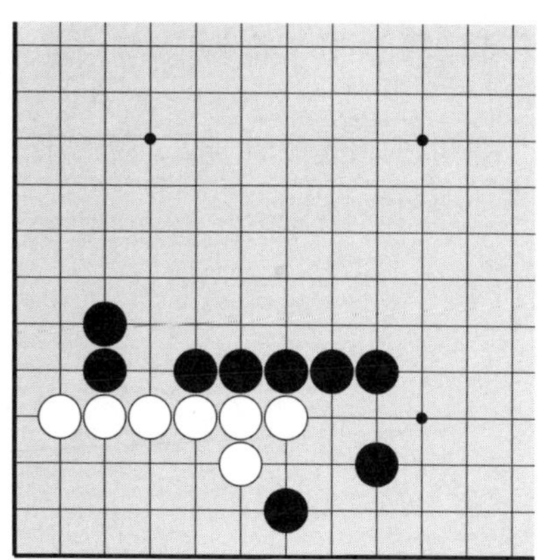

제5형 (흑선)

본형도 맥을 아느냐 모르느냐에 따라 순식간에 눈뜨고 4집을 도둑 맞을 수도 있다.

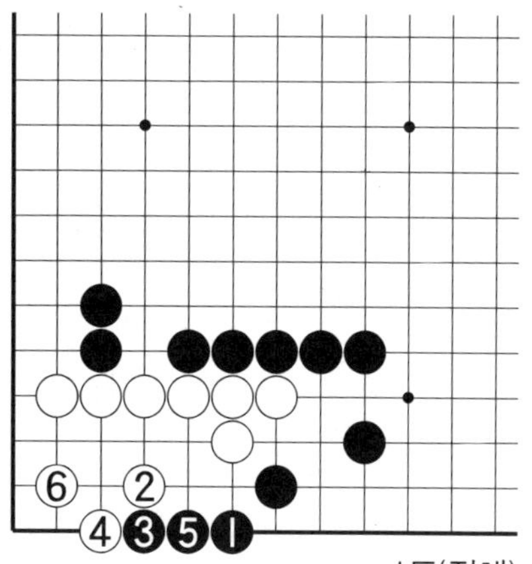

1도(정해)

1도(정맥)

흑1의 마늘모가 정맥으로, 백6 까지 선수로 백집을 크게 줄일 수 있다.

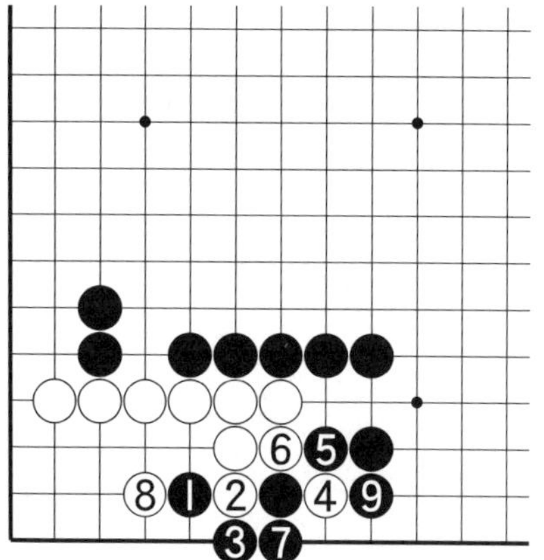

2도(실격)

2도(흑 손해)

흑1의 침입은 집에 있어 비슷하 지만 흑이 후수이며, 또 흑1로 백 2에 밀어 백이 1의 곳에 막으면 흑은 1도에 비해 4집이 손해가 된 다.

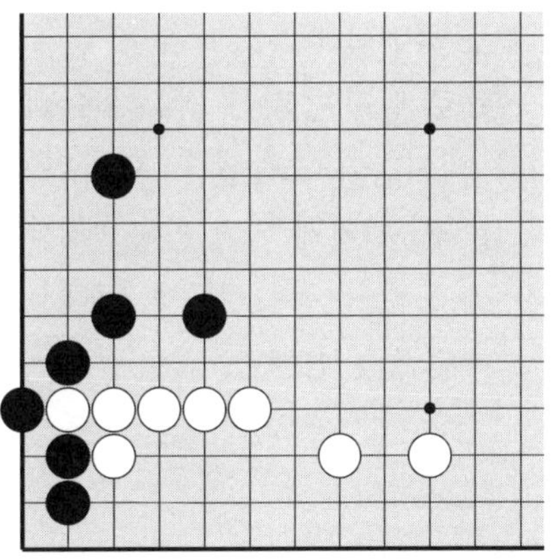

제6형 (흑선)

【제6형】 하변의 끝내기 수단

본형도 정맥을 알면 2집을 벌 수 있는 모양이다.

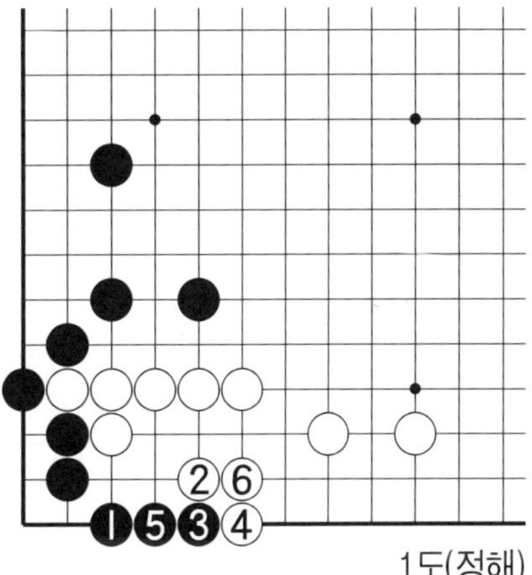

1도(정해)

1도(보통)

여기에서도 흑1이 정맥으로 이하 백6까지가 보통의 진행이다. 백도 늦춰 받으며 최선을 다한 결과다.

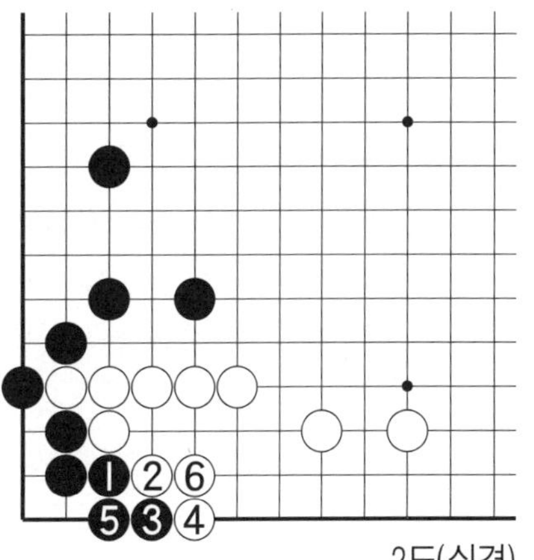

2도(실격)

2도(2집 손해)

단순히 흑1・3・5로 두는 것은 1도와 비교하여 그 차이는 2집이 된다.

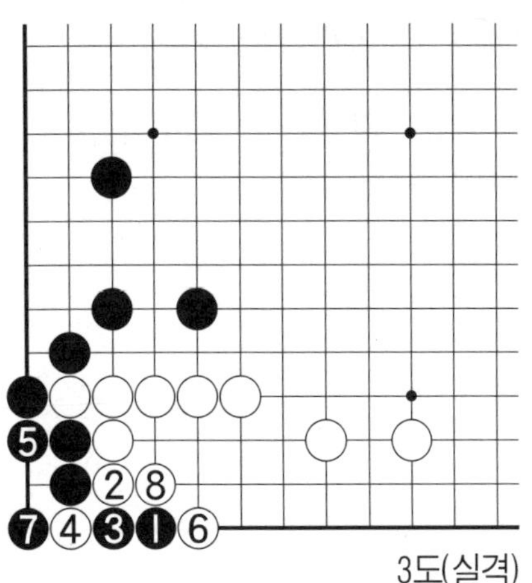

3도(실격)

3도(먹여침)

흑1로 달리는 것은 백2 다음 백4의 먹여침이 노출된다. 귀의 약점상 흑5로 잇게 되면 이하 백8까지, 본도의 진행은 2도에 비해서도 흑이 1집 손해다.

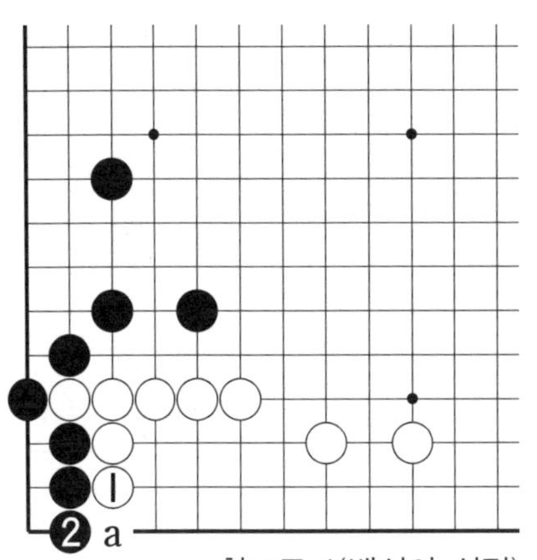

참고도 1(백선의 실격)

참고도 1(단순한 막음)

참고로 백이 이곳을 처리할 때는 본도 백1의 단순한 막음은 좋지 않다. 흑2 다음 백이 손빼면 흑a의 끝내기가 크므로, 백이 여기를 막아야 하는데, 따라서 후수가 되기 때문이다. 이 때는—

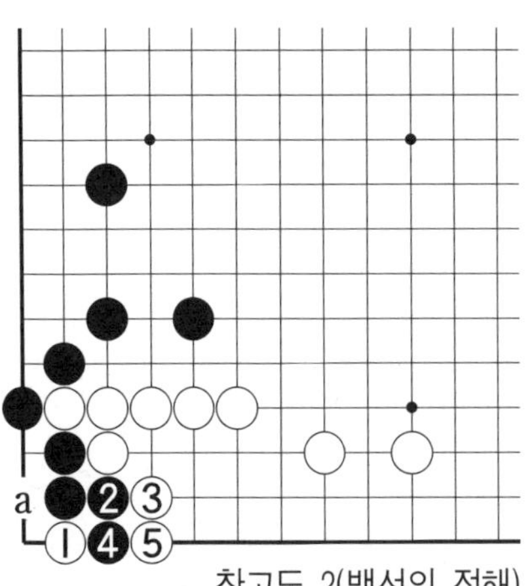

참고도 2(백선의 정해)

참고도 2(선수 끝내기)

백1의 붙임이 정맥이다. 이하 백5까지 선수로 막을 수 있다. 계속해서 흑이 이곳을 가일수하지 않으면 백a로 패가 된다. 참고로 이 모양은 실전맥6 – 제2형과 같은 결과다.

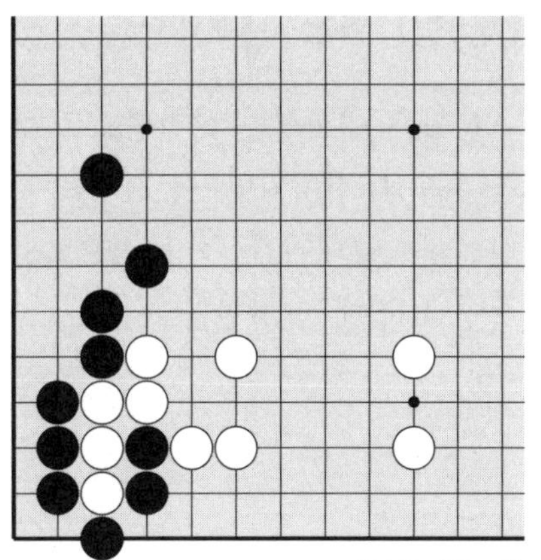

제7형 (흑선)

본형은 꽃놀이패를 이용한 맥이다. 그러나 실전에서 패감이 없다면 사용할 수 없다.

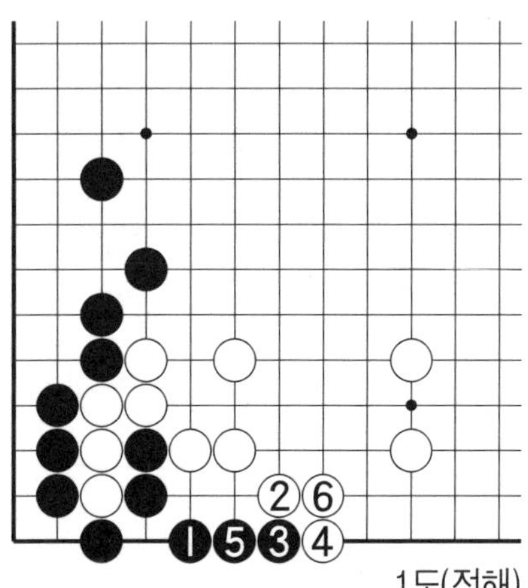

1도(정해)

1도 흑1의 마늘모가 맥으로 이 결과는 3도와 비교하여 2집의 차이가 있다. 주의할 점은 실전에서 백에게 패감이 많다면 백은 2도로 강하게 대항할 수 있으므로, 그때는 흑도 3도가 정해가 된다.

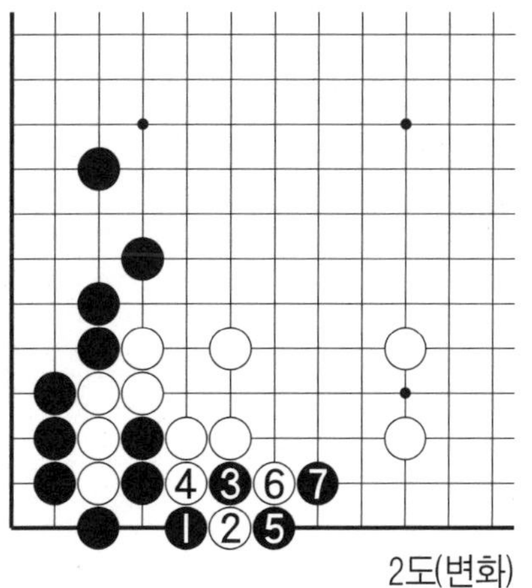

2도(변화)

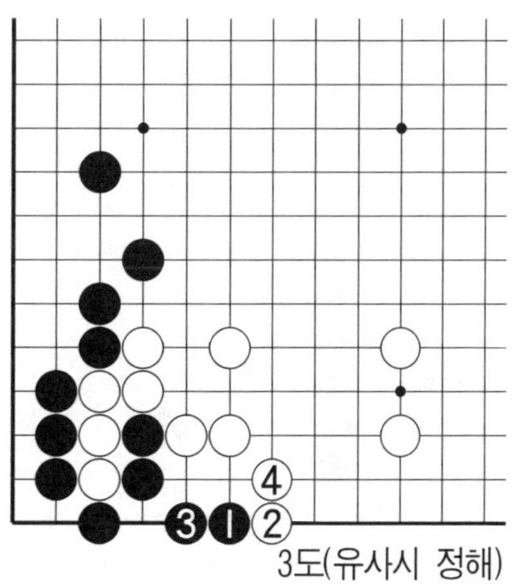

3도(유사시 정해)

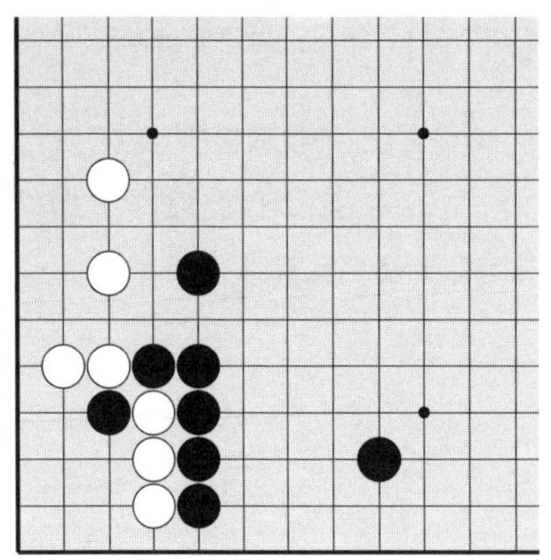

제8형 (흑선)

【제8형】 귀의 끝내기 수단

　본형은 대표적인 실전형으로 보통 후수 16집이지만, 이 경우는 젖혀 잇는 끝내기가 남아 있으므로 후수 18집에 해당한다.

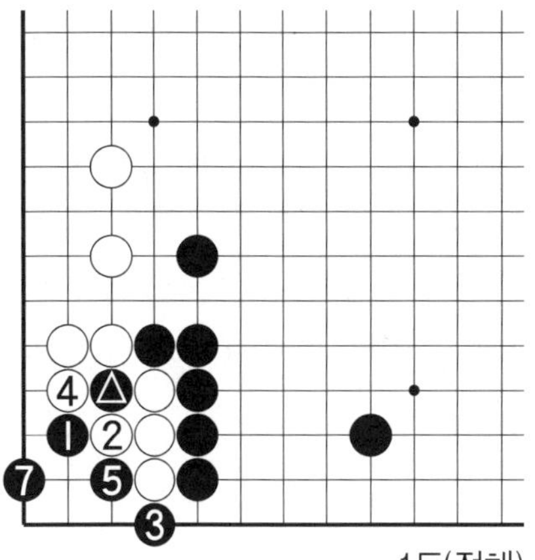

1도(정해)

1도(18집 끝내기)

　흑1의 맥을 거쳐 흑7까지가 정수순이다. 먼저 백이 2로 가일수한 것과의 차이는 무려 18집이나 된다.

⑥···▲

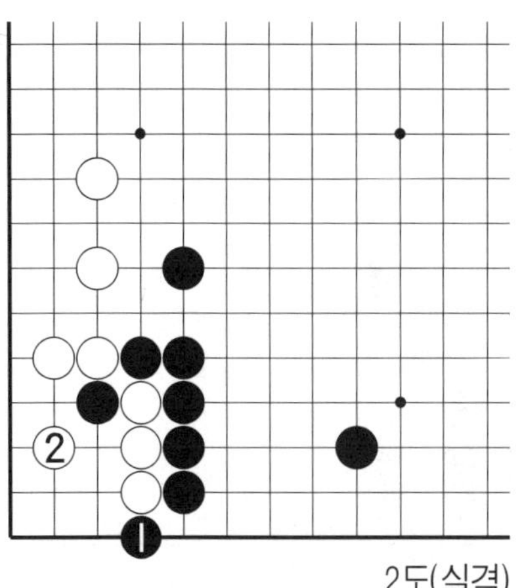

2도(실격)

2도(흑 손해)

　흑1로 젖히는 것은 백2로 받는 자세가 좋아, 1도에 비해 흑이 손해다.

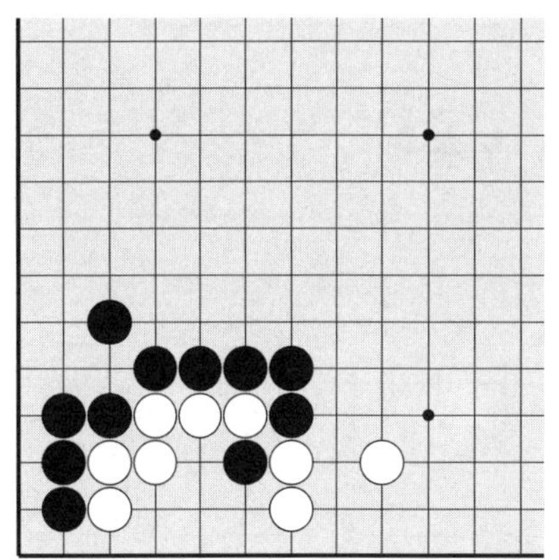

제9형 (흑선)

본형도 정확한 맥과 수순을 모르면 1.5집의 손해를 본다.

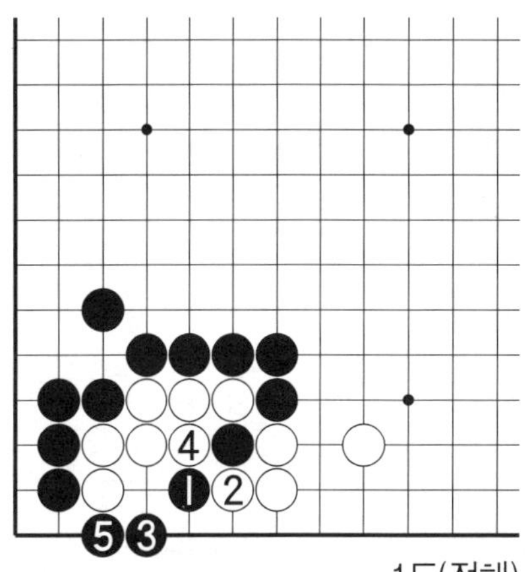

1도(정해)

1도(수순 차이)

흑1·3이 정확한 수순이다. 이 결과와 흑3에 먼저 치중하여 백이 1의 곳에 지키는 것과의 차이는 1.5집이다.

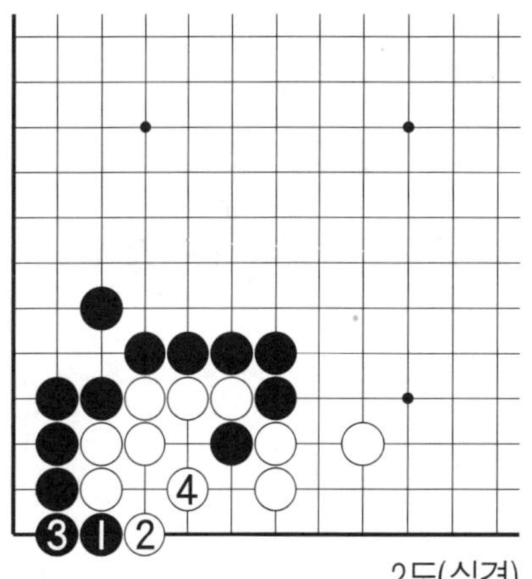

2도(실격)

2도(특수한 상황)

흑1은 선수이므로 특수한 상황에서는 가능하지만, 실전에서 그럴 가능성은 거의 나타나지 않는다. 선후수 관계는 있지만 이 부분만의 계산으로는 1도와 6.5집의 차이가 있다.

탄력 비축형 모붙임

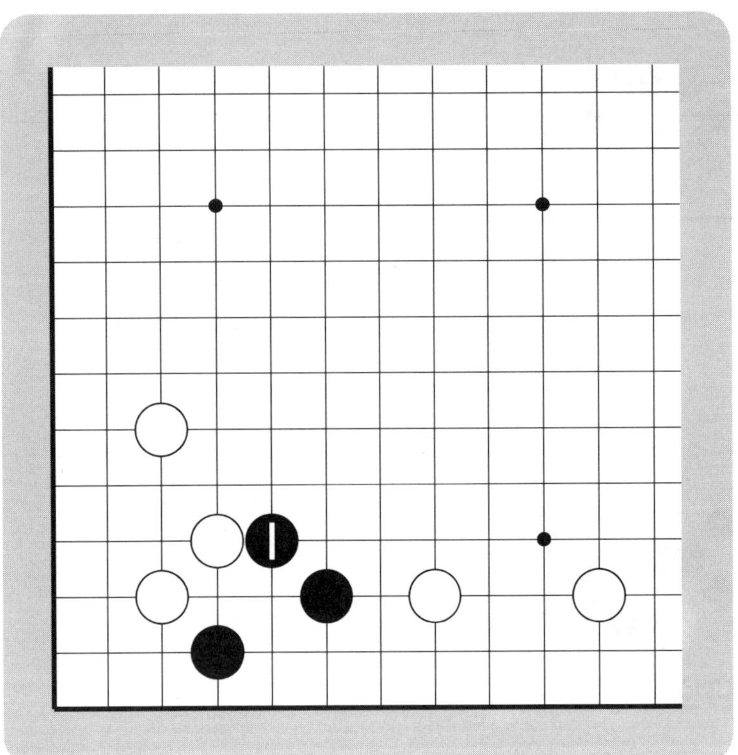

흑1로 붙이는 맥은 수습에 필요한 탄력을 갖기 위해 선택하는 수법 중 하나다. 대개의 경우 모붙임은 탄력과 깊은 연관을 가지고 있는데, 자신의 탄력을 비축하거나 상대의 탄력을 제한하는데 자주 사용된다.

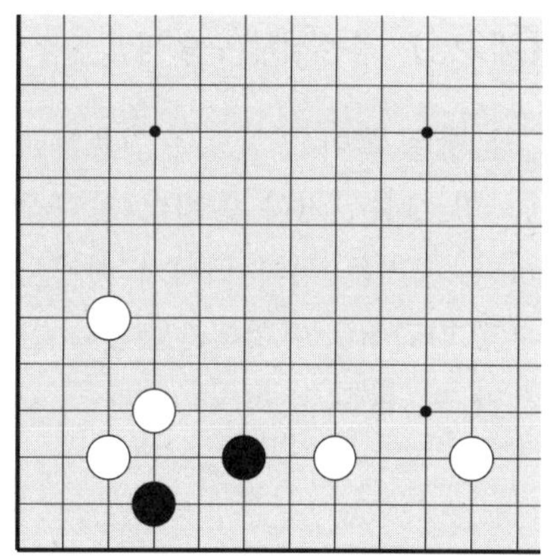

제1형 (흑선)

본형은 초반에 흔히 나타나는 모양으로, 수습하는 맥은 거의 정형화되어 있다.

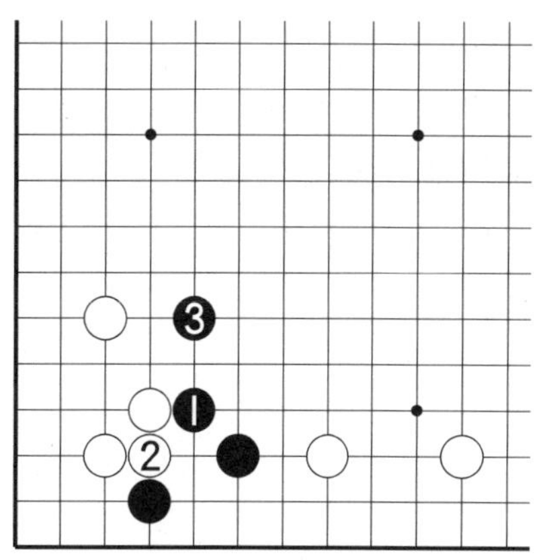

1도(정해)

1도(행마법)

흑1·3이 현대적인 행마법으로, 수순중 백2의 곳은 안형이므로 백도 방치할 수 없다.

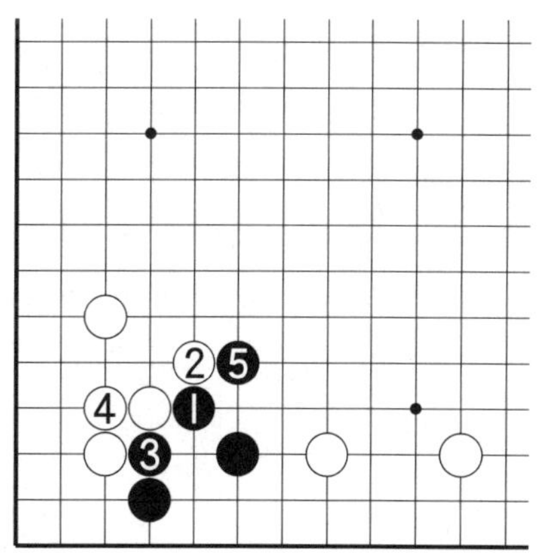

2도(백의 실격)

2도(안정)

흑1의 모붙임에 대해 백2로 젖히면, 흑이 3을 차지한 다음 흑5까지 안형이 확실해진다.

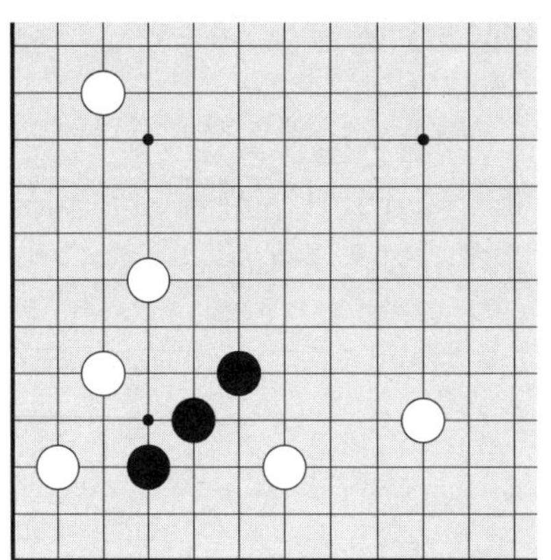

제2형 (흑선)

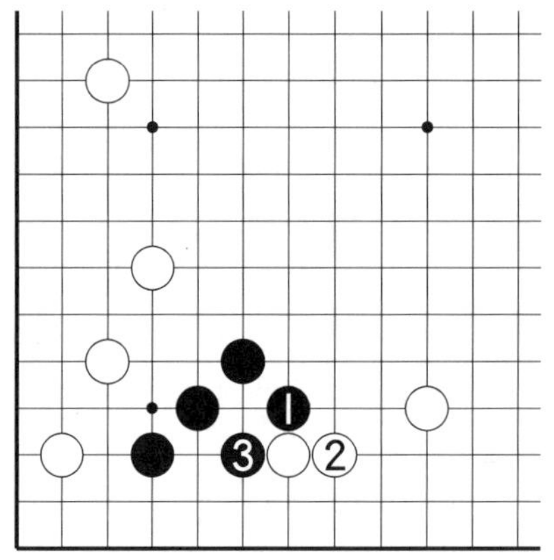

1도(정해)

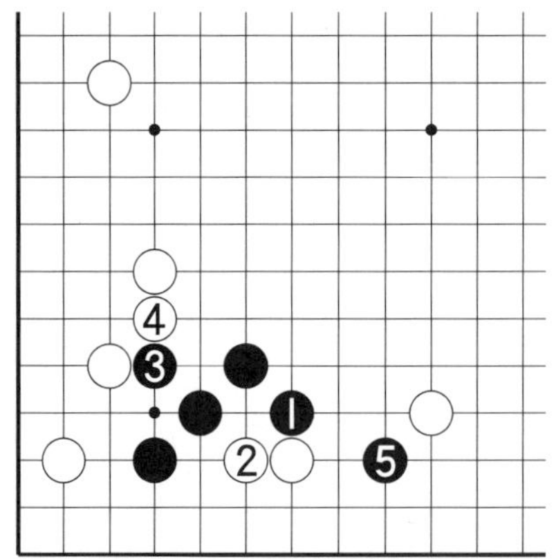

2도(백의 실격)

【제2형】 흑 석점의 수습 방법

본형은 흑이 중앙으로 진출하고는 있으나 근거나 안형이 불확실하다. 근거는 이미 백에게 뺏겼으므로 탄력적인 안형이라도 갖출 필요가 있다.

1도(안형 풍부)

흑1의 모붙임이 이 경우 맥이다. 백2 때 흑3으로 안형이 풍부해져 흑은 이제 안심할 수 있다. 만약 백2로 –

2도(백 무리)

본도 백2처럼 무리하게 안형을 파괴하려는 것은 흑3의 수순을 거친 다음 흑5로 차단당해 이 진행은 백의 무리다. 흑5와 같은 수법은 실전맥5 – 제1형의 수법과 같은 맥락이다.

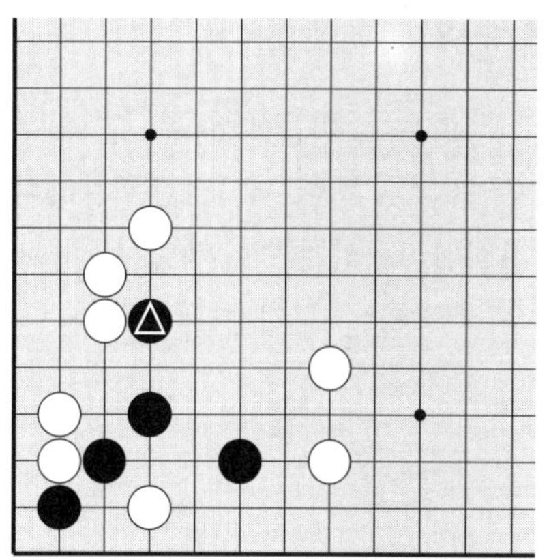

제3형 (흑선)

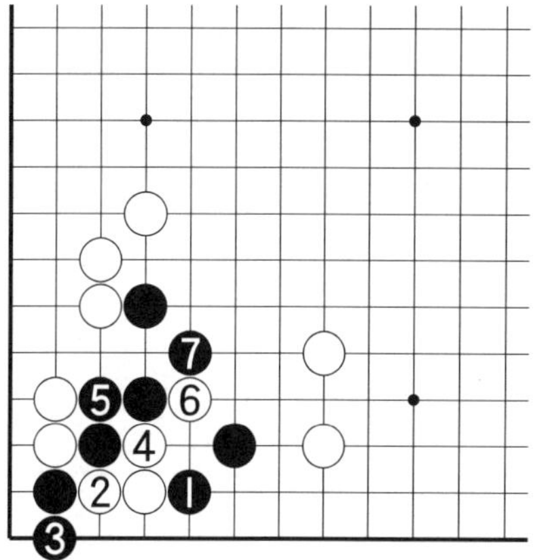

1도(정해)

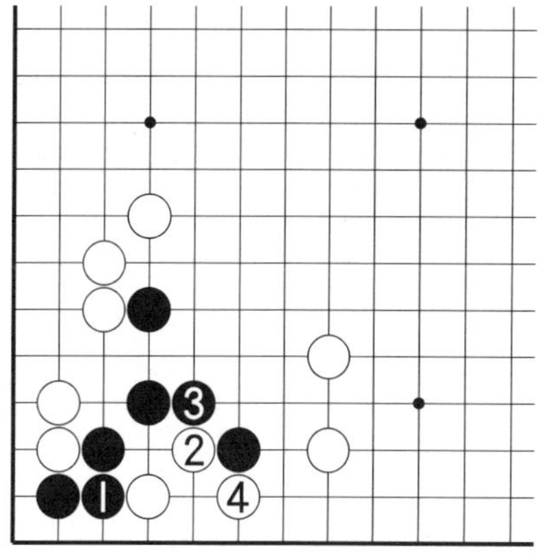

2도(실격)

【제3형】 귀의 수습책

본 테마는 수습에 있다. 본형은 실전맥3 – 제1형과 유사하지만, 흑 ▲가 있다는 점이 다르다. 이 수로 인해 실전맥3 – 제1형에서 백이 사용했던 수법은 성립하지 않는다.

1도(백 잡힘)

이번에는 흑1의 맥이 통한다. 이하 백6까지는 실전맥3 – 제1형과 똑같지만, 지금은 흑7이 있어 백의 후속수단이 두절된다.

2도(근거 박탈)

흑1로 잇는 것은 백2·4로 근거를 박탈당하고 만다.

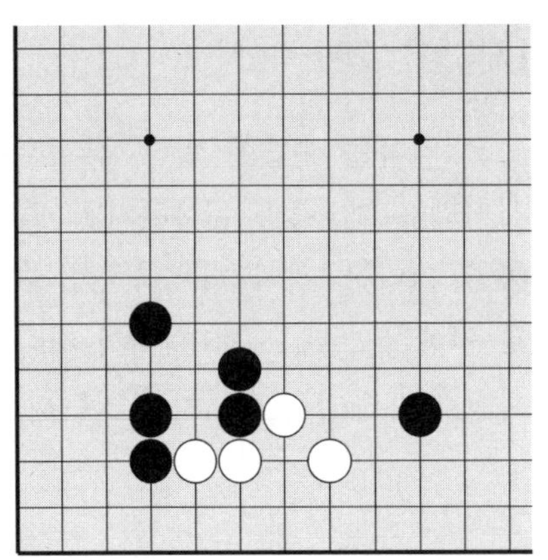

제4형 (흑선)

본형은 접바둑에서 볼 수 있는 모양이다. 백이 호구로 무장하여 견실한 듯 하지만 흑에게는 이 백을 추궁하는 공격수단이 있다.

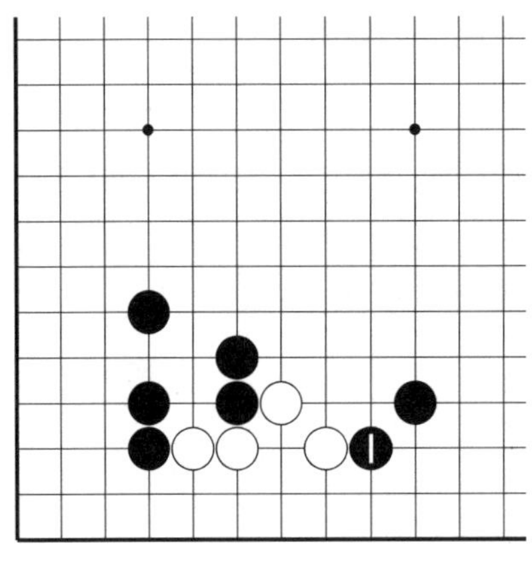

1도(정해)

1도(공격의 모붙임)

흑1의 모붙임이 백의 탄력을 압박하는 맥으로, 이후 백이 –

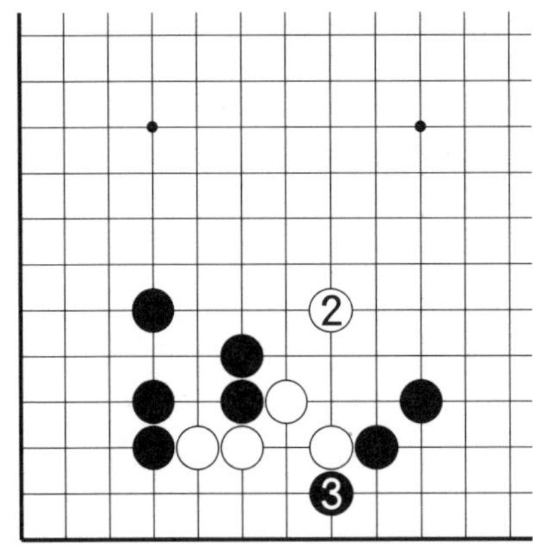

2도(계속)

2도(근거 박탈)

백2로 중앙진출을 도모하면 흑3에 젖혀 근거를 박탈할 수 있으며, 또 백2로 –

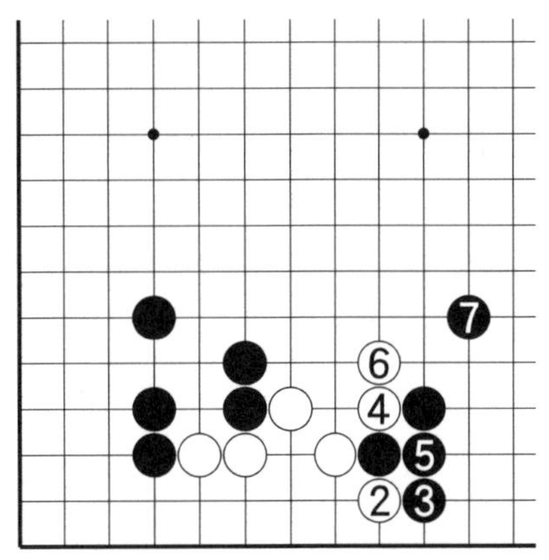

3도(변화)

3도(세력 구축)

본도의 수순처럼 근거와 안형을 만들고자 하면, 흑7까지 우측에 튼튼한 세력을 구축하여 만족이다.

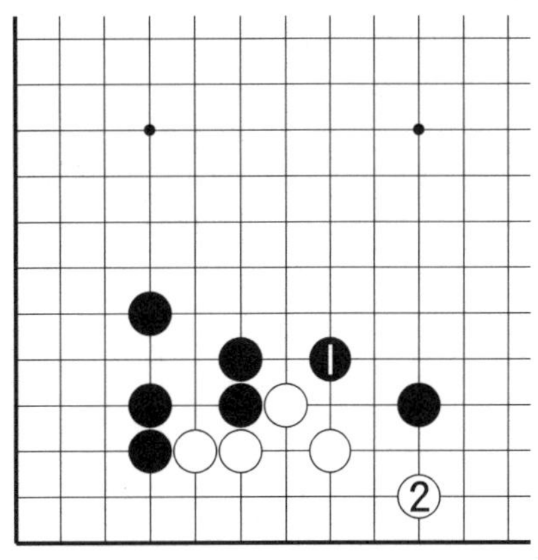

4도(실격)

4도(백 안정)

흑1로 봉쇄하는 것은 백2로 안정하여 실속이 없고 –

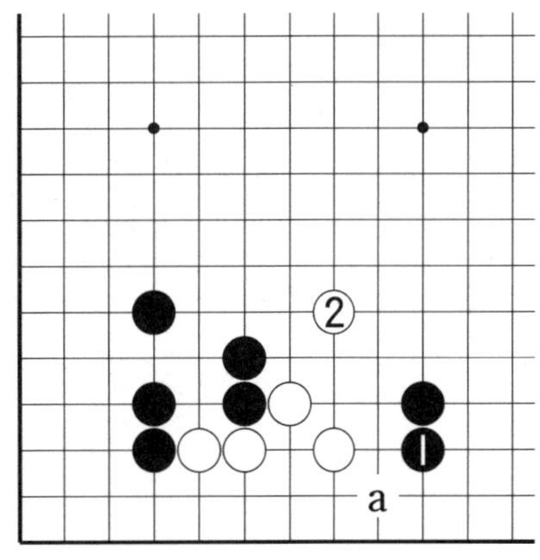

5도(실격)

5도(흑 미흡)

본도 흑1의 쌍점은 견실하기는 하나 백에게 영향력이 적어 미흡하다. 백은 언제든지 a로 안정할 여유가 있는 것이다.

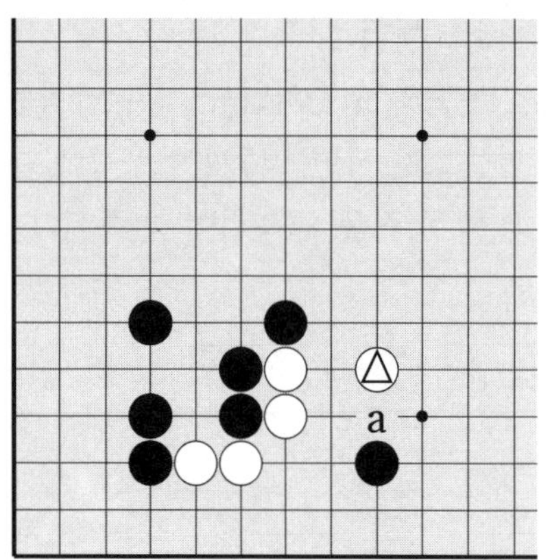

제5형 (흑선)

본 테마는 절단. 본형의 백△는 a의 붙임이 정수였다. 이때 흑에게는 백△의 결함을 추궁할 수 있는 맥이 발생한다.

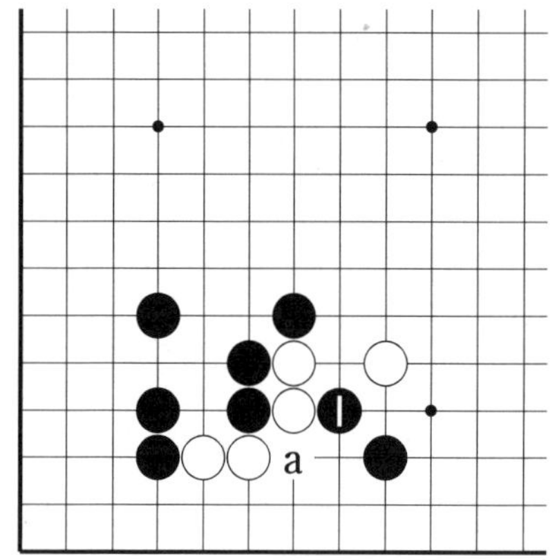

1도(정해)

1도(노림수)

흑1의 모붙임은 과격한 듯 보이지만, a의 절단을 노리는 강력한 추궁 수법이다. 계속해서 –

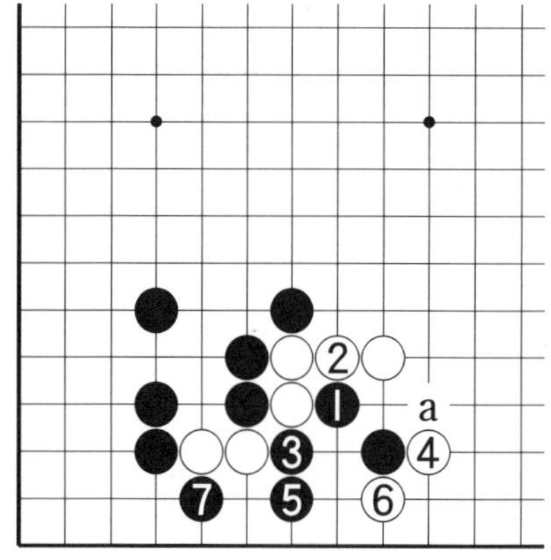

2도(계속)

2도(대이득)

백2로 이으면 흑3에 절단하여 흑7까지 큰 득을 취할 수 있다. 아직도 백에게는 a로 끊기는 약점이 남아 있다. 수순중 흑5로 –

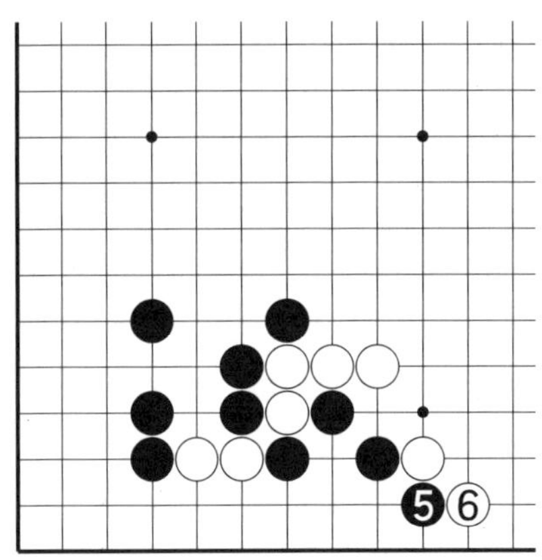

3도(5수째 실격)

3도(흑 욕심)

본도 흑5에 젖히는 것은 욕심이다. 백6의 반격으로 외세가 구축될 수 있기 때문이다.

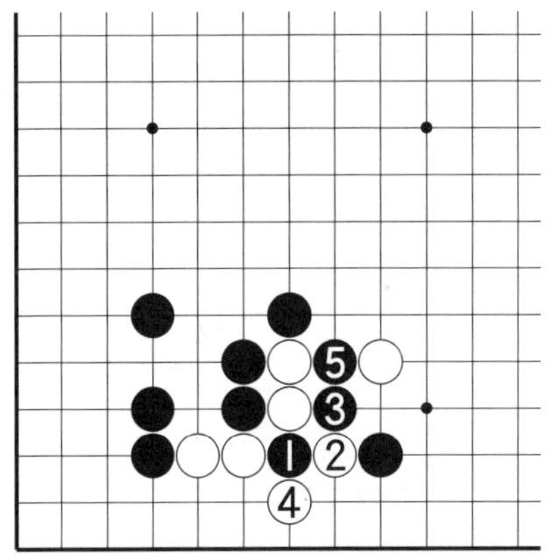

4도(유사시 정해)

4도(중앙작전 관계)

흑1의 직접적인 끊음은 정해에 비해 집으로는 손해다. 그러나 중앙작전이 필요할 때는 이 수법을 선택하는 것도 일책이다.

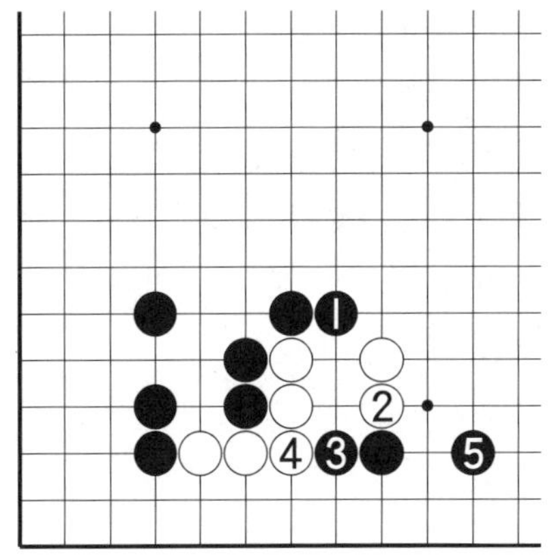

5도(실격)

5도(나약한 진행)

맥을 모른다면 흑1 이하 흑5까지의 진행이 예상된다. 정해에 비한다면 흑의 실격이지만, 이 정도만 해도 흑이 우세한 것은 분명하다.

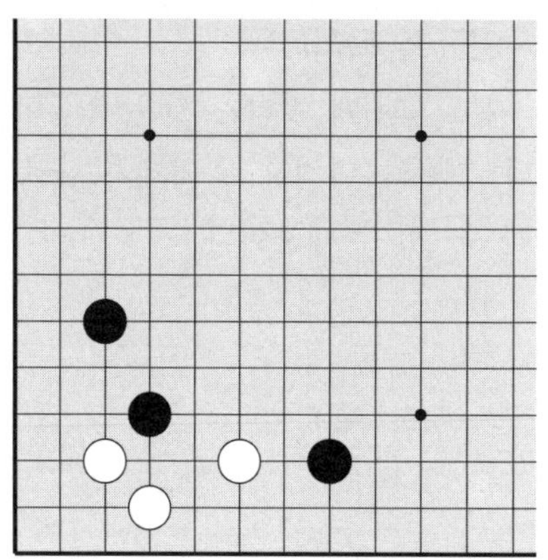

제6형 (흑선)

【제6형】 봉쇄 수단

본 테마는 봉쇄 수단이다. 본형은 정석과정으로 한때 오랜 기간 동안 유행했던 모양이다. 이 과정에서도 모붙임의 맥이 사용된다.

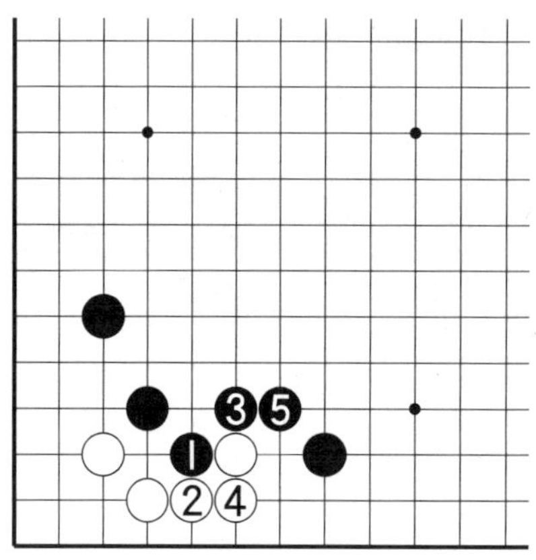

1도(정해)

1도(최근의 결론)

흑1의 모붙임부터 흑5까지의 진행이 가장 최근의 정석 결론이다. 수순중 백4로 –

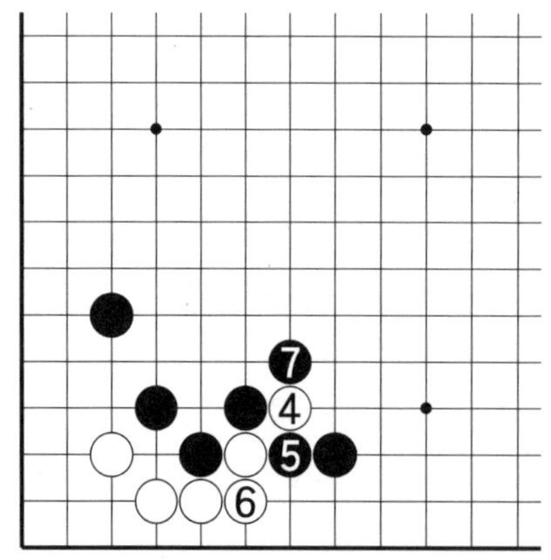

2도(변화)

2도(사라진 정석)

한동안은 백4 이하로 두어 흑7 때 백4의 축머리를 맛보는 정석 진행이 유행했으나, 흑의 두터움 때문인지 지금은 본도의 진행이 자취를 감추었다.

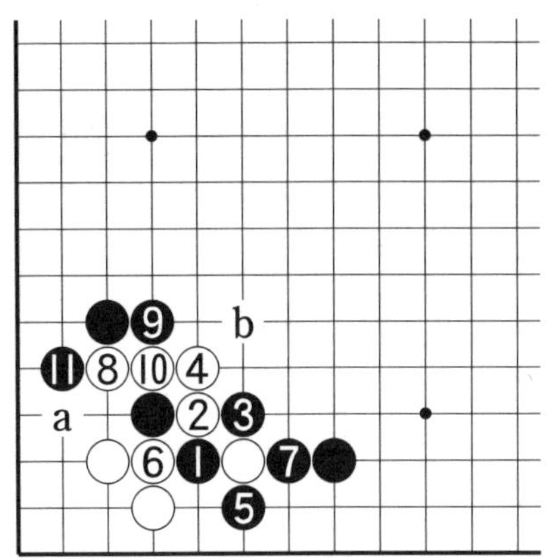

3도(1도의 변화)

3도(옛 정석)

흑1 때 백2로 찝는 수가 옛 정석사전에 있었으나, 백8 때 흑9·11의 수순이 좋아 지금은 백이 사용하지 않는다. 이후 백a라면 흑b로 봉쇄된다. 또 흑5로는—

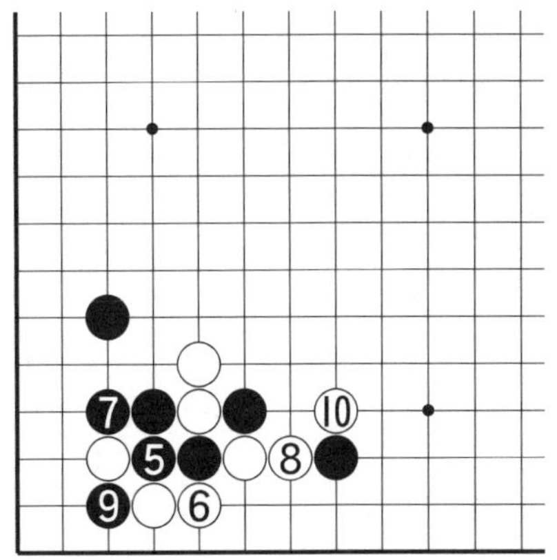

4도(3도의 변화)

4도(백 호자세)

본도 흑5처럼 두는 방법도 있었으나 백10으로 젖힌 자세가 좋아 현재는 자취를 감추었다. 수순중 흑7로—

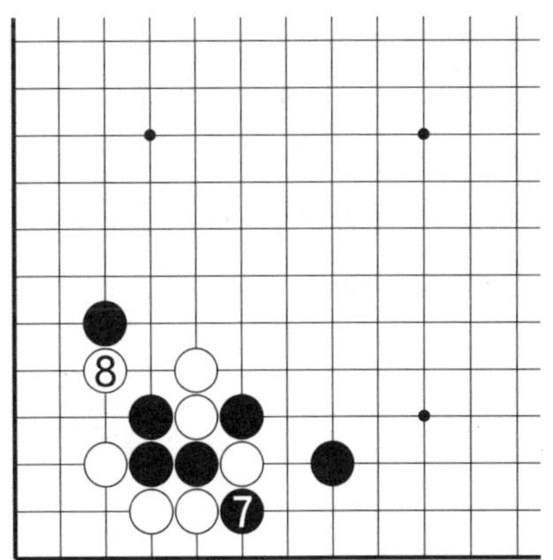

5도(4도의 변화)

5도(흑 불리)

본도 흑7은 백8이 성립하여, 이 결과는 흑이 크게 불리하다.

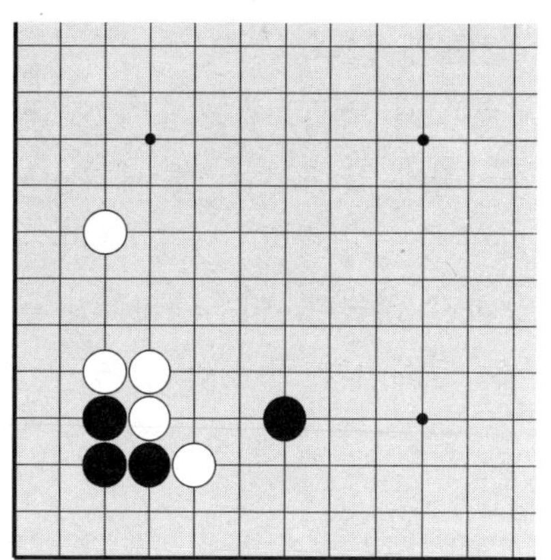

제7형 (흑선)

본형은 흑의 연결수법을 알아 보는 것이다. 흑 귀와 변이 분리직전의 상태에서 연결을 하려면 모붙임의 맥을 사용하지 않고는 불가능하다.

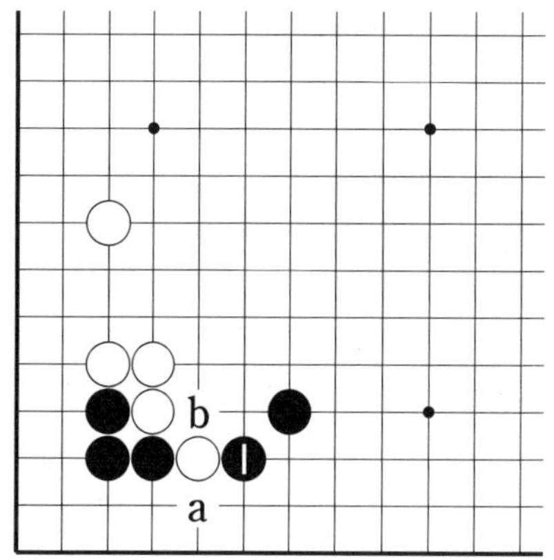

1도(정해)

1도(맞보기)

흑1로 붙이는 한 수다. 이후 a와 b가 맞보기가 되므로 연결이 성립한다.

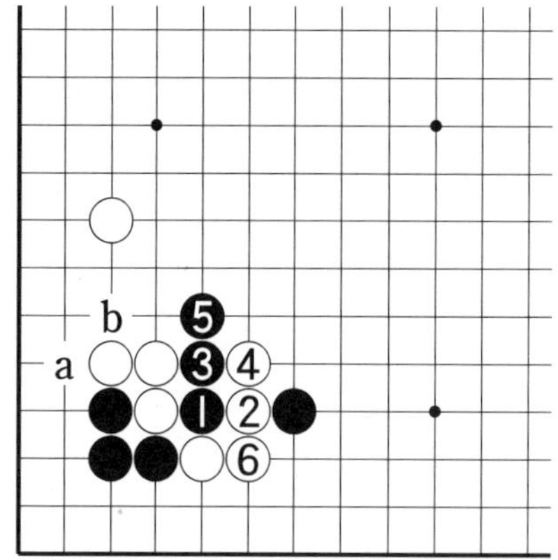

2도(실격)

2도(흑 무리)

흑1로 끊어 싸우려는 것은 백6 다음 흑에게 후속수단이 없어 무리다. 흑a라면 백b, 흑b라면 백a로 대응하여 어떤 수도 성립하지 않는다.

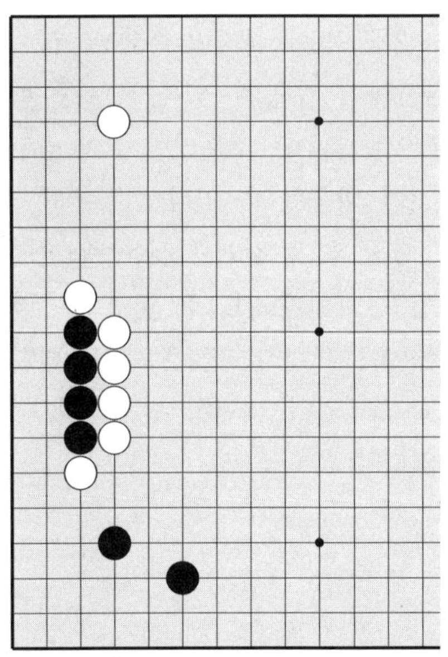

제8형 (흑선)

【제8형】 연결 방법

본 테마도 연결 방법을 묻는 것이다. 본형은 보통 흑진에서 볼 수 있는 초반전술의 한 형태다. 이 경우에도 모붙임의 맥을 활용하여 수습하는 것이 보편화된 수법이다.

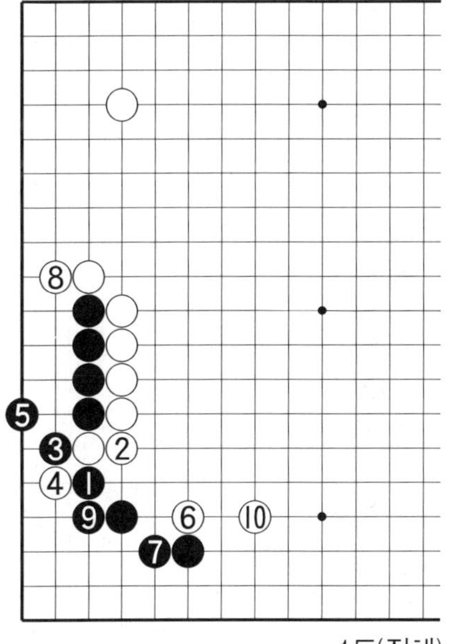

1도(정해)

1도(정형화)

흑1로 붙여 연결을 꾀하는 것이 정맥이다. 이후 백10까지의 수순은 정형화된 한 가지 진행 방법인데, 수순중 백6·8은 음미해 둘 필요가 있다. 만약 백2로 —

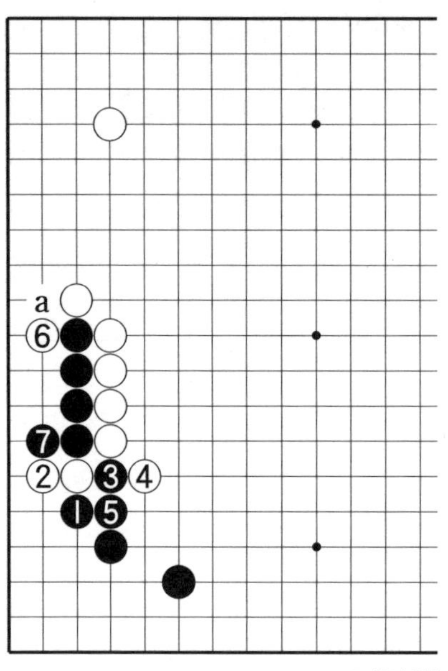

2도(변화)

2도 백2에 빠지면 흑3으로 끊어 흑7까지 잡을 수 있다. 수순중 백6으로 흑7에 꼬부리면 흑은 a로 젖혀 대응할 수 있다.

3도 흑1로 젖히는 것은 백4까지 귀가 다치게 되므로 불가하며, 4도 흑1에 젖히는 것은 백2로 변화할 수 있어 대단히 난해해질 수 있다.

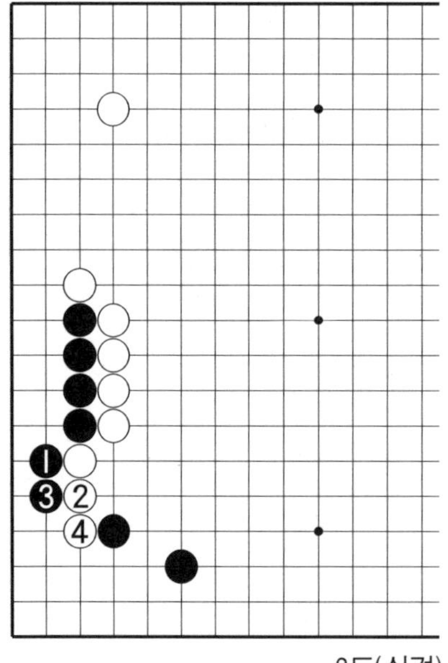

3도(실격)

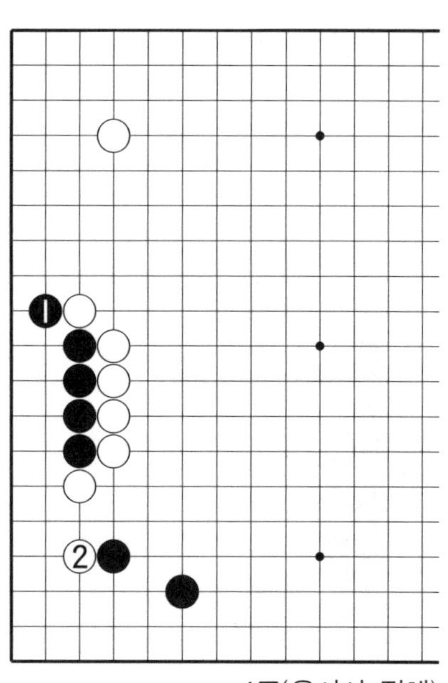

4도(유사시 정해)

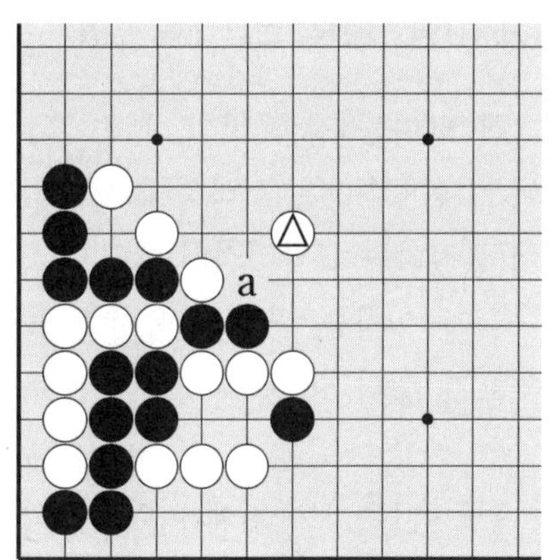

제9형 (흑선)

본 테마는 탈출 방법. 본형은 정석과정에서 a의 축이 불리한 백이 장문형으로 백△에 둔 장면이다. 이때도 맥을 모르면 수상전에서 흑이 1수 부족이 되고 만다.

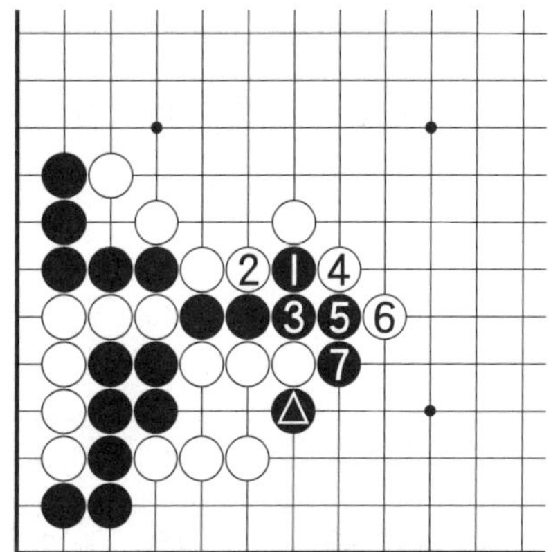

1도(정해)

1도(기사회생)

흑1의 모붙임이 기사회생의 맥이다. 백이 2 이하 하변으로 축을 모는 것은 기착점 흑△가 축머리가 되므로 더 이상 축이 되지 않는 것이다.

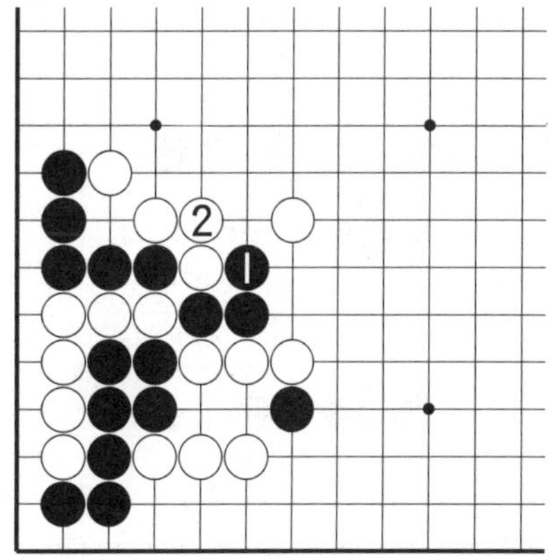

2도(실격)

2도(장문 자청)

흑1은 장문을 자청한 것이다. 백2로 잇고 나면 좌측의 백과 수상전인데, 이 자체로 흑은 1수 부족이다.

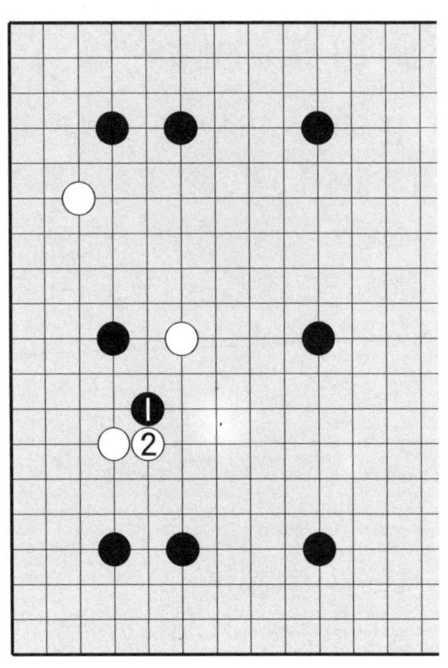

제10형 (흑선)

본 테마는 진출 방법. 본형 흑1 이후 후속수단은 접바둑에 빠짐없이 등장하는 교과서적인 패턴으로, 중급자 이하는 반드시 숙지해 둘 필요가 있다.

1도 흑1의 모붙임에 이어 흑3의 빈삼각이 이 패턴의 수법이다.

만약 2도와 같이 두는 것은 이하 백10까지 기력이 약한 하급자는 난전의 소용돌이에 빠지게 된다.

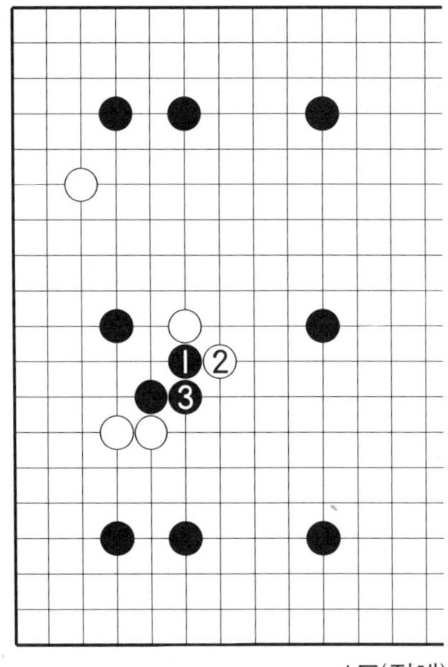

1도(정해)

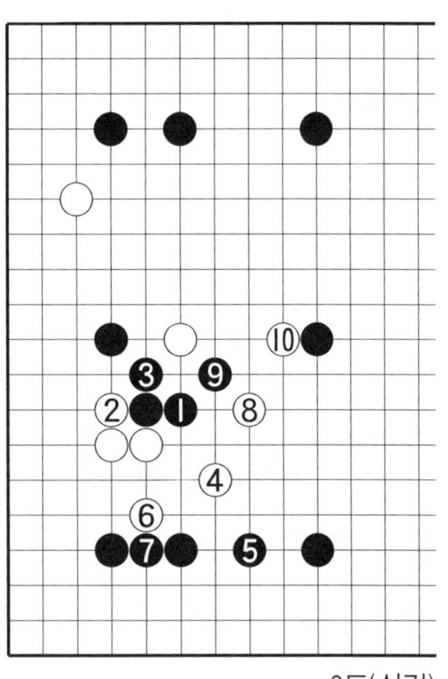

2도(실격)

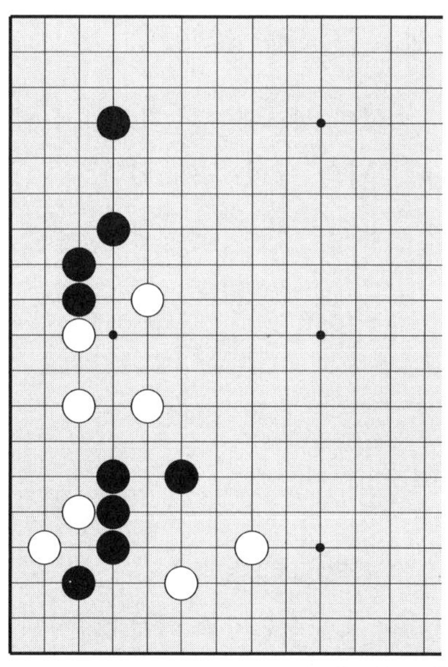

제11형 (흑선)

【제11형】 좌변의 차단 방법

본 테마는 차단에 있다. 본형은 접바둑 정석과정에서 나타나는데, 여기서 흑은 좌측 백의 결함을 모붙임의 맥으로 추궁하는 수단이 있다.

1도 흑1의 붙임부터 흑11까지, 이 결과는 좌변 백이 근거를 잃어 흑이 주도권을 갖는다.

2도 흑1도 맥처럼 보이지만 이 경우는 백4쪽을 끊는 수단이 있어 백6까지 성립하지 않는다.

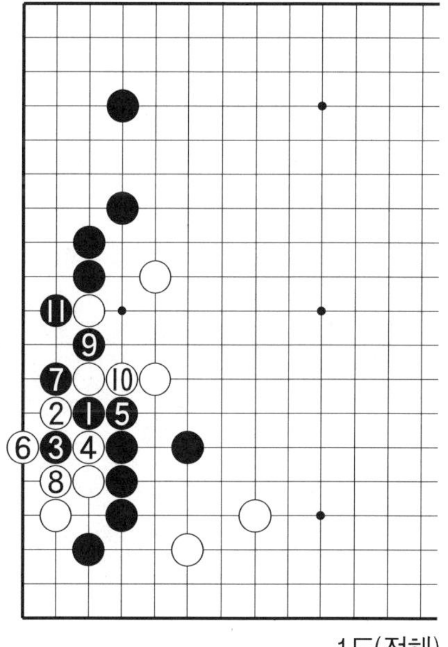

1도(정해)

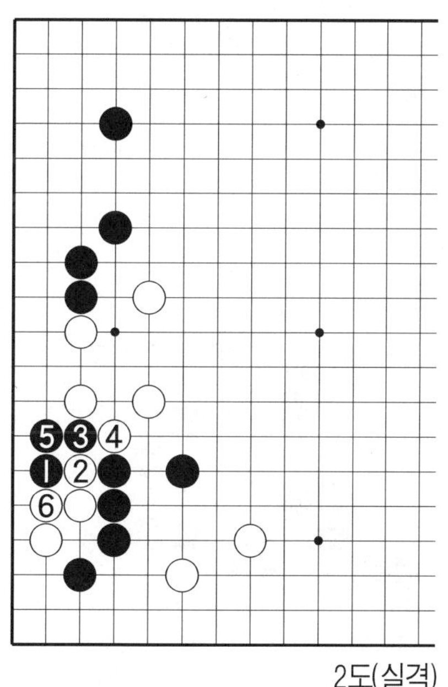

2도(실격)

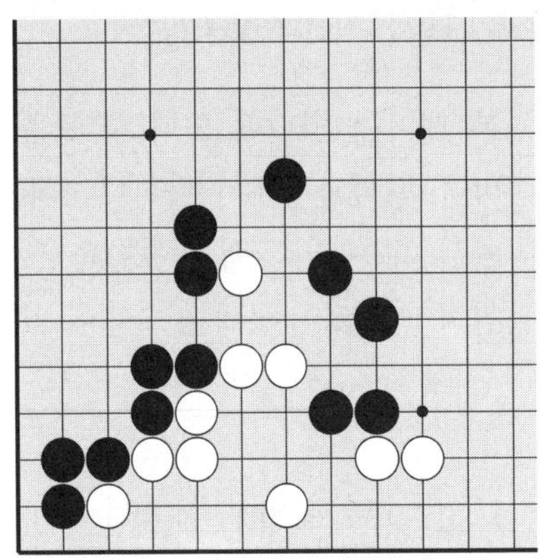

제12형 (흑선)

본형도 실전에서는 간과하기 쉬운 차단의 맥이 숨어 있다.

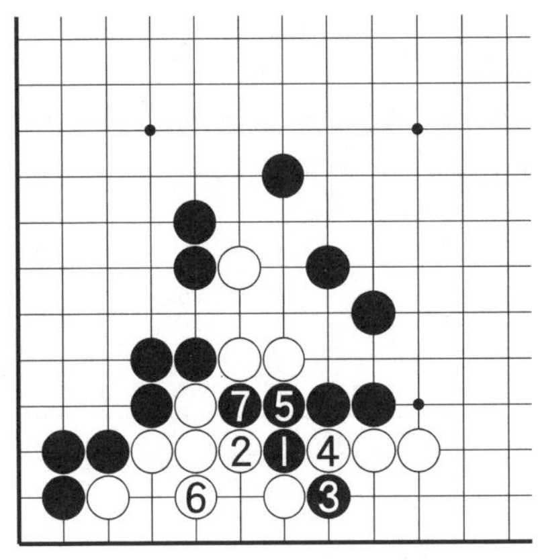

1도(정해)

1도(중앙 차단)

흑1의 모붙임으로 이하 흑7까지, 중앙 백3점이 차단된다. 만약 백2로 —

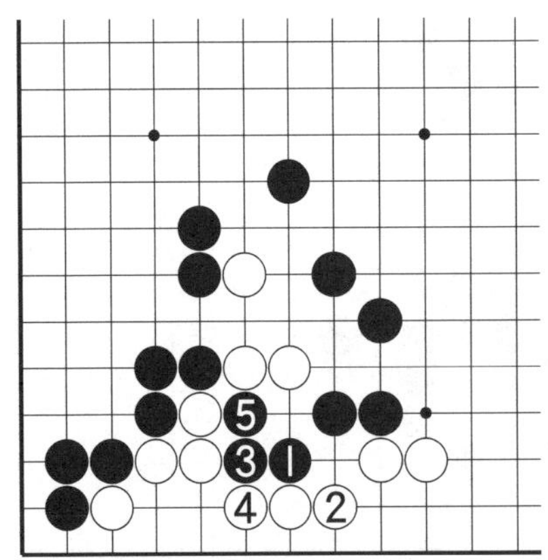

2도(변화)

2도(마찬가지)

본도 백2에 두어도 흑3·5의 수순으로, 역시 중앙 백3점의 차단은 피할 수 없다.

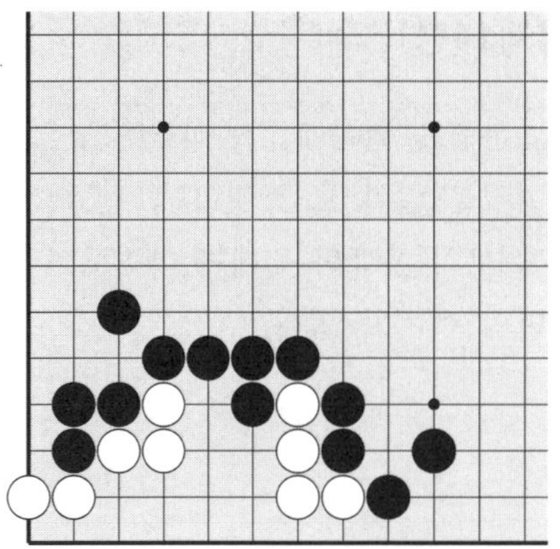

제13형 (흑선)

본형도 잘 연결된 것처럼 보이지만, 모붙임의 맥에 의해 우측 백 4점의 차단이 가능하다.

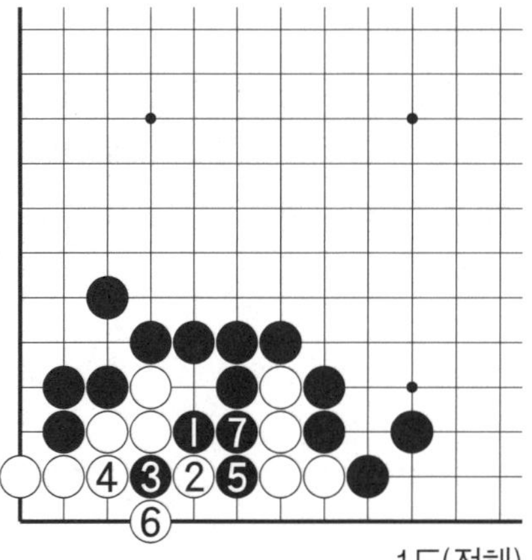

1도(정해)

1도(예리한 절단)

흑1의 모붙임에 이은 흑3의 절단이 예리하여, 흑7까지 백4점을 포획할 수 있다.

2도(실격)

2도(이맥)

흑1의 붙임은 이맥이다. 백은 2의 곳을 두어 안전하다. 백4까지 백에게는 아무 일도 일어나지 않는다.

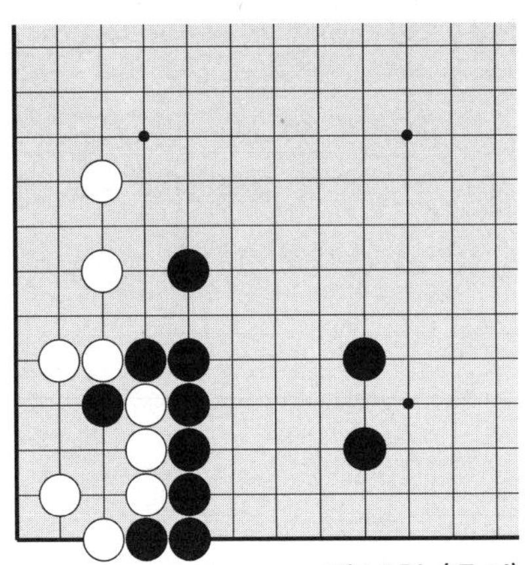

제14형 (흑선)

본형은 귀끝에 잔존하는 수단의 여지를 알아 보는 것이다. 완벽하게 보이는 백의 귀에는 아직도 수단의 여지가 있다.

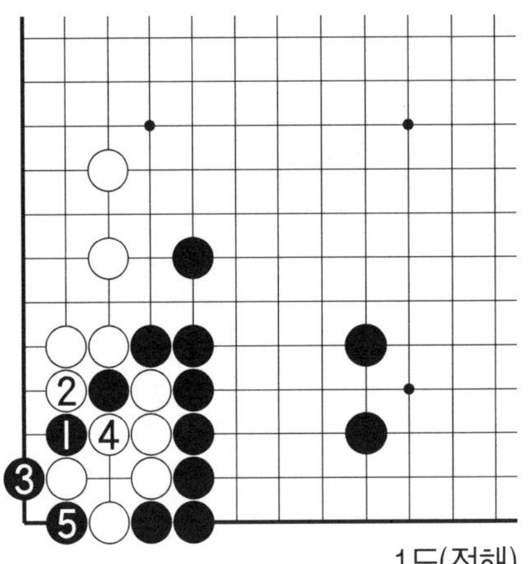

1도(정해)

1도(패)

흑1·3·5가 이곳 백집에 대한 결함을 추궁하는 일련의 수순이다. 흑5까지 패로 귀를 침식하는 수가 남아 있었던 것이다.

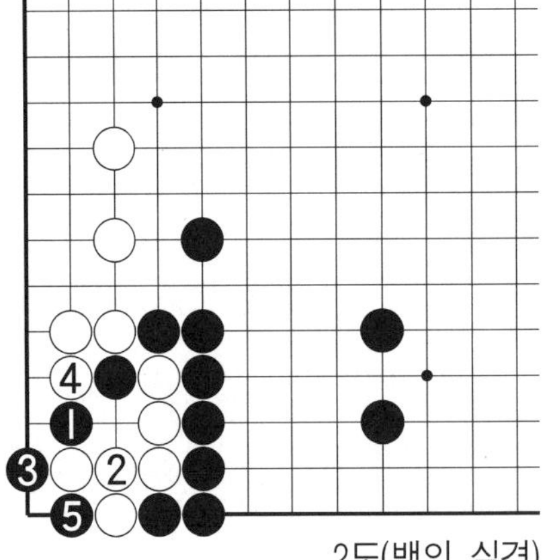

2도(백의 실격)

2도(백 무리)

흑1의 모붙임에 백2로 잇는 것은 흑5까지 백으로서는 너무 부담이 큰 패가 된다.

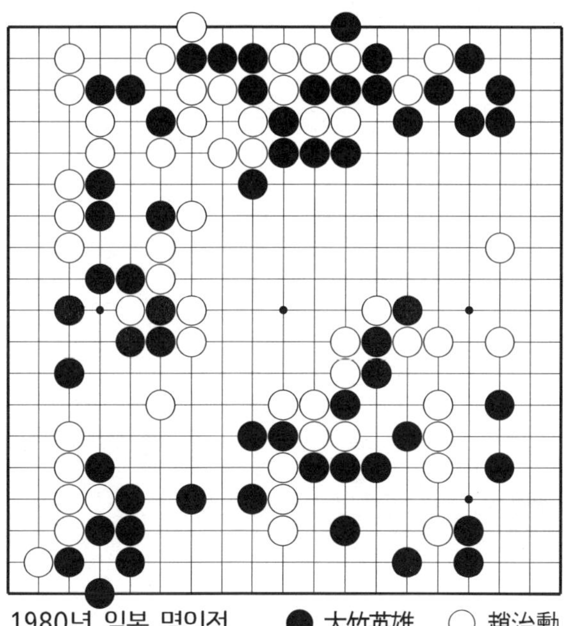

1980년 일본 명인전　● 大竹英雄　○ 趙治勳

이 장면은 조치훈이 불후의 명수를 남긴 대국이다. 하변에 잡힌 백3점의 부활을 노리는 조치훈의 명점은 어디였을까?

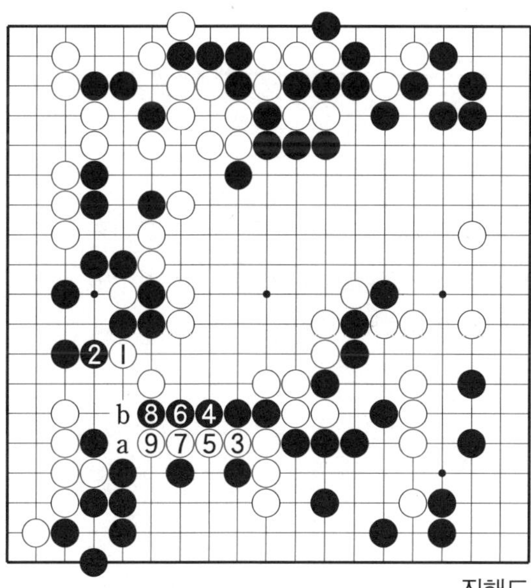

진행도

진행도(모붙임의 맥)

조치훈이 찾아낸 맥은 본도 백1의 모붙임이었다. 언뜻 보기에는 악수 같아 보이는 이 수로 백9 때 흑은 a로 막을 수 없게 된 것이다. 결국 흑은 b로 늘고 백a에 끊겨 수상전이 되었지만, 수부족으로 흑이 재역전할 수 있는 찬스는 돌아오지 않았다.

능률적인 찝기

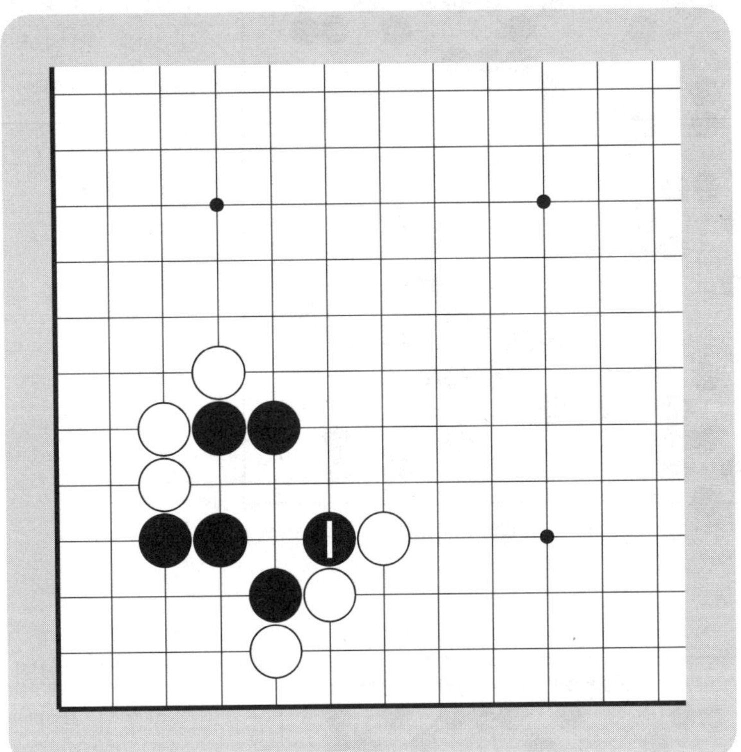

본형은 화점 정석의 변화지만 특히 접바둑에서 더 많이
나타나며, 여기서 흑1로 두는 수법은 일명 '찝기'라고 하여
흑의 절단점을 적극적으로 방비하는 맥이다.

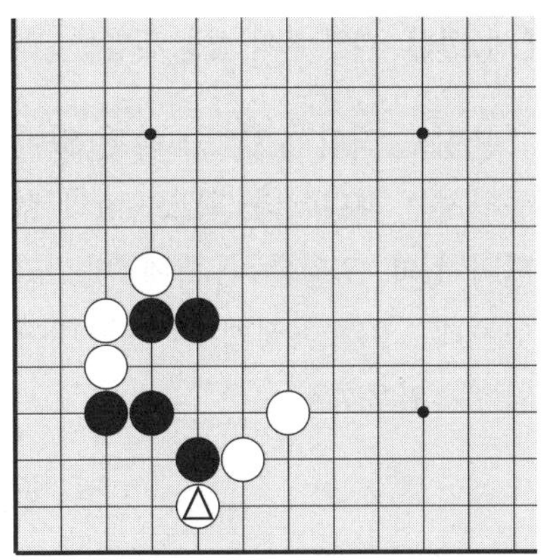

제1형 (흑선)

본형은 백이 ◎에 젖혔을 때 흑의 응수를 묻는 것이다.

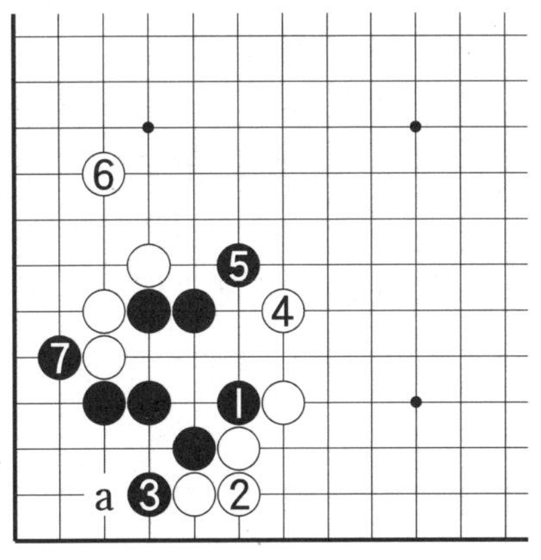

1도(정해)

1도(정석)

흑1 이하 흑7까지는 일반적인 정석진행이다. 특히 마지막 흑7의 젖힘은 백a의 노림을 방비하는 수법이다.

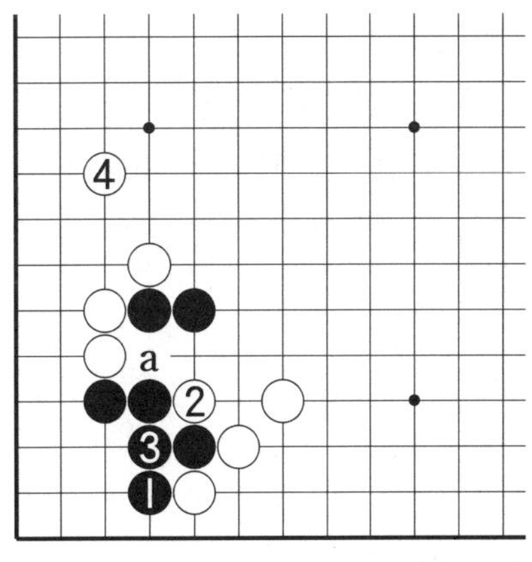

2도(실격)

2도(백 만족)

흑1로 그냥 받는다면 백은 2의 단수 이후 백a로 차단하지 않고 일단 백4에 보강한다. 백2의 단수로 우측 백은 탄력을 얻었고 좌변도 지켰으므로 만족이다. 이제 흑a는 부담스런 공배 연결일 뿐이다.

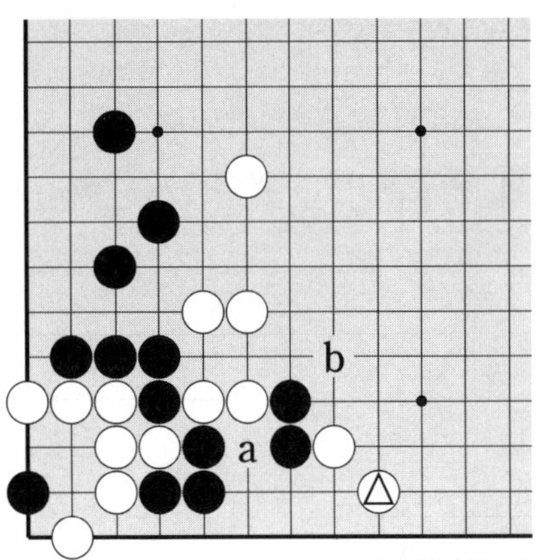

제2형 (흑선)

본형도 맥의 수단 중 빠짐 없이 등장하는 패턴이다. 백△는 a의 절단과 b의 포위를 동시에 맞보고 있는데, 흑은 어떻게 위기를 벗어날 수 있을까?

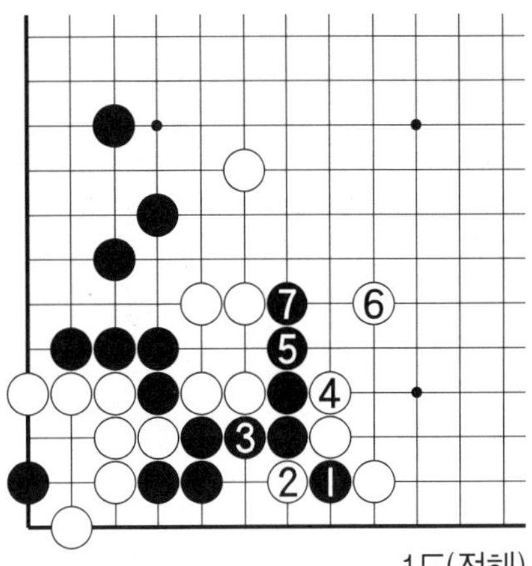

1도(정해)

1도(버림돌 작전)

흑1의 찝는 수를 버림돌로 활용하는 것이 맥이며 수법이다. 이 수는 흑이 두 곳의 약점을 동시에 방어하는 것으로, 백의 끈질긴 공격에도 흑7까지 탈출할 수 있다.

2도(실격)

2도(흑 수부족)

흑1의 단순한 수비는 백2의 포위로써 갇히게 되는데, 좌하귀 백과의 수상전은 무조건 흑이 수부족이다.

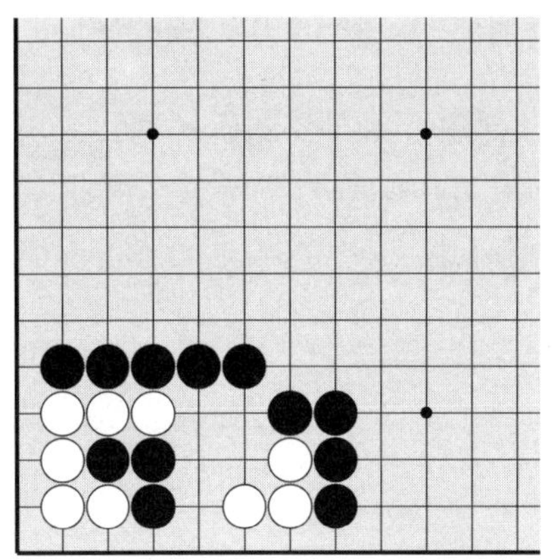

제3형 (흑선)

본형도 찝기의 위력이 유감 없이 발휘되는 모양이다. 흑3점과 백3점의 수상전은 일단 흑의 1수 부족이지만 –

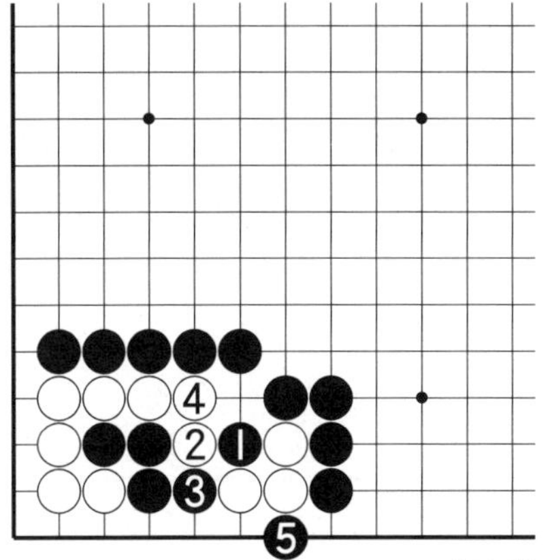

1도(정해)

1도(연결)

흑1로 찝는 수에 의해 수상전의 형태는 흑5까지 연결의 양상으로 바뀐다.

2도(실격)

2도(백 1수승)

흑1로 치받아 수를 줄이는 것은 백이 2의 곳을 선점하여 백 1수승이다.

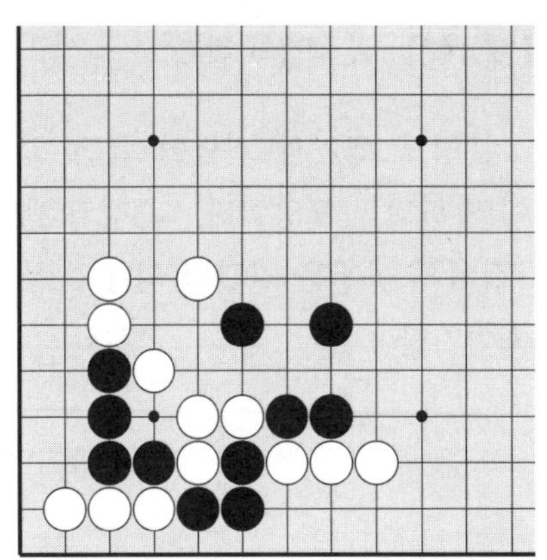

제4형 (흑선)

본형은 요석을 잡는 수법으로 자주 이용되는 기본적인 찝기의 패턴이다.

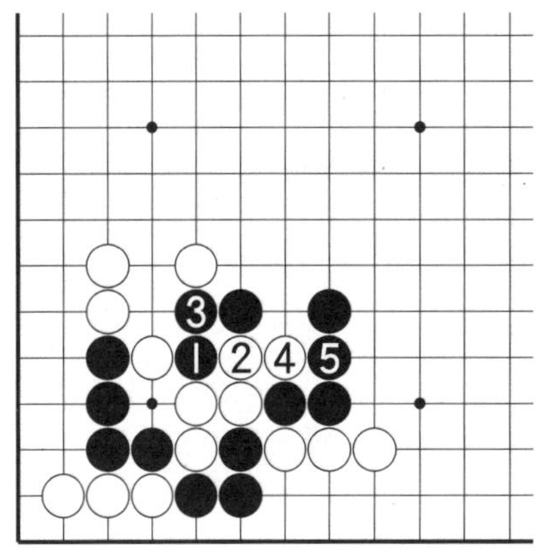

1도(정해)

1도(백 요석 잡힘)

흑1로 찝은 다음에는 백의 연결 수단이 없다. 흑5까지의 수순을 보면 그것을 알 수 있다. 수순중 백2로 –

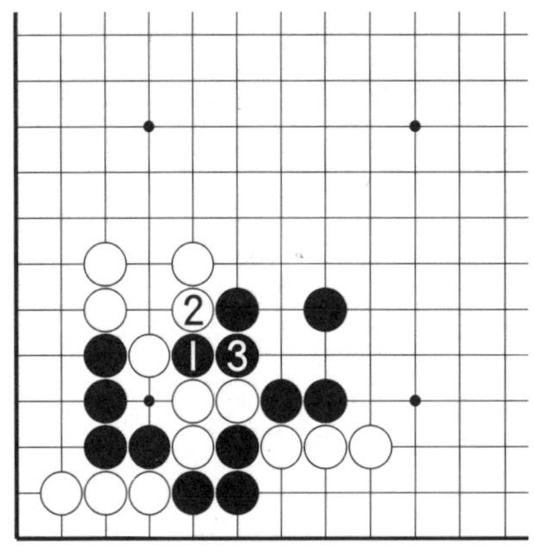

2도(변화)

2도(촉촉수)

본도 백2에 두는 것도 흑3으로 단수하여 그만이다.

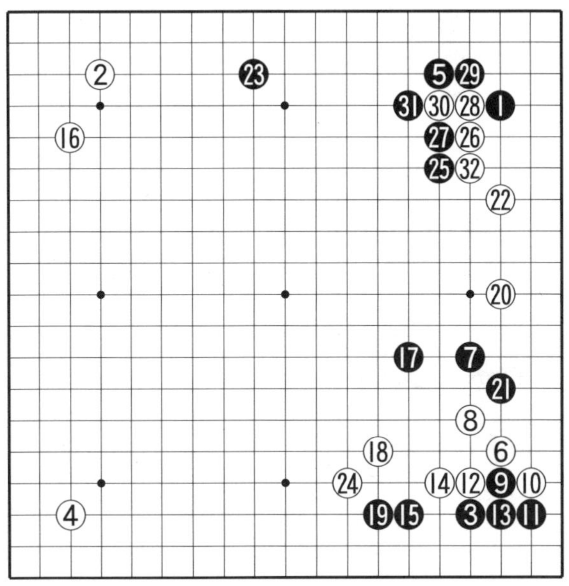

제6기 일본 최고위전 도전4번기 제1국
1960년 12월 21~22일 ● 藤澤秀行 ○ 坂田榮男

본국은 중반전 우하에서 사카다의 귀수가 작렬해 유명해진 일국이다. 그보다 우상의 접전에서 백32까지 진행되었을 때, 흑의 수법이 볼 만하다.

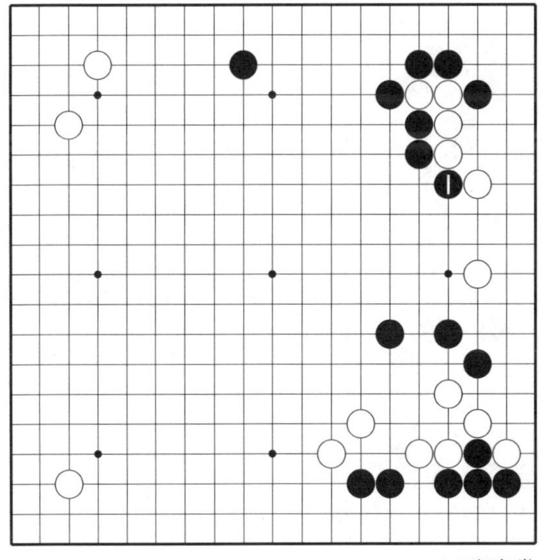

1도(정해)

1도(적극 수법)

흑1의 찝기는 백에게 숨돌릴 여유를 주지 않는 적극적인 수법이다. 흑1은 슈코(秀行) 특유의 기백이 넘치는 한 수로, 여기서부터 일어난 전단이 전국으로 확산된다. 만약 이 수로—

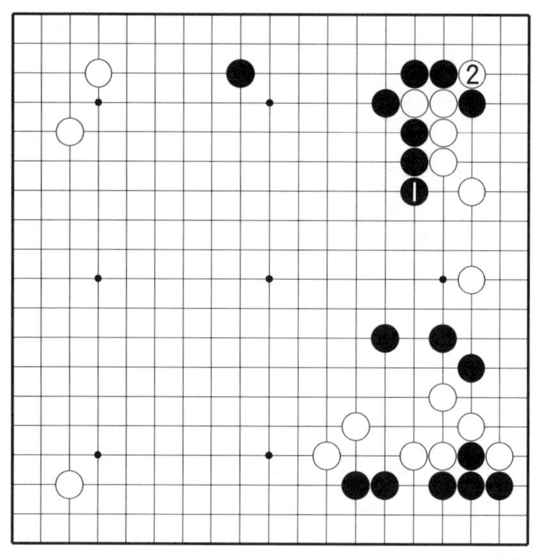

2도(실격)

2도(흑 불만)

본도 흑1에 뻗는 것은 두텁기는 하지만, 백2로 끊겨 귀의 집을 빼앗기므로 불만이다.

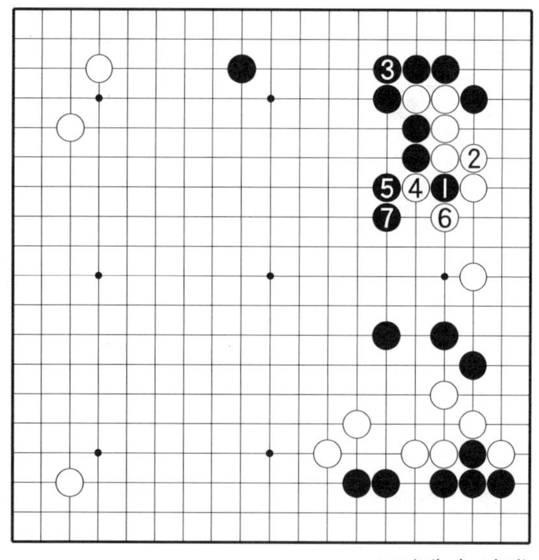

3도(백의 실격)

3도(백 불만)

흑1에 대해 백도 2로 고분고분 잇는 것은 흑3에 지키는 타이밍을 주어 백4 때 흑5·7로 중앙을 봉쇄당하므로 불만이다. 이런 양자의 갈등이 치열한 전투로 이어지게 되는데—

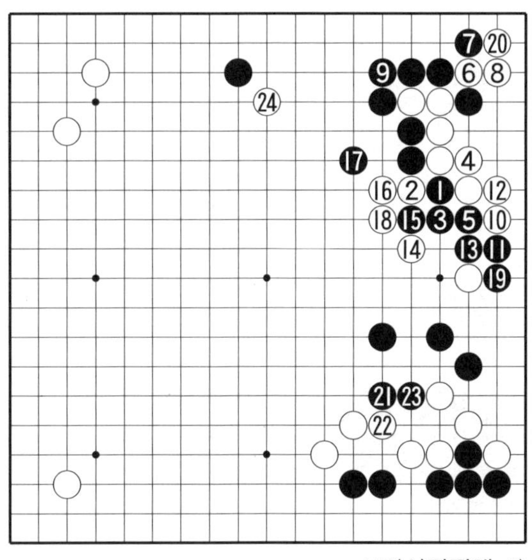

4도(실전진행 1)

4도(치열)

본도의 진행이 그 치열함을 말해 주고 있다. 서로 한 치의 양보 없는 접전 속에서 흑은 우하를 공략하는 타이밍을 얻고, 반면 백은 상변을 삭감하는 타이밍을 얻고 있다. 계속하여 –

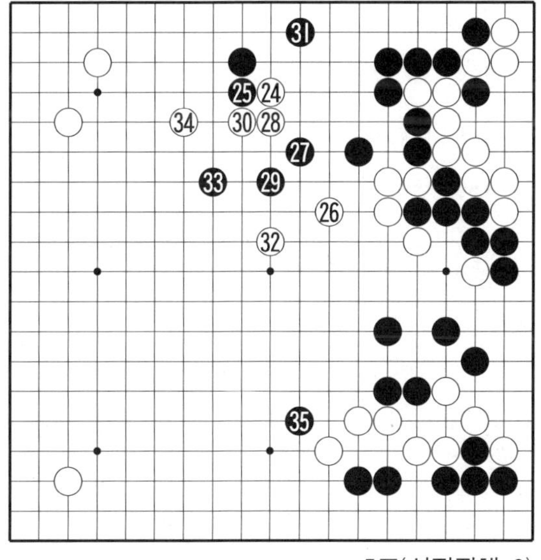

5도(실전진행 2)

5도(공격)

백24부터 백34까지 상변의 접전을 거쳐 흑35의 공격까지 이 모든 흐름은 사실상 1도 흑1의 격렬한 찝기에서 출발한 것이라 해도 과언이 아니다.

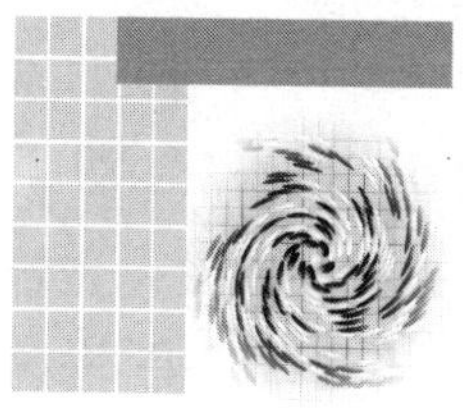

제3장
한칸의 맥

- 탄력 수비형 뛰기
- 탄력 수습형 씌움
- 타개를 위한 뛰어붙임
- 교묘한 연결 수순
- 수상전의 테크닉
- 접전에서 공방의 급소
- 끝내기상 이득

탄력 수비형 뛰기

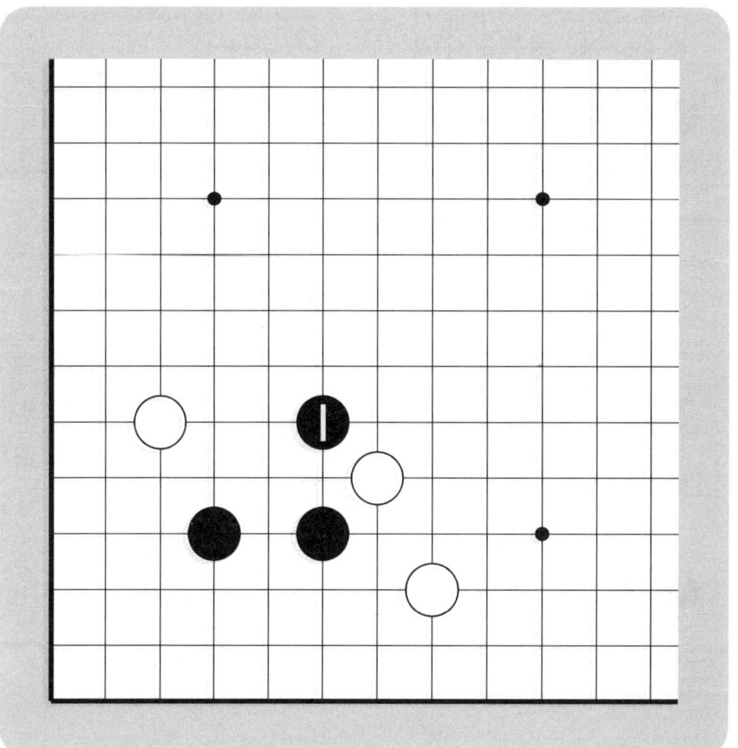

본형은 접바둑 정석이라고 할 수 있는데, 여기서 흑1로 한칸 뛴 수는 행마법이기도 하지만 이 역시 일종의 간접 수비의 맥에 해당한다.

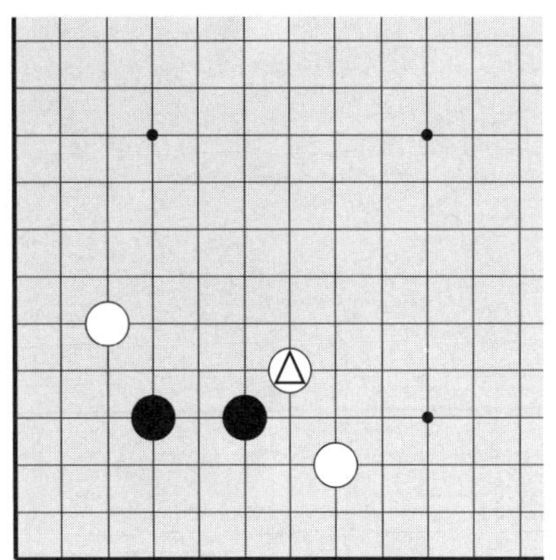

제1형 (흑선)

본형은 백△의 노골적인 씌움에서 출발하는 것으로, 정해 이외에도 자주 사용하는 수단이 없는 것은 아니다.

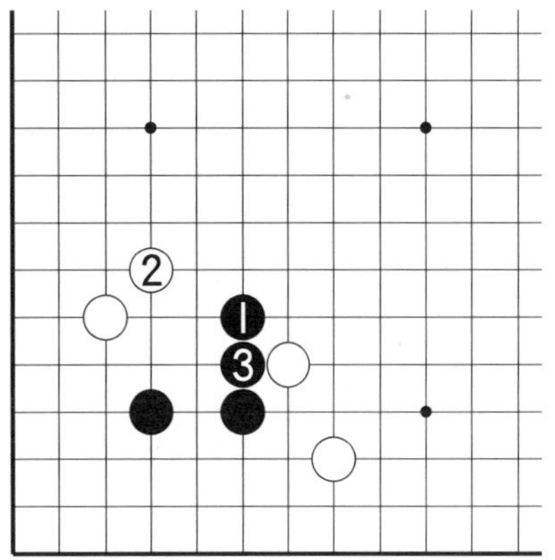

1도(정해)

1도(튼튼한 연결)

흑1의 한칸뜀에 대해 백이 3의 곳으로 뚫는 수는 없다. 좌변이 다치기 때문이다. 따라서 백도 2로 간접 공격을 하는 것이 보통이고, 흑도 3에 이어 튼튼한 연결상태를 유지한다.

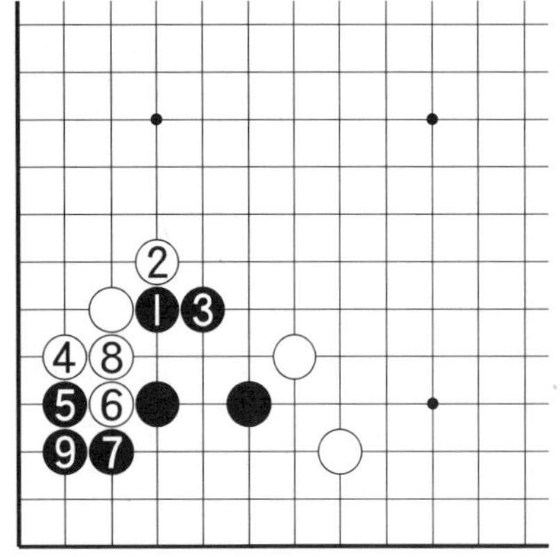

2도(별해)

2도(모양 결정)

흑1 이하의 수단도 심심치 않게 두어지는 진행이다. 1도와의 차이는 미리 모양을 결정지어 변화의 여지가 없다는 것이다.

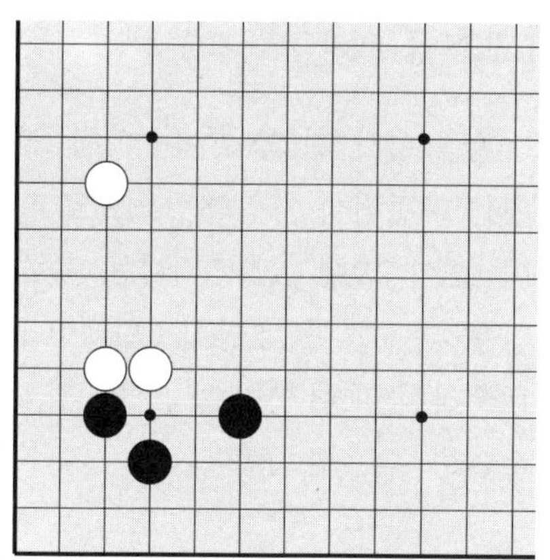

제2형 (흑선)

본형은 수비하는 방법을 묻는 것이다. 흑의 결함을 수비하는 곳은 많지만 가장 능률적인 장소는 어디일까?

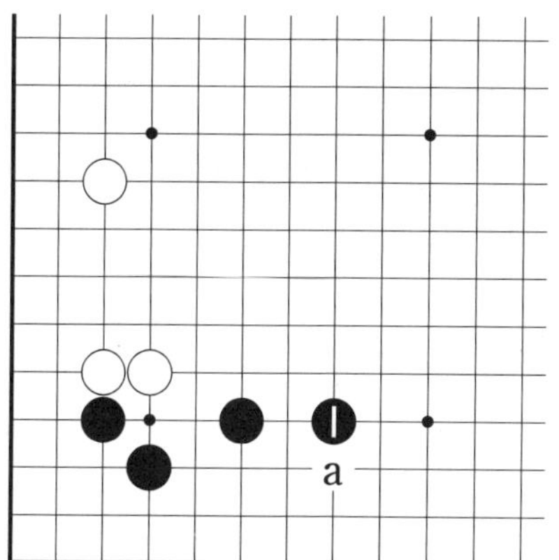

1도(정해)

1도(균형점)

흑1이 집과 두터움에 균형을 맞춘 수법이다. 이 수로 a는 집에 치우친 감이 있다. 또 만약 이 수를 게을리하면 백a의 접근도 준엄하지만—

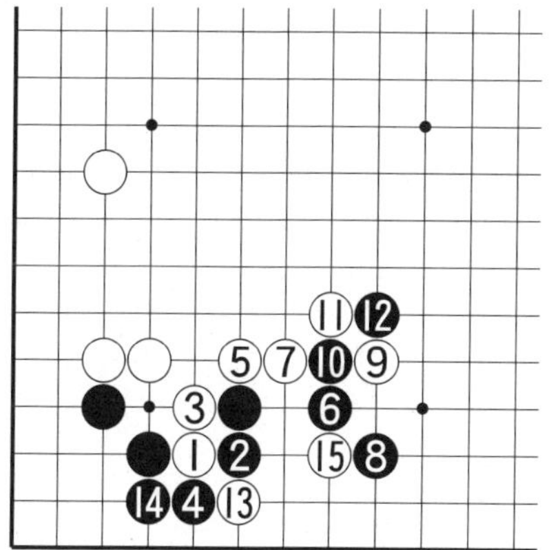

2도(참고)

2도(중앙작전)

본도 백1 이하로 두어 백9까지 중앙작전을 펼 때 흑10·12로 반격하기 힘든 점도 있다. 백13·15의 맥이 있기 때문이다. 이 수법은 고전에도 실려 있는 변화다.

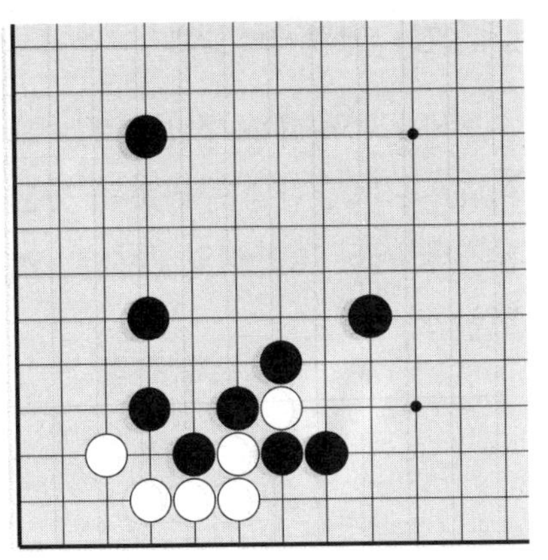

제3형 (흑선)

본 테마도 진영의 수비 방법. 본 형은 화점정석 이후의 수법으로 흑이 포석 진행 도중 지나는 길에 활용하는 것이 보통이지만, 이에 대응하여 백이 선수를 잡는 임기응변의 수순도 있다.

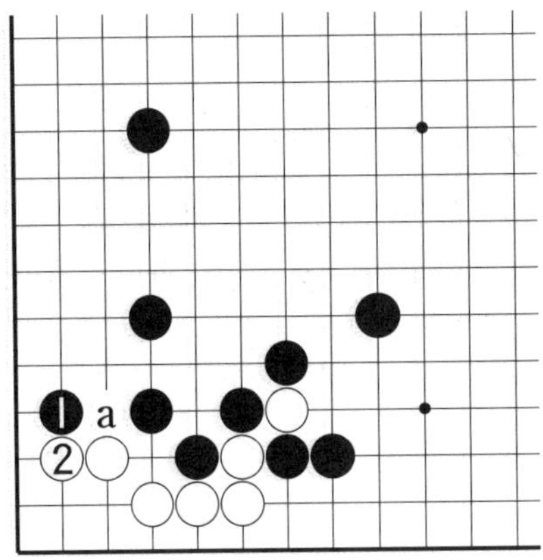

1도(정해)

1도(선수활용)

흑1은 선수활용이다. 이 수로 흑 a에 막는 것은 선수가 되지 못한다.

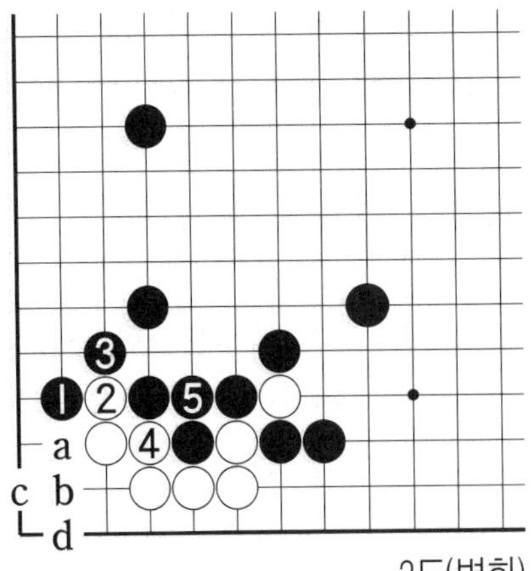

2도(변화)

2도(백의 임기응변)

흑1에 대해 백이 급히 둘 곳이 있다면 백2·4를 교환한 다음 손 뺄 수도 있다. 그러나 흑a, 백b, 흑 c, 백d로 굴복당하는 것도 크다.

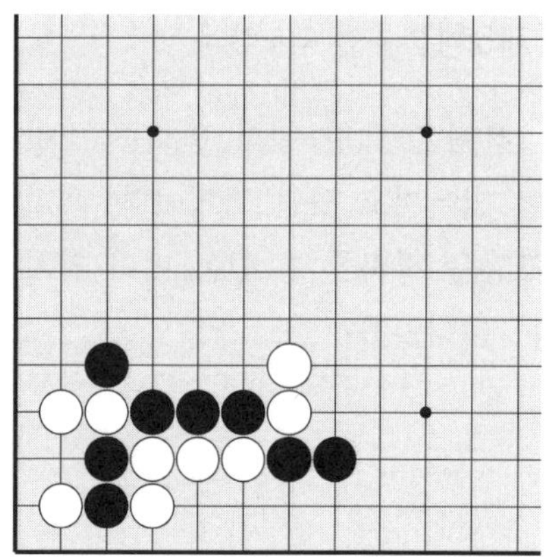

제4형 (흑선)

본형은 접전의 과정에서 수비의 맥을 찾는 것이다. 흔히 급소라고 하는 본형의 맥은 거의 필수적이라 해도 과언이 아니다.

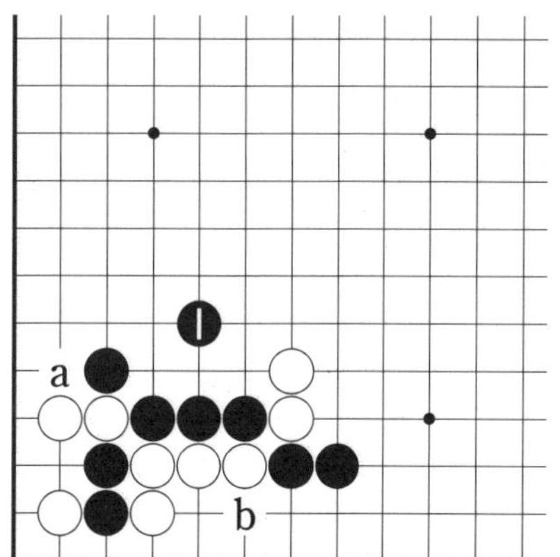

1도(정해)

1도(절대점)

흑1의 한칸뜀은 거의 절대점이다. 이렇게 힘을 비축해 두어야 공격의 시기를 기다릴 수 있다. 흑이 유의할 점은 a나 b를 미리 결정하지 말라는 것이다.

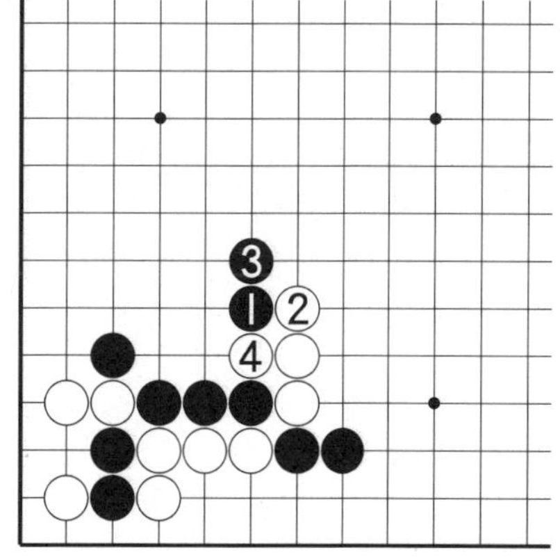

2도(실격)

2도(맥을 이탈)

흑1은 같은 한칸이라도 맥을 벗어났다. 백2·4의 수순으로 모양이 붕괴된다. 이때 백2·4의 수순에 주목하기 바란다.

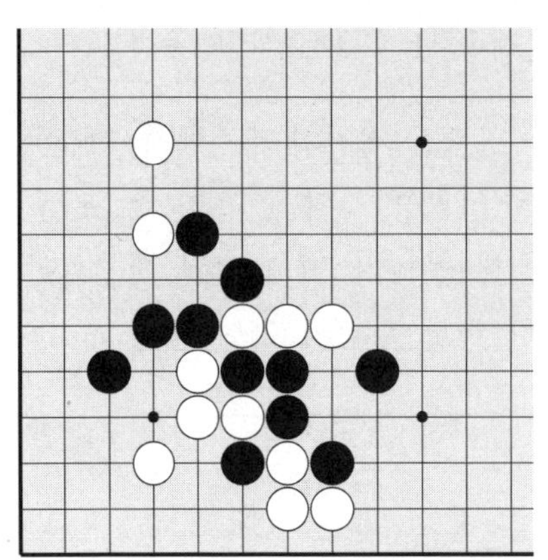

제5형 (흑선)

본형은 대형 정석 변화중 공방이 벌어지고 있는 과정이다. 흑이 모양을 정비할 수 있는 맥의 위치는 어디일까?

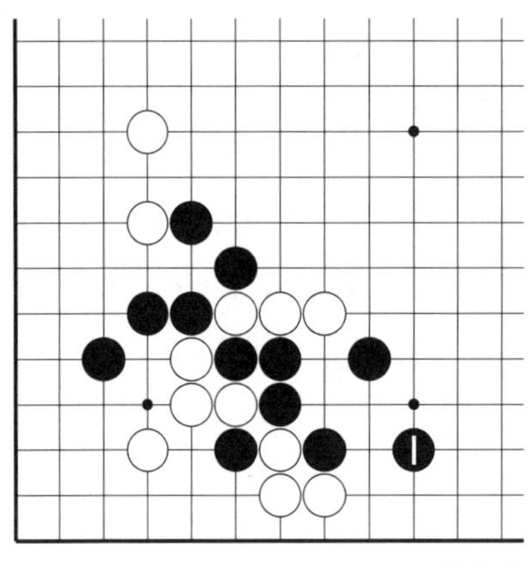

1도(정해)

1도(탄력 수비)

흑1의 한칸뜀이 정맥으로, 탄력을 갖출 수 있는 후속수단을 내포하고 있다.

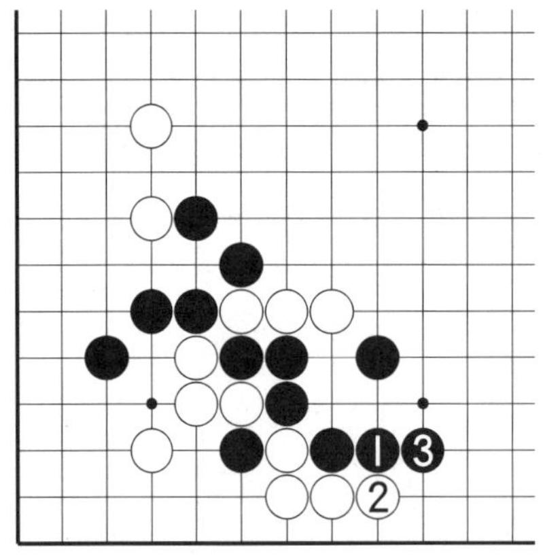

2도(흑 비능률)

흑1로 느는 것은 능률이 떨어진다. 백2 때 흑3이 불가피한 것이다.

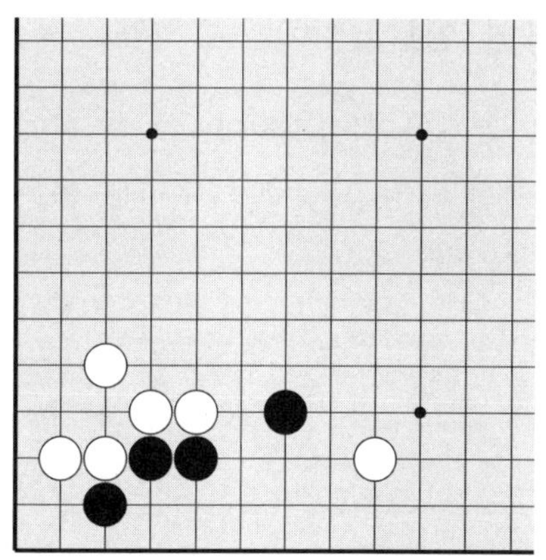

제6형 (흑선)

본형은 백의 어떤 추궁에도 당당한 모양을 갖추는 수법을 묻는 것이다.

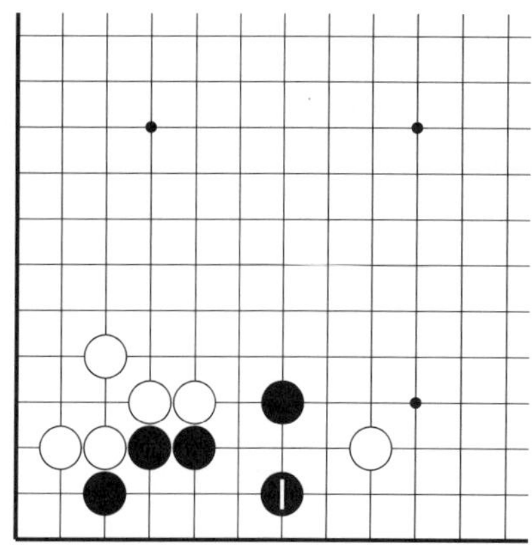

1도(정해)

1도(올바른 지킴)

흑1로 지키는 것이 정맥이다. 이 수가 아니면 백에게 결함을 추궁당하게 된다.

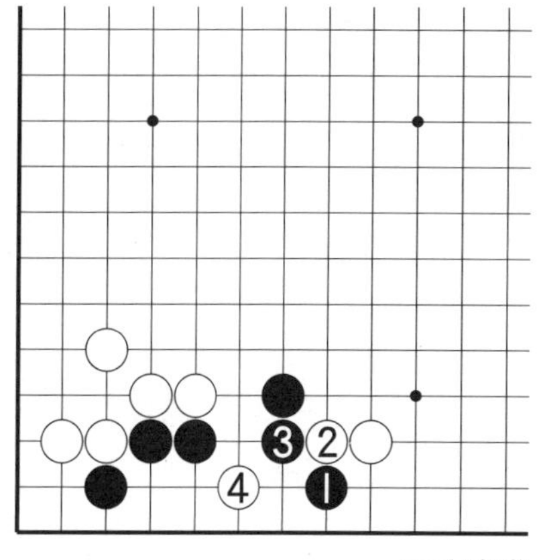

2도(실격)

2도(추궁)

흑1은 욕심. 1도와 한 줄 차이지만 백2·4의 수순으로 추궁당한다.

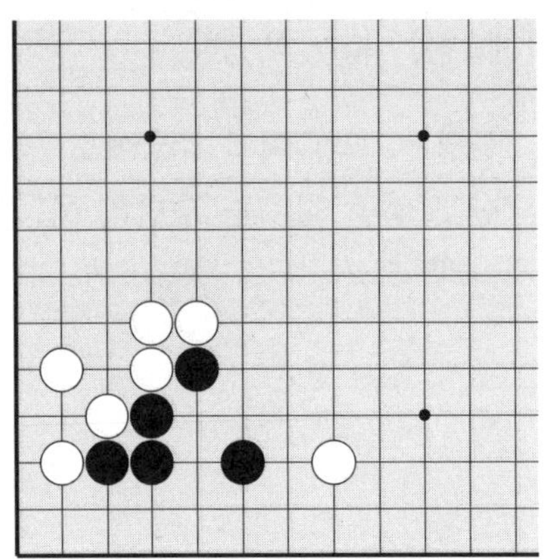

제7형 (흑선)

본형은 정석과정의 마지막 단계에서 모양을 갖추는 수법을 묻는 것이다.

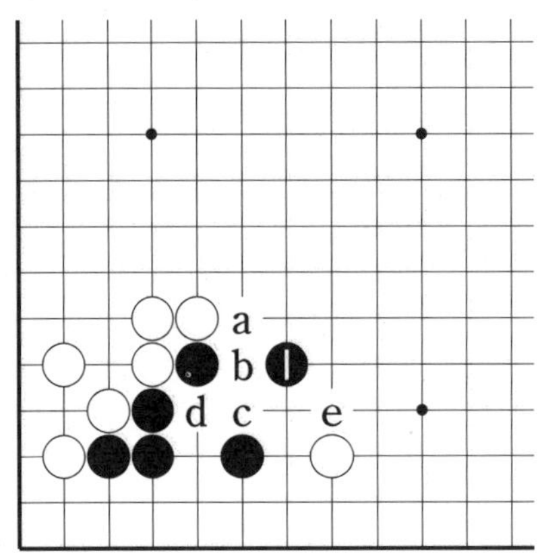

1도(정해)

1도(탄력 수비)

흑1의 한칸뜀이 정맥으로 이후 흑a로 호구치는 후속수단이 있고, 당장 백b면 흑c, 백d, 흑e로 모양을 갖출 수 있다. 역시 탄력적인 수비의 위치다.

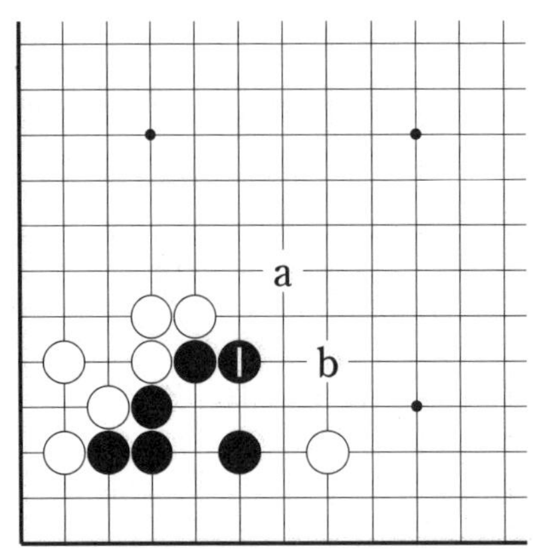

2도(실격)

2도(흑 비능률)

흑1은 타이트하지 못하다. 이후 백은 a, b를 자유롭게 선택할 수 있다.

탄력 수습형 씌움

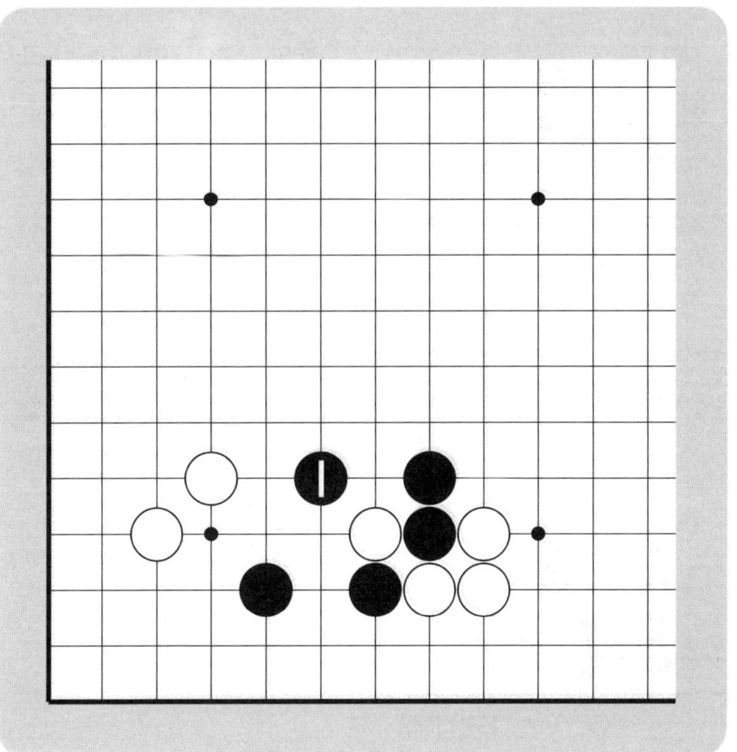

흑1로 씌우는 수는 장문형의 맥으로 백 한점을 잡을 수
는 없지만, 버림돌을 이용하여 모양을 정비할 수 있는 수
법이다.

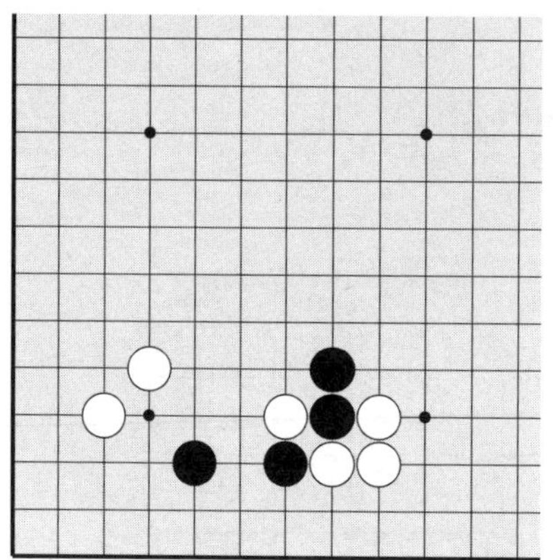

제1형 (흑선)

본형은 정석과정에서 만들어지는 모양으로, 흑이 이 모양을 정비하기 위해서 버림돌을 이용하는 맥의 교과서적인 수법이 구사된다.

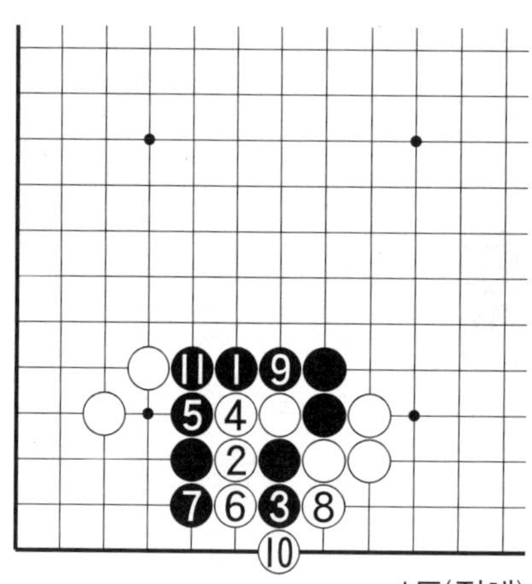

1도(정해)

1도 흑1의 한칸으로 씌운 다음 이하 흑11까지가 정맥의 수법이다.

2도와 3도의 진행도 관통의 맥으로 쓰이는 경우가 있지만, 지금은 손해가 너무 크고 후속수단이 마땅치 않아 흑이 불리하다.

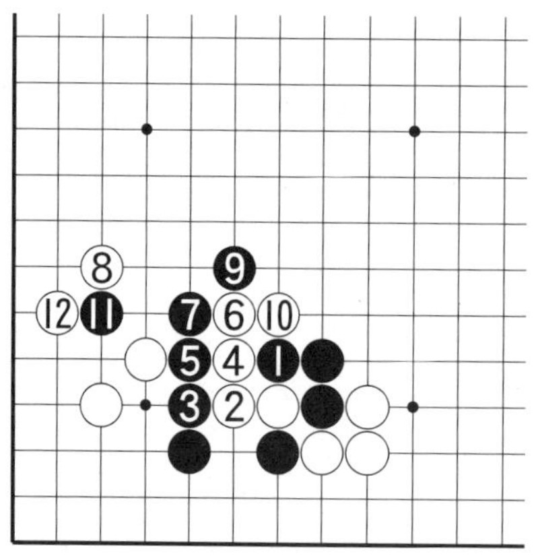

2도(실격)

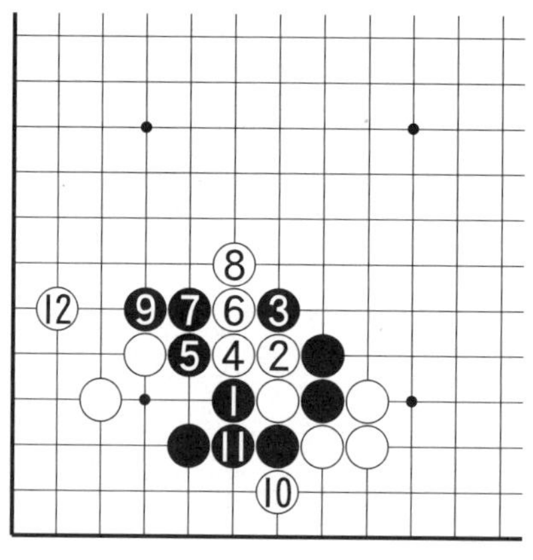

3도(실격)

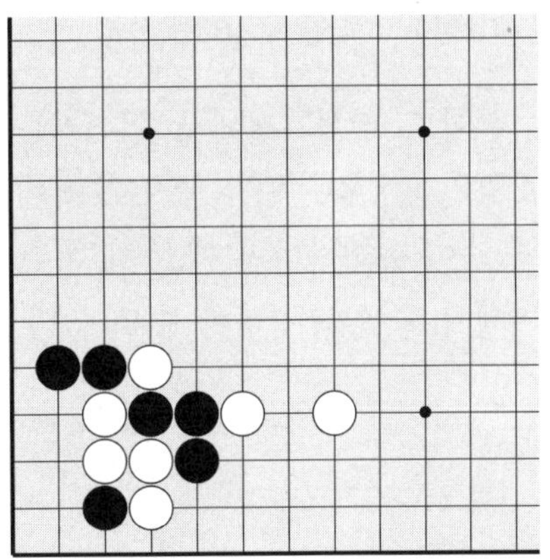

제2형 (흑선)

본형도 고풍 정석에서 만들어지는 변화로, 전형과 같은 수법이 사용된다.

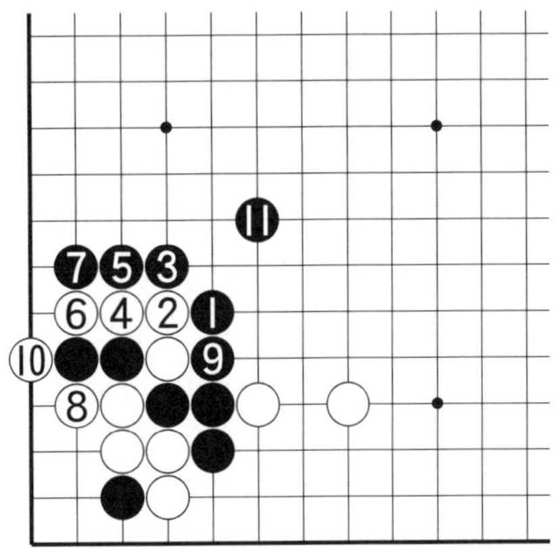

1도(정해)

1도(봉쇄 수법)

흑1 이하 흑11까지 귀의 실리는 허용했지만, 외곽을 빈틈 없이 봉쇄하여 흑이 유리하다. 이것은 흑1의 한칸으로 씌운 효과다.

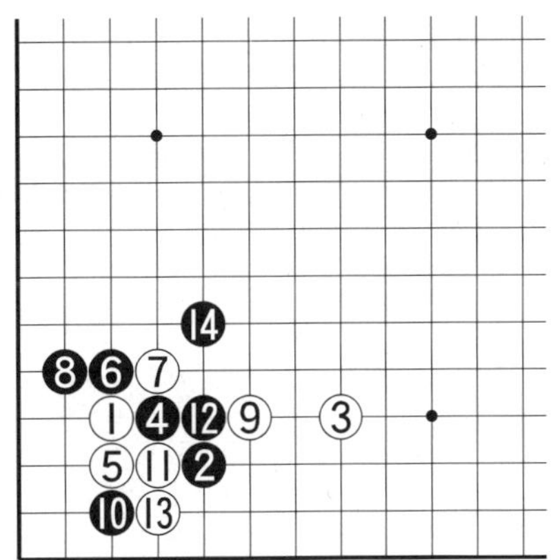

2도(경과도)

2도(씌우는 수순)

참고로 본형의 정석은 본도와 같이 시작된 것이다. 백9로 씌우면 흑10의 붙임이 준비된 맥점이며, 흑14로 씌우는 수순을 얻게 된다.

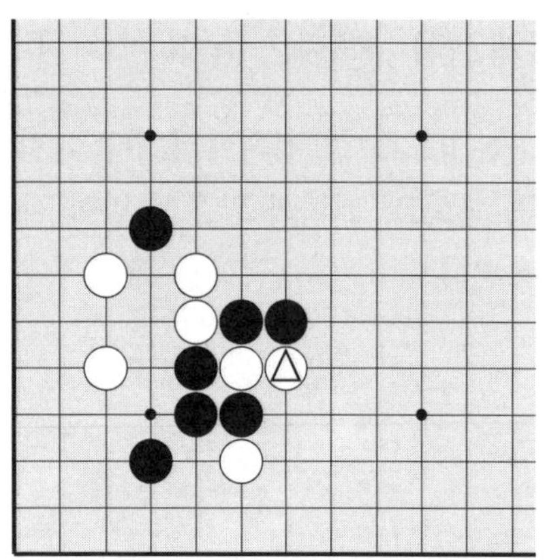

제3형 (흑선)

　본형도 정석과정에서 얻어지는 모양인데, 현재 중앙 쪽으로 흑에게 축이 유리하다면 백△ 때 흑은 별책의 수법을 구사할 수도 있다.

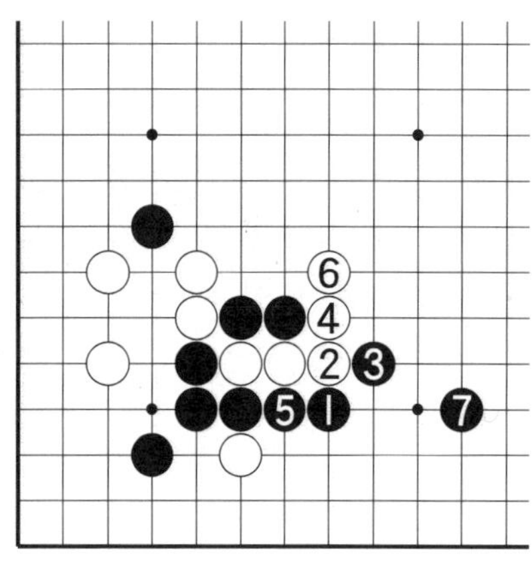

1도(정해)

1도(변을 차지)

　흑1·3으로 둔 다음 흑5에 이으면 축 관계상 백6을 생략할 수 없을 때 흑7의 벌림까지, 흑은 중앙을 버리고 변을 취할 수 있다.

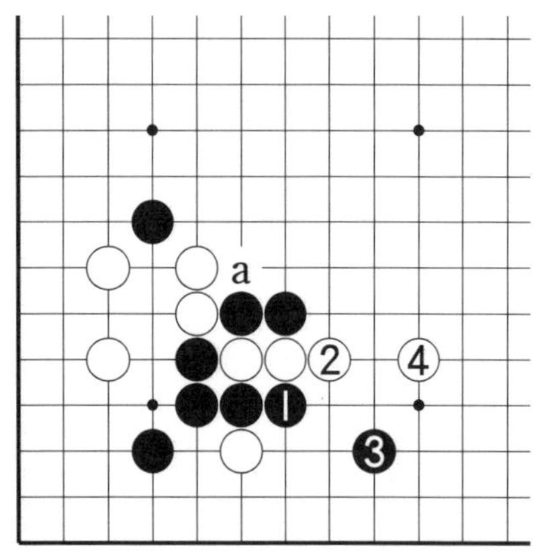

2도(실격)

2도(백 능률)

　평범하게 흑1·3으로 두는 것은 a에 백돌이 없는 만큼 백의 세력이 능률적이다.

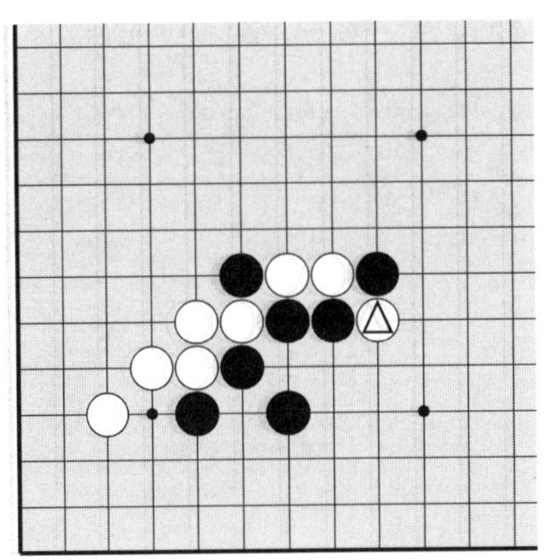

제4형 (흑선)

　본형도 정석과정에서 얻어진다. 백△의 절단은 사실상 무리지만, 흑의 응수에 따라 백은 이 점의 뒷맛을 노리는 것이다.

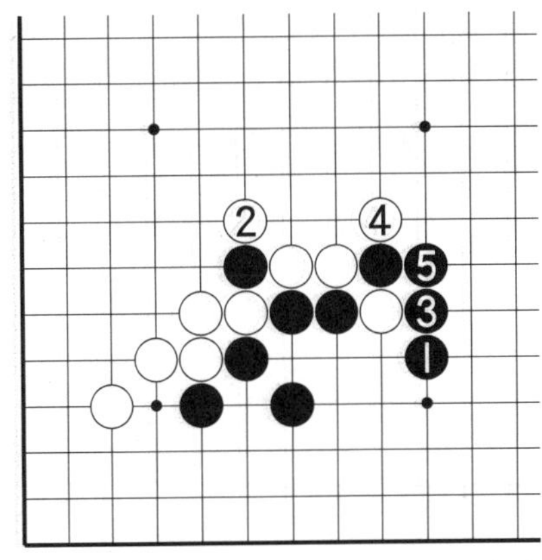

1도(정해)

1도(간접 장문)

　흑1의 씌움은 이상한 수 같지만 사실은 간접적인 장문에 해당한다. 축문제가 있어 백2로 잡아야 하는데, 다음 흑3으로 백 한점을 튼튼하게 잡고 흑5까지 일단락된다.

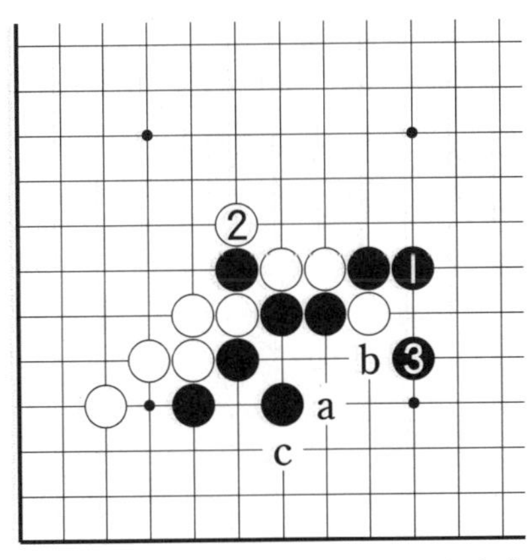

2도(실격)

2도(고약한 뒷맛)

　흑1·3으로 백돌을 잡으면 이곳에는 고약한 뒷맛이 있다. 백a, 흑b 때 백c로 젖히는 맛이 그것이다.

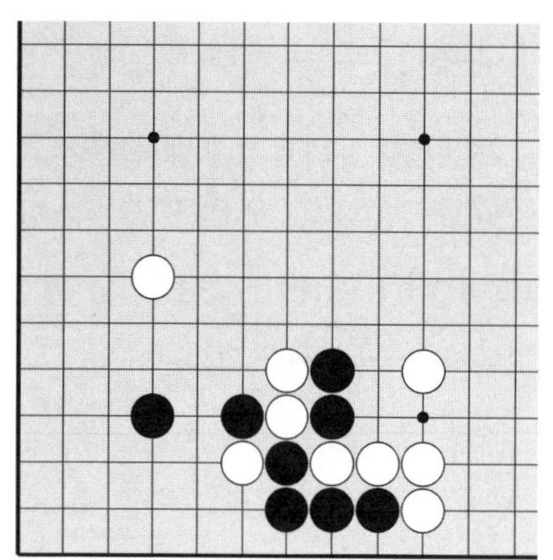

제5형 (흑선)

본형은 장문형 맥으로 시작하여 백돌을 잡는 수법이다.

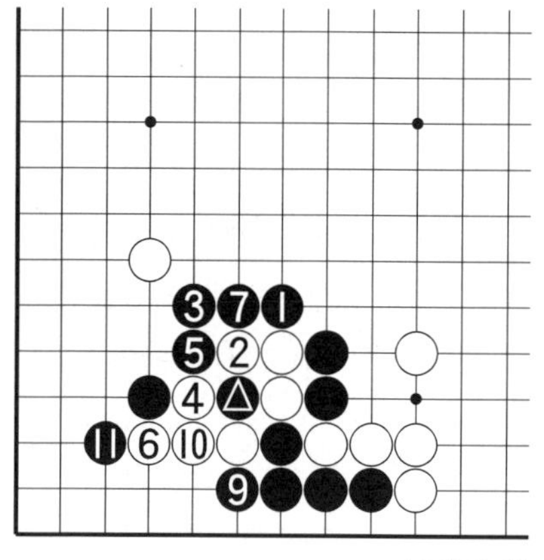

1도(정해)

1도(포인트)

흑1·3이 포인트로 이하 흑11까지 이 백이 살 길은 없다.

⑧···▲

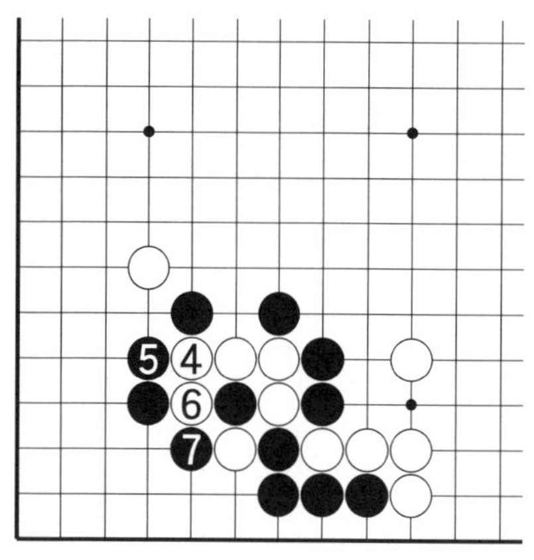

2도(변화)

2도(찝는 수)

1도 백4로 본도와 같이 두어도 흑7에 찝는 수가 있어 수부족으로 백은 잡힌다.

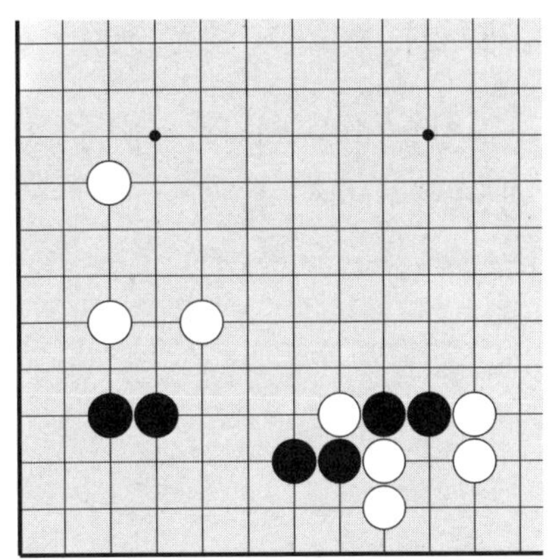

제6형 (흑선)

　본형은 결론을 말하면 빈축이다. 그리고 빈축은 맥을 구사한 다음 끝까지 수를 읽지 않으면 안 된다.

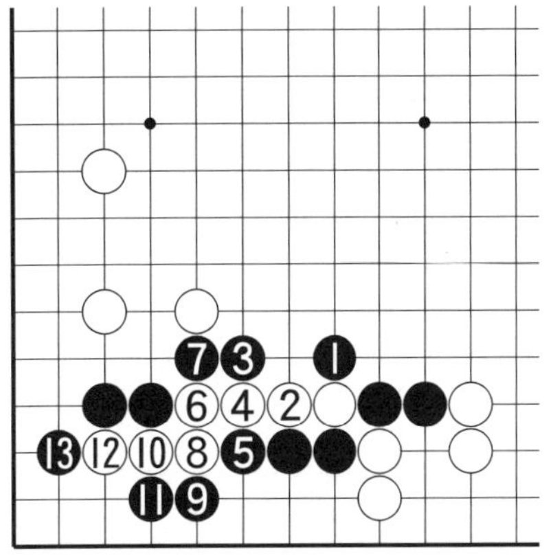

1도(정해)

1도(빈축)

　흑1·3의 씌우는 맥으로 시작하여 흑13까지 이 백이 회생할 수 있는 수단은 없다. 이것이 난이도 높은 빈축의 모양이다.

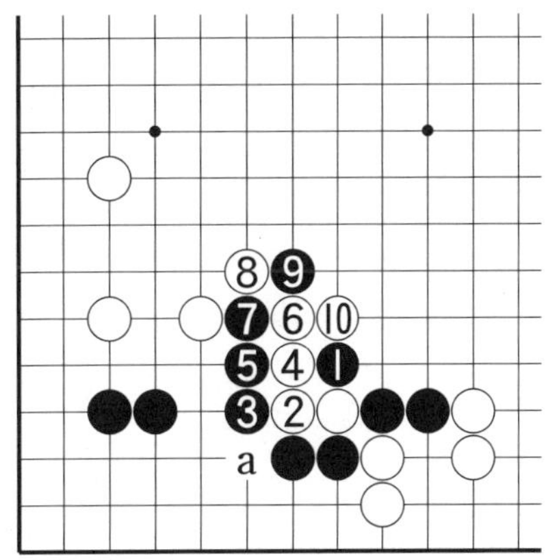

2도(3수째 실격)

2도(흑 손해)

　본도와 같은 진행으로는 어떠한 이득도 기대할 수 없다. 오히려 백의 세력과 더불어 a의 약점만 노출될 뿐이다.

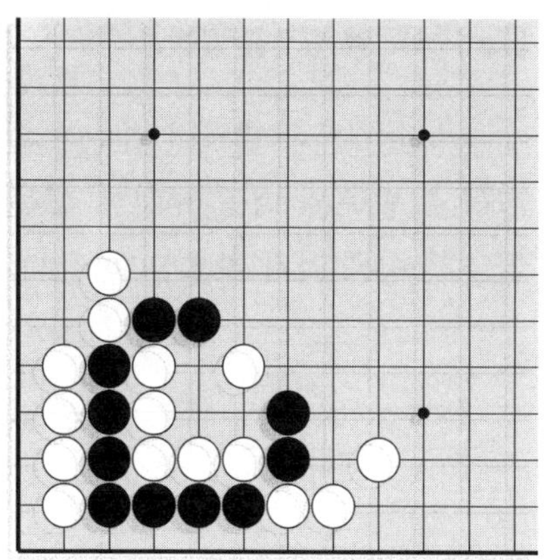

제7형 (흑선)

본형은 수순 하나의 차이로 삶과 죽음이 바뀐다.

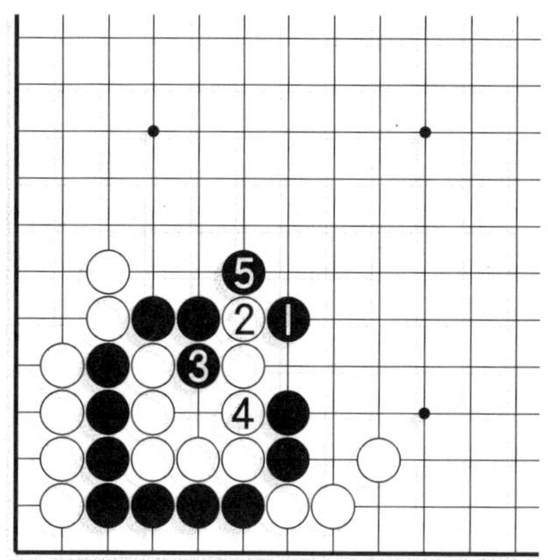

1도(정해)

1도(백 잡힘)

흑1로 씌운 다음 탈출하는 쪽을 밀고 들어가는 수순을 얻으면 된다. 백2라면 흑3인 것이다. 만약 흑이 수순을 바꿔 3이나 4의 미는 수를 먼저 두면 이 백을 잡을 수 없다.

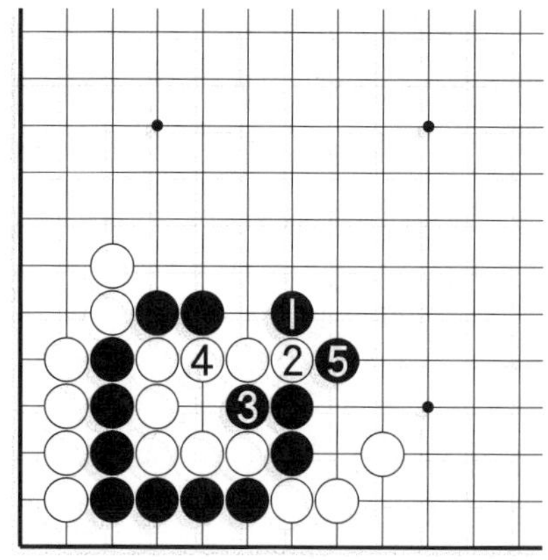

2도(변화)

2도(마찬가지)

흑1의 씌움에 백2로 달아나려는 것은 흑3쪽을 밀어 잡는 것이 수순이다. 흑5까지 역시 백이 잡힌 모습이다.

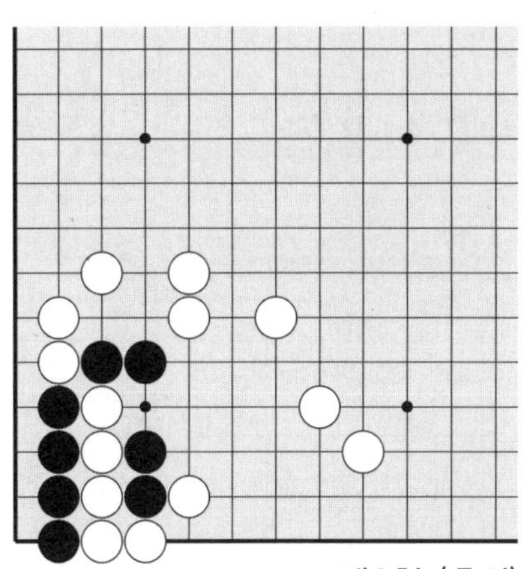

제8형 (흑선)

본형은 엄밀히 말하면 민 후 씌우기가 맞다. 그러나 어쨌든 이러한 패턴의 돌잡기는 익혀 둘 필요가 있다.

1도(먹여침)

흑1로 민 후 흑3의 씌움이 포인트이며, 이것이 백을 잡는 맥점이다. 계속해서 백4라면 흑5의 먹여침으로 잡는다.

1도(정해)

2도(단수)

전도 백4로 본도 백4라면 가만히 흑5로 뒤에서 단수하여 잡는다. 이 수순은 기억해 둘 필요가 있다.

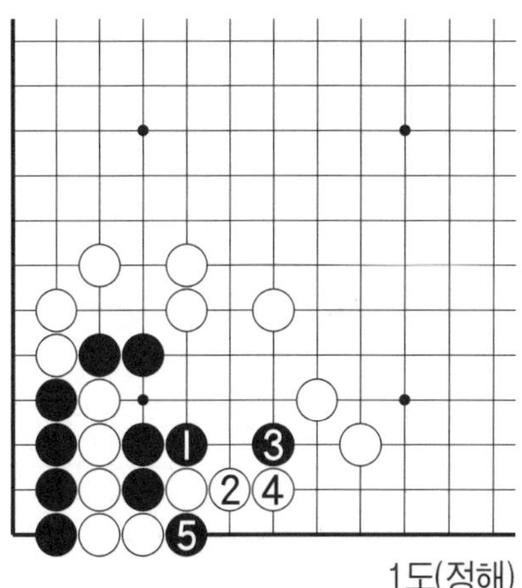

2도(변화)

따개를 위한 뛰어붙임

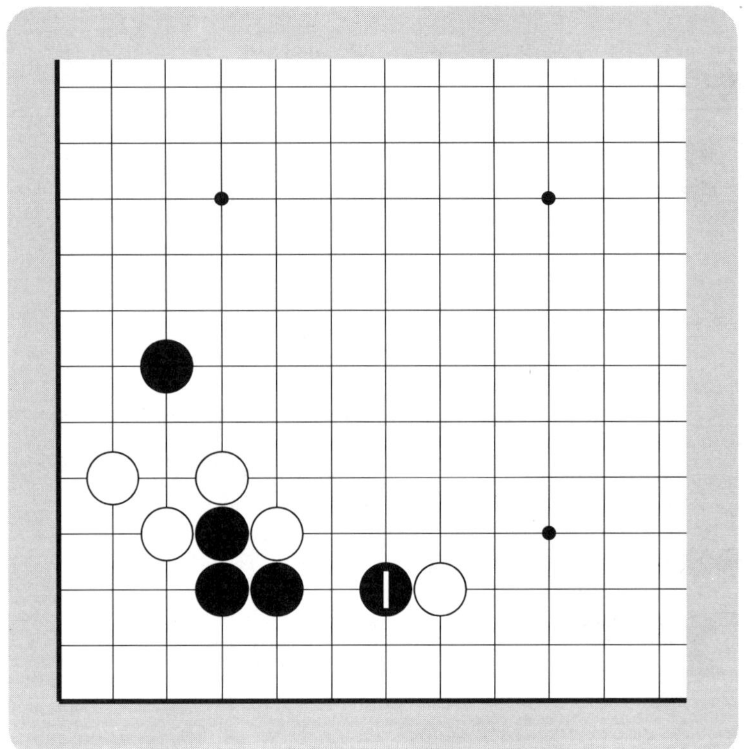

흑1로 한칸 뛰어 붙이는 수법은 접전에서 자주 볼 수 있는 수법으로 대개의 경우 수습형이다. 본 테마에서도 이 맥은 수습에 그 초점이 있다.

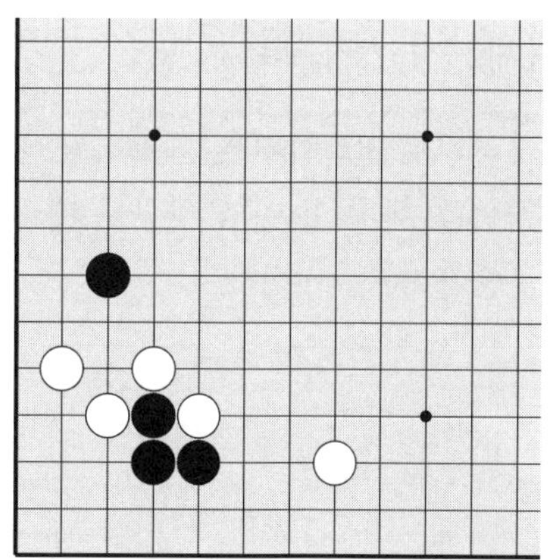

제1형 (흑선)

【제1형】 흑 석점의 후속수단

본형은 정석과정에서 나온 모양인데, 아래 흑 석점의 후속수단을 찾는 것이다.

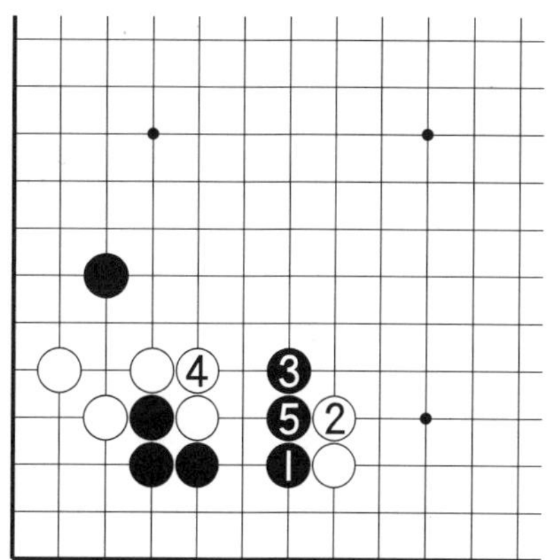

1도(정해)

1도(간접 방어)

흑1의 뛰어붙임이 간접 방어의 정맥으로, 흑5까지 백의 약한 돌에 강하게 밀착시킨 효과를 얻고 있다.

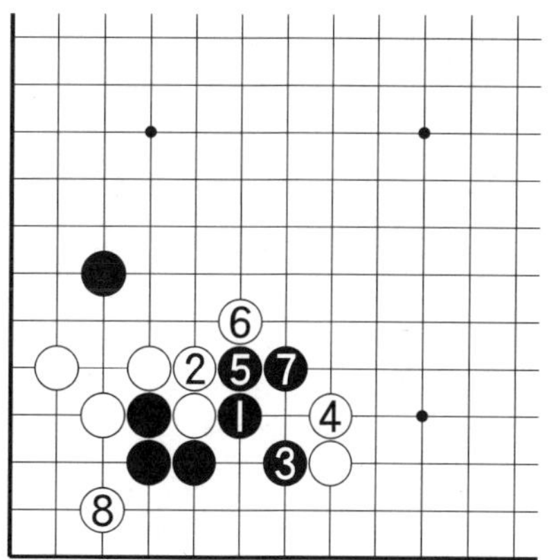

2도(실격)

2도(백 맹공)

본도는 직접 방어형의 진행인데, 1도와 비교하면 흑돌이 백의 강한 쪽에 밀착되었다는 것이다. 따라서 백8까지 적절한 거리에서 흑이 심하게 공격받는 모습이다.

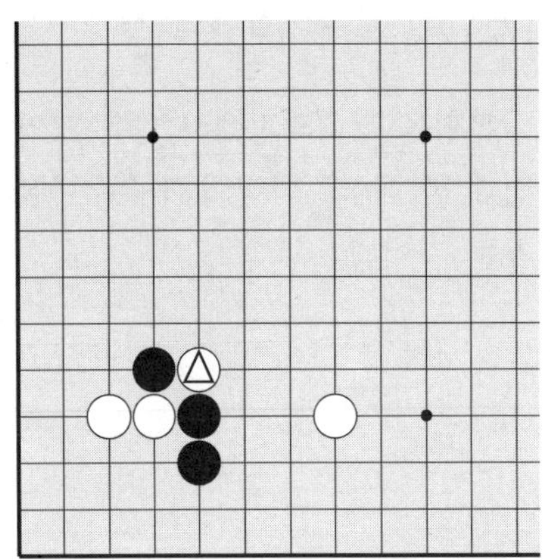

제2형 (흑선)

【제2형】 정석 수순

　본형도 정석과정으로, 백이 △에 끊었을 때 흑의 간접 방어형 맥과 수순을 묻는 것이다.

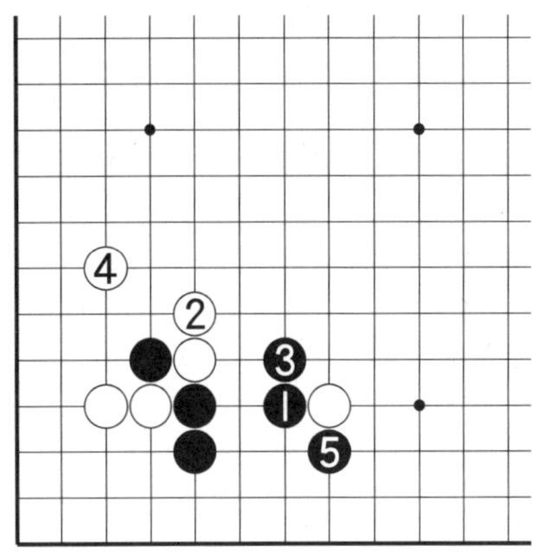

1도(정해)

1도(정석)

　흑1의 뛰어붙임이 간접 방어의 맥점이며, 이하 흑5까지는 정석이다.

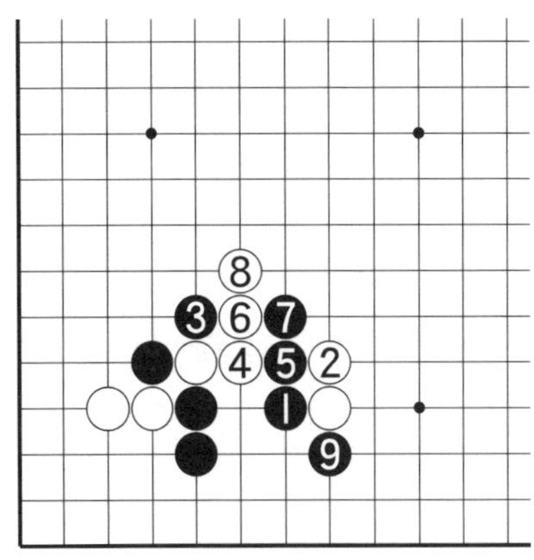

2도(백의 실격)

2도(백 불리)

　흑1에 백2는 흑에게 관통의 수순을 허락하여 백이 불리하다. 흑 3·5·7의 수순이 상용의 관통수법이다.

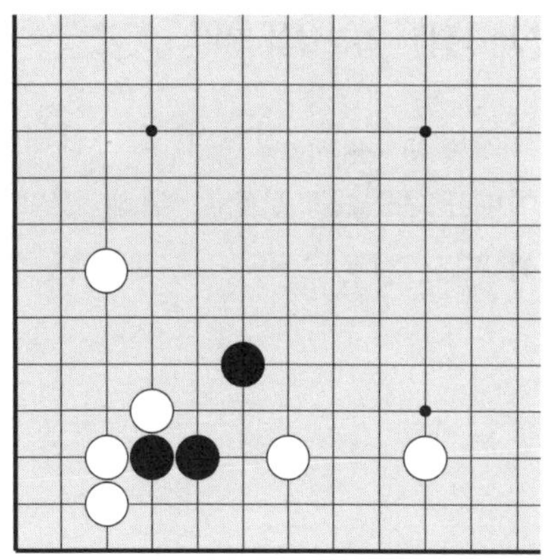

제3형 (흑선)

【제3형】 흑 석점의 수습

본형은 흑 석점의 수습을 묻는 것으로, 이 패턴은 실전에 무수히 등장한다.

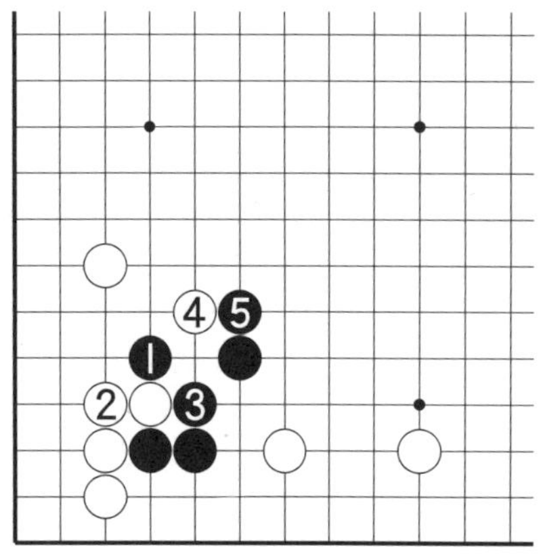

1도(정해)

1도(힘을 비축)

흑1의 붙임이 상용의 정맥으로, 흑5까지 힘이 비축되고 있다.

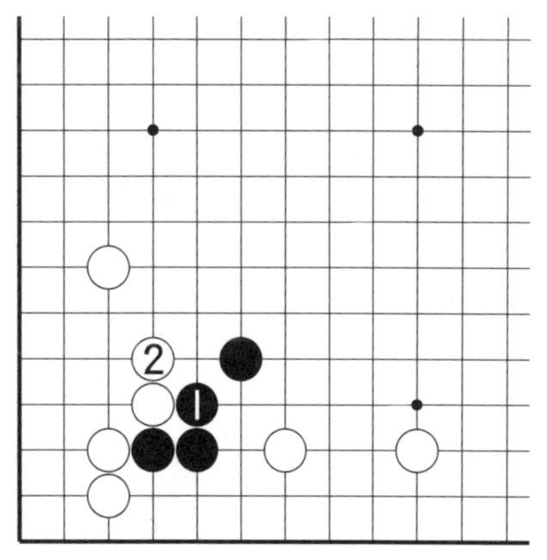

2도(실격)

2도(공략대상)

흑1은 스스로 탄력을 없애는 수로, 백2로 두고 나면 흑돌은 끝없는 공략대상일 뿐이다.

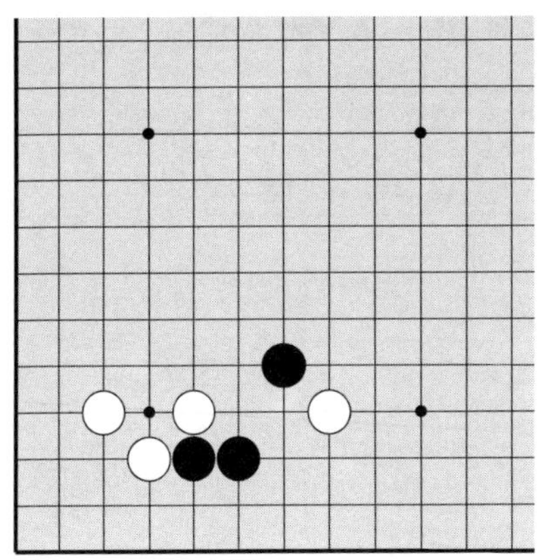

제4형 (흑선)

본형도 고풍 정석의 하나인데, 이때도 모양을 갖추기 위해 정맥이 필요하다.

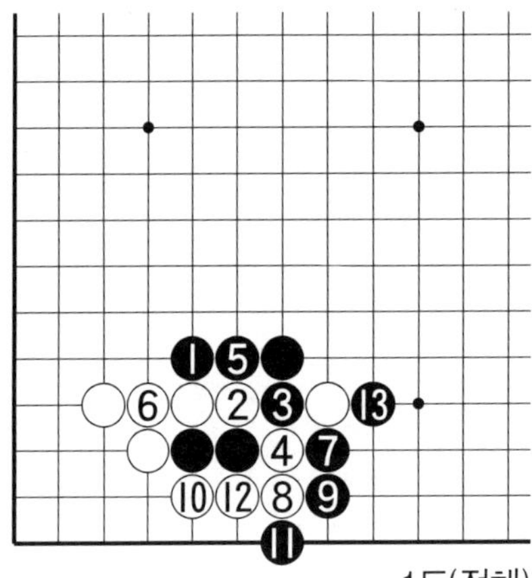

1도(정해)

1도(정석)

흑1의 붙임이 모양을 정비할 수 있는 정맥으로, 이하 흑13까지 정석이다.

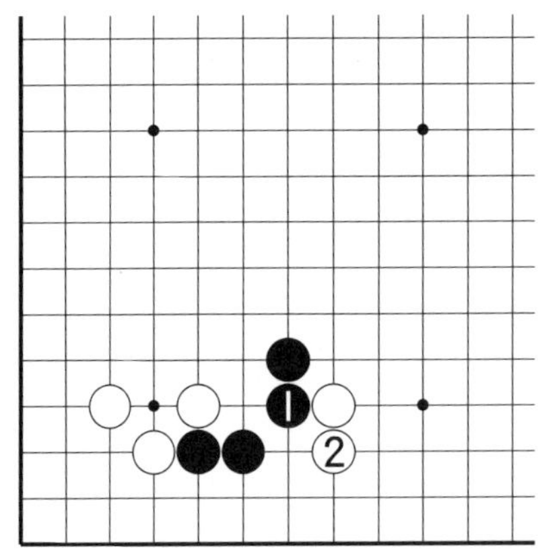

2도(실격)

2도(공격대상)

흑1로 두면 백2로 받아, 흑은 근거와 탄력이 없어져 공격대상이 된다.

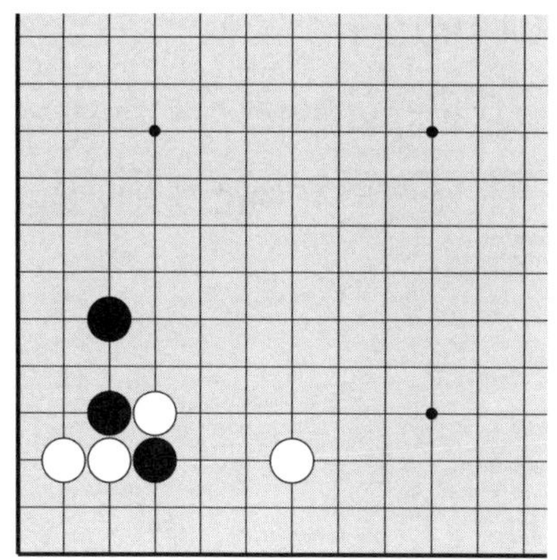

제5형 (흑선)

본형은 화점정석에서 백이 이탈한 모양으로, 흑의 대응 맥점을 묻는 것이다.

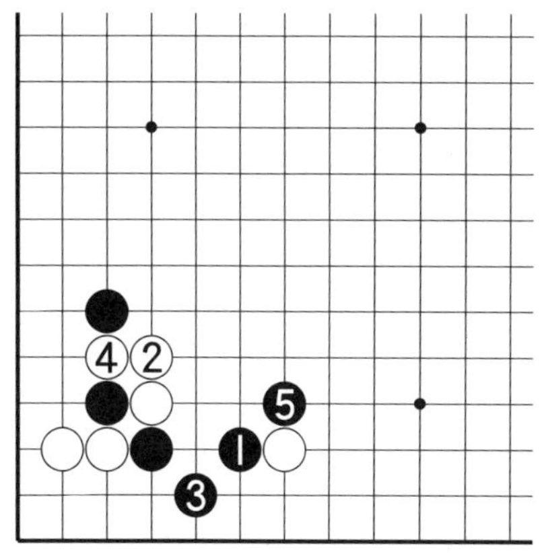

1도(정해)

1도(바꿔치기)

흑1의 뛰어붙임이 간접 방어의 맥점으로, 흑5까지 바꿔치기가 되거나-

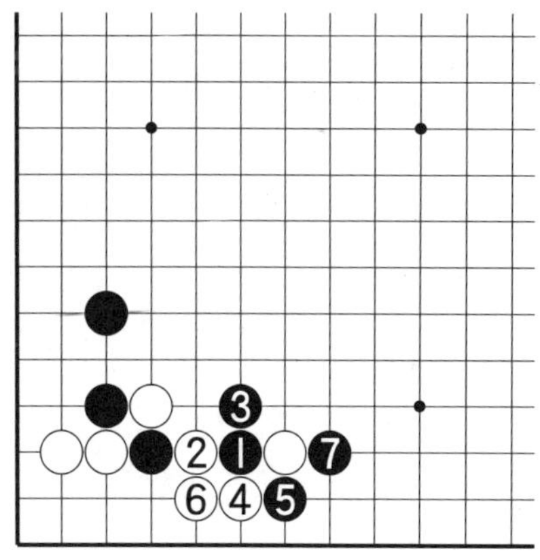

2도(변화)

2도(변신)

백2에는 흑3·5·7로 백 한점을 잡고 변신하여 충분하다.

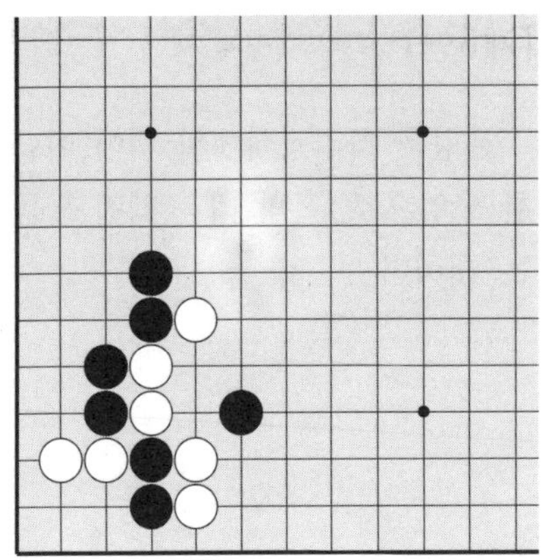

제6형 (흑선)

본형도 정석과정인데, 흑이 이 백을 봉쇄할 수 있는 맥점을 묻는 것이다.

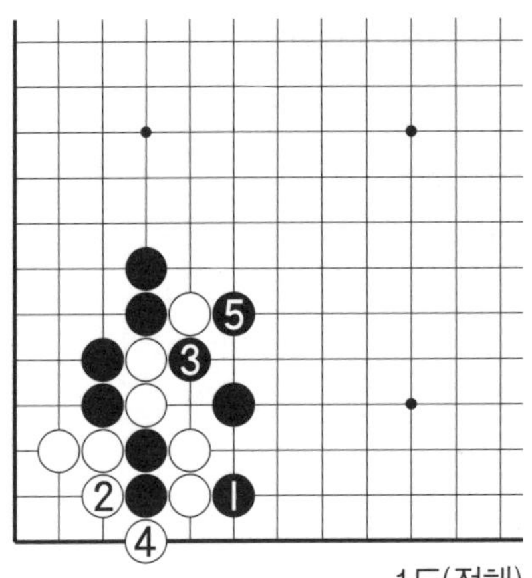

1도(정해)

1도(봉쇄의 맥점)

흑1의 붙임이 봉쇄를 노리는 교묘한 맥점으로, 흑5까지 완벽하지는 않지만 백이 봉쇄된 모양이다.

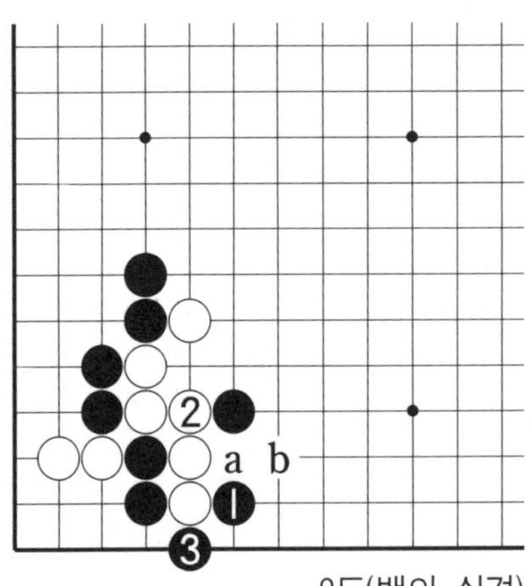

2도(백의 실격)

2도(백 무리)

흑1에 백2로 잇는 것은 흑3으로 넘어가 백의 무리다. 백은 a로 뚫을 수 없다. 흑b로 막히기 때문이다.

교묘한 연결 수순

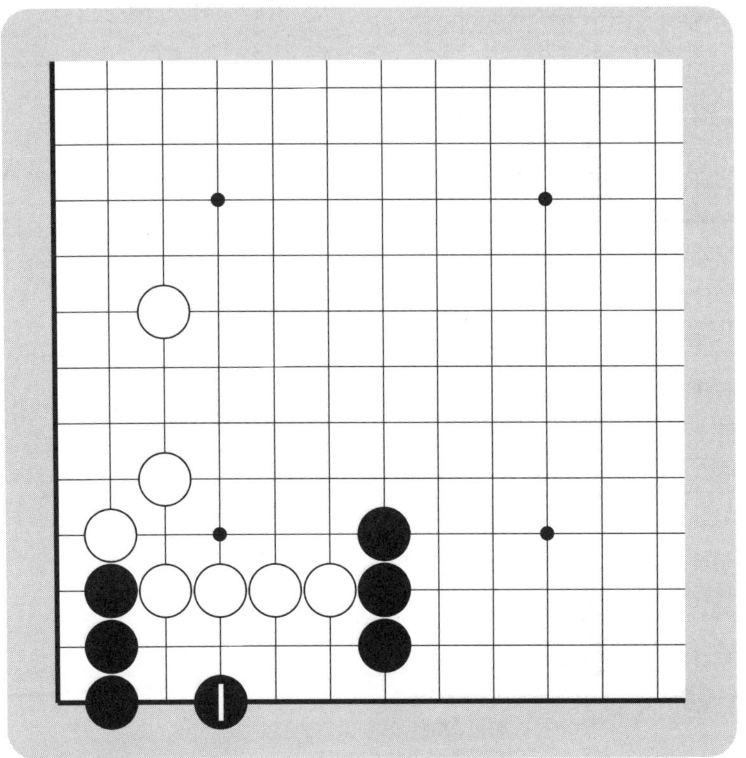

흑1은 보통 '넘는다', '건넌다'라고 표현하지만 모두 '연결한다'라는 의미이며, 여기서 본형처럼 연결하는 것은 그 중 기초 맥이다.

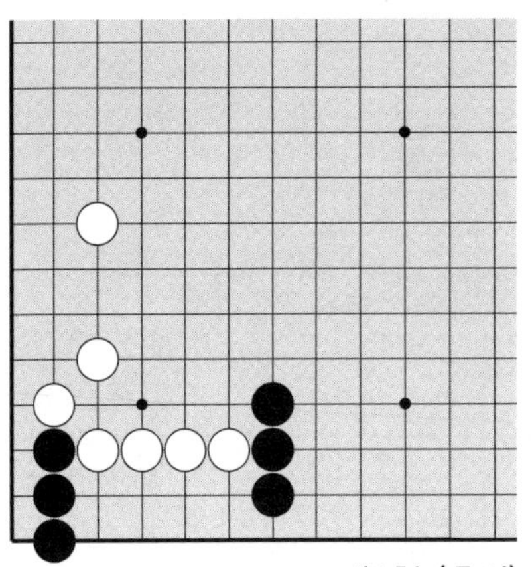

제1형 (흑선)

본형은 연결의 가장 기초적인 맥이지만, 이 수도 눈에 익지 않으면 차단당하기 십상이다.

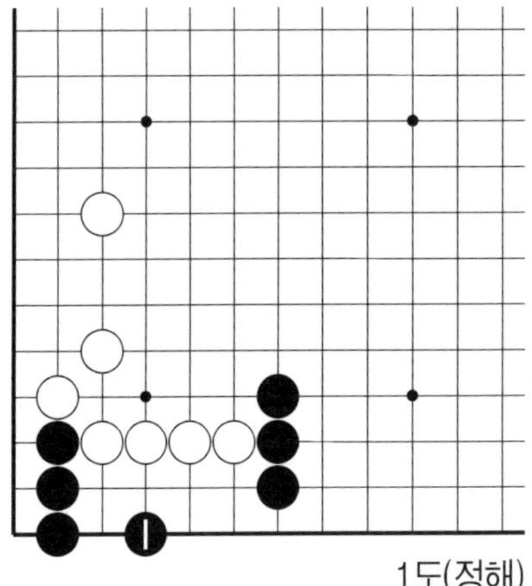

1도(정해)

1도(연결의 맥)

흑1이 정확한 맥점으로 왼쪽으로는 한칸, 오른쪽으로는 눈목자로 연결되고 있다.

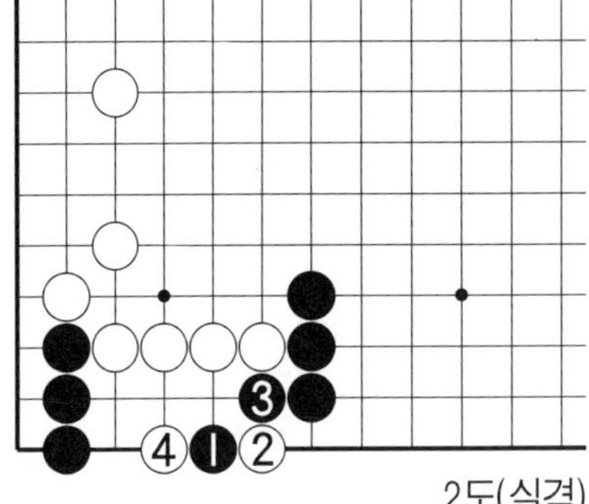

2도(실격)

2도(차단)

흑1이 착각하기 쉬운 장소로, 백2·4에 의해 차단된다.

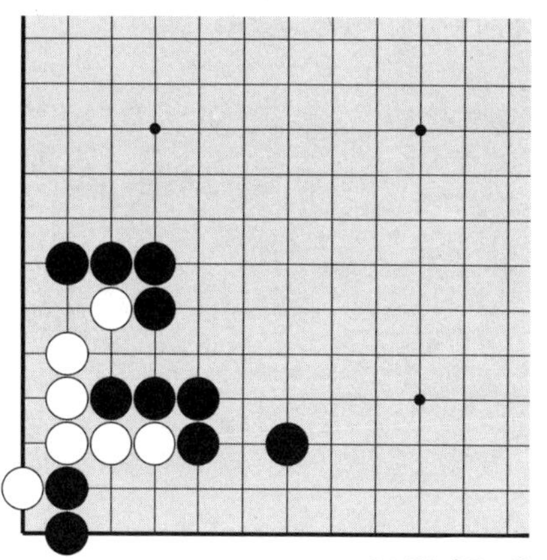

제2형 (흑선)

【제2형】 귀 두점의 연결

본형은 사활문제에도 나오지만, 어쨌든 귀의 흑 두점을 연결의 맥으로 구출하는 것이다.

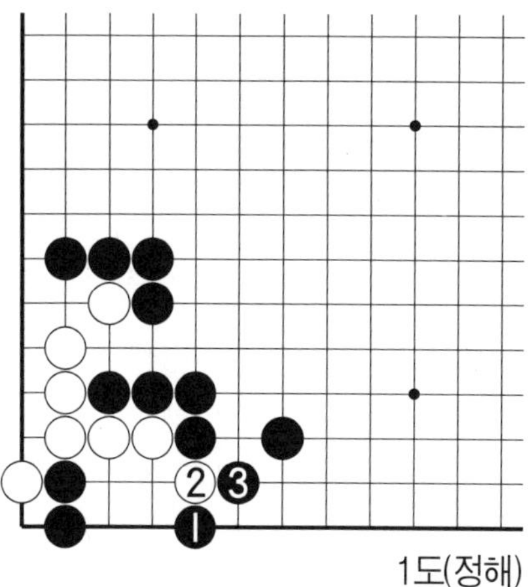

1도(정해)

1도(늦춤)

흑1의 한칸이 정맥으로, 백2의 끼움에는 흑3으로 늦추어 무난히 연결된다.

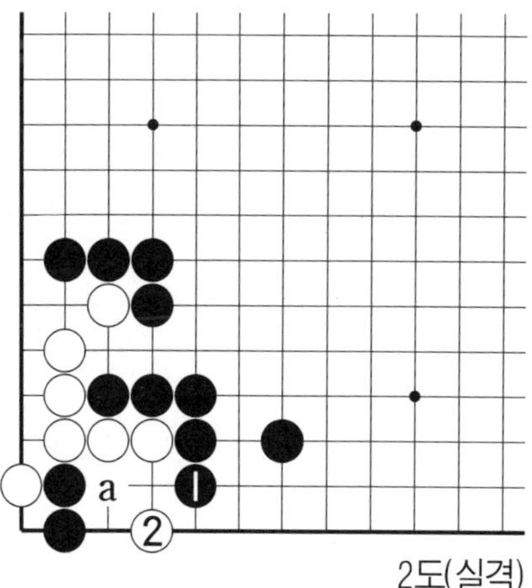

2도(실격)

2도(차단)

흑1의 뻗기로는 성공하지 못한다. 백2 또는 a로 차단되기 때문이다.

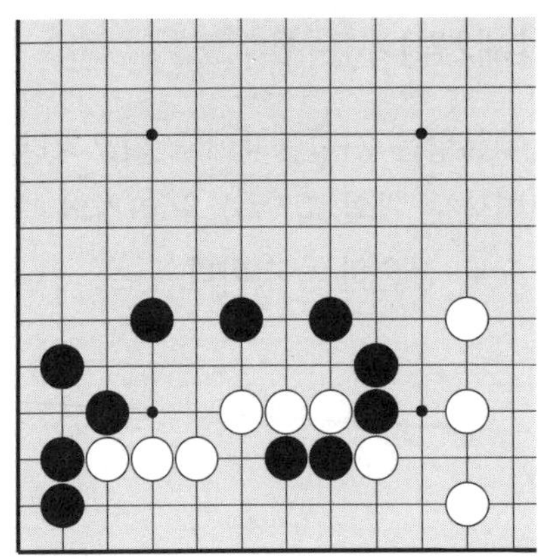

제3형 (흑선)

【제3형】 하변 두점의 연결

본형은 고전에도 있는 모양이지만, 실전이라면 유단자도 간과하기 쉬운 수순이다.

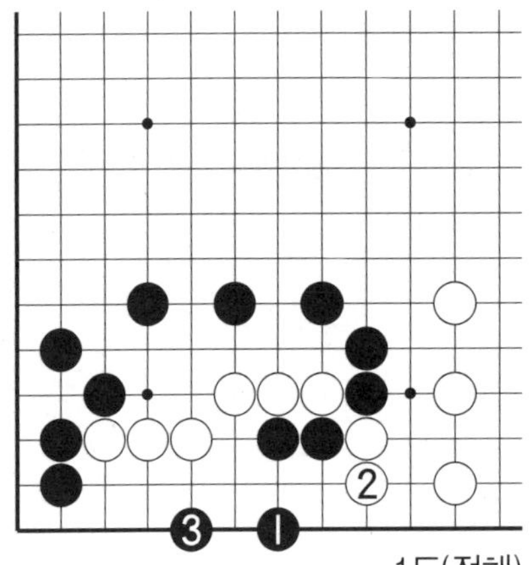

1도(정해)

1도(연결 수법)

흑1·3이 정확한 맥이며 연결 수법이다. 만약 백2로 —

2도(촉촉수)

본도 백2에 차단하면 흑은 오른쪽의 결함을 흑3·5·7의 촉촉수로 추궁하여 요석을 잡는 수법이 있다.

2도(변화)

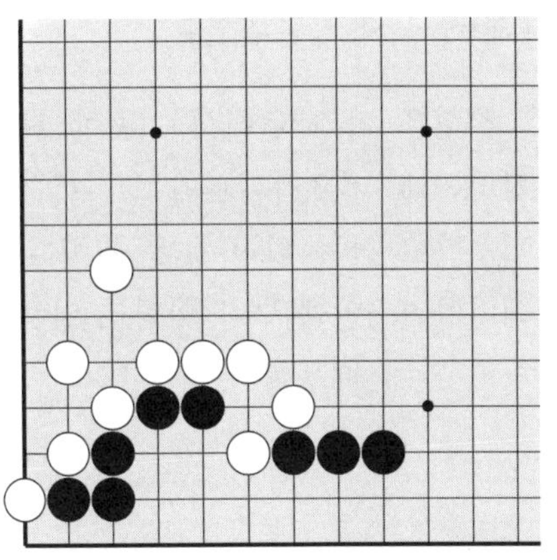

제4형 (흑선)

본형은 연결 수법에 있어서 기초에 가까운 모양이다. 어디가 급소일까?

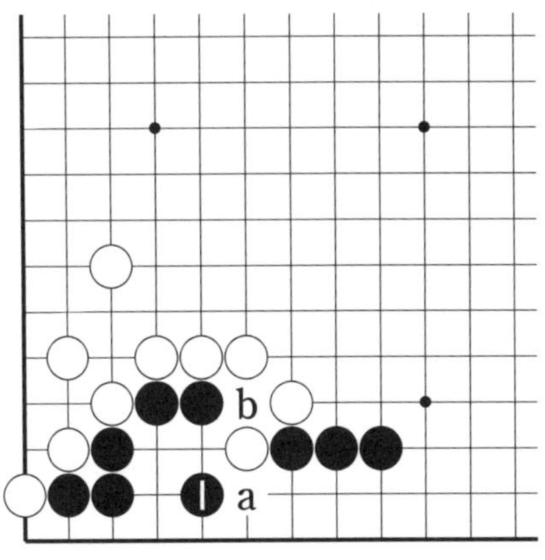

1도(정해)

1도(맞보기)

흑1의 한칸이 정맥으로, a와 b가 맞보기로 연결되어 있다.

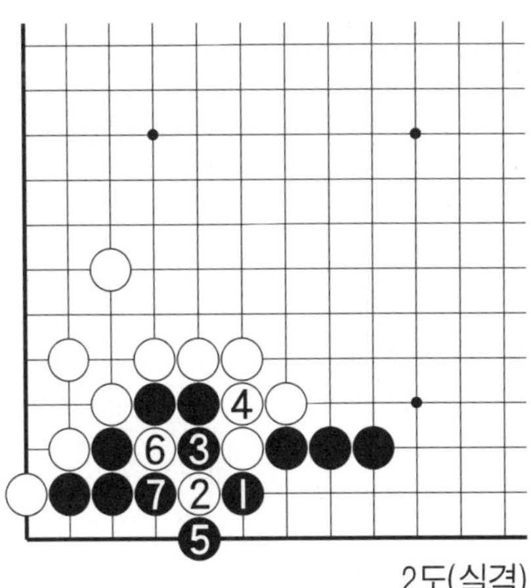

2도(실격)

2도(생불여사)

흑1 이하의 연결은 억지에 가깝다. 흑7까지 흑은 손해가 너무 커 생불여사나 다름없다.

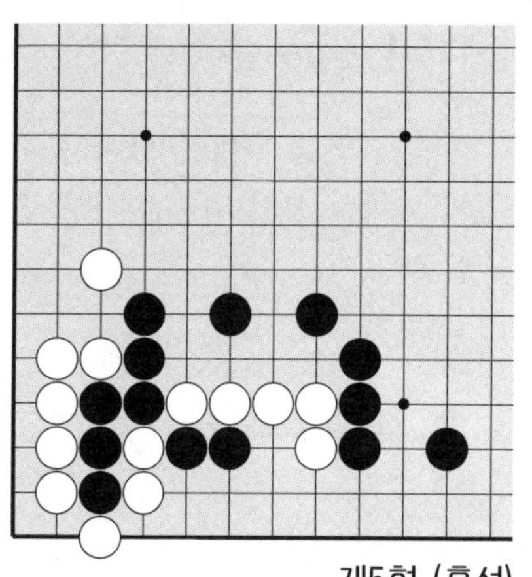

제5형 (흑선)

본형은 이 패턴에서 기초에 해당하는데, 기초라기보다는 차라리 필수라고 하는 편이 옳을 것이다. 왜냐하면 5번째 수가 의외로 읽혀지지 않기 때문이다.

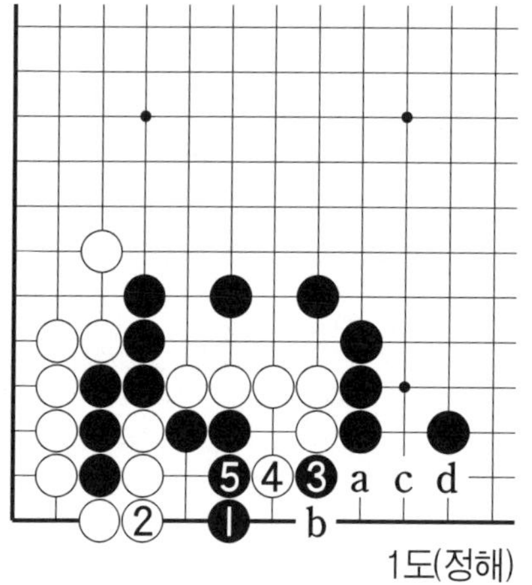

1도(정해)

1도(연결 수법)

흑1의 한칸이 일단 맥점이다. 계속해서 흑3·5의 수법은 고급자도 깜빡하기 쉬운 수순이다. 이후 백a, 흑b, 백c, 흑d의 수순으로 흑의 연결에는 문제가 없다.

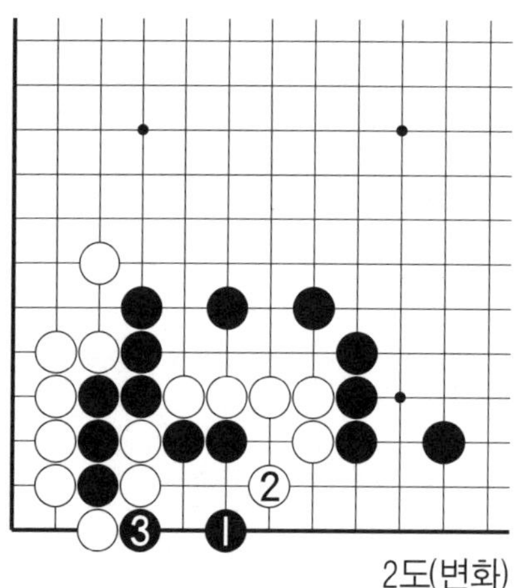

2도(변화)

2도(촉촉수)

흑1 때 백2로 차단하면 흑3의 촉촉수가 있다.

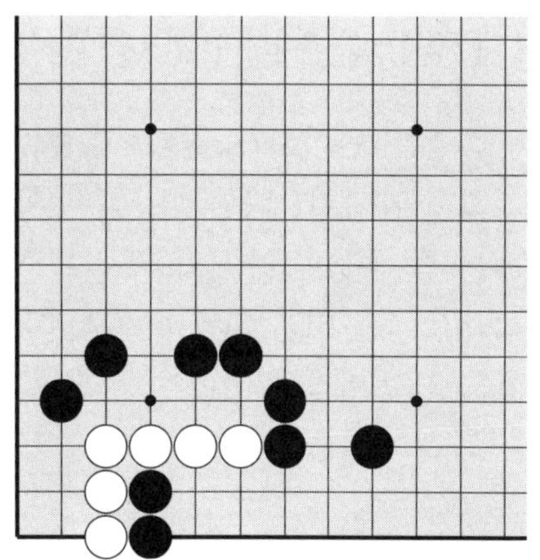

제6형 (흑선)

본형은 사활인데, 한칸의 맥을 이용해 눈을 빼앗는 수법이다.

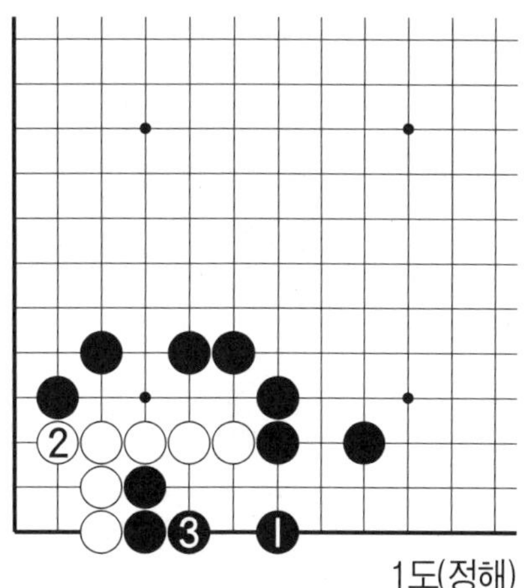

1도(정해)

1도(백 죽음)

흑1의 한칸은 백2와 흑3쪽을 맞보는 맥점으로, 이 백의 삶은 없다. 만약 이 수로 –

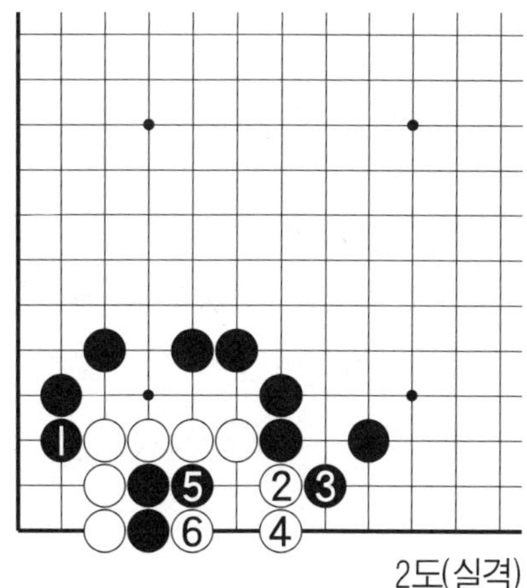

2도(실격)

2도(흑 삶)

흑1쪽의 안형을 먼저 빼앗으면 백2·4로 넓혀 살게 된다. 흑5의 공격도 백6으로 그만이다.

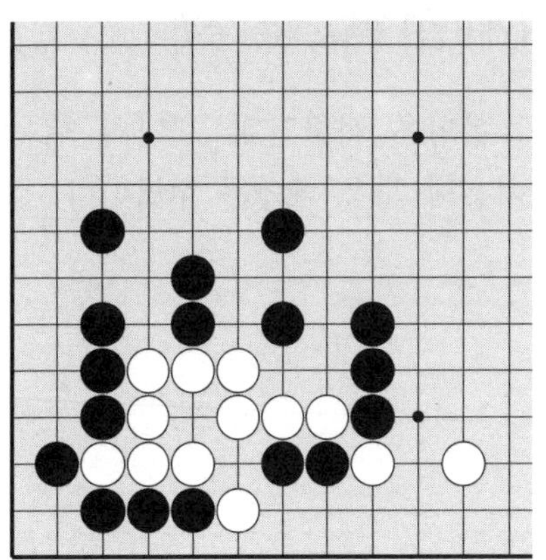

제7형 (흑선)

본형은 난이도가 높다. 수순이 정확해야 하기 때문이다. 이 모양에는 실전맥9 - 제7형의 속성도 숨어 있다. 그러나 수순이 잘못되면 오히려 촉촉수에 걸린다.

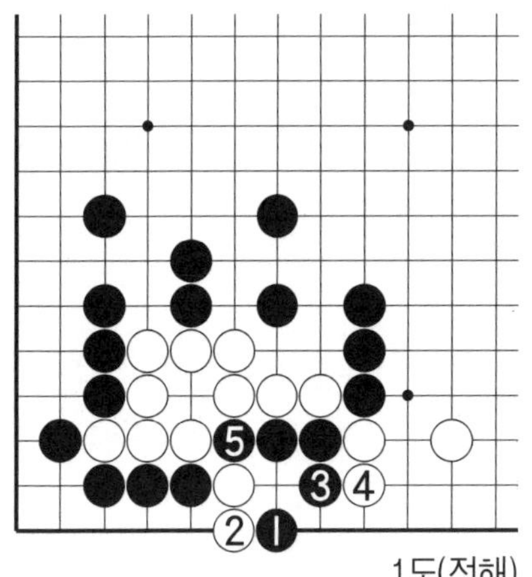

1도(정해)

1도(연결의 맥)

흑1의 한칸이 일단 연결의 맥. 계속해서 백2로 차단하면 그때는 흑3·5로 실전맥9 - 제7형과 같은 모양이 되며 -

2도(변화)

2도(흑3 긴요)

흑1 때 백2에는 흑3의 수순이 긴요하여 이하 흑9까지 연결이 된다. 수순중 백8에 흑9로 잇는 수가 중요하며, 또 백8로 흑9에 먹여치면 흑이 8의 곳에 잇는 수도 중요하다.

수상전의 테크닉

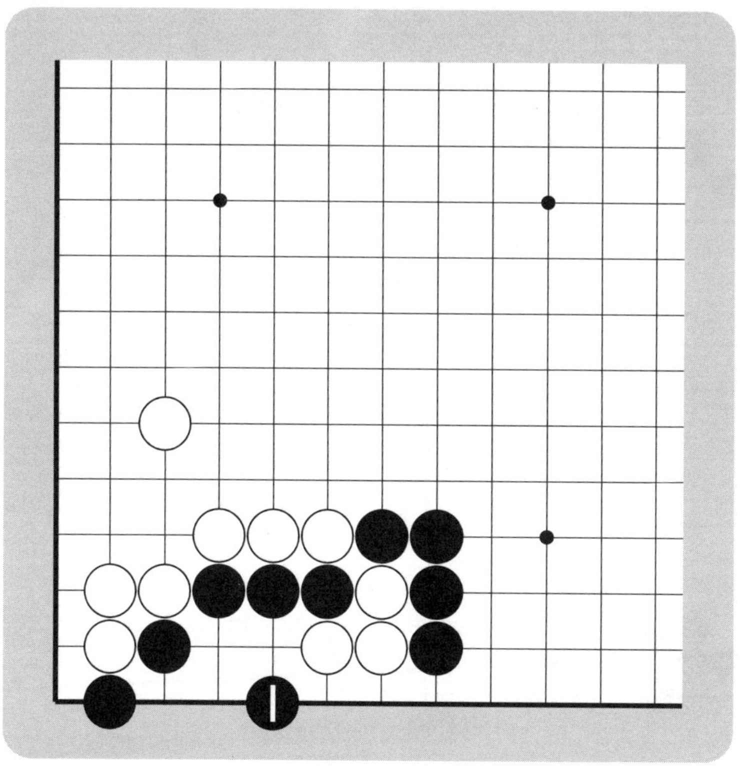

흑1은 수상전의 기초 맥인데, 이 위치는 마늘모맥의 수
상전편에서도 보았던 곳과 일치한다. 어디까지나 맥은 서
로 통하기 때문이다.

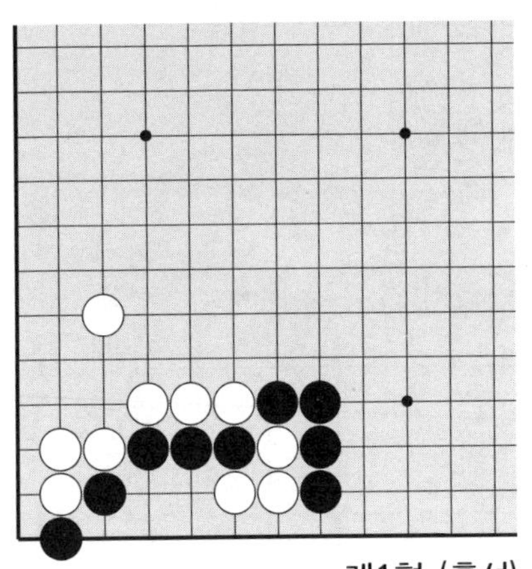

제1형 (흑선)

본형을 분석하면 젖힘과 마늘모의 수상전에서도 등장하는 기초 맥임을 알 수 있다.

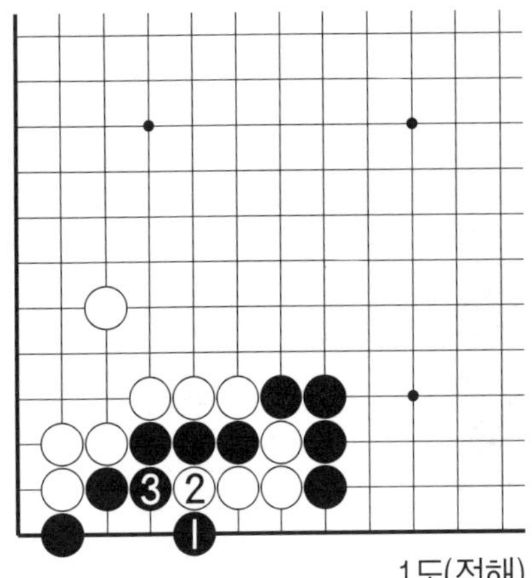

1도(정해)

1도(흑 1수승)

흑1의 한칸이 맥점. 백2라면 흑3으로, 이 모양은 백2, 흑3이 놓여진 상황에서 흑1로 젖혀도 수상전에서 이긴다는 것을 의미하며 –

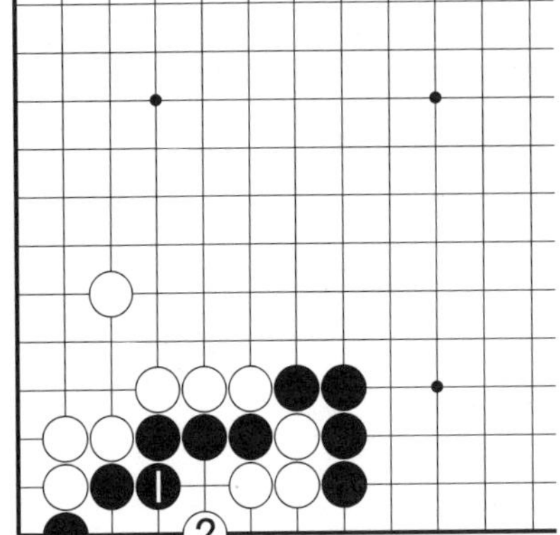

2도(실격)

2도(백 1수승)

단순히 흑1에 이으면 백2로, 백이 한 수 빨라지는 이유는 결국 이곳이 마늘모의 맥과 같은 곳이라는 것을 의미하는 것이다.

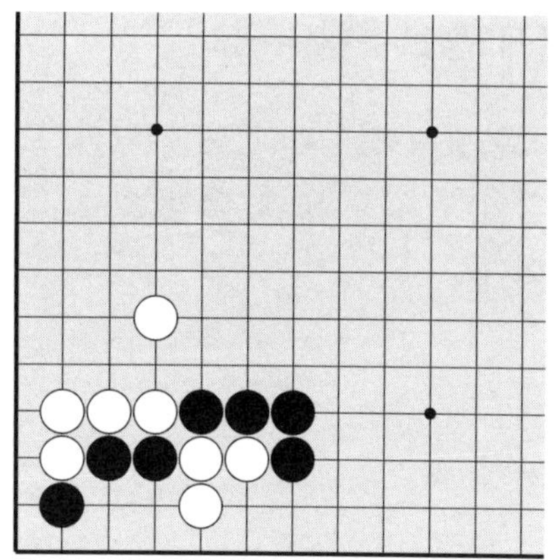

제2형 (흑선)

본형에서는 주의할 점이 있는데, 그것은 이 모양이 귀끝이 아닌 변이라면 흑의 맥점이 성립하지 않는다는 것이다.

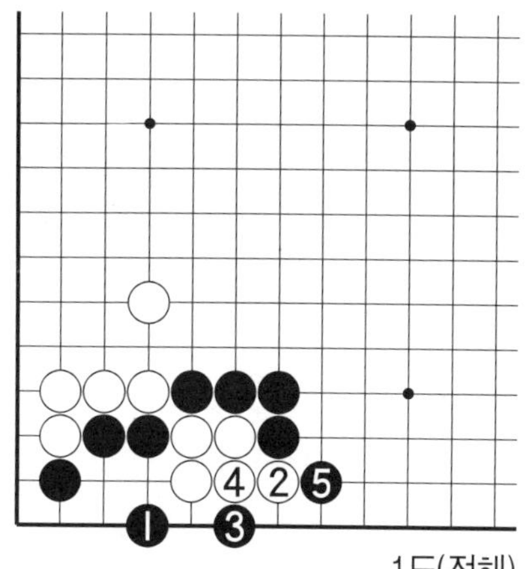

1도(정해)

1도(하일라이트)

흑1의 한칸에 이은 흑3의 치중이 이 수상전의 하일라이트이다. 백4에 이어야 할 때 흑5로 막아 흑승이다.

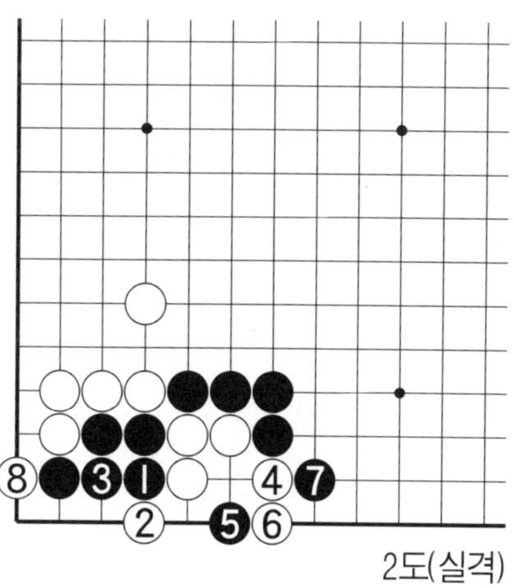

2도(실격)

2도(백 1수승)

흑1은 백2의 단수를 맞아, 백8까지 흑이 1수 부족이 된다.

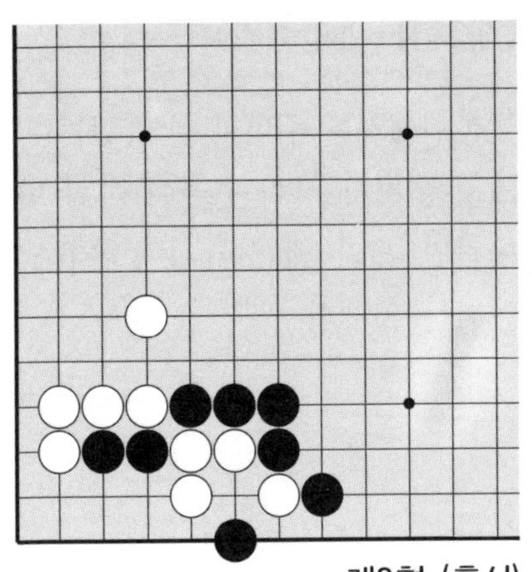

제3형 (흑선)

　본형은 전형과 같은 맥락의 모양이다. 같은 곳에 맥이 있는 것이다.

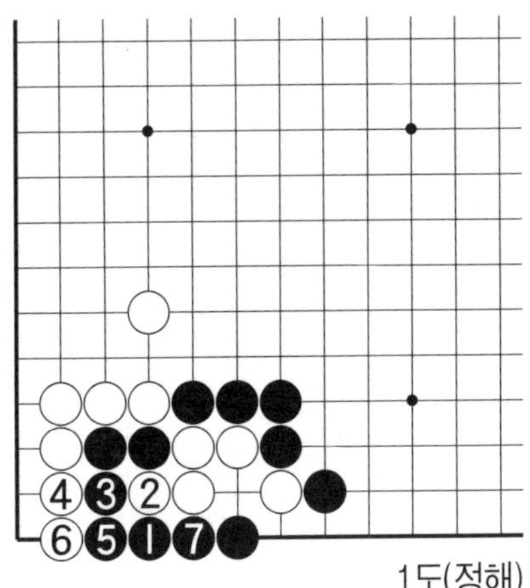

1도(정해)

1도(백 잡힘)

　흑1의 한칸이 이 모양의 정맥으로, 이하 흑7까지 백이 살 길은 없다.

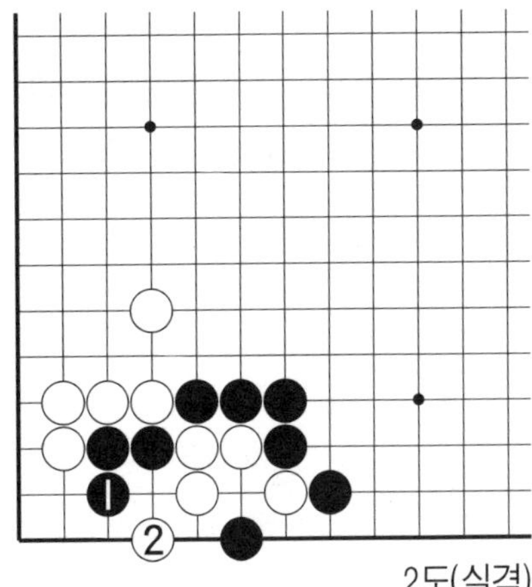

2도(실격)

2도(백 1수승)

　흑1은 백2의 맥점을 빼앗겨 흑이 거꾸로 1수 부족이다.

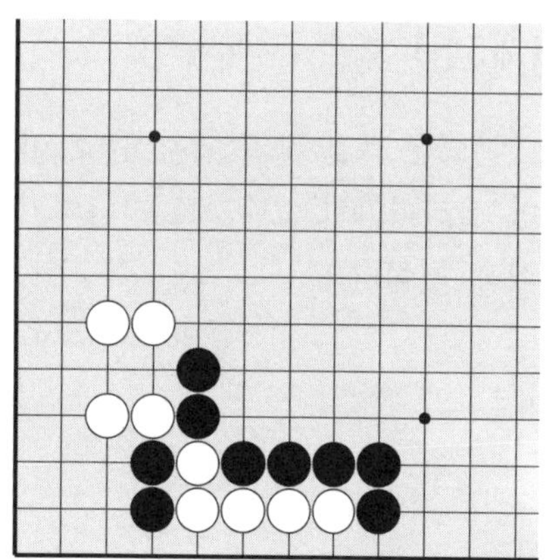

제4형 (흑선)

본형은 실전형으로, 귀삼수의 맥을 피하는 것이 포인트다.

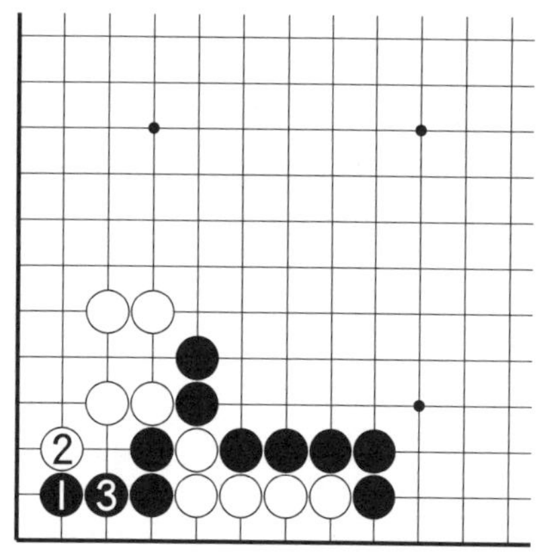

1도(정해)

1도(흑 1수승)

흑1이 이 모양의 맥점이다. 백2에는 흑3으로 이어, 흑 1수승이다.

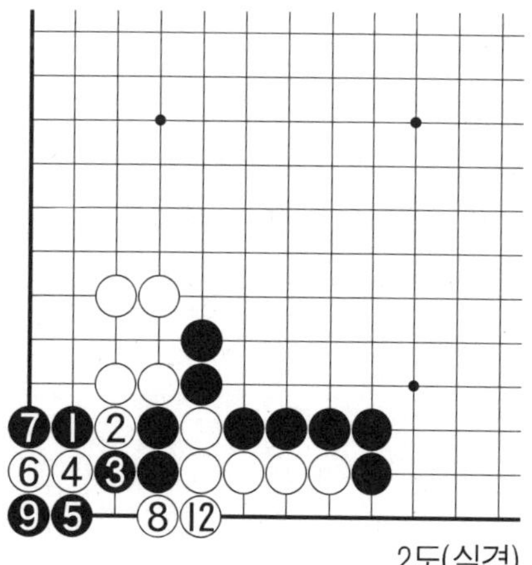

2도(실격)

2도(귀삼수)

흑1은 백2·4로 시작하는 전형적인 귀삼수의 맥으로, 백12까지 흑이 잡힌다. 이 진행을 보면 백4의 자리가 수상전의 포인트, 즉 맥점이라는 것을 알 수 있다.

⑩…④ ⑪…⑥

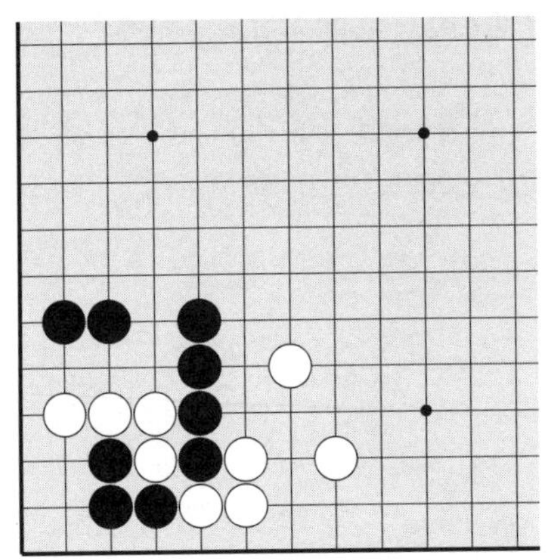

제5형 (흑선)

본형은 맥을 찾기 쉽지 않다. 아마 실전이라면 고단자도 지나치기 쉬울 것이다.

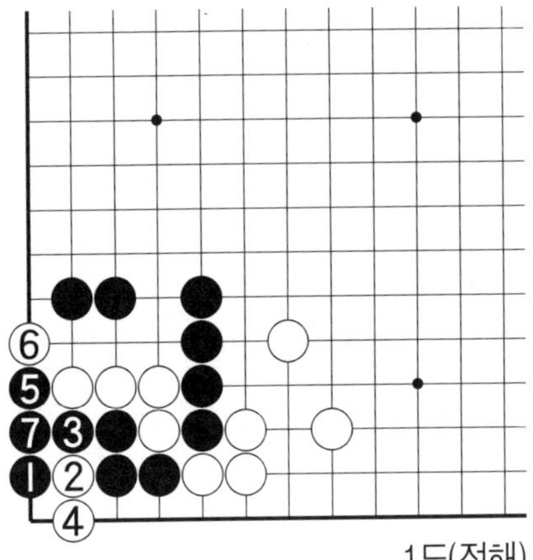

1도(정해)

1도(흑 1수승)

흑1이 눈에 띄지 않는 맥으로, 백2·4로 수를 줄일 때 흑5·7로 젖혀 이어 흑 1수승이다.

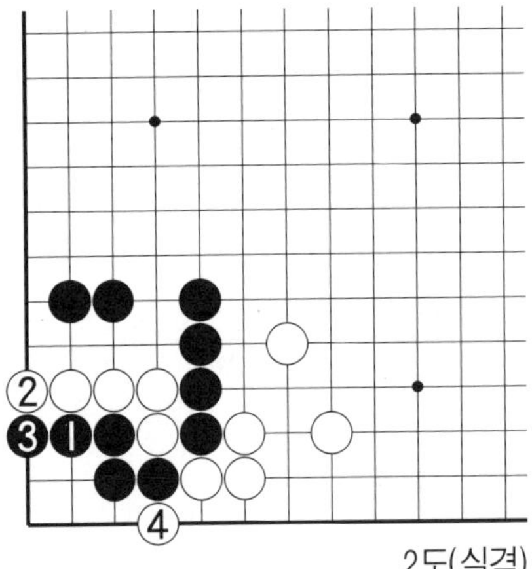

2도(실격)

2도(백 1수승)

흑1과 같이 직접 수를 줄이는 것은 수상전에 도움이 전혀 되지 않는다. 백2로 가만히 빠지는 것이 좋은 수로, 이하 백4까지 백이 1수 빠르다.

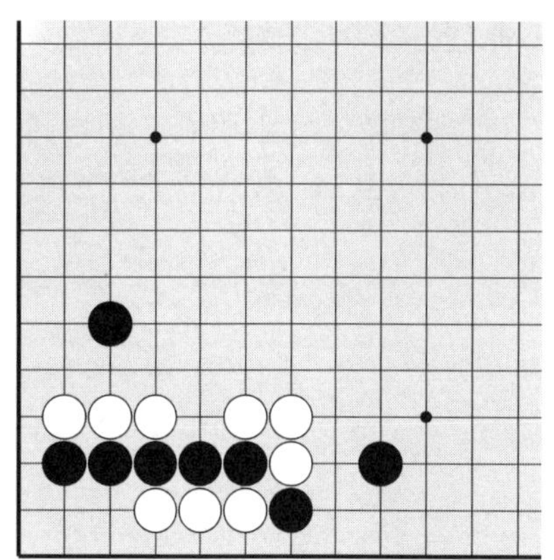

제6형 (흑선)

【제6형】 고전형 수상전

【제6형】 고전형 수상전

본형은 고전에 실린 문제로, 전형과 같은 맥을 이용하여 수를 늘린 뒤, 두 곳의 약점을 노리는 수법이다.

1도(흑 1수승)

흑1은 백2와 흑3을 맞보는 수상전의 맥이다. 백2라면 흑3으로 뚫어 탈출한다. 계속해서 백a라면 흑b로 끊어 흑의 1수승이다.

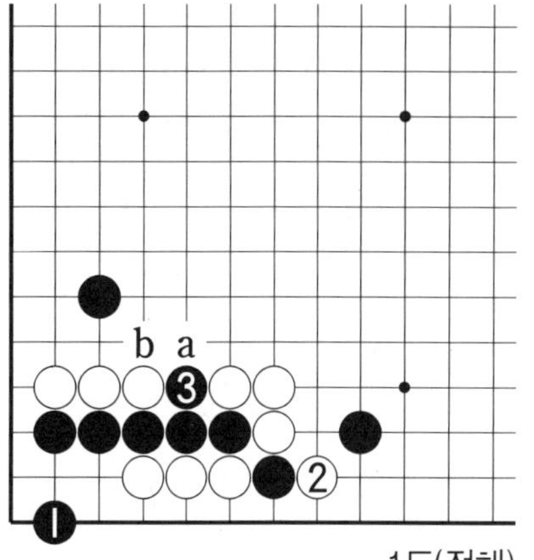

1도(정해)

2도(백 1수승)

흑1로 막는 것은 수상전에 도움이 되지 않는다. 계속해서 1도와 같은 수순을 밟아도 백6의 치중이 있기 때문이다. 백6의 치중은 실전맥4 – 제1형의 치중과 같은 것으로 이번에는 백 1수승이다.

2도(실격)

본형은 수읽기가 비교적 간단해, 어렵지 않은 모양이다.

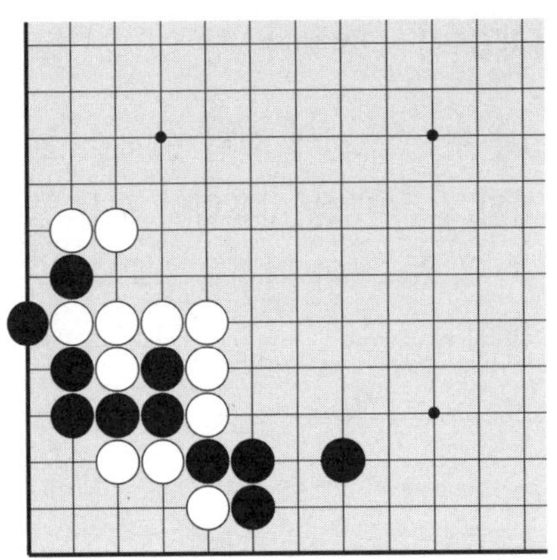

제7형 (흑선)

1도(백 잡힘)

흑1이 패를 피해 백을 잡는 한 칸의 정맥이다. 백2에는 흑3으로 막아 더 이상의 저항수단은 없다.

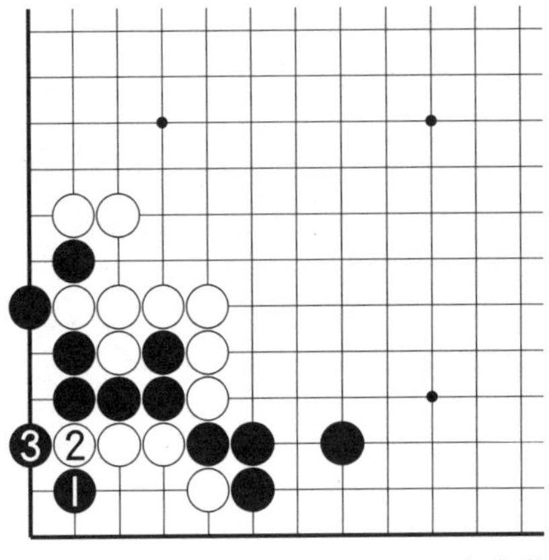

1도(정해)

2도(패)

흑1은 백2 다음 흑3·5로 최선을 다해도 이하 백8까지 패가 되어 실격이다.

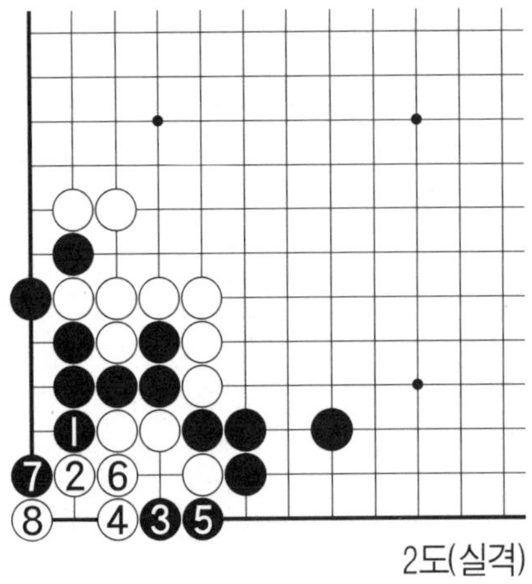

2도(실격)

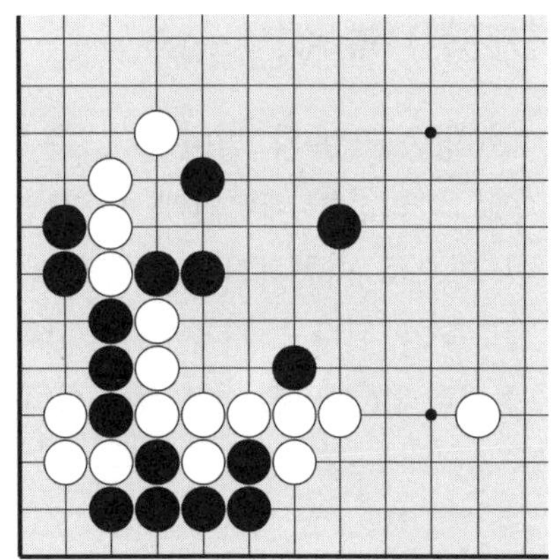

제8형 (흑선)

본형은 한칸의 맥점 이후 '잇기'의 맥까지 알고 있어야 하므로, 다소 어려운 감이 있다.

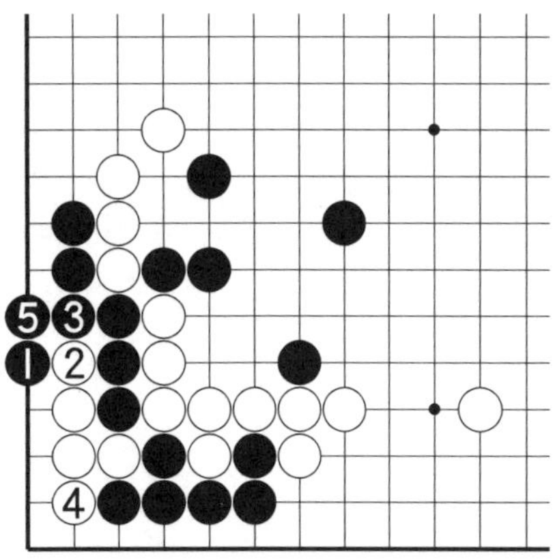

1도(정해)

1도(흑 1수승)

흑1의 맥점 이후 백4 때 흑5의 이음 또한 대단히 중요한 맥점이다. 이 수를 모르면 반대로 백이 5의 곳을 먹여쳐 패의 수단이 생긴다. 따라서 흑5까지 둘 수 있어야 흑 1수승이다.

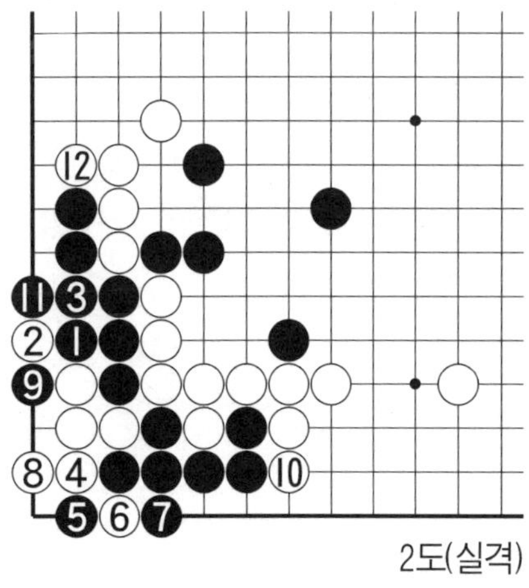

2도(실격)

2도(흑 전멸)

흑1은 백2의 단수를 맞아, 이하 백12까지 흑이 전멸하게 된다. 수상전에서 백2와 같은 1선의 단수를 맞으면 대개 수수가 준다는 것을 명심하는 것이 좋다.

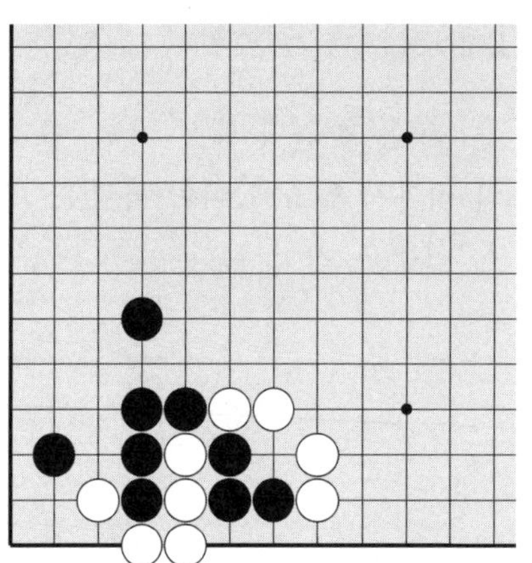

제9형 (흑선)

　본형은 귀끝의 먹여치기, 촉촉수로 승리하는 패턴인데, 이 모양이 변으로 이동하면 다른 모양의 촉촉수가 된다는 것을 알고 있어야 한다. 그 모양은 다음 형에 있다.

1도(촉촉수)

　흑1에 들여다 보는 것이 맥점이다. 백2라면 흑3으로 연속 먹여쳐 촉촉수로 이끄는 것이 이 맥의 수순이다.

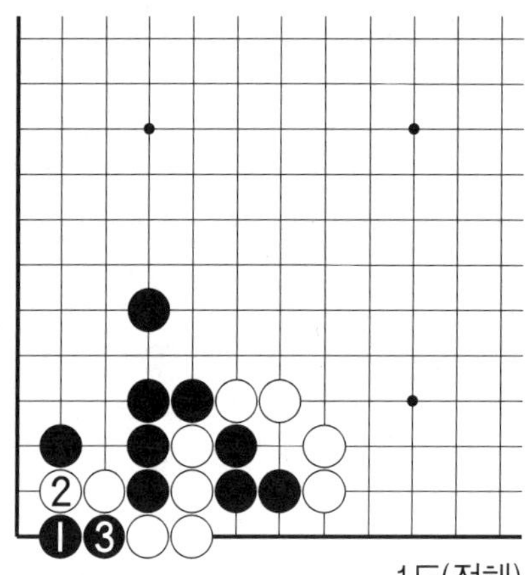

1도(정해)

2도(패)

　흑1, 백2 때 흑3으로 뒤에서 단수하면 백6까지 패가 되어 실격이다. 이 수법은 이 모양이 변에 있을 때 가능하다.

2도(3수째 실격)

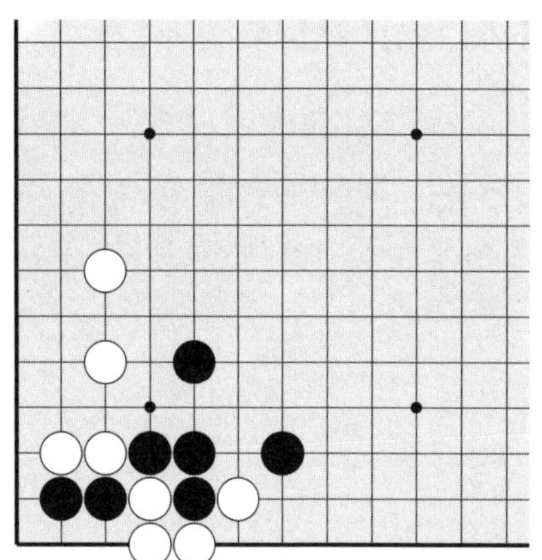

제10형 (흑선)

본형은 전형에서 설명했던 패턴이다. 즉 전형과 같은 패턴의 모양이 변에서 생겼을 때의 처리 방법이다.

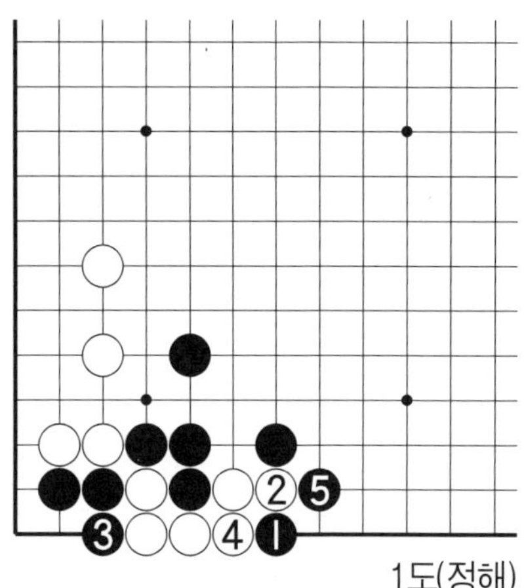

1도(정해)

1도(백 잡힘)

여기에서도 일단 흑1이 맥점. 계속해서 백2 때 전형에서는 성립하지 않았던 2도의 수순이 이 경우에는 정해가 된다. 즉 흑5까지 백이 잡힌 모습이다.

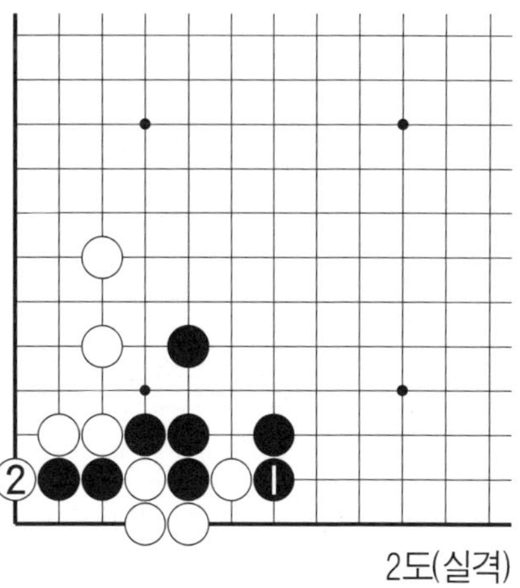

2도(실격)

2도(백 1수승)

흑1은 백2로 싱겁게 백의 1수승이다.

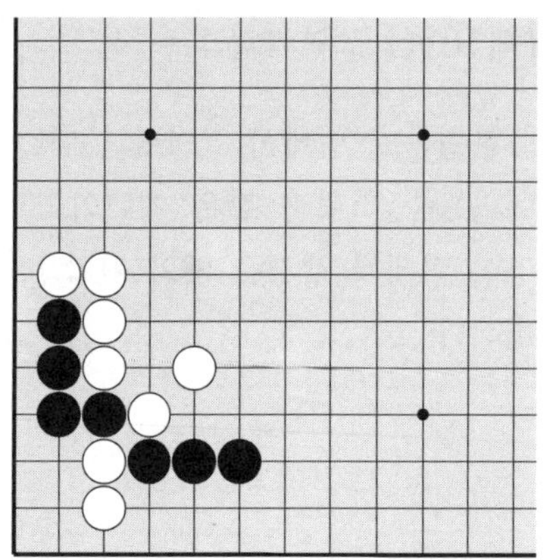

제11형 (흑선)

본형은 뛰어 붙이는 기초 맥점을 묻는 것이다. 다음과 같은 수상전에서 이기려면 어디가 급소일가?

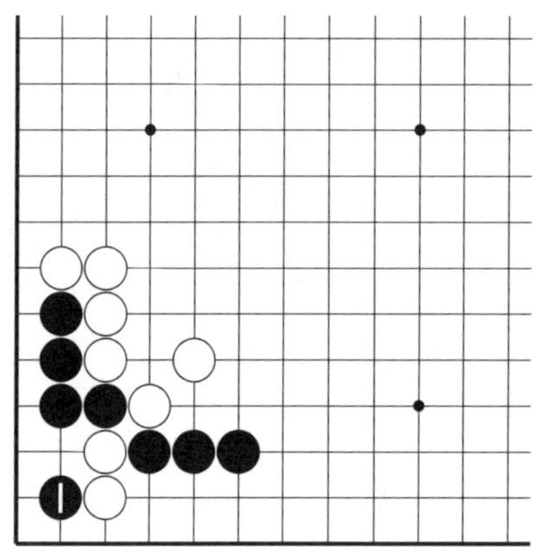

1도(정해)

1도(완벽)

흑1의 뛰어 붙이는 수법이 수상전을 완벽하게 승리로 이끄는 정맥이다.

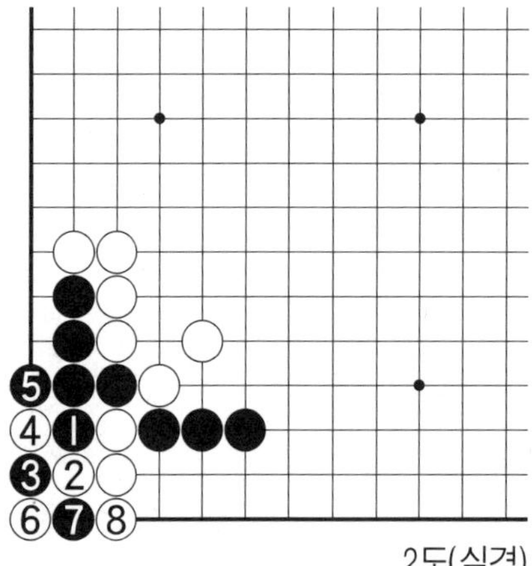

2도(실격)

2도(패)

흑1도 마찬가지일 것 같지만, 백2 이하 백8까지 패의 수단이 있어 실격이다.

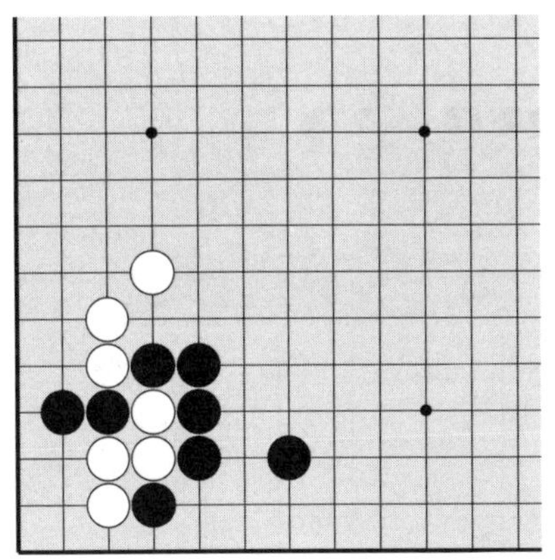

제12형 (흑선)

본형도 전형의 맥점을 이용하지 않고서는 대책이 없을 것이다.

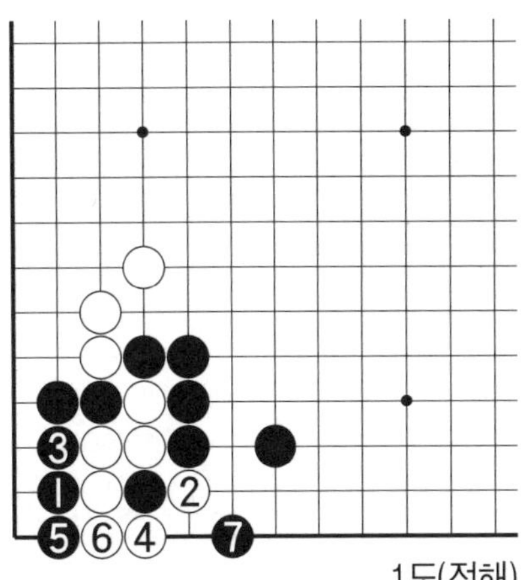

1도(정해)

1도(흑 2수승)

흑1로 뛰어 붙일 수 있어야 한다. 이하 흑7까지 흑이 2수나 빠르다. 수순중 흑3으로는 백6에 두어도 된다.

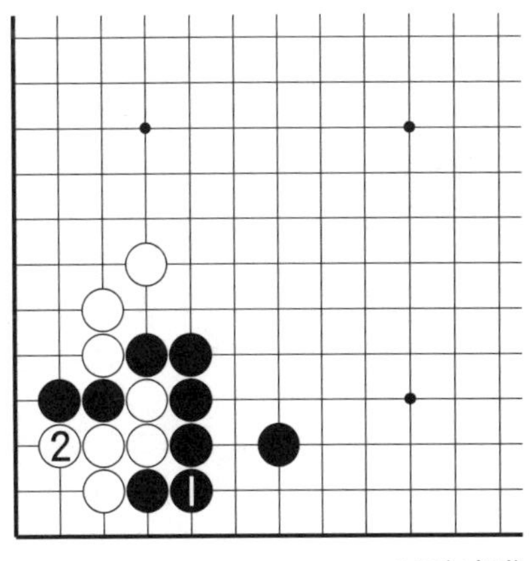

2도(실격)

2도(무심한 끝내기)

흑1의 이음은 맥점을 모르는 무심한 끝내기에 불과하다. 백2면 모든 것이 허사다.

접전에서 공방의 급소

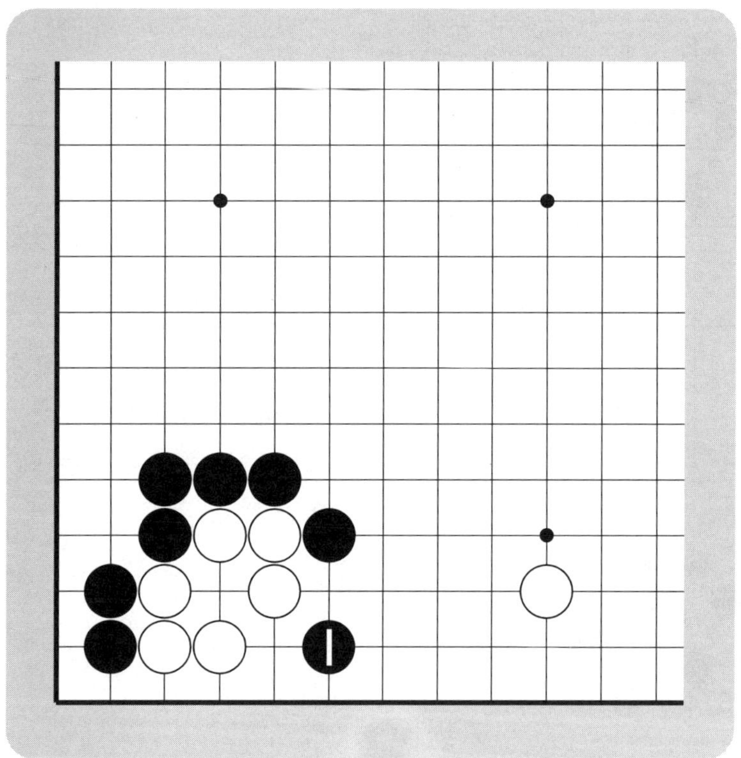

흑1의 한칸은 이 모양에서의 급소. 백의 약점을 이용해 두터움을 얻을 수 있는 접전의 맥점이다.

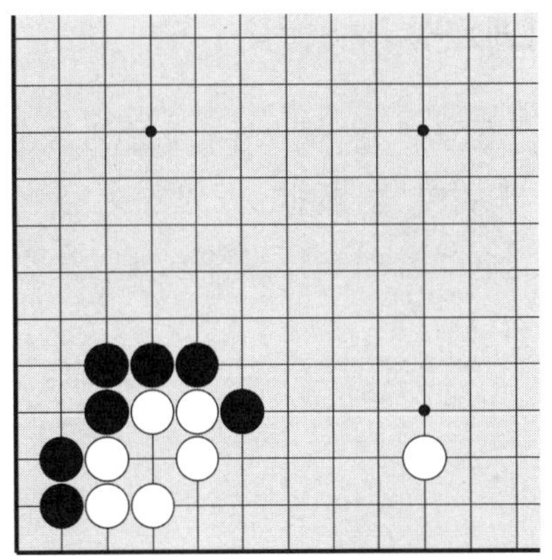

제1형 (흑선)

본형이 실전이라면 유단자들도 간과하기 쉽다. 이 모양을 정리하는 급소는 어디일까?

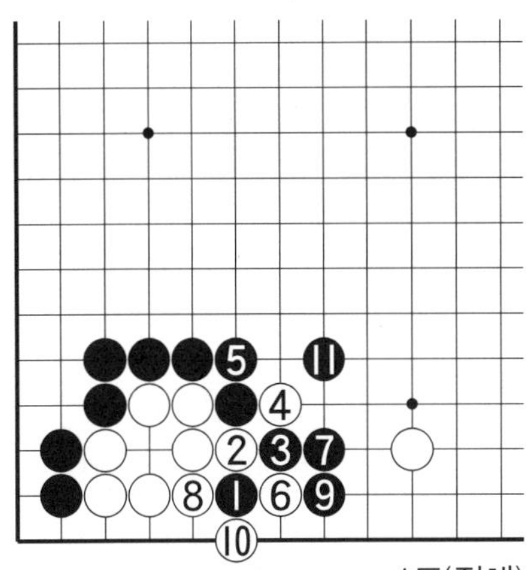

1도(정해)

1도(철통 외세)

흑1은 버림돌을 이용하여 봉쇄를 성립시키는 접전의 맥점이다. 이하 흑11까지 철통같은 외세를 얻어 대만족이다.

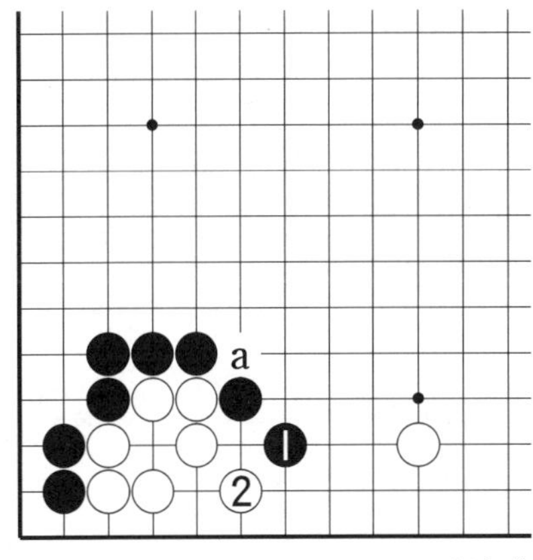

2도(실격)

2도(약점)

흑1의 포위는 백2로 산 다음 a의 약점이 남는다.

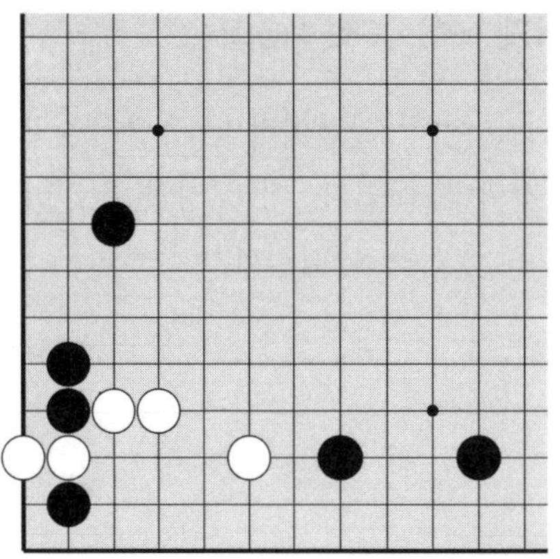

제2형 (흑선)

　본형은 중급자 이하의 접바둑에서 많이 등장하는 모양이다. 흔히 상수에게 하수가 당하는 패턴일 것이다.

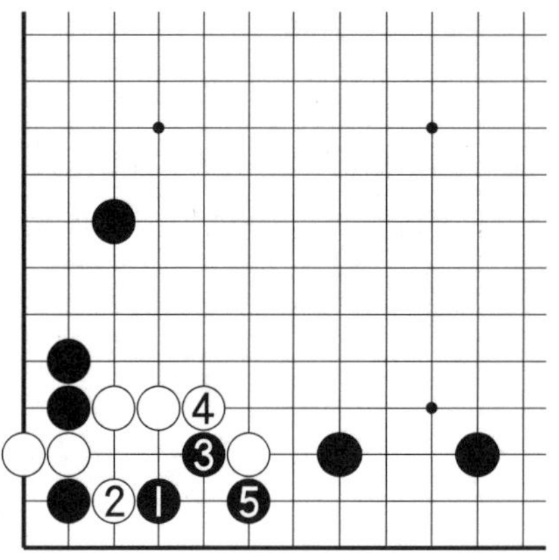

1도(정해)

1도(백귀 유린)

　흑1·3·5의 수법은 사실상 실전맥 3의 패턴과 다를 바 없다. 한 칸의 맥을 이용하여 백귀를 상당히 유린한 모습이다.

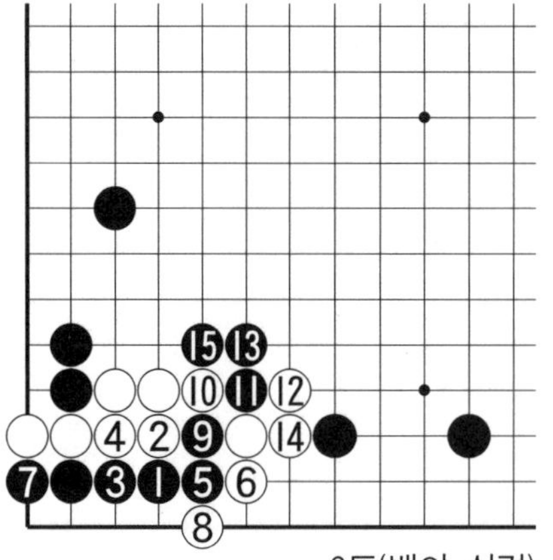

2도(백의 실격)

2도(백 잡힘)

　흑1에 백2 이하로 대항하는 것은 흑7의 수순이 주효하여, 계속 잡으려 하면 흑15까지 오히려 백이 잡히고 만다.

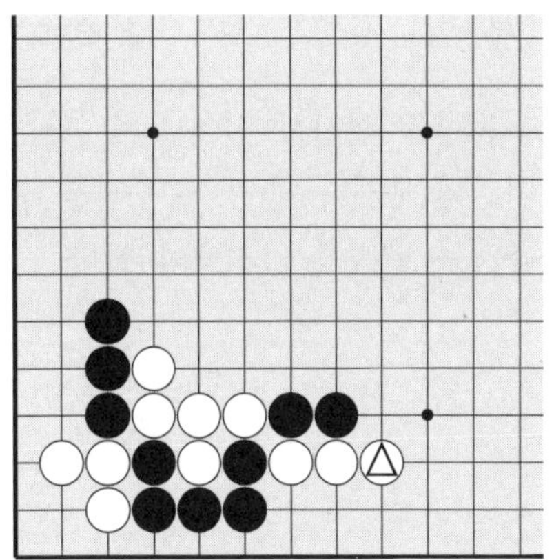

제3형 (흑선)

본형은 정석과정에서 백이 정석을 이탈한 모양이다. 백△가 무리였던 것인데, 이제 중앙 백이 문제가 된다.

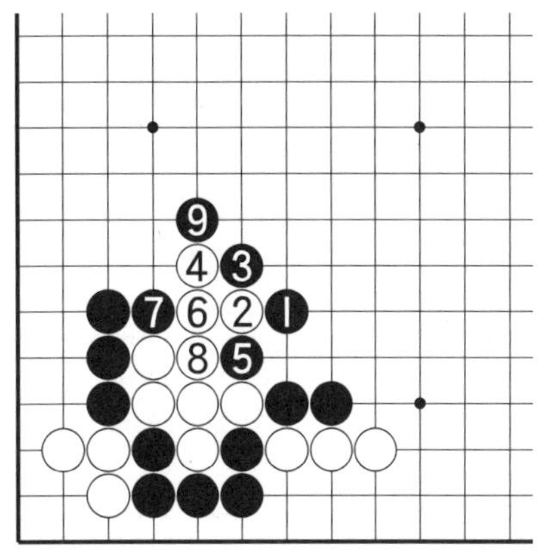

1도(정해)

1도(축)

흑1의 한칸은 일종의 장문형 포위의 맥점이다. 백2로 붙여 계속 저항해도 이하 흑9까지 축이다.

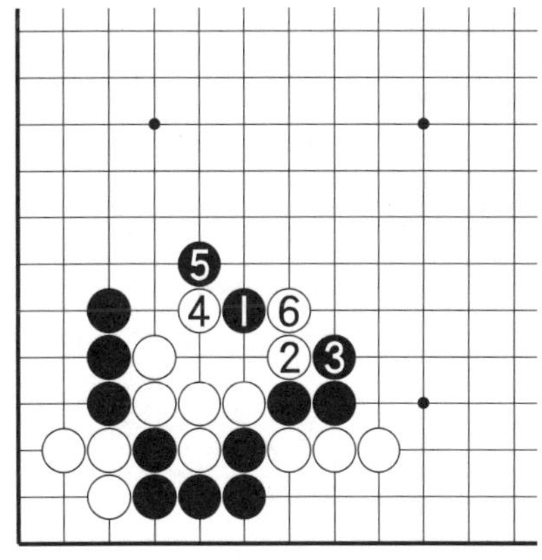

2도(실격)

2도(백 탈출)

흑1은 조급한 포위로, 백2·4·6의 수순으로 탈출하는 수가 있어 실격이다.

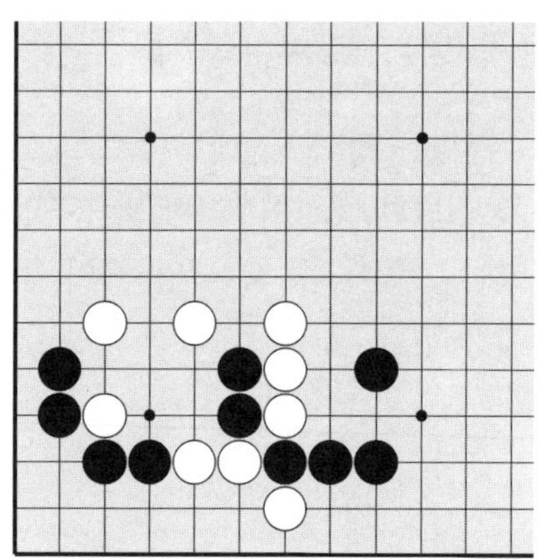

제4형 (흑선)

본형은 접전시 일어날 수 있는 연결의 문제다. 중앙 흑 두점을 구출하는 맥점을 발견해야 한다.

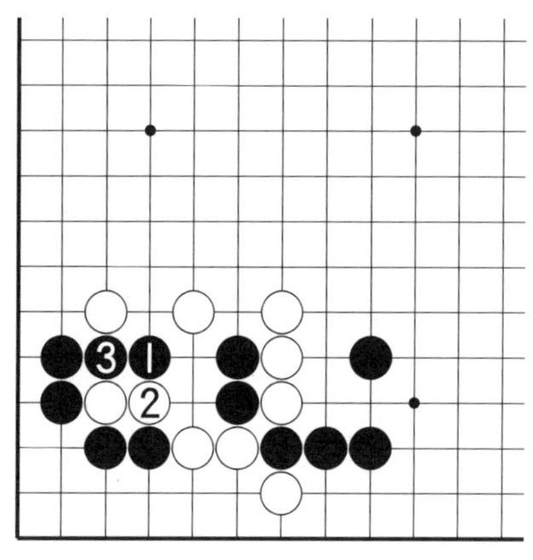

1도(정해)

1도(연결의 맥)

흑1이 정맥으로, 백2에는 흑3으로 뒤쪽에서 단수하면 된다.

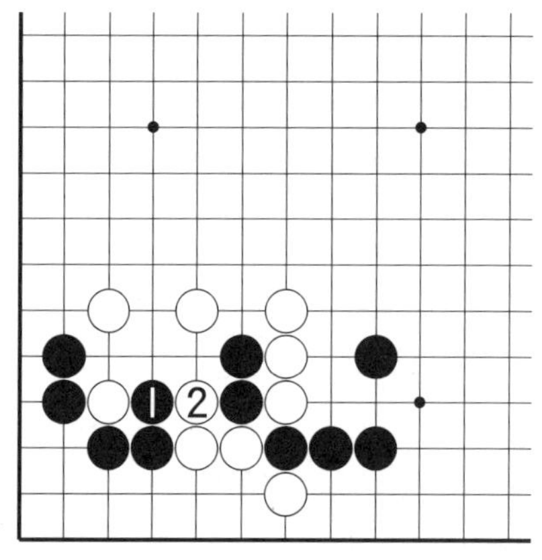

2도(실격)

2도(흑 잡힘)

흑1의 직접적인 행동에는 백2로 그만이다. 이제 흑 두점은 제대로 갇힌 모습이다.

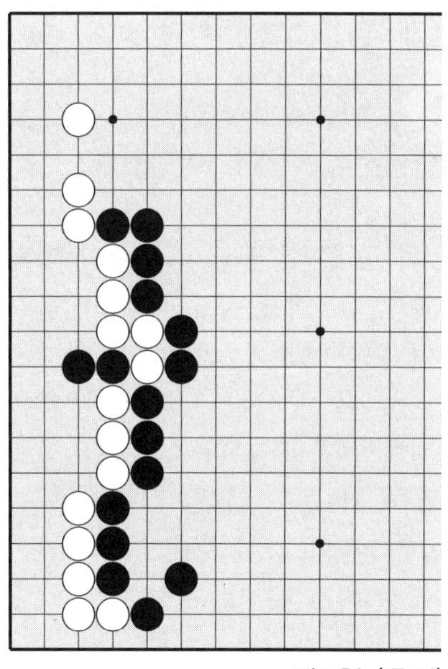

제5형 (흑선)

본형은 자세히 살펴보면 좌우동형임을 알 수 있다. 따라서 맥점도 중앙에 있을 확률이 매우 높다.

1도 흑1의 한칸은 좌우의 절단을 동시에 노리는 맥이다. 이 수로는 양쪽을 먼저 끊어 둔 다음 두어도 성립한다.

2도의 수순으로 살려는 것은 백 14까지 실패한다.

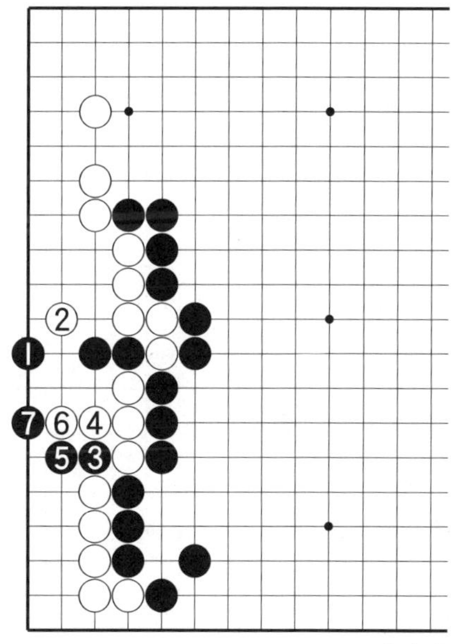

1도(정해)

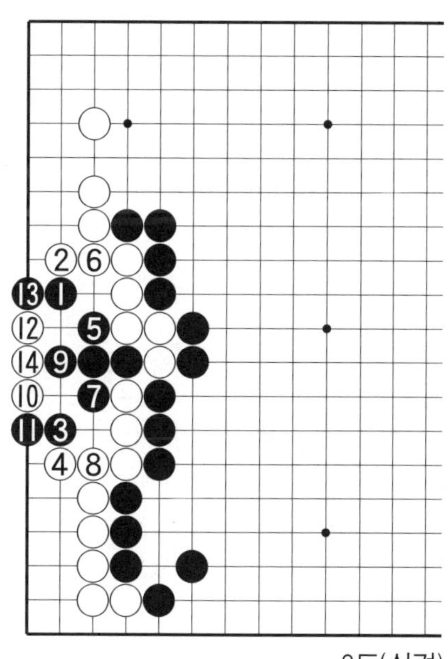

2도(실격)

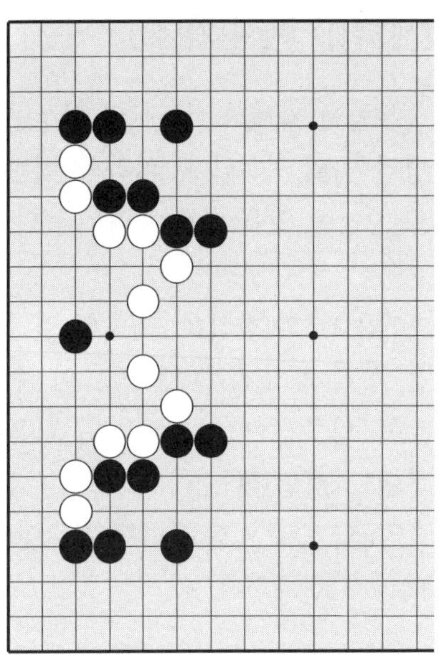

제6형 (흑선)

본형도 좌우동형이다. 이런 모양에서의 맥점은 어디일까?

1도 흑1의 한칸이 전형의 맥점과 같은 맥락. 흑7 때 a의 절단이 있어 백b가 성립하지 않으므로 흑은 무사하다. 따라서 흑은 백의 대응에 따라 어느 한 쪽을 끊어 잡을 수 있다. 또 수순중 백4로 2도와 같이 두어도 수상전은 백이 이길 수 없다.

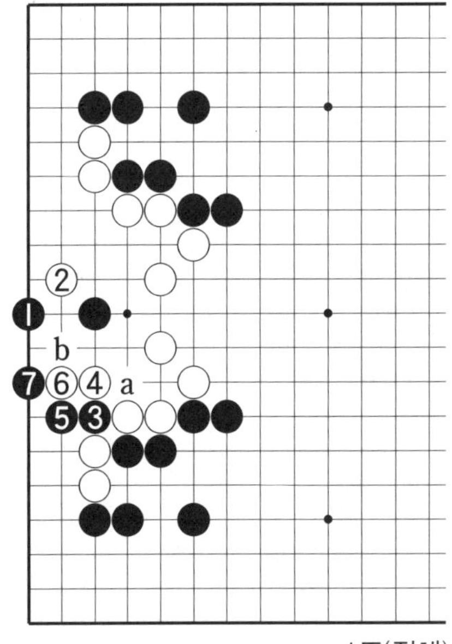

1도(정해)

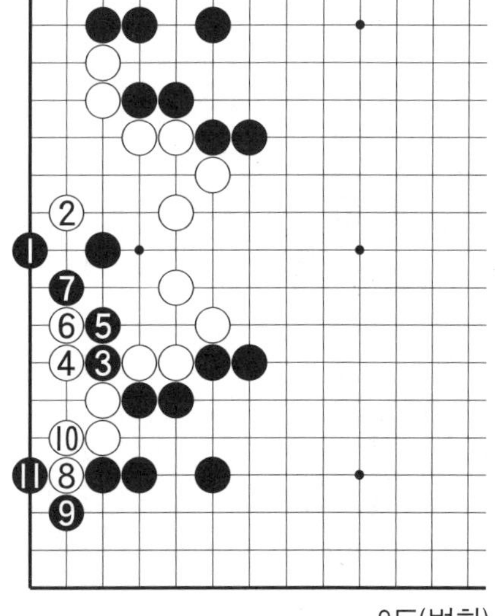

2도(변화)

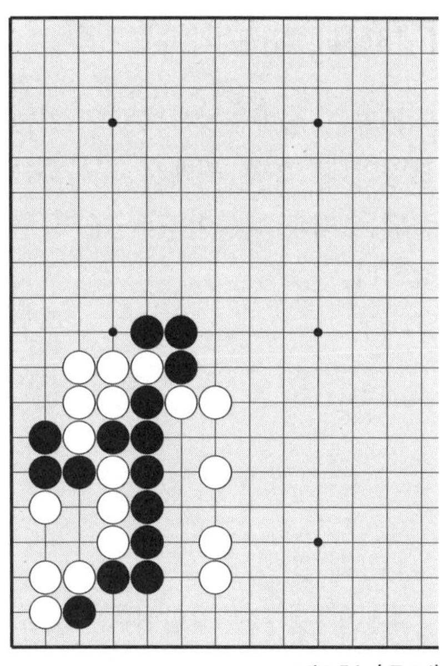

제7형 (흑선)

본형은 한칸 뛰어 붙이는 맥으로 해결할 수밖에 없는 모양이다. 좌변의 접전을 승리로 이끄는 수단은 어디일까?

1도 흑1을 둘 수 있다면 이후 백에게 어떤 대항 수단도 성립하지 않는다. 백4에는 흑5가 맥이며, 2도 백2에는 흑3·5의 수순으로 백 죽음이다.

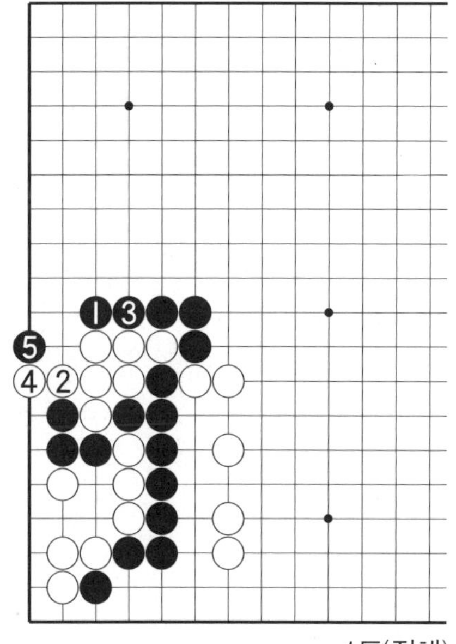

1도(정해)

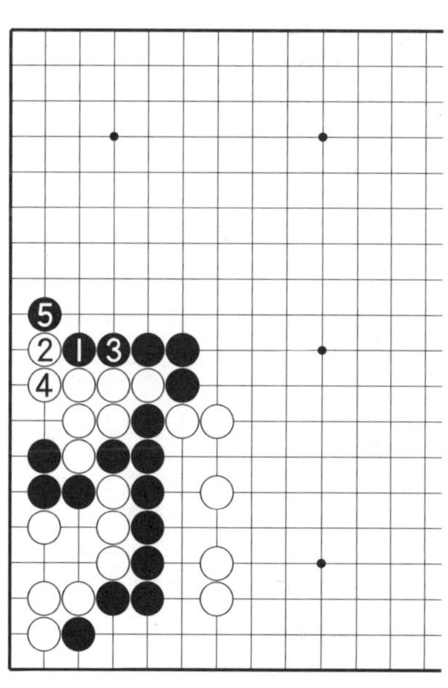

2도(변화)

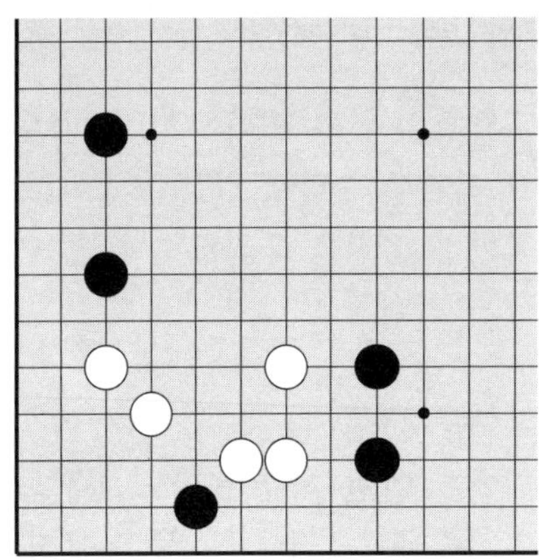

제8형 (흑선)

【제8형】 백귀에서의 수단

본형은 접바둑에서 볼 수 있는 모양인데, 흑이 귀에서 구사하는 수단은 맥과 더불어 긴 수순이 필요하다.

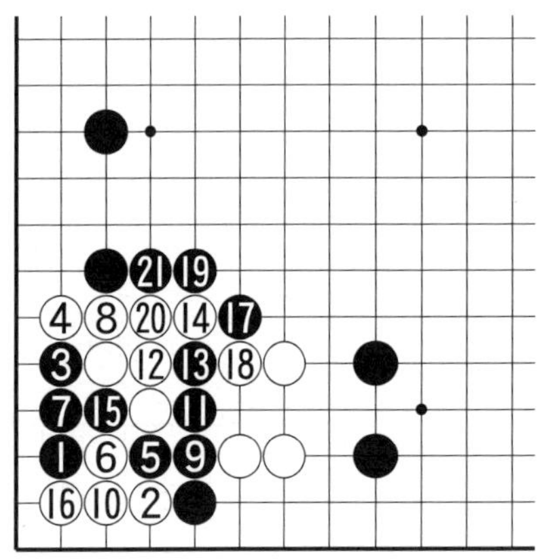

1도(정해)

1도(백 잡힘)

흑1이 정확한 침입이며, 백2로 흑을 계속 잡으려 하면 흑3의 한 칸붙임을 시작으로 이하 빈틈 없는 수순을 거쳐 흑21까지 백이 거꾸로 잡힌다.

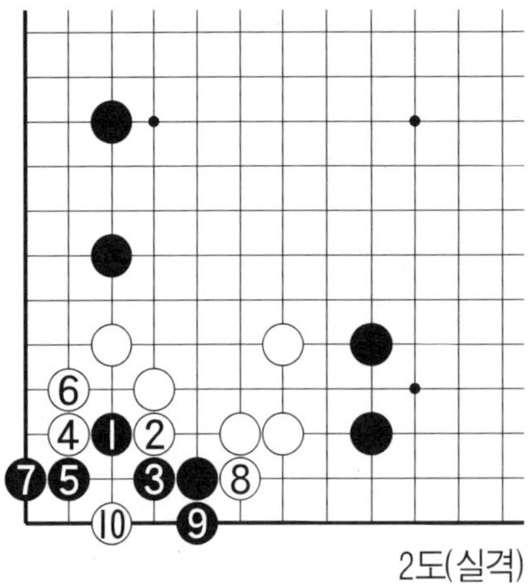

2도(실격)

2도(흑 죽음)

흑1은 눈에 쉽게 들어오는 수단이지만, 백2·4·6의 수순으로 백10의 치중까지 삶이 없다.

끝내기상 이득

한칸(7)

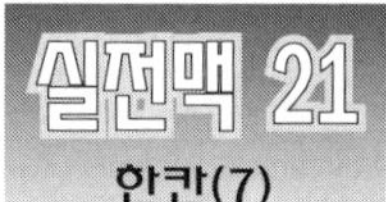

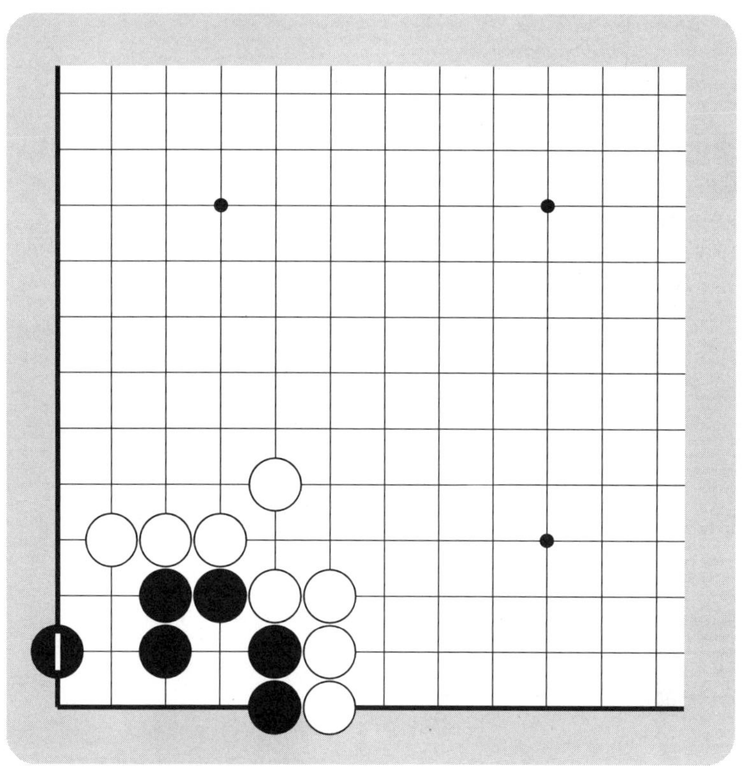

본 장면에서는 흑1로 두어 사는 것이 정수인데, 이 수도 알고 보면 철저히 계산에 밝은 맥점이다.

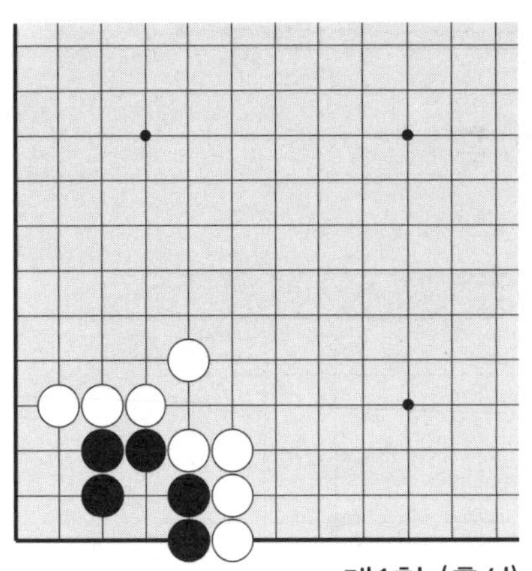

제1형 (흑선)

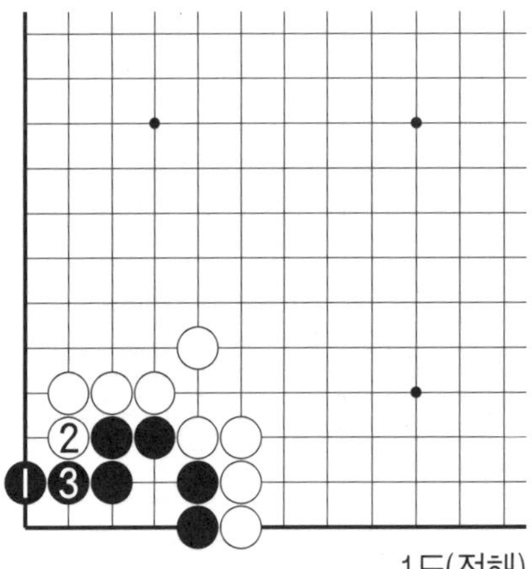

1도(정해)

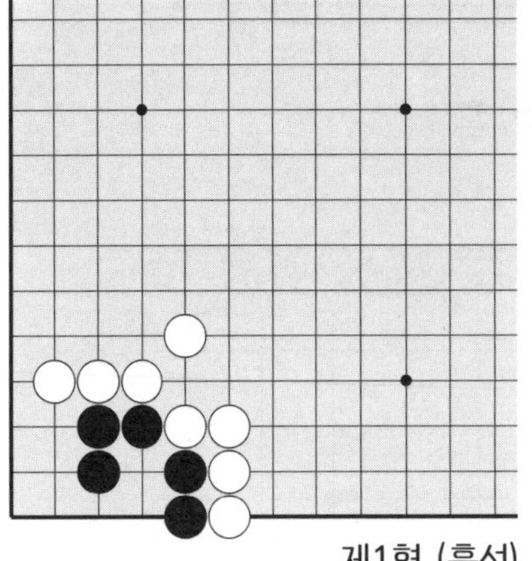

2도(실격)

본형은 사활이 아니라 사는 방법을 묻는 것이다.

1도(흑 5집)

흑1로 사는 것이 정수로, 귀의 흑집은 5집인데 -

2도(빅의 수단)

흑1로 사는 것은 백2·4로 빅의 수단이 있다. 백이 이곳을 언제 두느냐는 그때의 사정이지만, 어쨌든 빅의 수단이 남아 있다는 것은 귀의 집이 제로가 될 수 있다는 것을 의미한다.

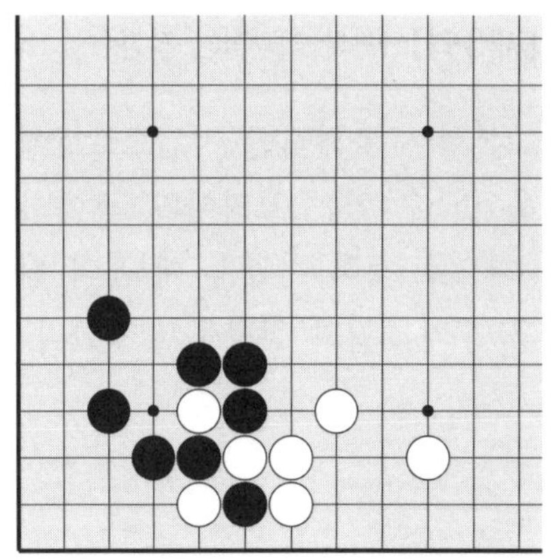

제2형 (흑선)

본형은 받는 수법에 따라 2집의 차이가 날 수 있다. 귀의 집을 지키는 가장 효율적인 수단은?

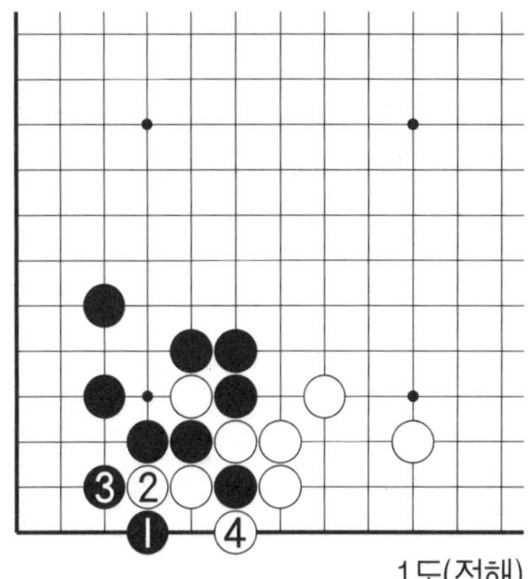

1도(정해)

1도(정맥)

흑1이 정맥이다. 계속해서 백이 손빼면 흑이 4의 곳에 두어 백 한 점이 거꾸로 잡히므로 백도 2·4로 처리하게 되는데, 이 진행과—

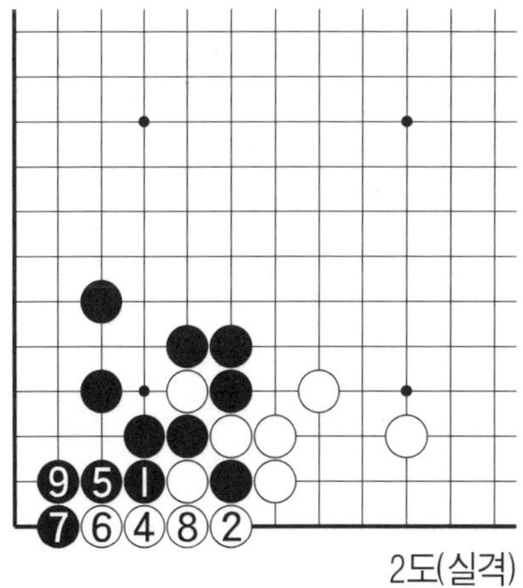

2도(실격)

2도(2집 차이)

흑1로 단수친 후 손빼어 백에게 4·6의 끝내기를 당하는 것과의 차이는 2집이 된다.

❸···손 뺌

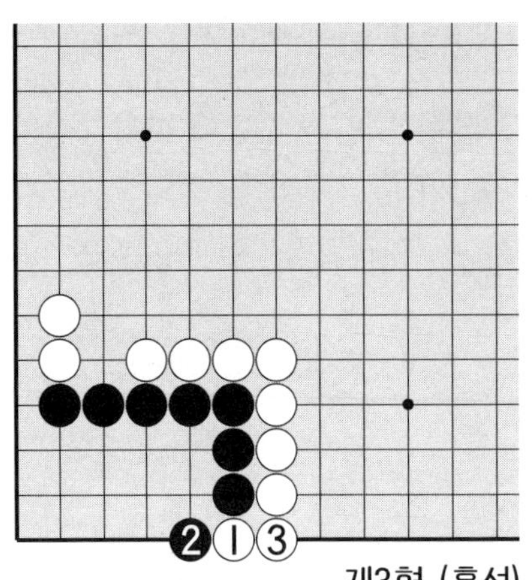

제3형 (흑선)

본형은 효과적인 지킴으로 2집을 벌 수 있는 모양이다. 백이 1·3으로 젖혀 이었을 때 흑의 다음 수가 2집의 향방을 결정한다.

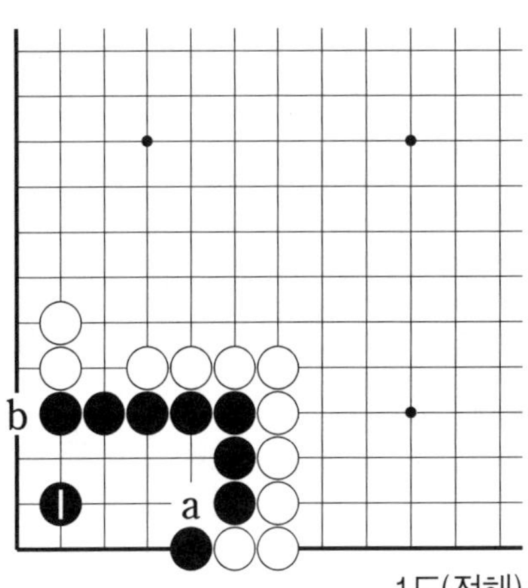

1도(정해)

1도(일석이조의 지킴)

흑1의 지킴이 정수다. 이 수의 효과는 백a의 절단을 방비함과 동시에 백b로 젖혀 잇는 선수끝내기를 후수로 만들고 있다. 이 진행과 -

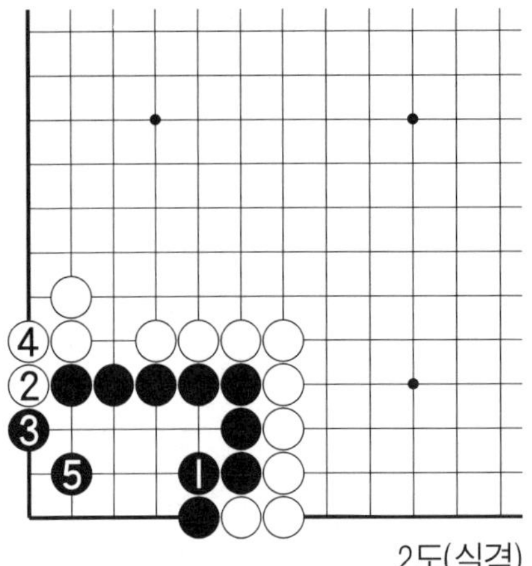

2도(실격)

2도(2집 차이)

본도 흑1로 잇고 백2·4를 선수로 당한 것과의 차이는 2집이다.

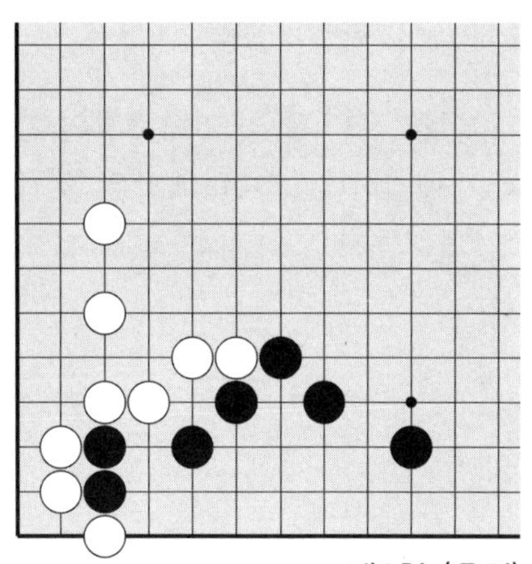

제4형 (흑선)

본형도 어떻게 받느냐에 따라 2집의 권리가 누구에게 갈 것인지가 결정된다.

1도(정맥)

흑1의 한칸으로 지키는 것이 정맥이다. 이 수와―

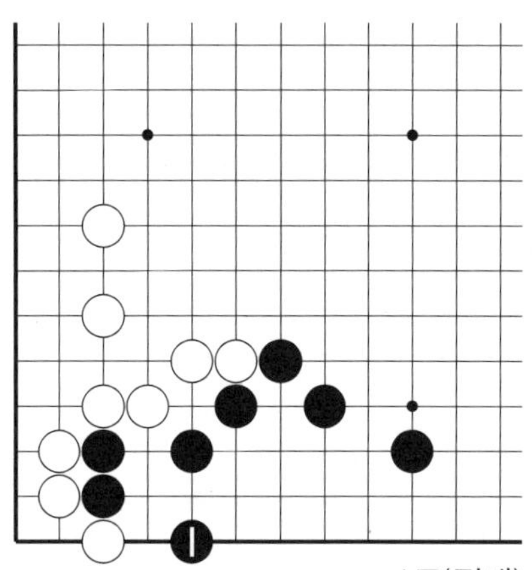

1도(정해)

2도(2집 차이)

흑1로 두어 백2의 치중을 당해, 흑7까지 된 것과의 차이는 2집이다.

2도(실격)

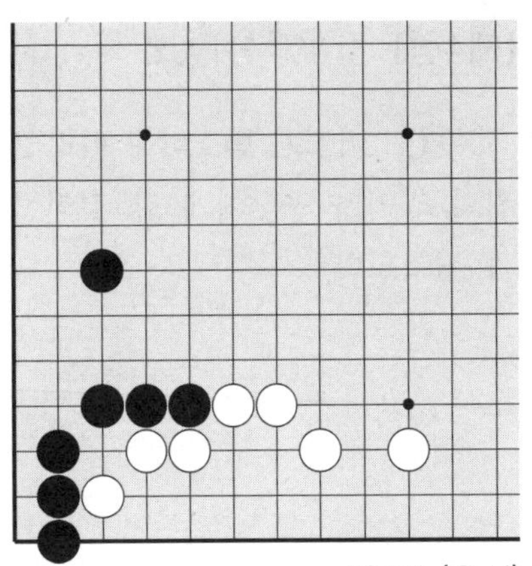

제5형 (흑선)

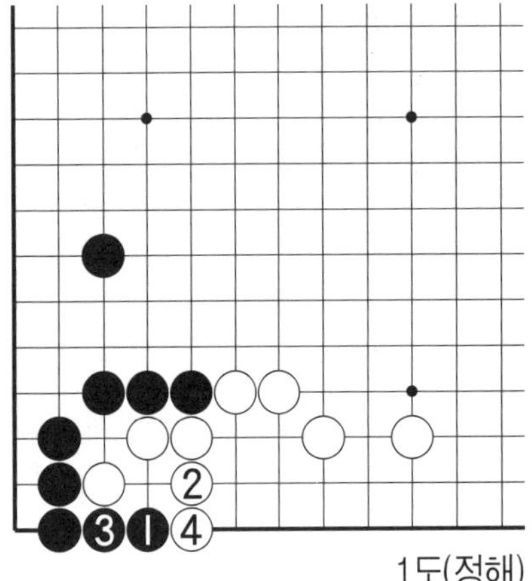

1도(정해)

2도(실격)

본형도 수법을 알고 모르고의 차이가 2집이다. 하변 백집을 효과적으로 줄이는 맥점을 찾아야 한다.

1도(한칸 모양의 치중)

흑1의 치중이 정맥으로, 백4까지 된 모양과ㅡ

2도(2집 차이)

무심히 흑1로 두어 백2에 막힌 것과는 2집의 차이다. 참고로 a의 곳은 집이 아니다.

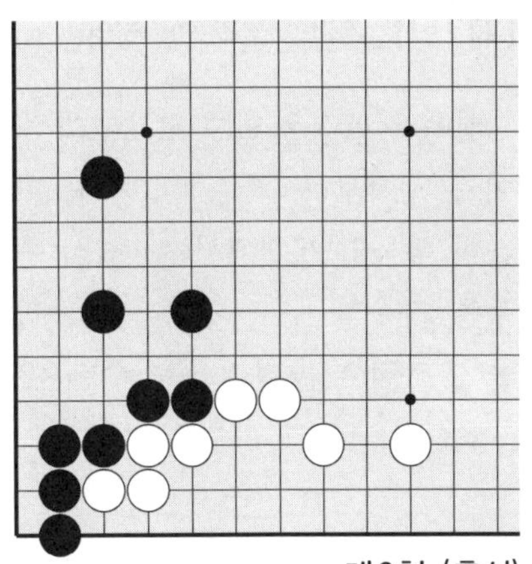

제6형 (흑선)

본형은 전형과 같은 맥락으로, 2집의 차이가 생긴다. 역시 백집을 효과적으로 줄여야 한다.

1도(정맥)

흑1은 전형의 치중과 같은 곳이다. 백2로 늦춰야 하며, 흑3 때 백이 물론 a를 손뺄 수도 있지만 그것은 논외고, 막는다고 보았을 때 —

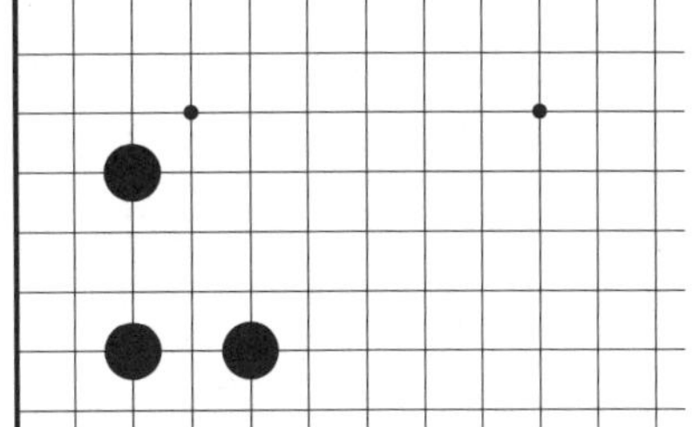

1도(정해)

2도(2집 차이)

단순히 흑1로 두어 백2로 받는 것과의 차이는 2집이다.

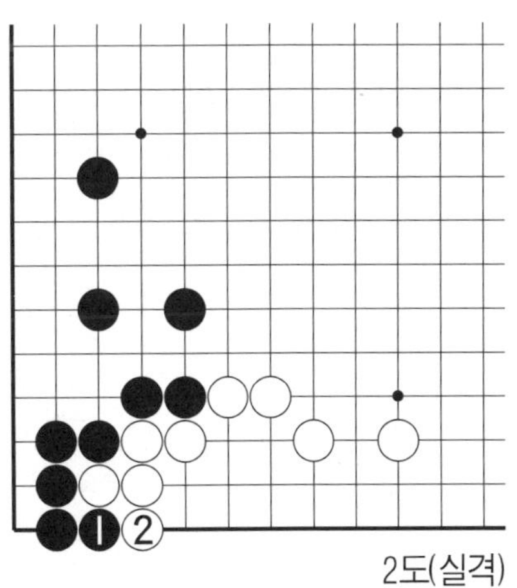

2도(실격)

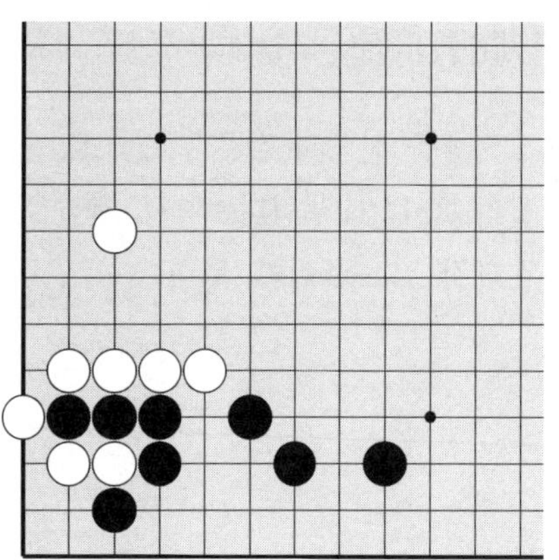

제7형 (흑선)

본형은 맥점을 알고 모르고의 차이가 생각보다 적은 1집이다. 그러나 바둑의 세계에서는 1집이 승부를 좌우할 수도 있다. 귀의 집을 효과적으로 정리하는 수단은?

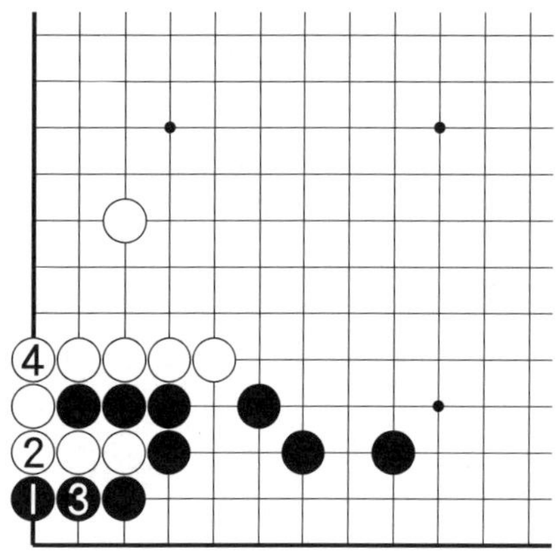

1도(정해)

1도(정맥)

흑1이 1집을 버는 맥점이다. 백2에 이을 수밖에 없으며, 이하 백4까지 흑귀를 깨끗하게 정리할 수 있다.

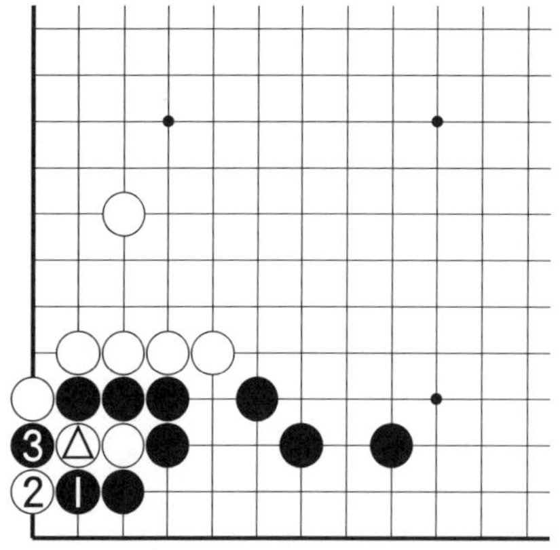

2도(실격)

2도(1집 차이)

흑1 이하 백4까지의 결과는 1도와 비교하여 1집은 약간 넘겠지만, 대략 1집의 차이가 된다.

④···△

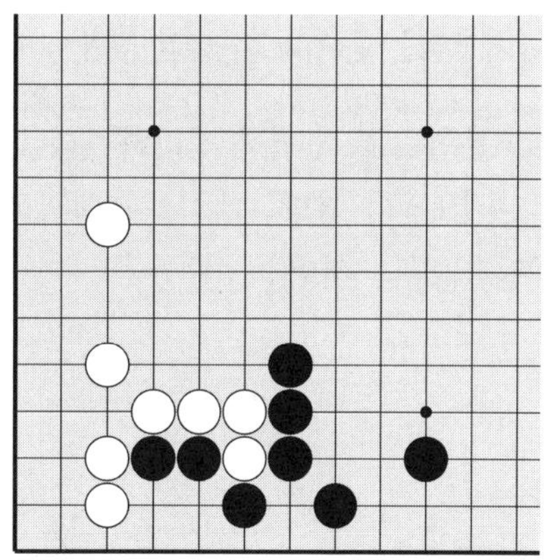

제8형 (흑선)

본형도 좌하귀에서 흑이 받는 방법에 따라 2집의 차이가 난다. 흑 두점을 효과적으로 잇는 방법은?

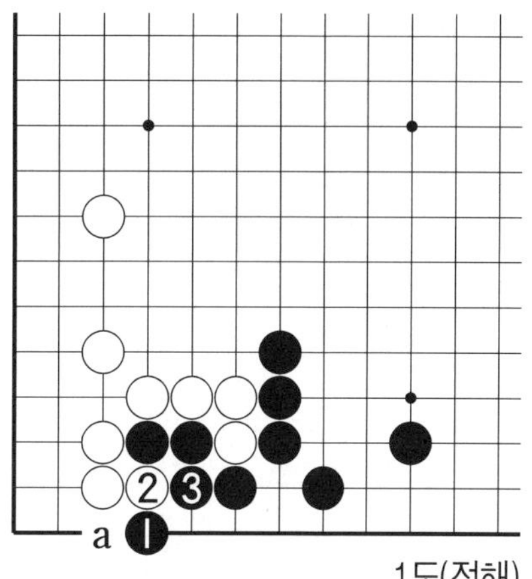

1도(정해)

1도(선수 끝내기)

흑1이 정수인데 백2라면 흑3으로 받은 다음 흑a의 선수 끝내기가 남는다.

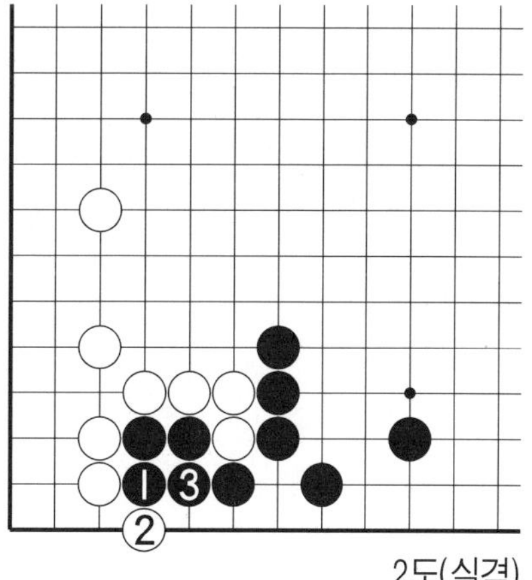

2도(실격)

2도(2집 차이)

흑1은 백2의 단수를 맞아 더 이상 백귀를 침식하는 수가 없다. 1도와의 이 차이는 집으로 2집이다.

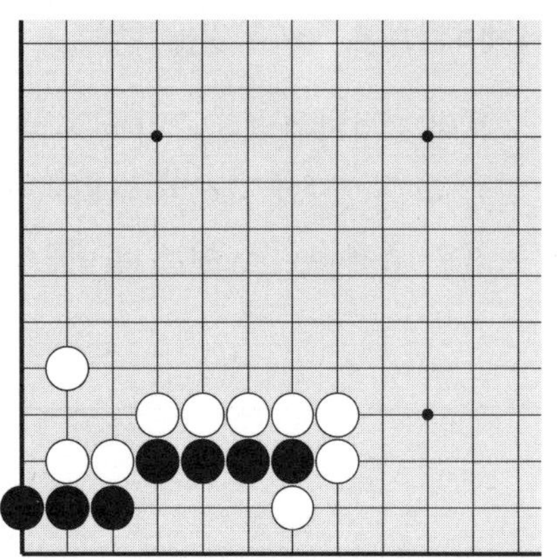

제9형 (흑선)

본형은 흑의 귀를 정리하는데 있어서, 흑백 쌍방간에 모두 맥점을 알고 있는 것이 좋다.

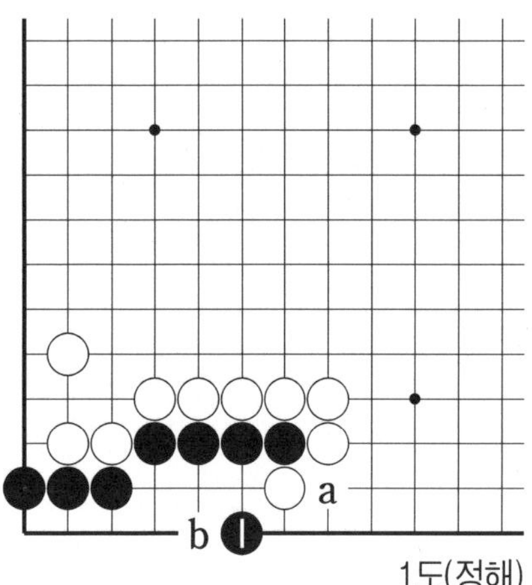

1도(정해)

1도(정수)

흑1로 뛰는 것이 정수인데, 이때 백도 a의 끊김을 선수로 방비하려면 백b에 붙여 두는 맥점이 있다.

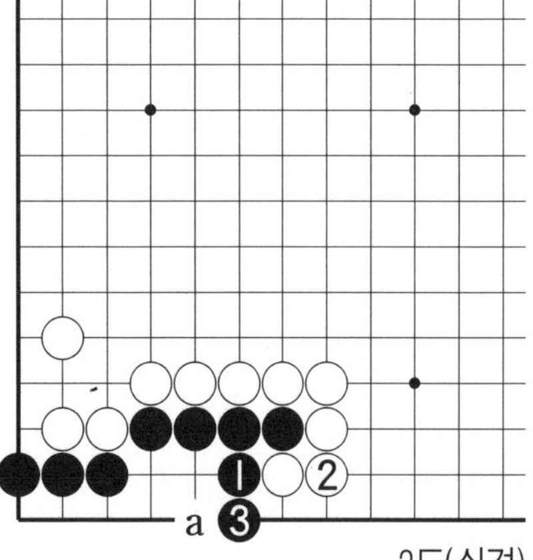

2도(실격)

2도(후수)

흑1은 백2 때 흑3이 불가피해 후수가 된다. 흑3을 생략하면 백 a의 치중으로 흑 전체가 잡힌다.

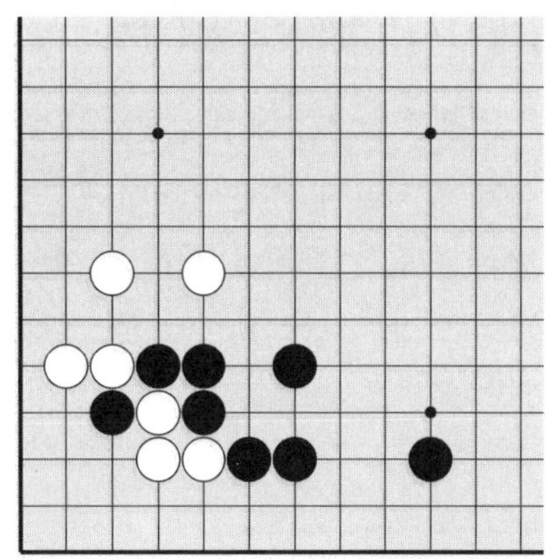

제10형 (흑선)

본형은 흑이 선수로 약 8집의 득을 보는 맥과 수법이 있다. 귀에서 어떤 수가 있는지 주목해 보자.

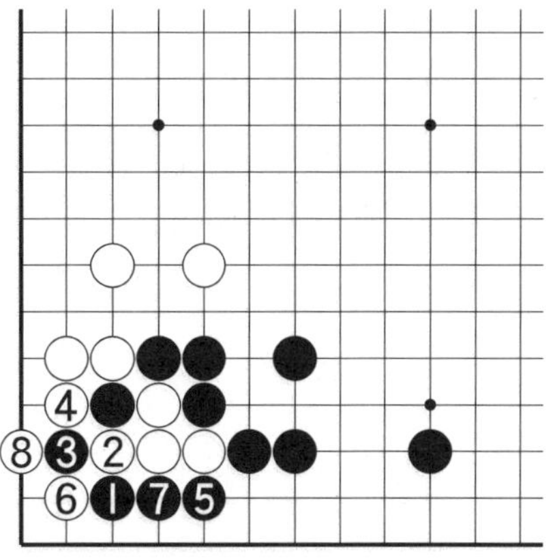

1도(정해)

1도(8집 이득)

흑1의 맥에 이은 흑7까지의 수순으로 백집을 선수로 크게 줄였는데, 이 크기는 단순히 흑5로 젖혀 잇는 것과 비교해 약 8집의 차이가 있다.

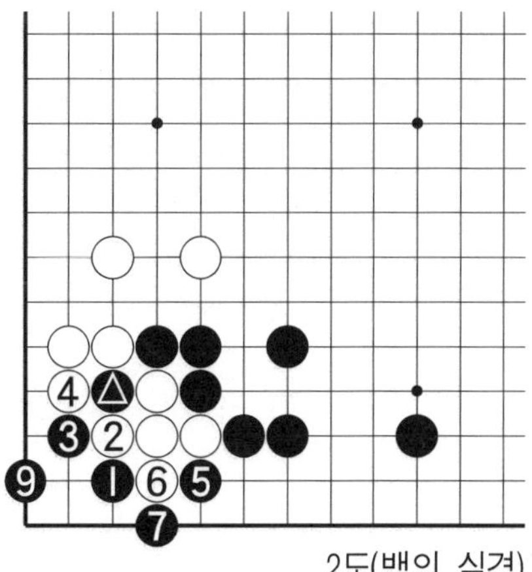

2도(백의 실격)

2도(백 처참)

흑1에 대해 선수를 잡기 위해 본도의 수순을 밟을 수도 있겠지만, 흑9까지 이 결과는 백이 너무 처참하게 당한 것이다.

⑧···△

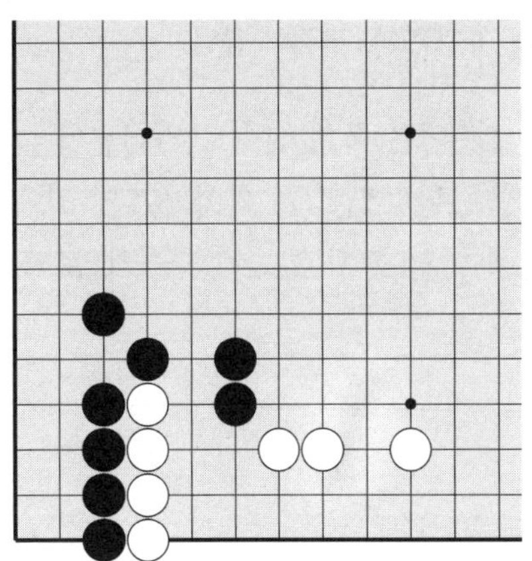

제11형 (흑선)

본형은 수법을 알고 모르고의 차이가 생각보다 적은 1집이다. 하변의 백집을 맥점을 통해 줄여야만 그나마 1집을 챙길 수 있는 것이다.

1도(흑의 자랑)

흑1까지 뛰어들어갈 수 있다는 것이 흑의 자랑이다. 계속해서 초라하지만 백2·4로 넘어갈 수밖에 없다. 백4까지 이렇게 된 결과와 —

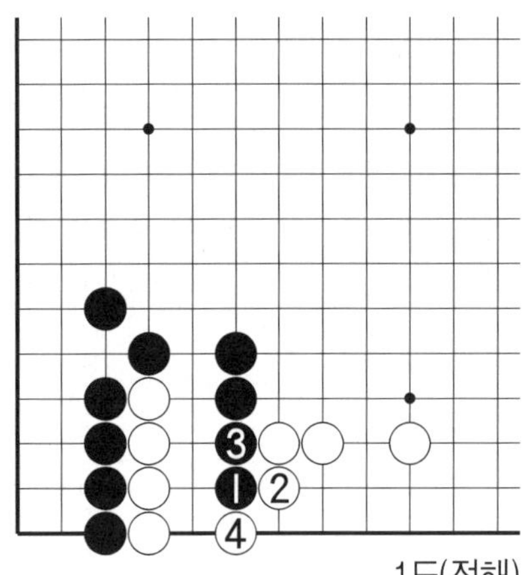

1도(정해)

2도(1집 차이)

흑1로 두어 이하 백6까지 집을 줄인 것과의 집 차이는 1집이다.

2도(실격)

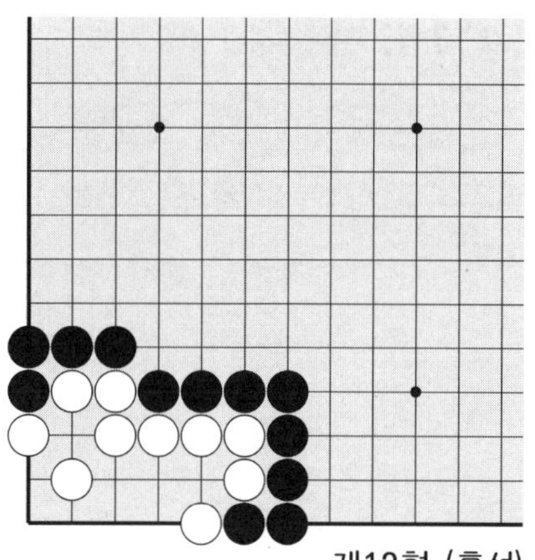

제12형 (흑선)

　본형의 귀 모양을 종국시까지 백이 간과하면, 최하 4집에서 착각하면 8집을 손해 볼 수 있다.

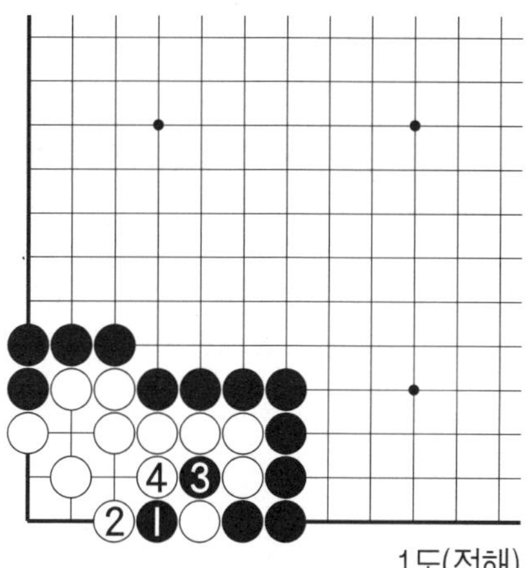

1도(정해)

1도(4집 손해)

　귀의 수단을 알았다면, 흑1 때 백2로 포기해야 하는데, 가일수하는 것에 비해 4집을 손해 본 것이다.

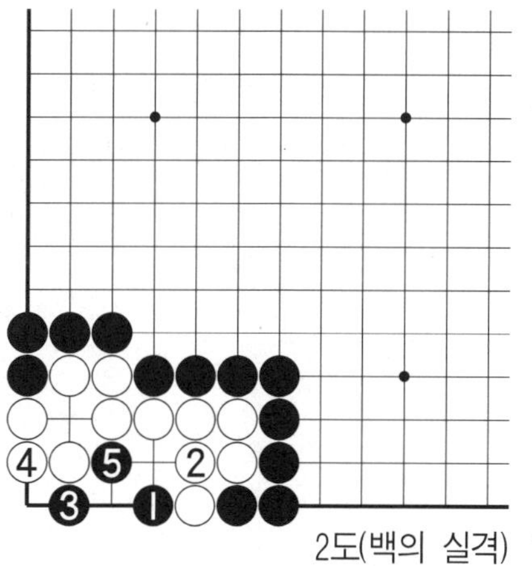

2도(백의 실격)

2도(빅이나 패)

　흑1 때 한 점을 포기하지 않으면 본도 흑5까지의 빅이나, 수순 중 백4로 흑5에 두고 다음 흑5로 4의 곳에 먹여쳐 패가 된다. 그렇다면 패는 논외로 하고 이곳의 원래 백집은 8집이었으므로 빅은 8집의 손해가 된다.

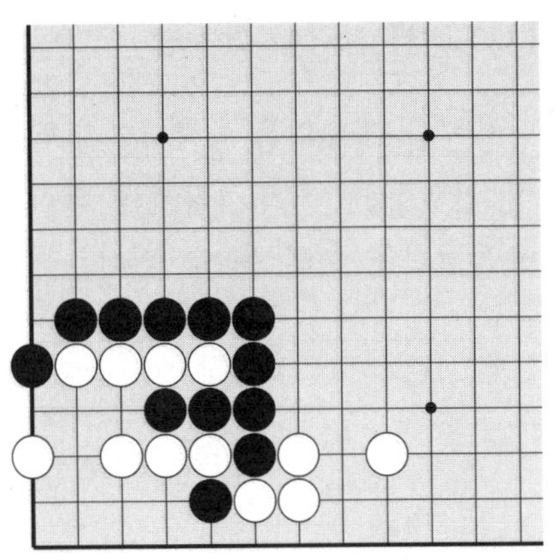

제13형 (흑선)

본형은 백의 귀에서 교묘한 수순으로 흑이 득을 볼 수 있다.

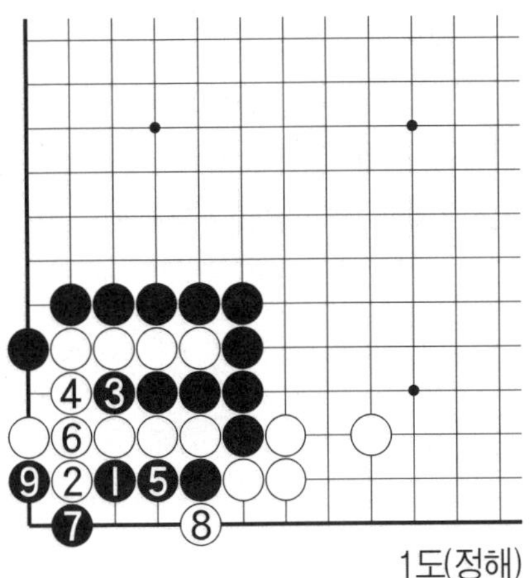

1도(정해)

1도(큰 패)

흑1의 붙임이 날카로운 맥점으로, 백이 2 이하 강하게 대항하면 흑9까지 큰 패가 될 수 있다. 수순중 흑3 때 백은 6의 곳에 이어 4점을 포기하는 정도일 것이다. 또 백2로 -

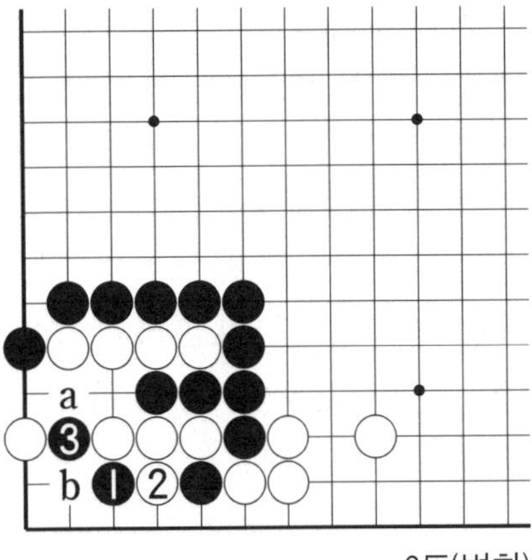

2도(변화)

2도(끼움)

본도 백2에 두면 흑3의 끼움이 성립한다. 이후 a, b는 맞보기다.

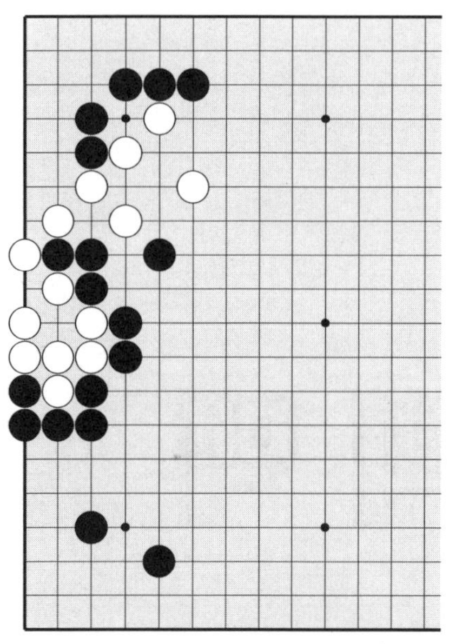

제14형 (흑선)

【제14형】 좌상귀 끝내기의 급소

【제14형】 좌상귀 끝내기의 급소

　본형은 포석 시기에 만들어지는 모양으로, 좌상귀 쪽에는 흑이 득을 보는 수단이 있다.

　1도 흑1의 한칸이 그것으로, 이 수는 흑a로 찧어 패를 노리고 있다. 이 패는 백이 견디기 힘들다. 따라서 백이 가일수하면 흑은 득을 본 셈이다. 2도 흑1은 후수이므로 단순한 끝내기일 뿐이다.

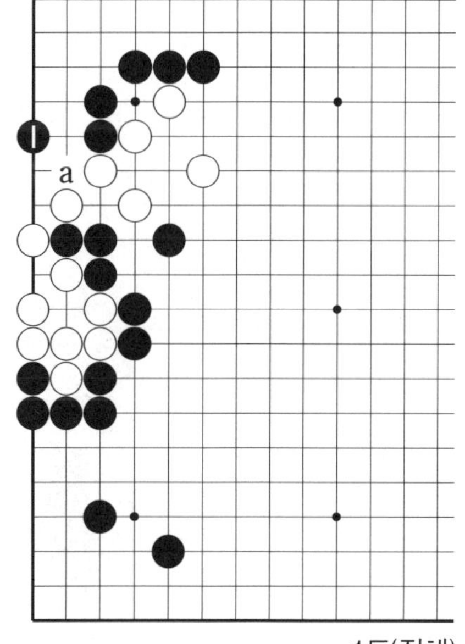

1도(정해)

2도(실격)

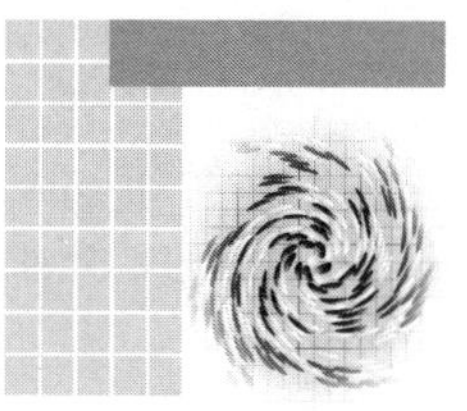

제4장
뻗기의 맥

- 접전에서 공방의 급소
- 수상전의 테크닉
- 끝내기상 이득

접전에서 공방의 급소

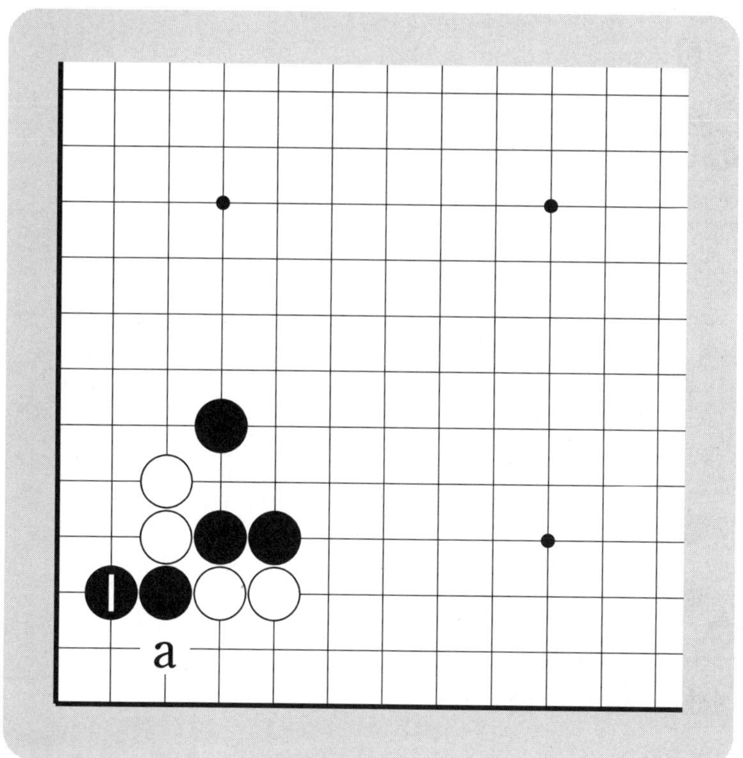

본형은 정석과정에서 백이 이탈한 모양인데, 이때 흑은 뻗는 방향을 잘 살펴야 한다. 여기서는 흑1과 a의 두 가지 뻗기가 있는데, 정맥은 흑1이다.

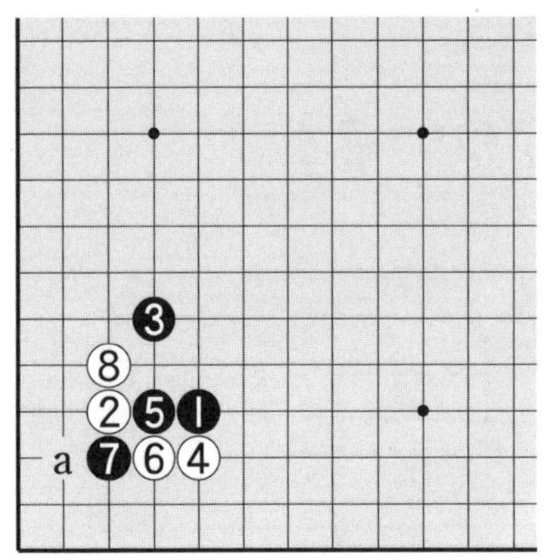

제1형 (흑선)

본형은 흑7까지 진행된 정석에서, 백a에 단수쳐야 할 것을 백8에 둔 것이다. 그렇다면 흑의 대응은?

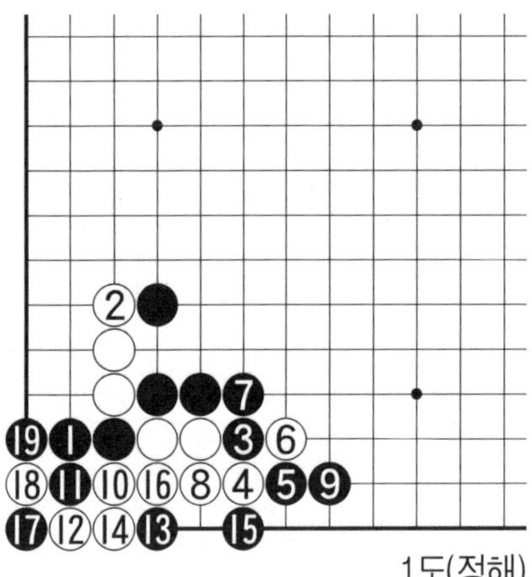

1도(정해)

1도(흑의 선패)

흑1의 뻗기가 옳은 방향이다. 계속해서 백2 이하 흑19까지 흑의 선패가 되는데, 초반에 이런 패감은 없으므로 백의 실패다.

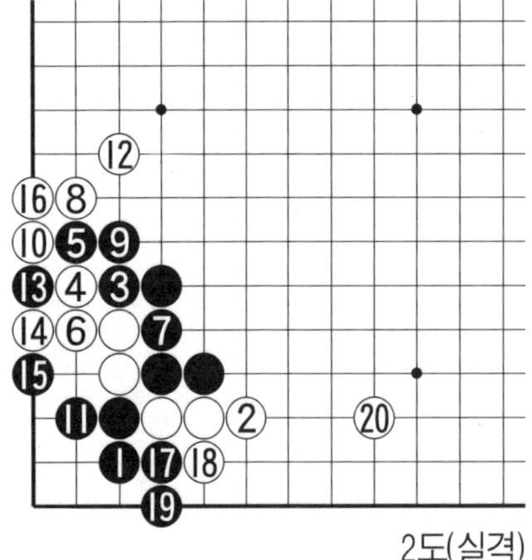

2도(실격)

2도(백 유리)

흑1의 뻗기는 이하 백20까지의 진행이 예상되며, 이 결과는 백이 양쪽을 모두 두고 있어 약간 유리하다.

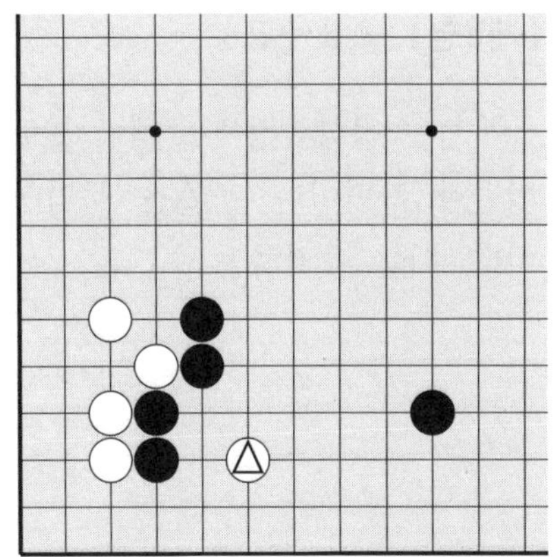

제2형 (흑선)

본형에서 백△의 들여다보기는 급소임에 분명하지만, 백이 좌변을 전개하지 않은 이 모양에서는 흑에게 반격 수단이 있다.

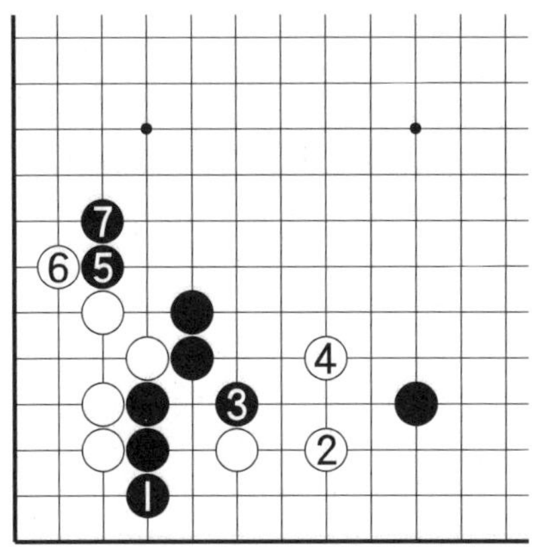

1도(정해)

1도(압박)

흑1의 뻗기는 최강의 수법이며 맥이다. 백2에는 흑3으로 보강한 후 백4의 탈출을 기다려 흑5·7로 좌하변의 백을 압박하면 흑의 흐름이 좋다. 수순중 백2로-

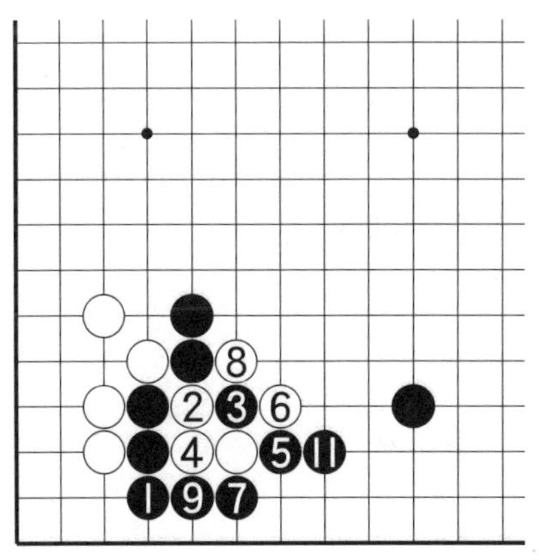

2도(변화)

2도(반격)

본도 백2에 끊는 것은 흑3·5·7의 반격을 당해, 이 결과는 백이 괴롭다.

⑩···❸

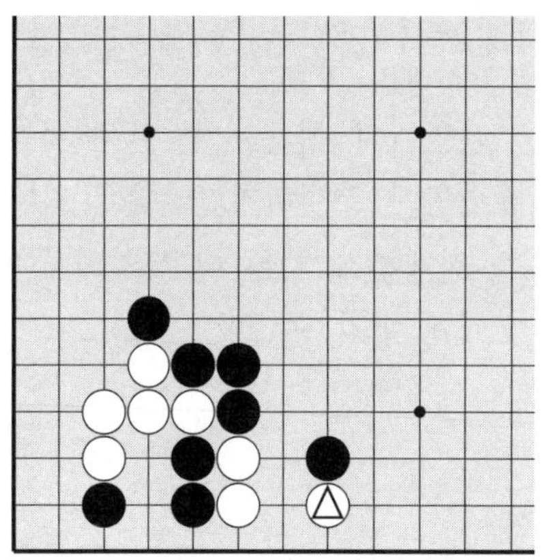

제3형 (흑선)

본형은 정석과정에서 백이 ④로 이탈한 장면이다. 백④는 무리수이다. 이를 응징하는 수단은?

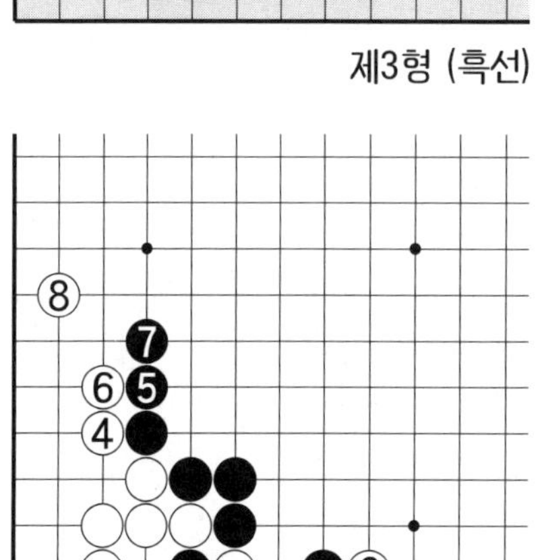

1도(정해)

1도(백 불만)

흑1의 뻗기가 백의 무리를 응징하는 정맥이다. 이하 백8까지 백이 저위에 눌려 불만이다.

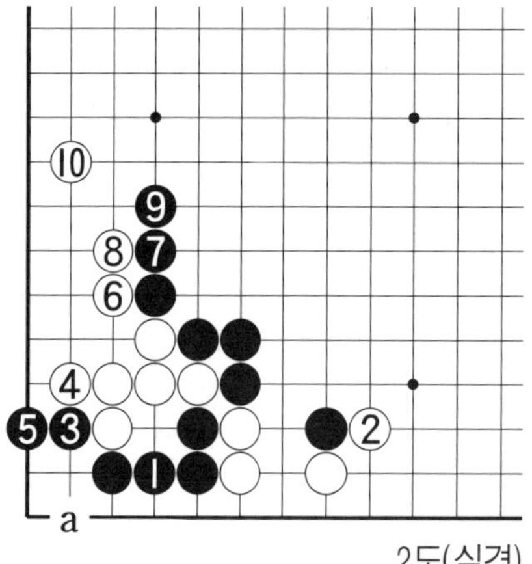

2도(실격)

2도(귀의 부담)

흑1은 백10까지 진행된 후, 흑 a로 살아야 하는 부담이 있으므로 흑의 실패다.

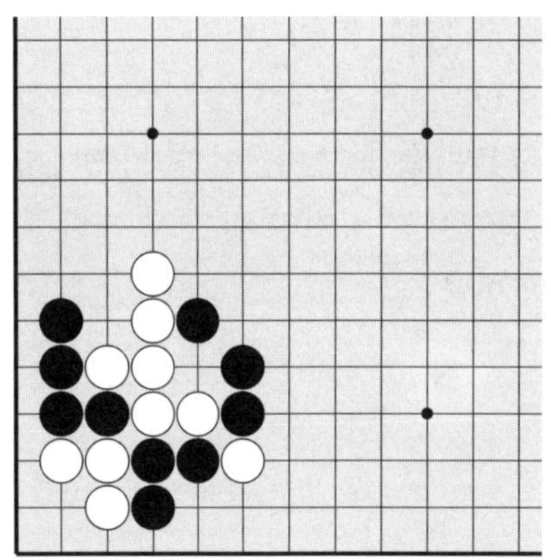

제4형 (흑선)

【제4형】 백무리를 응징하는 수단

본형도 정석과정에서 백이 이탈한 모양으로, 백의 무리를 응징하는 흑의 수법을 묻는 것이다.

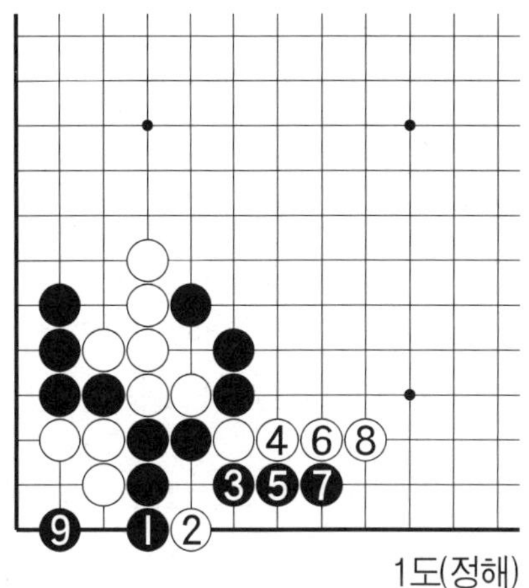

1도(정해)

1도(흑 만족)

흑1의 뻗기가 침착한 맥으로, 백2의 추궁에는 흑7까지 결행한 후 흑9로 귀를 잡아 만족이다.

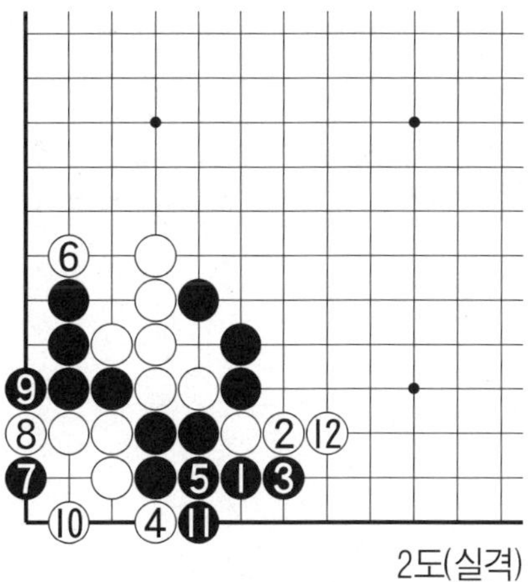

2도(실격)

2도(흑 망함)

흑1·3은 백4의 단수를 맞아 좌변이 봉쇄되고, 흑11까지 귀에 패의 부담이 생겨, 이 결과는 흑이 망한 것이다. 그렇다고 흑3으로 –

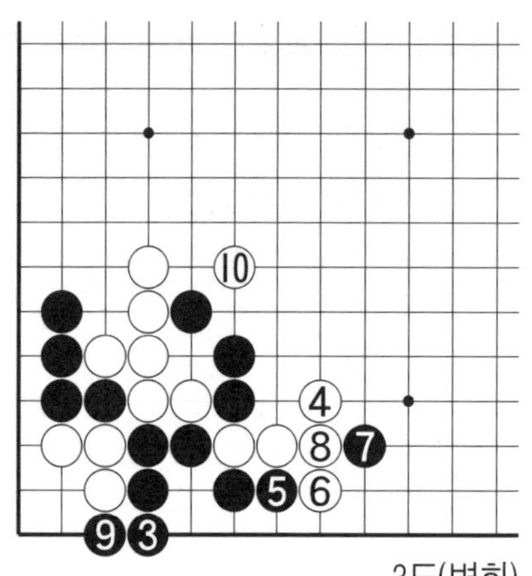

3도(변화)

3도(백4 호수)

이제와서 본도 흑3에 두는 것도 백4의 수가 좋아, 이하 백10까지 2도보다는 낮지만 이 역시 흑의 불만이다.

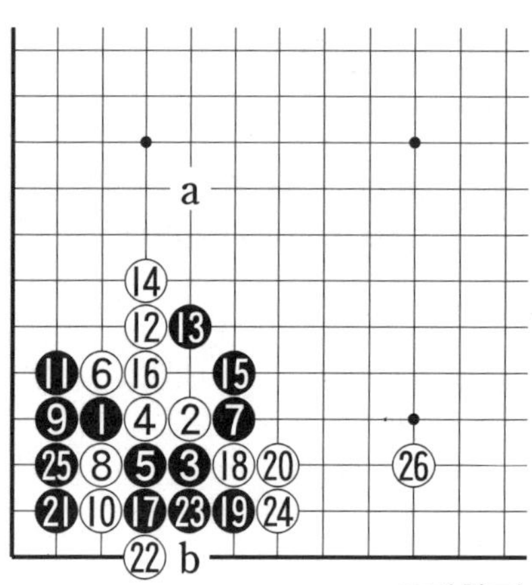

4도(참고)

4도(정석)

본도는 본형이 만들어지기 전 원래의 정석 진행이다. 수순중 백22로는 그냥 백24에 막아 흑b로 지키는 변화도 있고, 또 백26 이후 흑이 a에 씌우는 변화도 있다. 다만 여기서는 흑17 때 백18로─

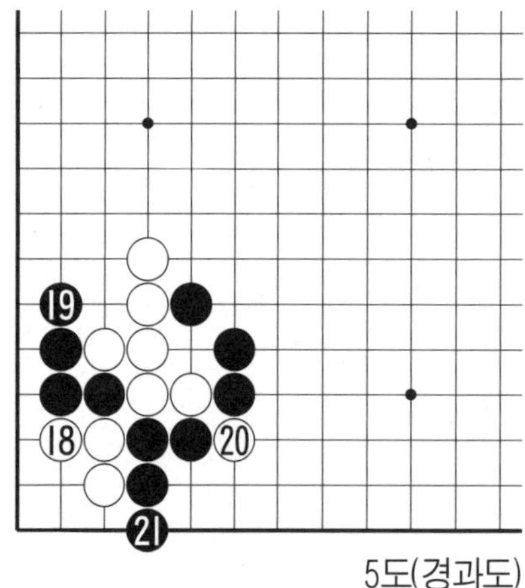

5도(경과도)

5도(현혹)

본도 백18에 먼저 막고 백20에 끊어 현혹했던 것인데, 흑21의 뻗기로 백의 계략은 수포로 돌아간다.

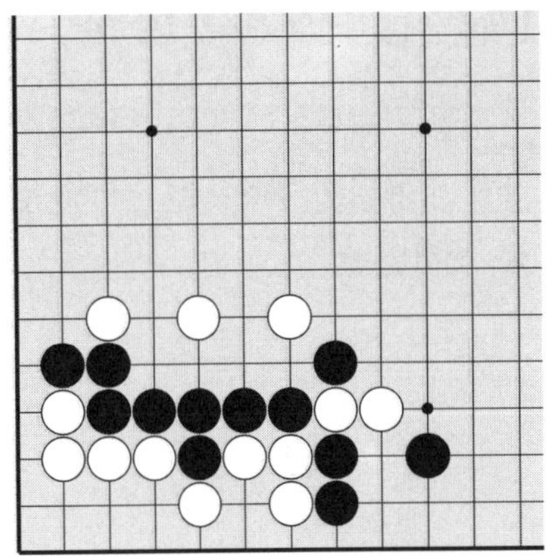

제5형 (흑선)

 본형은 뻗기의 맥을 이용해 백의 요석을 포획하는 수법이다.

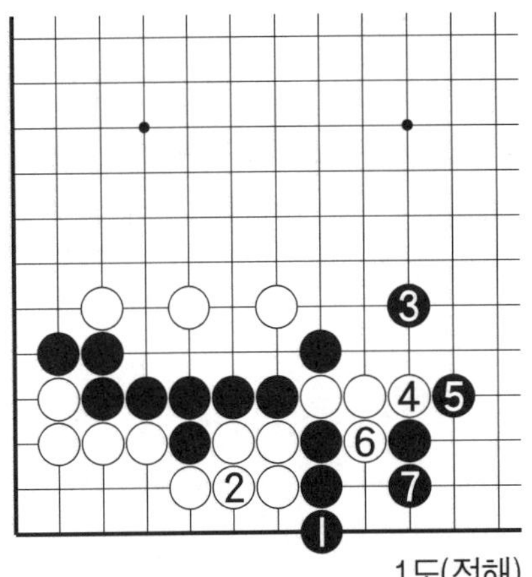

1도(정해)

1도(장문)

 흑1의 뻗기가 정맥으로, 백2에 이어야 할 때 흑3으로 씌워 장문이 된다. 계속해서 백4·6으로 아무리 탈출하려 해도 흑7로 울타리를 벗어날 수 없다.

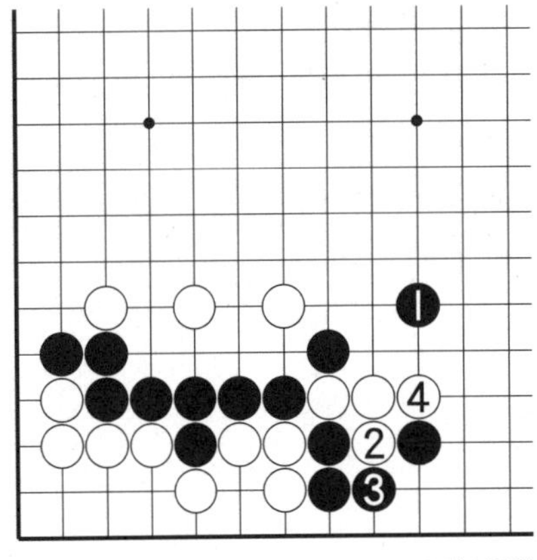

2도(실격)

2도(수순착오)

 흑1로 먼저 씌우는 것은 수순착오. 백2·4에 의해 가볍게 포위망이 뚫리고 만다.

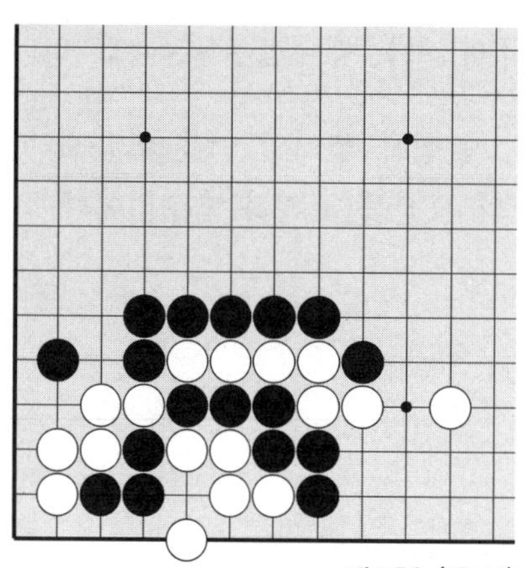

제6형 (흑선)

본형도 전형처럼 뻗기의 맥을 이용해 중앙쪽의 백6점을 축으로 잡는 수법이다.

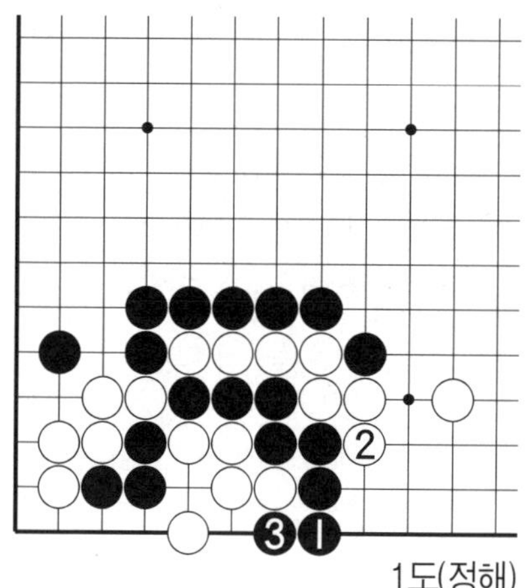

1도(정해)

1도(둘 중 하나)

흑1이 정맥으로, 백2로 축을 방지하면 흑3으로 좌하귀가 죽으며, 좌하귀를 살리면 백6점이 축으로 잡힌다.

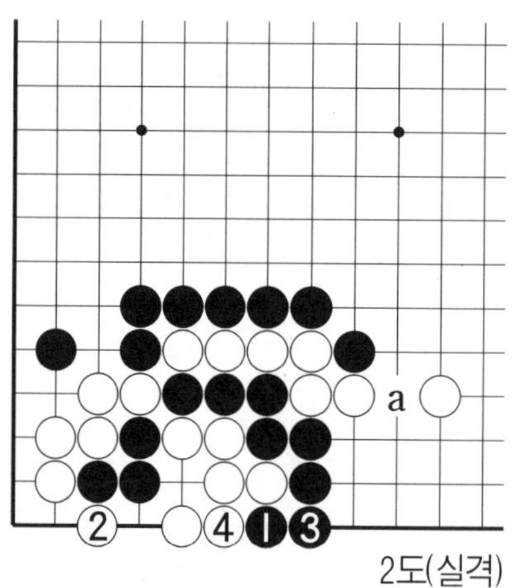

2도(실격)

2도(자충)

흑1로 젖히는 것은 자충이나 다름없다. 백2로 잡고 나서 흑3 때 백4가 성립하여, 흑a의 축이 성립하지 않는다.

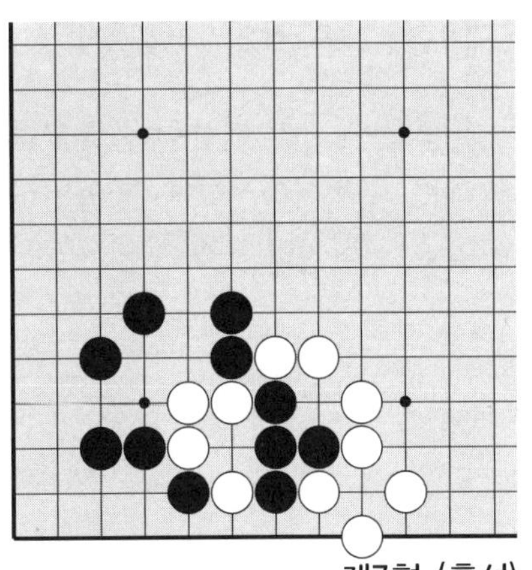

제7형 (흑선)

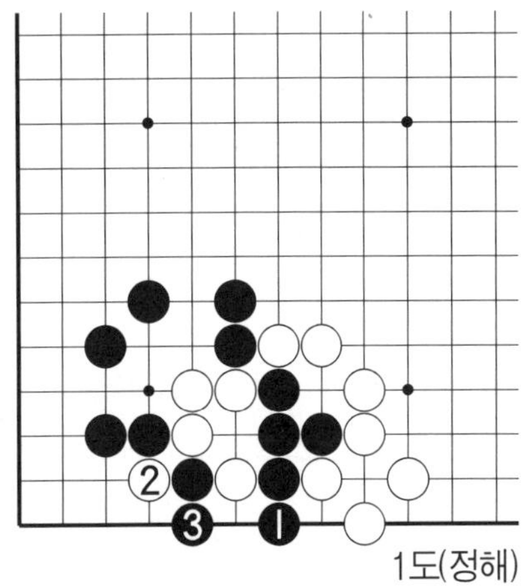

1도(정해)

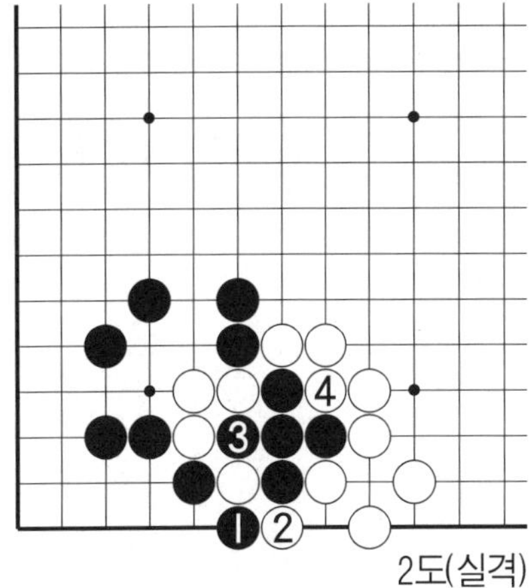

2도(실격)

 본형은 뻗기를 이용한 연결 수법을 묻는 것이다.

1도(안전한 연결)

 흑1의 뻗기가 정맥으로, 백2에는 흑3으로 안전하다.

2도(패)

 흑1은 백2·4의 패가 있어 실격이다.

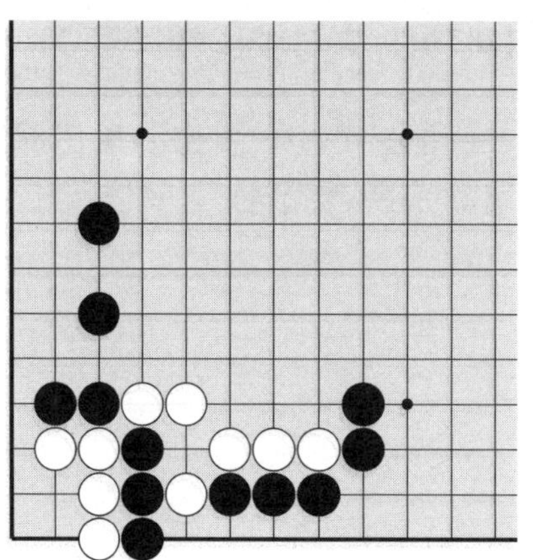

제8형 (흑선)

본형은 뻗기를 이용해 촉촉수를 피하는 수법이다. 그래야 완전한 연결로 이어진다.

1도(침착)

흑1의 뻗기가 침착한 정맥이다. 놓고 보니 그야말로 완전한 연결이다.

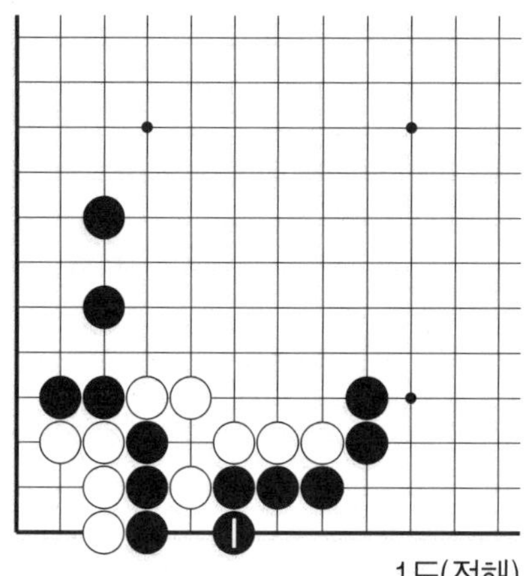

1도(정해)

2도(촉촉수)

흑1은 성급하여 백2의 먹여침으로, 백4까지 촉촉수가 성립한다.

2도(실격)

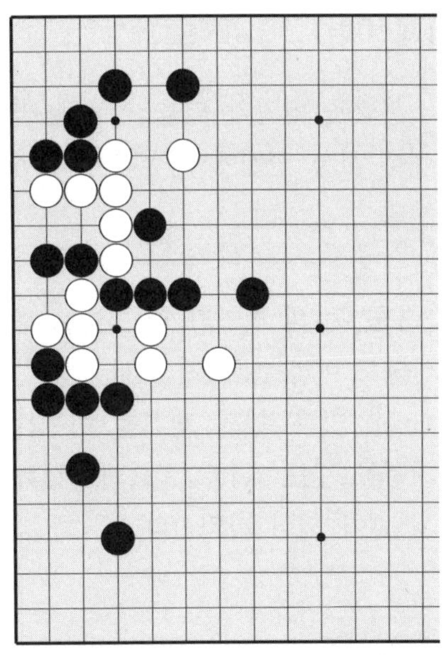

제9형 (흑선)

본형은 뻗기로 흑 두점의 요석을 살리는 수법인데, 잘못 기교를 부리면 오히려 촉촉수에 걸릴 수도 있다.

1도 흑1의 침착하게 뻗는 수로 어느 한 쪽의 연결이 보장된다. 만약 이 수로 2도 흑1을 먼저 둔다거나 하는 기교를 부리다가는 백 6의 촉촉수에 걸린다.

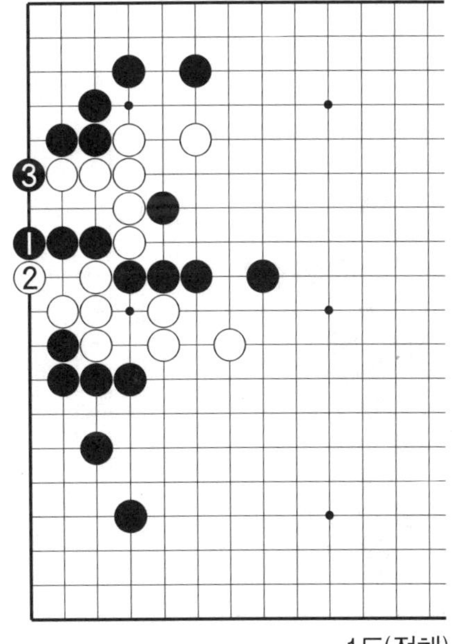

1도(정해)

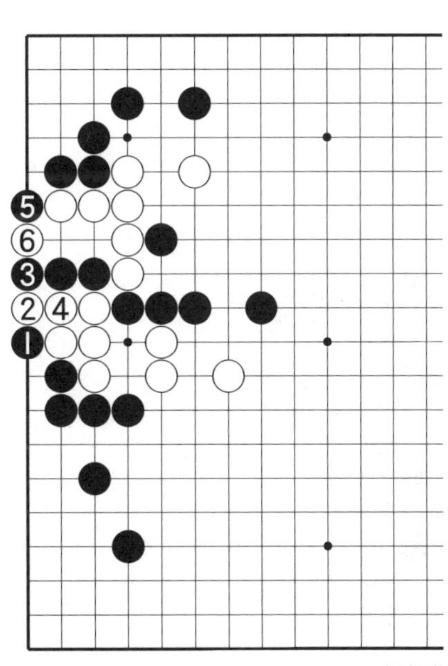

2도(실격)

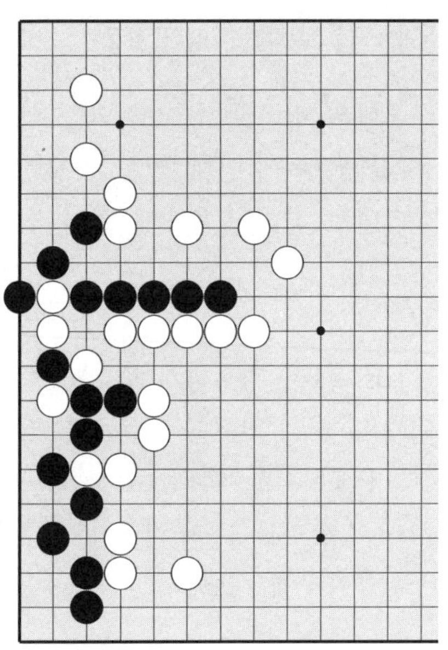

제10형 (흑선)

　본형은 뻗기의 맥을 이용해 곡예를 하듯 연결에 성공하는 수법이다.

　1도 흑1의 뻗기가 맥. 백2로 추궁해도 이하 흑5까지 무사히 연결할 수 있다. 만약 뻗기를 이용하지 않고 2도 흑1로 끊으면 백4까지 패가 되어 실격이다.

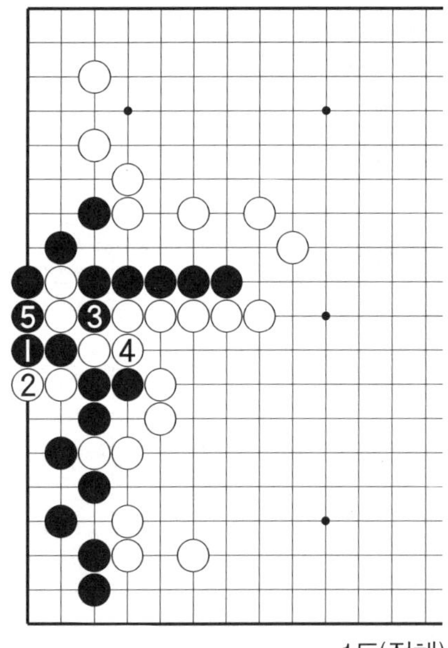

1도(정해)

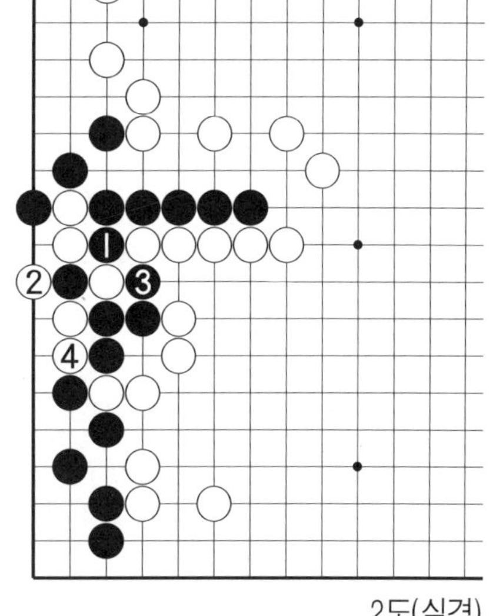

2도(실격)

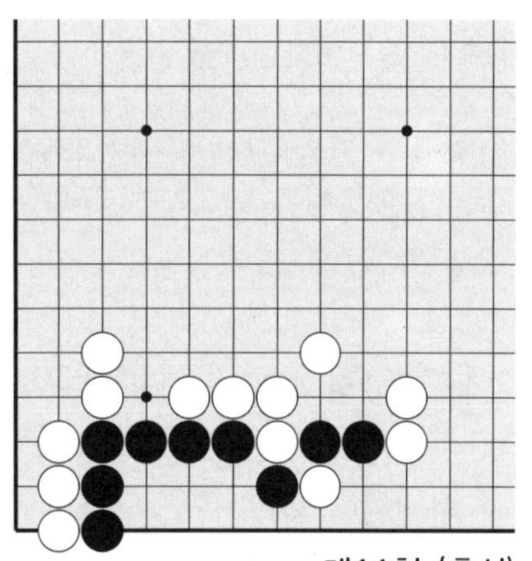

제11형 (흑선)

본형에는 뻗기를 이용해 어느 한 쪽의 희생도 없이 모두 사는 수법이 있다.

1도(전체 삶)

흑1 다음 백2 때 흑3의 뻗기가 패를 피하는 정맥이다. 백4라면 흑5로 안전하다. 흑3의 수가 보이지 않는다면 –

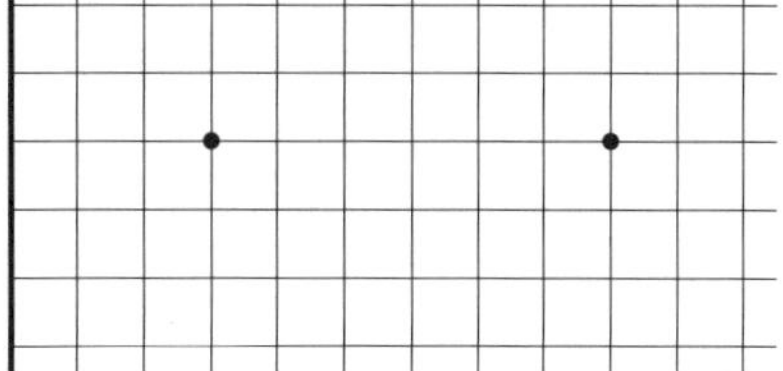

1도(정해)

2도(포기)

흑1에 두어 백2로 흑 두점을 포기하는 수밖에 없을 것이다. 이것이 맥을 몰라서 당하는 불이익이다.

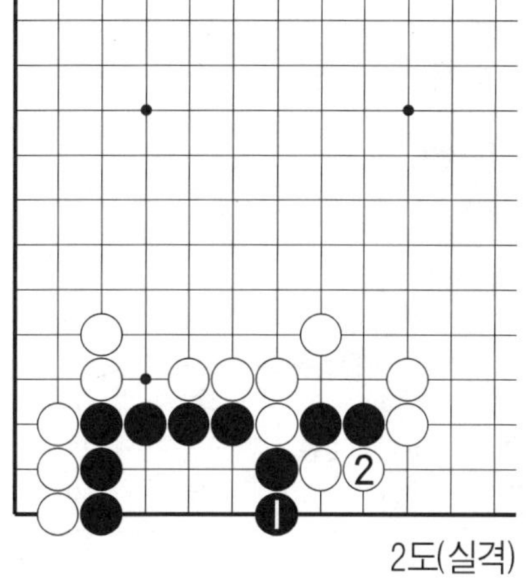

2도(실격)

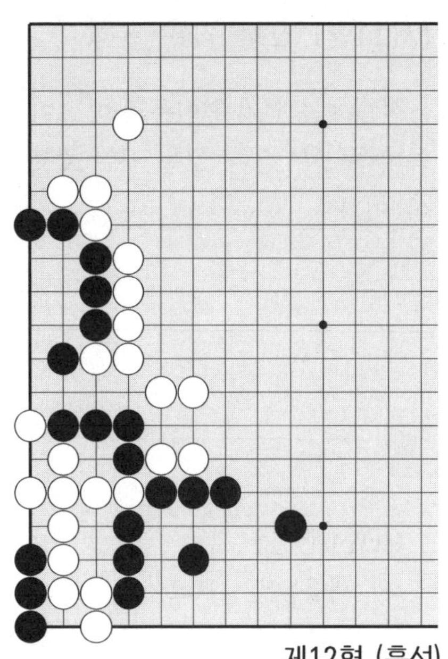

제12형 (흑선)

본형도 맥만 안다면 흑 전체를 살려, 귀의 백을 귀곡사로 무난히 잡을 수 있다.

1도 흑1의 뻗기가 침착한 맥이다. 백2면 흑3으로 그만. 흑 전체가 완생이며 따라서 백은 자연사가 된다.

2도 흑1에 막는 것은 백2·4·6의 수순으로 수상전에서 흑이 진다.

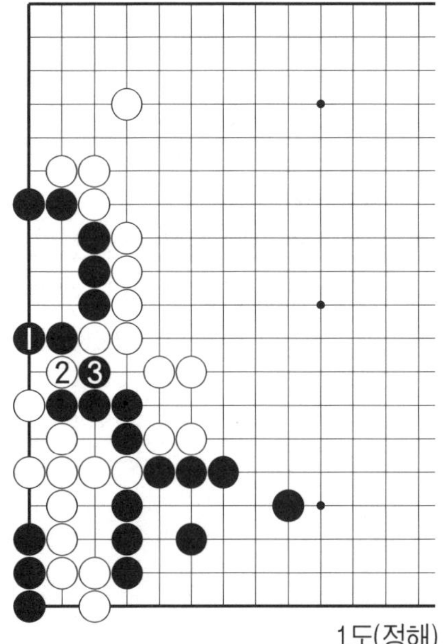

1도(정해)

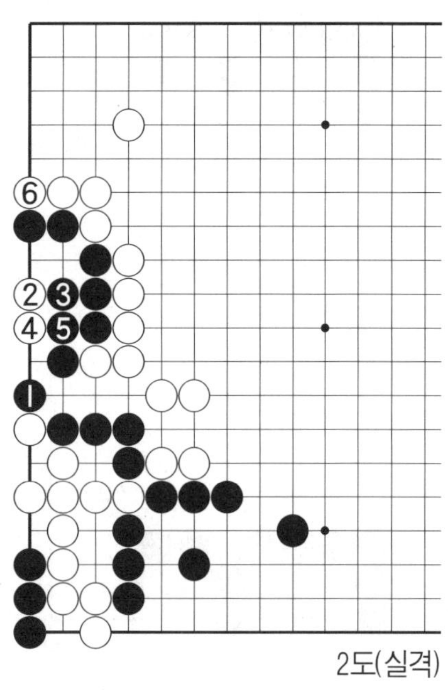

2도(실격)

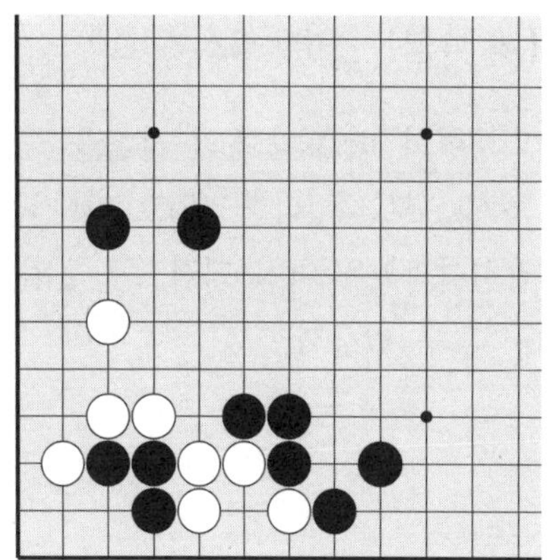

제13형 (흑선)

본형은 귀의 침입에서 만들어지는 모양으로, 이때도 맥을 모르면 수상전이 되어 수부족으로 죽는 수가 있다.

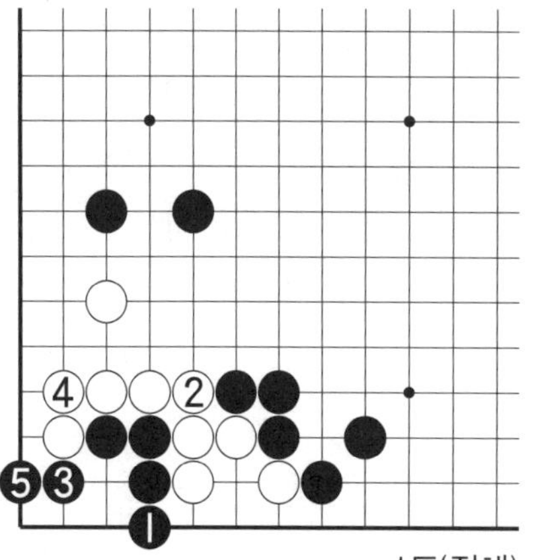

1도(정해)

1도(흑 회생)

흑1이 이 흑을 살리는 유일한 맥이다. 백2에 이어야 할 때 흑3·5로 산다. 수순중 백이 4로 흑5에 두어 패를 하는 것은 백 전체가 위험해지므로 불가하다.

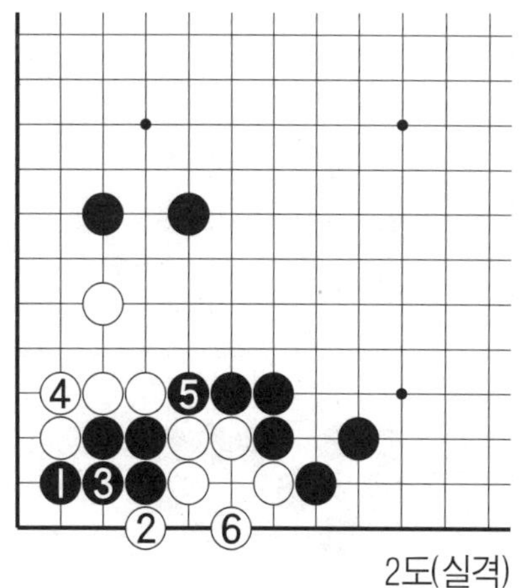

2도(실격)

2도(흑 수부족)

흑1은 백2의 단수를 맞아, 이하 백6까지 흑이 수부족이다.

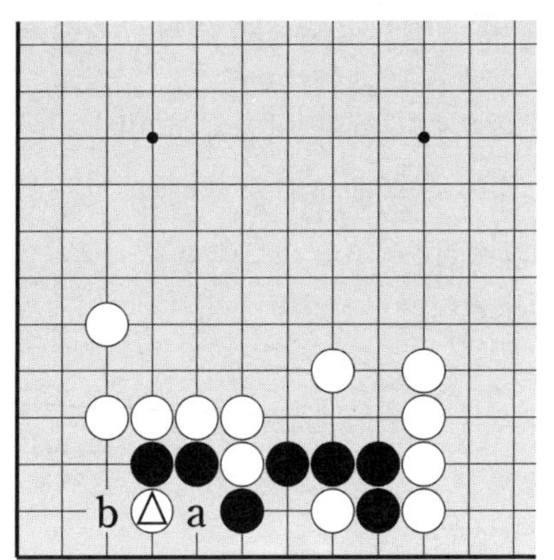

제14형 (흑선)

【제14형】 사활의 급소

본형의 백△는 흑의 사활을 묻는 것으로, 흑a라면 백b로 간단히 잡힌다. 흑은 어떤 맥점으로 삶을 구할 수 있을까?

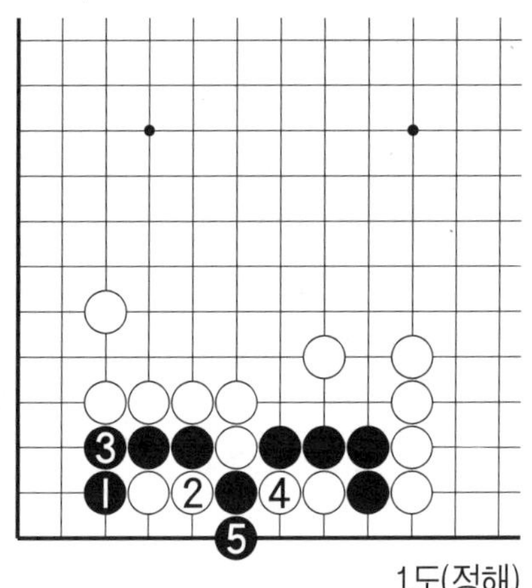

1도(정해)

1도 흑1은 나중 흑5의 뻗기를 읽어야 가능한 선택이다. 2도 흑1로는 백2 이하로 삶이 없다.

본형 백△로는 3도 정도로 만족했어야 했다.

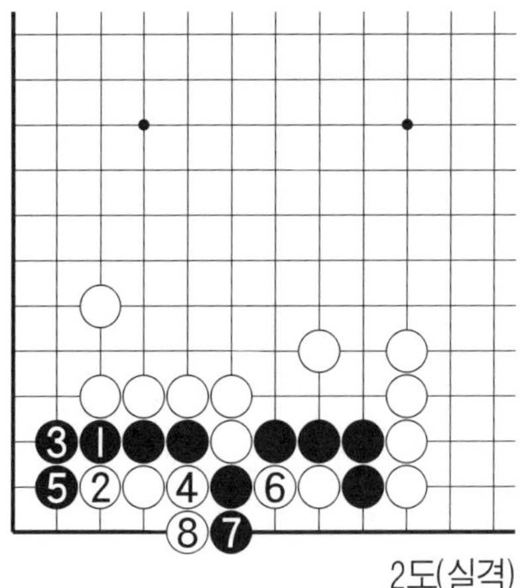

2도(실격)

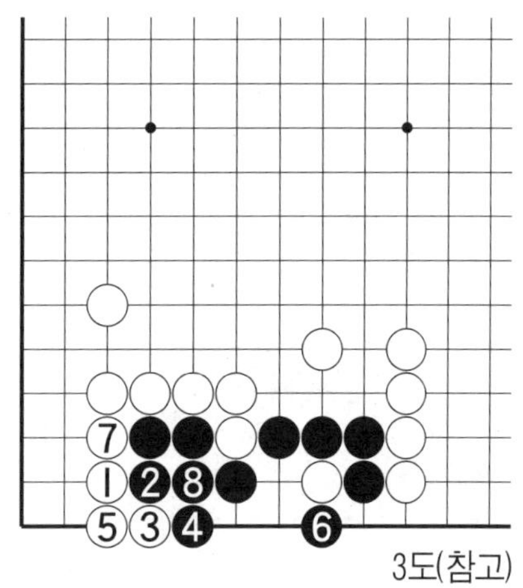

3도(참고)

수상전의 테크닉

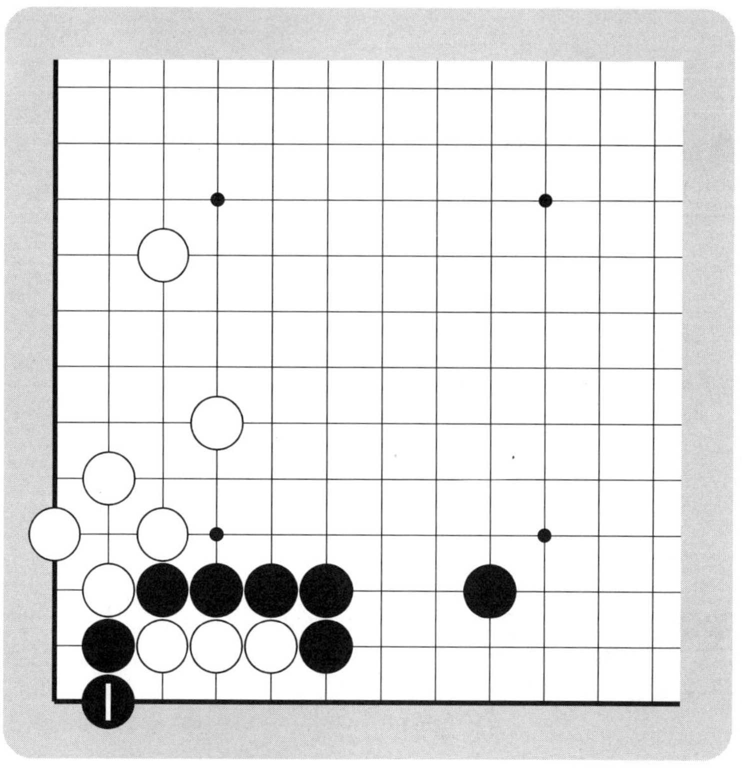

흑1로 뻗는 수법은 수상전의 기초 맥점으로 반드시 알고 있어야 한다. 귀끝의 수상전에서는 이와 같이 1선에 뻗는 수로 상대의 자충을 유도해 수를 늘릴 수 있다.

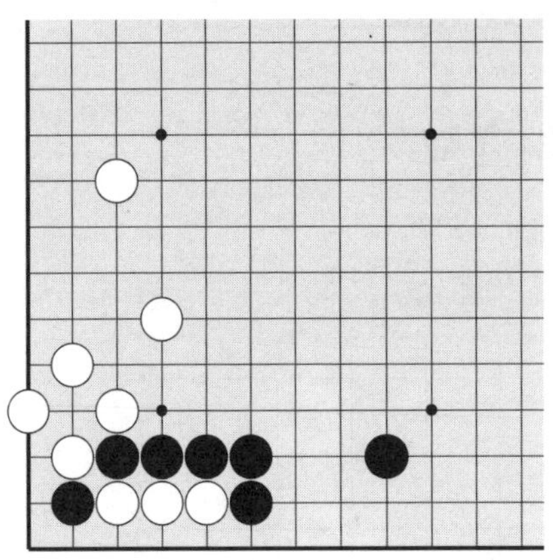

제1형 (흑선)

【제1형】 흑 한점의 수상전

본형은 수상전의 기본형이지만, 경솔하면 패가 된다.

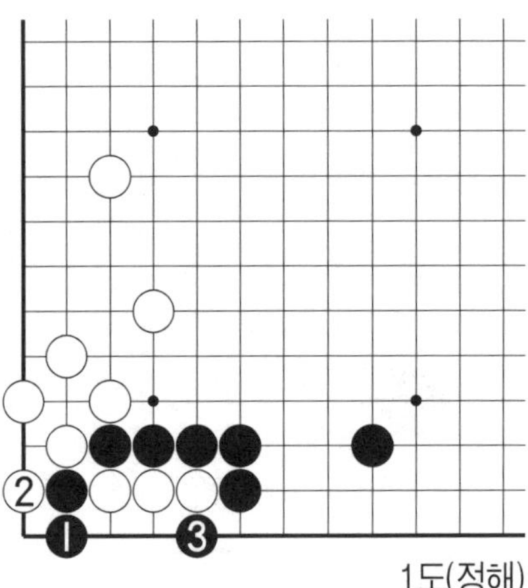

1도(정해)

1도(흑 1수승)

흑1의 뻗기로 귀끝의 특수성이 작용해, 흑3까지 흑 1수 승이다.

2도(실격)

2도(패)

흑1의 젖힘은 경솔한 수로, 백2·4에 의해 패가 되어 실격이다.

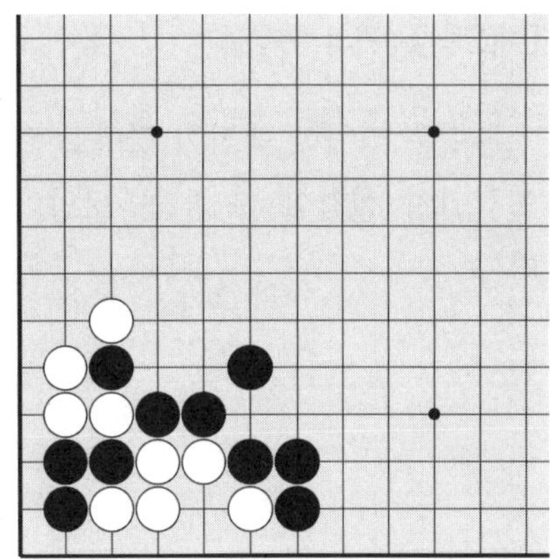

제2형 (흑선)

본형도 수상전의 기초형으로, 이 모양 역시 뻗기의 맥이 필요하다.

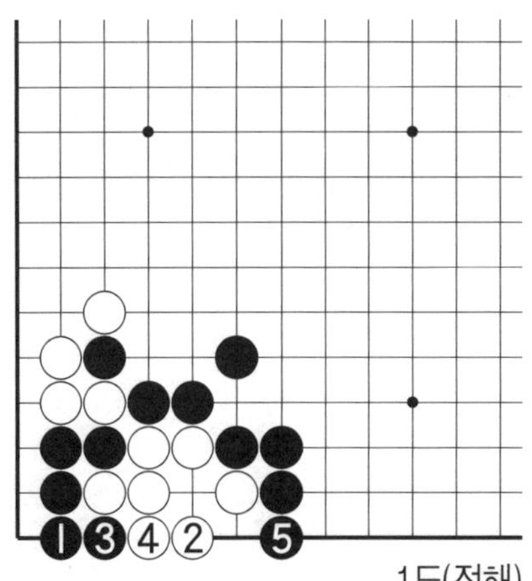

1도(정해)

1도(흑 1수승)

흑1이 맥점이다. 백2에는 흑3·5의 수순으로 1수 빠르다.

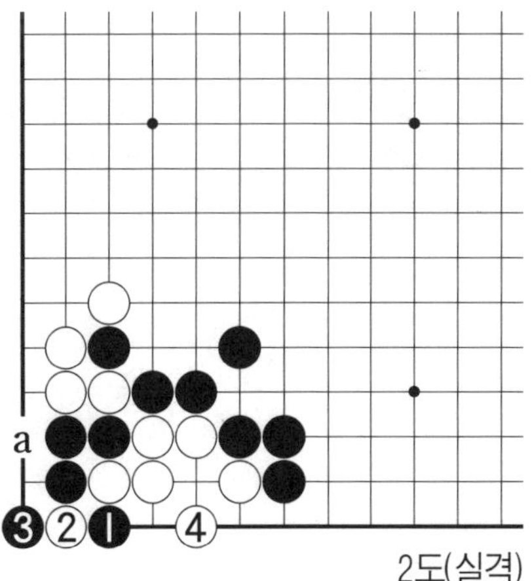

2도(실격)

2도(조급한 젖힘)

흑1의 젖힘은 조급한 수다. 백2·4의 수단이 있어, 흑은 a로 두어야 겨우 후수 빅을 기대할 수 있다.

본형은 뻗기의 맥점이 얼마나 위력적인지 실감할 수 있는 모양이다.

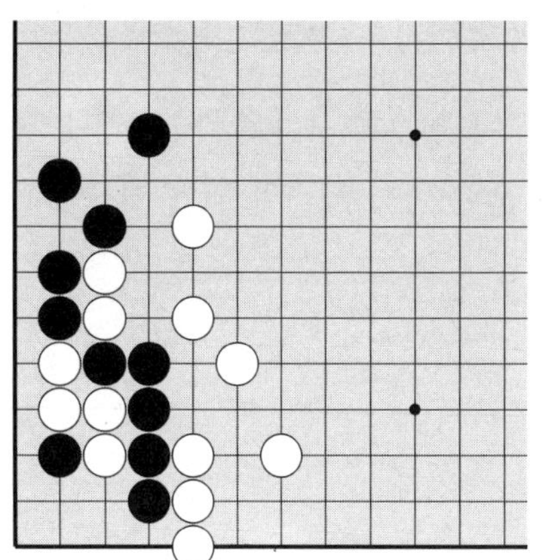

제3형 (흑선)

1도(흑승)

흑1·3으로 뻗는 것이 맥점으로, 패를 피해 수상전을 승리로 이끌 수 있다.

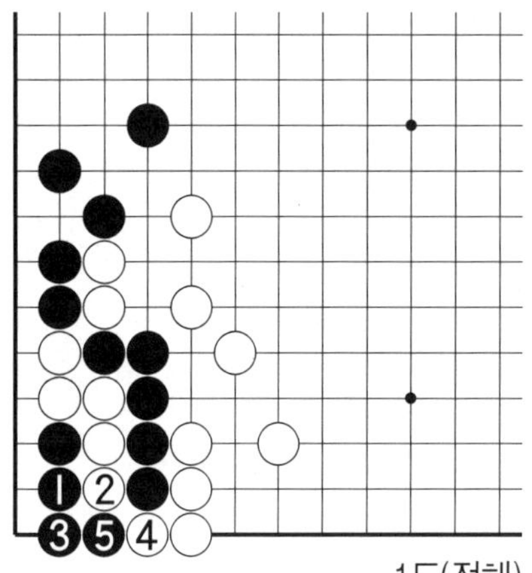

1도(정해)

2도(패)

흑1, 백2 때 흑3은 경솔한 수로, 백4·6의 패가 있어 실격이다.

2도(3수째 실격)

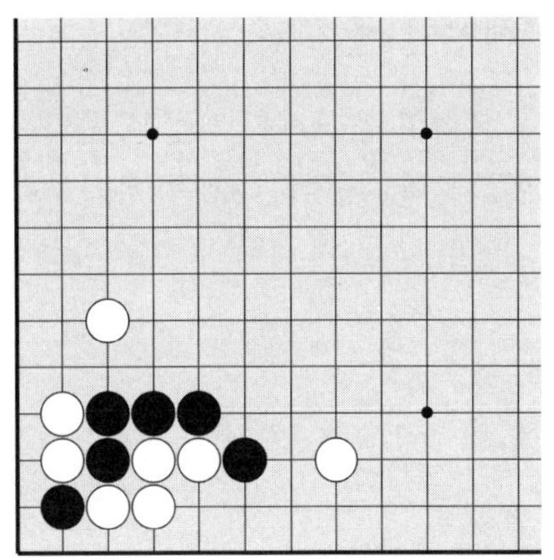

제4형 (흑선)

　본형은 수상전에서 구사되는 뻗기의 맥을 이용하여, 좌하의 흑모양을 가장 유리하게 정리하는 문제다.

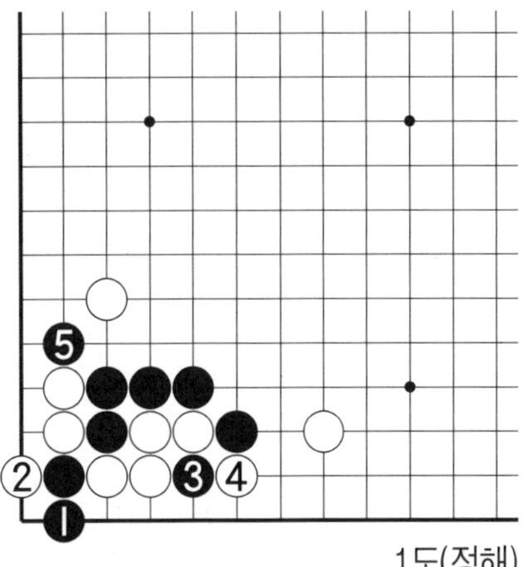

1도(정해)

1도(자충 유도)

　흑1·3의 교묘한 수순으로 자충을 유도한 다음 흑5로 귀를 정리할 수 있다. 물론 귀는 백에게 후절수의 수단이 있지만, 사활에 관계된 것은 아니므로 문제가 되지 않는다.

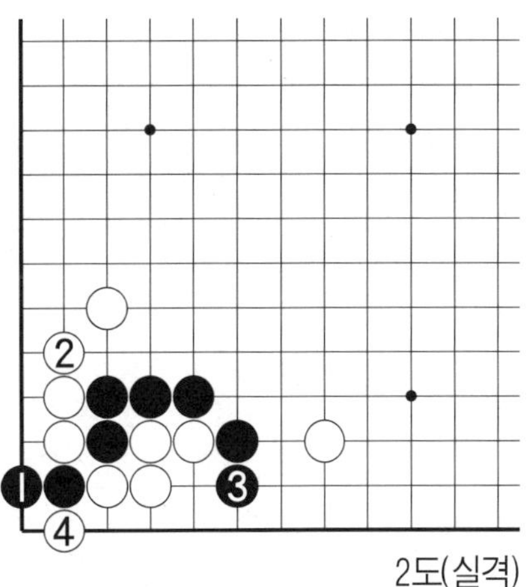

2도(실격)

2도(방향착오)

　흑1은 방향착오의 뻗기로, 백4까지 근거를 잃은 흑의 전도가 불안하다.

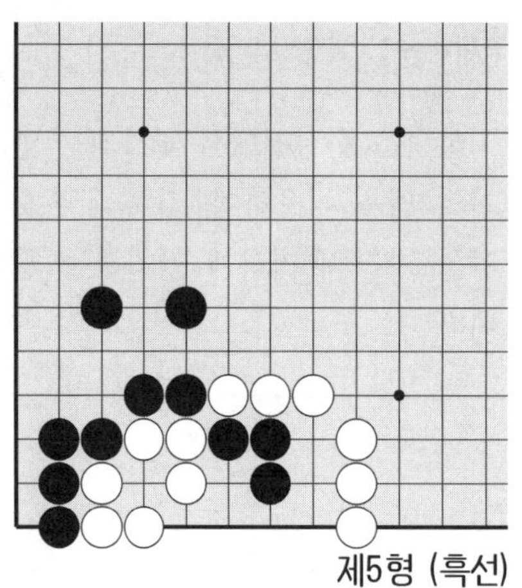

제5형 (흑선)

【제5형】 흑 석점의 수상전

본형의 수상전은 세심한 주의가 필요하다. 지칫하다가는 유가무가 가 될 수 있다.

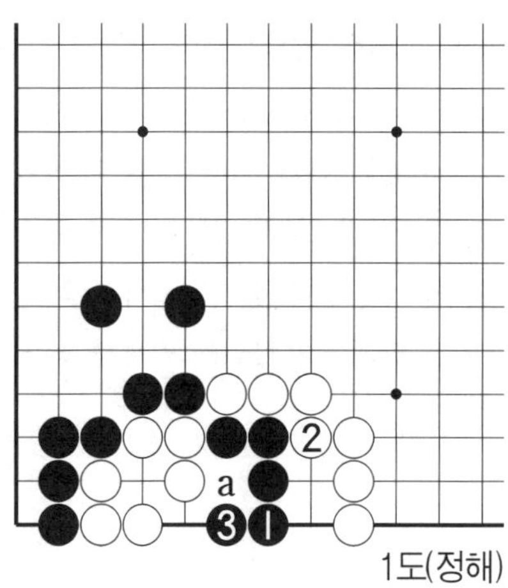

1도(정해)

1도(패가 최선)

흑1이 수를 늘리는 맥점. 계속 하여 백2로 수를 줄이면 흑3으로 백을 잡는다. 백도 2로 3의 곳에 두고 다음 흑a까지, 한 수 늘어지 긴 해도 패를 하는 것이 최선일 것이다.

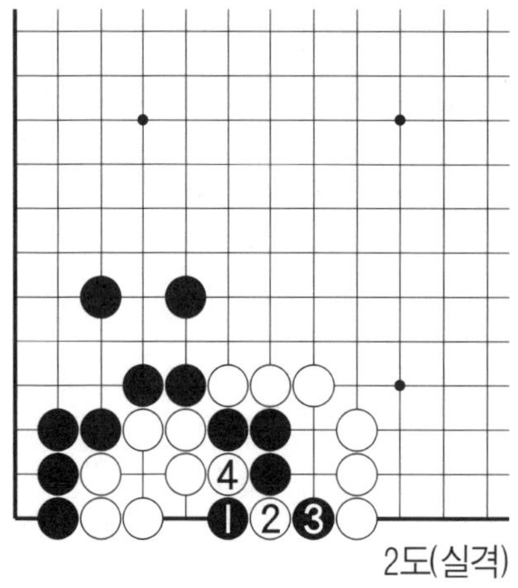

2도(실격)

2도(유가무가)

보통 때는 흑1로 두는 수가 성 립하지만, 지금은 백2의 집어넣는 수가 있어 백4까지 유가무가가 된 다. 따라서 흑이 잡힌 모습이다.

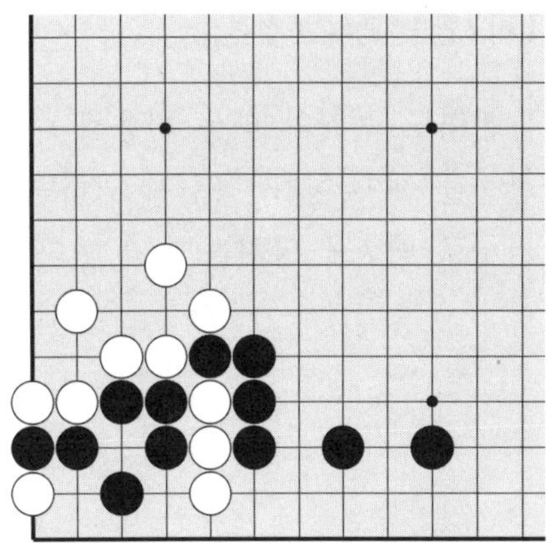

제6형 (흑선)

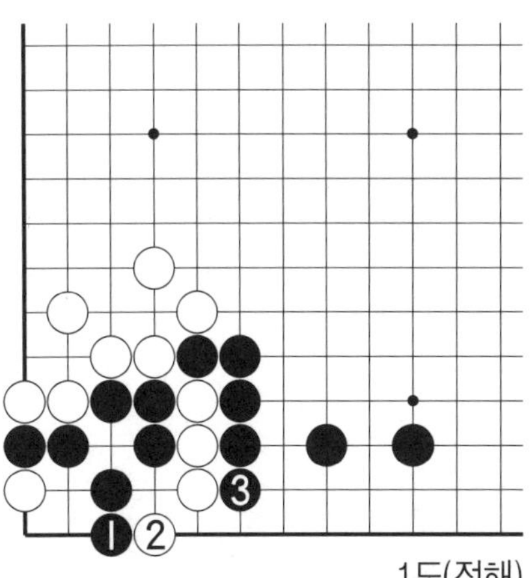

1도(정해)

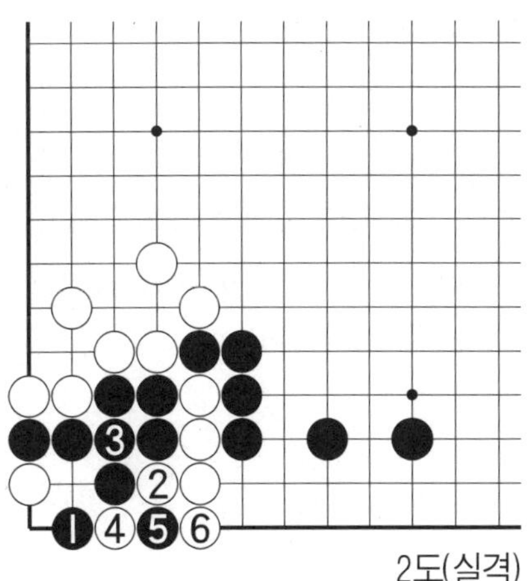

2도(실격)

【제6형】 귀의 수상전

본형은 양자충으로 만들어 수상전을 이기는 모양이다.

1도(양자충)

흑1의 뻗기가 양자충을 만드는 유일한 맥이다. 백2라면 흑3으로 그만이다.

2도(패)

흑1은 맥을 발견하지 못한 소극적인 지킴으로, 백2·4·6의 패로 저항하는 수가 있다.

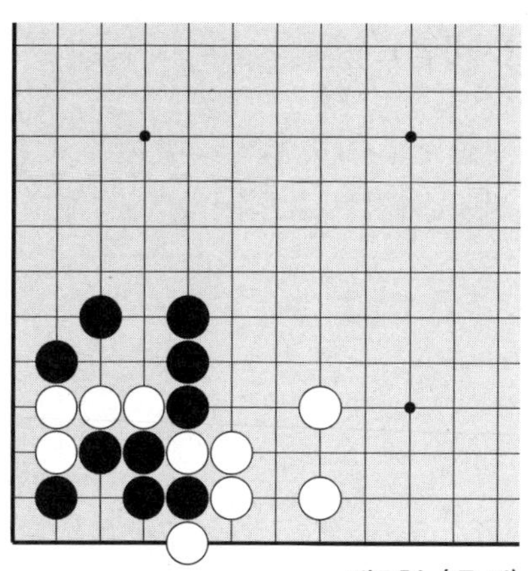

제7형 (흑선)

본형도 뻗기의 맥을 이용해 수
상전을 해야 한다. 욕심이 과하면
거꾸로 맥점을 당하는 수가 있다.

1도(흑승)

흑1이 유일한 수상전의 맥이다.
본도의 수순은 흑의 승리를 확인
시킬 뿐이다.

1도(정해)

2도(백2 맥점)

흑1로 욕심을 내면 백2의 맥점
이 작렬한다. 계속해서 흑3에 빠
지면 백4로, 이번에는 흑이 1수 부
족하게 된다. 흑이 a의 환격을 피
해야 하기 때문이다.

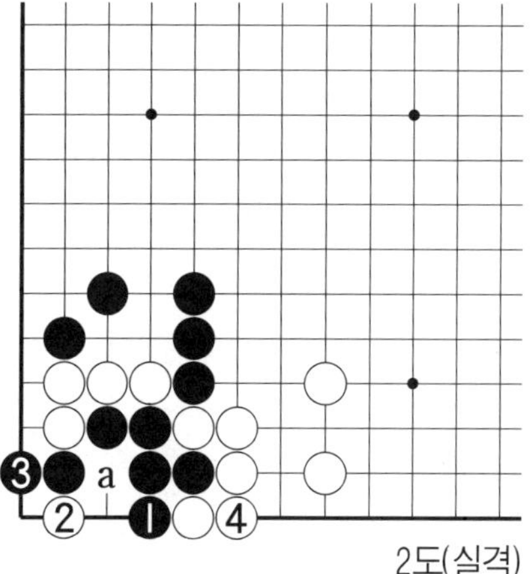

2도(실격)

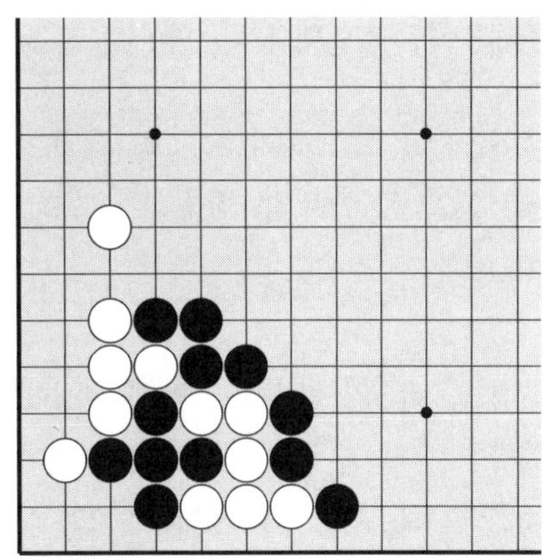

제8형 (흑선)

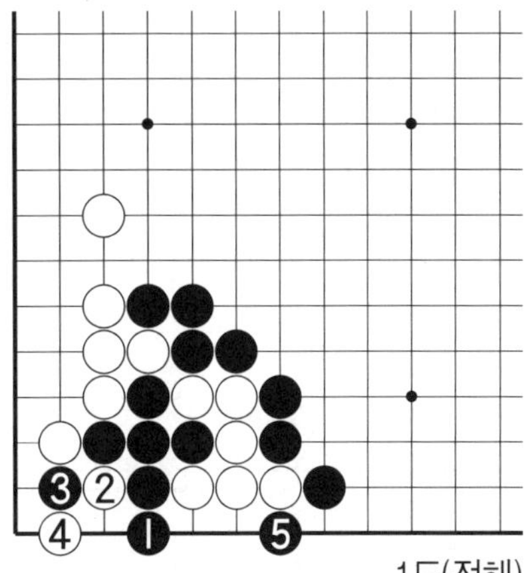

2도(실격)

본형은 유명한 뻗기의 맥점이다. 다만 주의할 점은 이 뻗기가 귀끝에서만 성립한다는 사실이다.

1도(흑 1수승)

흑1이 정맥이며, 백2·4의 집요한 추궁에 흑5의 수순까지가 이 수상전의 수법이다. 결론은 흑의 1수승.

1도(정해)

2도(백6 묘착)

흑1에 젖히면 백2의 단수를 맞아 위험해진다. 백4 때 흑a로 끊으면 패가 되지만, b로 끊는 패감이 많아 흑이 견딜 수 없다. 따라서 본도와 같이 흑5라면 백6의 껴붙임이 탈출의 묘착으로, 흑이 망한 결과다.

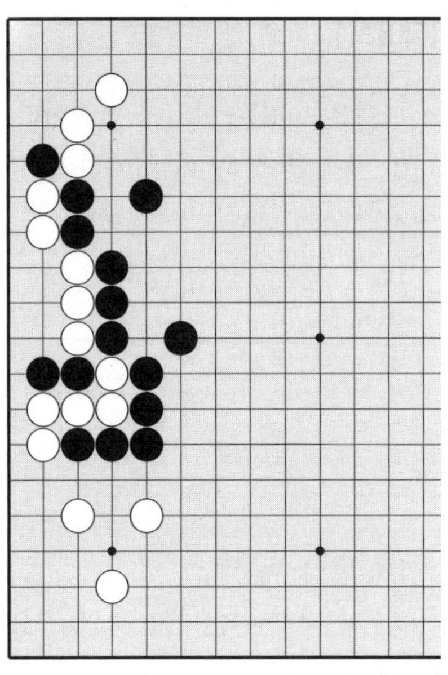

제9형 (흑선)

본형은 뻗기를 실행하는 타이밍을 잃으면 목표가 성립하지 않는다.

1도 흑1의 절단을 거쳐 흑3에 뻗는 것이 수순이다. 백4로 늘어야 할 때 흑5·7의 패를 만들 수 있다.

2도 흑1로 먼저 뻗으면 백2 다음 흑3 때 백4로 단수하여 실패한다.

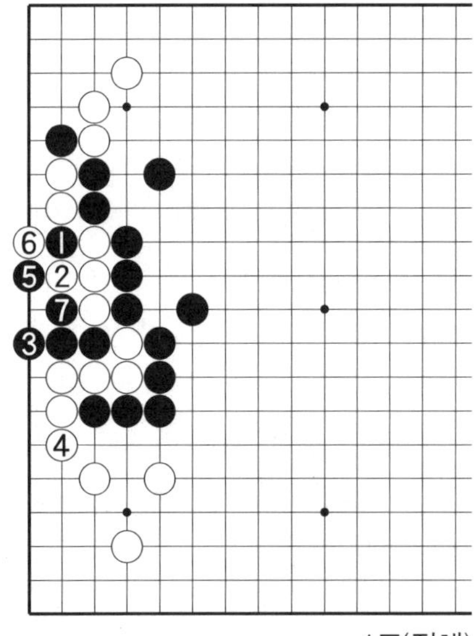

1도(정해)

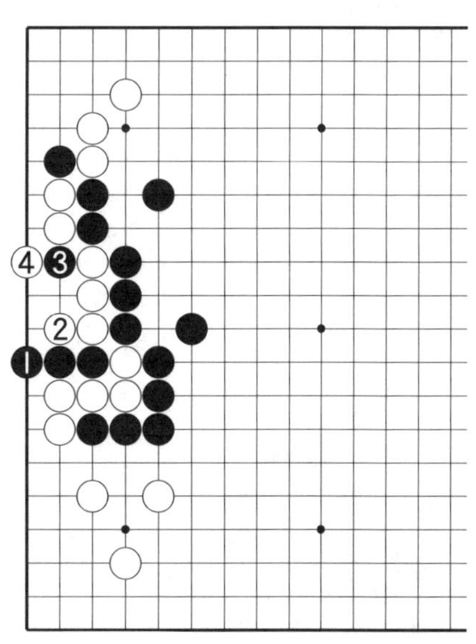

2도(실격)

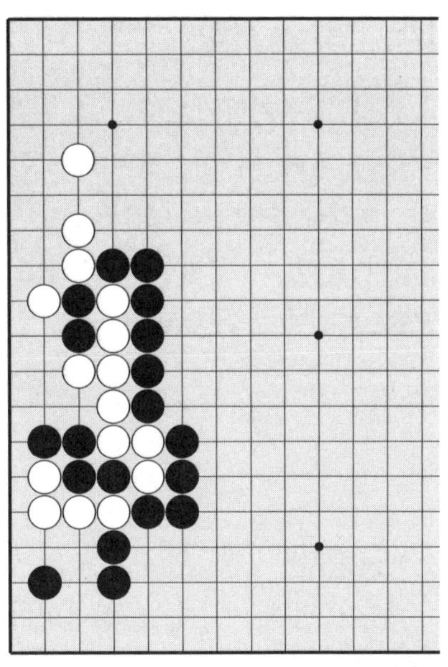

제10형 (흑선)

본형도 전형과 마찬가지로 수상전에서 뻗기의 타이밍을 얻는 모양이다.

1도 흑1로 먼저 키워 죽인 후 흑3의 뻗기로 흑 1수 승이다. 흑7까지는 흑승을 확인시킨다.

만약 2도와 같이 흑1에 먼저 뻗으면 나중에는 흑3 때 백4의 단수로 자충을 만들 수 없어, 이번에는 백이 1수 빠르게 된다.

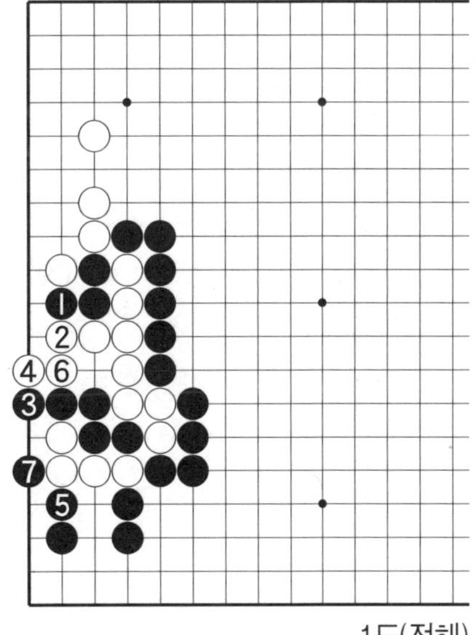

1도(정해)

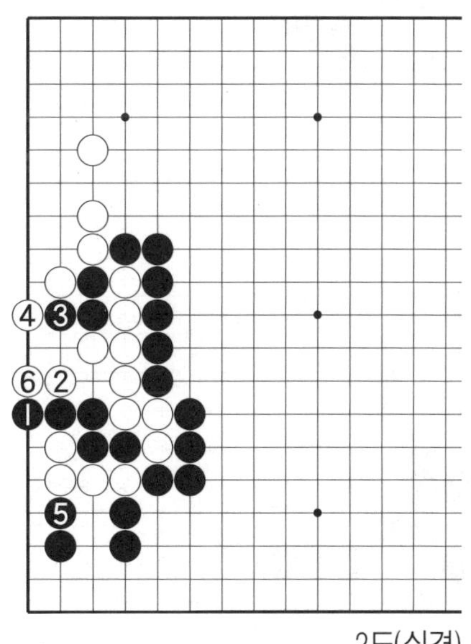

2도(실격)

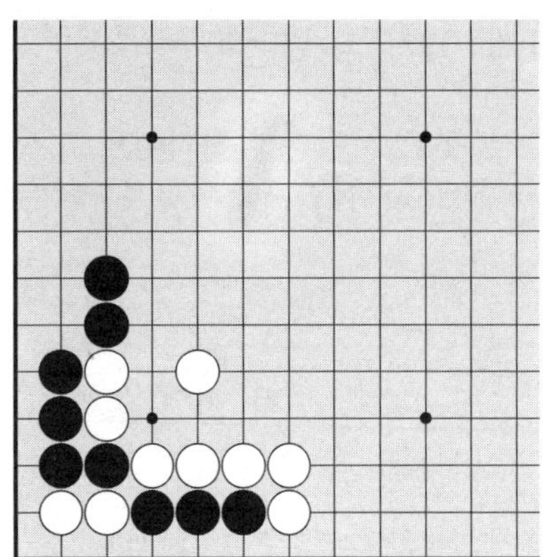

제11형 (흑선)

본형은 뻗기라기보다는 꼬부림이라는 말이 더 어울릴지도 모른다. 그러나 수상전의 형태로 보면 2개의 돌만 그 역할을 하고 있으므로 뻗기에 수록했다.

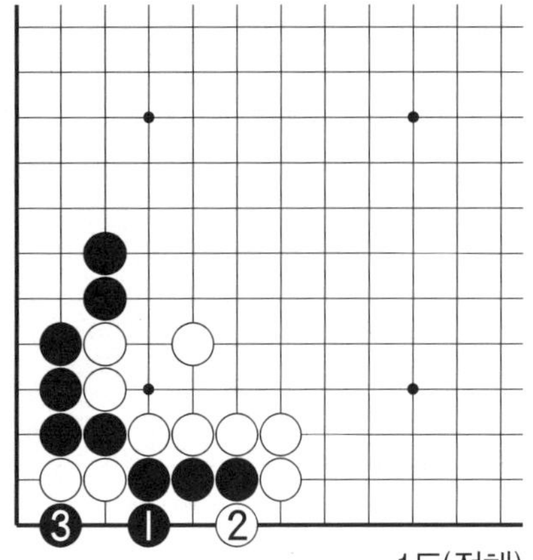

1도(정해)

1도(숙지)

흑1이 정맥. 이 수는 실전성이 강하므로 숙지해 두는 것이 좋을 것이다. 또 백2에는 흑3이 연관된 수순이다.

2도(먹여침)

흑1의 젖힘은 백2의 먹여침이 있어 실격이다. 이제 흑은 a로 두어 간신히 패로 버티는 정도다.

2도(실격)

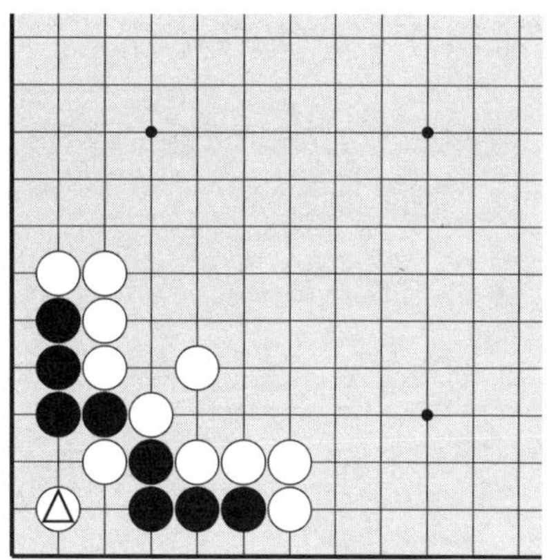

제12형 (흑선)

본형은 현현기경에 잘못 수록된 문제로 유명하다. 백△에 대해 흑은 뻗기의 맥으로 간단히 이길 수 있다.

1도(흑승)

흑1 다음 흑3의 뻗기가 맥이다. 그리고 백4에 흑5가 연관된 수순이다. 흑5로 a면 백b의 먹여침이 있어 위험하다.

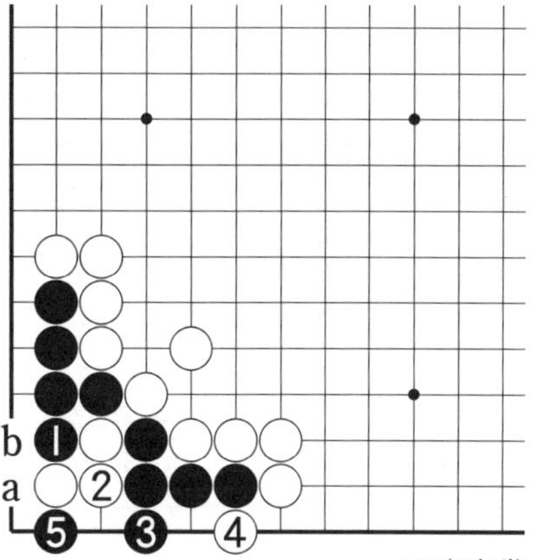

1도(정해)

2도(흑 죽음)

흑1·3은 백4의 먹여침으로 위험하다. 흑5로 따내면 백6으로 양자충의 죽음이 있다.

2도(3수째 실격)

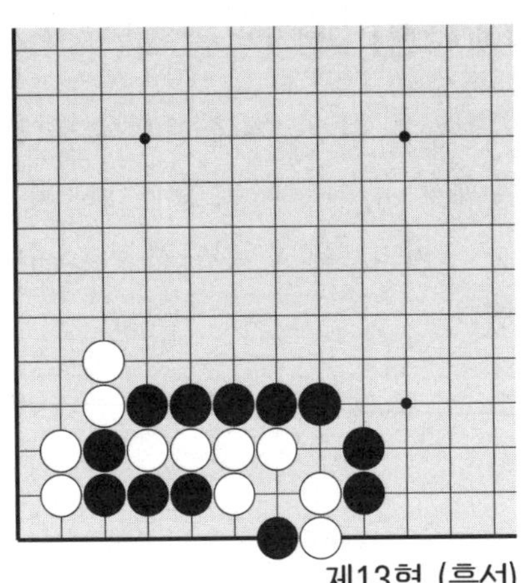

제13형 (흑선)

본형도 뻗기를 모르면 수상전을
이길 수 없다.

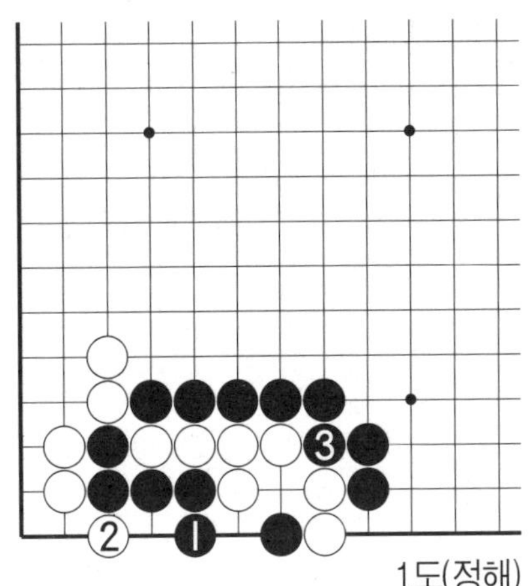

1도(정해)

1도(흑 1수승)

흑1의 뻗기와 흑3이 연관된 수
순이다. 따라서 수상전은 흑1수승.

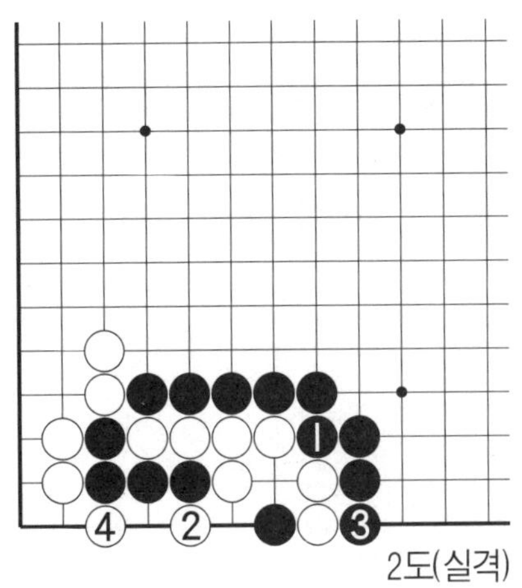

2도(실격)

2도(꼬리만 잡힘)

흑1을 먼저 두면 2의 곳을 백이
차지하여 흑3으로 꼬리만 잘라 먹
을 수밖에 없다.

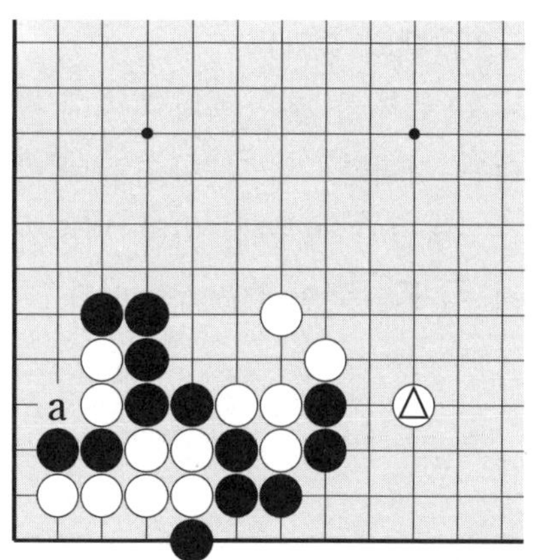

제14형 (흑선)

본형은 정석과정에서 백이 a로 잡지 않고 백△로 이탈한 장면이다. 이때 백의 무리를 응징하는 흑의 맥점이 있다.

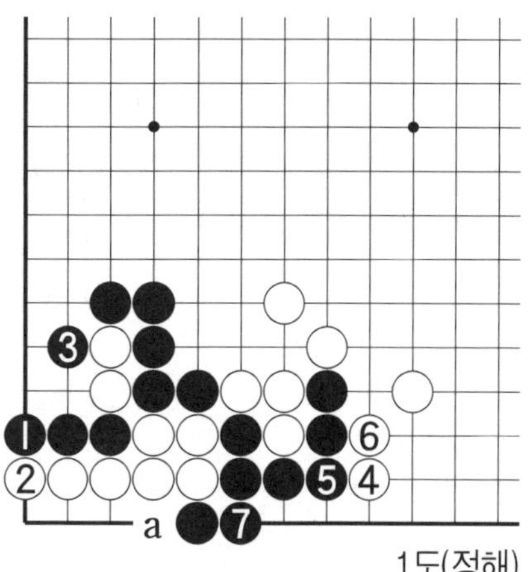

1도(정해)

1도(흑 1수승)

흑1이 백의 흉계를 분쇄하는 정맥이다. 그리고 백4·6 때 흑7로 침착하게 잇는 맥이 연관된 수법으로 흑 1수승이다. 흑7로 a에 두면 백이 흑7에 먹여쳐 거꾸로 유가무가가 된다.

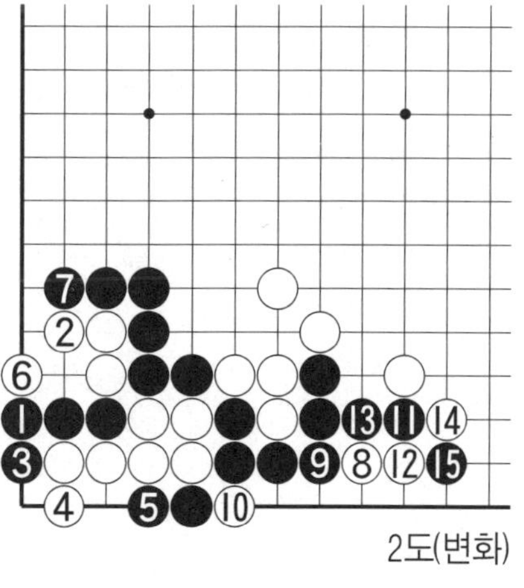

2도(변화)

2도(저항 무위)

흑1에 백2 이하의 저항은 이하 흑15까지 긴 수순을 거치지만, 결국 무위로 끝난다.

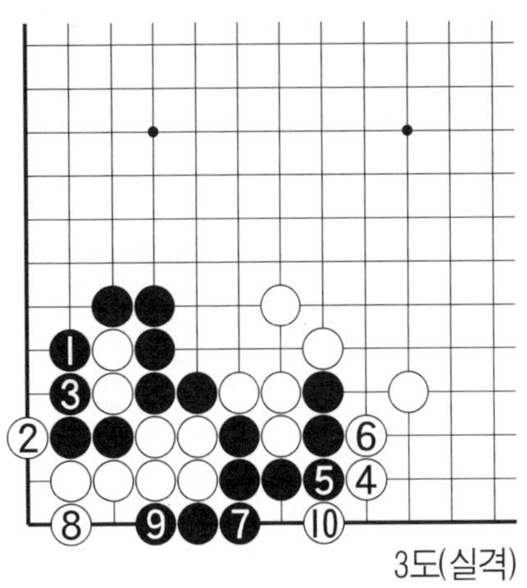

3도(실격)

3도(백의 흉계)

흑1로 잡는 것은 백의 흉계에 걸려든 것이다. 백2의 단수로 백이 1수 늘었기 때문에, 이하 백10까지 이제는 흑이 1수 부족이다.

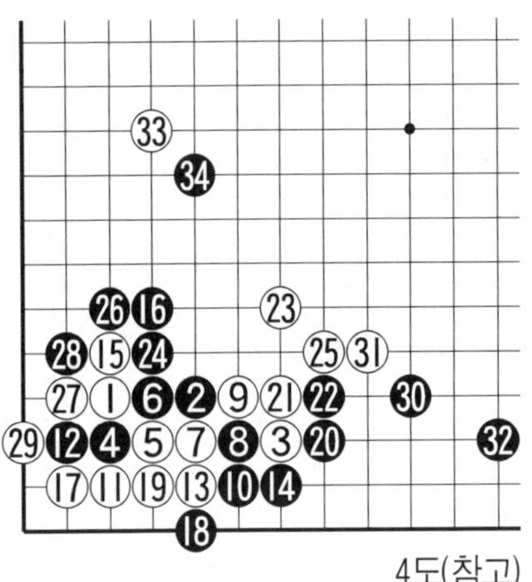

4도(참고)

4도(정석)

본형의 올바른 정석과정은 본도와 같은 것이었다. 수순중 백이 27로 정석을 이탈하여 –

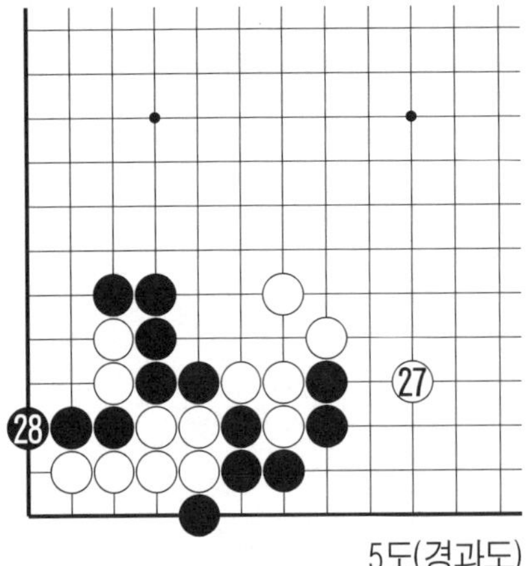

5도(경과도)

5도(맥점)

본도 백27에 둔 것이 본형이었다. 이때 흑28로 뻗는 맥점을 잊지 않기 바란다.

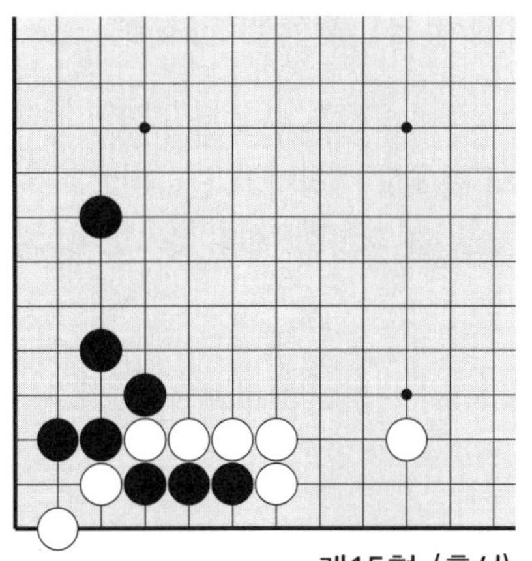

제15형 (흑선)

본형은 귀끝에서 일어나는 수법의 한 형태인데, 이 모양에서도 뻗기의 맥이 적용된다.

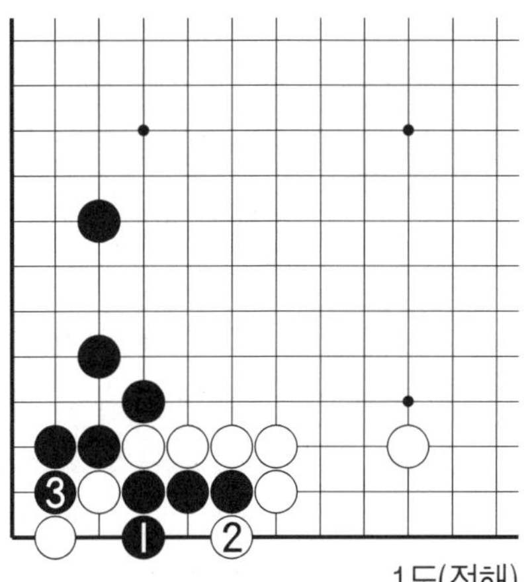

1도(정해)

1도 흑1이 정맥으로 흑3까지 별탈이 없다. 만약 2도 흑1에 무심코 단수하면 백2의 패로 저항하는 수가 있다. 2도의 모양은 실전에서 3도와 같이 만들어지는데, 백1·3으로 패를 하는 것이 상용의 맥이다.

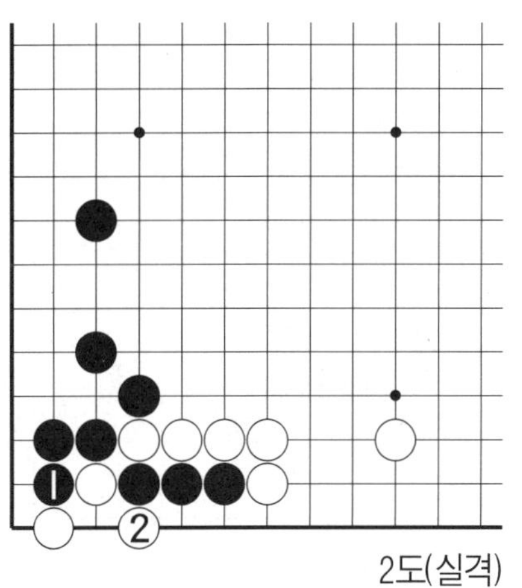

2도(실격)

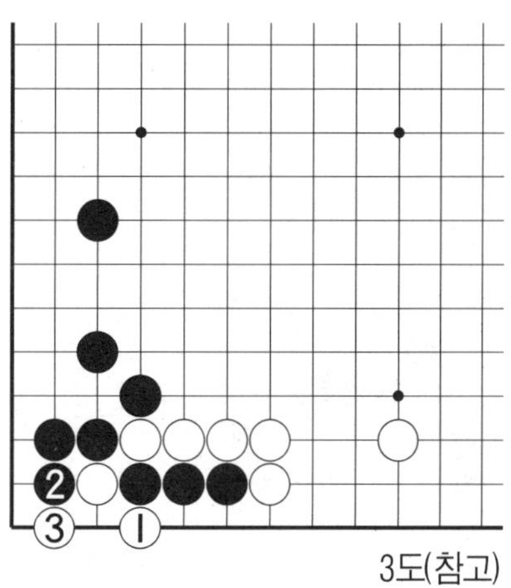

3도(참고)

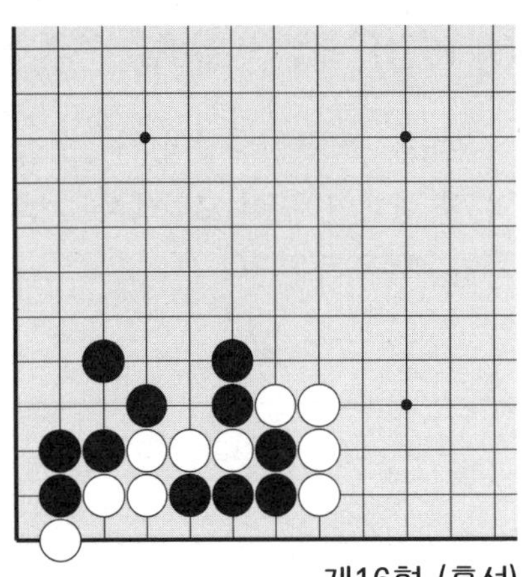

제16형 (흑선)

본 수상전은 마늘모, 한칸, 젖힘의 맥에도 등장하는 단골메뉴로서, 모두 같은 곳의 맥을 가지고 있다.

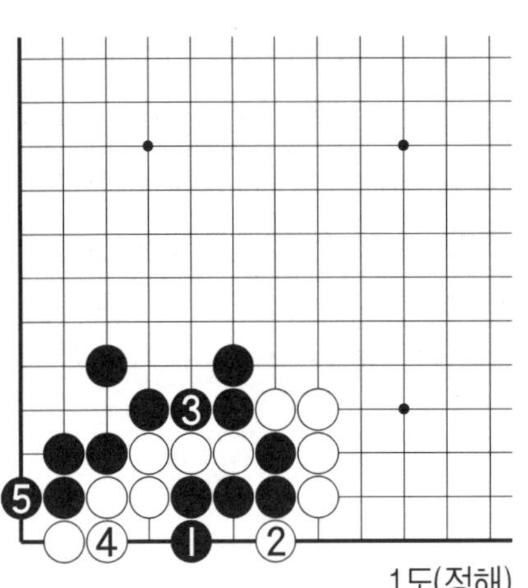

1도(정해)

1도 흑1이 그곳으로 이 모양에서는 가장 중요한 자리다. 2도 흑1로 바깥을 죄면 백도 2의 곳을 두어야 수상전에서 승리할 수 있으며, 참고로 3도와 같은 장면에서도 흑1의 곳이 정맥인 것이다. 이 수로 a면 백은 흑1에 두어 역전.

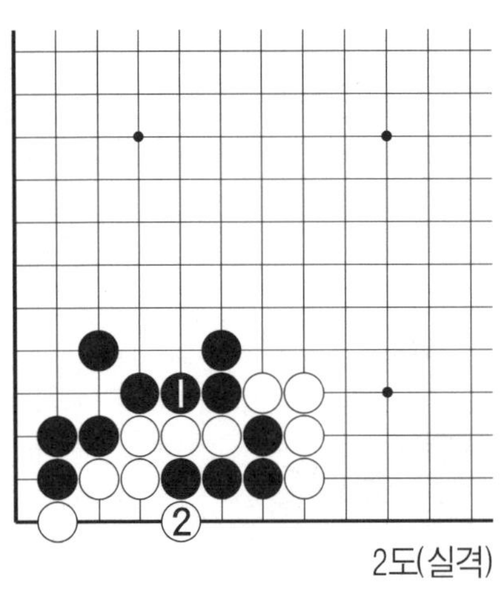

2도(실격)

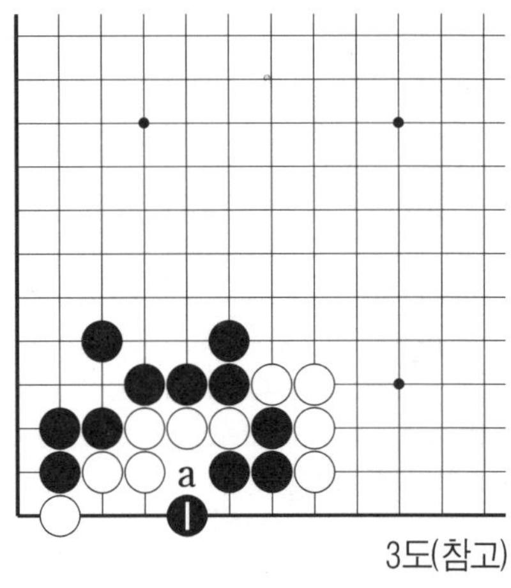

3도(참고)

끝내기상 이득

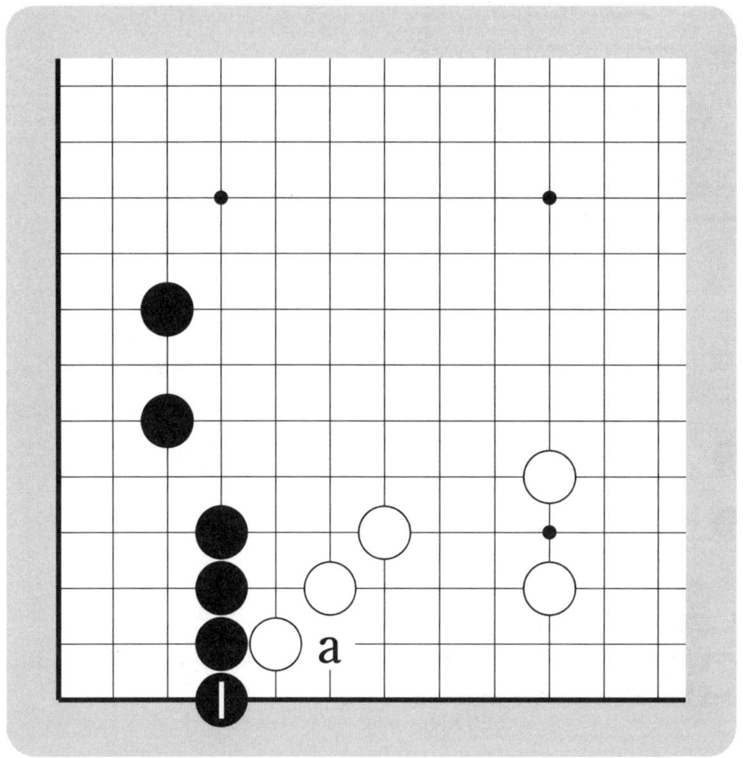

흑1로 뻗은 수는 정수다. 왜냐하면 백1의 젖혀이음을 방지하면서 다음 흑a로 끼우는 후속수단을 보고 있기 때문이다. 따라서 흑1도 지금은 맥의 효과를 가지고 있다.

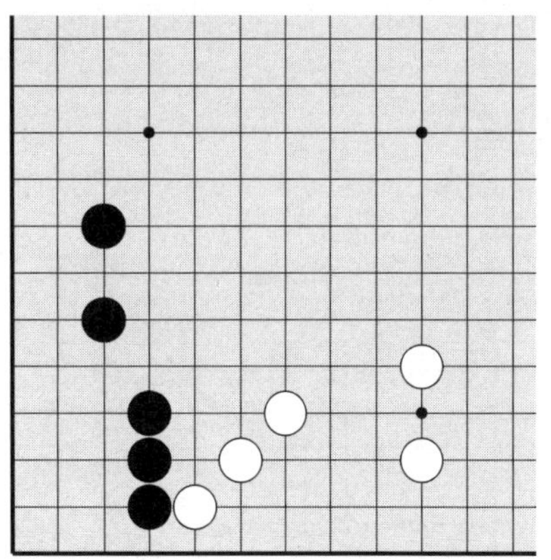

제1형 (흑선)

　본형은 끝내기의 모양이지만, 단순한 수단도 어떤 경우에는 맥점의 가치를 지닌다.

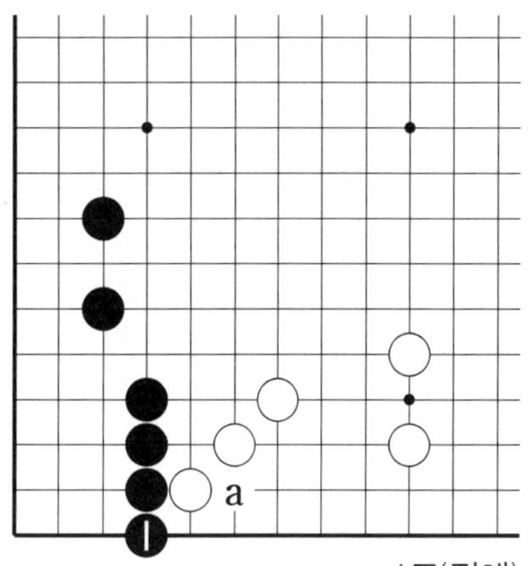

1도(정해)

1도(맥점의 가치)

　흑1은 다음 a의 껴붙임을 맞보아 맥점의 가치를 가지며, 크기는 역끝내기 3집 반이다.

2도(실격)

2도(단순 끝내기)

　흑1·3으로 단순히 젖히는 것은 역끝내기 3집이므로 1도와는 반집의 차이가 있다. 여기서 반집이란 선수 개념이므로 후수 1집 정도를 말한다.

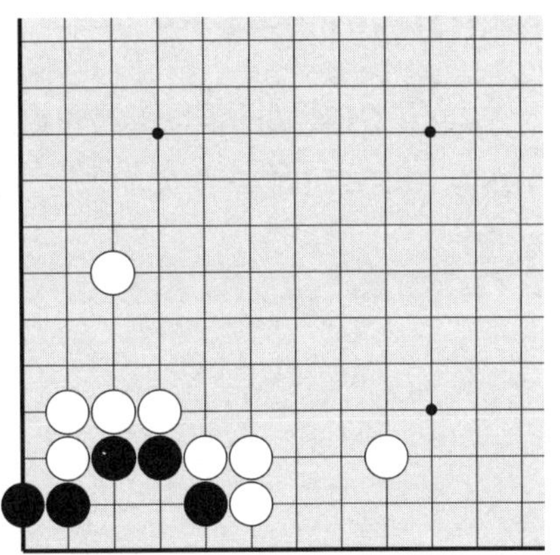

제2형 (흑선)

본형은 실전에서 흔히 2집을 도둑맞기 쉬운 모양이다. 끝내기의 맥을 찾아야 한다.

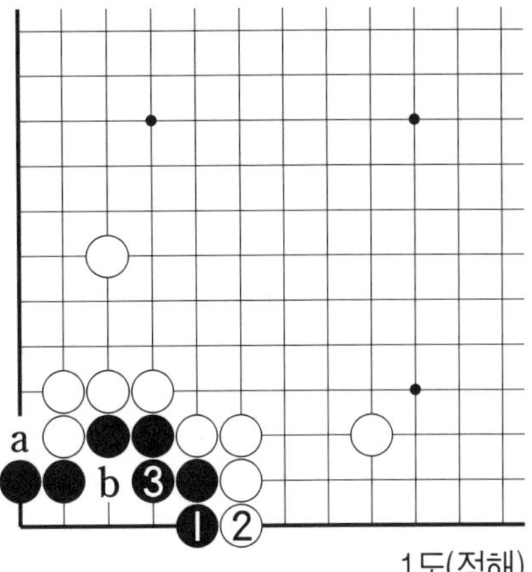

1도(정해)

1도(정수)

흑1의 뻗기가 정수다. 물론 백a로 막혔다면 흑1 때 백b에 끊기는 수가 있으므로, 그때는 성립하지 않는다.

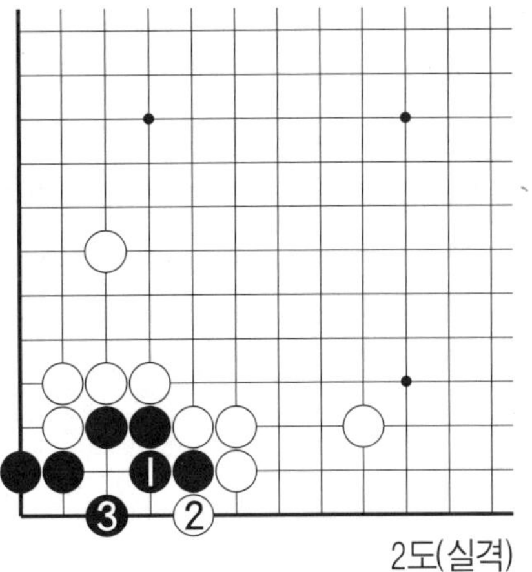

2도(실격)

2도(2집 손실)

흑1의 이음은 백2에 흑3으로 둘 수밖에 없으므로, 이곳 흑집은 3집이다. 1도의 흑집은 5집이므로 그 차이는 2집이 된다. 아차 하는 순간에 2집을 도둑맞은 셈이다.

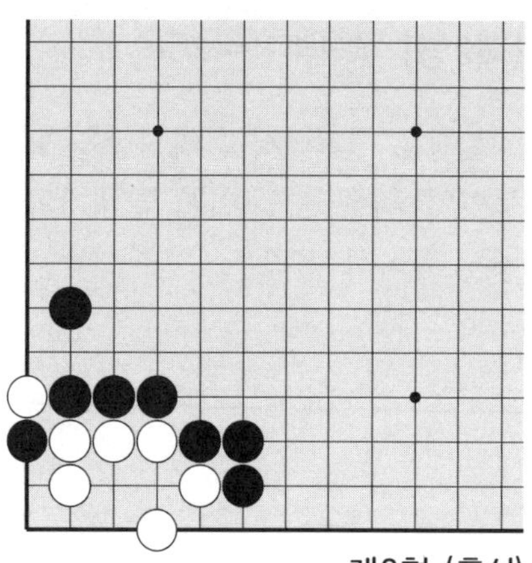

제3형 (흑선)

본형도 끝내기의 수순이 틀리면 1집을 잃어버린다.

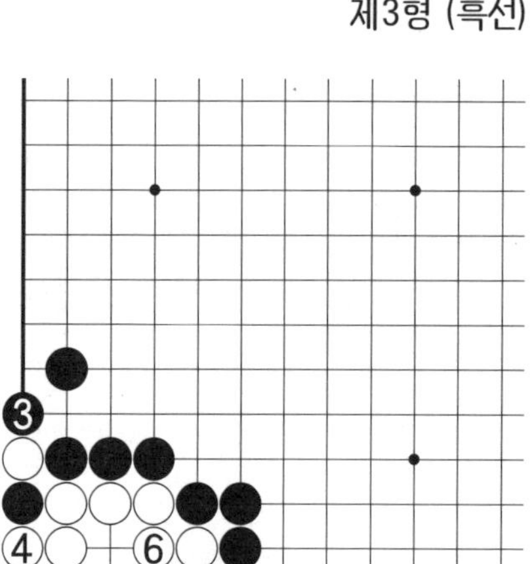

1도(정해)

1도(백 3집)

흑1의 뻗음이 수순이다. 이하 백 6까지 이 곳의 백집은 좌측의 패를 제외하고 3집인데 –

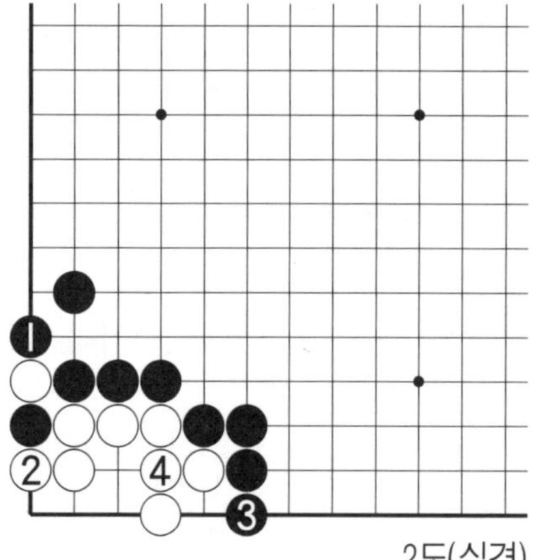

2도(실격)

2도(백 4집)

흑1을 먼저 둔다면 흑3 때 백4로 잇는 수가 있어, 이곳 백집은 4집이 된다. 따라서 1도에 비해 흑이 1집 손해다.

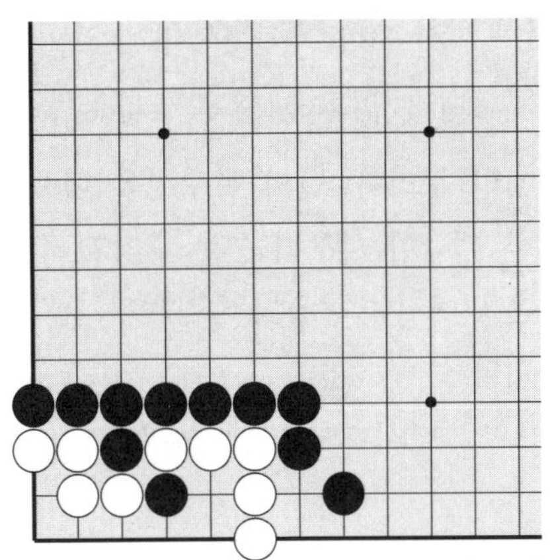

제4형 (흑선)

　본형은 맥을 알고 모르고의 차
이에 따라 끝내기에서 2집의 차이
가 생긴다.

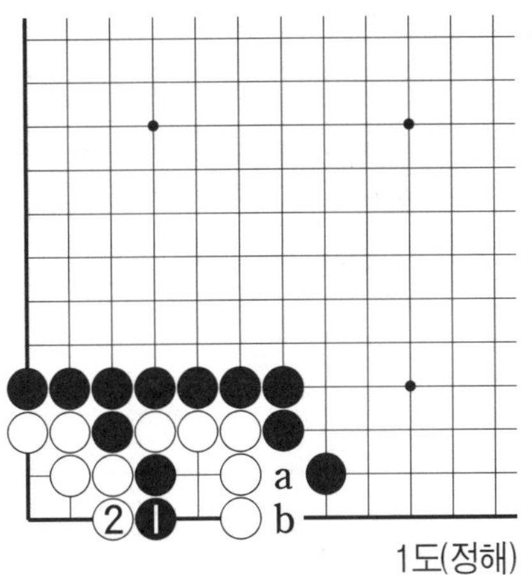

1도(정해)

1도(선수 막음)

　흑1의 뻗기가 끝내기의 맥점. 백
집을 한 집 줄이면서 흑a, b를 모
두 선수로 막을 수 있다.

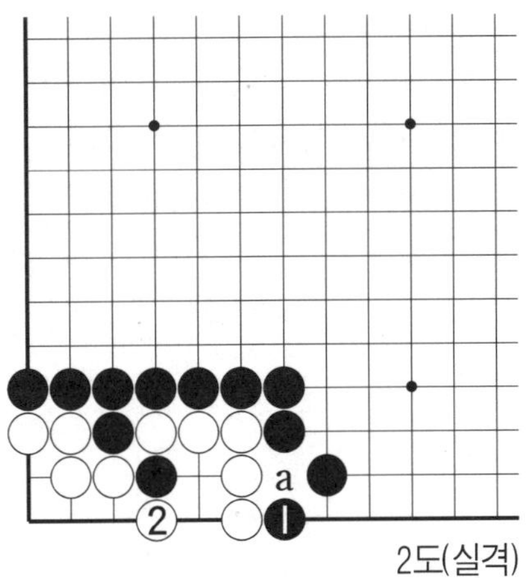

2도(실격)

2도(2집 차이)

　단순히 흑1은 백집도 줄이지 못
하면서 백a가 남아, 1도와의 차이
는 2집이 된다.

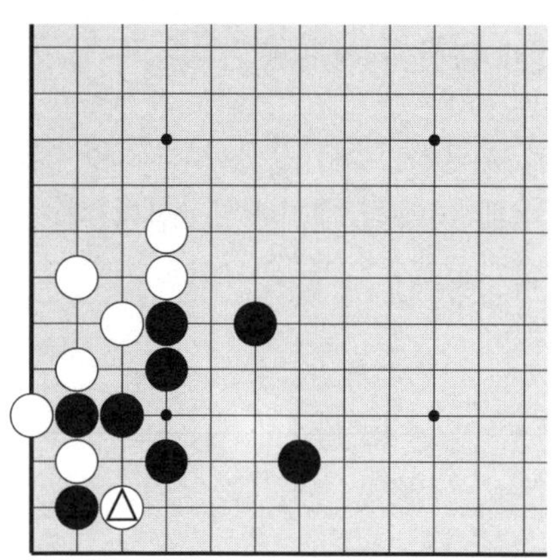

제5형 (흑선)

제5형 (흑선)

【제5형】 백무리를 응징하는 수단

본형의 백△는 패를 노린 것이지만 무리다. 귀의 특수성을 이용한 맥점이 사용되는데, 주의할 점은 변에서는 통용되지 않는다는 것이다.

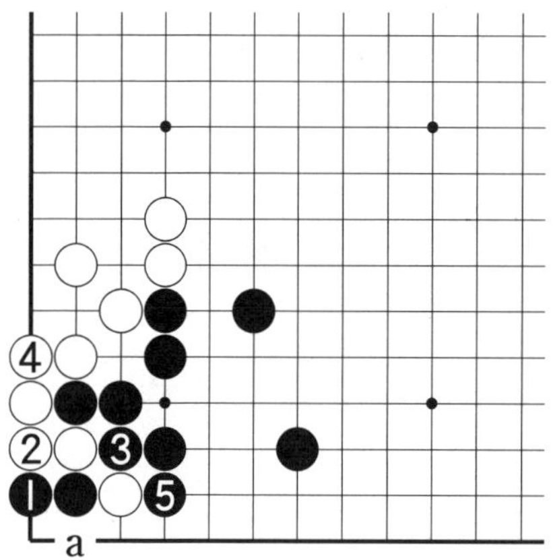

1도(정해)

1도(무사)

흑1의 뻗기는 귀끝에 국한된 맥점으로, 흑5까지 무사히 집을 지킬 수 있다. 수순중 백2로 a면 흑3으로 그만이다.

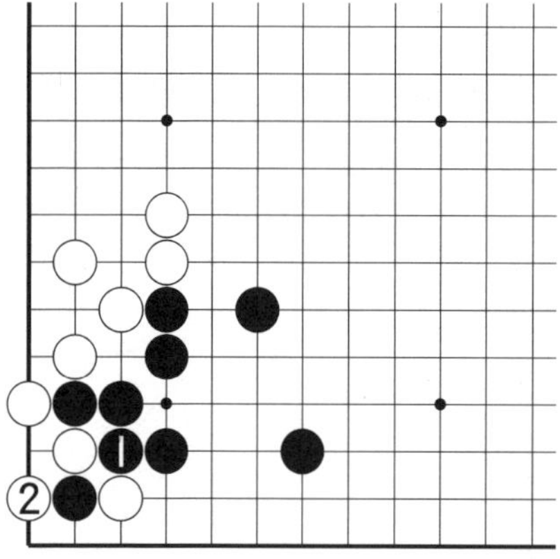

2도(실격)

2도(패)

원래의 생각은 흑1로 끊어 주면 백은 2로 패를 하려는 것이다.

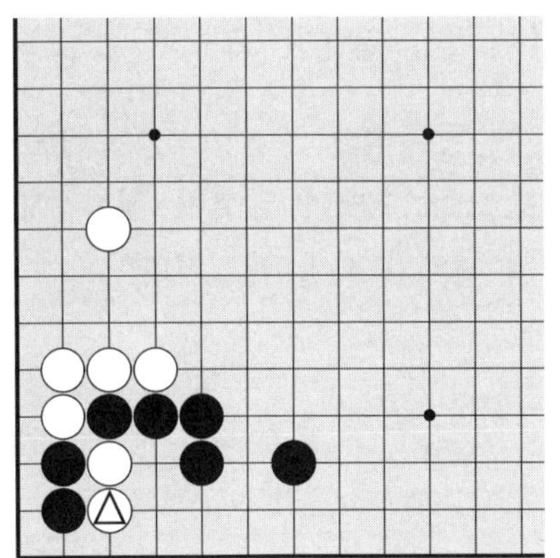

제6형 (흑선)

본형도 실전에 자주 등장하는 끝내기 수법이다. 백△는 선수로 3집을 벌려는 것이지만, 흑의 맥점으로 오히려 백이 손해보게 된다.

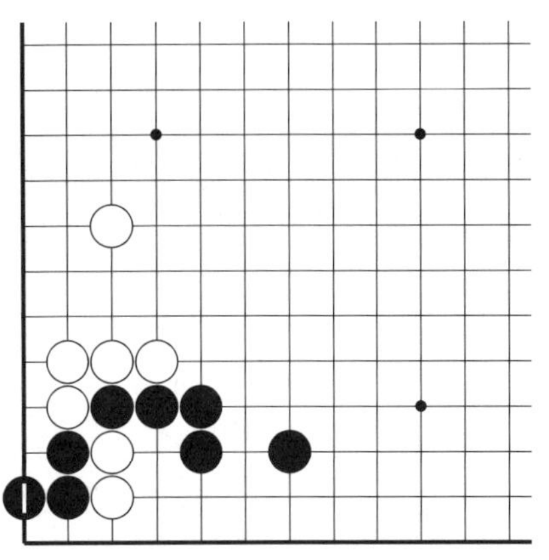

1도(정해)

1도 흑1의 빈삼각이 끝내기의 맥점이다. 백은 2도 흑1이면 백2의 맥점으로 3집을 득보려는 것이었다. 백2 때 흑a는 백b로 패가 된다. 본래 본형 백△로는 여기를 둔다면, 처음부터 3도의 수순을 밟는 것이 정수였다.

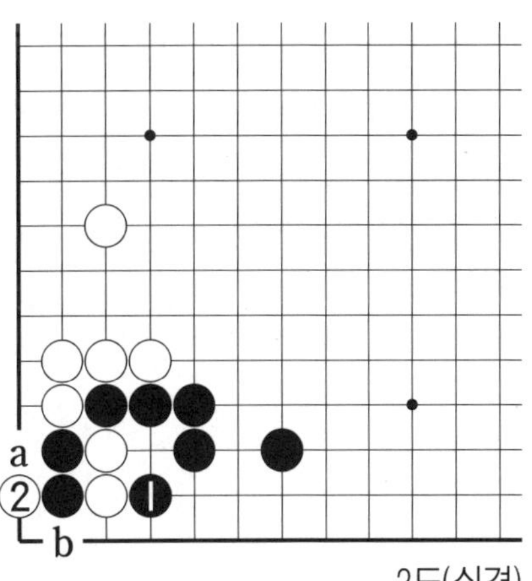

2도(실격)

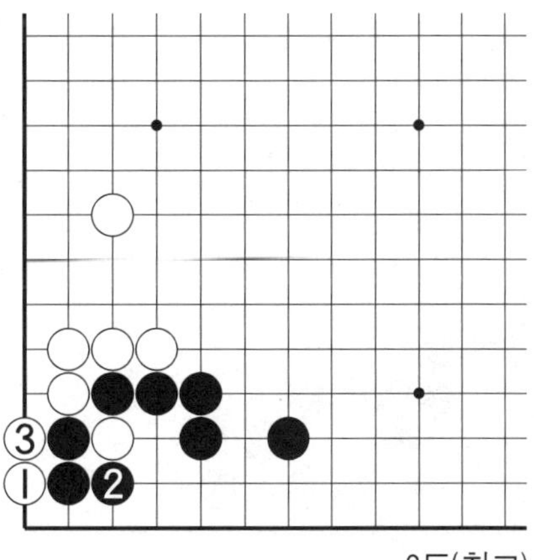

3도(참고)

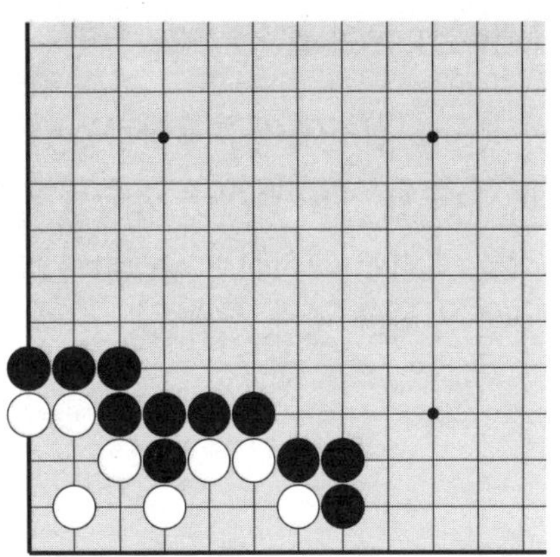

제7형 (흑선)

본형은 뻗기의 맥이 숨어 있는 모양으로, 백이 끝까지 저항하면 백 전체가 사활이 걸린다.

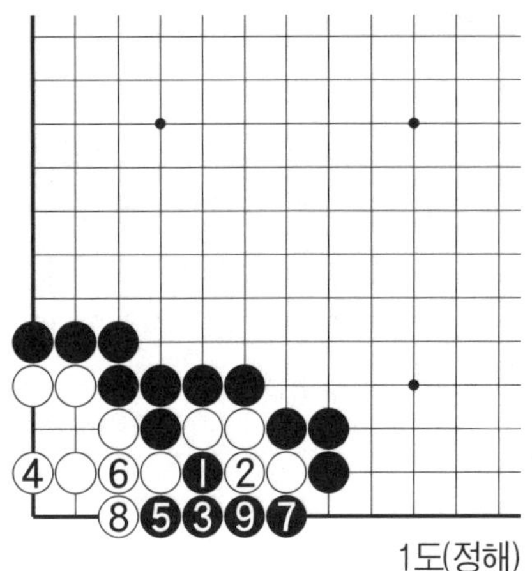

1도(정해)

1도(이득)

흑1 다음 흑3이 뻗기의 맥으로, 백은 4로 후퇴하는 수밖에 없다. 흑도 9까지 득을 보는 것으로 일단락되는 정도이다.

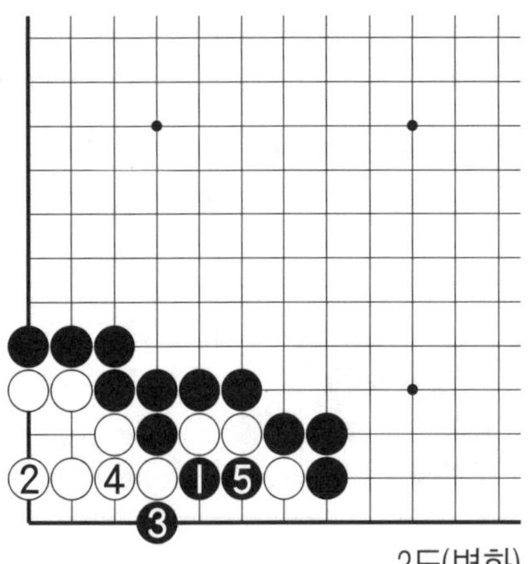

2도(변화)

2도(마찬가지)

흑1 때 백은 처음부터 2로 후퇴할 수도 있을 것이다. 이하 흑5까지 1도와 마찬가지의 결과다.

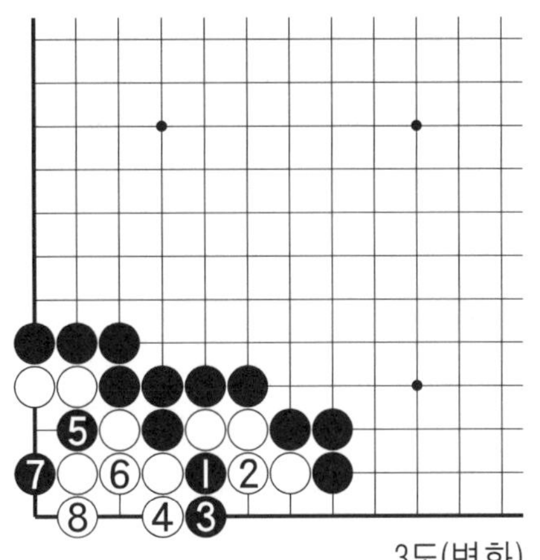

3도(먹여치는 수)

흑1·3 때 백이 4로 저항하면 흑5로 먹여치는 수가 있다. 이때 백8까지 후퇴하면 흑은 선수로 백집을 가감 1집으로 만든 셈이다. 그렇다고 백6으로-

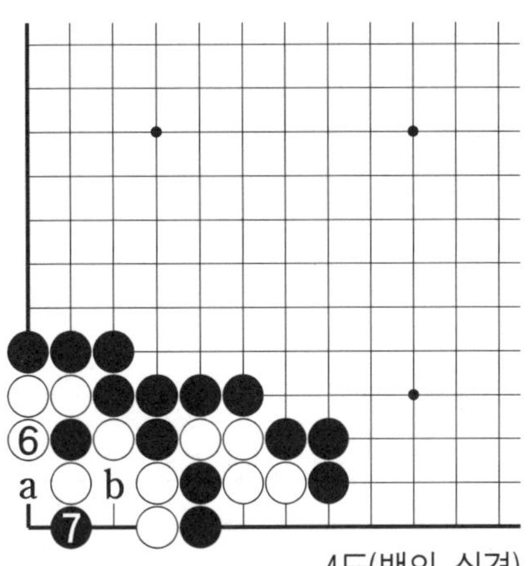

4도(전체 사활)

본도 백6에 따내면 흑7이 절묘한 수로, 이제는 전체 사활이 걸린 패가 된다. a와 b가 맞보기이기 때문이다.

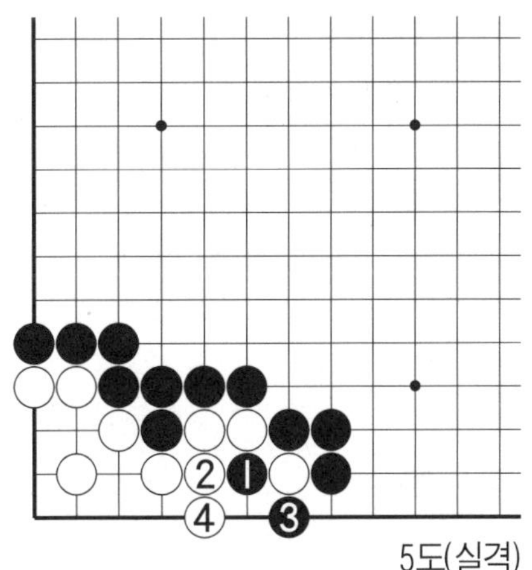

5도(소박한 끝내기?)

흑1·3은 소박한 끝내기지만, 맥을 모른다면 이렇게 두는 수밖에 없을 것이다. 제품의 기능을 몰라 제대로 써먹지 못하는 격.

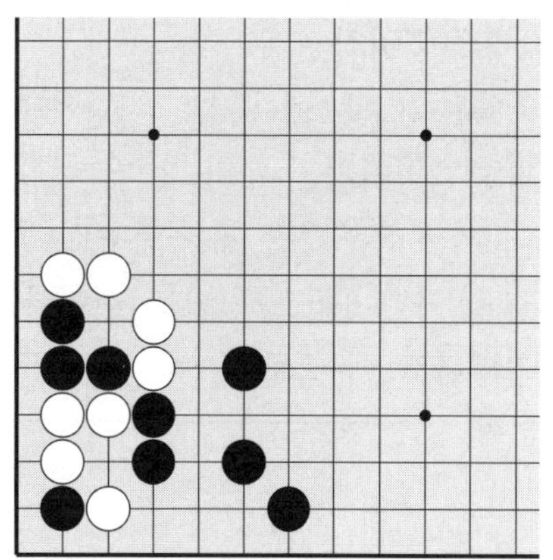

제8형 (흑선)

본형도 뻗기의 맥을 이용해 선수로 귀에서 약 6집을 득볼 수 있다.

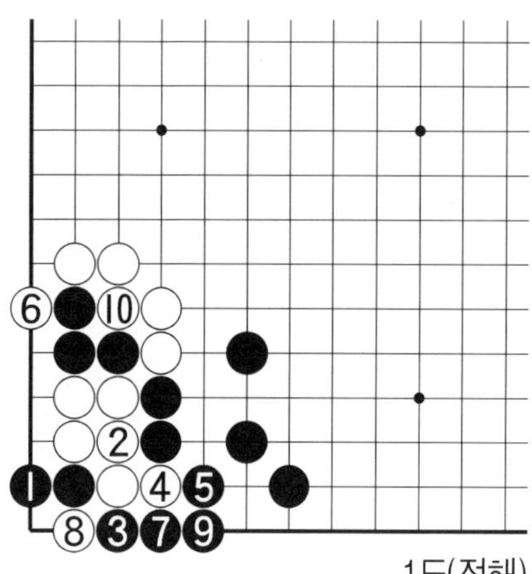

1도(정해)

1도(6집 차이)

흑1의 맥점부터 백10까지는, 흑이 단순히 백4에 막는 것과 비교해 약 6집의 차이가 있다. 또 수순중 백4로 -

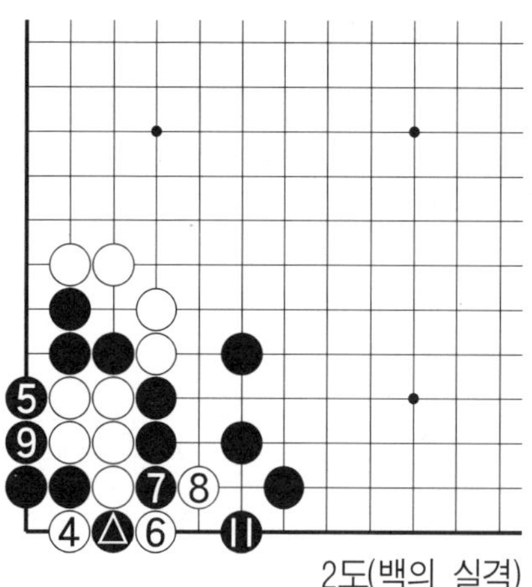

2도(백의 실격)

2도(백 전멸)

본도 백4 이하로 대응하는 것은 이하 흑11까지 백이 전멸하는 수가 있다.

⑩…△

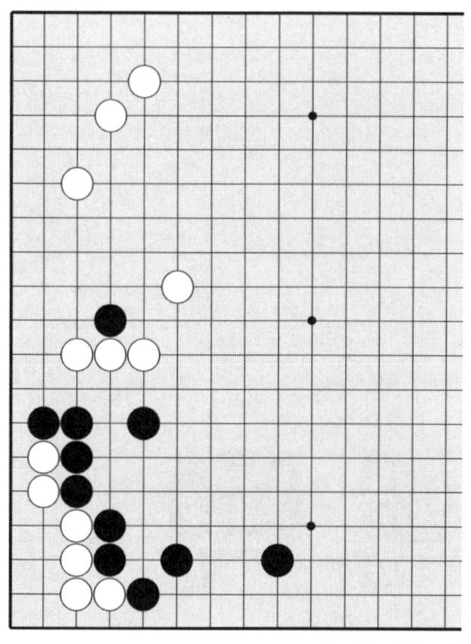

제9형 (흑선)

　본형은 뻗기를 이용해 좌변 백 집을 파괴하는 것이지만, 좌하귀 백의 사활을 모르면 둘 수 없다.

　1도 흑1·3으로 백집을 파괴할 수 있는데, 만일 흑1 때 백이 귀를 방치하면, 흑은 백2에 끊고 백a로 잡을 때 흑b에 치중해 잡는다. 맥을 몰라 2도처럼 두면 단순한 끝내기에 불과하다.

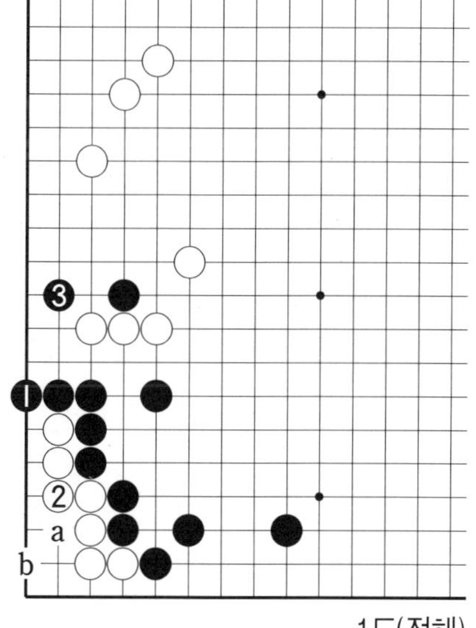

1도(정해)

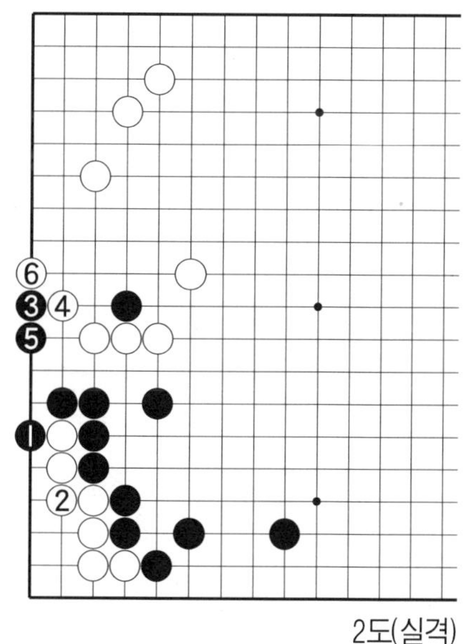

2도(실격)

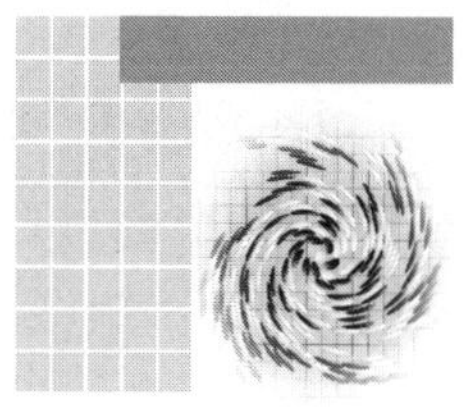

제5장
젖힘의 맥

- 접전에서 공방의 급소
- 수상전의 테크닉
- 숨어 있는 수단
- 끝내기상 이득
- 응수타진의 젖혀끊기
- 강력한 이단젖힘

접전에서 공방의 급소

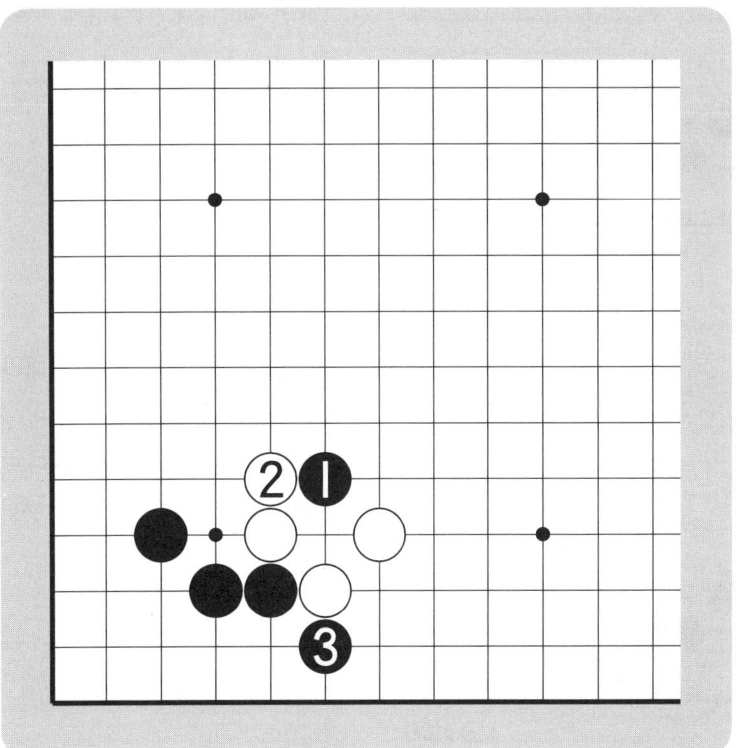

　본 장면은 정석의 하나인데, 흑1에 들여다 보았을 때 잇지 않고 백2로 반발하면 흑은 3에 젖혀 백의 응수를 묻는 것이 수순이다. 이러한 젖힘은 접근전의 공방 관계에 대단히 중요한 변수로 작용한다.

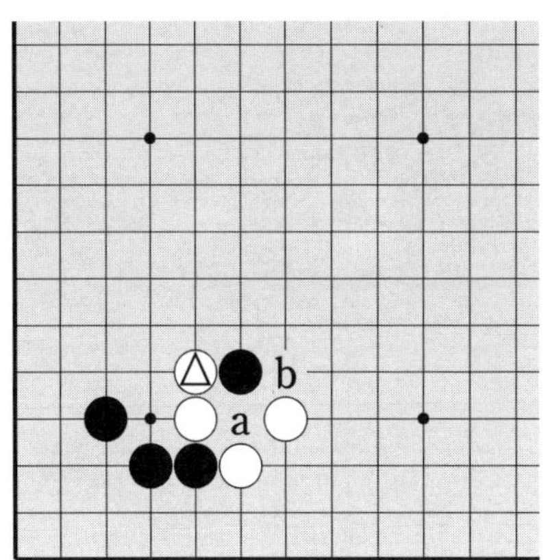

제1형 (흑선)

【제1형】 정석에서의 행마법

본 테마는 정석. 본형에서 백이 a나 b로 두지 않고 △에 둔 것은 하변 대신 좌변 경영에 뜻이 있어서이다.

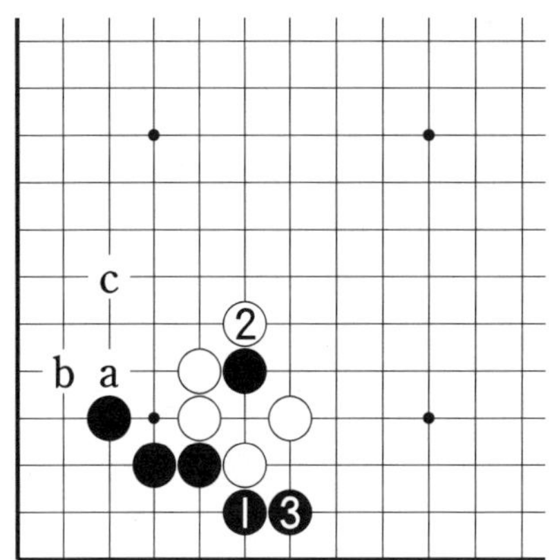

1도(정해)

1도(정석)

흑1의 젖힘은 거의 절대라고 할 수 있다. 백2도 정수이며 흑3 다음 백이 이곳을 처리한다면 백a, 흑b, 백c로 두는 것이 정형화된 틀이다.

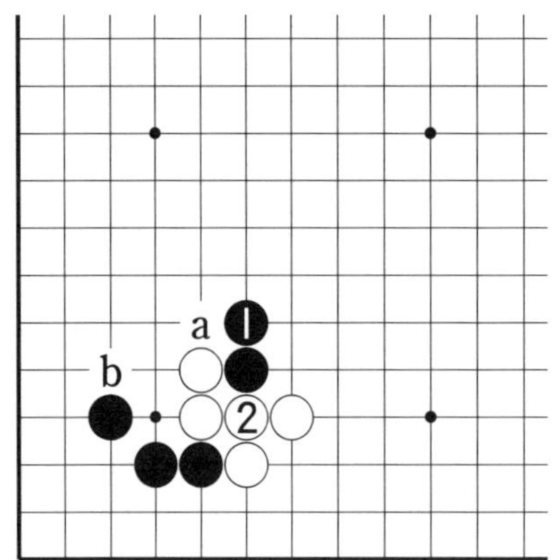

2도(실격)

2도(백의 주문)

흑1은 백의 주문이다. 백2로 잇고 나면 흑 두점은 근거 없이 중앙에 뜨게 된다. 다음 흑이 a에 꼬부려도 백b로 붙여 연결은 불가능하다.

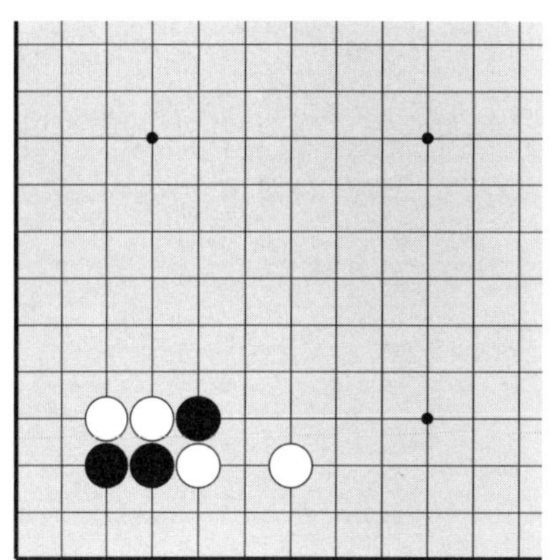

제2형 (흑선)

　본형도 정석과정인데, 여기서 흑이 수순을 잘못 밟는다면 순식간에 망하는 수도 있다.

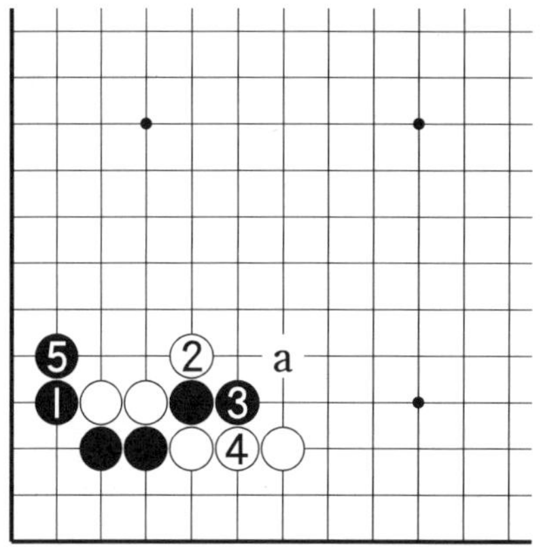

1도(정해)

1도(정석)

　흑1의 젖힘이 정수이자 맥이다. 다음 백도 흑5에 받을 수는 없으며 백2·4가 보통이다. 흑5 다음 백은 a로 씌우는 것이 일반적인 정석이다.

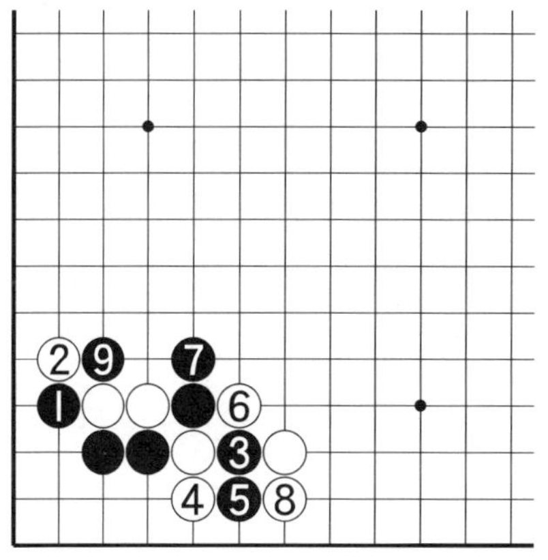

2도(백의 실격)

2도(흑 대유리)

　흑1 때 백2로 받는 것은 이하 흑9까지 흑이 크게 유리하다.

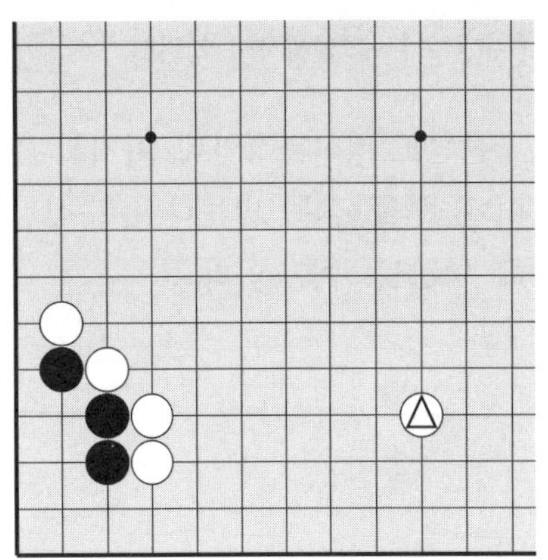

제3형 (흑선)

본형은 3·三 침입의 정석이다. 백△의 배석 관계를 고려한 흑의 수법은 무엇일까?

1도(정석)

흑1로 젖힌 후 흑3에 끊는다. 다음 백4로 이으면 이하 흑9까지가 보편화된 정석이다.

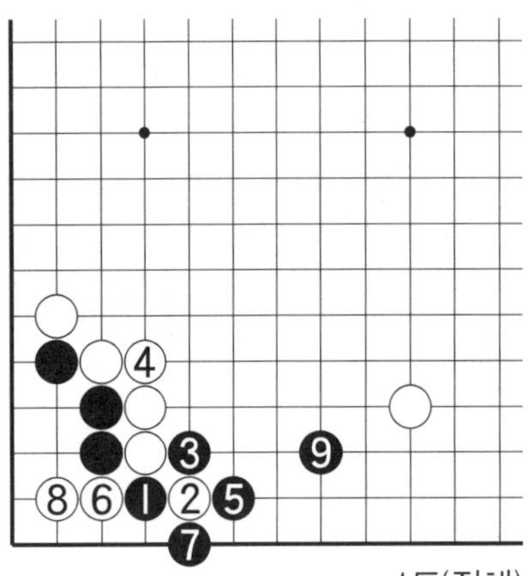

1도(정해)

2도(백 손해)

흑3 때 백4로 단수하면 백△의 위치가 높아 좋지 않다. 흑5 이하 흑15까지 진행되면 설사 백16으로 귀를 잡는다 해도, 흑a도 선수이고 백△가 폐석이 되어 전체 형세로 보면 백이 손해다.

2도(백의 실격)

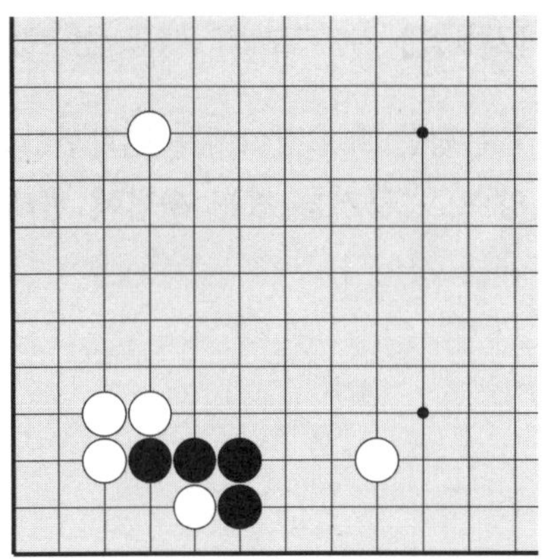

제4형 (흑선)

본 테마는 근거 확보. 본형은 귀의 특수성을 이용하는 수법으로 대단히 실전적이다.

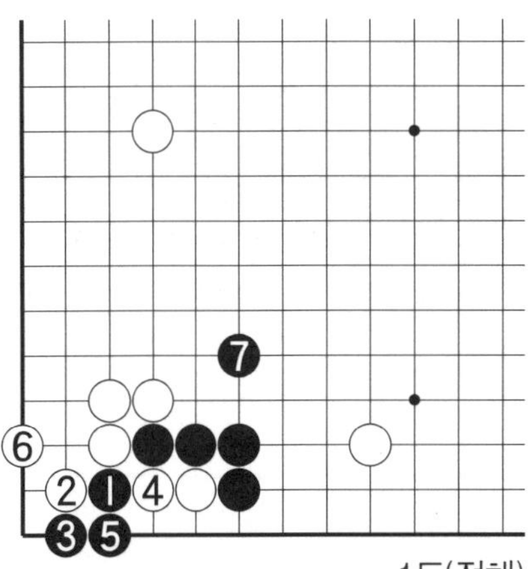

1도(정해)

1도 흑1·3은 귀의 특수성 때문에 성립하는 맥점이다. 이하 백6 때 선수를 잡아 흑7로 진출하면 흑 만족이다.

2도 흑1·3은 후수가 되어 백4의 요처를 빼앗기므로 불리하고, 3도 흑1은 백2로 근거를 빼앗겨 불리하다.

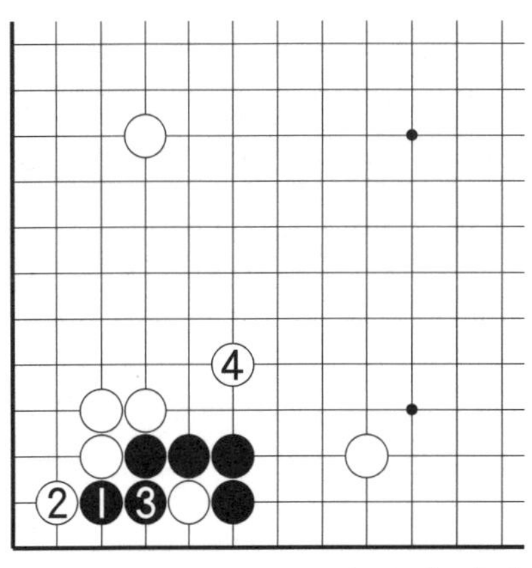

2도(3수째 실격)

3도(실격)

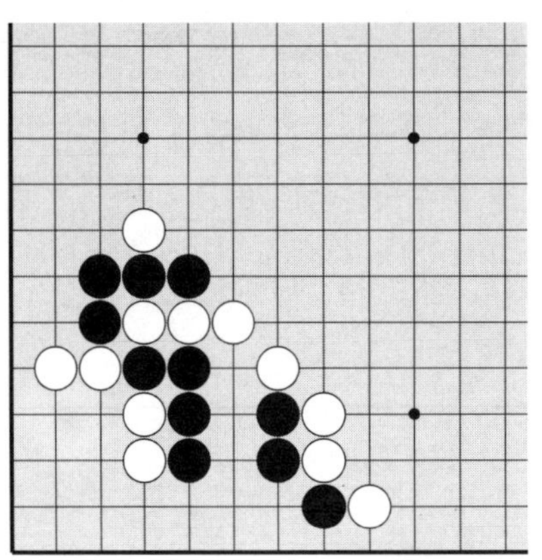

제5형 (흑선)

본형은 요도정석에서 변화한 모양으로, 근거를 잡는 수법에 관해 묻는 것이다.

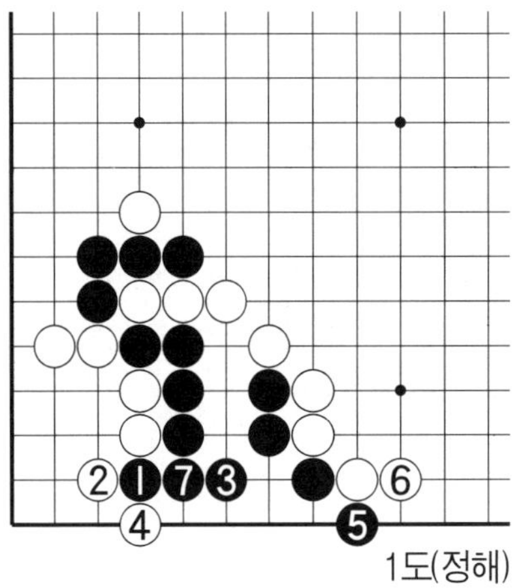

1도(정해)

1도(흑 완생)

흑1로 젖힌 후, 흑3에 호구치는 수순은 보편화된 실전 수법이다. 계속해서 백4라면 흑5를 교환한 다음 흑7에 이어 완생이다. 수순중 백4로 –

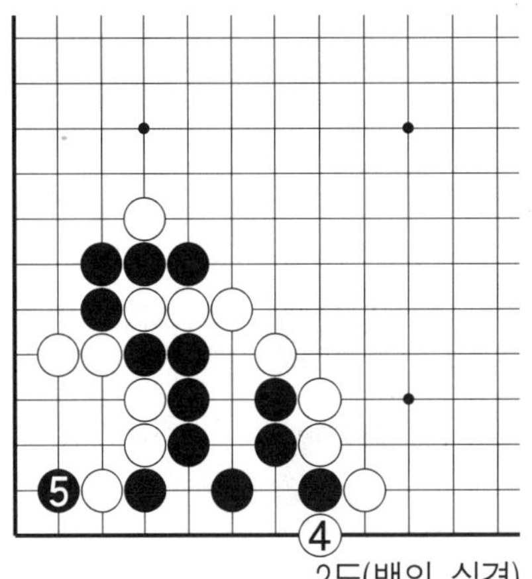

2도(백의 실격)

2도(흑5 맥점)

본도 백4에 단수치면 흑5의 맥점이 작렬하여, 백의 대응에 따라 귀가 죽거나 크게 다친다.

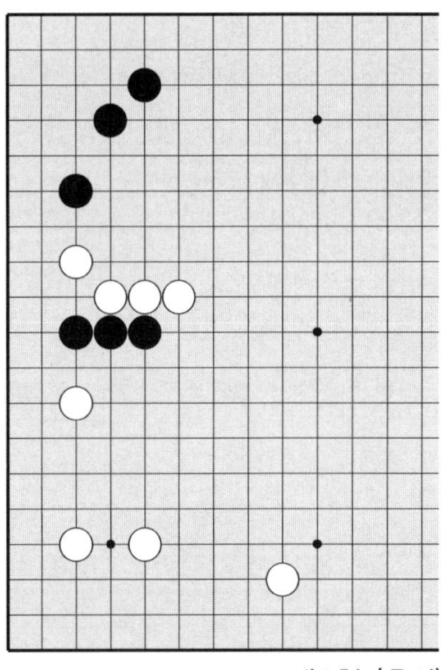

제6형 (흑선)

　좌변 흑 석점의 거취가 문제인데, 근거는 어차피 없으므로 백의 공세에 견디려면 안형이나 탄력을 만들어야 한다.

　1도 흑1의 붙임에 이어 흑3의 젖힘이 안형이나 탄력을 얻을 수 있는 정형화된 수법이다. 수순중 백4로 2도와 같이 두면 흑9까지 탄력을 갖출 수 있다.

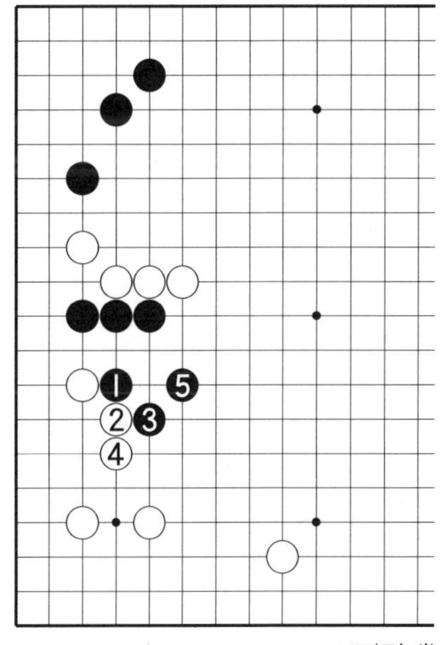

1도(정해)

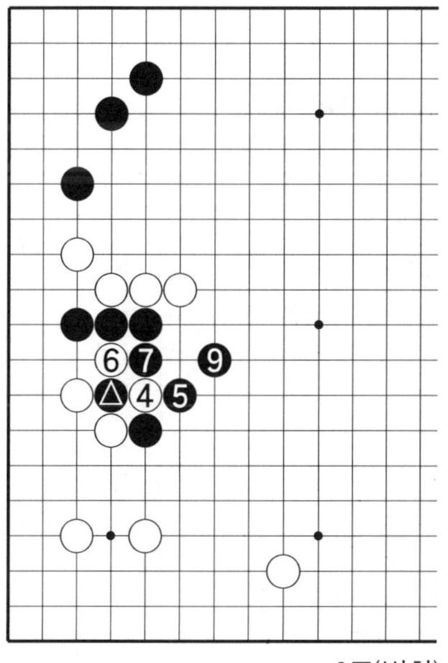

2도(변화)

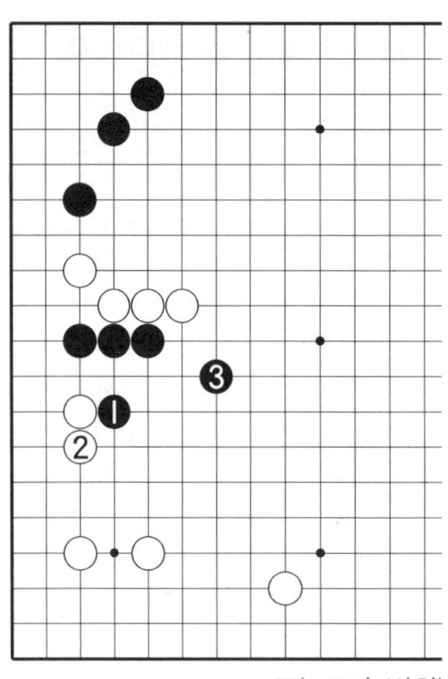

3도(1도의 변화)

3도(중앙 진출)

1도 백2로 젖힘의 타이밍을 주지 않기 위해 본도 백2에 늘면, 흑3으로 중앙에 진출한다.

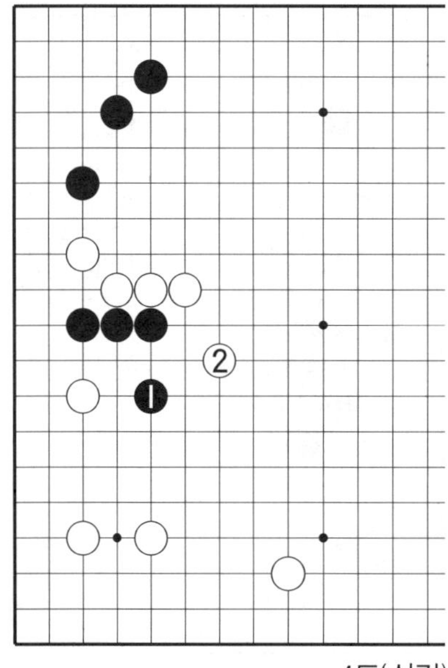

4도(실격)

4도(흑 공격당함)

본도 흑1은 상대와 힘의 균형이 어느 정도 맞을 때 사용하는 행마로, 지금은 백2의 공격을 받아 좋지 않다.

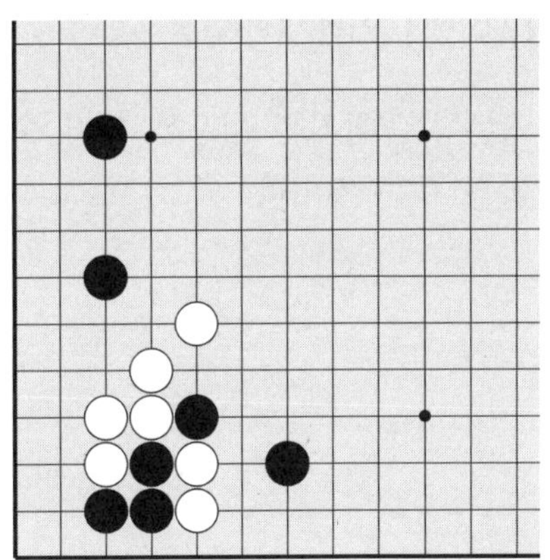

제7형 (흑선)

【제7형】 귀 흑석점의 연결 수법

본형은 최근에 유행했던 정석의 과정으로, 귀의 흑 석점을 변으로 연결하는 수법을 묻는 것이다.

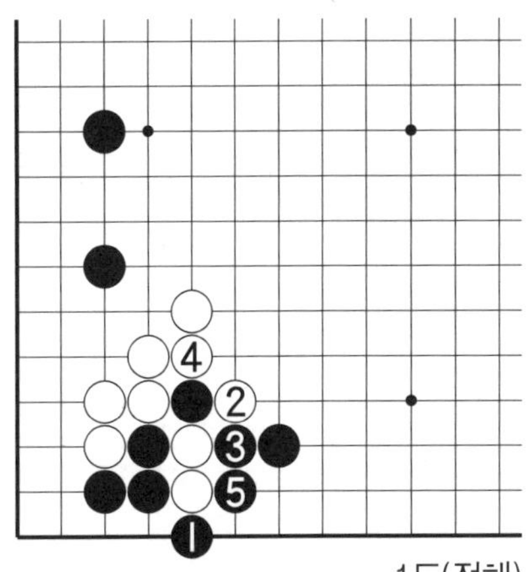

1도(정해)

1도(정석)

흑1의 젖힘이 아니면 연결이 불가능하다. 참고로 흑5까지는 정석이다.

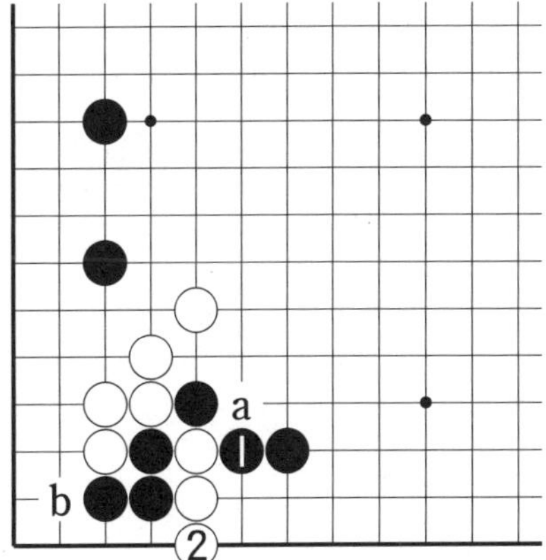

2도(실격)

2도(차단)

본도 흑1에는 백2로 빠져, a와 b를 맞보므로 차단된다.

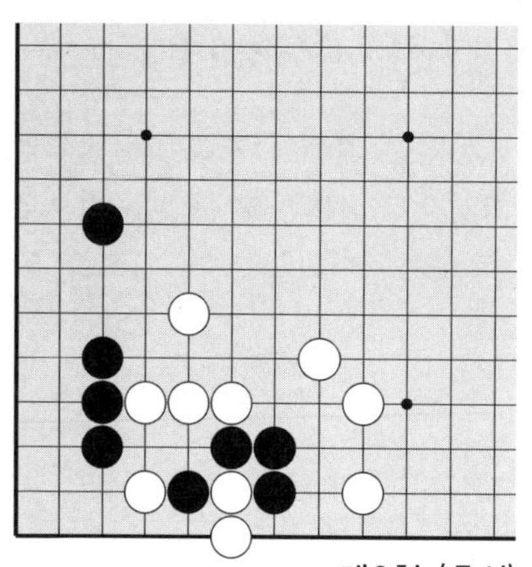

제8형 (흑선)

본형은 환격을 이용한 연결 수법을 묻는 것이다.

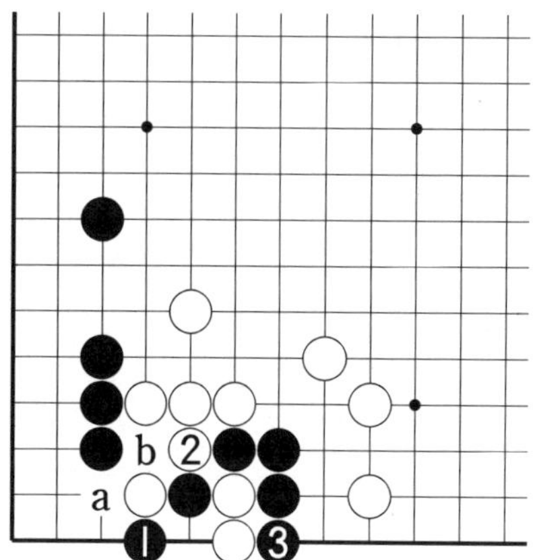

1도(정해)

1도(환격)

흑1의 젖힘은 흑3의 환격을 본 맥점이며, 이것으로 a와 b를 맞보아 연결되어 있다.

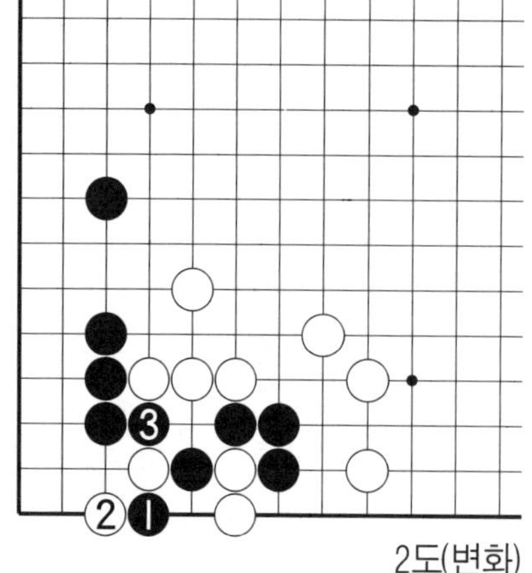

2도(변화)

2도(가볍게 연결)

흑1 때 백2에 차단하는 것은 흑3으로 역시 연결은 어렵지 않다.

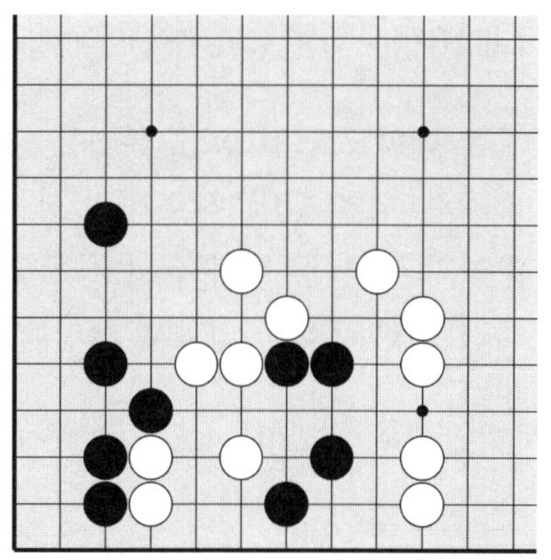

제9형 (흑선)

본형은 고전에도 수록된 문제로, 젖힘의 맥을 이용한 연결 수법이 포인트다.

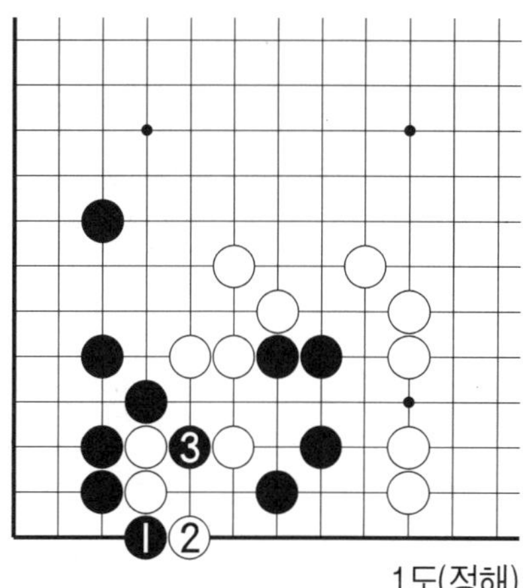

1도(정해)

1도(끼움)

흑1의 젖힘이 맥점으로, 백2에는 흑3의 끼움으로 연결되며—

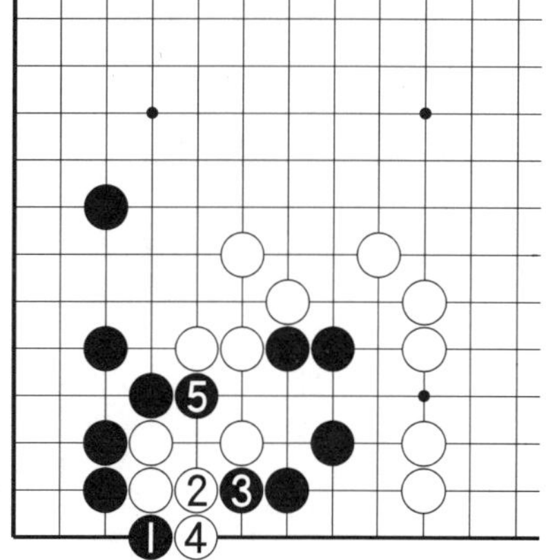

2도(변화)

2도(교묘)

본도 백2로 늦추면 흑3·5로 교묘하게 연결된다.

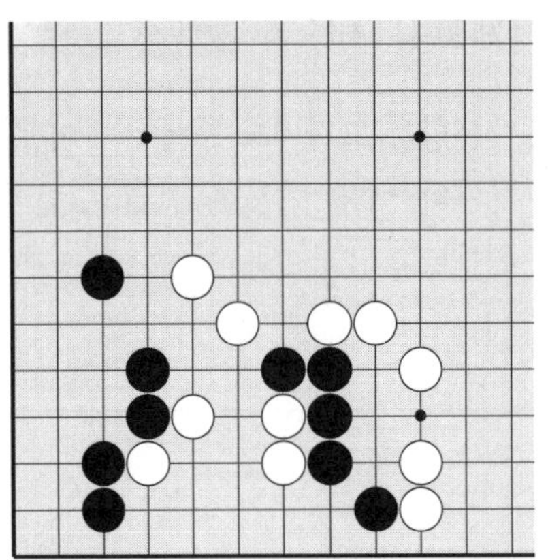

제10형 (흑선)

본 테마도 연결 방법. 본형은 수 읽기가 제법 길어 착오가 발생할 우려가 있는데, 백이 끝까지 차단하려 하면 오히려 양패로 백이 잡힌다.

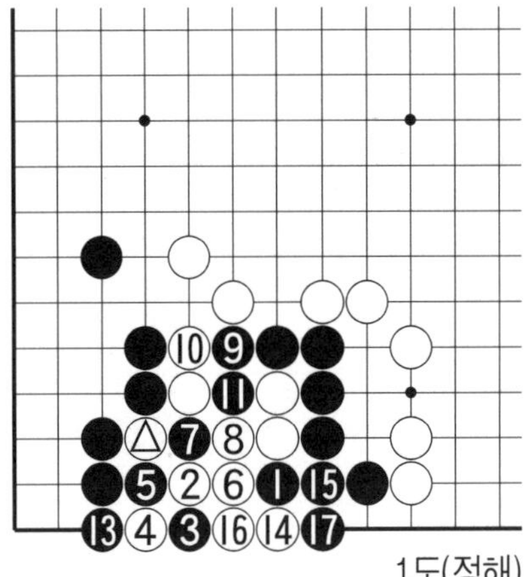

1도(정해)

1도(양패)

흑1의 젖힘에 백2는 최강의 대응이지만, 흑3부터 백이 끝까지 차단하려 하면 이하 흑17까지 양패로 백 일단이 잡힌다.

⑫…△

2도(돌려치기)

흑1의 젖힘에 백2로 막으면, 흑 3·5·7의 돌려치는 수순으로 연결된다.

2도(변화)

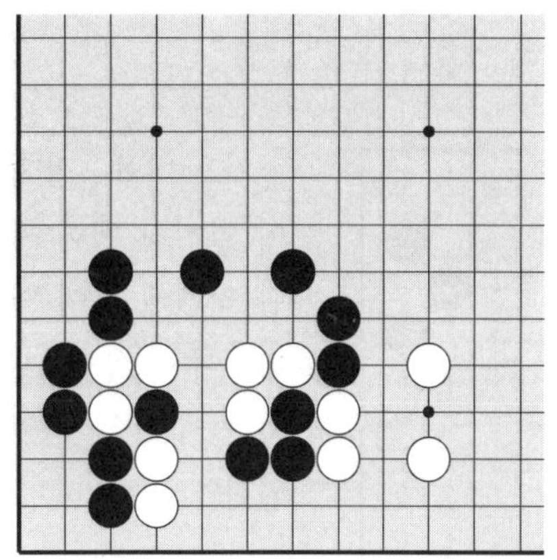

제11형 (흑선)

본 테마도 연결 방법. 본형은 젖힘을 이용해 자충을 유도하는 수법이다.

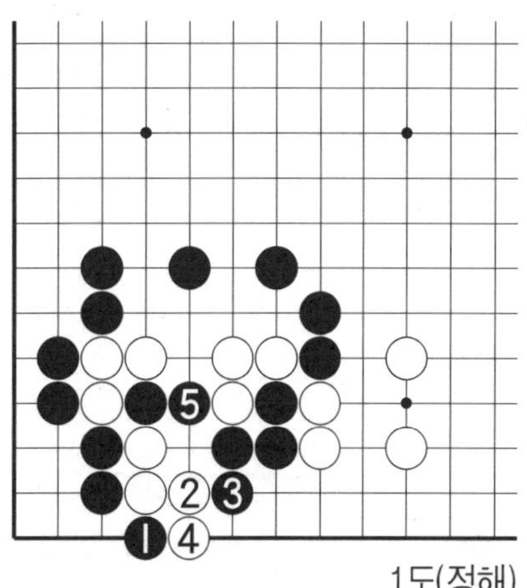

1도(정해)

1도 흑1의 젖힘이 자충으로 몰고가는 첫 수로, 백2에는 흑3·5로 요석을 잡는다. 흑1에 대해 2도 백2로 막으면 흑3으로 역시 자충이다.

3도 흑1에 먼저 두는 것은 수순 착오로 이하 백8까지 촉촉수다.

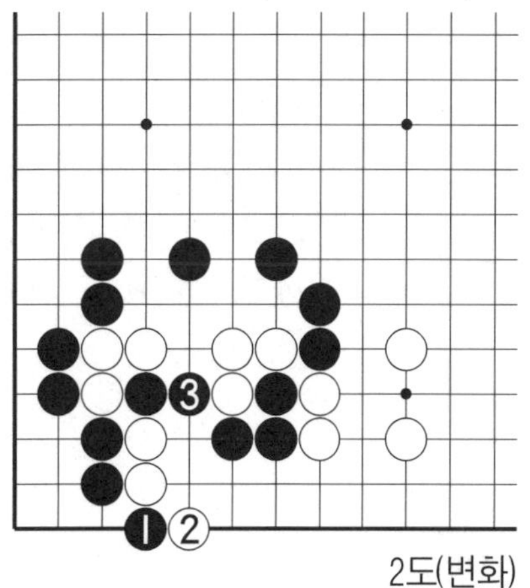

2도(변화)

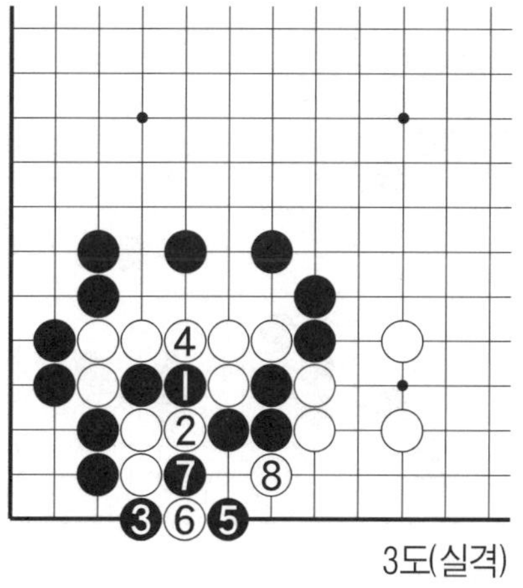

3도(실격)

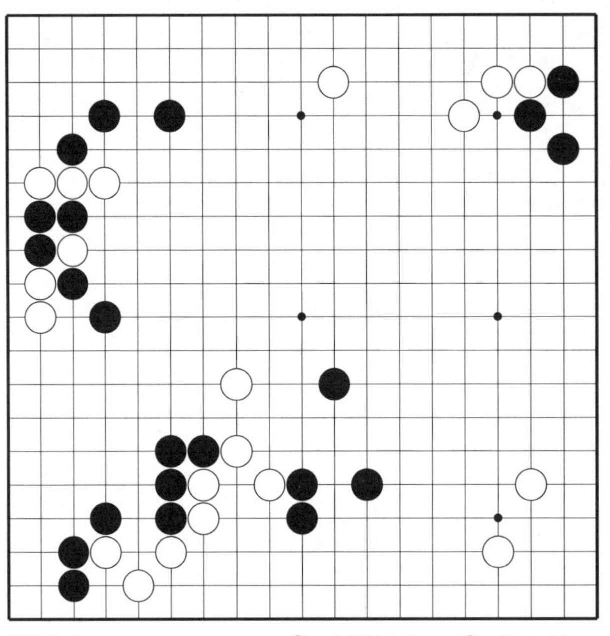

NHK배　　●藤澤秀行　○橋本昌二

좌상변에 접전이 벌어져 백이 차단 직전에 놓여 있다. 이 백을 타개하는 수법은 무엇일까?

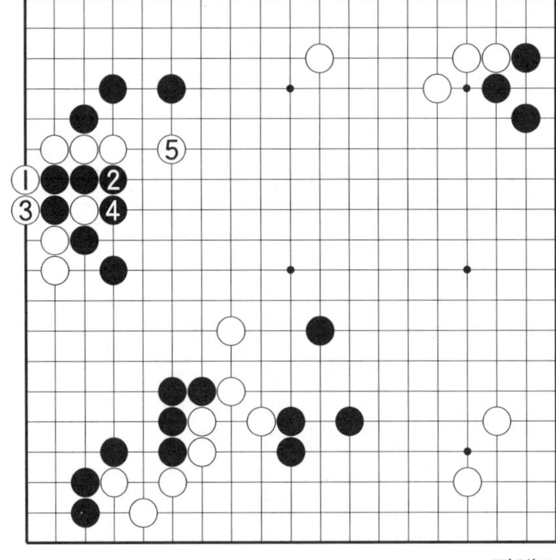

진행도

진행도(1선젖힘)

백을 타개하기 위해서는 연결하지 않으면 안 된다. 백은 1로 1선을 젖혀 흑의 자충의 허를 찔렀다. 흑2는 어쩔 수 없는 후퇴이며, 이하 백5까지 백이 훌륭하게 타개된 모습이다.

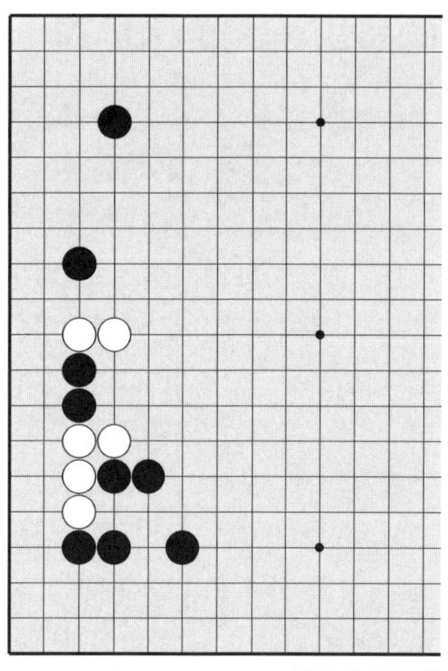

제12형 (흑선)

본형은 상용의 맥으로 차단하는 수법을 묻는 것이다.

1도 흑1의 젖힘을 먼저 두고 흑3에 한칸 뛰는 이 수법은 이런 모양에서 상용의 수법이다. 흑3 때 백a는 흑b, 백c, 흑d, 백e, 흑f로 손해가 너무 커 백의 무리다.

2도 흑1에 먼저 뛰면 백2의 곳을 뻗어 흑3 때 백4로 연결되어 버린다.

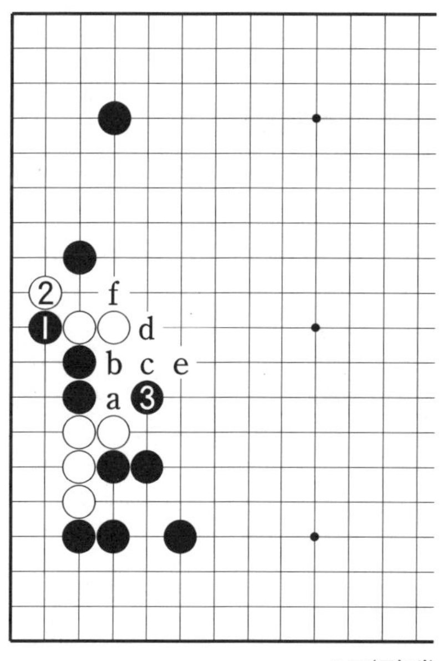

1도(정해)

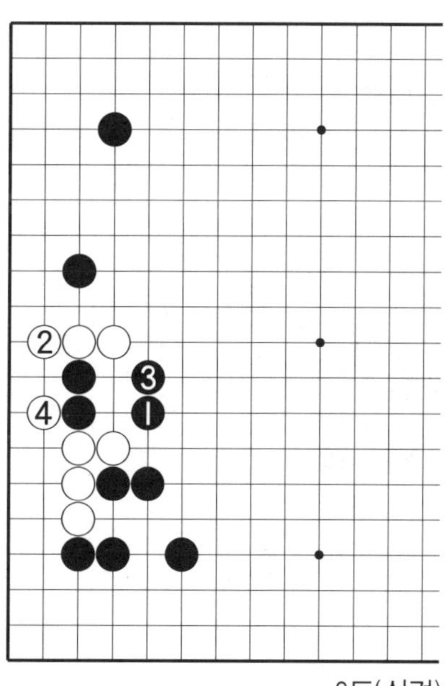

2도(실격)

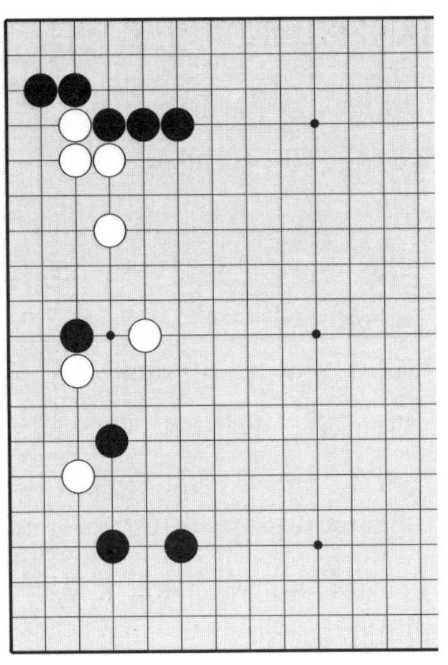

제13형 (흑선)

본형은 '관통형 돌파'를 이용한 차단의 맥을 묻는 것이다.

1도 흑1 이하의 수순으로 버림돌을 이용해, 백10까지 관통형으로 차단하는 것은 정형화된 수법이다. 수순중 흑1은 생략하고 흑3부터 두어도 좋다.

2도의 진행도 차단이지만 잡힌 백 한점이 자유로워, a의 맛이 있고 백b로 활용하는 것도 기분나쁘다.

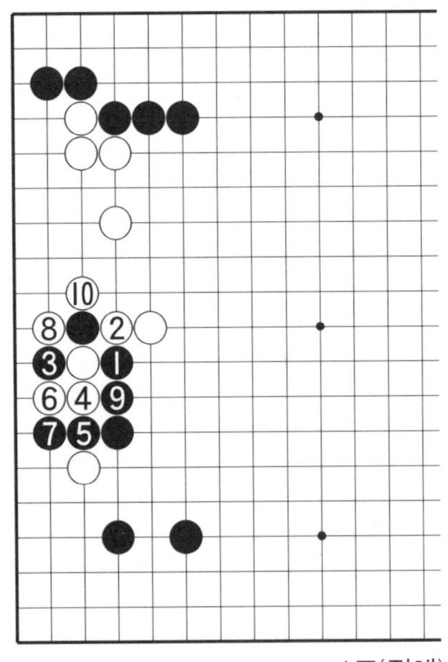

1도(정해)

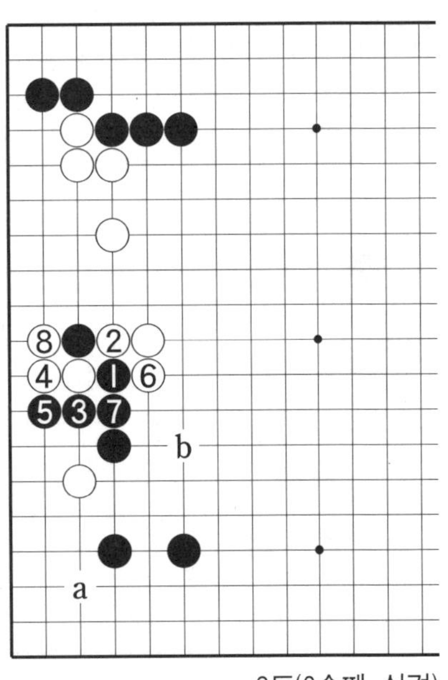

2도(3수째 실격)

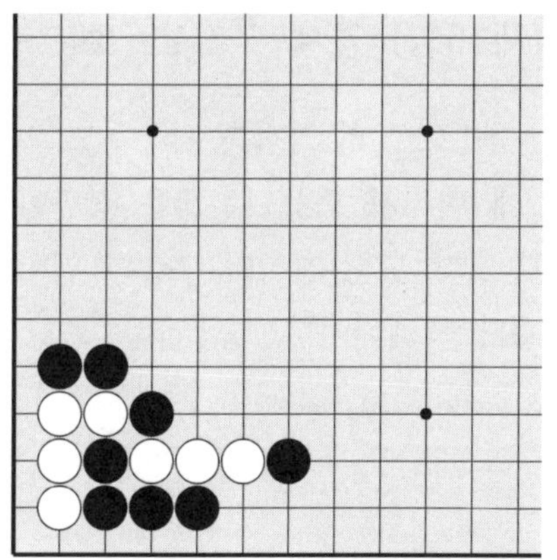

제14형 (흑선)

본 테마는 수습책. 본형도 실전형 패턴으로, 두 곳의 약점을 어떻게 한꺼번에 방비하는가를 묻는 것이다.

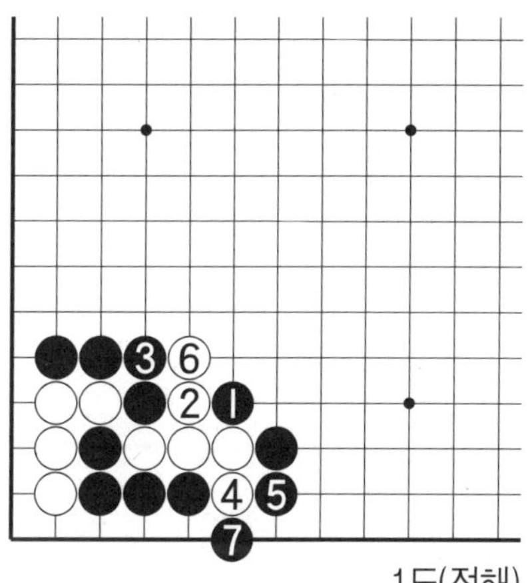

1도(정해)

1도(양쪽 수습)

흑1의 젖힘이 흑3의 곳과 백4의 약점을 동시에 방비하는 정맥으로, 이하 흑7까지 양쪽을 모두 수습할 수 있다.

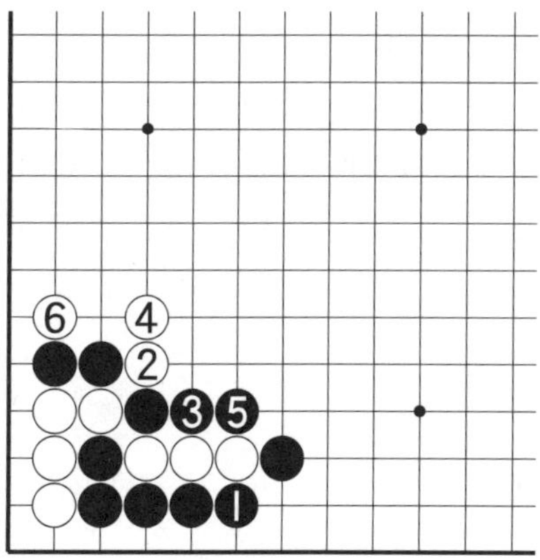

2도(실격)

2도(흑 두점 잡힘)

그냥 흑1로 받는 것은 백2·4·6으로 좌측 흑 두점이 잡힌다.

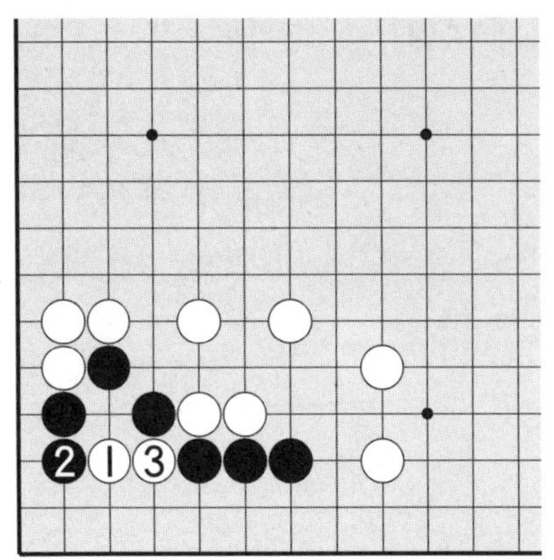

제15형 (흑선)

백1로 흑의 약점을 치중하고 흑 2에 버티자 백3으로 끊은 장면이다. 본형도 실전적인 수습의 맥이 필요한 패턴이다.

1도(흑 무사)

흑1의 젖힘과 흑3이 포인트로, 백4의 저항에는 이하 흑9까지 무사하다.

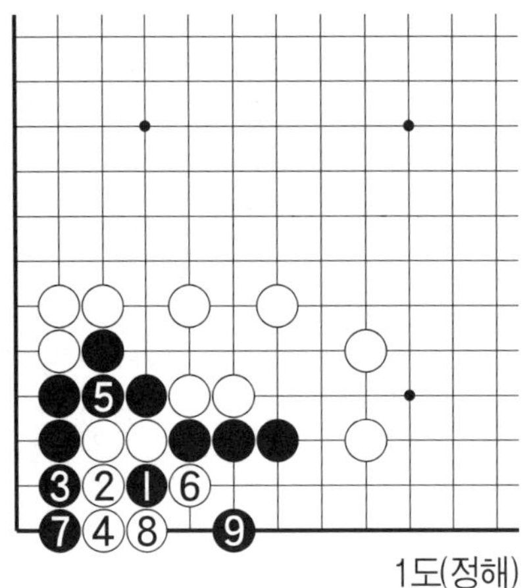

1도(정해)

2도(사활에 걸림)

흑1로 잇는 것은 흑 전체의 사활이 걸린다. 이하 백6까지 되었을 때 흑7로 호구쳐 a의 패를 노릴 수밖에 없는 것이다.

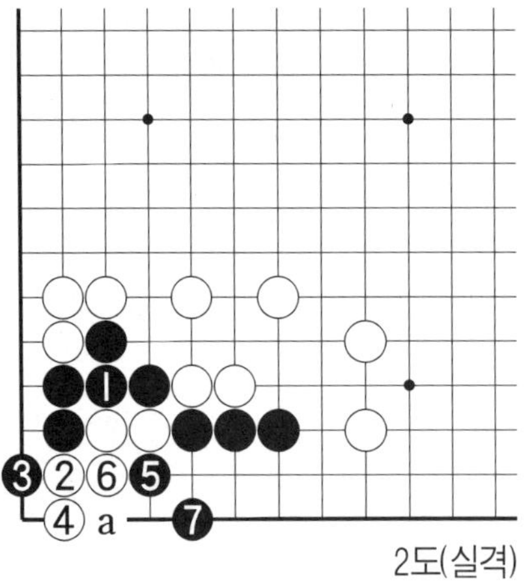

2도(실격)

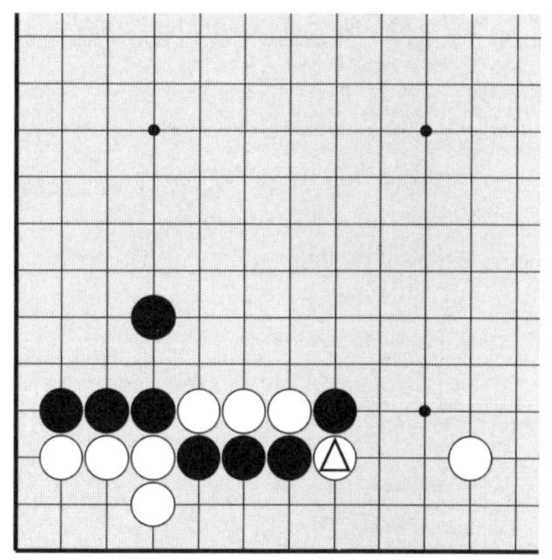

제16형 (흑선)

본형은 공격에 대한 단순 방어가 아닌 반격의 수법을 묻는 것이다. 백△의 절단에 대한 반격의 맥점은 어디일까?

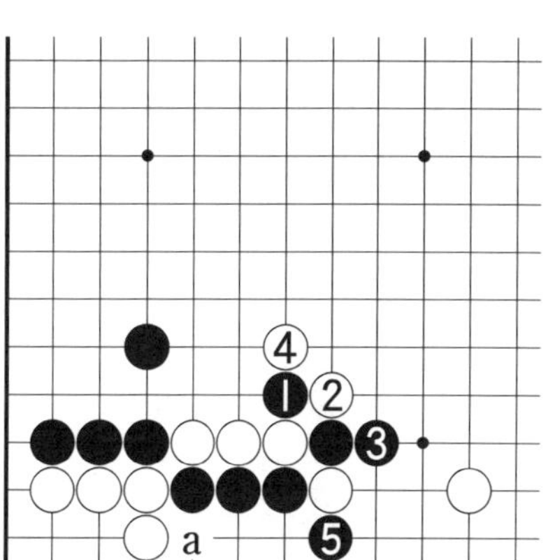

1도(정해)

1도(반격의 맥점)

흑1의 젖힘이 반격의 맥점이다. 백2를 유도하여 흑5까지 요석을 잡는다. 계속해서 백이 a로 사는 동안 중앙의 제공권을 장악할 수 있다.

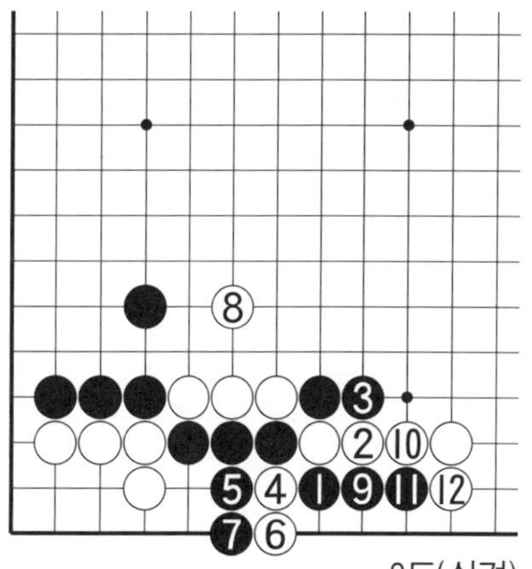

2도(실격)

2도(흑 무리)

흑1·3과 같은 수법도 실전에서 사용되는 수법이지만, 지금은 백4의 절단이 있어 이하 백12까지 흑의 무리다.

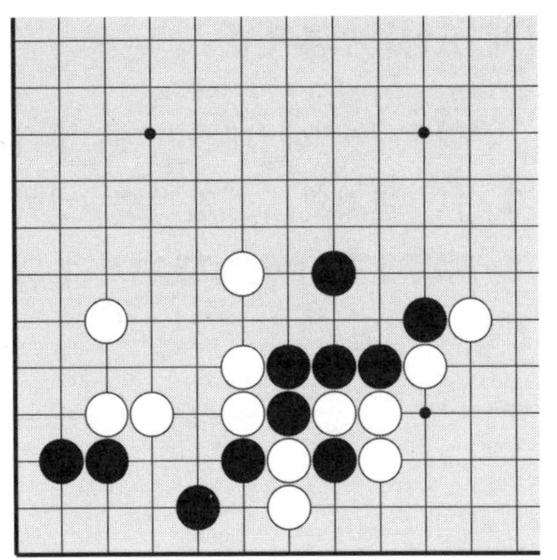

제17형 (흑선)

본형은 지나친 공격에 대해 불각(不覺)의 허점을 추궁하는 수법을 묻는 것이다.

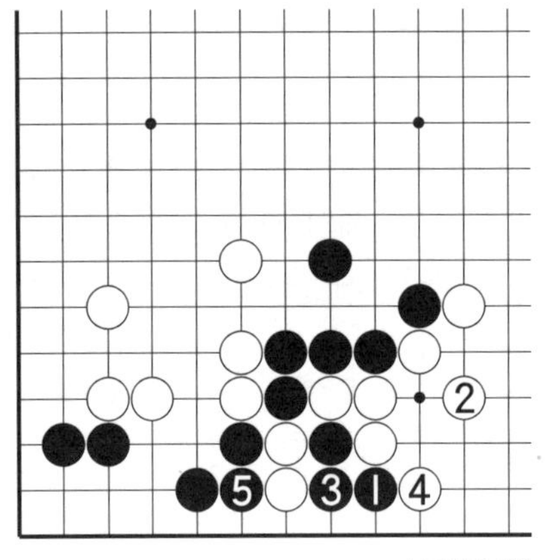

1도(정해)

1도(흑 대성공)

흑1의 젖힘이 백의 허점을 추궁하는 준엄한 맥점으로, 흑5까지 요석을 잡아 대성공이다. 만약 백2로 –

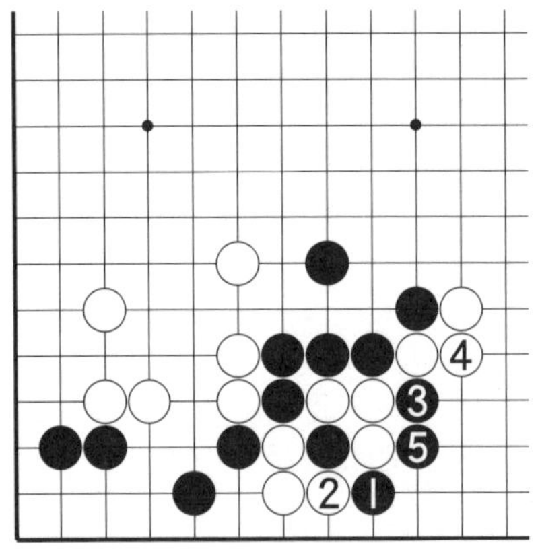

2도(변화)

2도(백 잡힘)

본도 백2에 따내면 흑3·5의 수순으로, 백 일단이 크게 잡힌다.

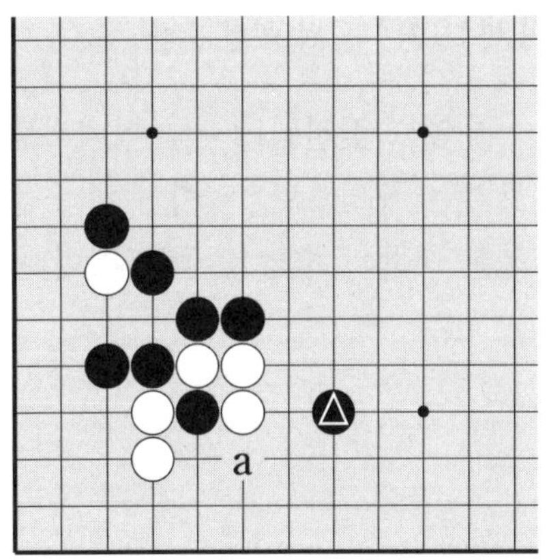

제18형 (흑선)

본 테마는 봉쇄 방법. 본형은 정석 이후의 모양으로, 흑▲에 대해 백이 손뺐을 때 흑의 수법에 대해 묻는 것이다.

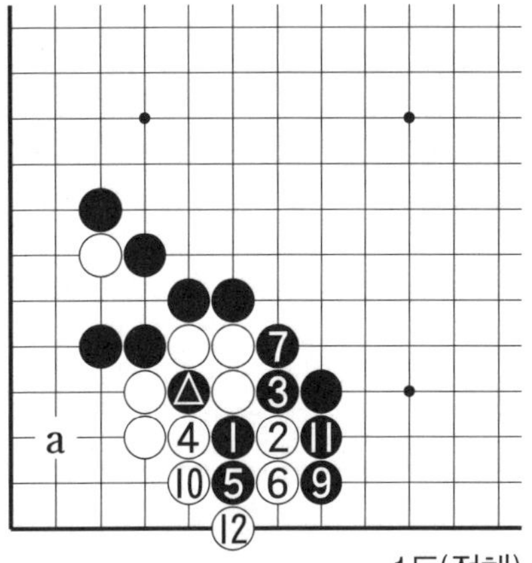

1도(정해)

1도(손뺀 댓가)

흑1의 젖힘부터 백12까지, 백은 이곳을 손뺀 댓가를 혹독히 치룬다. 이후 흑a도 사활 관계상 선수다.

⑧…▲

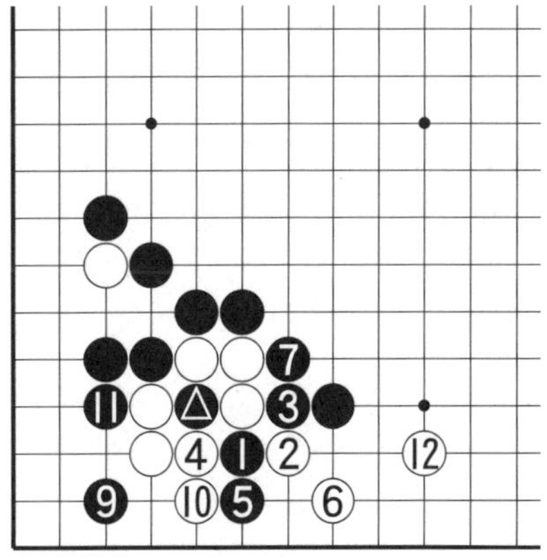

2도(변화)

2도(흑 귀차지)

1도의 수순중 백6으로 본도 백6은 조금 연구한 수이지만, 흑9·11로 귀를 차지하여 역시 흑이 대만족이다.

⑧…▲

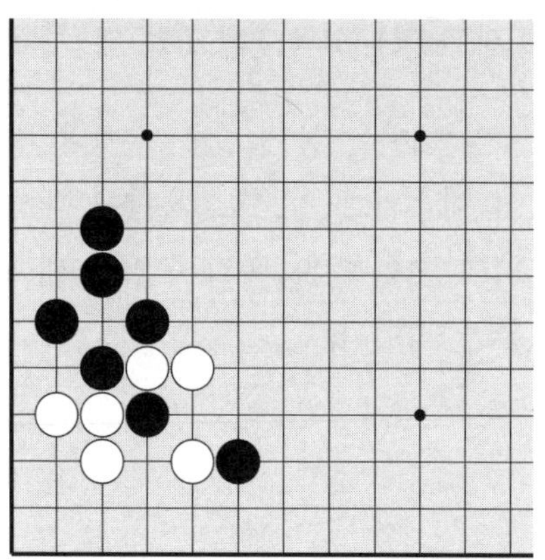

제19형 (흑선)

본형은 실전맥13 – 제6형에서도 보았던 모양으로, 젖힘의 수순을 통한 봉쇄의 수법을 묻는 것이다.

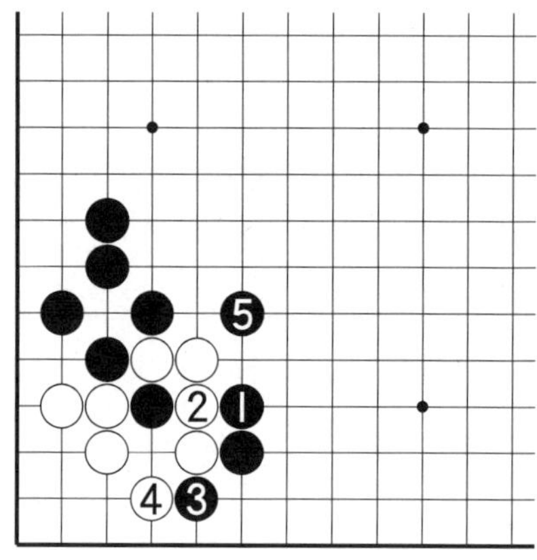

1도(정해)

1도(봉쇄)

흑1 이후 흑3의 젖힘이 포인트로, 백4라면 흑5로 봉쇄하여 만족이다.

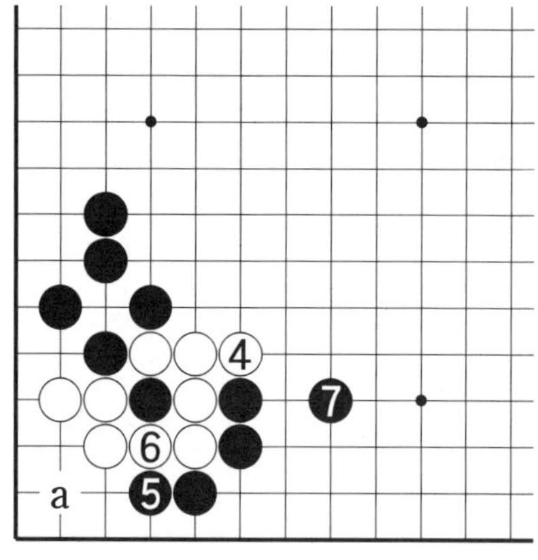

2도(변화)

2도(중앙진출)

1도 백4로 본도 백4처럼 중앙진출을 꾀하면 흑5가 기분 좋은 점이며, 흑7 이후 백에게는 흑a로 근거가 없어지는 부담이 남는다.

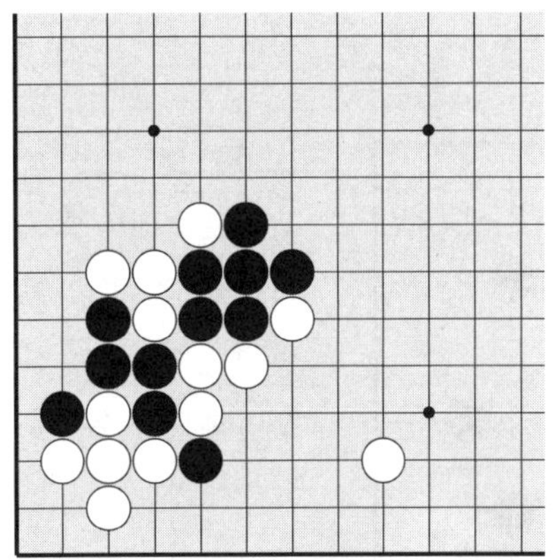

제20형 (흑선)

본형은 정석과정의 마지막 단계로, 봉쇄의 수순을 묻는 것이다.

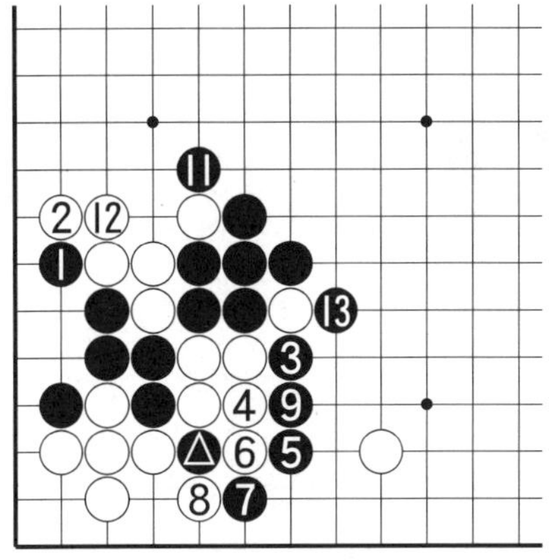

1도(정해)

1도(젖힘의 효과)

흑1의 젖힘은 봉쇄를 완벽하게 하기 위한 수순의 맥점으로, 흑9까지의 봉쇄와 더불어, 흑1 젖힘의 효과에 의해 흑11의 단수까지 득보고 있다.

⑩···△

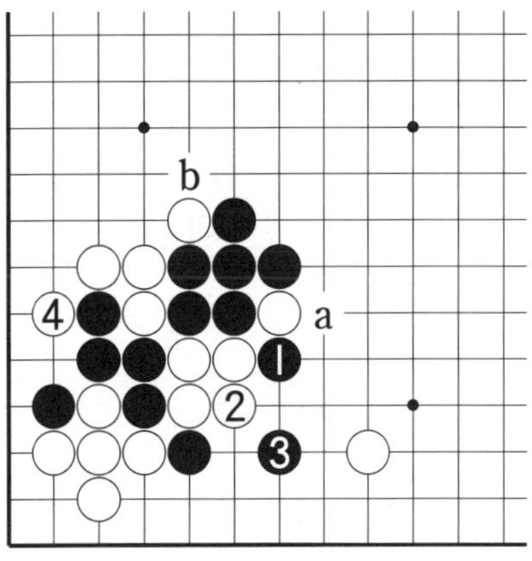

2도(실격)

2도(백, 좌변이 우세)

단순히 흑1·3이면 백은 4로 잡는다. 계속해서 흑a가 불가피할 때 백b의 뻗기를 차지한다. 이 뻗기는 생각보다 가치가 큰 것이다.

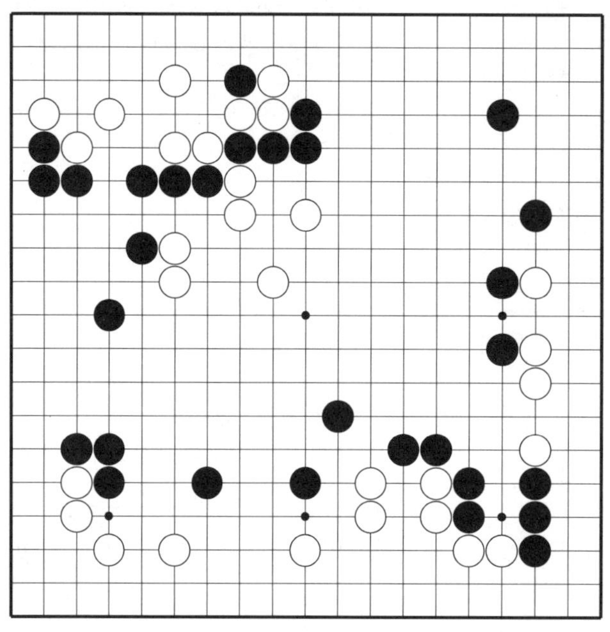

● 今村俊也　　○ 片岡 聰

지금의 포인트는 상변이다. 흑이 어떻게 진영을 완성하는가에 대한 수법과 그 수순을 감상해 보자.

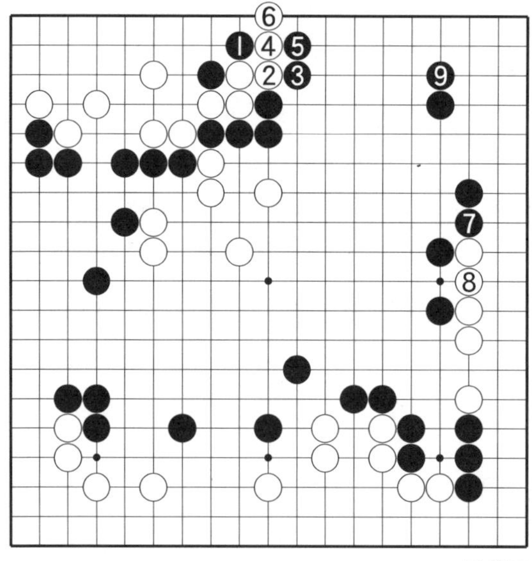

진행도

진행도(흑 필승)

흑1의 젖힘부터 흑5까지 선수로 상변을 봉쇄하고, 흑7로 우변까지 결정한 후 흑9의 수비로 우상 일대의 큰 진영을 완성하면 흑 필승의 국면이다.

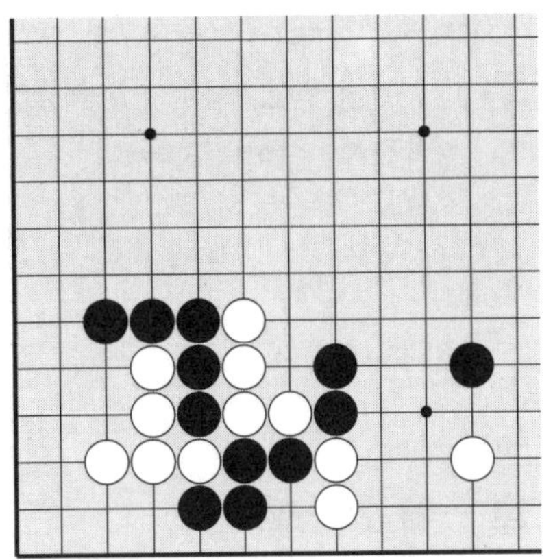

제21형 (흑선)

본 테마는 포위 수단. 본형은 긴 수읽기를 필요로 하는 3수 사활의 형태로, 관자보에 수록된 문제다.

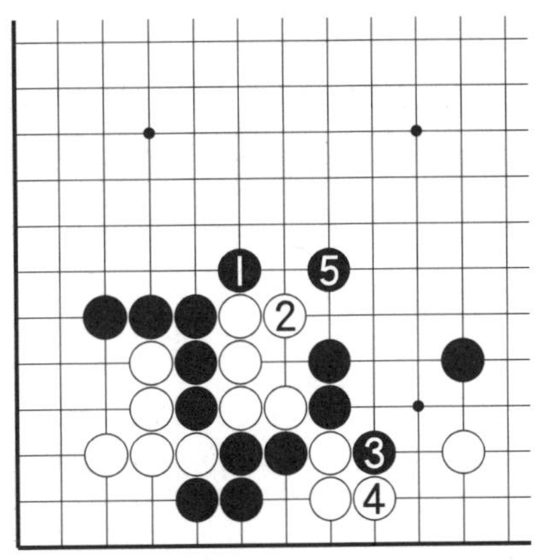

1도(정해)

1도(흑3 맥점)

흑1은 절대의 한 수인데 다음 흑3의 젖힘이 약 20여 수 앞을 내다본 맥점이다. 흑5 다음 —

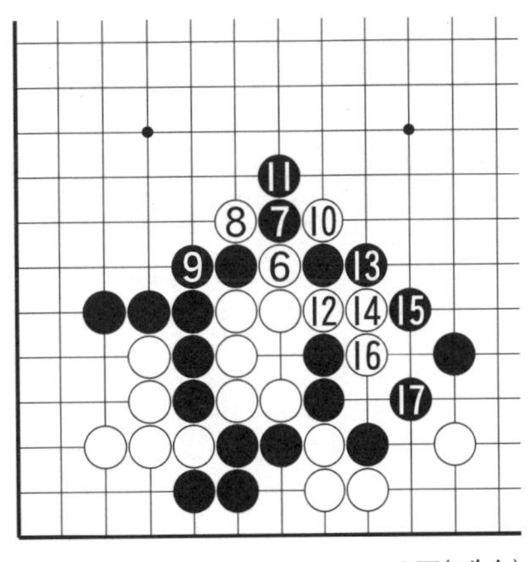

2도(계속)

2도(흑17 명점)

백6 이하 백16까지 진행되었을 때 흑17이 전도 흑3의 취지를 살리는 명점이다. 계속하여 —

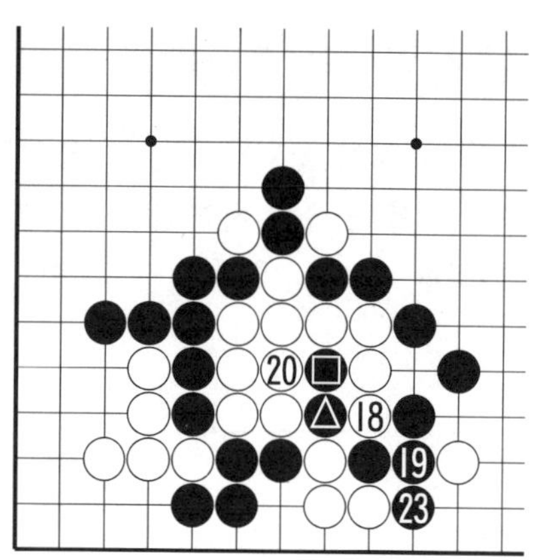

3도(결과)

3도(흑 1수승)

흑18 이하 흑23까지, 이 수상전은 흑의 1수 승이다.

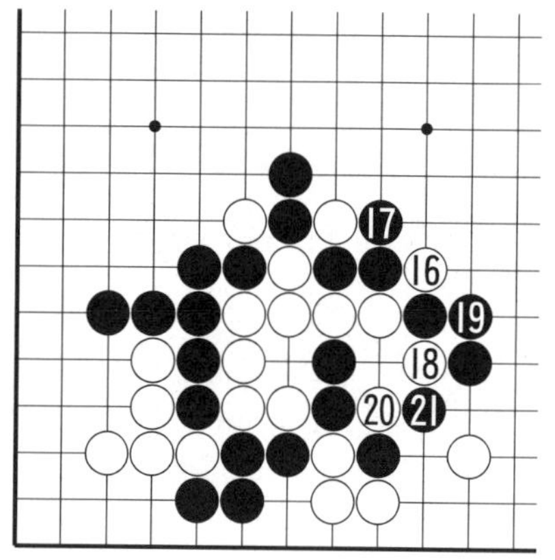

4도(2도의 변화)

4도(백 잡힘)

2도 백16으로 본도와 같이 두는 것은 이하 백20 때 흑21로 단수하여 그만이다.

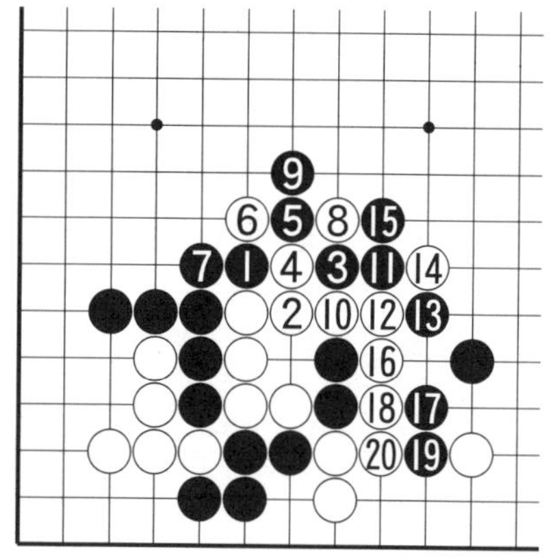

5도(3수째 실격)

5도(젖힘이 없는 수순)

1도 흑3의 젖힘이 없는 수순은 본도 백18 때 흑이 20의 곳을 끊을 수 없어 백20까지 실패한다.

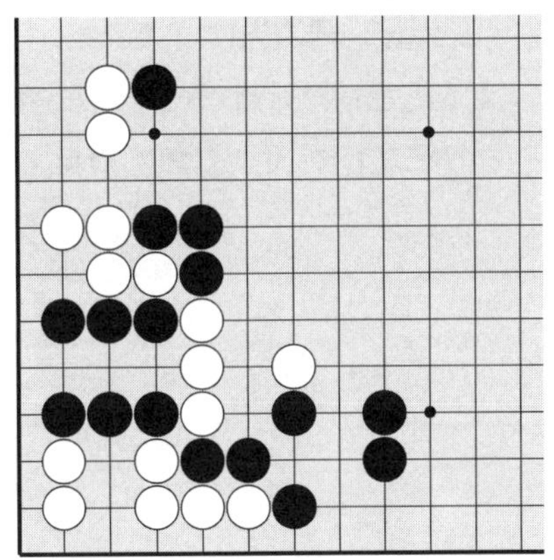

제22형 (흑선)

본형도 난이도가 높은 포위 수법을 묻는 것이다.

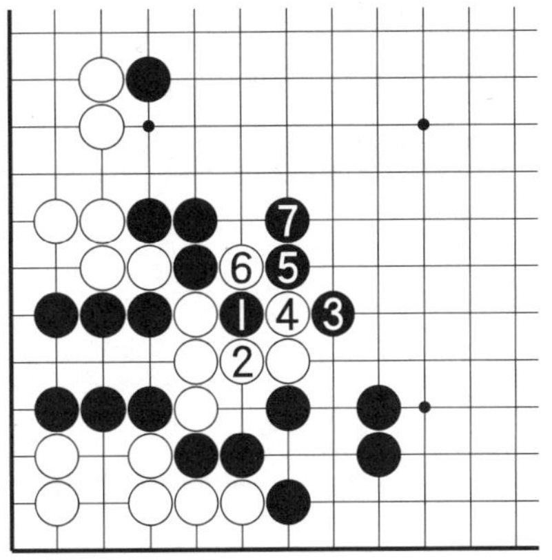

1도(정해)

1도(기민한 수순)

흑1의 젖힘은 백에게 선택의 기회를 주지 않는 기민한 수순으로, 백2 때 흑3·5·7의 포위를 가능하게 한다. 만약 백2로 –

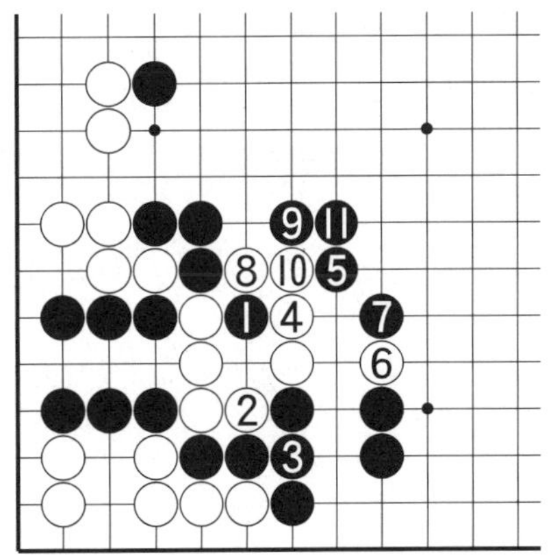

2도(변화)

2도(포위 수법)

본도 백2와 같이 둔다면 백4 때 흑5, 백6 때 흑7을 거쳐 백8 때 흑9의 수법으로 포위한다. 또 백6으로 –

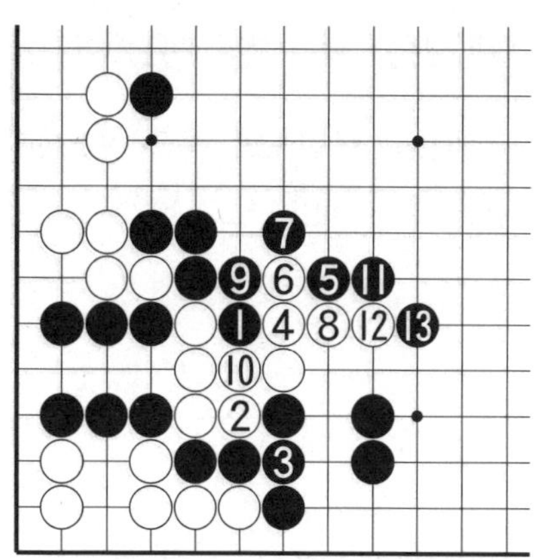

3도(변화)

3도(탈출 불가능)

본도 백6과 같이 둔다 해도 흑 7 이하 흑13까지 탈출은 없다.

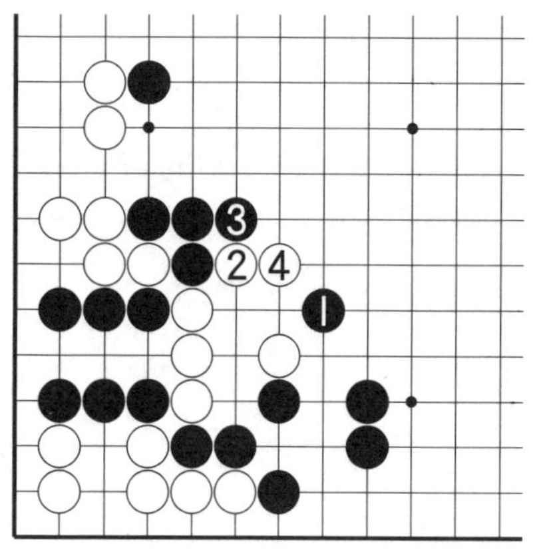

4도(실격)

4도(백 탈출)

1도 흑1의 젖힘이 없이 본도 흑 1로 포위하면 백2·4로 알기 쉽게 탈출한다.

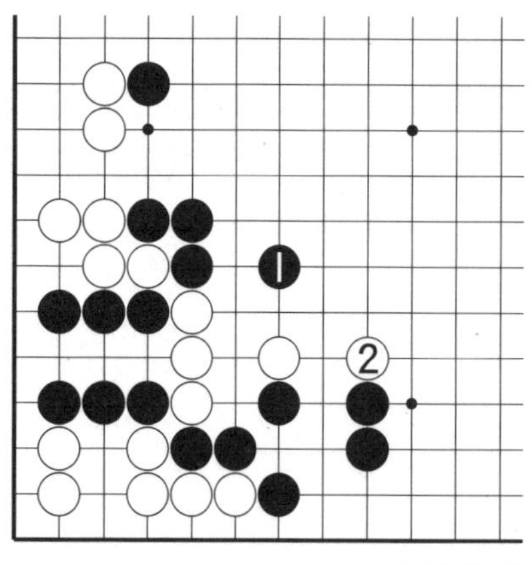

5도(실격)

5도(느긋한 수)

흑1은 너무 느긋한 수로, 백2로 알기 쉽게 탈출한다.

수상전의 테크닉

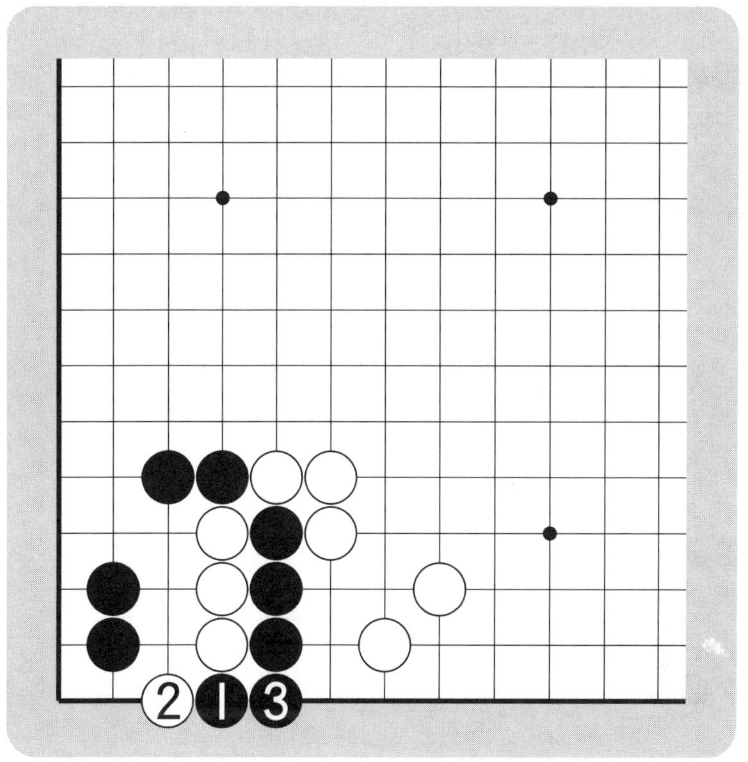

흑1·3으로 젖혀 잇는 수법은 수상전에서 상대의 수를
줄이는데 사용하는 가장 기초적인 패턴이다.

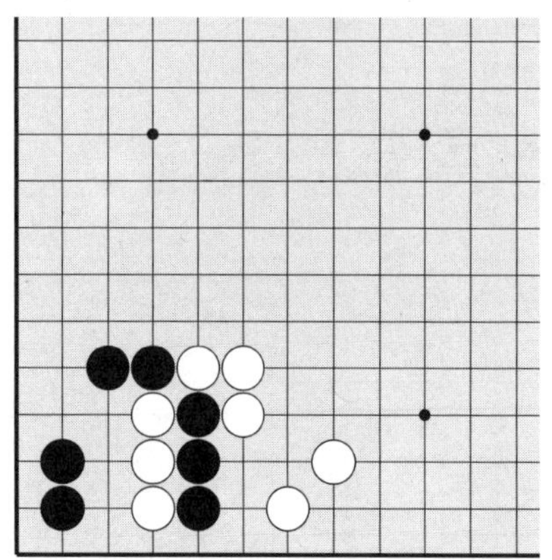

제1형 (흑선)

본형은 젖힘의 맥을 사용하는 가장 기초적인 수상전의 모양으로, 이러한 유형은 숙지해야 한다. 젖혀 이으면 1수가 준다.

1도(흑 1수승)

흑1·3으로 젖혀 이어, 흑5까지 흑 1수 승이다.

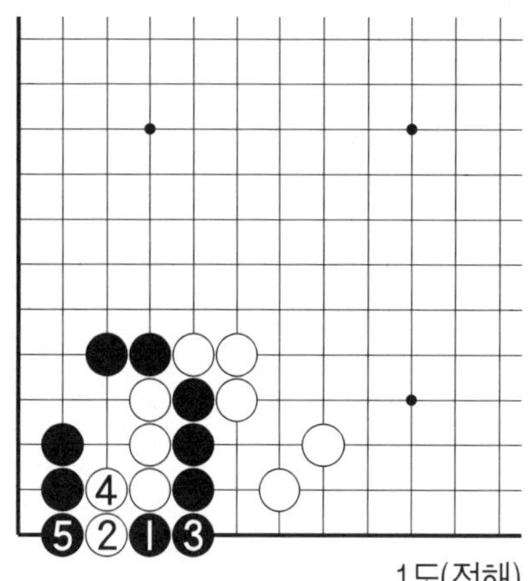

1도(정해)

2도(백 1수승)

흑1로 뻗는 수로는 본 수상전에 전혀 도움이 안 된다. 백2로 대응한 다음 수를 계산하면, 흑 3수, 백 4수로 이번에는 백 1수승이다.

2도(실격)

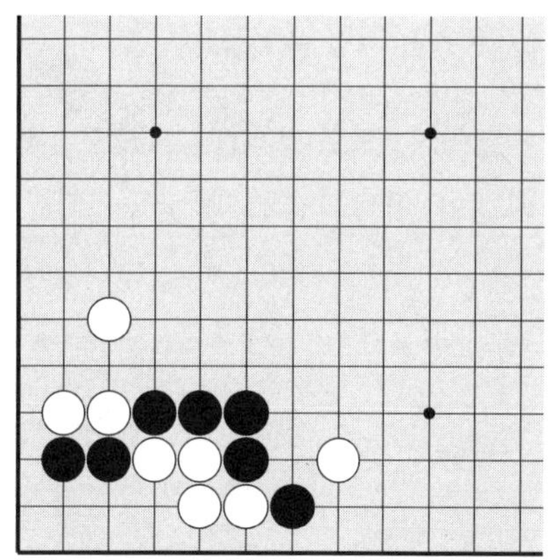

제2형 (흑선)

　본 수상전도 젖힘의 맥이 아니면 안 된다. 치중으로도 될 것이라는 생각은 착각이다.

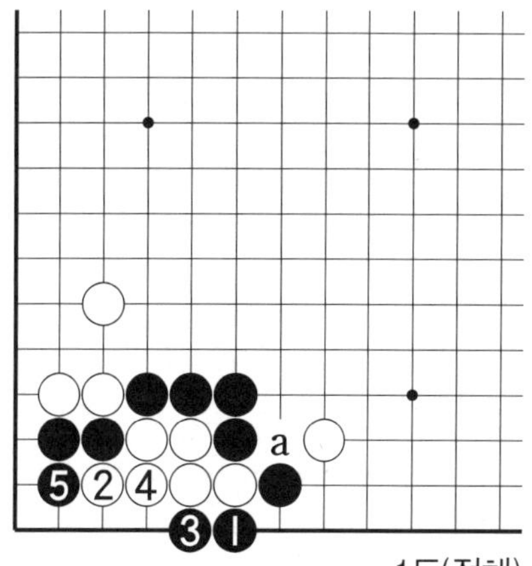

1도(정해)

1도(흑 1수승)

　흑1의 젖힘으로, 이하 흑5까지 흑 1수 승이다. 백은 a에 끊을 시간적 여유가 없다.

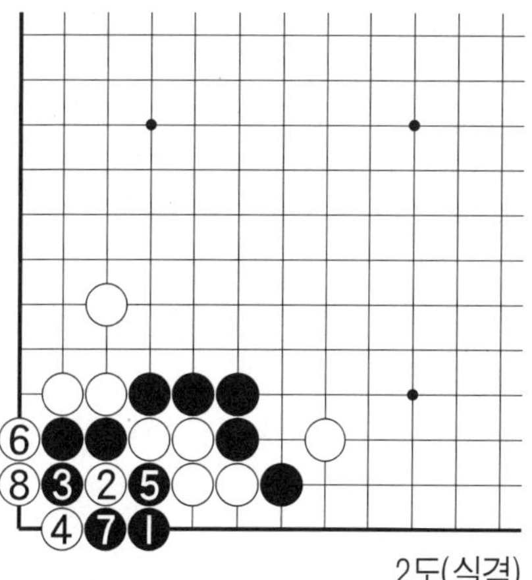

2도(실격)

2도(패)

　흑1의 치중도 맥의 일종이지만, 지금은 귀의 특수성 때문에 성립하지 않는다. 백2·4가 강력하여 이하 백8까지 패가 된다.

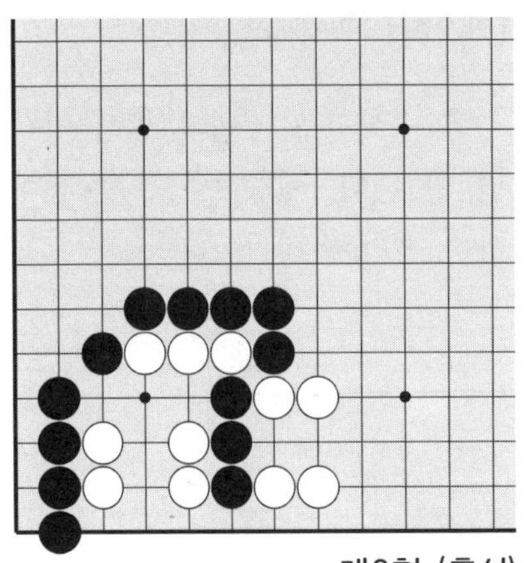

제3형 (흑선)

본 수상전도 젖힘의 맥으로, 흑 석점이 아슬아슬하게 구출된다.

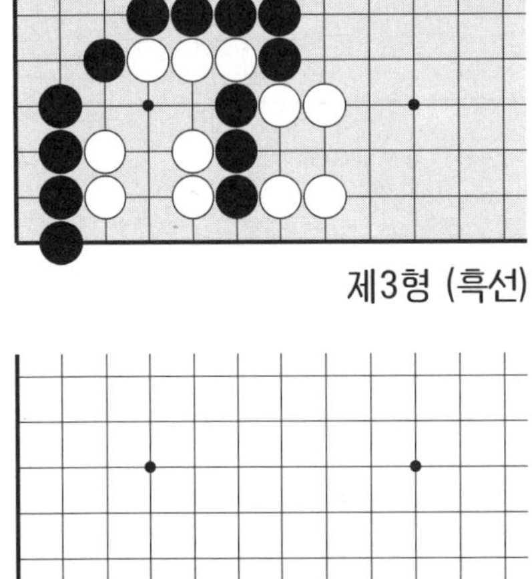

1도(정해)

1도(촉촉수)

흑1의 젖힘에 이은 흑3·5가 좋은 수로, 백이 촉촉수에 걸린 모습이다.

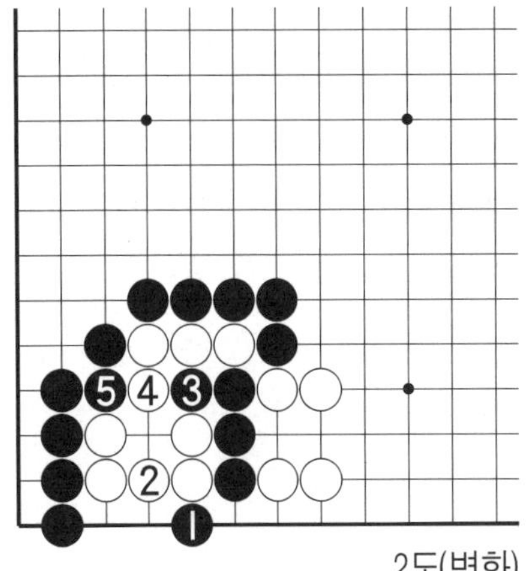

2도(변화)

2도(흑승)

흑1에 백2면 흑3·5로 뒤에서 가만히 단수치는 수가 백의 명맥을 끊는다.

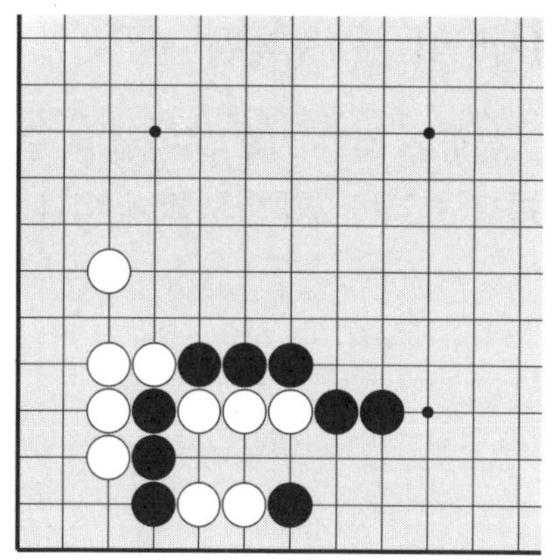

제4형 (흑선)

본형도 젖힘의 맥이 아니면 승리할 수 없다.

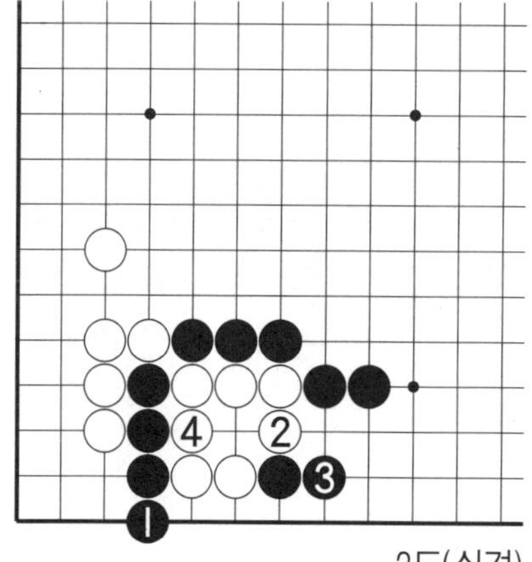

1도(정해)

1도(흑승)

흑1의 젖힘이 정맥이다. 백2에는 흑3으로 늦추면 된다. 계속해서 백4에 차단하면 흑5로 흑승이다.

2도(실격)

2도(백 1수승)

흑1의 뻗기도 보통 사용되지만, 지금은 백2·4의 수순이 있어 흑이 1수 부족이다.

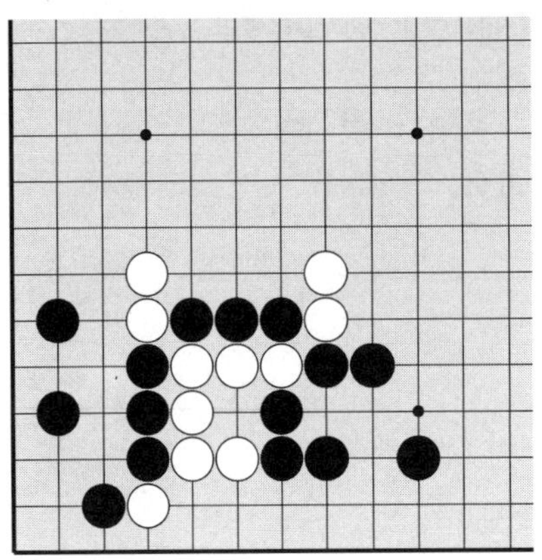

제5형 (흑선)

본형은 젖힘 이후, 수상전을 승리로 이끄는 2가지 방법이 있다.

1도(흑 1수승)

흑1의 젖힘 다음, 흑3 이하 흑7까지 흑 1수 승이다. 수순중 흑3으로는 5의 곳에 먼저 두어도 마찬가지의 결과다.

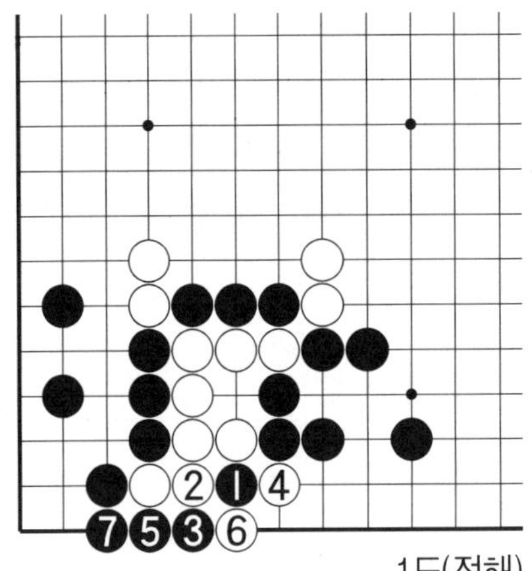

1도(정해)

2도(패)

흑1로 수를 줄이는 것은 백에게 한 쪽의 젖힘이 있어 백2로 다른 한 쪽을 젖히면 수가 늘어나게 된다. 다행히 흑3의 맥은 있으나, 이하 백8까지 패를 만드는 수밖에 없다.

2도(실격)

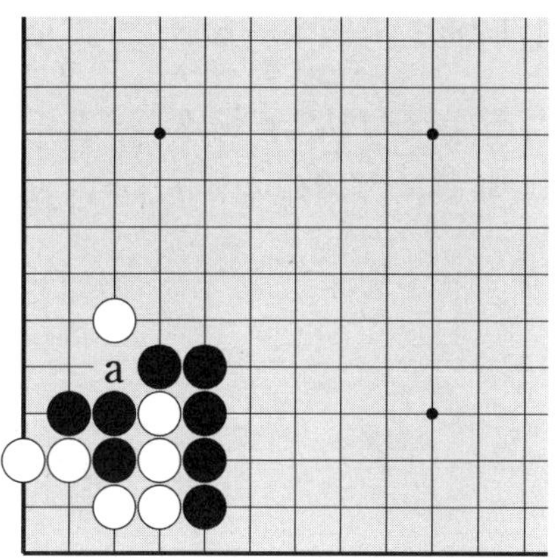

제6형 (흑선)

본형은 백a의 끊음에 대한 고려가 필요하다. 여기에는 젖힘에 이은 잇기의 맥이 추가된다.

1도(정해)

1도(흑 1수승)

흑1의 젖힘 다음 흑3의 잇기가 이 수상전의 포인트다. 백4로 끊더라도 흑5의 먹여침으로, 흑 1수 승이다.

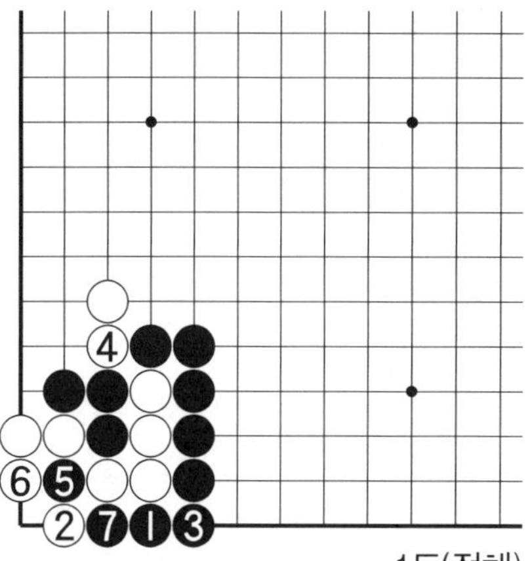

2도(실격)

2도(백귀 삶)

그냥 흑1로 이으면 백은 2로 간단히 산다.

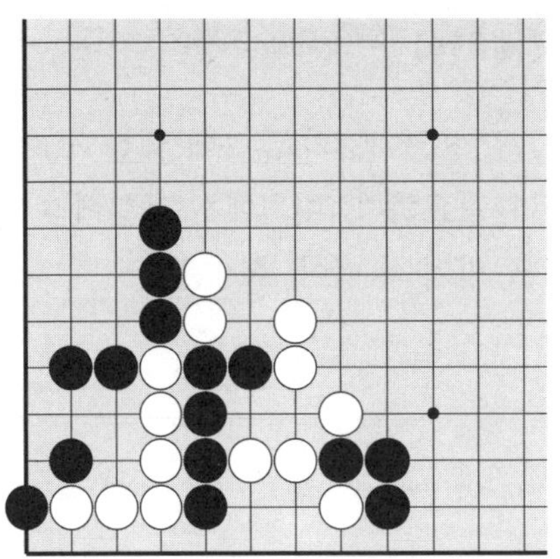

제7형 (흑선)

본형은 젖힘을 이용해 자충을 유도한 후 수상전에 임하면 1수가 빠르다.

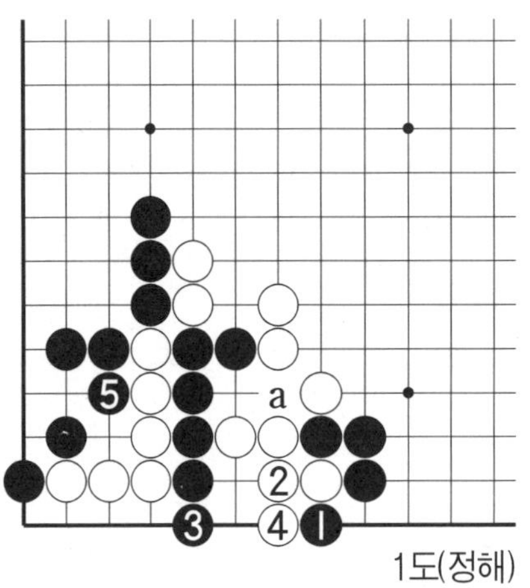

1도(정해)

1도(흑 2수승)

흑1의 단수젖힘 후 흑3에 뻗으면, a의 곳에 자충이 생겨 이쪽 백의 수가 한 수 늘게 되므로, 흑5 다음, 흑 6수, 백 4수로 흑이 2수나 빠르다.

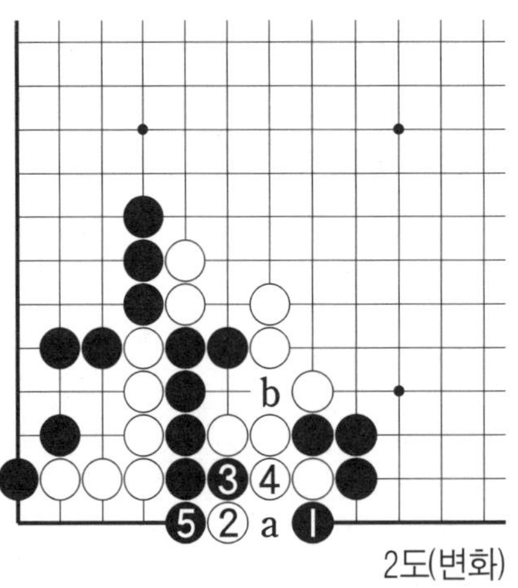

2도(변화)

2도(흑 연결)

흑1에 백2로 저항하면 흑3·5로 우측과 연결된다. 백이 a에 잇는 것은 흑b로 아래쪽 백 일단이 잡힌다.

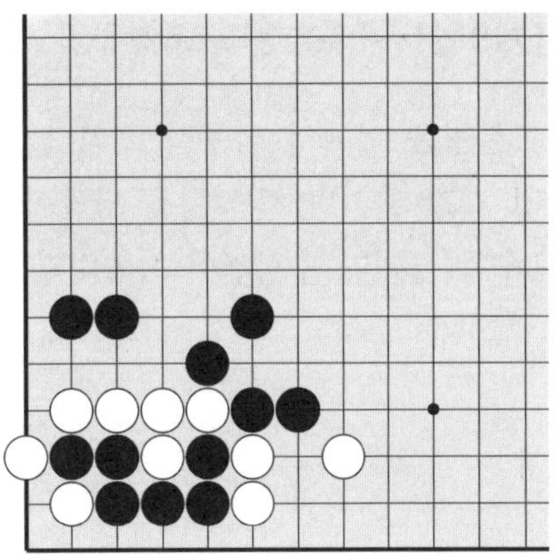

제8형 (흑선)

본 수상전은 정해가 2개 있다. 그러나 젖힘의 맥을 이용하는 것은 마찬가지다.

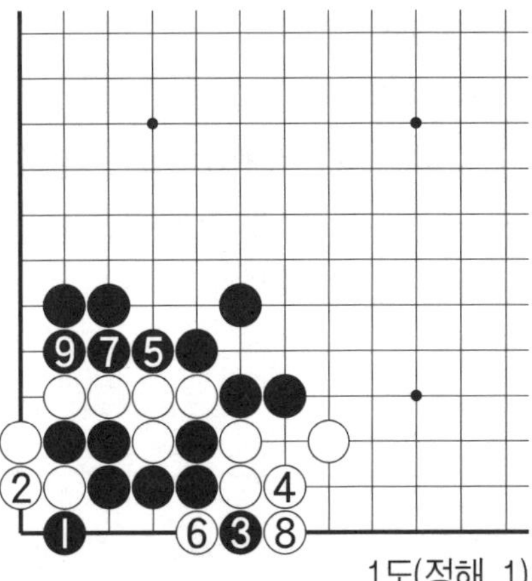

1도(정해 1)

1도(흑 1수승)

흑1의 단수 다음 흑3의 젖힘이 포인트다. 이하 흑9까지 흑 1수승이다.

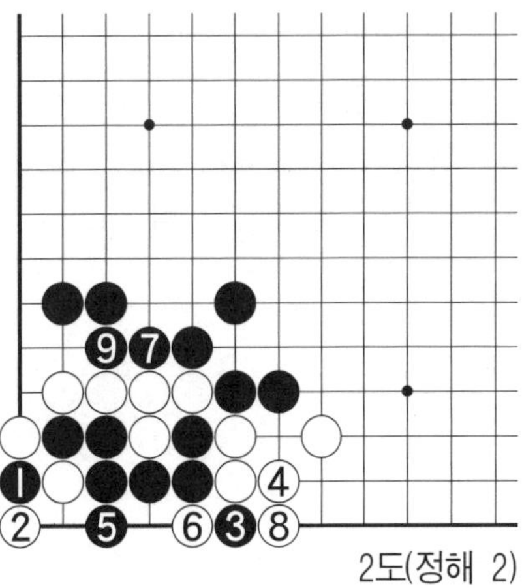

2도(정해 2)

2도(먹여치는 수)

흑1로 먹여치는 수도 가능하다. 그러나 다음 흑3의 젖힘이 필요한 것은 마찬가지다. 흑9까지 역시 흑의 1수승.

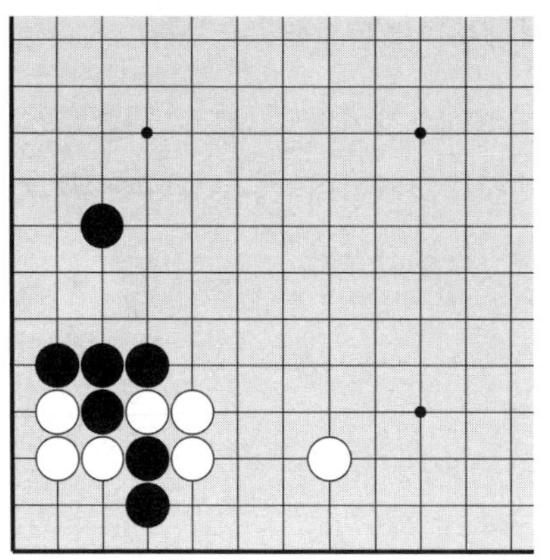

제9형 (흑선)

【제9형】 귀 흑두점의 수상전

본형은 귀에서 아무런 수가 날 것 같지 않지만, 양젖힘을 만들어 1수를 늘리면 수상전이 가능하다.

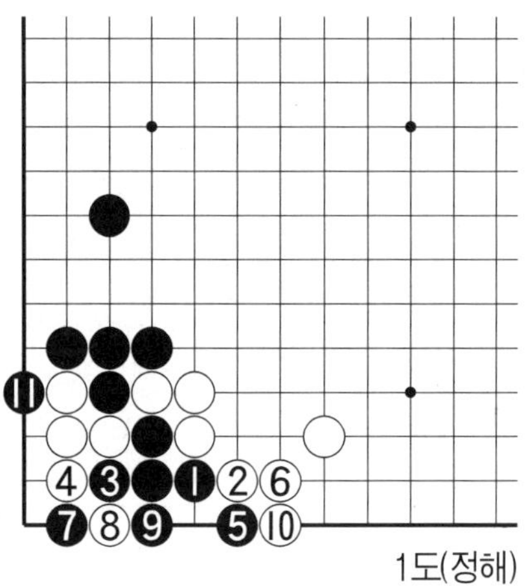

1도(정해)

1도(패)

흑1과 3으로 양쪽을 민 후 흑5에 젖히는 맥으로 백6에 늦추게 하면, 다음 흑7의 젖힘에 백은 8이하의 패를 할 수밖에 없다.

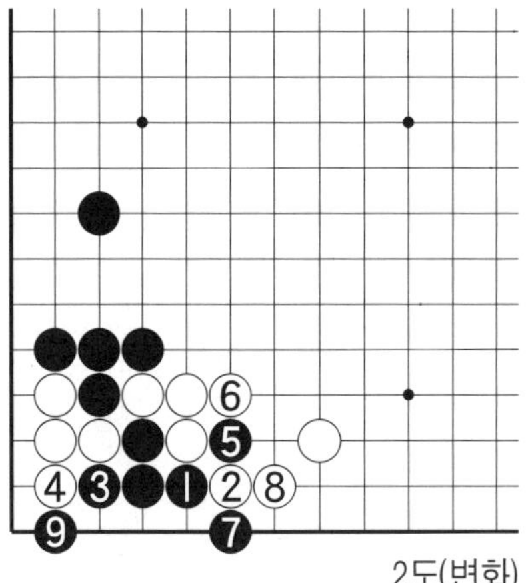

2도(변화)

2도(확실)

흑이 1도 흑5의 젖힘을 확실하게 하려면, 본도처럼 흑5에 끊은 다음 흑7로 단수를 치면 된다.

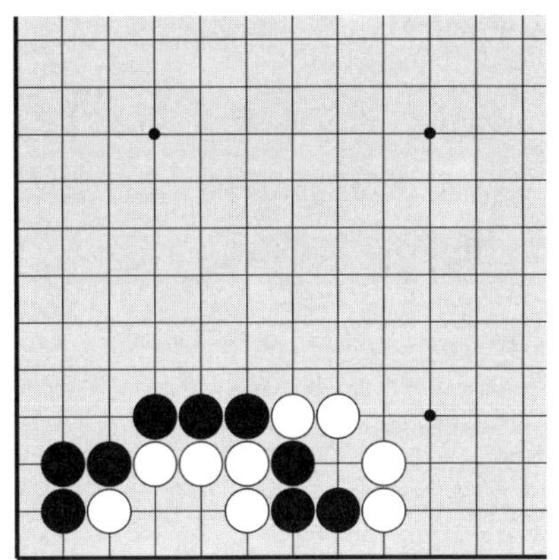

제10형 (흑선)

 본형은 젖힘의 맥으로 패를 만드는 수가 있다.

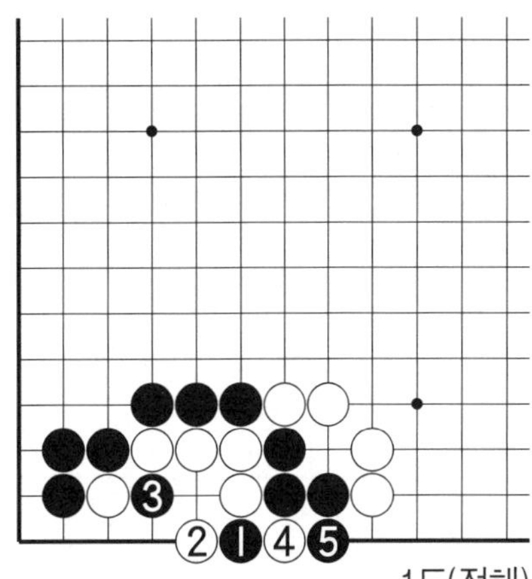

1도(정해)

 1도 흑1의 젖힘이 맥. 이하 흑5까지 패가 된다. 만약 2도 흑1로 끊는 것은 백2·4로 두면, 양자충으로 흑이 1수 부족이다.

 또 1도 백2로 3도 백2에 잇는 것은 흑3 이하 흑7까지 흑의 1수 승이다.

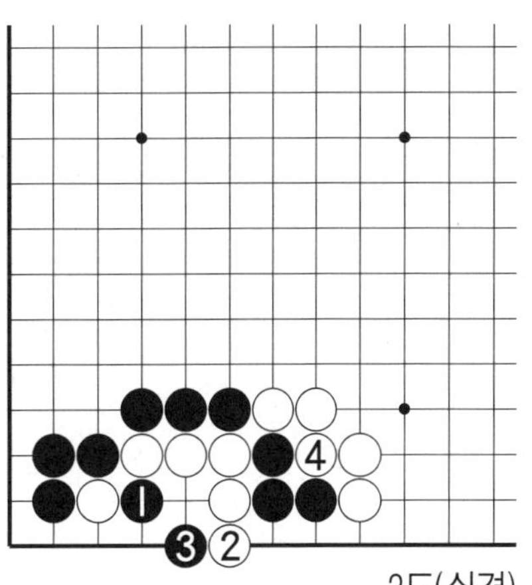

2도(실격)

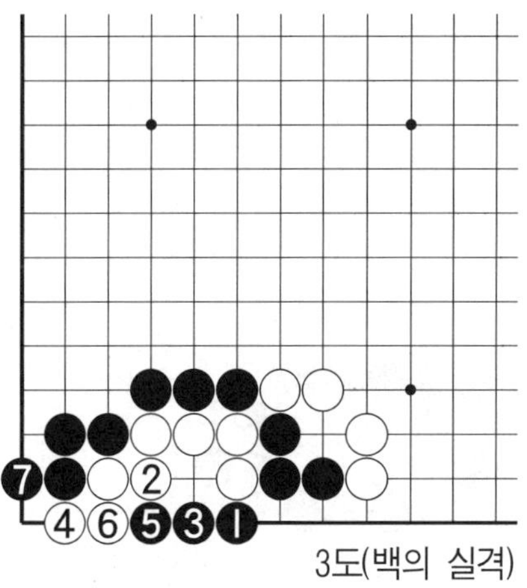

3도(백의 실격)

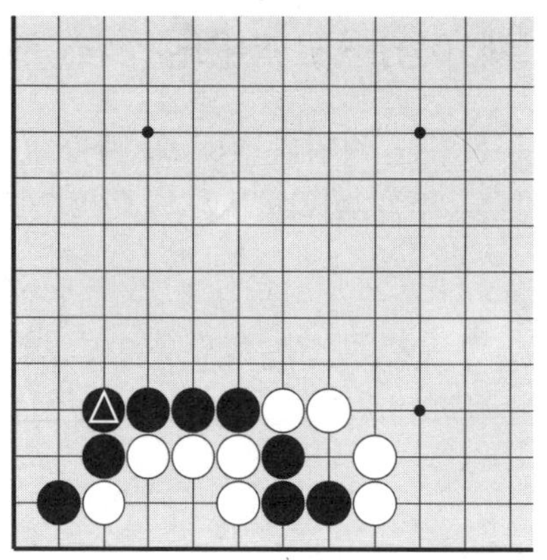

제11형 (흑선)

【제11형】 달라진 조건에서의 수상전

본형은 전형과 ▲의 위치가 다르다. 이 차이로 백이 패를 만드는 방법이 달라진다.

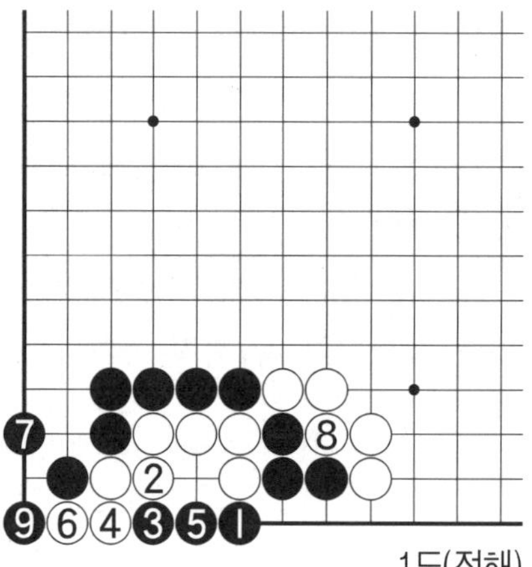

1도(정해)

1도(패)

흑1의 젖힘에 대해 이번에는 백도 2로 이을 수가 있다. 이때는 흑3의 붙임이 긴요하며, 이하 백6 때 흑은 7로 호구친 다음 흑9로 패를 하는 것이 최선이다. 수순중 만약 흑3으로 –

2도(3수째 실격)

2도(백 1수승)

본도 흑3에 들어가는 것은 백4가 성립하여, 이하 백10까지의 수순으로 흑이 1수 부족이다.

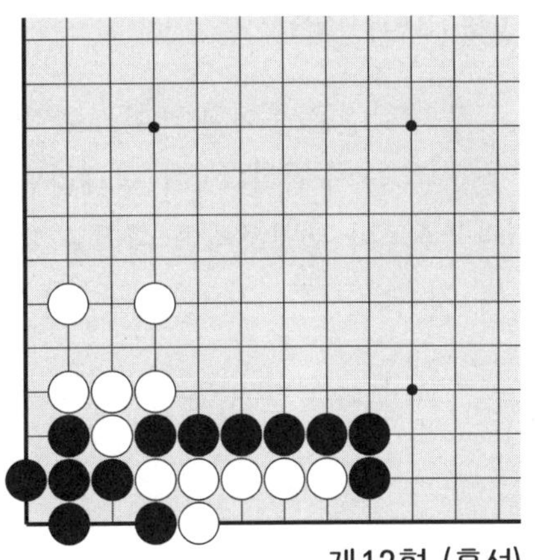

제12형 (흑선)

본 수상전은 흑이 젖힘의 맥으로, 양패를 만들어 잡는 수법을 묻는 것이다.

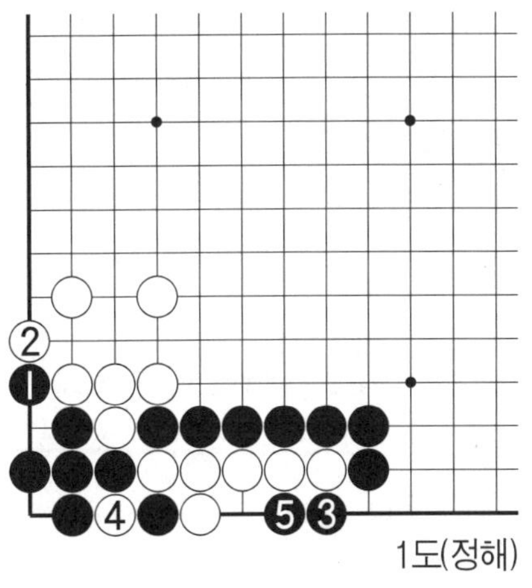

1도(정해)

1도(양패)

흑1로 젖힌 후 흑3으로 수를 줄여가면, 흑5까지 양패로 백 죽음이다.

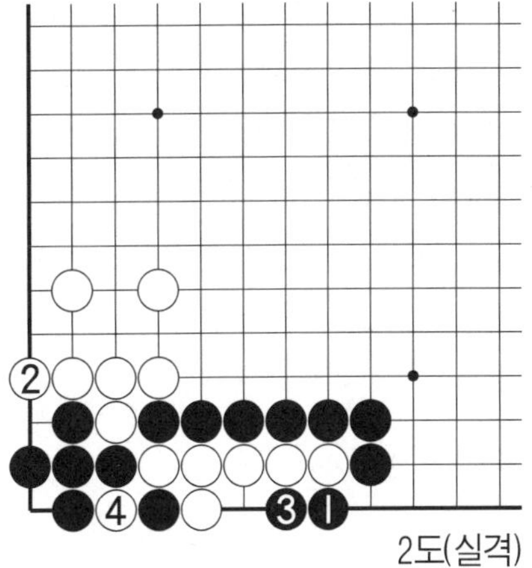

2도(실격)

2도(1수 늘어진 패)

그냥 흑1로 수를 줄이면, 백2·4로 한 수 늘어진 패가 된다.

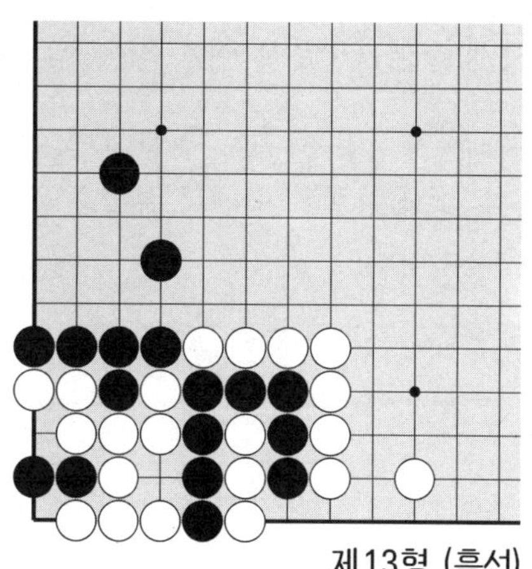

제13형 (흑선)

본 수상전은 특이한 케이스로 빅을 만드는 수법이다. 이 상태라면 대궁소궁이 분명하지만 예외도 있는 것이다.

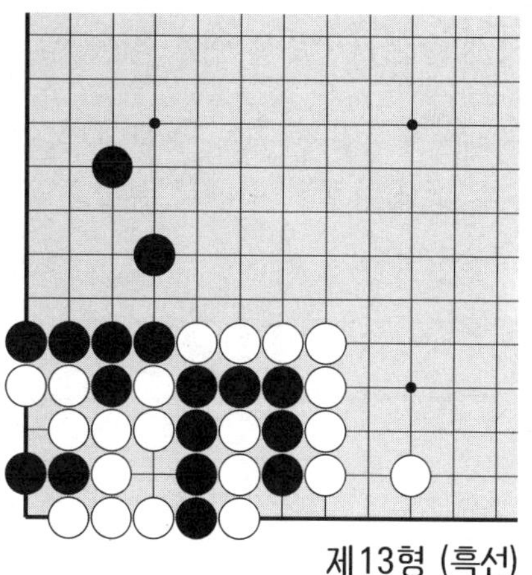

1도(정해)

1도(빅)

흑1의 젖힘이 절묘한 맥. 다음 흑3으로 안에서 수를 하나 줄여 두면, a에 공배가 있어도 이 수상전은 대궁소궁이 아닌, 이 자체로 빅이다. 만약 백이 b로 따내면 흑은 1로 되따내고, 백b로 다시 따내면 흑a로 수를 줄여 흑이 1수 빠르기 때문이다.

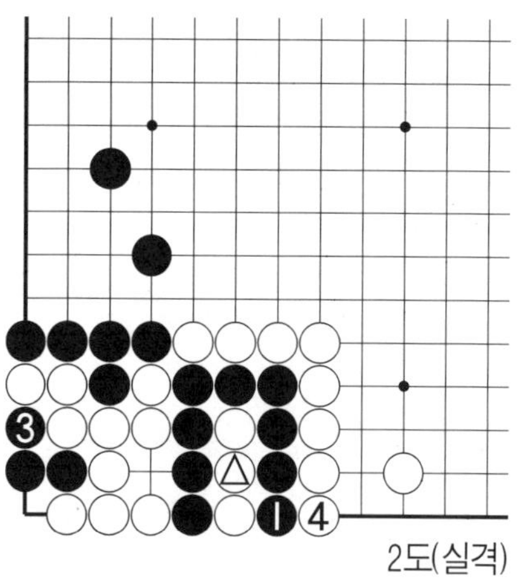

2도(실격)

2도(대궁소궁)

그냥 흑1로 따내면 백2로 치중한 다음 흑3을 기다려 백4에 막아, 이 모양은 대궁소궁이다. 대궁소궁은 대궁(궁도가 많은 쪽)이 이기므로, 백 1수 승이다.

②…△

숨어 있는 수단

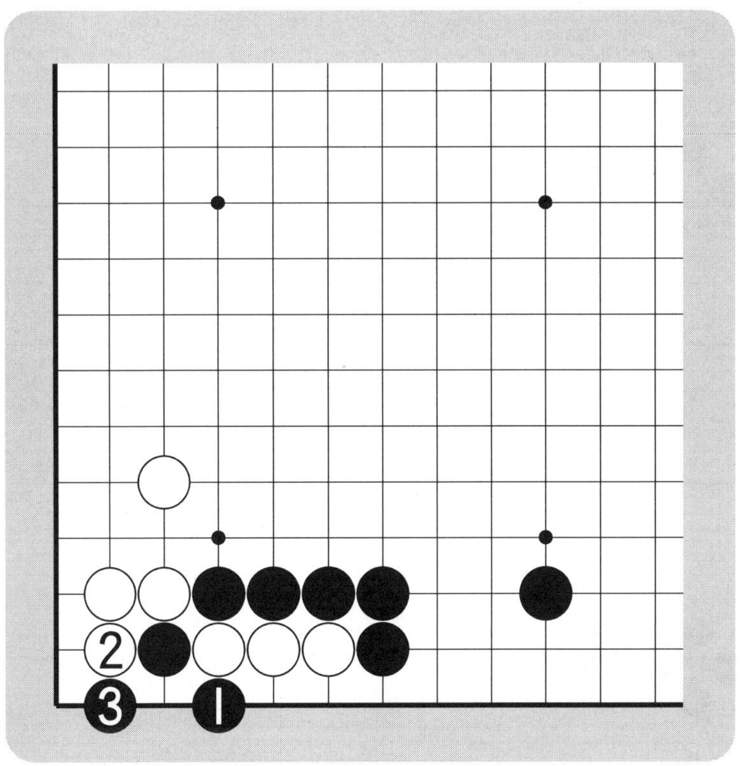

흑1의 젖힘은 귀끝의 특수성을 이용한 대표적인 맥점이며, 흑1·3의 수순은 대단히 실전적인 수법이기도 하다.

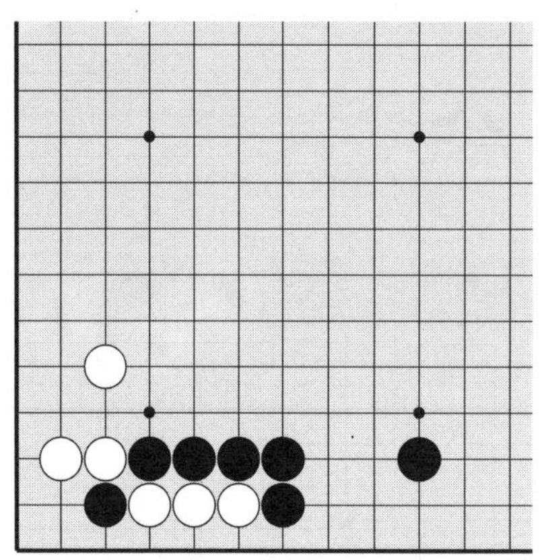

제1형 (흑선)

본형은 실전에 나타날 확률이 높은 모양에 속하는데, 나타나도 기력이 약하면 무심코 지나치기 쉽다. 흑에게 어떤 수단이 있을까?

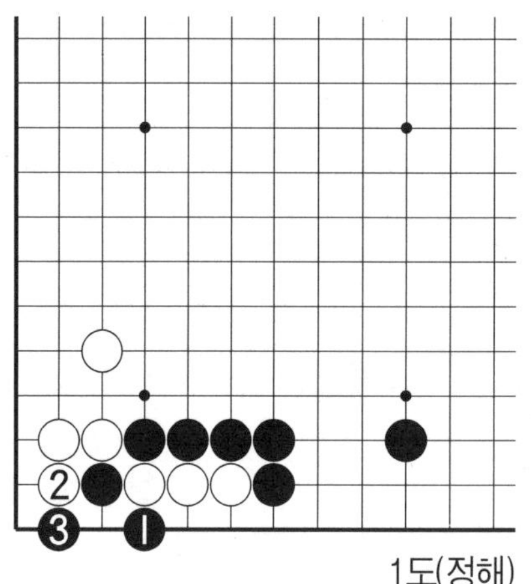

1도(정해)

1도(패)

흑1·3의 수법은 실전적인 만큼 익혀 둘 만한 것이다. 죽은 듯한 흑 한점이 귀의 특수성을 이용하여 패를 낸다.

2도(실격)

2도(흑 잡힘)

수순을 바꾸어 흑1을 먼저 두는 것은 백2로 성립하지 않는다. 이 형태는 실전맥23 – 제15형에서 설명한 바 있다.

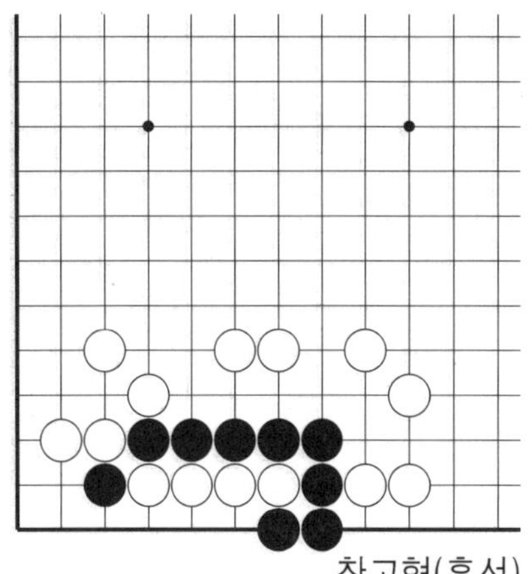

참고형(흑선)

참고로 본형은 사활인데, 이때는 제1형 1도의 수법으로는 살 수 없고, 2도의 수법이 필요하다. 경우에 따라 이 차이가 있는 것이다. 왜냐하면 –

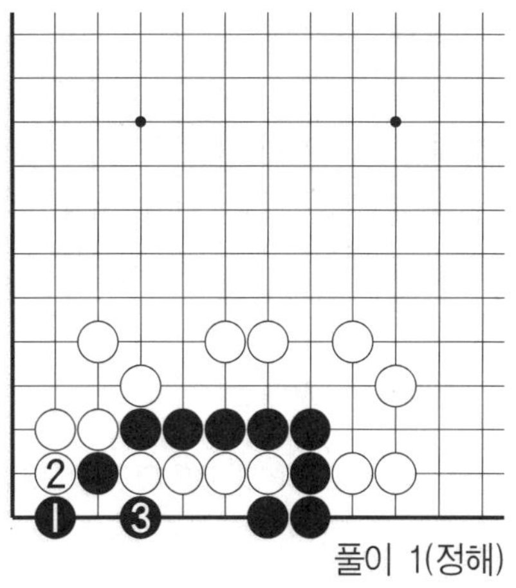

풀이 1(정해)

풀이 1의 흑1·3으로 패가 최선인데, 만약 백이 제1형의 2도와 같이 패를 피해 끝가지 잡으려 하면, 풀이 2의 흑5까지 환격으로 살기 때문이다. 풀이 3의 흑1은 백2의 맥이 있어, 이하 백6까지 이 흑은 죽음이다.

⑥···△

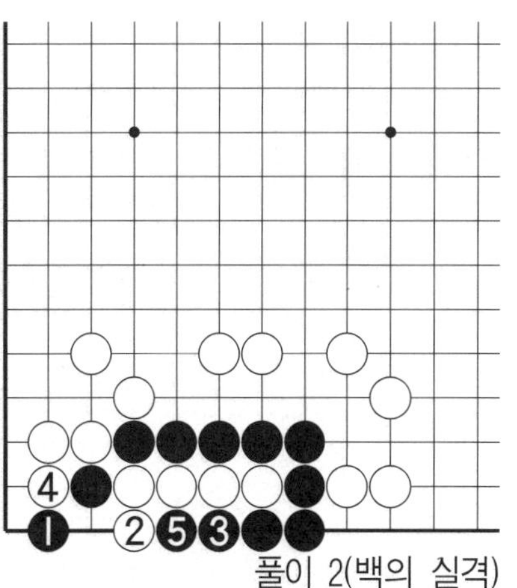

풀이 2(백의 실격)

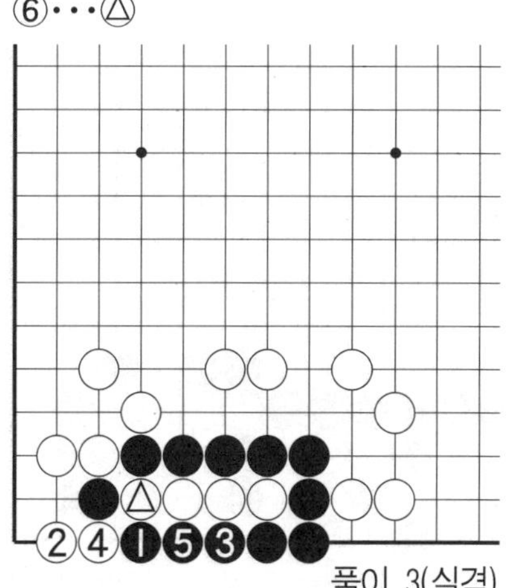

풀이 3(실격)

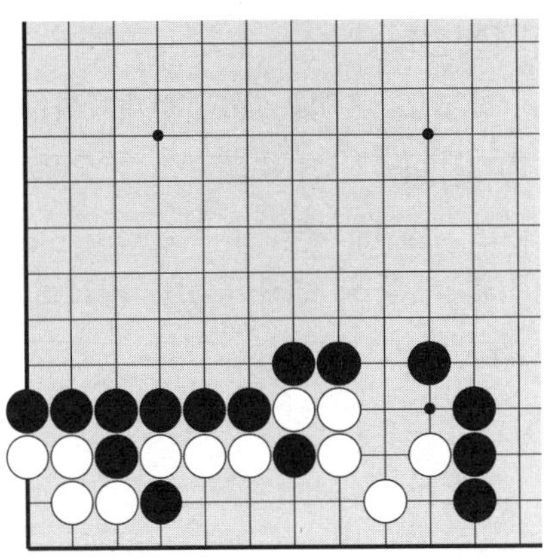

제2형 (흑선)

본형은 백집 속에서의 수단을 찾
는 것이다.

1도(패)

흑1의 젖힘이 우선으로, 백2라
면 흑3으로 패다. 백a로 몰 수 없
기 때문이다. 흑은 3으로 a에 먼
저 단수치고 패를 할 수도 있다.

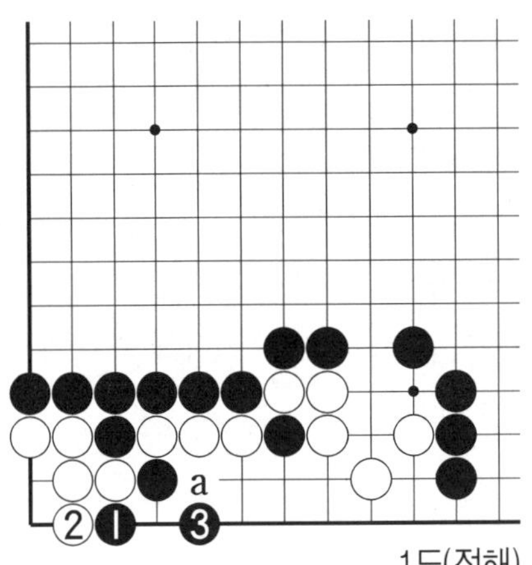

1도(정해)

2도(역시 패)

흑1 때 백2로 유가무가를 유도
하면, 그때는 흑3・5의 패가 있다.

2도(변화)

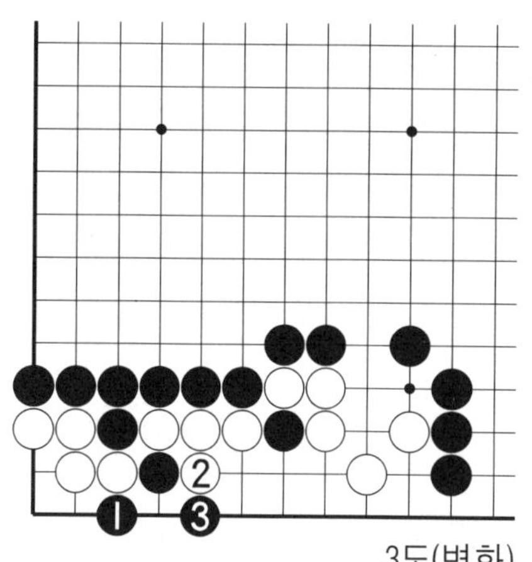

3도(변화)

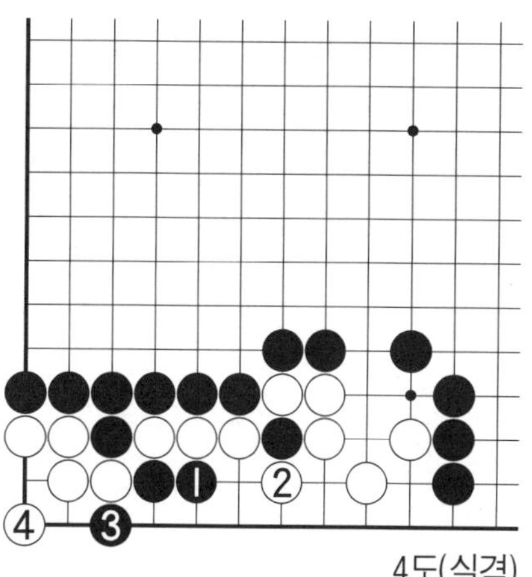

4도(실격)

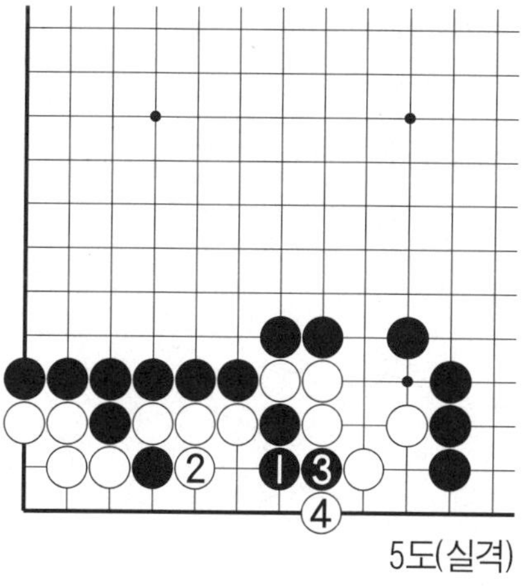

5도(실격)

3도(마찬가지)

흑1에 백2로 단수하면 흑3으로 역시 패다.

4도(유가무가)

흑1을 먼저 단수하는 것은 수순이 틀린 것이다. 다음 흑3 때 백4로 물러서면 유가무가가 되어 흑이 잡힌다.

5도(백승)

흑1쪽은 수상전이 안 된다. 이하 백4까지 우측 백과의 대결은 흑의 1수 부족이다.

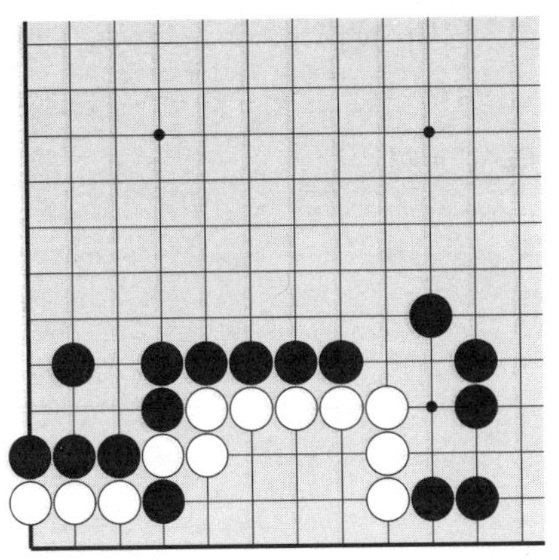

제3형 (흑선)

본형은 앞의 2가지 형이 뒤섞인 모양이다. 그렇다면 백진 속에는 어떤 수단이 숨어 있을까?

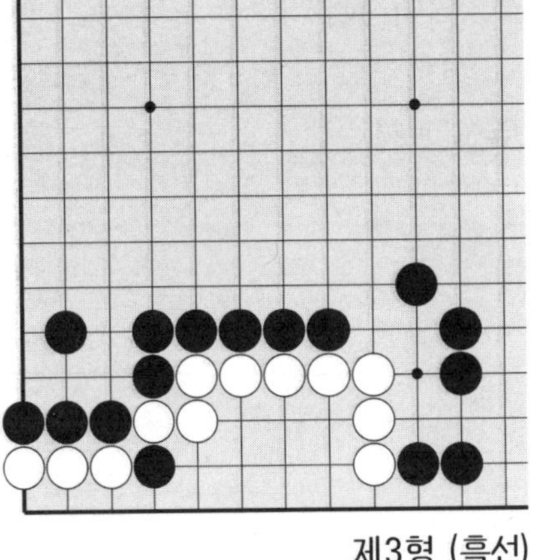

1도(정해)

1도(물러나는 정도)

흑1의 치중은 젖힘의 환경을 조성하는 맥으로, 따라서 백은 2로 물러나는 정도가 무난하다. 만약 백2로 –

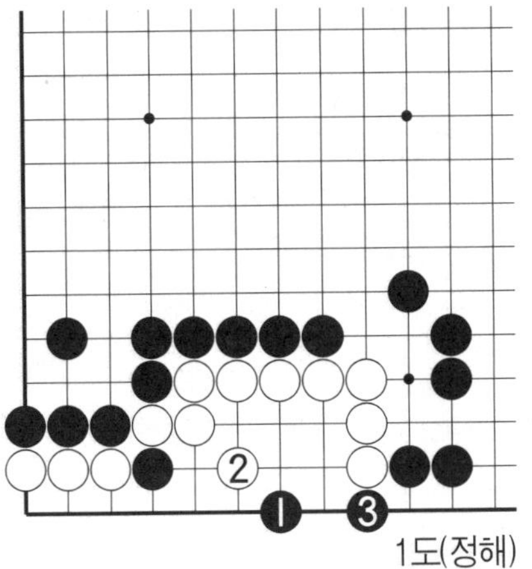

2도(변화)

2도(패의 수단)

본도 백2에 차단하면 즉시 흑3·5로 패의 수단이 성립한다.

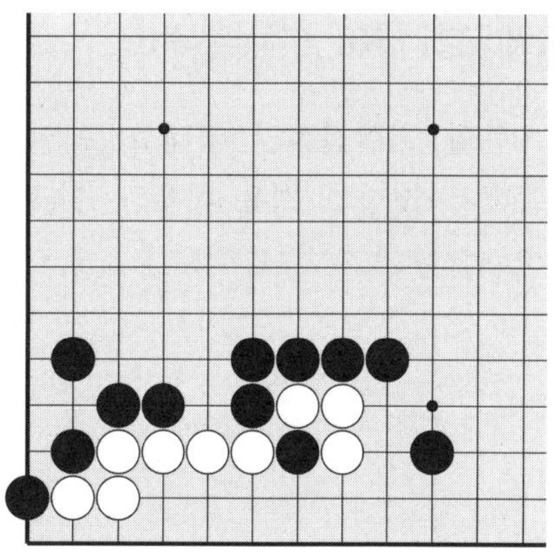

제4형 (흑선)

【제4형】 선수 이득을 보는 수법

본형은 젖힘의 맥을 이용해 선수로 이득을 보는 수법이다.

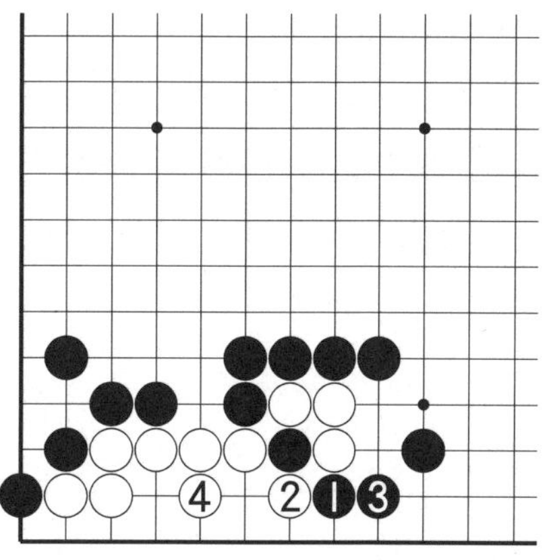

1도(정해)

1도(선수 이득)

흑1·3은 선수가 된다. 백이 4로 가일수하지 않으면 –

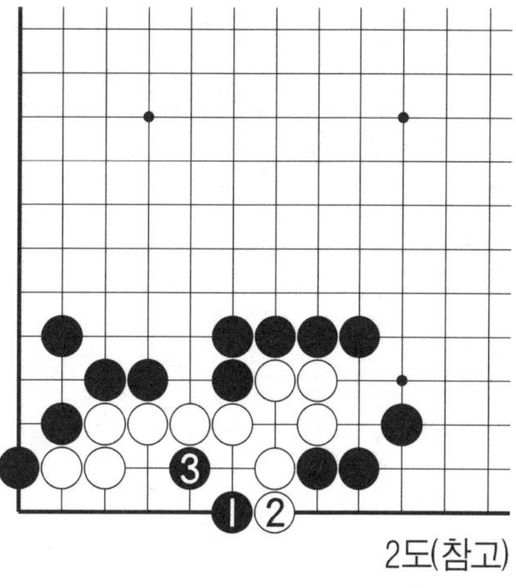

2도(참고)

2도(백 죽음)

본도 흑1·3으로 백의 궁도를 공격하여 잡히게 된다.

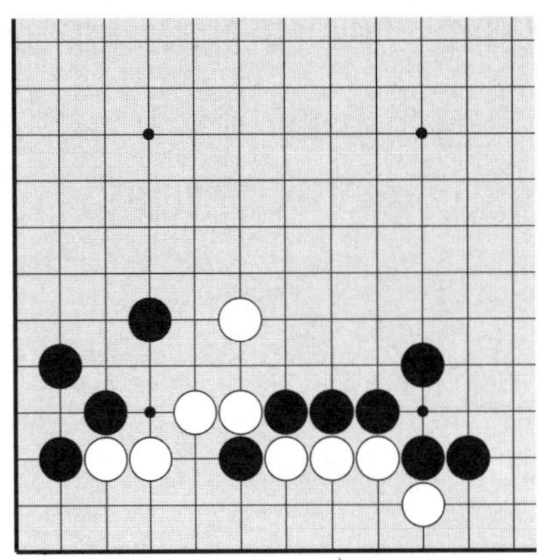

제5형 (흑선)

본형은 실전적인 형태로, 백진 속에서 젖힘의 맥을 이용한 수단이 있다.

1도(백 한점 잡힘)

흑1의 젖힘이 맥. 계속해서 백2로 물러나야 하며, 이하 흑5까지 백△를 잡을 수 있다. 만약 백2로 –

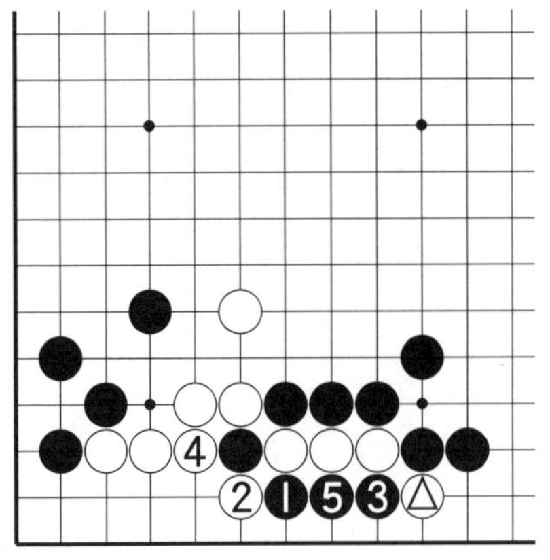

1도(정해)

2도(백, 손해가 막심)

본도 백2와 같이 대항하면, 흑3·5로 우측 백 일단이 잡힌다.

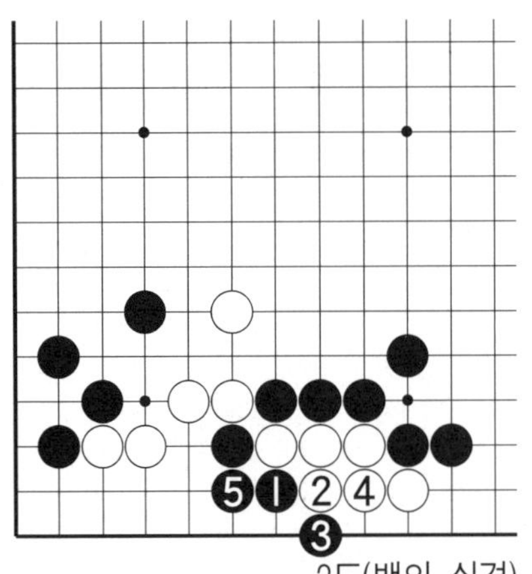

2도(백의 실격)

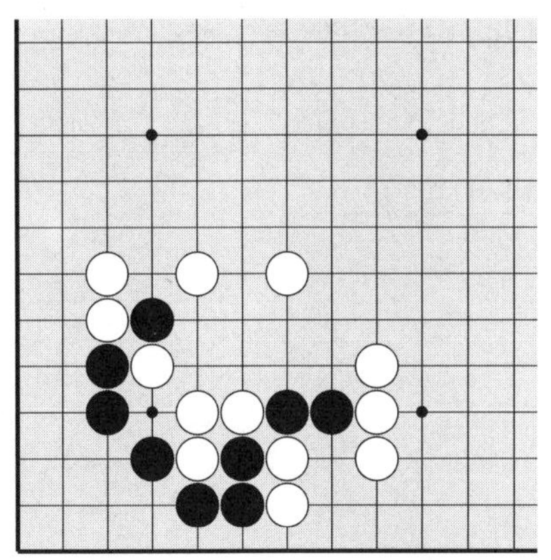

제6형 (흑선)

 본형은 젖힘의 맥으로 중앙 백의 요석을 잡을 수 있는 모양이다.

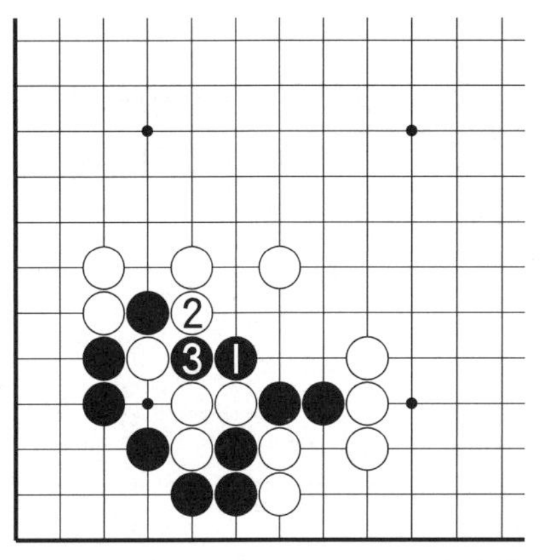

1도(정해)

1도(백, 요석 잡힘)
 흑1의 젖힘이 맥이다. 계속해서 백2 이상의 저항 수단이 없으며, 흑3으로 요석 백 석점을 잡을 수 있다.

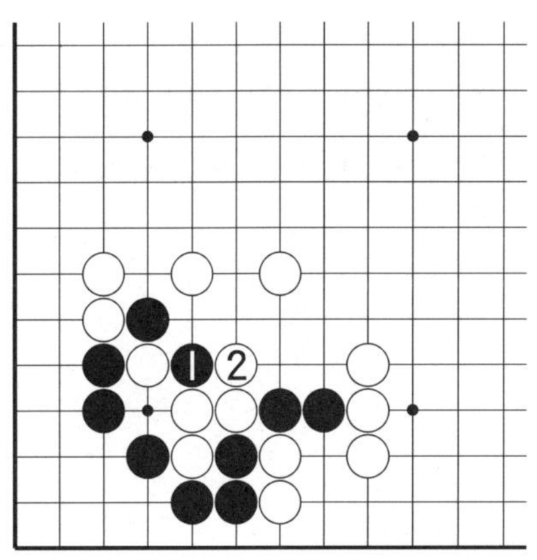

2도(실격)

2도(작은 끝내기)
 흑1은 작은 끝내기에 불과하다. 백2로 요석이 탈출하기 때문이다.

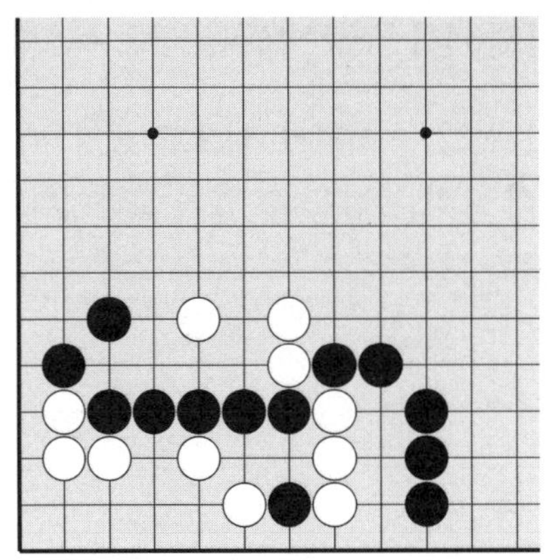

제7형 (흑선)

본형은 젖힘의 맥으로, 패의 수단이 있다.

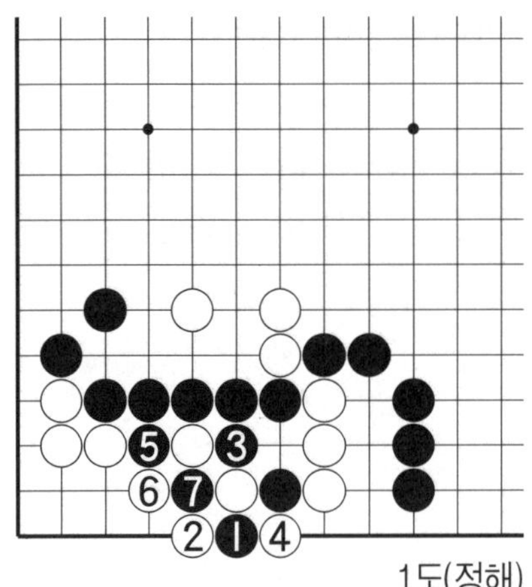

1도(정해)

1도(패)

흑1의 젖힘에 이어 백2로 막으면 흑3·5의 연타가 강력하여, 흑7까지 패가 된다.

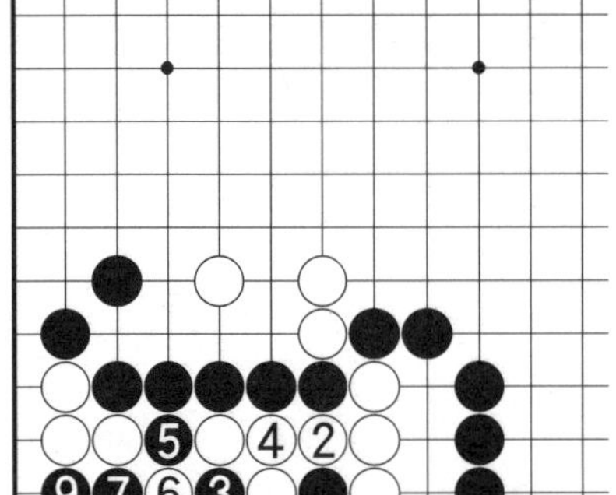

2도(변화)

2도(귀를 탈취)

흑1에 백2로 대응하면 흑3·5의 수단으로 귀를 탈취할 수 있다.

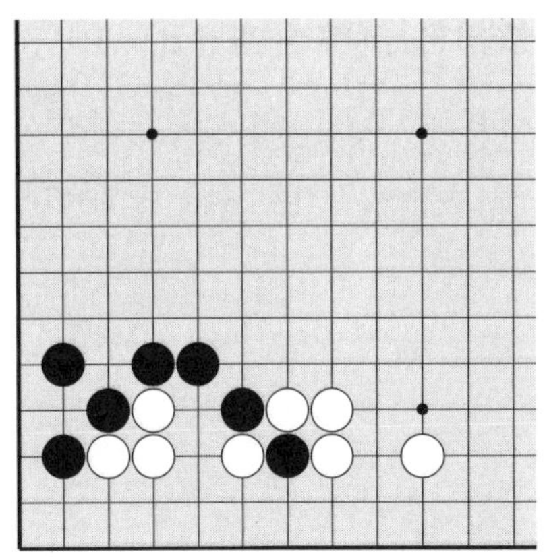

제8형 (흑선)

본형은 실전적인 모양이지만, 젖힘의 맥이 간과되기 쉽다. 과연 백진 속에 숨어 있는 수단은?

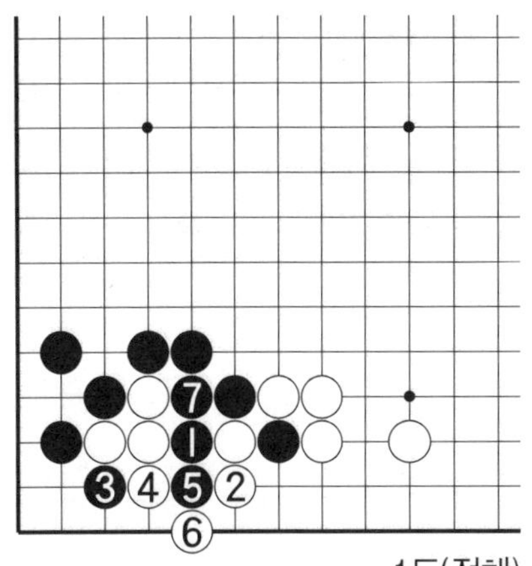

1도(정해)

1도(백 일단 잡힘)

흑1 다음 흑3의 젖힘이 통렬한 수법으로, 이하 흑7까지 백 일단을 잡을 수 있다.

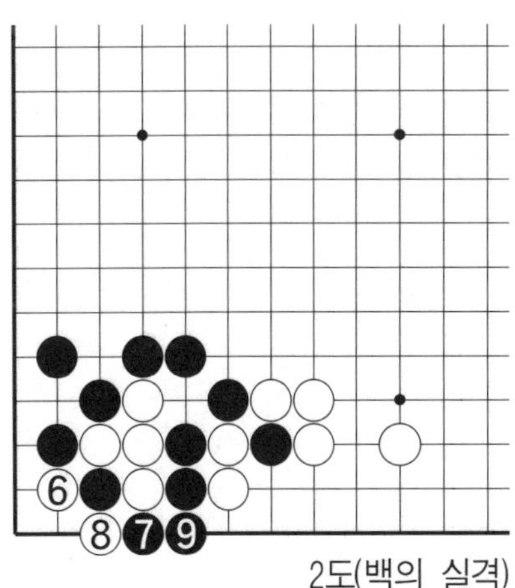

2도(백의 실격)

2도(백 무리)

1도 백6으로 본도 백6과 같이 흑 한점을 잡으려는 것은 무리다. 흑7·9의 맥으로 더 크게 잡히기 때문이다.

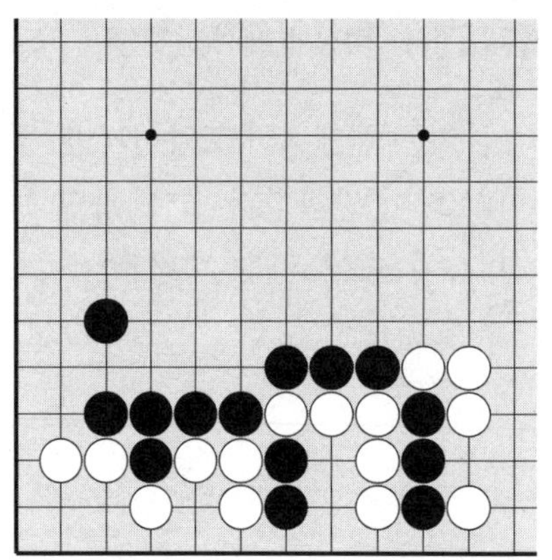

제9형 (흑선)

본형은 젖힘보다 뻗기의 맥이 먼저 보여 착각하기 쉬운 모양이다.

1도(정해)

1도(흑 대이득)

흑1의 젖힘이 맥이다. 다음 백2·4에는 흑5를 자연스레 선수한 다음 흑9까지의 수순으로 큰 이득을 볼 수 있다.

2도(실격)

2도(빅)

흑1의 뻗기를 먼저 두게 되면, 백2 이하 백8까지 빅이 고작이다.

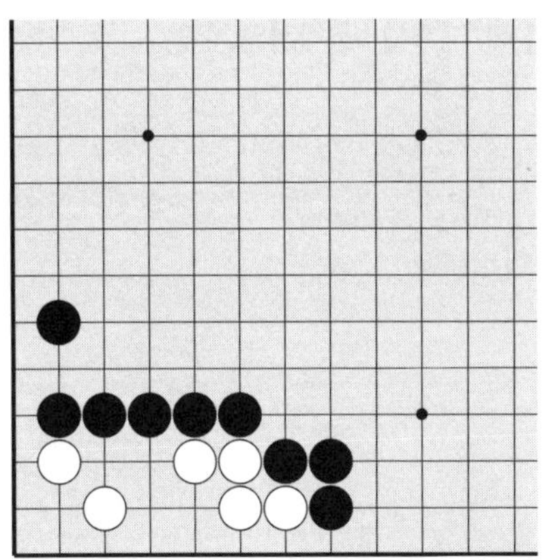

제10형 (흑선)

본형은 화점정석에서 나타나는 실전형이다. 귀의 백 모양은 완벽하지 않아 수단의 여지가 있다.

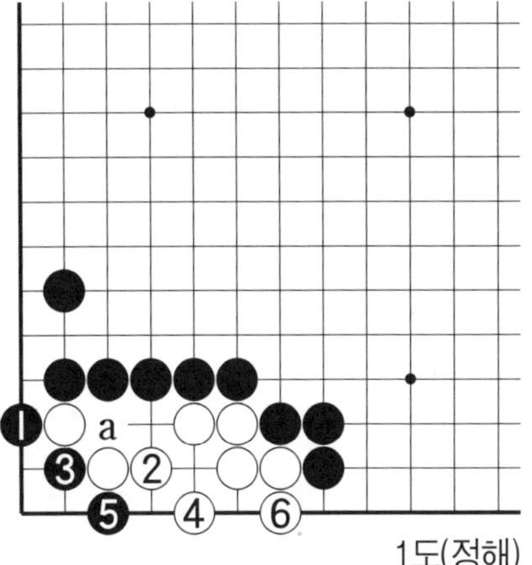

1도(정해)

1도(백의 최선)

흑1의 젖힘에 백은 2로 후퇴할 수밖에 없다. 계속하여 백6까지 2집을 내고 사는 것이 백으로서는 최선이다. 흑은 이후 a의 이득도 보장되어 있다.

2도(변화)

2도(패)

흑1에 백2로 받는다면 흑3 이하 흑9까지 패가 된다.

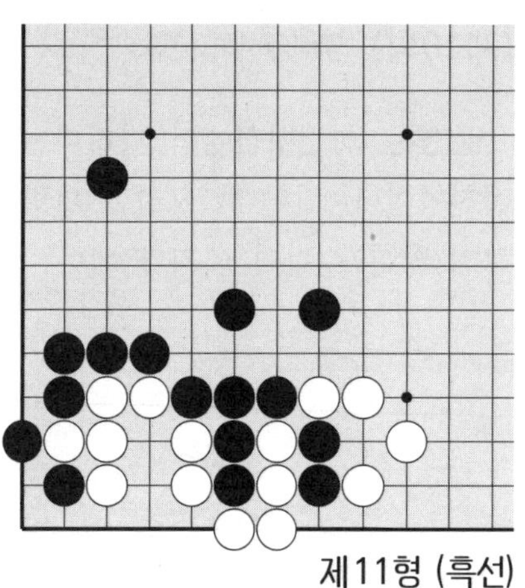

제11형 (흑선)

 본형은 맥의 진수를 느낄 수 있는 모양으로, 첫 수는 물론 젖힘이다.

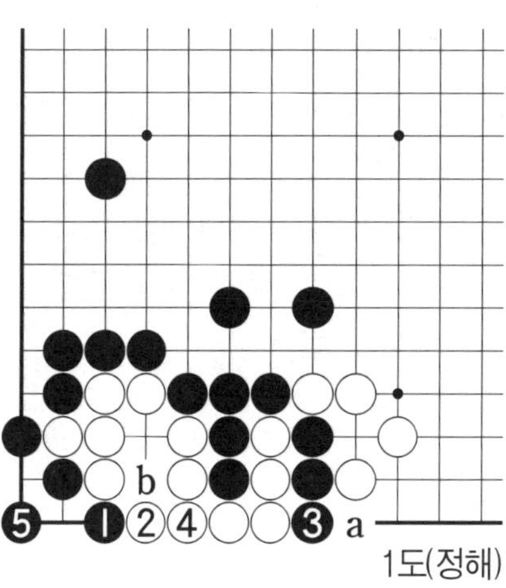

1도(정해)

1도(패)

 흑1의 젖힘부터 흑5까지 패를 만들 수 있다. 다음 백a면 흑b다.

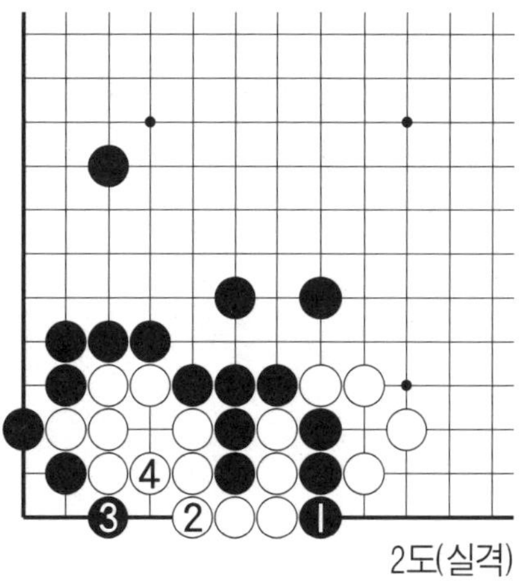

2도(실격)

2도(수순 미스)

 흑1의 단수는 수순 미스다. 다음 흑3 때 백4로 후퇴하여 그만인 것이다.

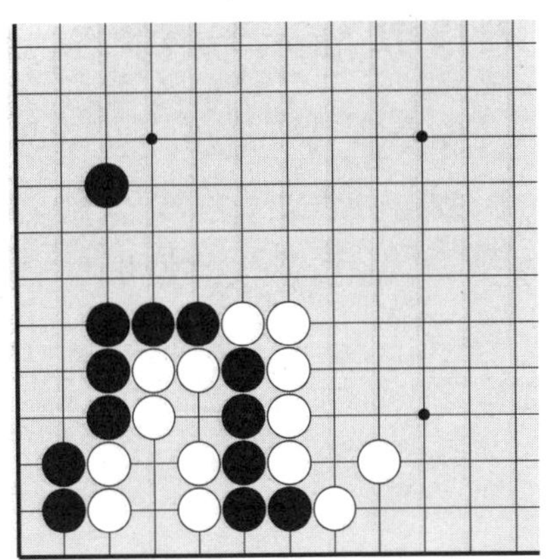

제12형 (흑선)

본형은 젖힘의 맥을 이용해 약간의 득을 볼 수 있다.

1도(백 두점 탈취)

흑1의 젖힘이 맥. 백도 2로 젖히는 것이 최선의 대응책이다. 이하 흑7까지 백 두점을 탈취할 수 있다.

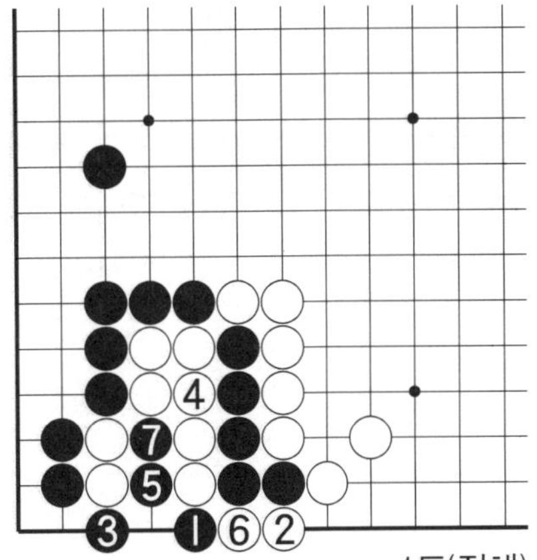

1도(정해)

2도(잘못된 젖힘)

흑1의 젖힘은 방향이 잘못된 것이다. 백2로 받는 수가 좋아, 아무 이득도 얻을 수 없다.

2도(실격)

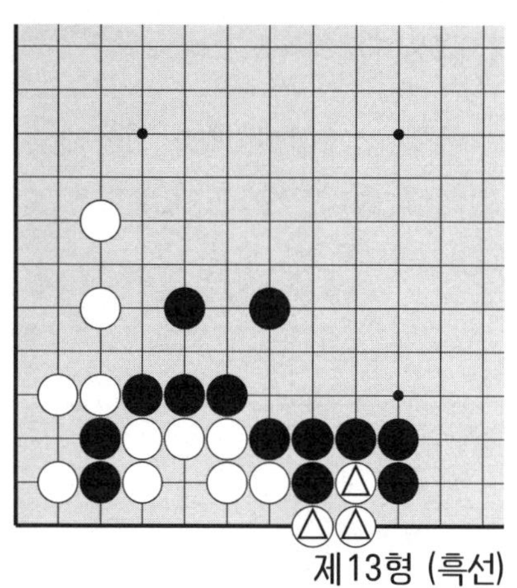

제13형 (흑선)

본형은 젖힘의 맥 중 가장 묘미가 있다. 정확한 수순을 통해 백△를 잡을 수 있기 때문이다.

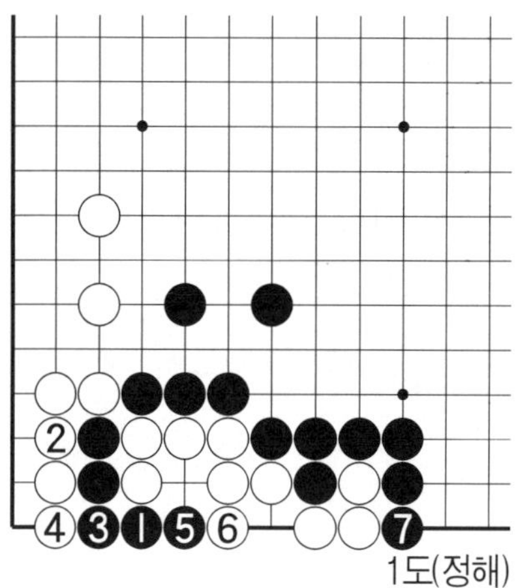

1도(정해)

1도(백 석점 잡힘)

흑1의 젖힘은 일견 쓸데없는 수 같지만, 흑3·5를 거치면 그 정체가 드러난다. 백6 때 흑7이면 백 석점이 꼼짝없이 잡히는 것이다.

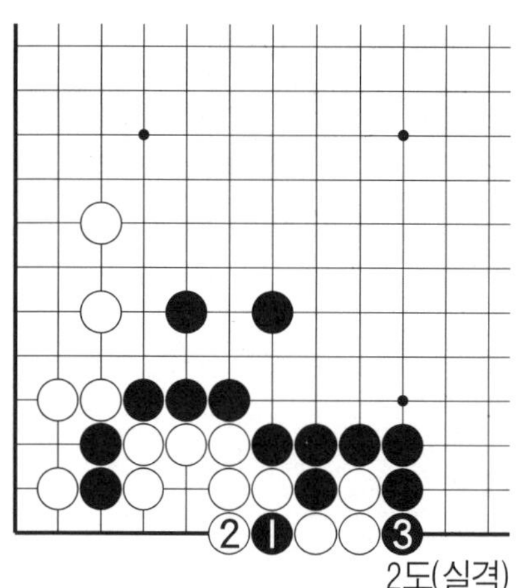

2도(실격)

2도(수순 미스)

처음부터 흑1의 먹여침은 수순이 부재한 것이다. 백2로 받고 나서 흑3 때, 이번에는 백4에 이어도 아무 탈이 없다.

④…❶

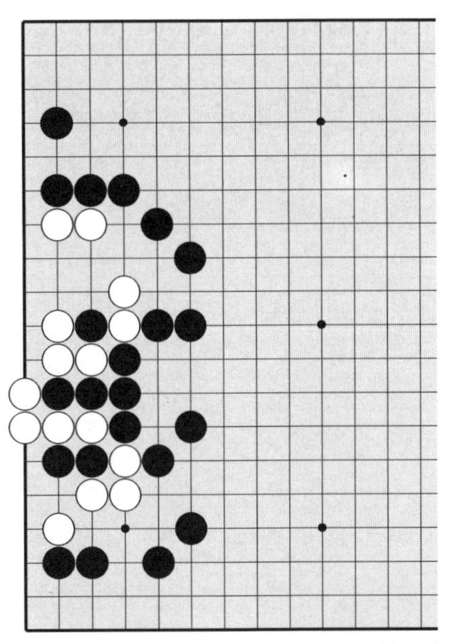

제14형 (흑선)

【제14형】 백집 속에서의 수단

본형은 백집 속에 숨어 있는 수단을 찾는 것이다.

1도 흑1의 젖힘에 이어 흑3의 뻗기도 연관된 맥점이다. 계속하여 백4가 불가피할 때 흑5 이하의 촉촉수로 백 일단을 잡는다.

2도 흑1의 먹여침을 먼저 실행하면, 이하 백8까지 아무런 수도 성립하지 않는다.

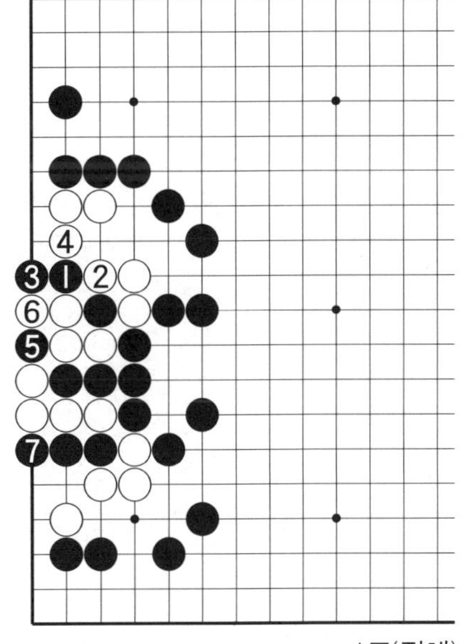

1도(정해)

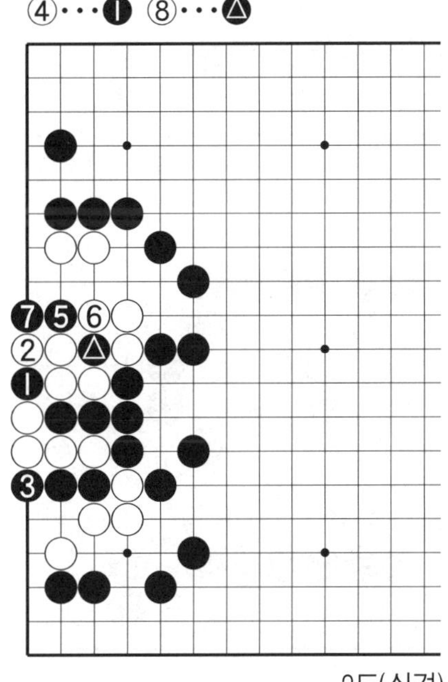

2도(실격)

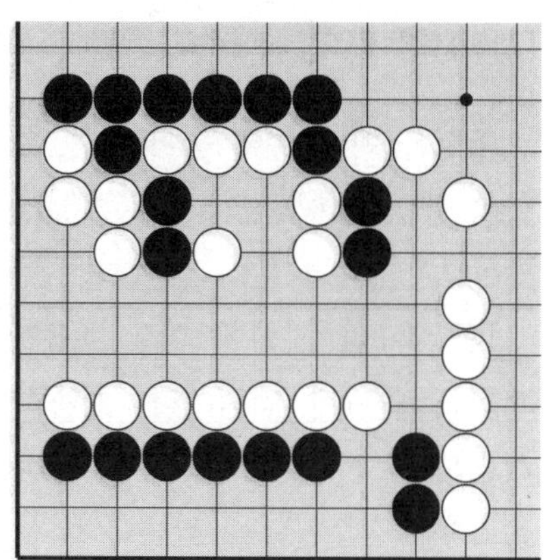

제15형 (흑선)

본형도 백집 속에 숨은 수단을 찾는 것이다.

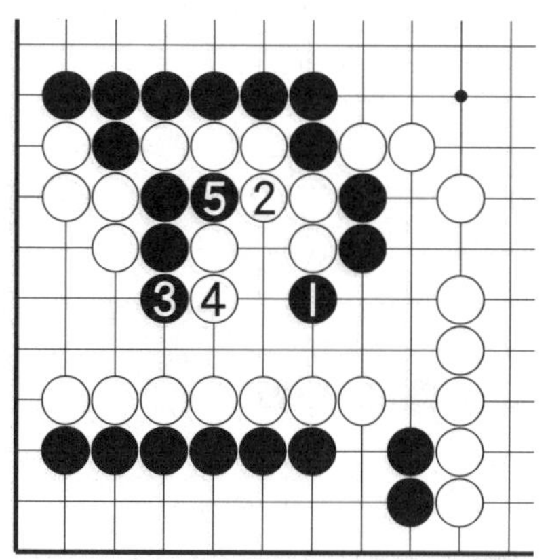

1도(정해)

1도(자충 추궁)

흑1의 젖힘이 자충을 추궁하는 맥점이다. 백2에는 흑3의 뻗기로, 흑5까지 촉촉수를 피할 수 없다.

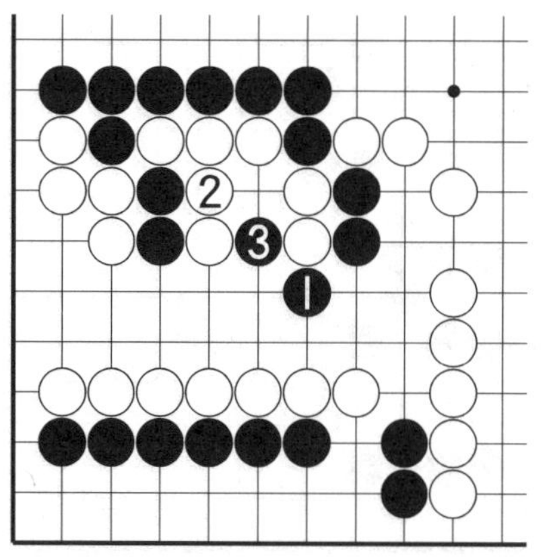

2도(변화)

2도(백 두점 잡힘)

흑1에 백2로 받으면 흑3으로 백 두점이 떨어진다.

끝내기상 이득

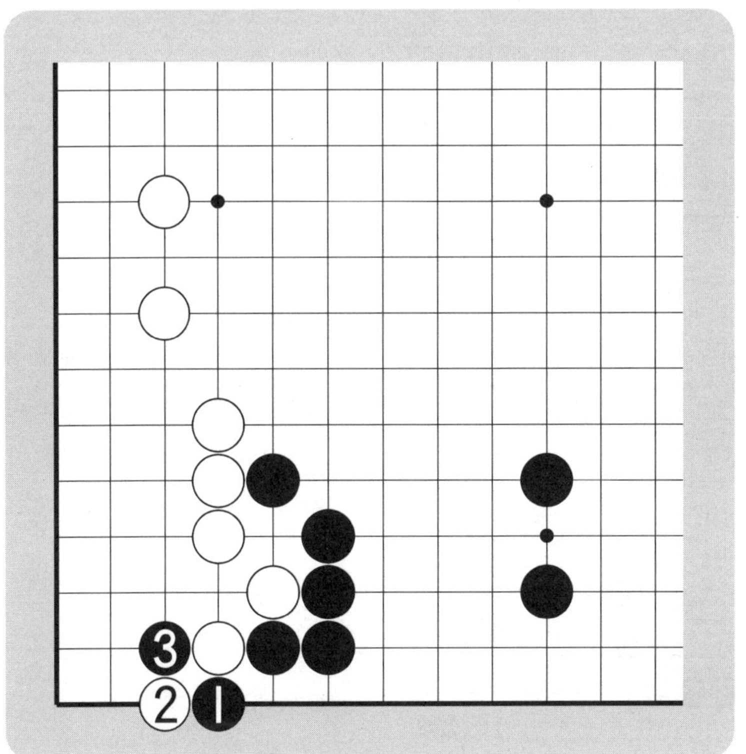

본 장면은 흑1로 젖혔을 때 백2로 받으면 흑3에 끊는
수법이 있다. 이후 백집 속에는 사활에 관한 일련의 수순
이 만들어지는데, 이 모든 수법의 시작은 바로 흑1의 젖힘
이다.

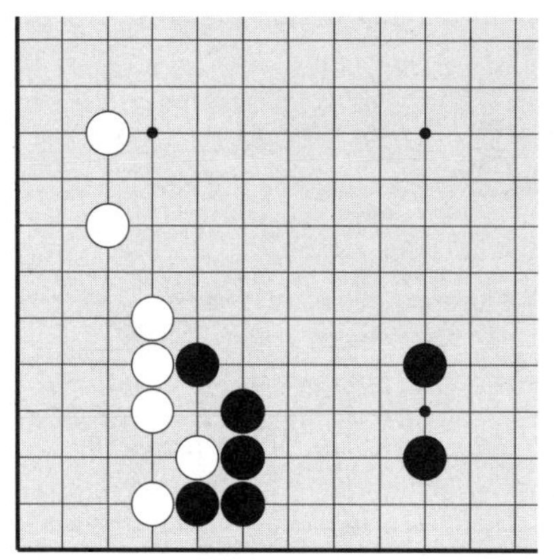

제1형 (흑선)

본형은 끝내기 과정중, 백집 속의 거의 정형화된 실전 사활이 내포되어 있다.

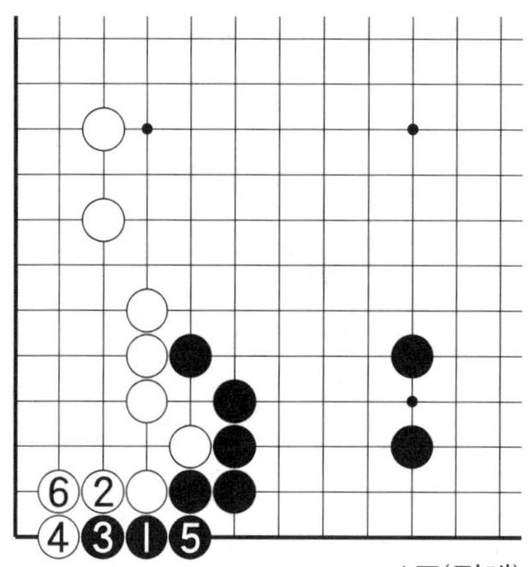

1도(정해)

1도(백2 정수)

흑1의 젖힘에 대해 백은 2로 늦추는 것이 정수다. 곧바로 막는 것에 비해 2집이 손해지만 어쩔 수 없다. 만약 백2로 –

2도(백의 실격)

2도(패의 수단)

본도 백2와 같이 곧바로 막으면 흑3의 끊기부터 이하 흑7까지 백집 속에서 수단이 발생하기 때문이다. 계속해서 백이 패를 피해 1의 곳에 잇는다면 흑은 a에 호구쳐 간단히 살게 된다.

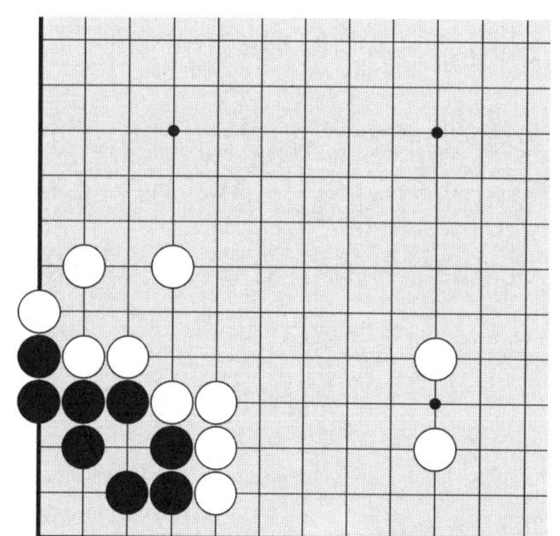

제2형 (흑선)

 본형은 자신의 약점을 알고 있지 않으면 안 된다.

1도(정법)

 흑1의 젖힘 다음 백2 때 흑은 3으로 늦추어야 한다. 그리고 패를 이용하여 백a의 굴복을 강요하는 것이 정법이다.

1도(정해)

2도(빅의 수단)

 만약 본도와 같이 흑1·3으로 무심코 젖혀 잇는다면, 백4 이후 흑집 속에는 백a의 치중으로 빅의 수단이 남는다.

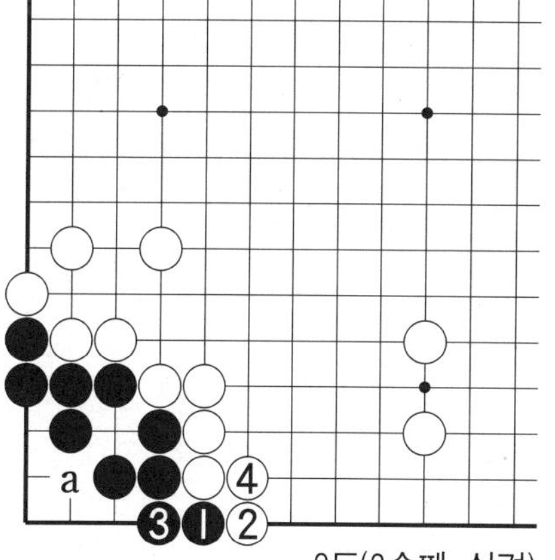

2도(3수째 실격)

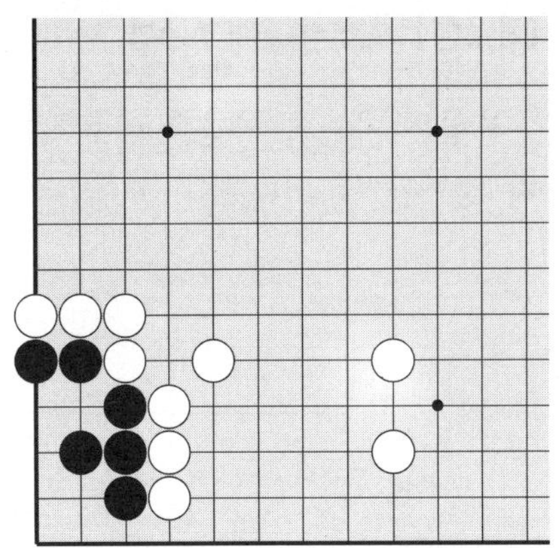

제3형 (흑선)

　본형도 전형과 같은 맥락의 모양이다. 끝내기할 때는 이런 부분에 대해 자세히 관찰하지 않으면 안 된다.

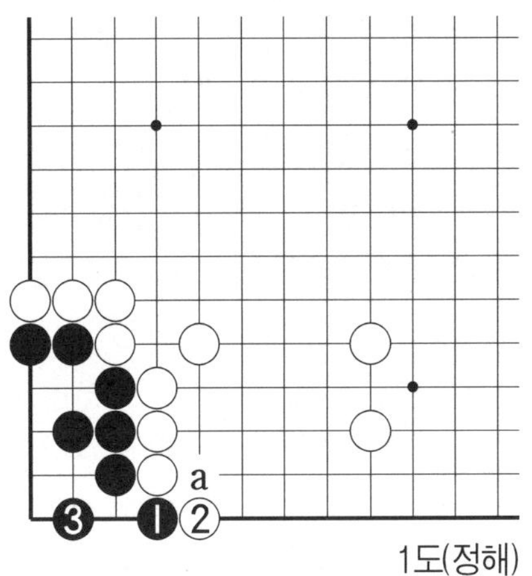

1도(정해)

1도(꽃놀이패)

　흑1의 젖힘 이후 백2에 대해 흑3으로 늦추는 것이 정수다. 그런 다음 패로 백a의 이음을 굴복시킬 수 있다. 이 곳은 꽃놀이패이기 때문이다.

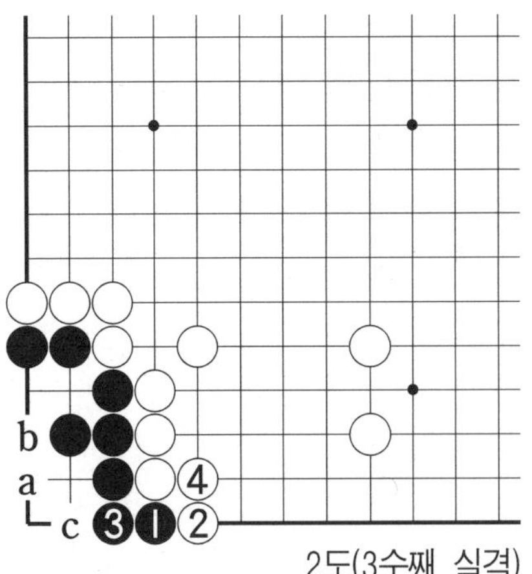

2도(3수째 실격)

2도(빅의 여지)

　만약 흑1·3으로 잇는다면, 나중에 백a, 흑b, 백c로 귀의 집이 빅이 되는 수가 있다.

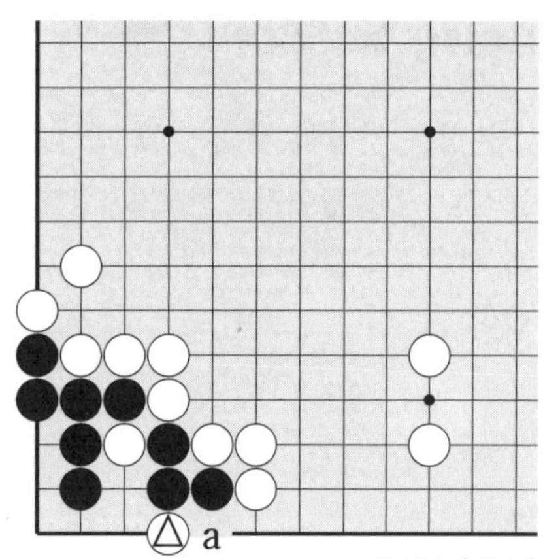

제4형 (흑선)

본형의 백△는 흑a를 유도하여, 흑의 젖혀이음을 선수로 방지하려는 일종의 꾀임수다. 그렇다고 끝내기상 흑은 그냥 방치할 수는 없다. 백a가 선수이기 때문이다.

1도(원상복귀)

흑1의 젖힘이 맥이며, 다음 흑3이 침착하다. 이로써 a의 곳은 흑만 선수가 되어, 본형 백△가 없던 상태로 원상복귀된 모양이다. 덧붙여 흑3 다음 백이 a로 두는 것은 후수이므로 논외다.

1도(정해)

2도(흑, 2집 손해)

흑1·3은 백에게 눈뜨고 2집을 도둑맞은 격이다. 1도 흑a를 선수한 모양과 비교해 보면 알 수 있을 것이다.

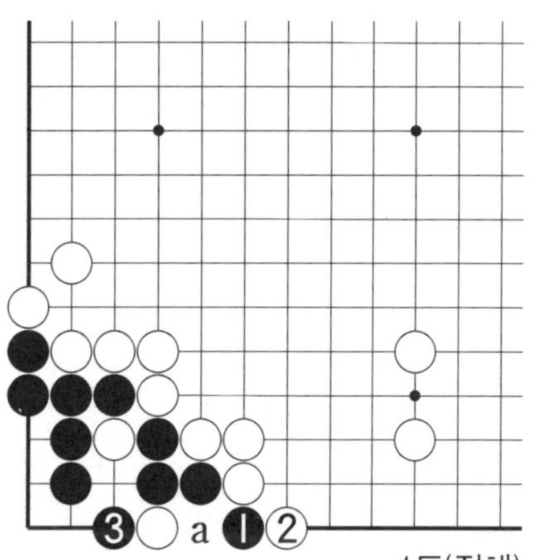

2도(실격)

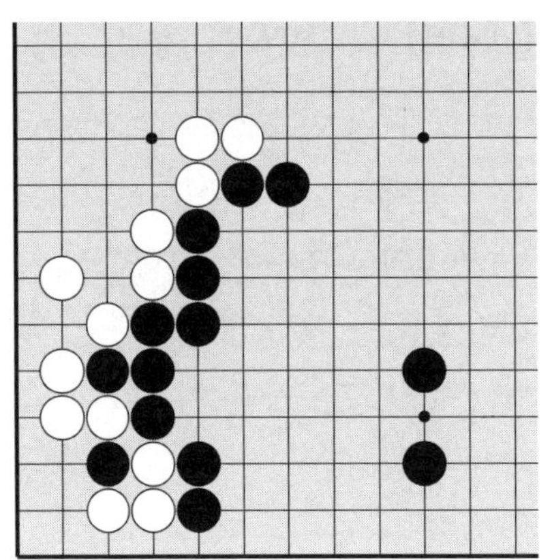

제5형 (흑선)

본형은 젖힘의 끝내기 맥 중 대표적인 실전형이다. 선수로 상대의 선수 2집 끝내기를 방비하는 수법이다.

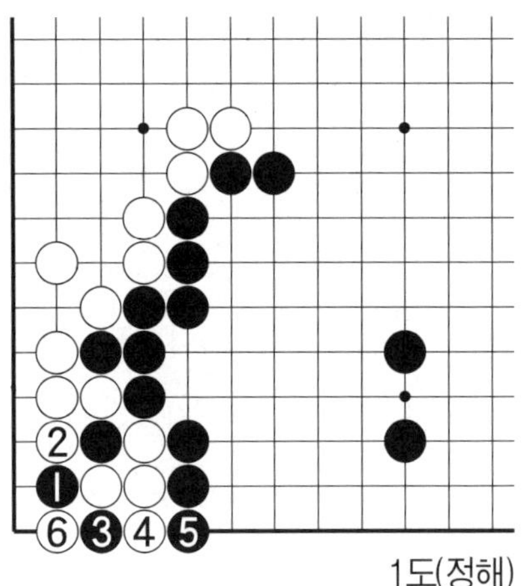

1도(정해)

1도(선수 방비)

흑1·3의 수법은, 백이 5의 곳을 선수로 젖혀 잇는 끝내기를 선수로 방비하고 있다.

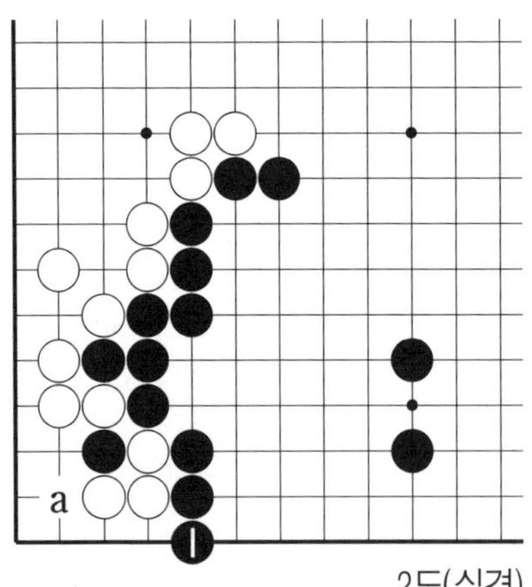

2도(실격)

2도(후수)

흑1로 빠지는 것은 다음 흑a의 8집 끝내기를 보고 있지만, 후수이므로 백은 손을 뺄 가능성이 있다.

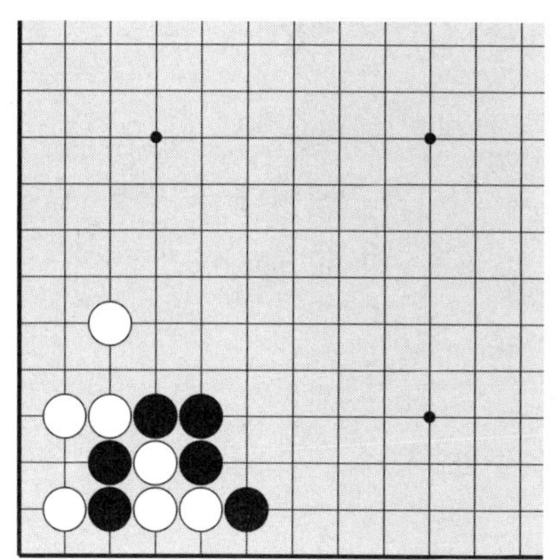

제6형 (흑선)

본형은 잡는 방법에 따라 약 1집의 차이가 난다.

1도(귀끝의 특수성)

흑1의 젖힘은 약 1집을 이득보는 실전형 맥점이다. 백2의 단수에는 흑3에 이어, 귀끝의 특수성을 이용한다.

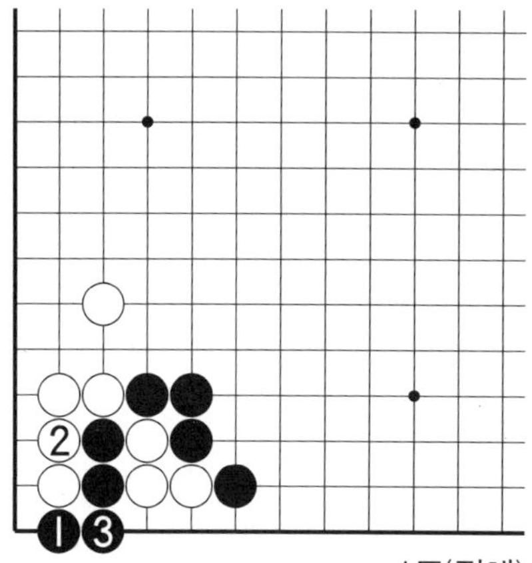

1도(정해)

2도(흑 손해)

흑1로 잡는 것은, 1도와 비교하여 약 1집이 손해다.

2도(실격)

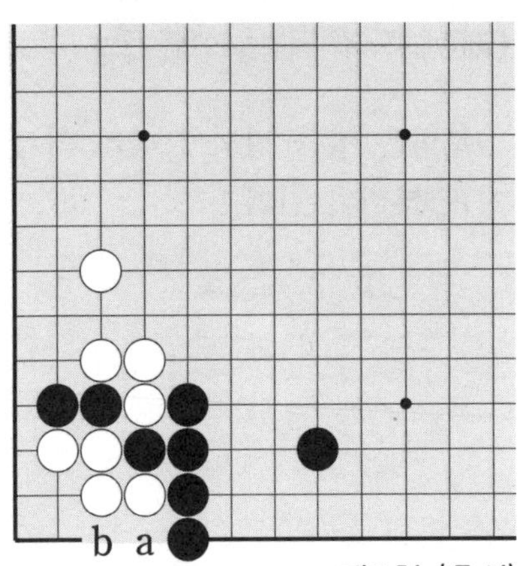

제7형 (흑선)

【제7형】 귀의 끝내기 수단

본형은 맥점을 아느냐 모르느냐의 차이가 2집이다. 맥점을 모르면 흑a, 백b로 교환하고 만다.

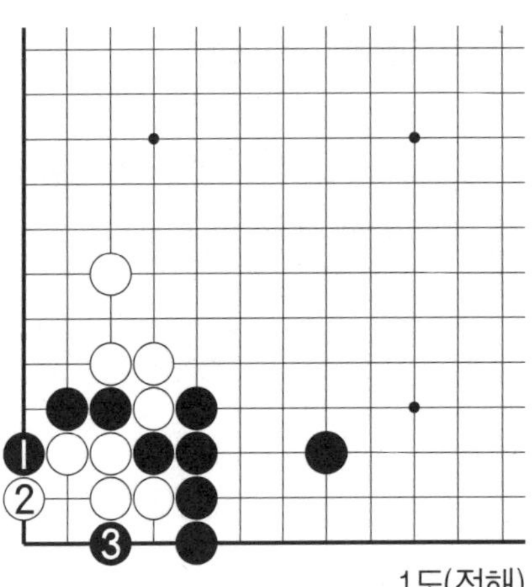

1도(정해)

1도(2집 이득)

흑1의 젖힘이 끝내기상 2집을 득보는 맥점이다. 계속해서 백2에는 흑3의 붙임이 가능하고-

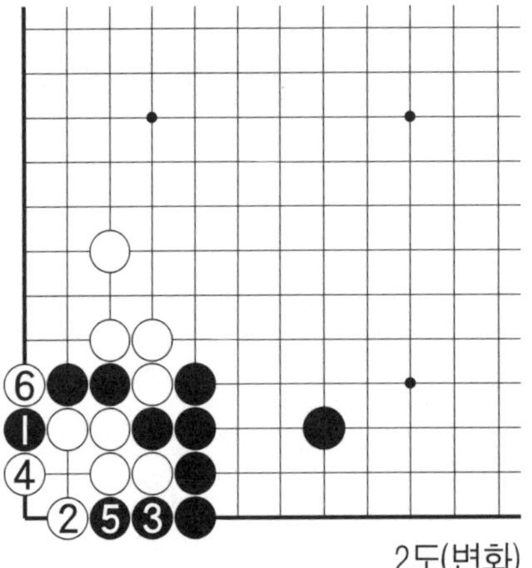

2도(변화)

2도(백2로 늦추면)

흑1 때 백2로 늦추면 그때는 흑3으로, 그 결과는 역시 1도와 같다. 다른 점이 있다면 1도는 백이 손을 뺄 수도 있다는 것이다.

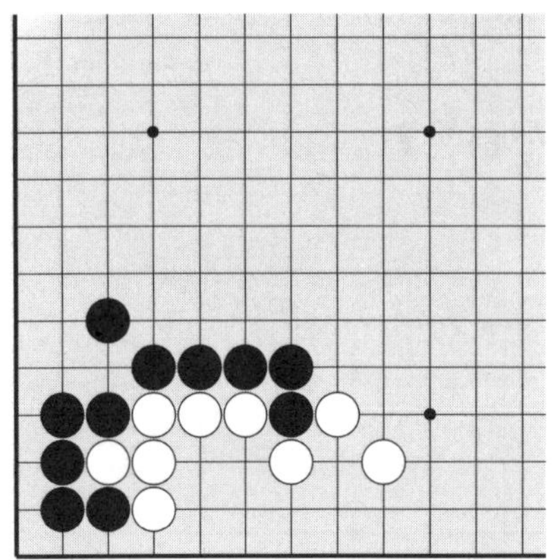

제8형 (흑선)

본형은 젖힘 이후 약간의 수읽기를 필요로 하는 수법이다.

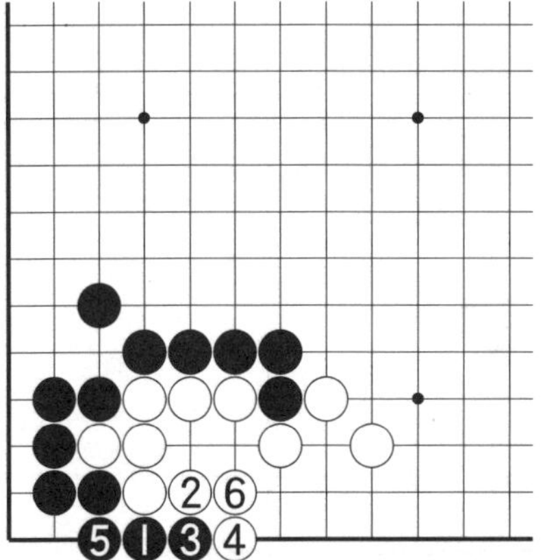

1도(정해)

1도 흑1의 젖힘에 백은 2·4로 늦추는 것이 정수다. 따라서 바로 받는 수에 비해 흑은 2집 이득이다.

2도 흑1 때 백2로 받으면 흑3의 끊기가 성립하여, 흑5까지 큰 패가 된다.

3도 흑3 때 백4로 저항하는 것은 이하 백16까지 빅이 된다.

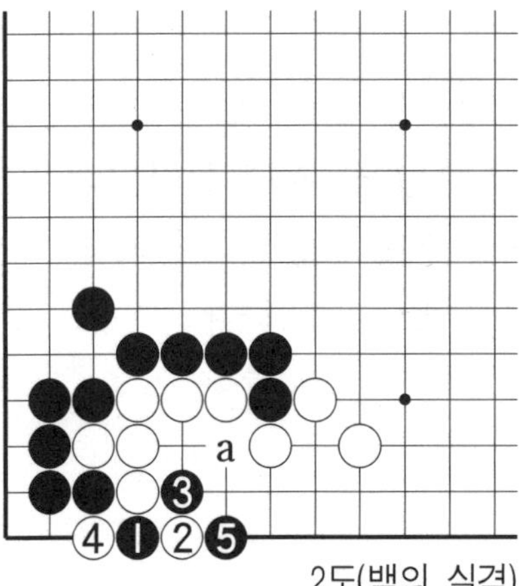

2도(백의 실격)

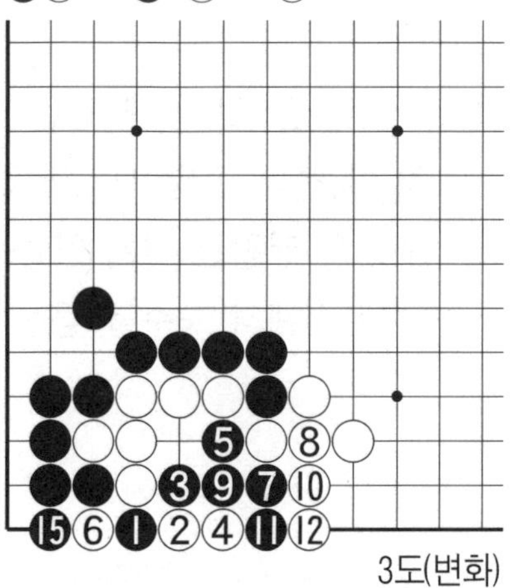

3도(변화)

응수타진의 젖혀끊기

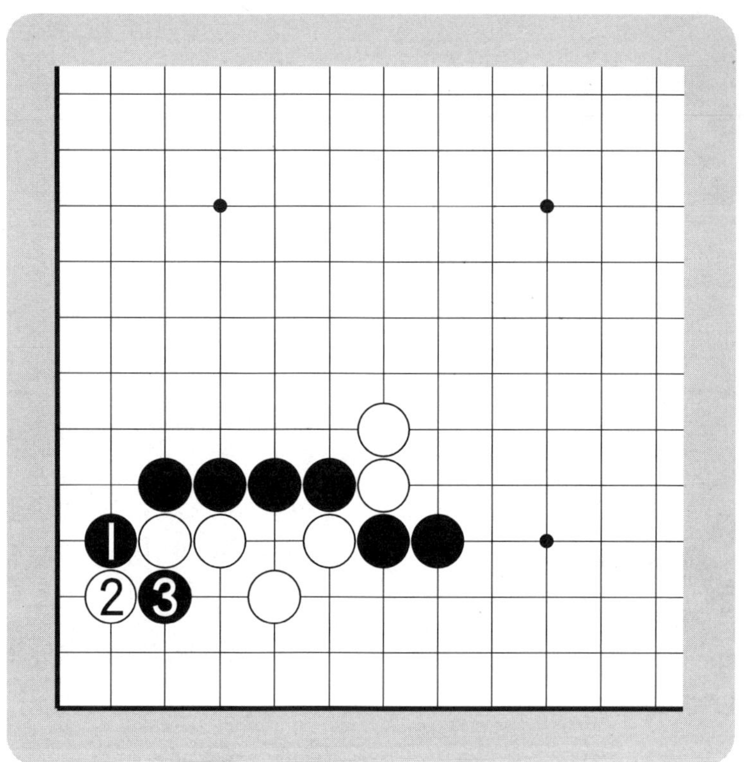

흑1·3으로 젖혀 끊는 일련의 수순은 실전적인 수법으로, 접전의 공방에서 가장 격렬한 수법 중 하나다. 또 이 수순은 연관된 다른 약점을 어느 쪽으로 추궁할 것인지에 대해 상대의 응수를 묻는 타진의 수법이기도 하다.

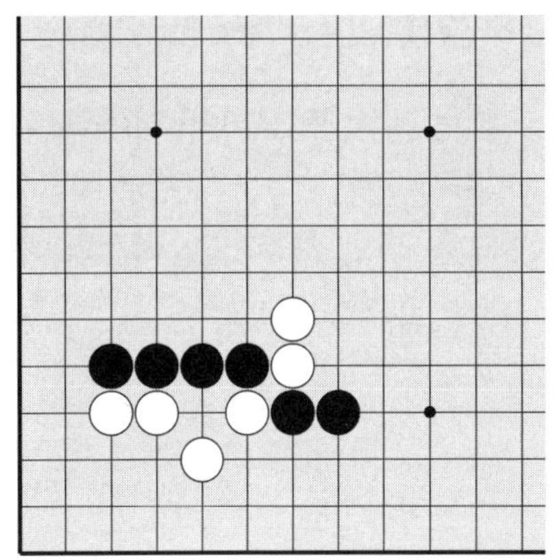

제1형 (흑선)

본형은 정석과정에서 백이 한 수 손빼기를 한 모양인데, 이 장면에서의 흑의 수법은 교과서적인 것이다.

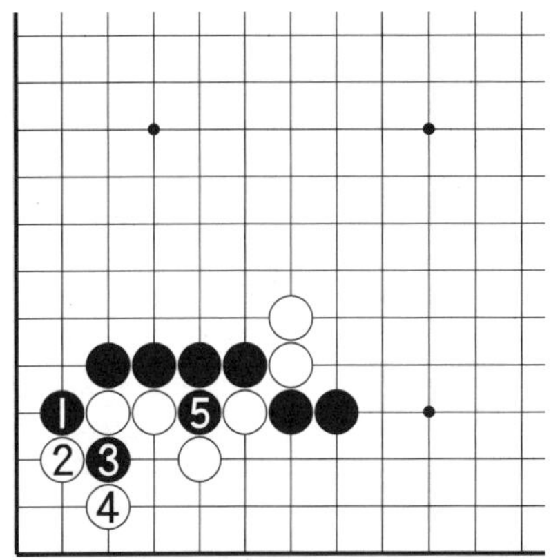

1도(정해)

1도(양단수)

흑1·3의 젖혀 끊는 수순은, 계속해서 백4로 받으면 흑5의 양단수를 노리며 —

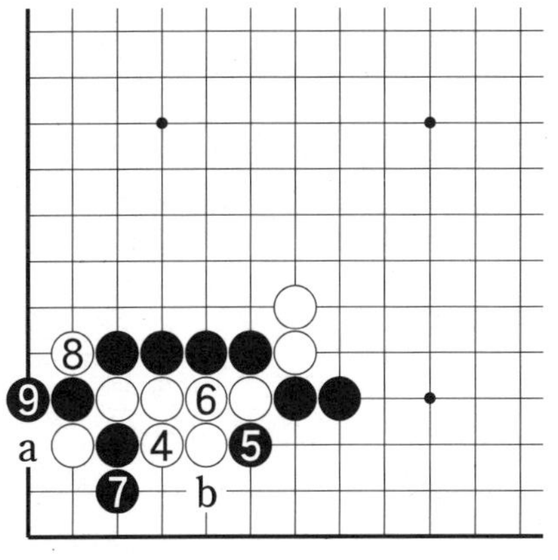

2도(변화)

2도(백 망함)

본도 백4면 흑5쪽의 단수를 노려 백6으로 계속 대항하면, 흑7·9의 수순으로 백이 망한다. 다음 백a면 흑b로 일명 '석탑 조이기'를 당하여, 백이 살더라도 비참한 모습이 된다.

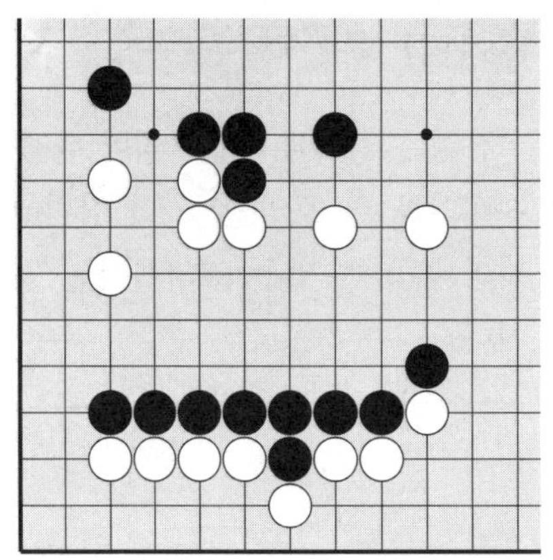

제2형 (흑선)

본형은 아직 근거가 미약한 흑대마의 안정을 묻는 것으로, 이 경우에도 귀의 특수성을 이용한 젖혀끊기의 맥이 있다.

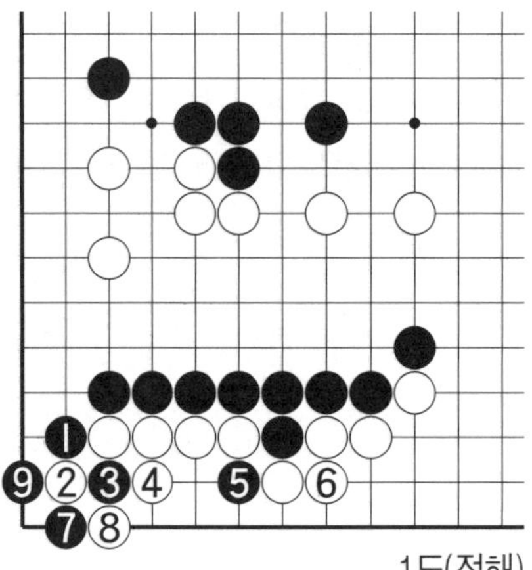

1도(정해)

1도(패)

흑1·3은 귀의 특수성을 이용한 상용적인 수법으로, 이하 흑9까지 패가 되는 것이 정형화되어 있다. 수순중 만약 백4로 −

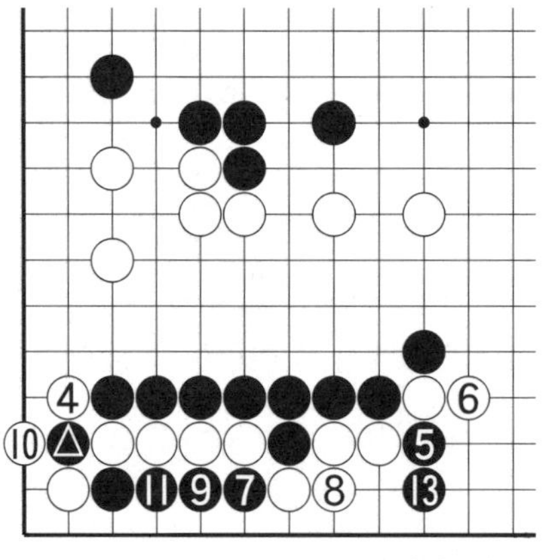

2도(백의 실격)

2도(백 무리)

본도와 같이 두면 흑5의 단수를 거친 다음 이하 흑13까지, 아래쪽의 백 일단이 잡혀 이는 백의 무리다.

⑫···▲

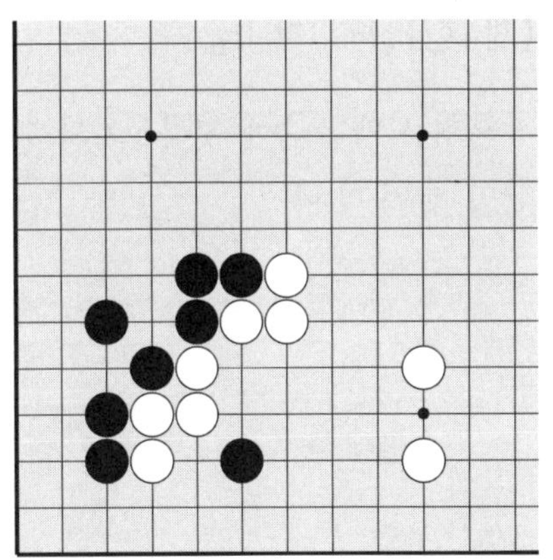

제3형 (흑선)

본형도 실전적인 모양으로, 젖혀끊기의 맥이 정형화되어 있다.

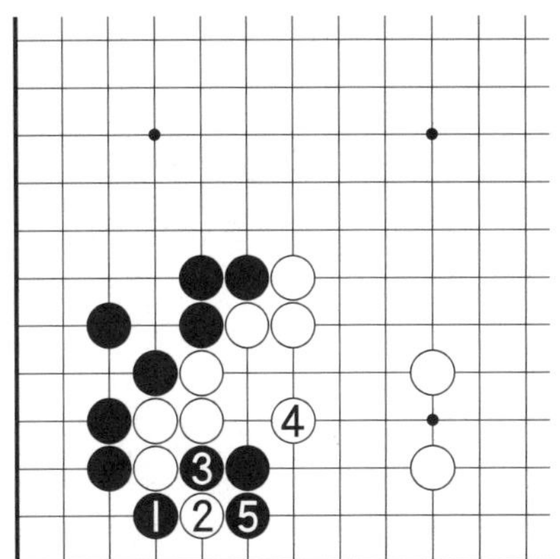

1도(정해)

1도(백 무너짐)

흑1·3의 젖혀 끊는 수법에 백은 4로 후퇴할 수밖에 없다. 다음 흑5까지 백 진영이 크게 무너진다. 만약 백4로 —

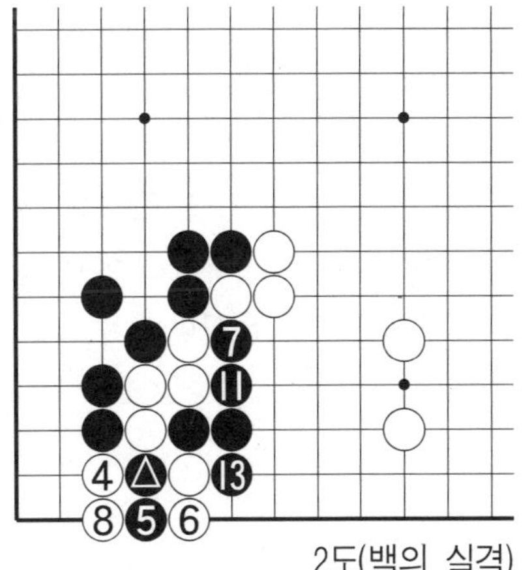

2도(백의 실격)

2도(백 전멸)

본도와 같이 대항하면 흑5 이하의 조임수로, 흑13까지 백이 전멸한다.

⑨⑫…▲ ⑩…❺

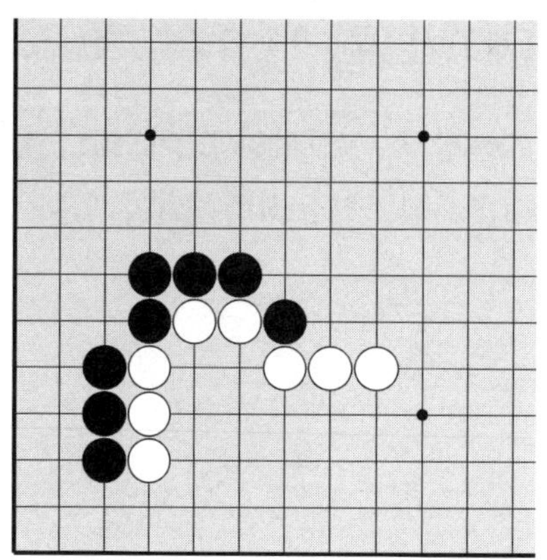

제4형 (흑선)

본형은 백집 속에 젖혀끊기의 수단이 숨어 있다.

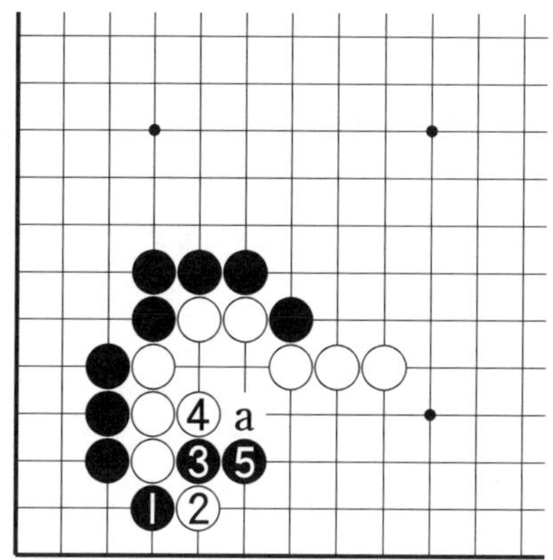

1도(정해)

1도(속수무책)

흑1·3의 젖혀끊기에 백은 집의 파괴를 허용하지 않을 수 없다. 백4로 대항해도, 흑5로 a의 약점이 여전히 남아 속수무책이다.

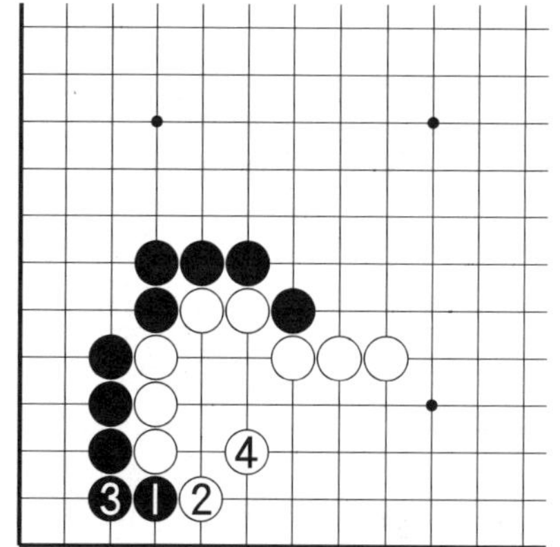

2도(3수째 실격)

2도(맥을 간과한 선수끝내기)

젖혀끊기의 맥을 모르면, 이런 모양에서 흑1·3으로 젖혀 이은 후 백4까지 선수끝내기를 했다고 좋아할 지도 모른다. 이제는 이런 실수를 범해서는 안 된다.

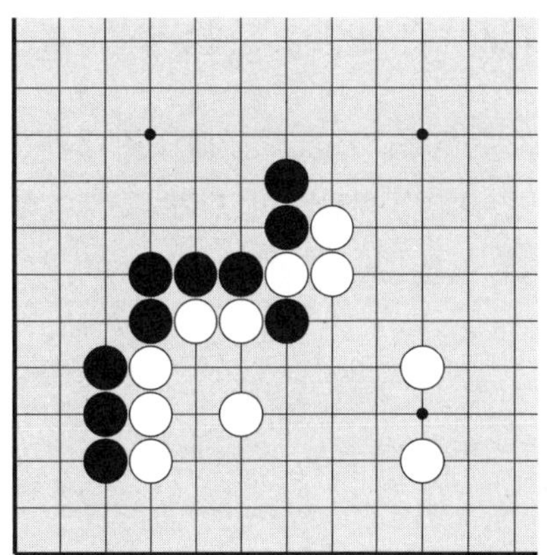

제5형 (흑선)

본형과 같은 모양도 전형과 마찬가지로 백집 속에 수단이 도사리고 있는 것이다.

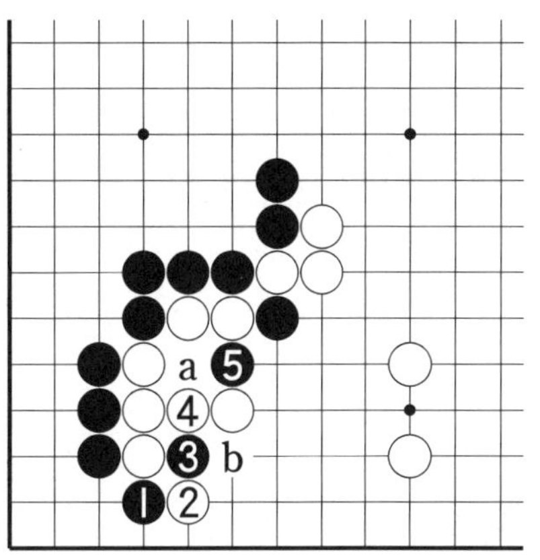

1도(정해)

1도 흑1·3이 백의 자충을 유도하는 수법이다. 백4라면 흑5가 있다. 다음 백a로 잇는 것은 흑b가 기다린다. 2도의 진행은 단순한 끝내기다. 참고도 역시 젖혀끊기의 수법인데, 이 수법은 실전맥38 – 제12형과 동일하다.

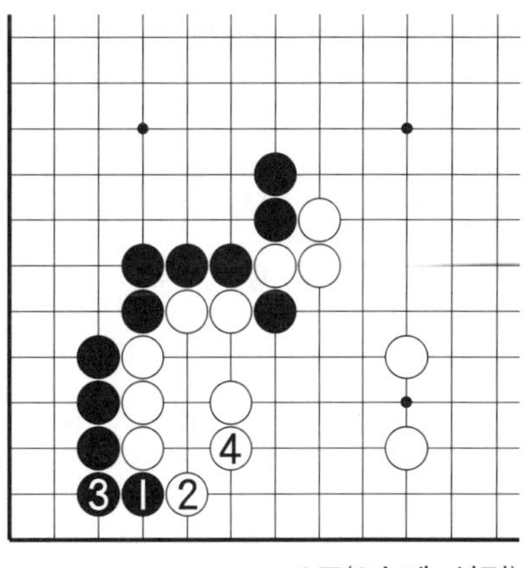

2도(3수째 실격)

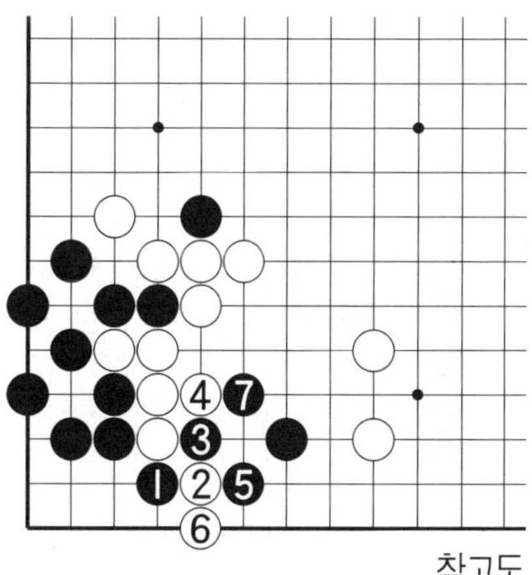

참고도

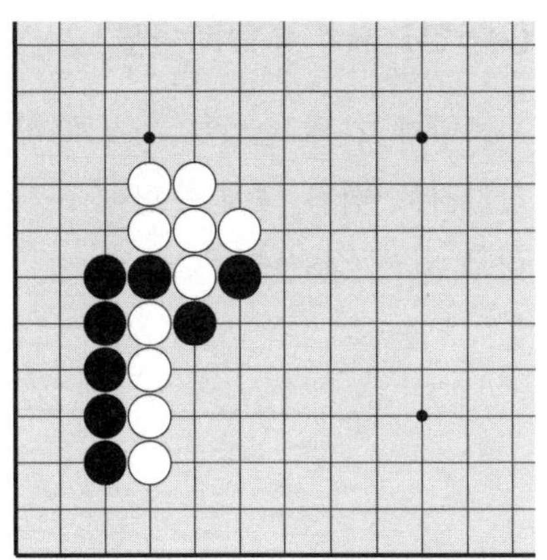

제6형 (흑선)

　본형은 고풍 정석의 진행과정 중, 백이 이탈하여 발생한 모양이다.

1도(포위 수법)

　흑1·3의 젖혀끊기와 더불어 흑5의 뻗기는 이런 경우 거의 일련의 수순이라고 보면 된다. 또 마지막 흑13의 포위 수법도 기억해 둘 만한 맥이다.

❾⑫···❶　⑩···❺

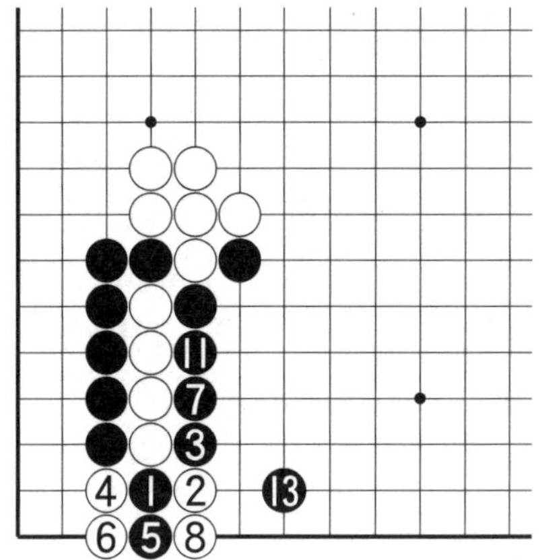

1도(정해)

2도(쓸데없는 전투)

　흑1은 직접 전투로 가려는 것이지만, 어디까지나 1도의 수법을 모를 때 얘기다.

2도(실격)

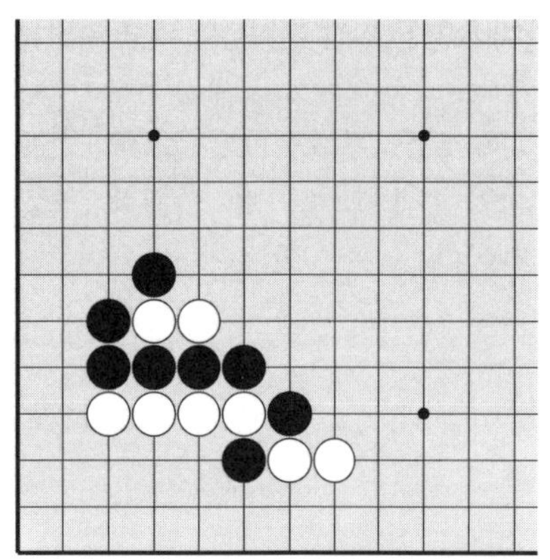

제7형 (흑선)

　본형은 화점정석에서, 백의 실수를 추궁하는 흑의 수법을 묻는 것이다.

1도(흑, 귀장악)

　흑1의 젖힘에 백2로 막으면, 흑3으로 끊을 때 백4로 후퇴할 수밖에 없다. 다음 흑5면 귀의 주인이 바뀌게 된다. 만약 백4로 –

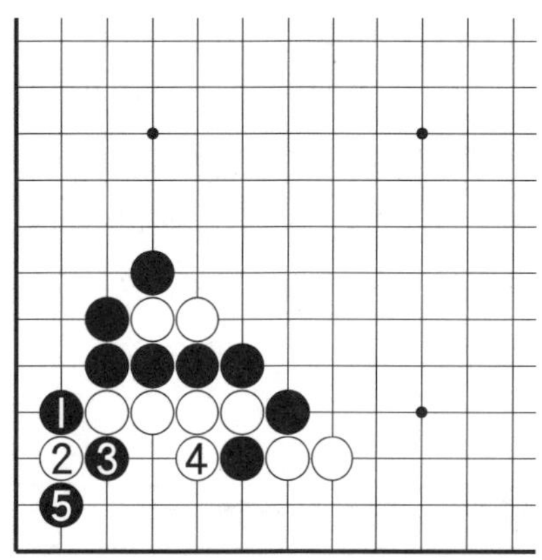

1도(정해)

2도(백 전멸)

　본도 백4에 끊으면, 흑5 이하 흑13까지의 수순으로 백 전멸이다.

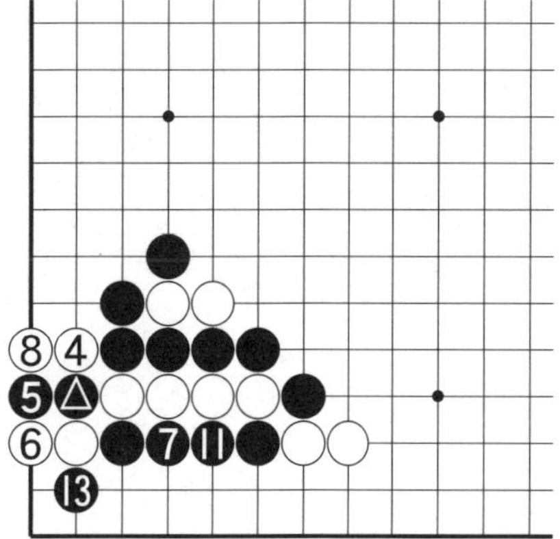

2도(백의 실격)

❾⑫···▲　⑩···❺

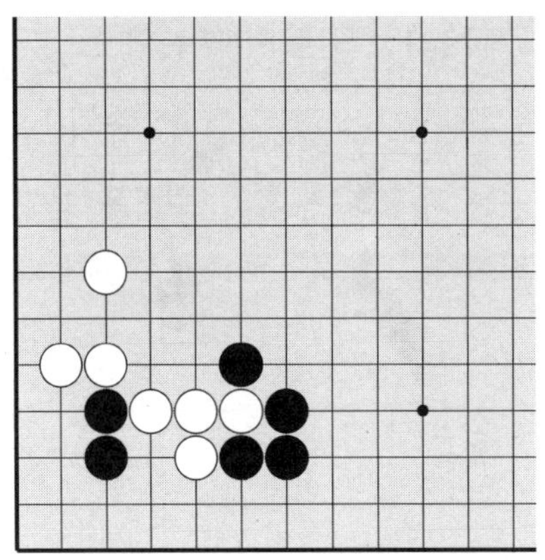

제8형 (흑선)

본형도 젖혀끊기에 의한 '석탑 조이기'의 대표적인 수법을 묻는 것이다.

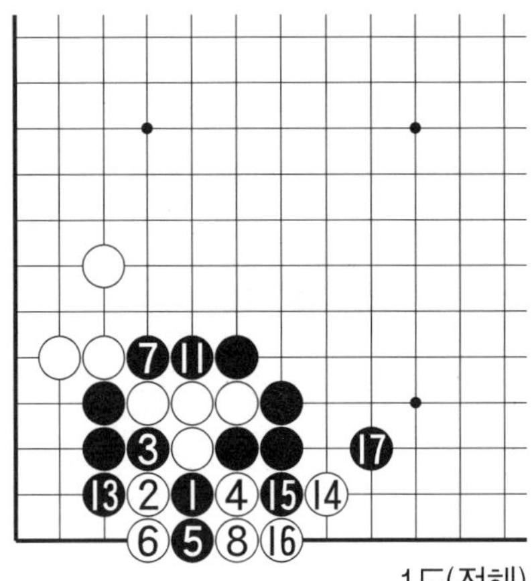

1도(정해)

1도(백 전멸)

흑1·3에 이은 흑5의 뻗기부터 흑17까지 백이 전멸한다. 참고로 알아 둘 점은 흑17이 아니더라도 흑에게는 이 백을 즉시 잡는 수가 있다는 것이다. 그 수순은-

❾⑫⋯❶ ⑩⋯❺

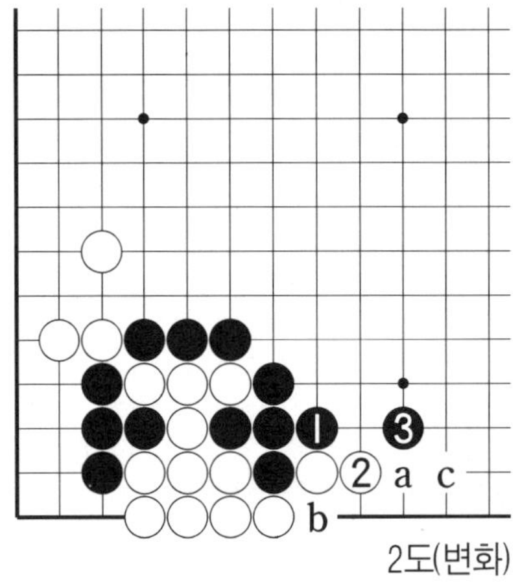

2도(변화)

2도(잡는 방법)

본도 흑1에 이은 흑3의 한칸이다. 이후 백a면 흑b, 또 백c면 흑a로 잡히는데, 이 수법은 실전맥 16-제8형에서도 설명한 바 있다.

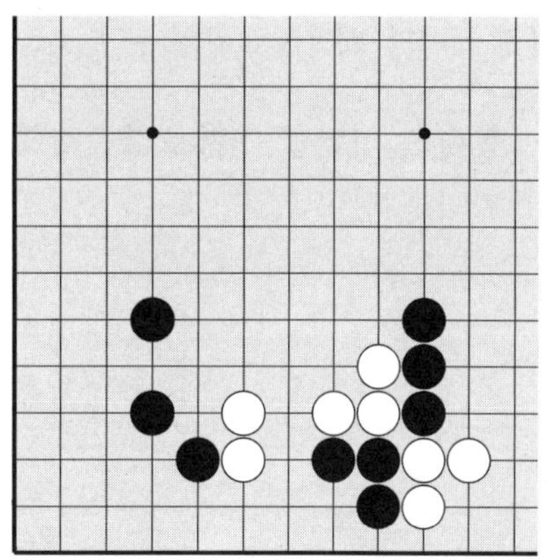

제9형 (흑선)

본형은 젖혀끊기의 맥이 교묘히 숨겨져 있어, 자세히 관찰하지 않으면 찾을 수 없다.

1도(흑 대성공)

흑1·3의 젖혀끊기가 정맥으로, 백4에는 이하 흑11까지 흑의 대성공이다.

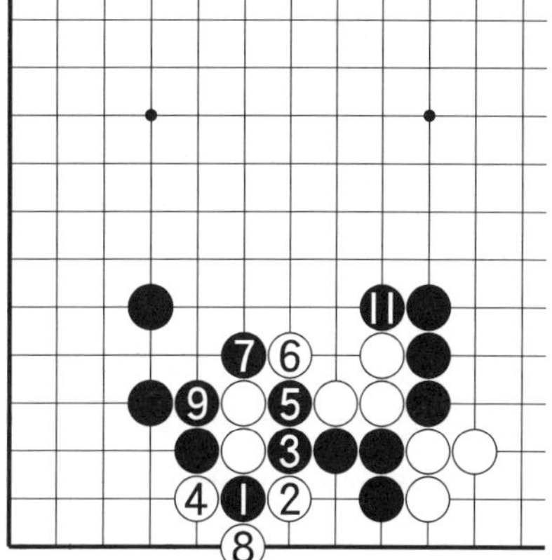

1도(정해)

⑩···❶

2도(흑 대유리)

1도 백4로 본도 백4에 이으면 흑5·7·9의 수순으로 살아, 역시 흑이 크게 유리하다.

2도(변화)

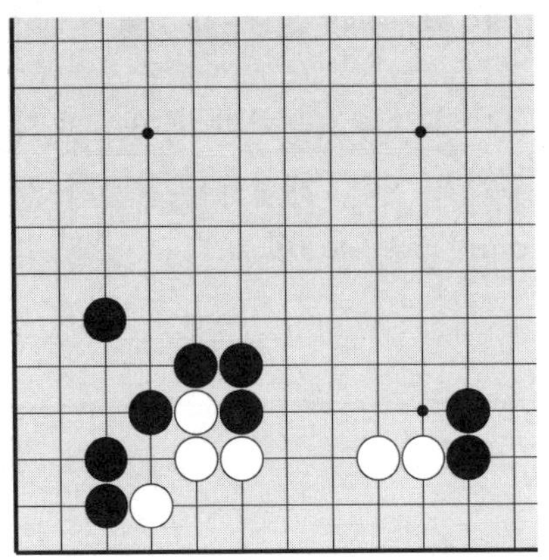

제10형 (흑선)

본형은 차단을 전제로 한 젖혀 끊기의 패턴이다.

1도(흑 대만족)

흑1·3이 정맥으로, 백4로 잡으면 이하 백8까지 백 두점을 차단하여 대만족이다. 수순중 백4로 –

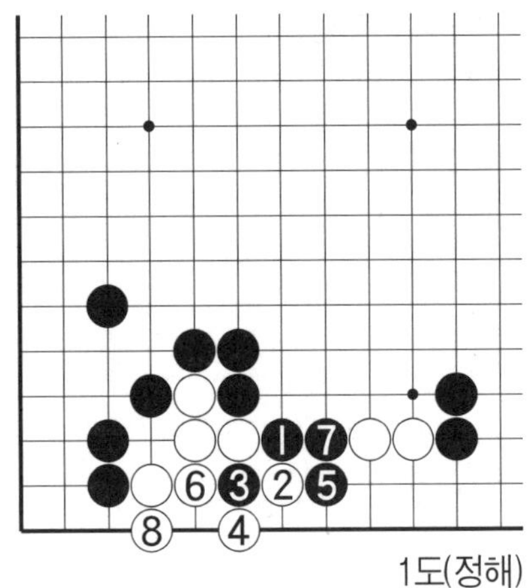

1도(정해)

2도(흑, 이득을 보며 공격)

본도 백4로 후퇴하면 흑5·7로 이득을 보며 계속 공격할 수 있어, 역시 크게 만족할 수 있다.

2도(변화)

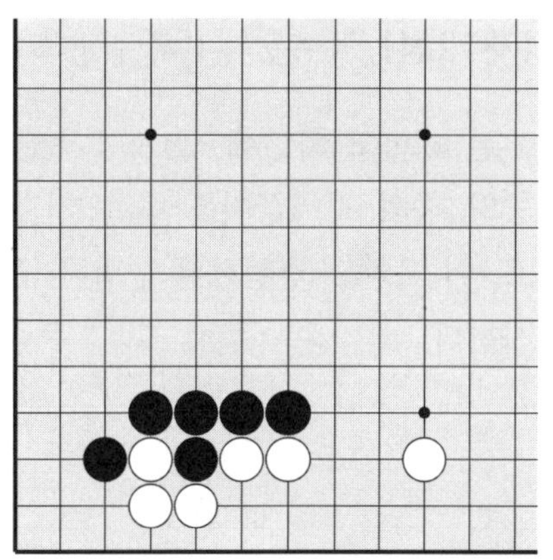

제11형 (흑선)

【제11형】 차단을 노리는 수단

본형도 차단의 맥이 이용되는 실전형이다.

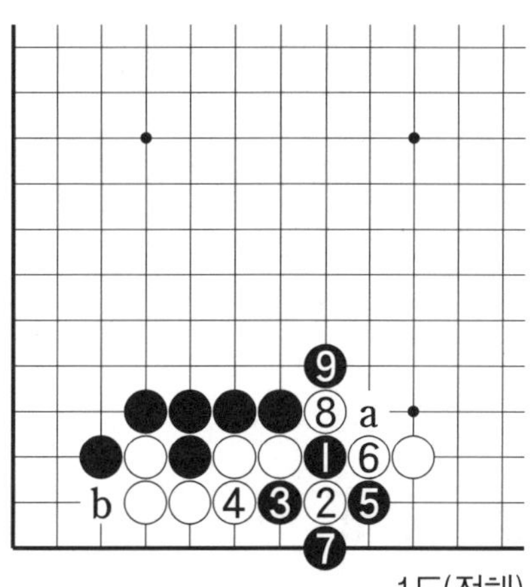

1도(정해)

1도(패를 이용)

흑1·3이 정형화된 수법. 백이 차단이 억울해 백6·8로 대응하면 흑9의 패로 백a를 굴복시킨 다음 흑b까지 막을 수 있어 만족이다. 수순중 백6으로—

2도(차단에 성공)

본도 백6에 따내면 흑7로 이어, 백△를 차단하게 되므로 역시 대성공이다.

2도(변화)

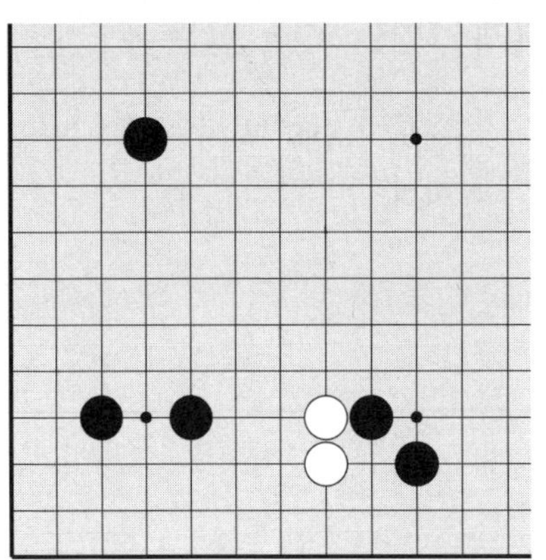

제12형 (흑선)

본 테마도 차단에 있다. 본형은 중앙 쪽의 젖혀끊기를 묻는 것으로, 이 모양도 정형화된 수법이 구사된다.

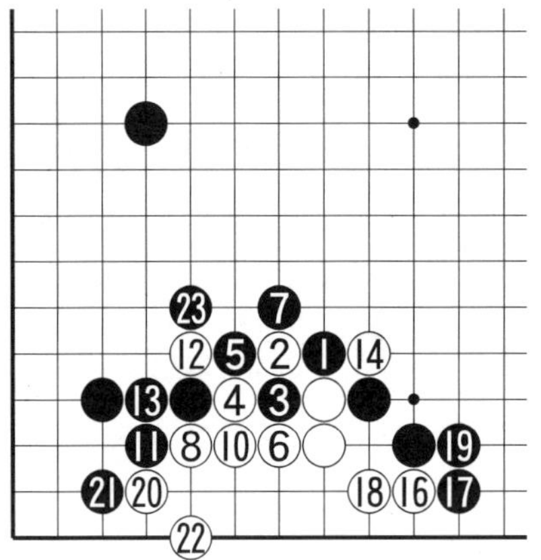

1도(정해)

1도(외세 구축)

흑1·3의 맥으로 시작하여 이하 흑23까지 백을 크게 봉쇄한다. 봉쇄에 의해 외세를 쌓음으로써 흑 만족이다.

⑨…❸ ⑮…②

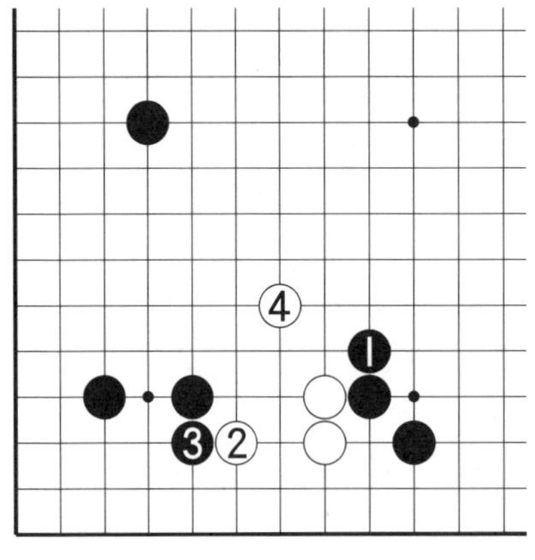

2도(실격)

2도(흑 느슨)

본도 흑1은 느슨한 수로, 백2·4의 행마가 좋아 공격이 더 이상 어렵다.

강력한 이단젖힘

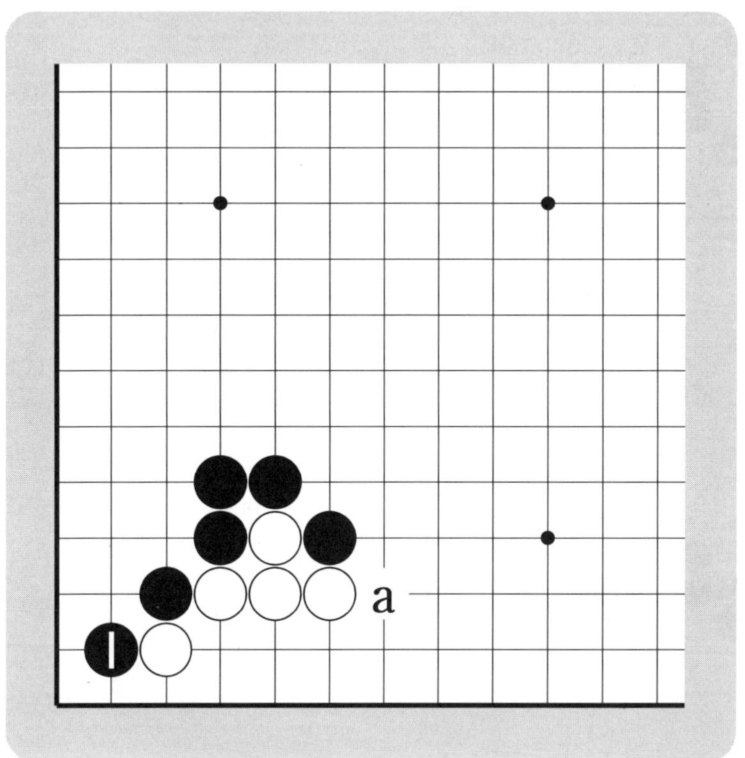

본 장면, 흑1의 이단젖힘은 a의 강력한 젖혀막기를 노리
는 상용의 맥점으로, 사용빈도가 높은 고급 수법이다.

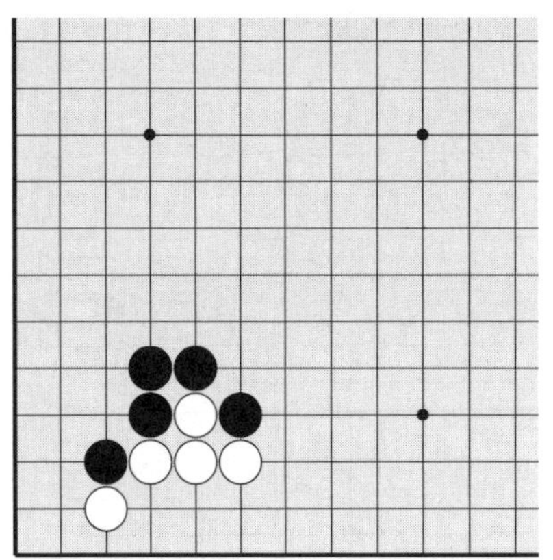

제1형 (흑선)

【제1형】 정석과정에서의 급소

【제1형】 정석과정에서의 급소

본형은 정석과정으로, 이단젖힘의 맥을 이용하는 수법을 써먹어야 한다.

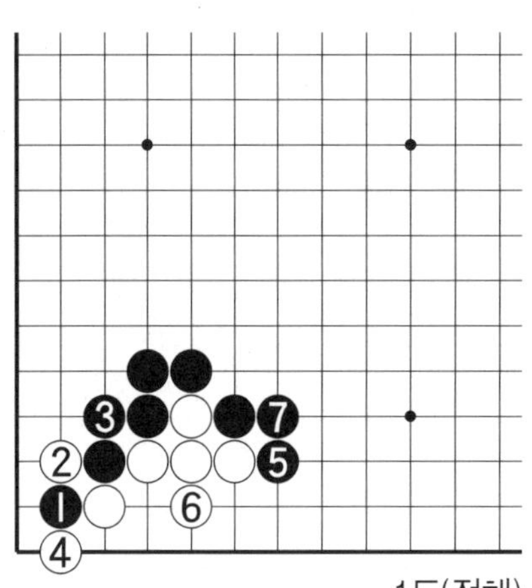

1도(정해)

1도 흑1에 백2·4로 흑 한점을 잡으면, 흑5·7로 봉쇄하는 수단이 성립한다. 백이 이를 피해 2도 백2·4·6으로 후퇴하면, 흑7로 귀를 차지해 만족이다. 수순중 백6으로 3도 백6이면 흑7·9 다음 흑11의 맥으로 대항한다.

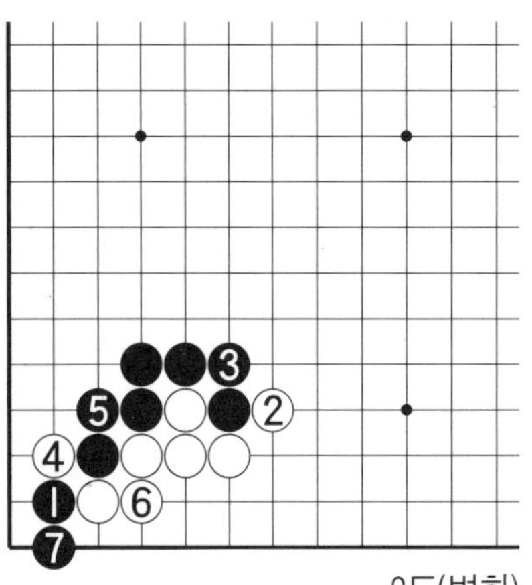

2도(변화)

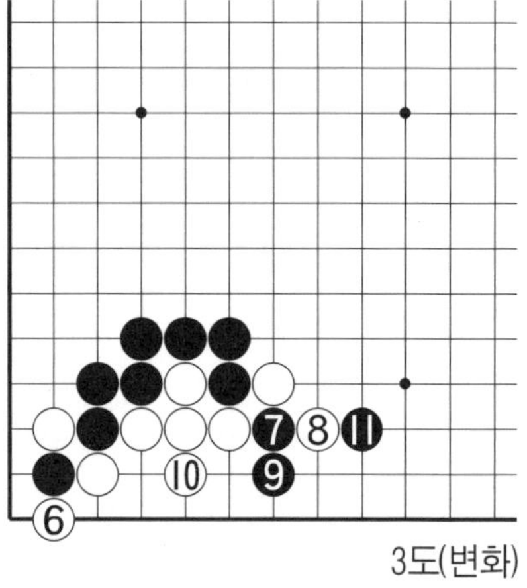

3도(변화)

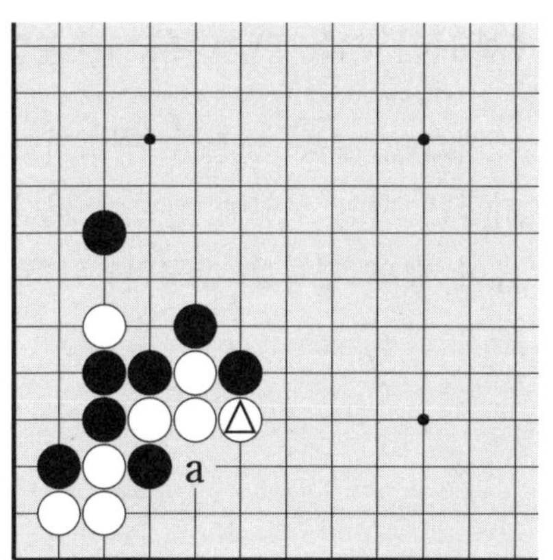

제2형 (흑선)

본형은 정석과정에서 백이 a에 두어야 할 수를 백△에 둔 장면이다. 이때 백의 억지를 추궁하는 수법은 무엇일까?

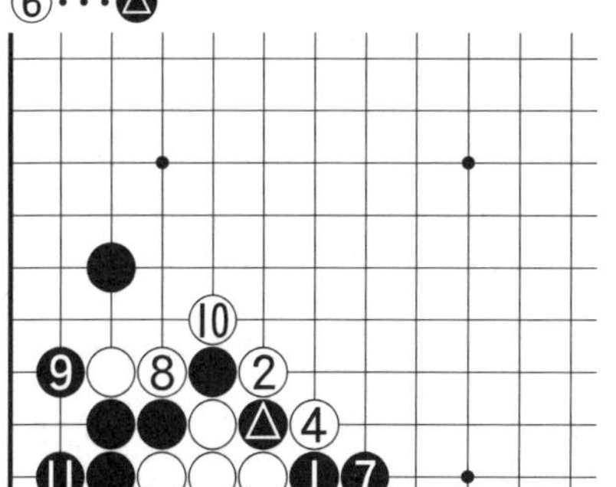

⑥…△

1도(정해)

1도 흑1의 이단젖힘이 추궁의 맥점으로, 백2의 도발에는 흑3 이하 흑11까지의 수순으로 귀를 크게 잡아 대만족이다. 백2로는 2도 흑5까지의 굴복이 최선이다.

3도 흑1은 백의 억지에 굴복한 것으로, 백2에 뻗어 백이 크게 유리하며, 흑에게는 a의 약점마저 남았다.

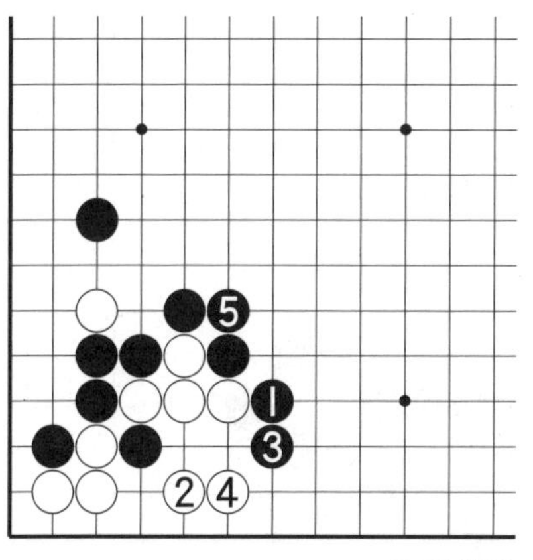

2도(변화)

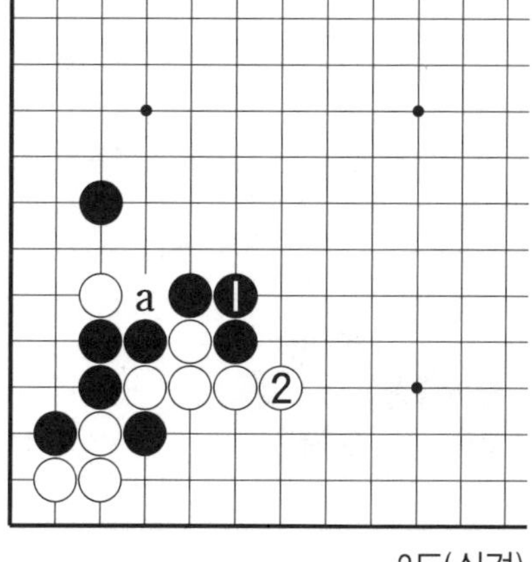

3도(실격)

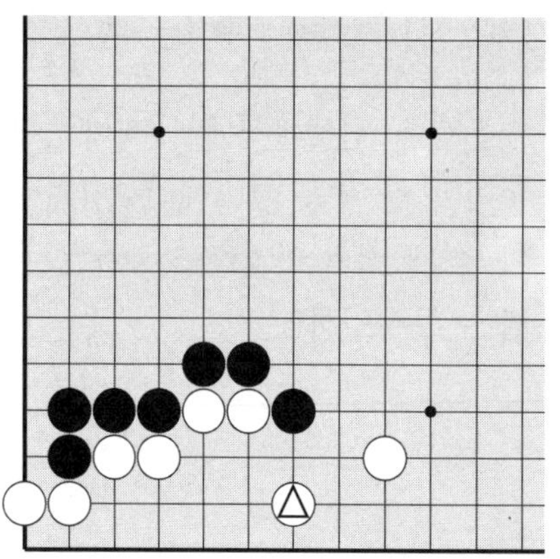

제3형 (흑선)

백△는 보통 연결의 맥이지만, 지금은 백의 모양에 결함이 있다. 흑이 백의 결함을 추궁하는 수법은 무엇일까?

1도 흑1에 이은 흑3의 이단젖힘이 결함을 추궁하는 맥으로, 흑9에 백a면 흑b의 패가 있다.

백이 2도 백2·4로 양보할 수 있다면 무난하겠지만, 흑에게는 3도 흑3 이하로 끈질기게 추궁하는 수단이 있다.

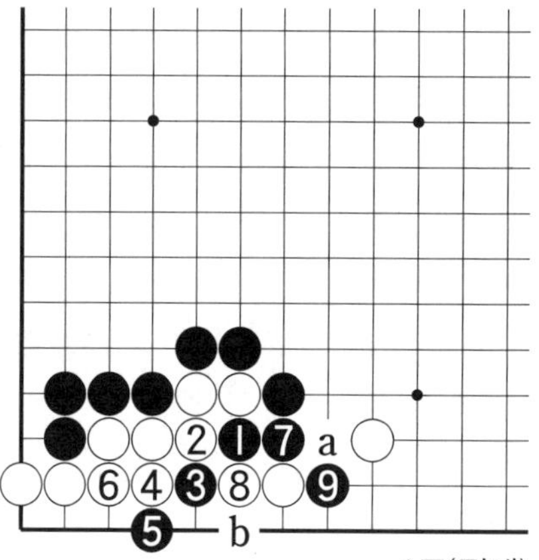

1도(정해)

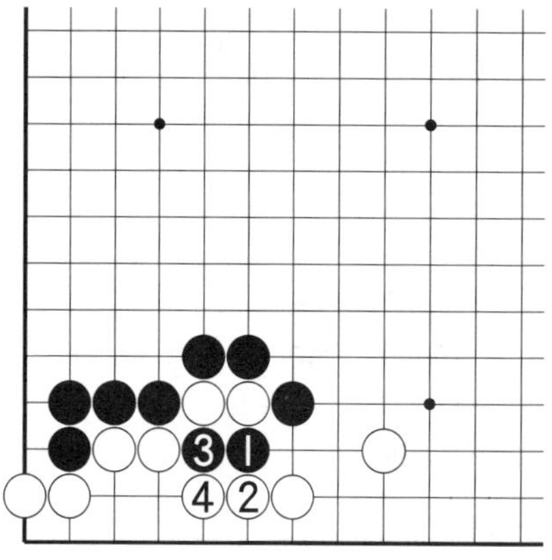

2도(3수째 실격)

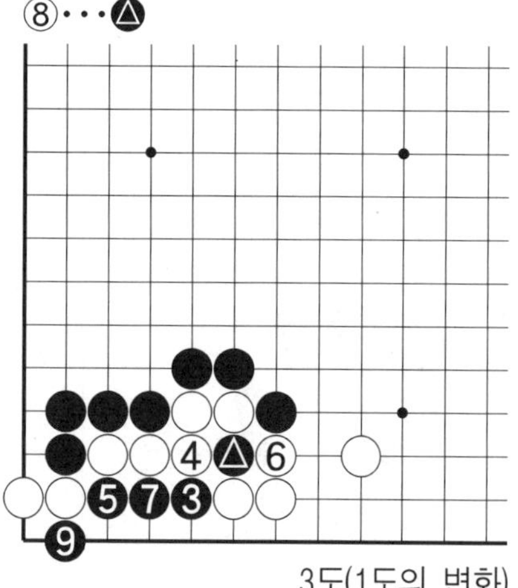

⑧···△

3도(1도의 변화)

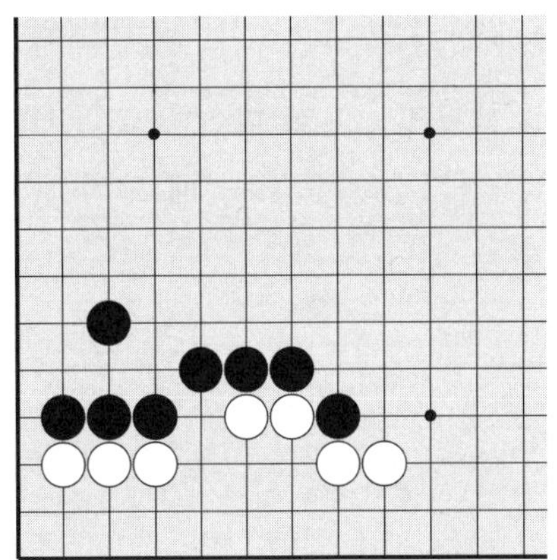

제4형 (흑선)

【제4형】 백의 결함을 추구하는 수법

본형은 이단젖힘의 맥을 전제로 수단의 여지가 있지만, 백이 끈질기게 저항하면 복잡한 수읽기가 필요하다.

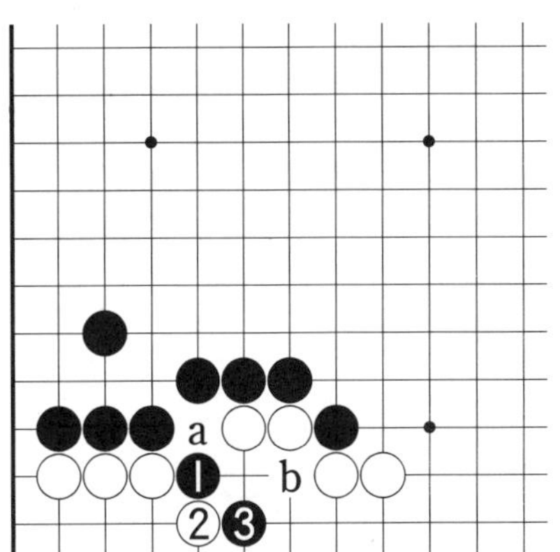

1도(정해)

1도 흑1에 백2면 흑3의 이단젖힘이 있다. 다음 백a에는 흑b로 환격이다. 백이 2도 백2에 두면 흑3이 성립하는데, 만약 백4로 3도와 같이 젖히면 복잡한 수읽기가 필요하다. 그러나 백18까지 읽을 수 있다면, 그 결과는 a의 패든 b의 빅이든 흑은 선택이 자유다.

⓭···④

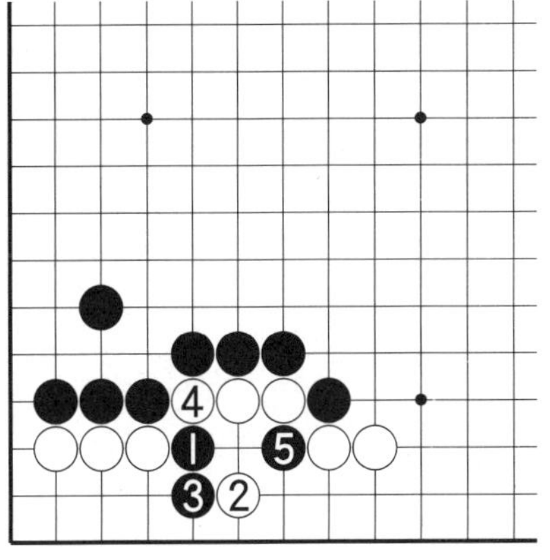

2도(변화)

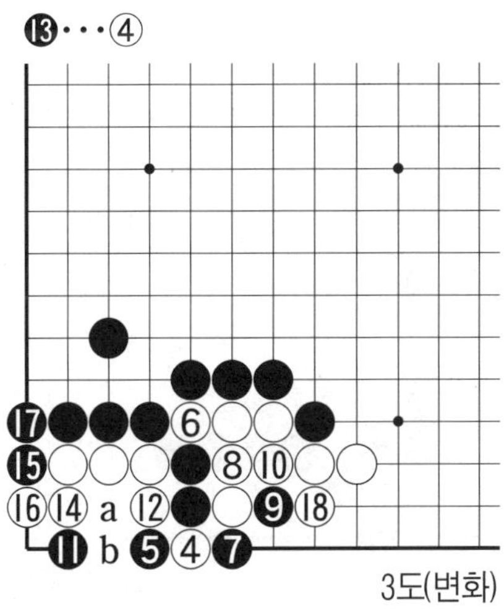

3도(변화)

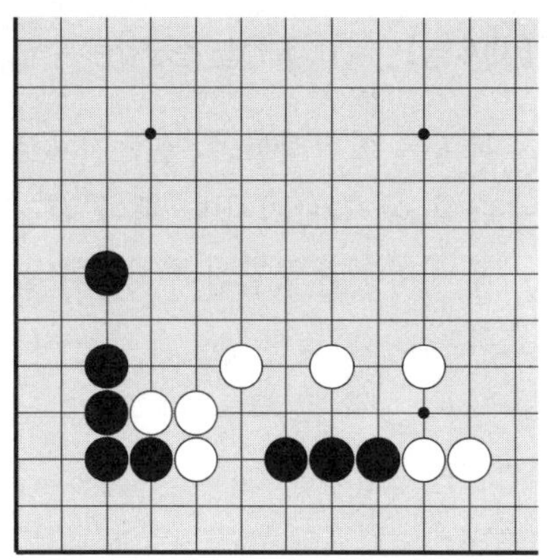

제5형 (흑선)

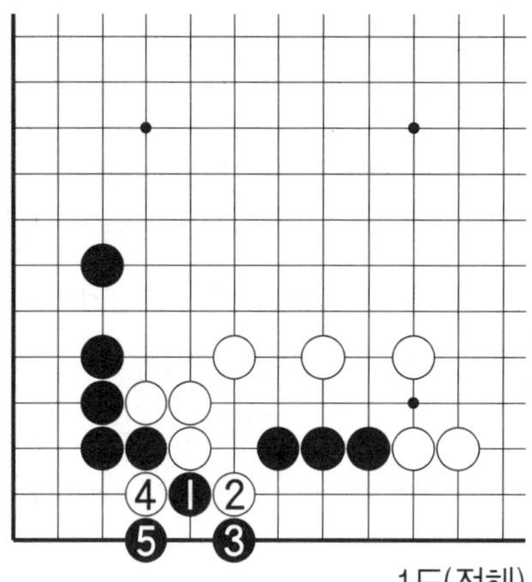

1도(정해)

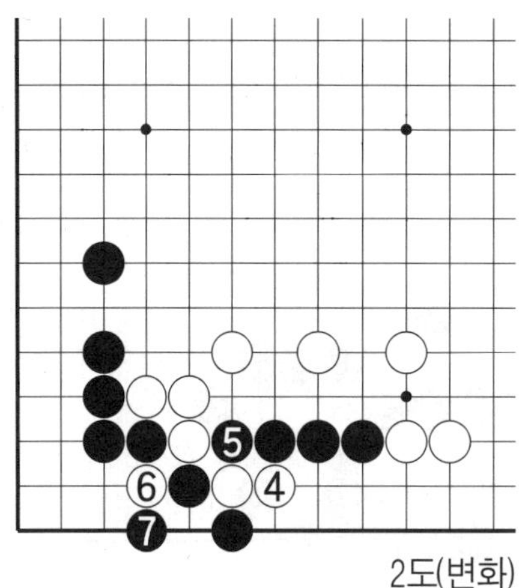

2도(변화)

본형은 보통의 방법으로는 연결이 불가능하지만, 이 때도 비상수단은 있다.

1도(패)

흑1·3의 이단젖힘이 흑5까지의 패로 연결을 도모하는 비상수단이다.

2도(패는 마찬가지)

1도 백4로 본도 백4에 두어도 이하 흑7까지의 패에는 변함없다.

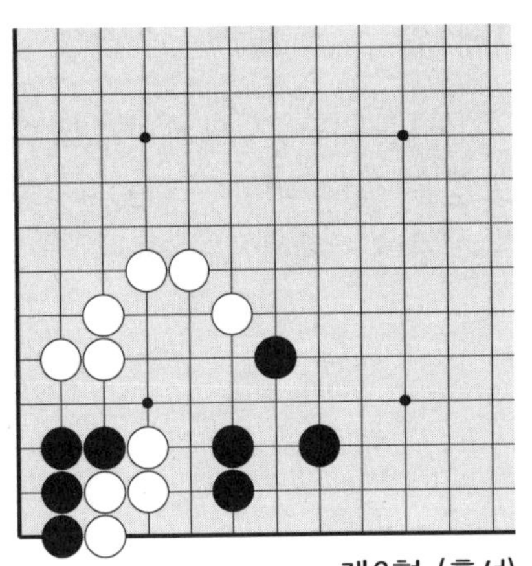

제6형 (흑선)

본형과 같은 경우에 이단젖힘의 매력을 느낄 수 있을 것이다.

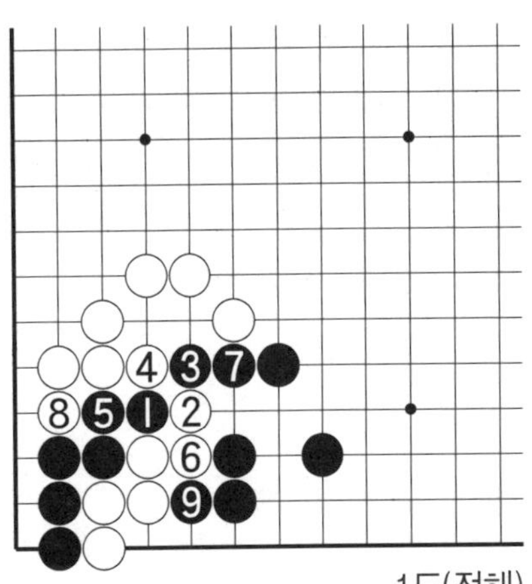

1도(정해)

1도(흑 1수승)

흑1·3의 이단젖힘이 아니면 귀의 흑을 구출하는 방법은 없다. 이하 흑9까지 흑이 1수 빠르다. 수순중 백4로—

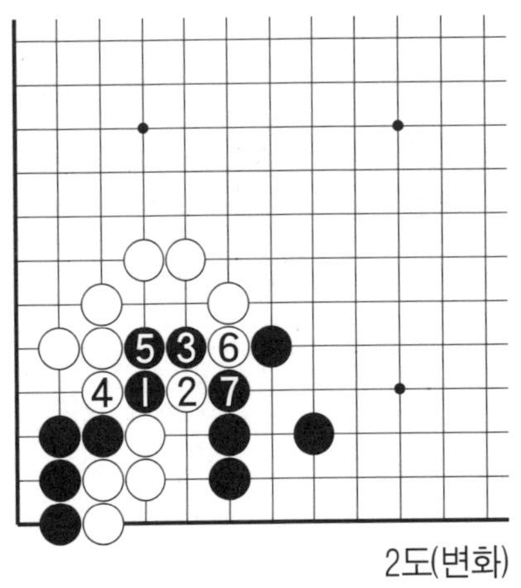

2도(변화)

2도(백 잡힘)

본도 백4로 끊으면 흑5에 이어 흑7까지 백이 잡힌다.

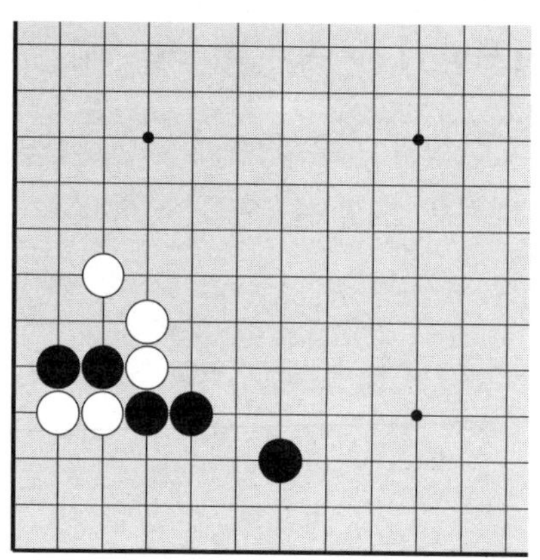

제7형 (흑선)

본형은 이단젖힘의 맥이지만, 이 모양은 일명 '귀삼수'라는 유명한 수상전의 형태이기도 하다.

1도(흑 1수승)

흑1·3의 이단젖힘을 거쳐 흑13까지는 정형화된 수순으로, 흑 1수 승이다. 수계산상 귀의 백이 3수의 형태로 조여지므로, 귀삼수란 별칭이 붙은 것이다.

⑪…❸　⑫…❼

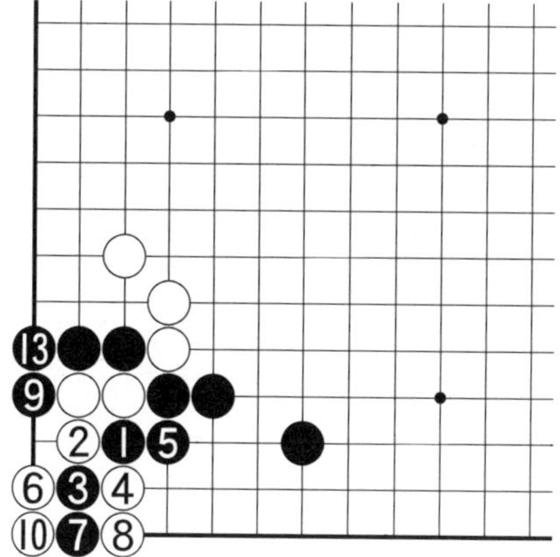

1도(정해)

2도(백 1수승)

본도의 수순은 백12 때 흑13의 끈질긴 공격이 있으나, 백14의 막기에 의해 수계산상 한 수를 벌게 되어, 흑15, 백16이 되면 흑이 1수 부족이다.

⑧…❶

2도(5수째 실격)

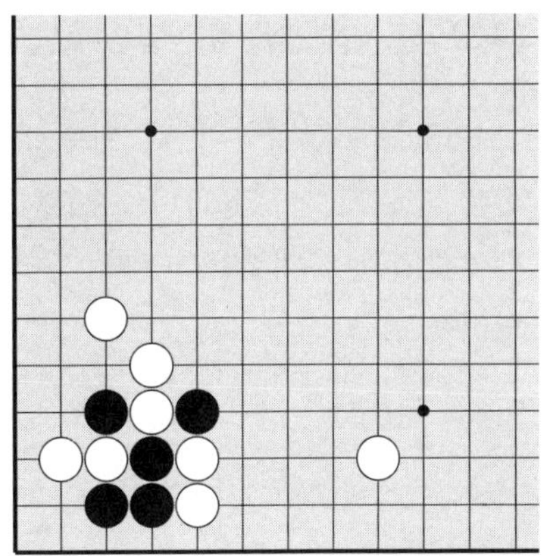

제8형 (흑선)

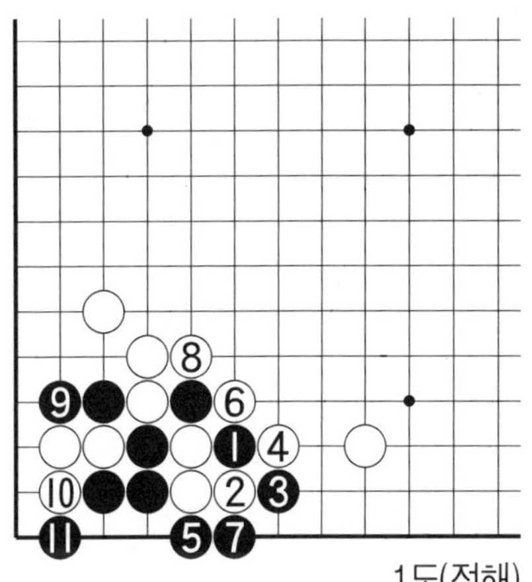

1도(정해)

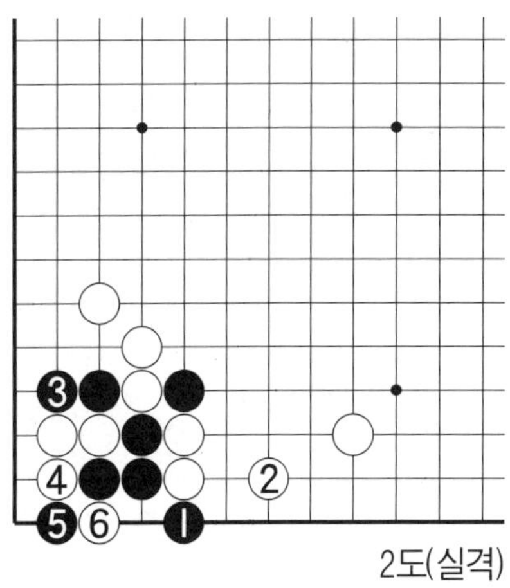

2도(실격)

【제8형】 귀를 살리는 수법

본형은 실전형으로 보통의 방법으로는 귀를 살릴 수 없다.

1도(흑, 귀삶)

흑1·3의 이단젖힘을 이용해 흑 11까지, 거꾸로 귀의 백을 잡고 사는 것이 이 모양의 수법이다.

2도(촉촉수)

단순히 흑1의 젖힘만으로는 백 2 다음 1도와 같은 수순을 밟아도, 백6의 촉촉수가 있어 실패한다.

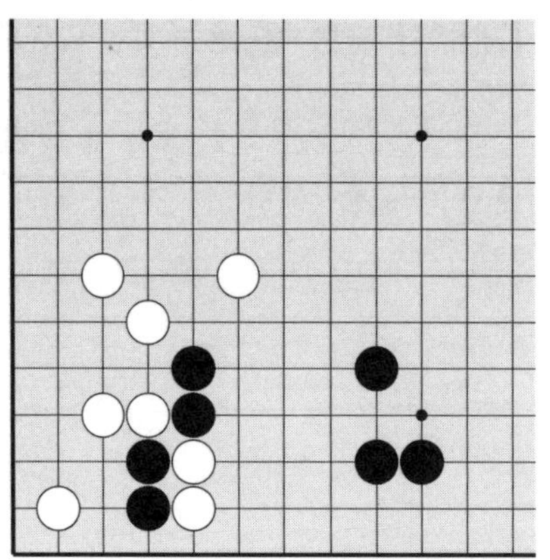

제9형 (흑선)

본형은 이단젖힘의 맥 이후 약간의 수읽기가 필요하다. 과연 흑백 두 점간의 대결은 누구의 승리일까?

1도(백 잡힘)

흑1·3의 이단젖힘에 이어 흑5·7의 수순과 흑9의 막기 및 백14 때 흑15의 묘착까지, 수읽기가 안 되면 결행하기 어려운 모양이다.

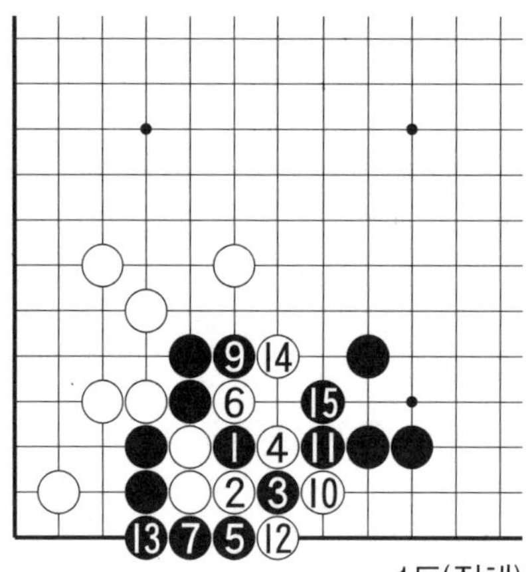

1도(정해)

⑧…❶

2도(잡는 수순)

참고로 본형을 분석하면, 본도와 같은 모양에서도 백1로 끊었을 때 흑2·4의 수순으로 백을 잡을 수 있음을 알 수 있다.

2도(참고)

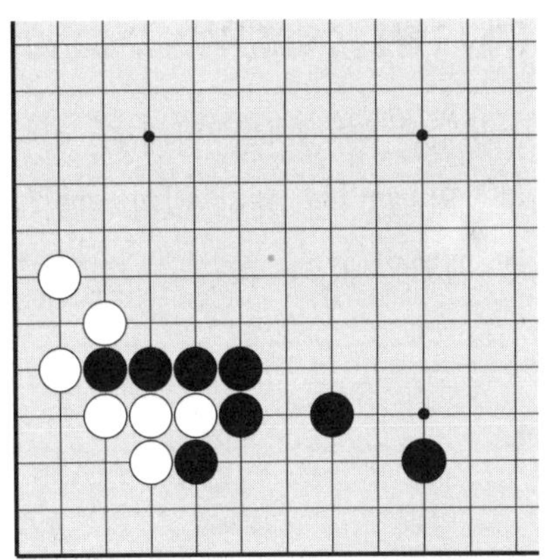

제10형 (흑선)

본형은 강력한 이단젖힘의 맥을 이용하여, 이득을 보며 집의 경계를 정비하는 모양이다.

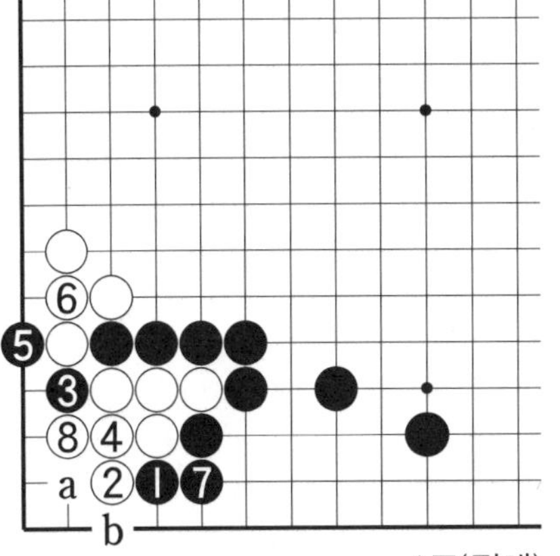

1도(정해)

⑥…▲

1도 흑1의 젖힘에 백2로 받으면 흑3 이하 백8까지 선수로 정비한다. 백8을 방치하면 흑a나 b의 패가 성립한다. 또 2도 백2로 저항하면 흑9까지 백의 무리다.

백이 선수를 얻으려면 3도를 택할 수도 있다.

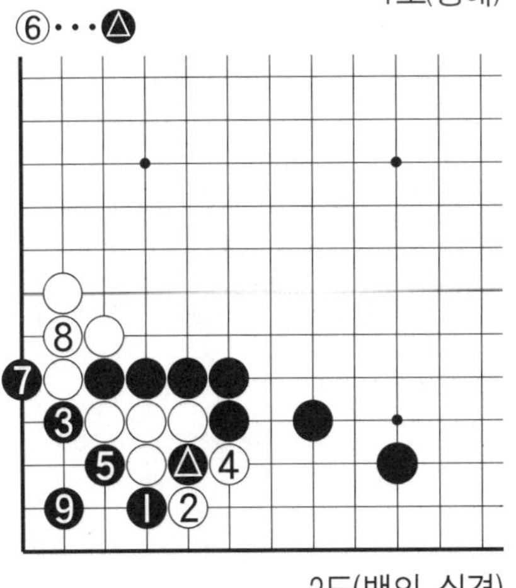

2도(백의 실격)

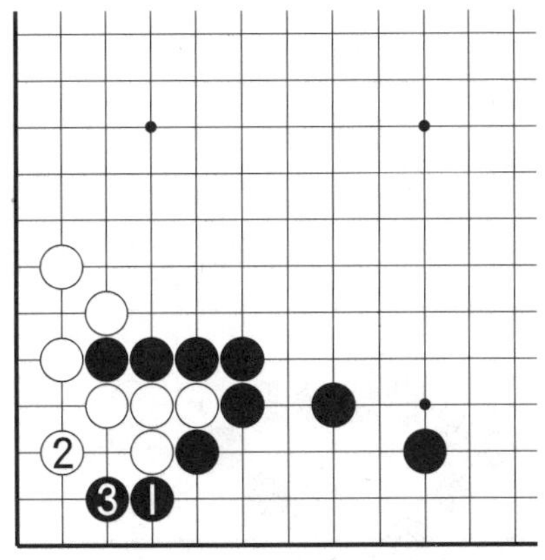

2도(변화)

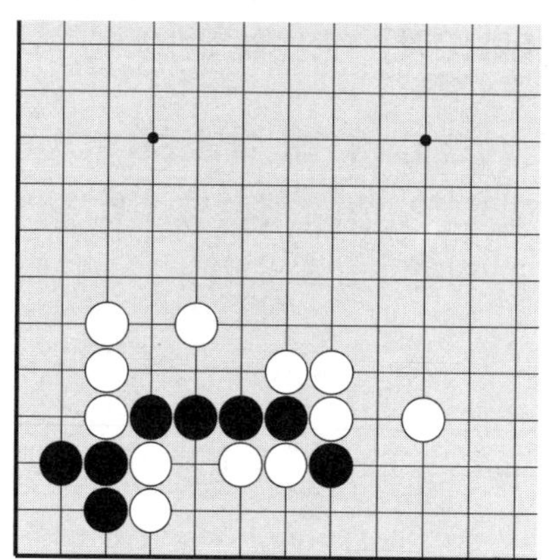

제11형 (흑선)

【제11형】 중앙 흑녁점의 수상전

본형은 수상전의 형태로, 이단 젖힘의 위력이 유감 없이 발휘되는 패턴이다.

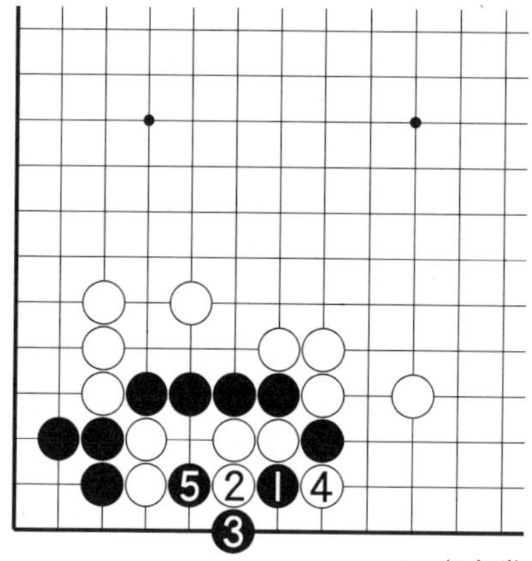

1도(정해)

1도(요석 잡힘)

흑1·3의 이단젖힘이 정맥의 수법으로, 백4에는 흑5로 백의 요석 두점을 잡는다.

2도(변화)

2도(가능한 젖힘)

1도 흑3으로는 본도 흑3처럼 왼쪽에서의 젖힘도 가능하다. 이후 1도와 마찬가지로 흑은 요석을 잡거나, 수상전을 승리로 이끌 수 있다.

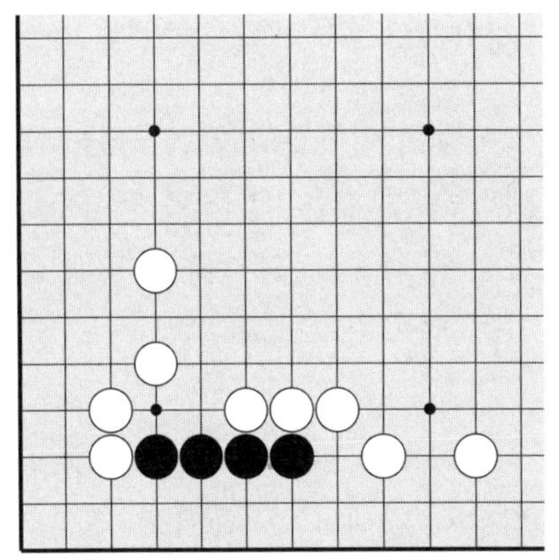

제12형 (흑선)

본형은 그냥 사는 수단은 없다. 비상수단을 이용해 패로 버티는 것이다.

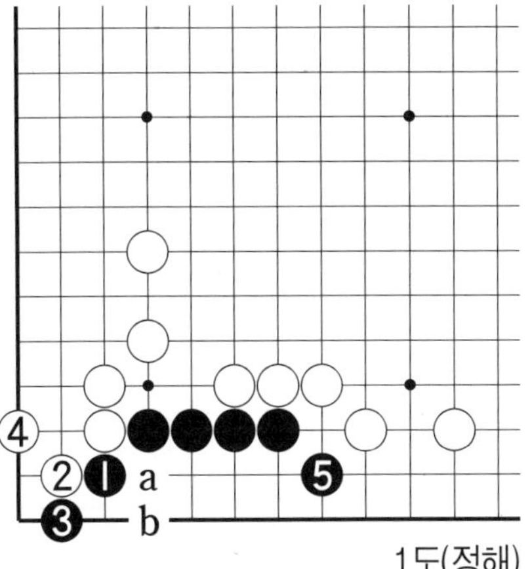

1도(정해)

1도(패)

흑1·3으로 백4를 강요한 후 흑5로 패를 기다리는 것이 최선이다. 다음 백a에 흑b로 패를 한다.

2도(흑 죽음)

흑1·3으로는 백4까지 살 수 없다. 수순중 흑3으로 a에 두어도 역시 백4로 살 수 없다.

2도(3수째 실격)

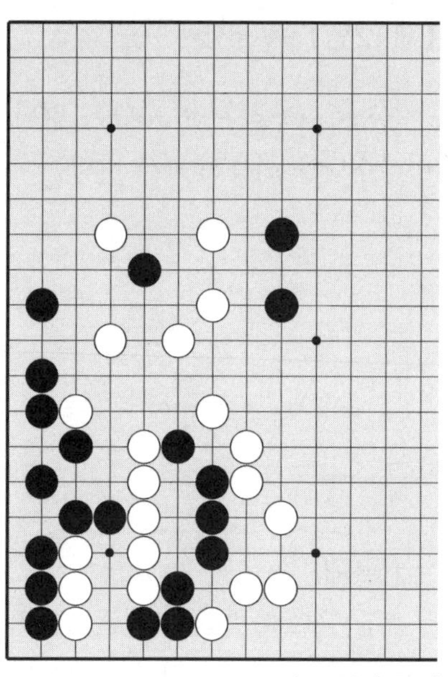

제13형 (흑선)

본형은 이단젖힘을 이용하는 형태지만, 그것은 끼움의 맥이기도 하며 특히 접전의 마지막에 벌어지는 맥이 볼 만하다.

1도 흑1·3이 포인트. 이하 백20까지 진행된 후 흑21의 찝기로 흑승이다.

2도 백4에는 흑5 이하 흑11까지, 수상전은 무조건 흑이 빠르다.

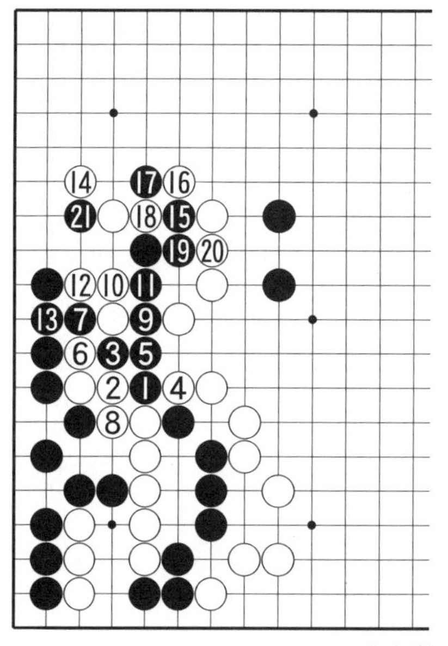

1도(정해)

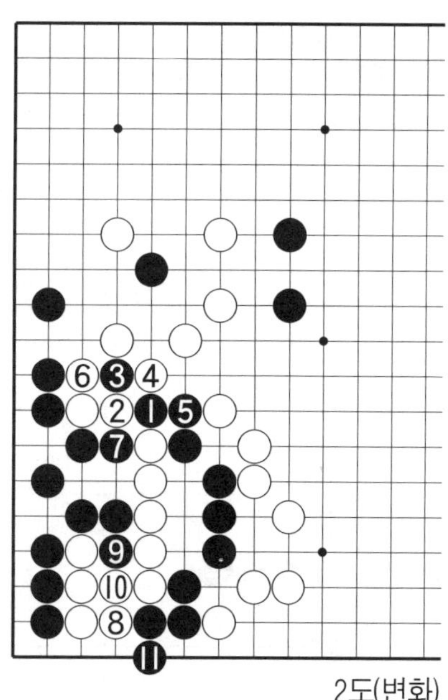

2도(변화)

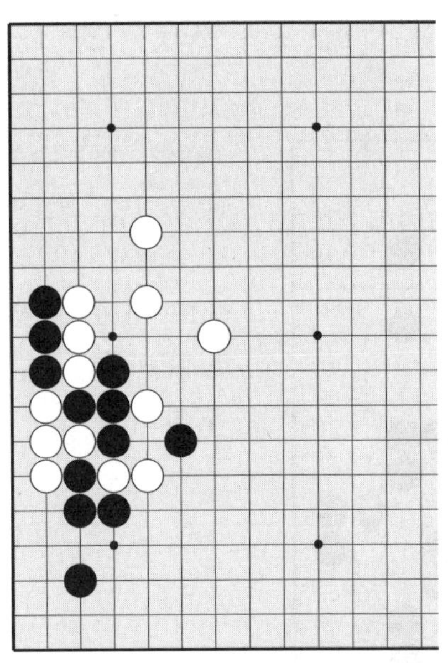

제14형 (흑선)

　본형은 이단젖힘을 활용하는 형태지만, 그것은 찝기의 맥이기도 하며 마지막 수순이 대단히 교묘하다. 흑은 좌변과 중앙을 동시에 수습해야 한다.

　1도 흑1·3의 맥이 포인트로, 이후 흑21까지 탈출에 성공한다. 수순중 흑15가 교묘하다. 백8로 2도와 같이 두면 흑17까지 역시 탈출에 성공한다.

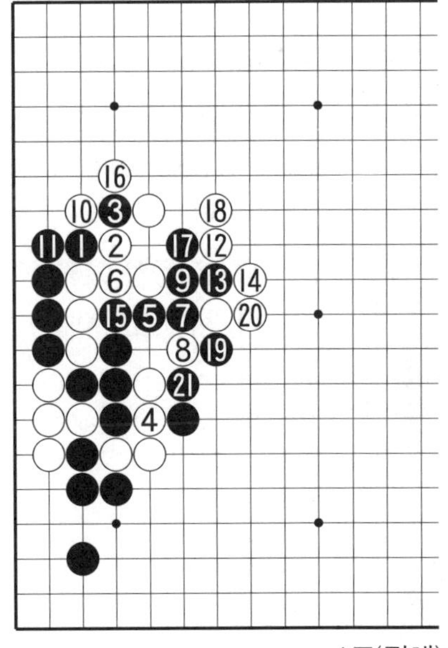

1도(정해)

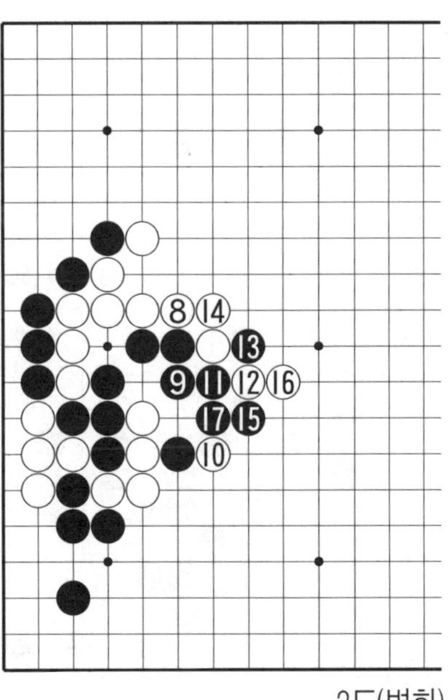

2도(변화)

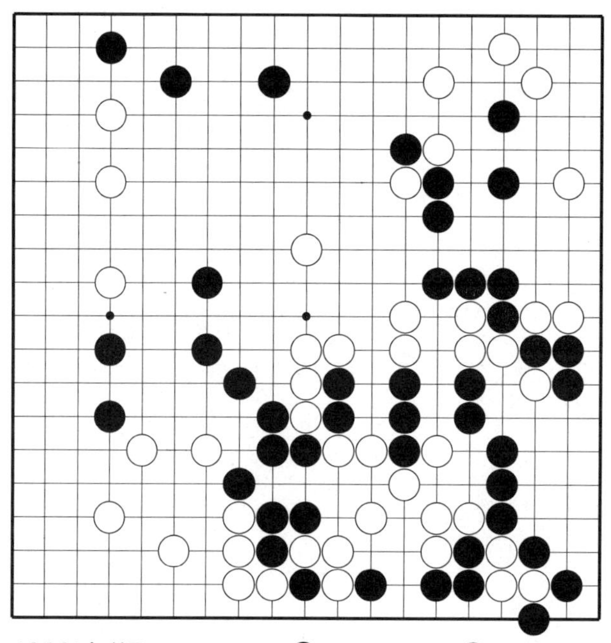

1988년 碁聖戰　　● 武宮正樹　　○ 茅野直彦

중앙 백의 수습이 관건인 국면에서 우변에 초점이 맞춰지고 있다. 우변에는 어떤 수단이 있을까?

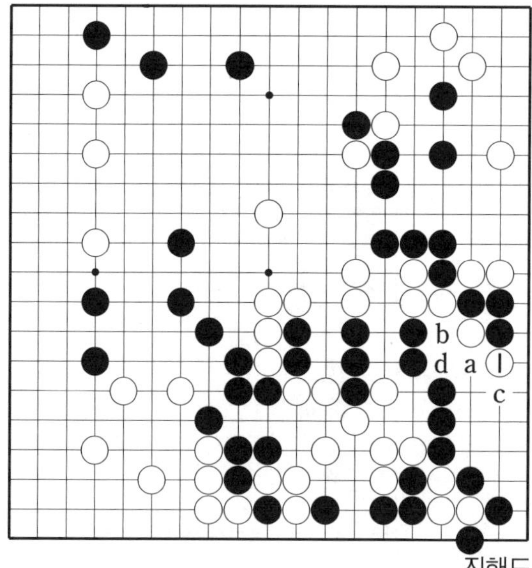

진행도

진행도(이단젖힘)

백이 찾아낸 수단은 백1의 이단젖힘이다. 이후 더 둔다면 흑a, 백b, 흑c면 백d로 중앙 흑7점이 떨어져, 이것으로 바둑도 끝이다.

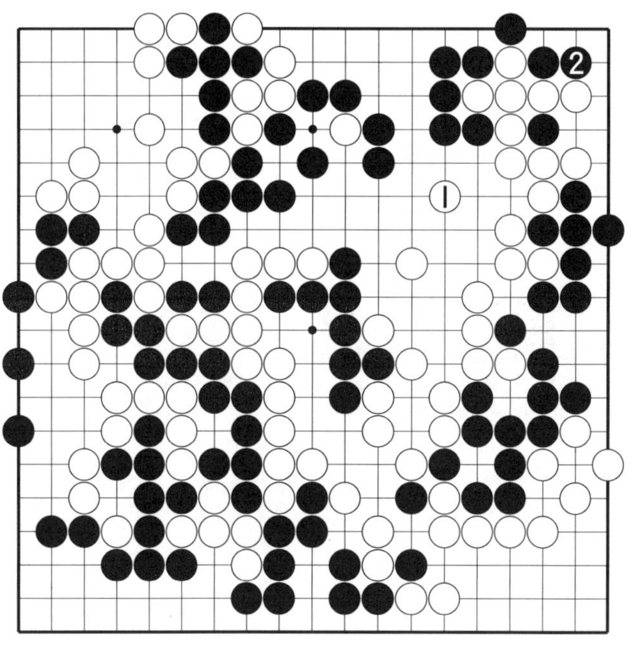

1792년   ● 河野元虎(先)   ○ 安井仙知(7世)

백1은 단순한 집 내기가 아니었다. 흑2는 이를 간과한 한가로운 수였던 것이다. 여기서 백은 어떤 수단을 노렸던 것일까?

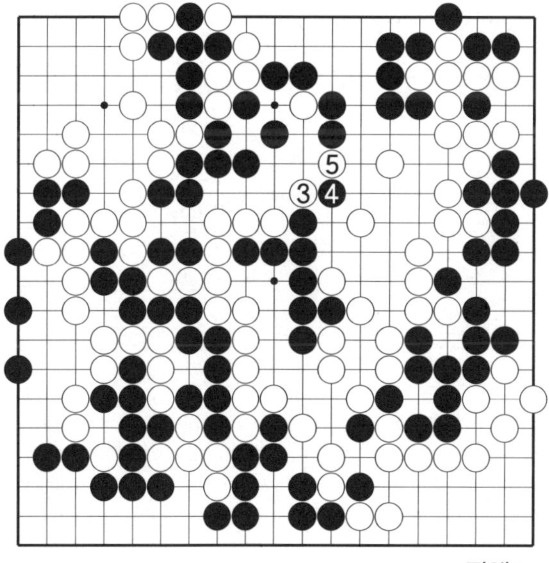

진행도

진행도(변사)

백은 3·5의 통렬한 맥점을 노리고 있었던 것이다. 이것으로 중앙 흑은 졸지에 변사(變死)하고 말았다.

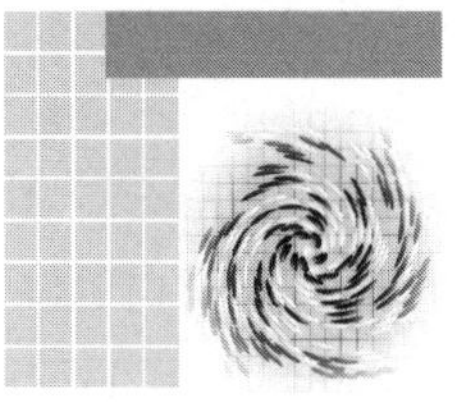

제6장
붙임의 맥

- 정석적인 일반형
- 방향전환의 머리붙임(코붙임)
- 공방의 탄력적 밑붙임
- 선택을 강요하는 껴붙임

정석적인 일반형

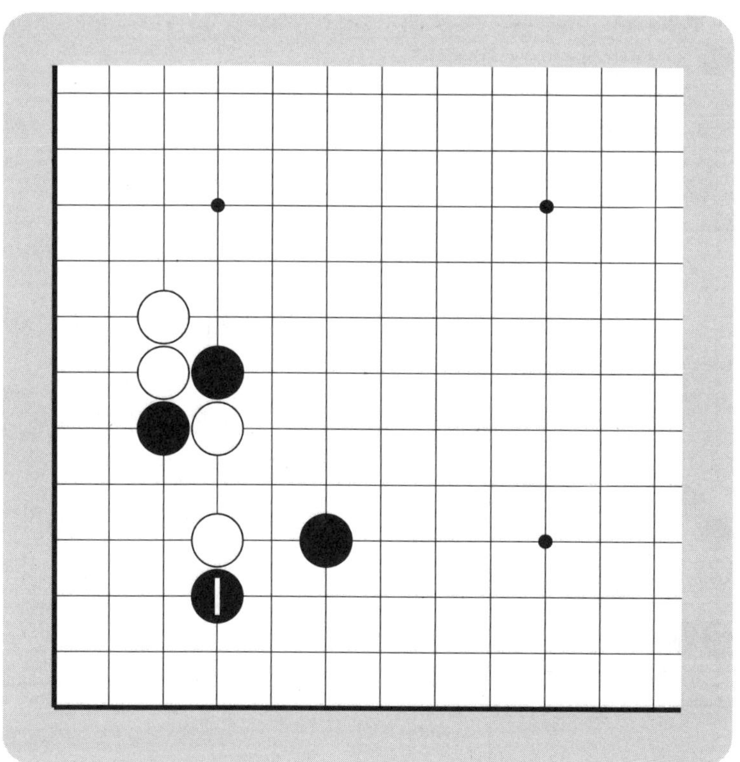

본 장면은 정석과정으로서, 이때 흑1은 단순한 붙임이 아니다. 백은 이 붙임에 대해 흑에게 귀를 내어주지 않으면 안 된다. 귀를 차지하기 위한 붙임의 맥인 것이다.

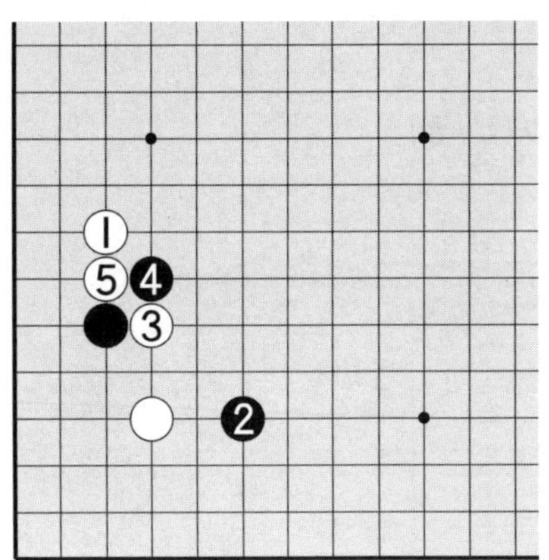

제1형 (흑선)

본형은 수순과 같은 정석의 과정이다. 따라서 백5 다음 흑의 수법도 정석이다.

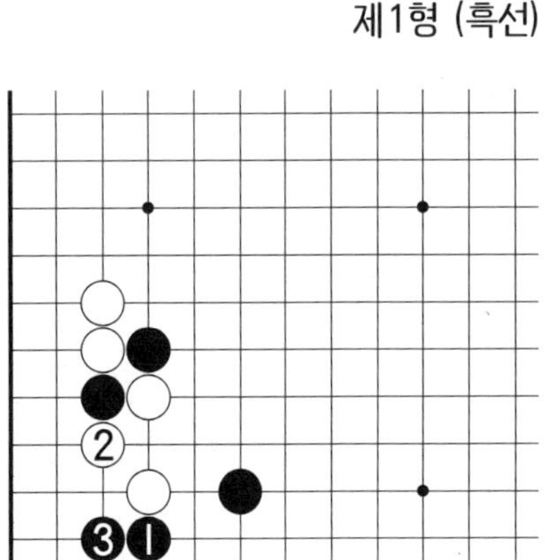

1도(정해)

1도 흑1에 백2로 후퇴하여 흑3으로 귀를 내어주는 것이 정석이다. 만약 2도 백2에 받는다면 흑3·5의 통렬한 수단이 있다.

참고도 흑▲의 3선 위치에 있을 때도 흑1의 붙임에 백은 2로 후퇴하는 것이 무난하다.

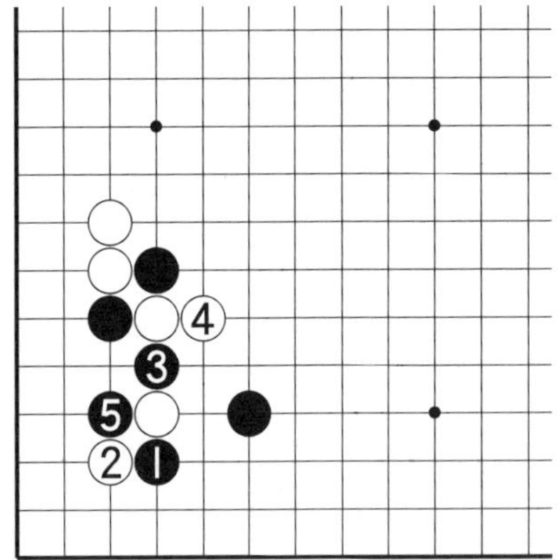

2도(백의 실격)

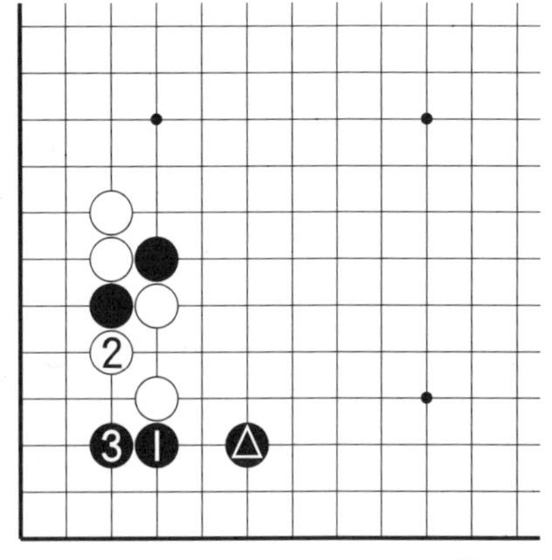

참고도

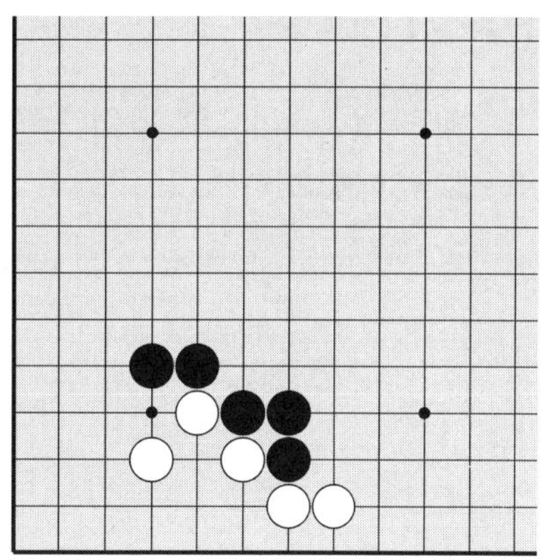

제2형 (흑선)

【제2형】 정석과정에서의 급소

본형도 정석과정의 모양으로, 이 때도 붙임의 맥이 사용된다.

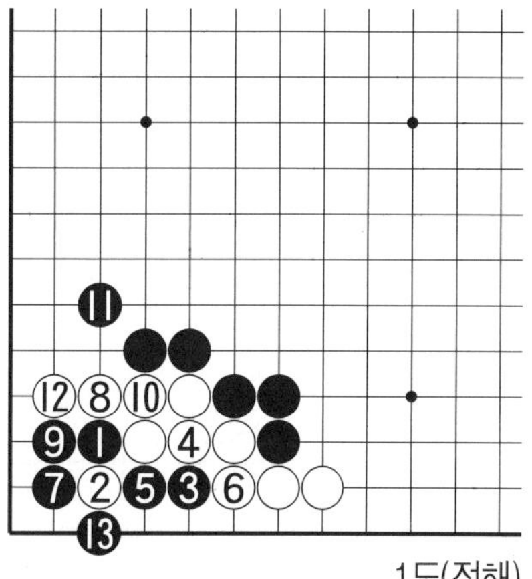

1도(정해)

1도(정석)

흑1의 붙임부터 흑13까지는 정석의 일종으로, 주목할 점은 흑11의 수비와 흑13의 따냄이다. 흑13을 방치하면 백이 이곳을 두어 흑이 잡히는 수가 있다. 또 백6으로－

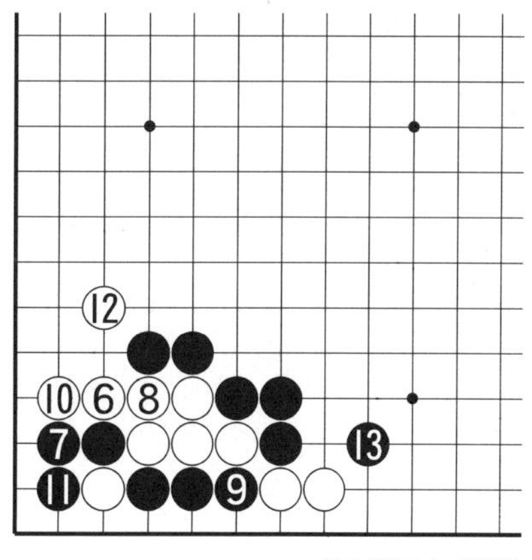

2도(백의 실격)

2도(백 망함)

본도와 같이 백6·8로 두는 것은 흑13까지, 이 결과는 백이 거의 망한 모습이다.

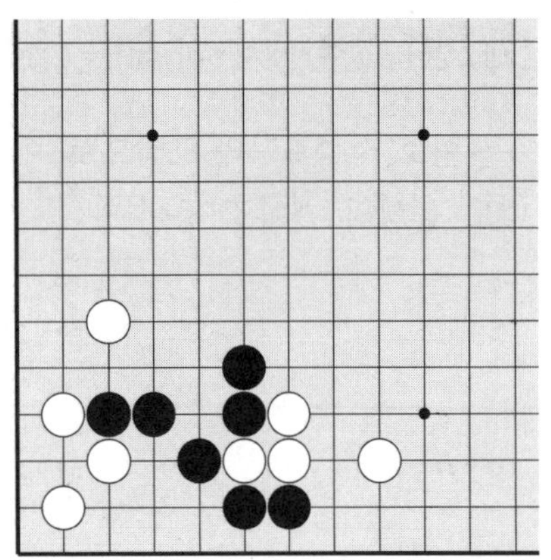

제3형 (흑선)

본형도 정석과정으로, 초점은 우측 백 넉점에 있다.

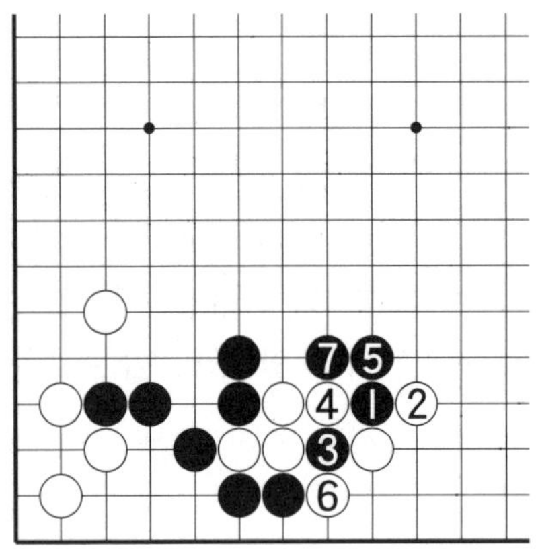

1도(정해)

1도(흑 외세)

흑1의 붙임이 준엄한 맥점으로, 이하 흑7까지 외세를 쌓아 만족이다.

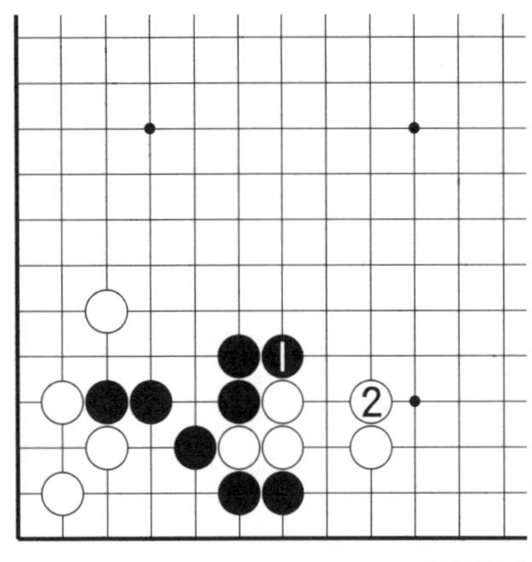

2도(실격)

2도(흑, 별무신통)

흑1은 백2로 지켜, 흑의 안정에 별로 도움이 안 된다.

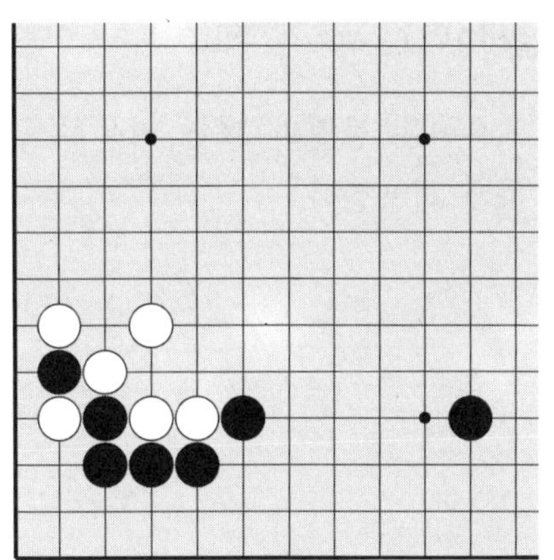

제4형 (흑선)

본형도 정석의 과정이다. 흑의 다음 수단은 무엇일까?

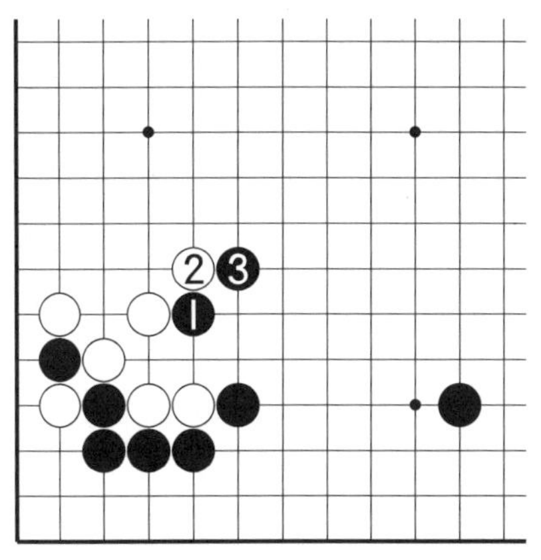

1도(정해)

1도(흑, 진영 확장)

흑1의 붙임에 이은 흑3의 젖힘이 이 경우의 수법이다. 이것으로 진영이 크게 확장되고 있는 것이다.

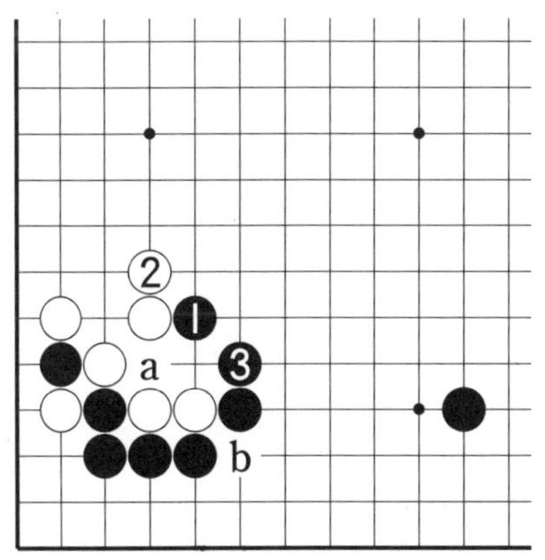

2도(변화)

2도(간접 보완)

흑1 때 백2로 받으면, 흑3으로 a를 노려 b의 단점을 간접적으로 보완한다.

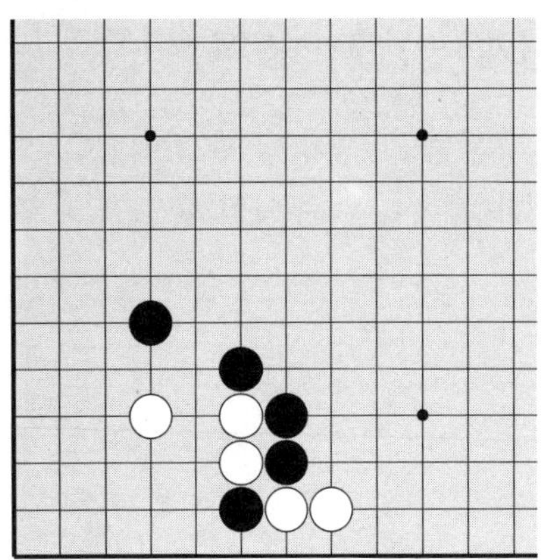

제5형 (흑선)

【제5형】 귀를 차지하는 급소

【제5형】 귀를 차지하는 급소

　본형은 붙임의 맥이 더욱 통렬하게 작용한다.

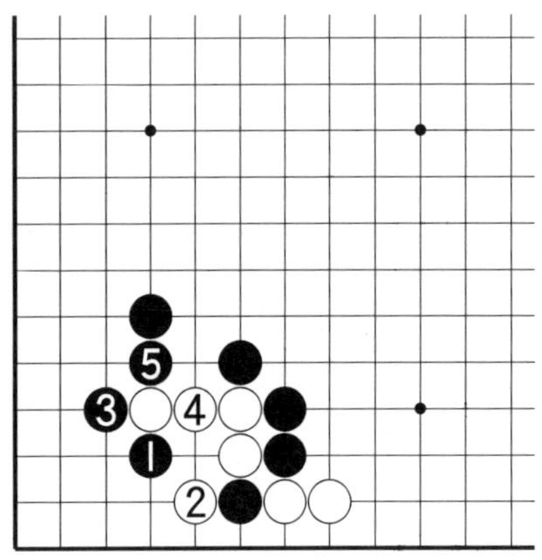

1도(정해)

1도(흑, 귀차지)

　흑1의 붙임으로 백2를 받게 한 다음 흑3·5까지 귀를 차지하여 대만족이다.

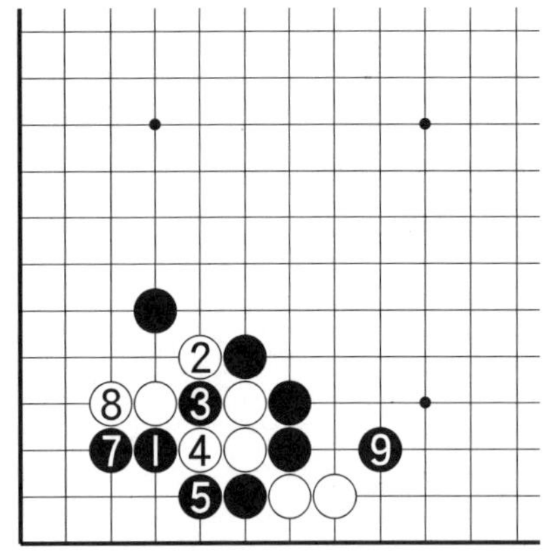

2도(변화)

2도(백 무리)

　흑1 때 백2의 반발에는 흑3·5·7의 수순을 거쳐 흑9로, 이 결과는 백의 무리다.

⑥…❸

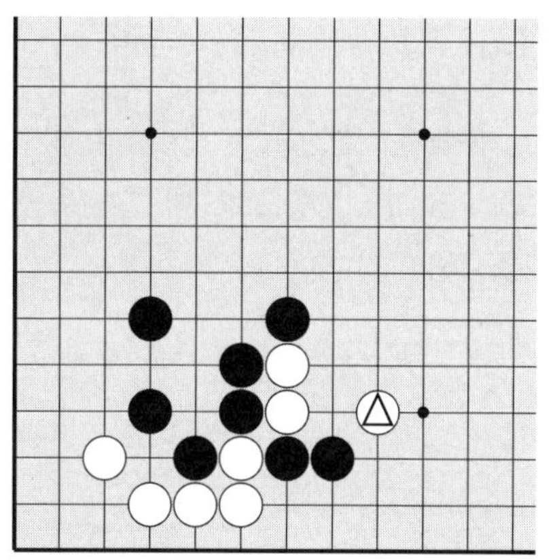

제6형 (흑선)

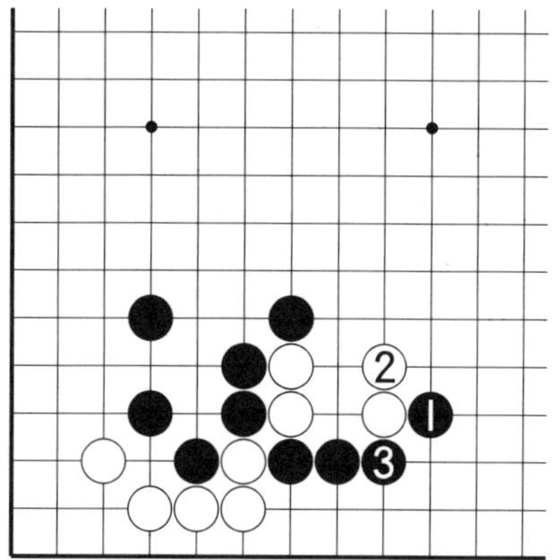

1도(정해)

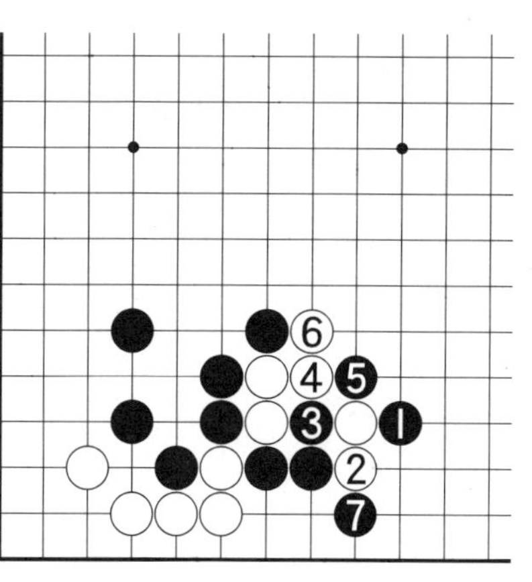

2도(변화)

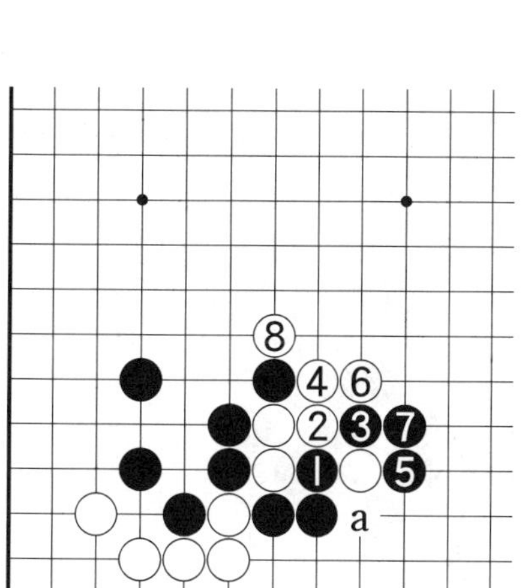

3도(실격)

본형은 실전형으로 백△에 대한 타개의 맥을 묻는 것이다. 여기서 타개란 돌의 방향을 발전형으로 바꾼다는 뜻이다.

1도 흑1의 붙임이 중앙으로 머리를 내밀 수 있는 타개의 맥점이다. 만약 백2로 2도와 같이 반발하는 것은 이하 흑7까지 백의 손해가 크다. 3도의 수순은 2도와 비교해 백a의 한점이 보태지지 않은 만큼 흑이 불리하다.

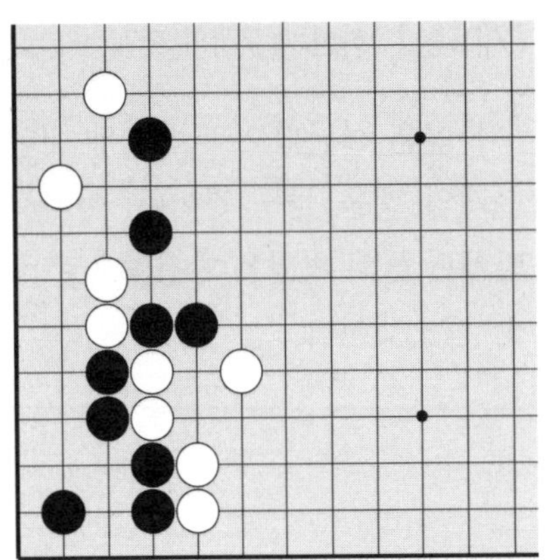

제7형 (흑선)

【제7형】 중앙 흑모양의 정비

본형은 붙임을 통해 돌의 방향을 유리한 상황으로 바꾸는 수법을 묻는 것이다.

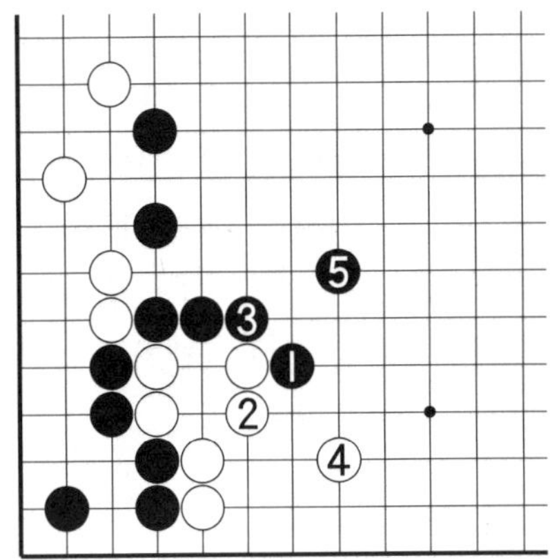

1도(정해)

1도(흑, 중앙 호령)

흑1의 붙임은 돌의 진행방향에 있어서 머리에 해당하는 곳으로, 이곳을 차지해야 방향을 유리한 쪽으로 바꿀 수 있다. 이하 흑5까지 백을 위축시키며 중앙을 호령한다.

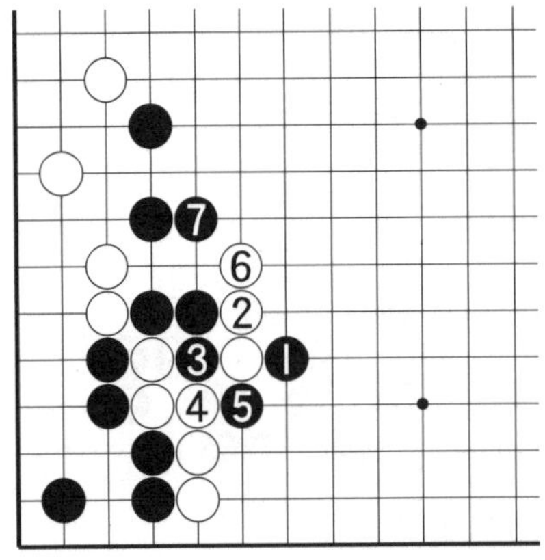

2도(변화)

2도(백 무리)

흑1 때 백2로 반발하는 것은 무리다. 흑3·5에 끊기게 되면 백에게는 후속수단이 쉽지 않다.

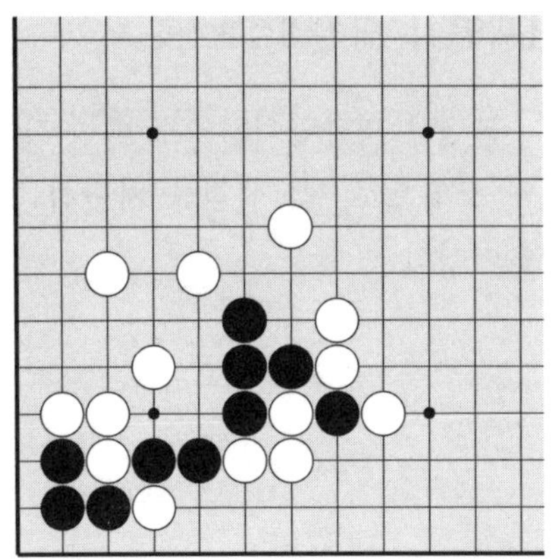

제8형 (흑선)

본형은 붙임의 기본형으로, 두 곳의 약점을 동시에 방비하는 수법이다.

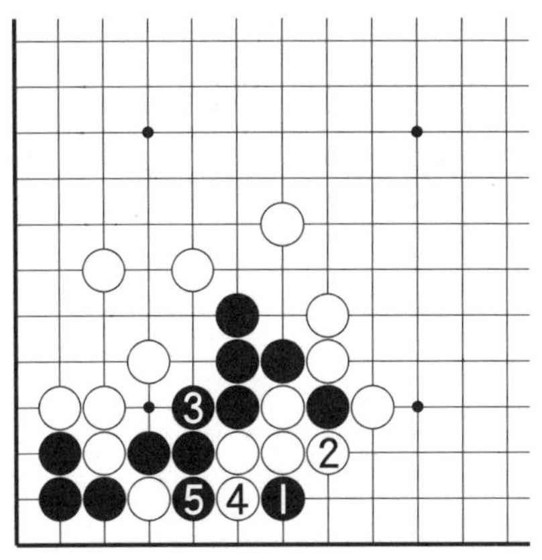

1도(정해)

1도(두 곳의 약점 방어)

흑1의 붙임으로 흑3·5의 약점을 동시에 방어할 수 있다.

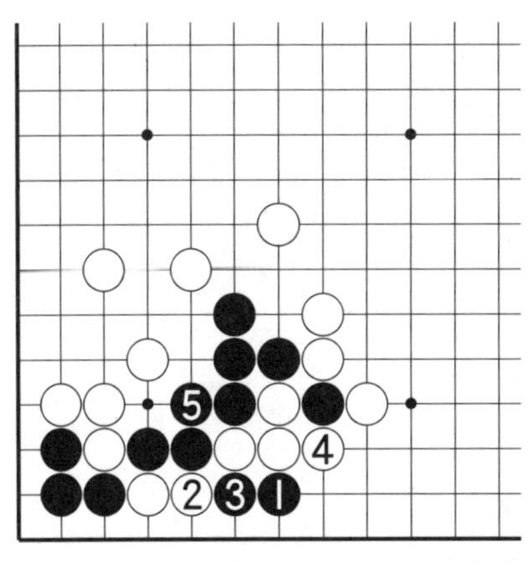

2도(변화)

2도(흑 안전)

흑1로 붙였을 때 백2라면 흑3·5로 안전하다.

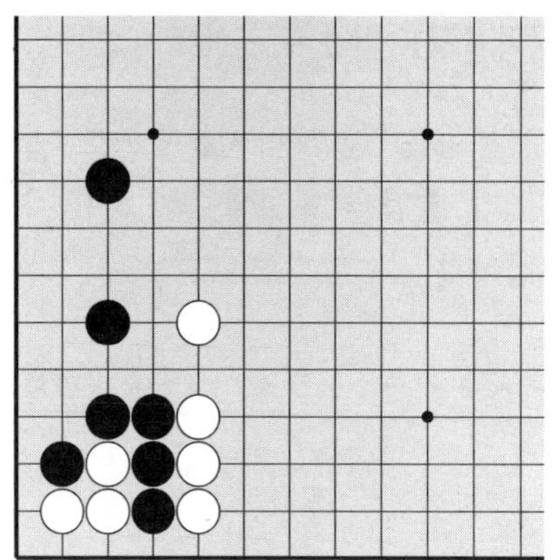

제9형 (흑선)

본형은 껴붙임이라고도 할 수 있는 모양으로, 백 석점을 차단하는 수법이다.

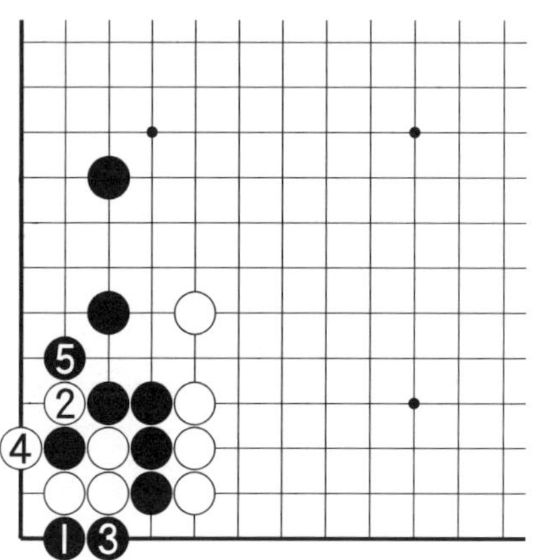

1도(정해)

1도(백 잡힘)

흑1의 붙임이 명쾌하게 백을 차단하는 맥점이다. 이하 흑5까지 백이 잡힌 모습이다.

2도(실격)

2도(백 삶)

흑1로 젖히는 것은 백2 이하 백10에 이르러 흑의 다음 수가 두절된다. a와 b가 맞보기이기 때문이다.

❾…❺

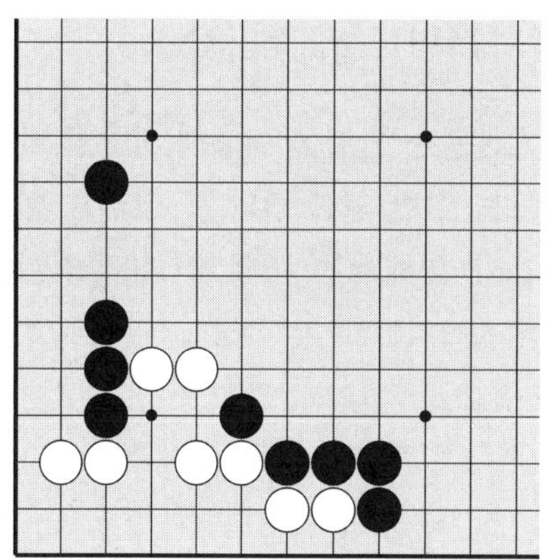

제10형 (흑선)

본형은 수순의 보류를 통한 수법에 대해 묻는 것이다. 응수타진을 통해 수순을 선택해야 하기 때문이다.

1도(묘기)

흑1의 붙임은 묘기와 같은 수법이다. 수순이 감추어져 있기 때문이다. 백2에는 이하 흑9까지 귀를 탈취하며 –

1도(정해)

2도(백 두점 잡힘)

본도 백2로 받으면 흑3·5로 백 두점을 잡을 수 있다.

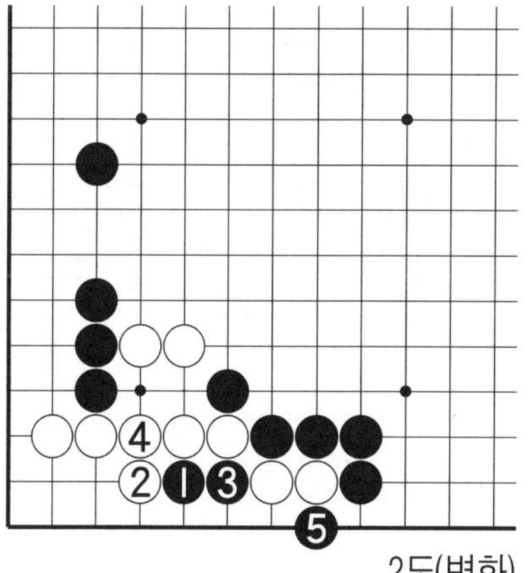

2도(변화)

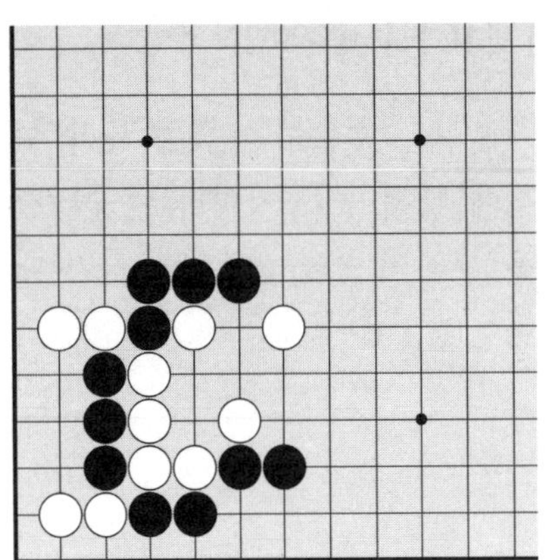

제11형 (흑선)

본형은 붙임을 이용해 자충을 만드는 수법이다. 귀의 흑 석점을 살리기 위해서는 중앙 백의 공격이 초점이다.

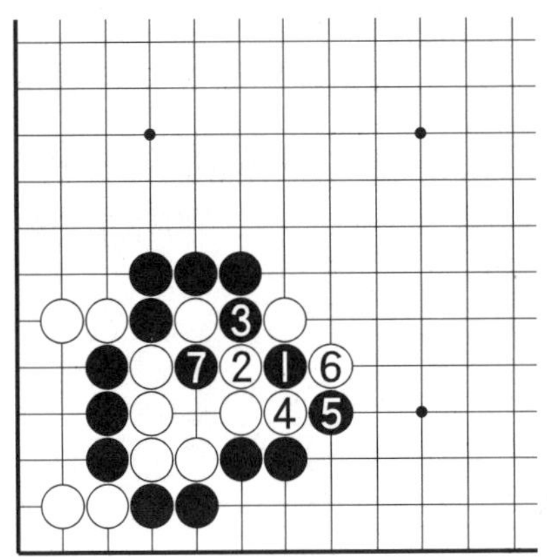

1도(정해)

1도(촉촉수)

흑1의 붙임이 공배를 메우는 맥점. 이하 빈틈없는 수순으로 흑7까지 촉촉수다.

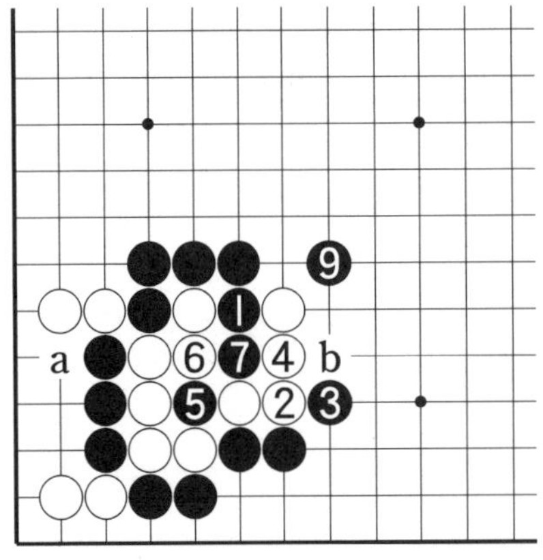

2도(실격)

2도(흑귀 죽음)

흑1로 공격하는 것은 백2 이하 흑9까지 진행되겠지만, 백은 다음 a든 b든 선택이 자유다. 따라서 귀에 갇힌 흑은 죽음뿐이다.

⑧…❺

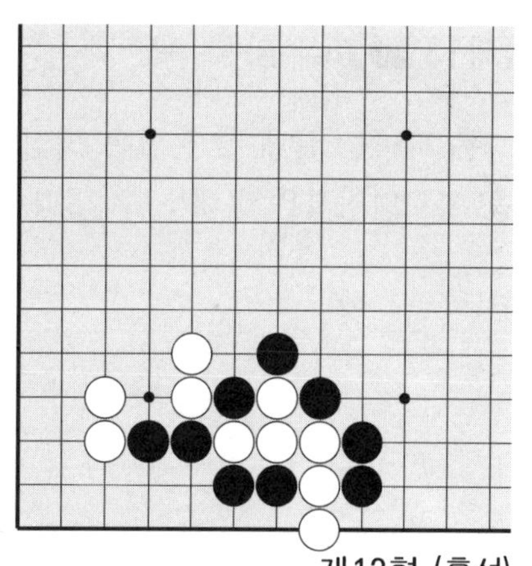

제12형 (흑선)

　본형은 맥 중에서도 묘수에 해당하는 것으로, 탈출과 축머리를 동시에 보는 것이다.

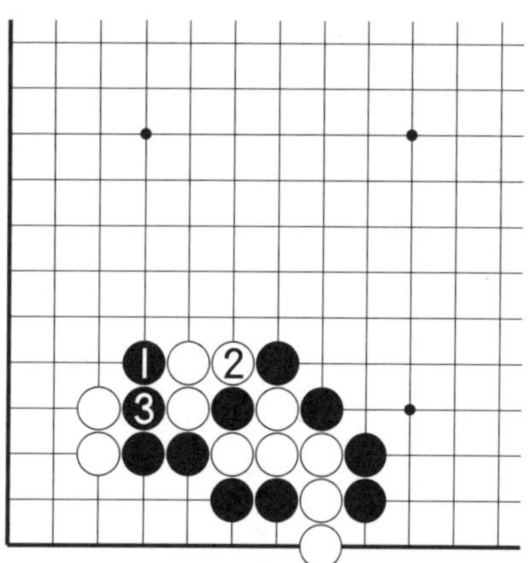

1도(정해)

1도(흑 탈출)

　흑1의 붙임이 정맥이다. 백2에는 흑3으로 관통하여 탈출한다.

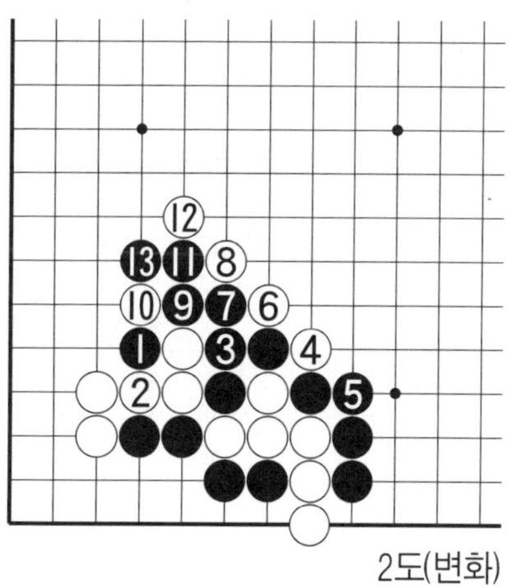

2도(변화)

2도(축머리)

　흑1에 백2로 차단으면 이제는 흑3으로 이을 수 있다. 백4 이하의 축이 성립하지 않기 때문이다. 흑1의 곳이 축머리인 셈이다.

본 테마는 끝내기. 본형은 맥점을 모르면 3집을 손해볼 수 있다.

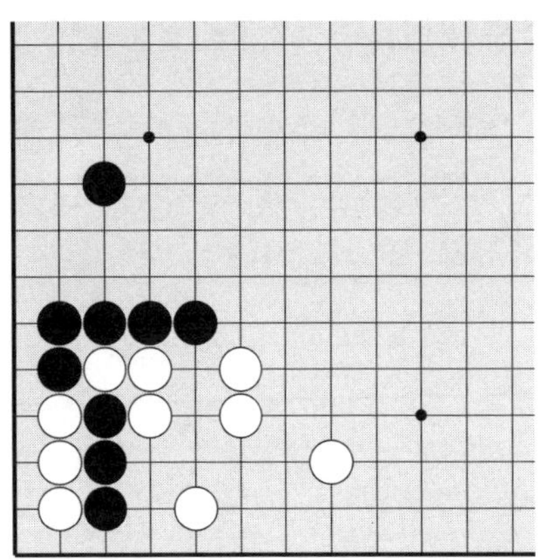

제13형 (흑선)

1도(선수 조임)
흑1의 붙임이 맥점으로, 이하 백6까지 선수로 조일 수 있다.

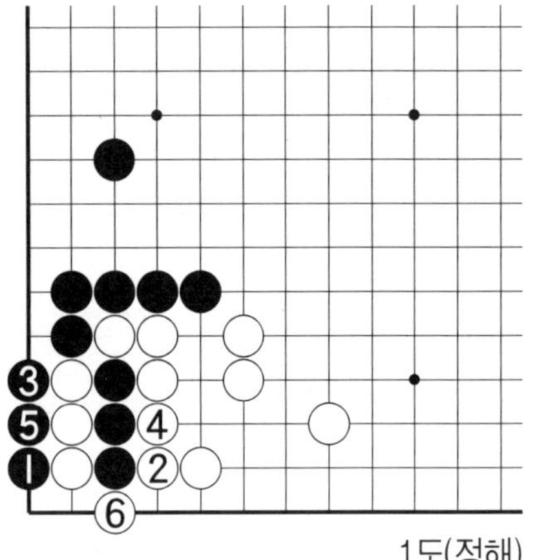

1도(정해)

2도(흑, 3집 손해)
단순히 흑1의 젖힘은 백2의 좋은 방비로, 1도에 비해 3집이 손해다.

2도(실격)

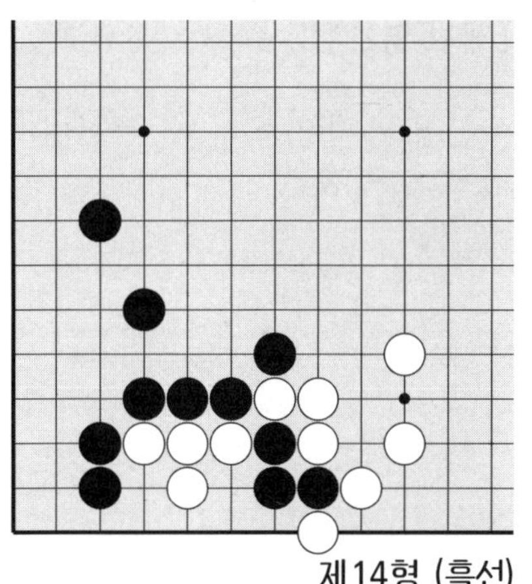

제14형 (흑선)

본 테마도 끝내기. 본형도 맥점을 모르면 2집을 손해보는 모양이다.

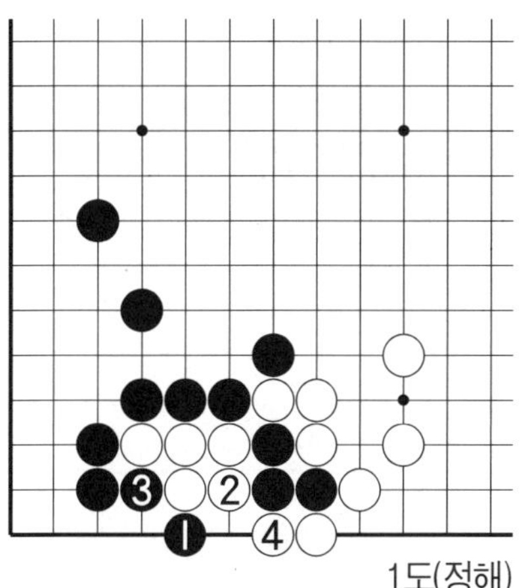

1도(정해)

1도(조임의 맥)

흑1의 붙임으로 조이는 것이 맥이다. 이하 백4까지 남김 없이 조일 수 있다.

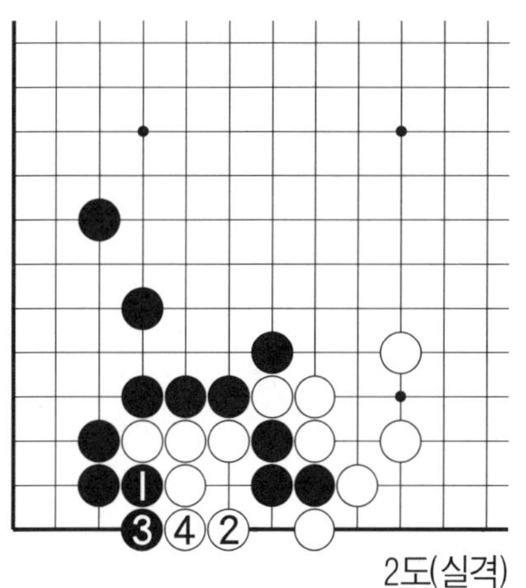

2도(실격)

2도(흑, 2집 손해)

흑1로 조이면 백2의 맥이 기다린다. 흑3이면 백4. 이 그림은 1도에 비해 2집이 손해다.

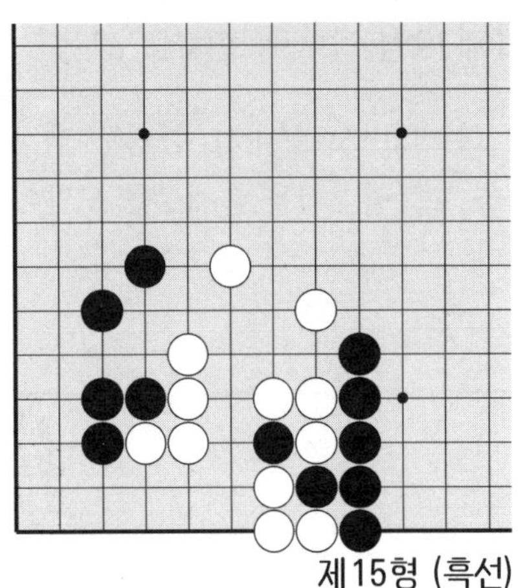

제15형 (흑선)

본형은 백집 속의 수단의 여지를 묻는 것이다.

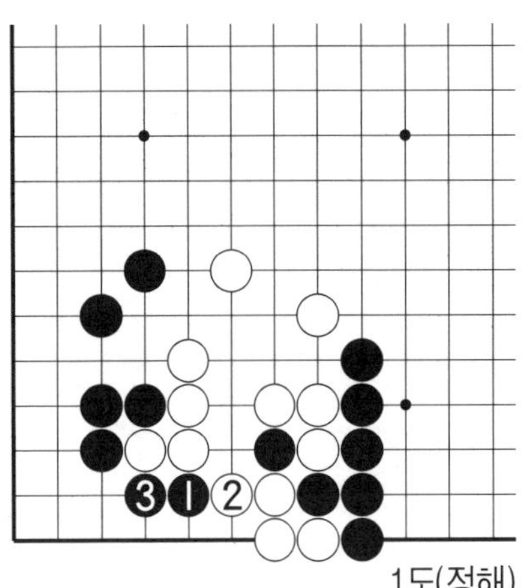

1도(정해)

1도(4집 이득)

흑1의 붙임이 맥으로, 백2에 받아야 하는데, 흑3까지 흑이 3의 곳에 그냥 젖혀 잇는 것에 비해 약 4집이 득이다.

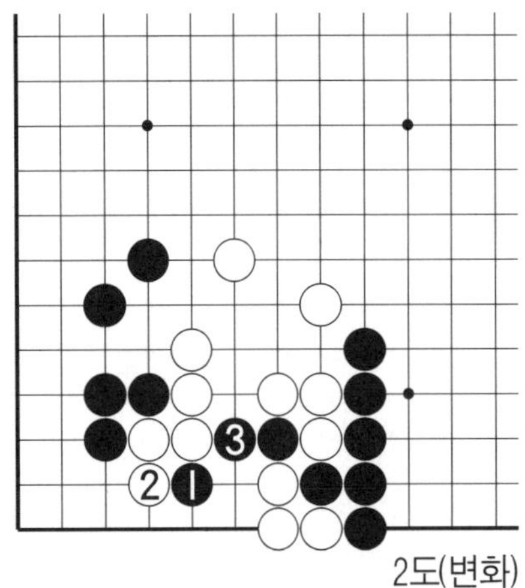

2도(변화)

2도(백 석점 잡힘)

흑1의 붙임에 대해 백2로 반발하는 것은 흑3으로 백 석점이 잡힌다.

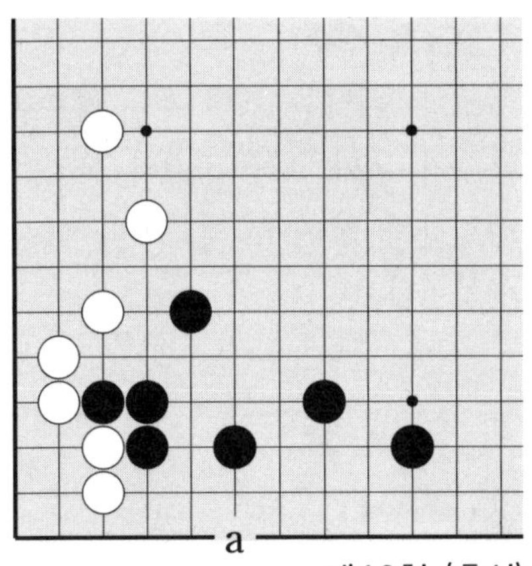

제16형 (흑선)

본형은 백a의 비마 끝내기를 선수로 막는 수법이다.

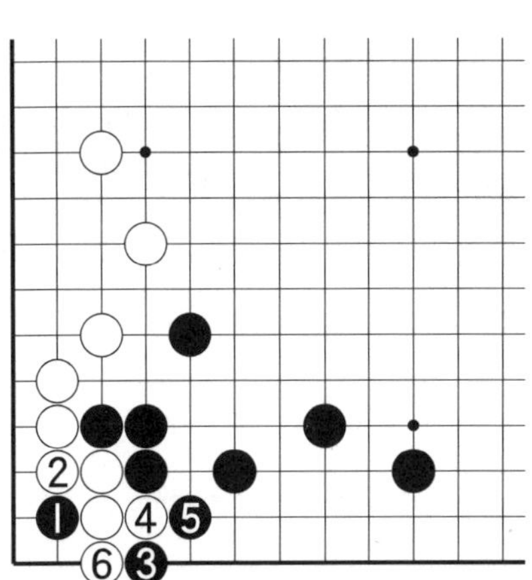

1도(정해)

1도(절묘한 맥)

흑1의 붙임이 절묘한 맥이다. 백2에는 흑3이 또 준비된 맥이다. 이하 백6까지 선수로 흑집을 지킨다.

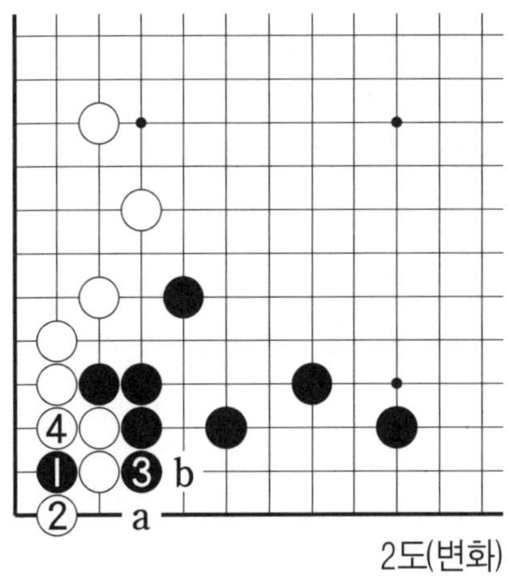

2도(변화)

2도(백 손해)

흑1에 백2면 흑3이 있다. 다음 백a에는 흑b로 받는다. 이 결과는 1도에 비해 백이 손해다.

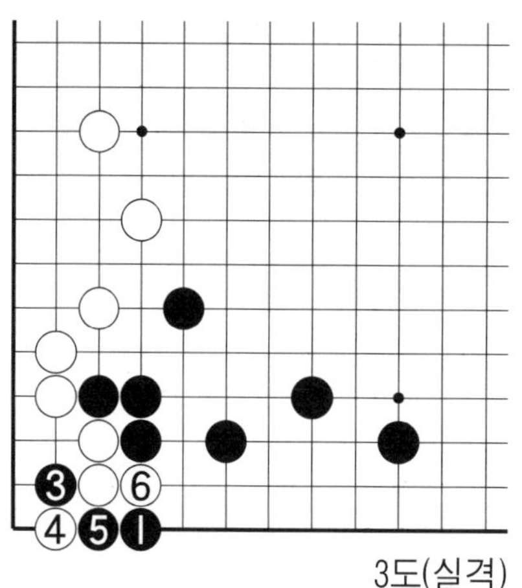

3도(실격)

3도(흑 후수)

그냥 흑1에는 백이 손을 빼므로 후수가 된다. 다음 흑3의 붙임은 성립하지 않는다. 백4·6이 있기 때문이다.

②…손 뺌

4도(실격)

4도(최악의 후수)

흑1도 후수가 되므로, 단순한 역끝내기일 뿐 의미가 없다. 같은 후수라도 집에 있어서 전도에 비해 본도가 더 손해가 크다.

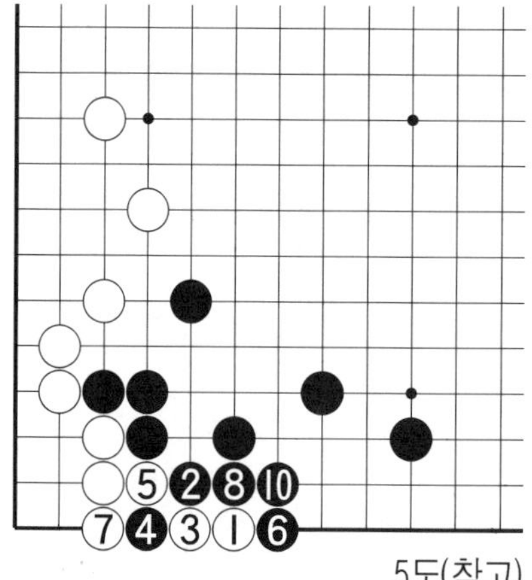

5도(참고)

5도(비마끝내기)

백이 둔다면 1의 비마로부터 시작하여 본도와 같이 되는데, 이 결과를 1도와 비교하면 3과 1/3집 차가 된다. 그만큼 붙임의 맥으로 벌게 된다는 뜻이다.

⑨…❹

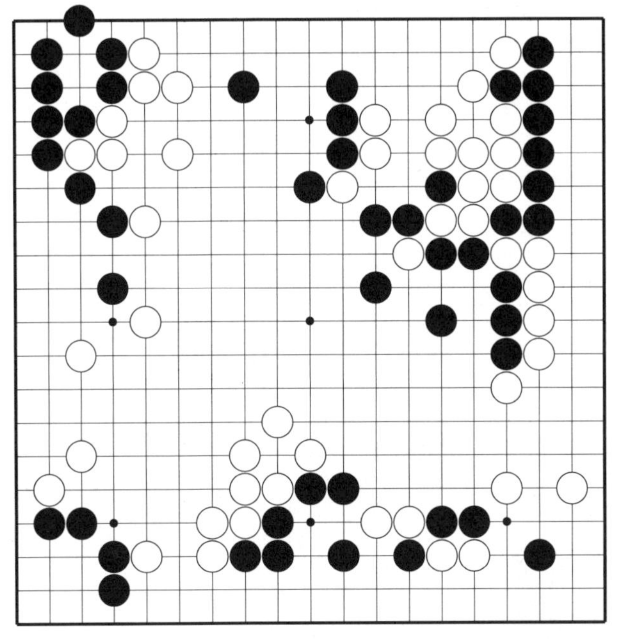

1853년   ● 本因坊 秀策   ○ 太田雄藏

초점은 우하귀와 하변에 걸쳐 벌어진 접전의 과정이다. 기성(碁聖) 슈사쿠(秀策)는 이 난국을 어떻게 타개했을까?

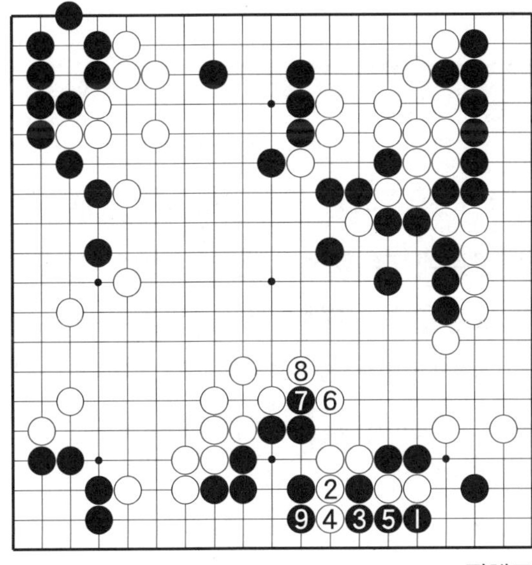

진행도

진행도(붙임의 효과)

슈사쿠의 선택은 흑1의 붙임이었다. 계속하여 흑9까지 흑은 양쪽을 모두 수습하는데 성공했다. 이 모든 공로는 흑1의 붙임에 있었다.

방향전환의 머리붙임(코붙임)

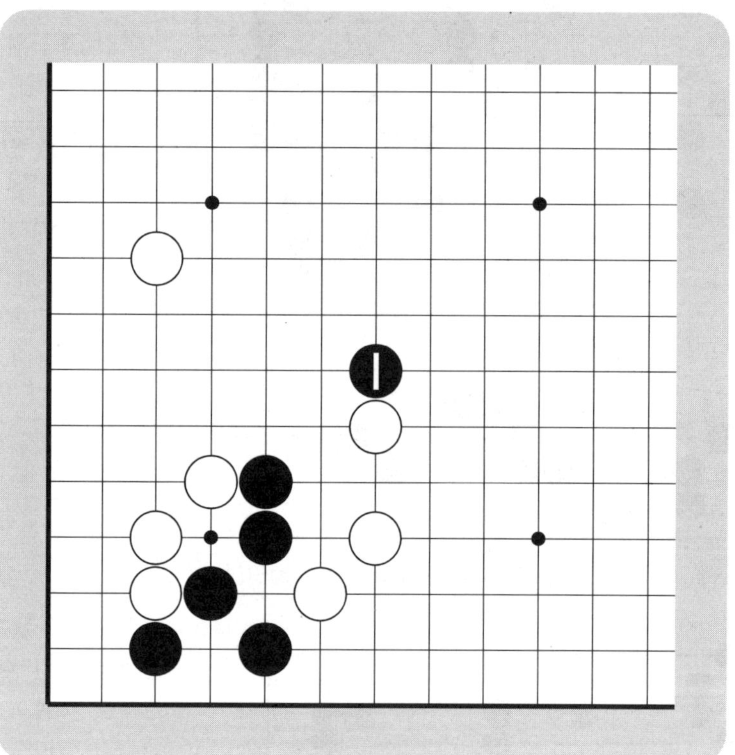

흑1은 보통 '코붙임'이라고 하는 맥점으로, 일반적으로 상대 돌의 진행 방향을 바꾸는데 그 목적이 있는 수법이다. 여기서 상대 돌의 진행 방향을 바꾼다는 것은, 접전의 공방에서 일종의 굴복을 강요한다거나 일종의 유인작전을 통해 다른 쪽의 약점을 추궁한다거나 혹은 수상전에서 수를 줄인다는 개념으로 보면 된다.

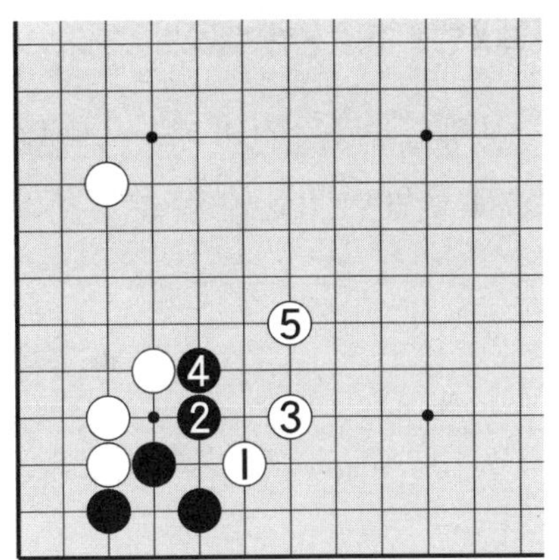

제1형 (흑선)

본형은 정석과정으로, 백5 때 흑이 능률적으로 외부에 진출하는 수법을 묻는 것이다.

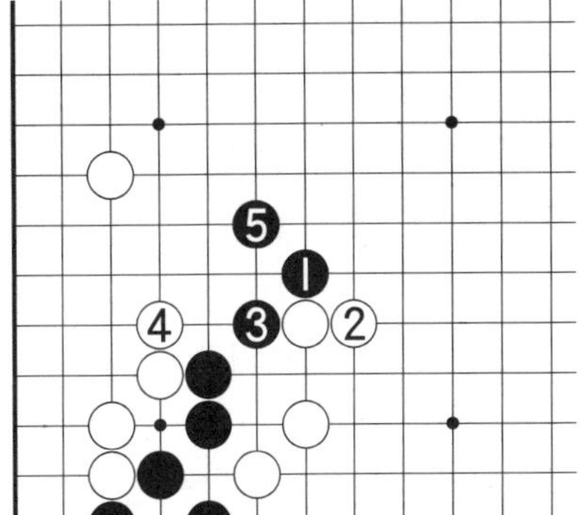

1도(정해)

1도(중앙 진출법)

흑1의 붙임은 백2의 굴복을 강요하여, 이하 흑5까지 자연스럽게 중앙에 진출하는 수법이다.

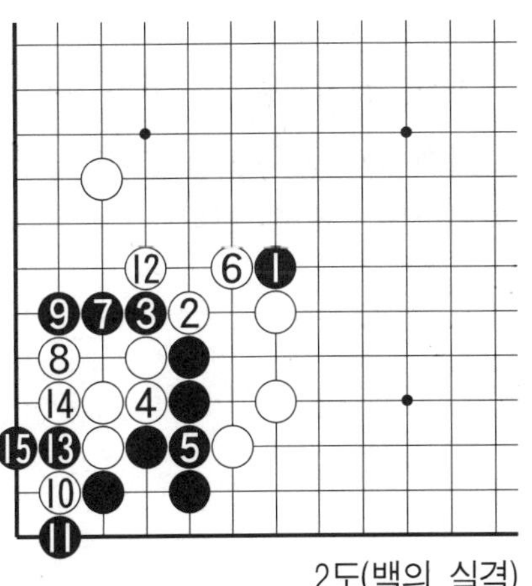

2도(백의 실격)

2도(백 대실패)

본도는 흑1에 백이 차단하는 수가 없다는 것을 보여 주는 것이다. 백2에 차단하면 이하 백12까지 중앙을 봉쇄해도, 흑13·15로 백의 귀가 죽은 손실이 너무 커, 이 결과는 백의 대실패다.

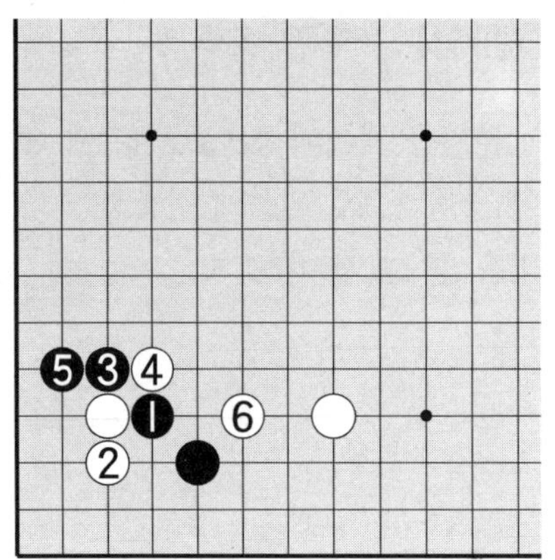

제2형 (흑선)

본형은 고풍 정석의 과정으로 백 6 때 흑의 수법을 묻는 것이다.

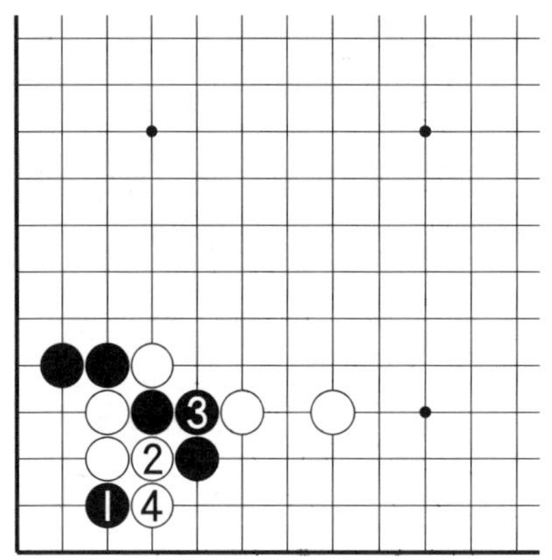

1도(정해)

1도(희생타)

흑1의 붙임은 일종의 희생타로, 백2를 유도하여 흑3을 자연스럽게 두려는 것이다. 흑3은 중앙 흑 한 점에 새로운 영향력을 가지게 된다. 계속해서 백4 다음-

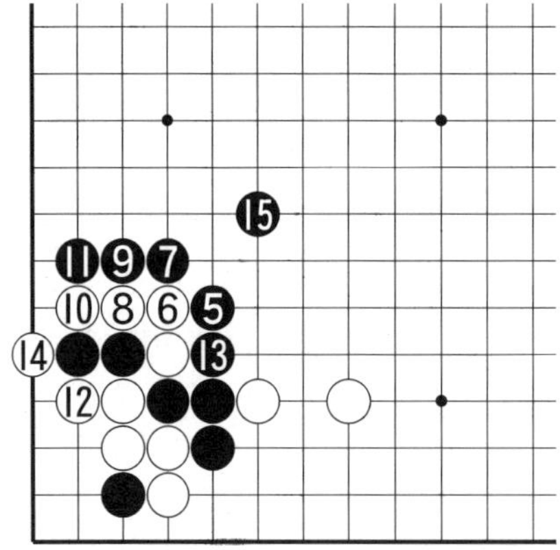

2도(계속)

2도(한칸씌움의 맥)

흑5는 한칸씌움의 맥으로, 이하 흑15까지의 진행은 실전맥16-제2 형의 1도에서 본 것이다.

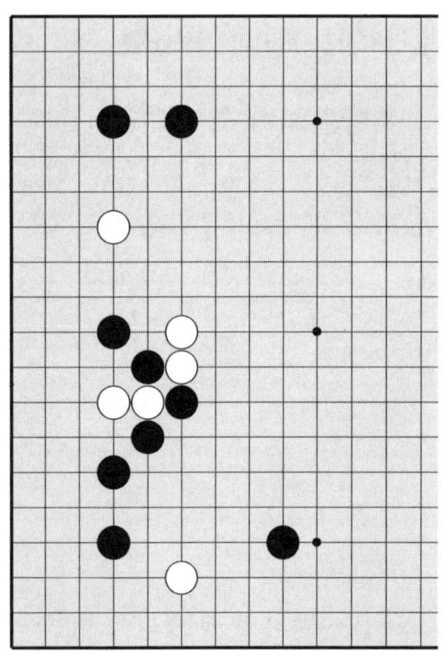

제3형 (흑선)

본형은 접바둑에서 나타나는 모양으로, 변의 백 두점에 대해 추궁하는 가장 명쾌한 수법을 묻는 것이다.

1도 흑1의 머리붙임이 정맥. 이하 흑9까지 변의 집을 취하면서 백을 우형으로 만들어 대만족이다.

만약 2도 흑1 때 백2쪽으로 두면 이하 흑7까지, 백은 포도송이처럼 되어 1도만도 못하다.

⑧···△

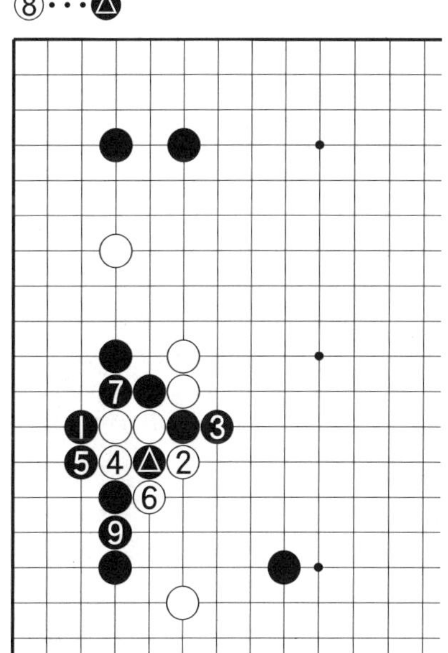

1도(정해)

⑥···△

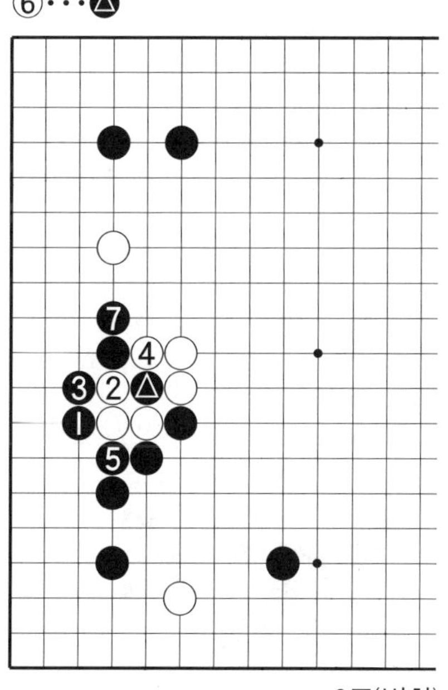

2도(변화)

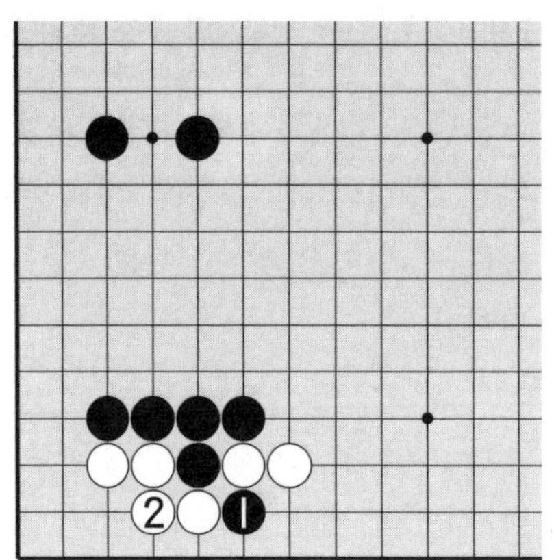

제4형 (흑선)

본형은 백이 정석에서 이탈하여 만들어지는 모양으로 흑1, 백2의 교환 이후 흑의 수법을 묻는 것이다.

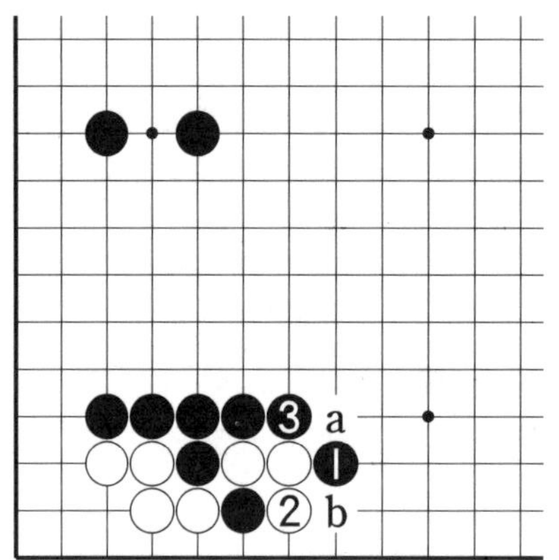

1도(정해)

1도(봉쇄)

흑1은 백의 진행 방향을 막는 맥점으로, 백2의 굴복을 얻어 흑3에 봉쇄할 수 있는 수법이다. 이후 백은 a 또는 b를 선택할 수밖에 없는데, 어느 것이든 흑이 불리해지지는 않는다.

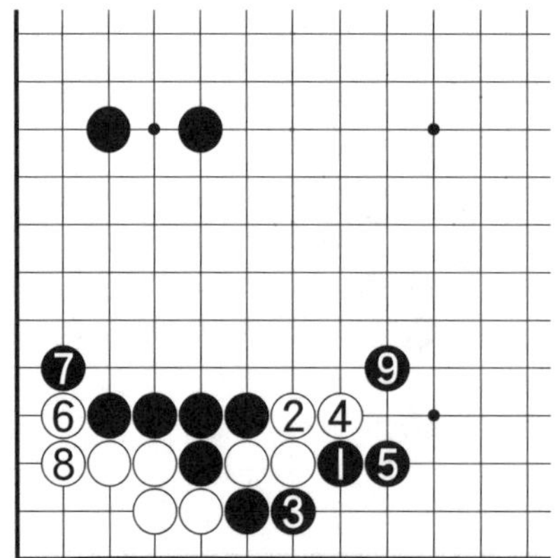

2도(백의 실격)

2도(백, 공격당함)

흑1의 코붙임에 대해 백2의 반발은 귀가 아직 못살아 있는 관계로, 백6·8이 불가피할 때 흑9로 공격당하면 백이 크게 불리하다.

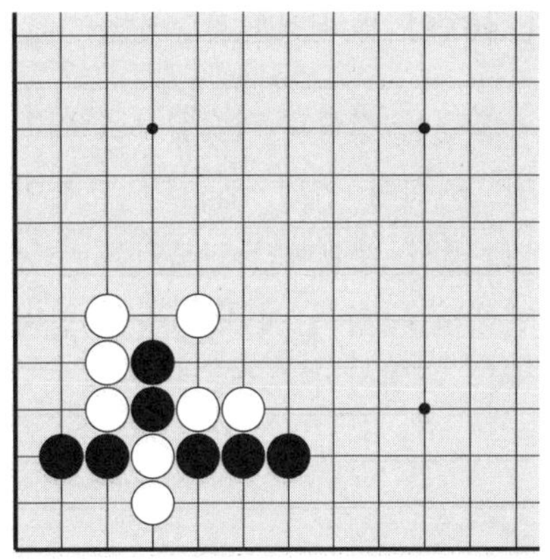

제5형 (흑선)

본형은 '넘기'의 맥으로 사용되는 코붙임이 볼 만한데, 특히 변의 1선에서 주로 사용된다.

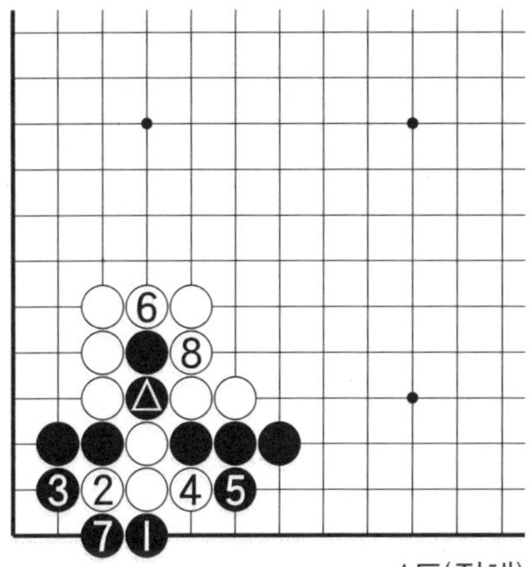

1도(정해)

1도(연결의 맥)

흑1의 붙임은 '넘기' 즉 연결의 맥으로서, 수조임을 이용한 수법이다.

⑨…▲

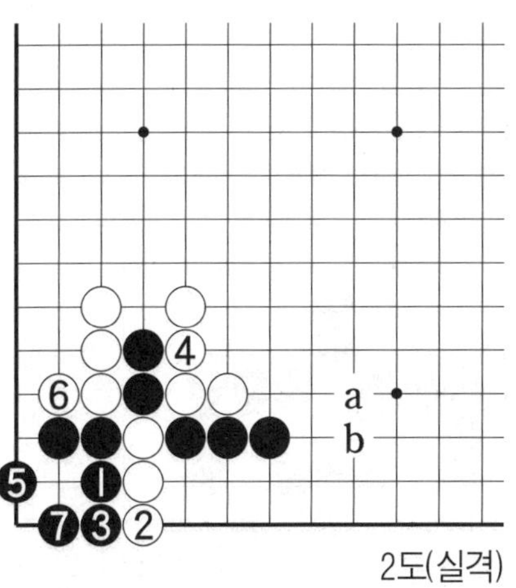

2도(실격)

2도(흑 위험)

흑1로도 귀는 살지만 백2로 일단 차단되었기 때문에, 이하 흑7 다음 백a 또는 b로 변의 흑 석점이 위험하다.

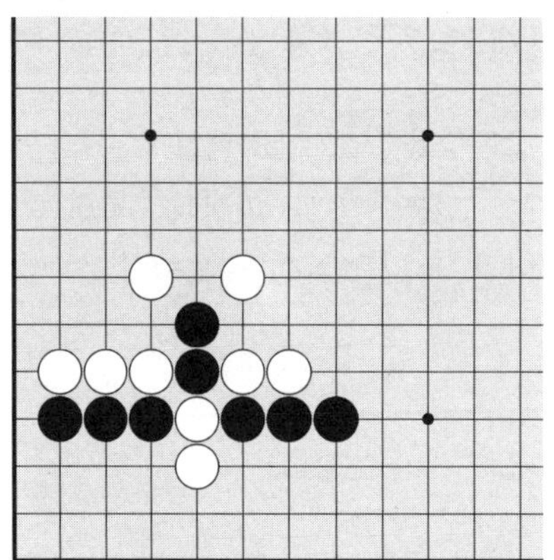

제6형 (흑선)

본형은 전형과 비슷한 모양이지만, 연결이 아닌 '잡기'가 초점이다. 앞서 말했지만 코붙임은 수상전에서 수가 늘어나는 것을 방비하는 맥점이기도 하다.

1도 흑1이 맥점으로, 이하 흑13까지 1수승이다. 주의할 점은 백12 때 흑13과 2도 백2·4·6에는 흑7이 긴요하다는 것이다.

1도 흑13으로 3도 흑13에 두면 백14 이하 18까지의 수단이 성립하여 흑이 1수 부족하게 된다.

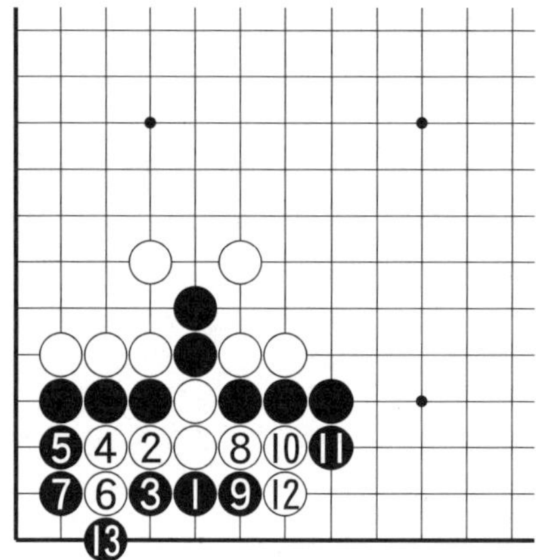

1도(정해)

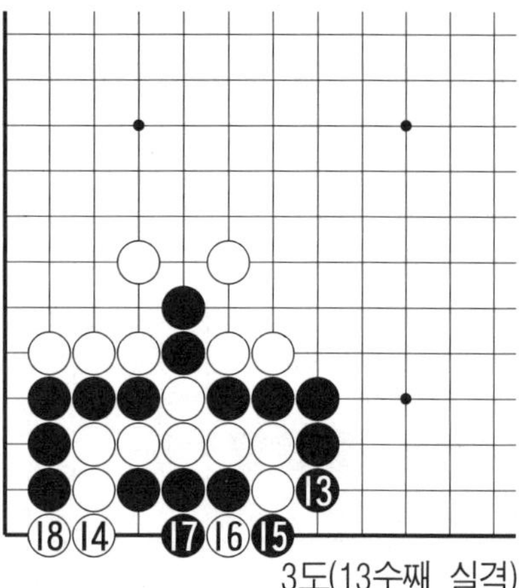

2도(변화)

3도(13수째 실격)

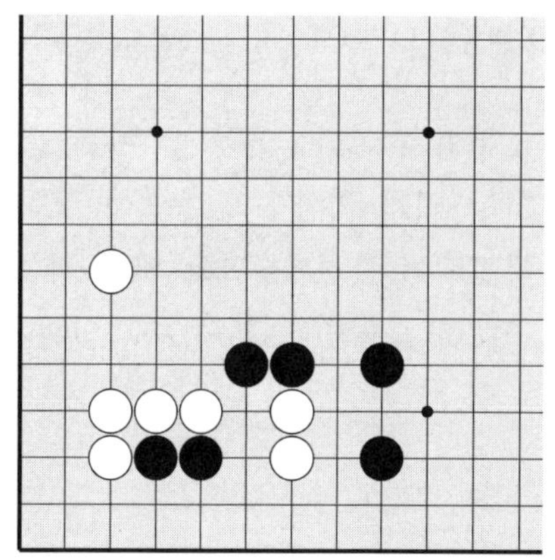

제7형 (흑선)

본형은 붙임의 수순으로 사활과 수상전의 두 가지 변화가 발생한다.

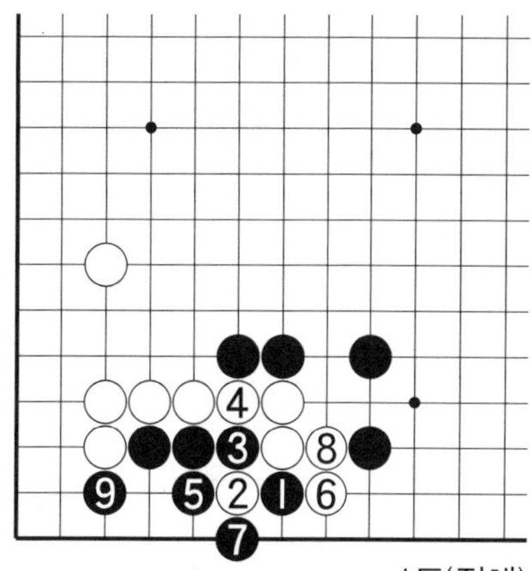

1도(정해)

1도(흑귀 삶)

흑1의 머리붙임에 백2로 젖히면 흑3의 절단이 있어, 이하 흑9까지의 수순으로 살 수 있고 –

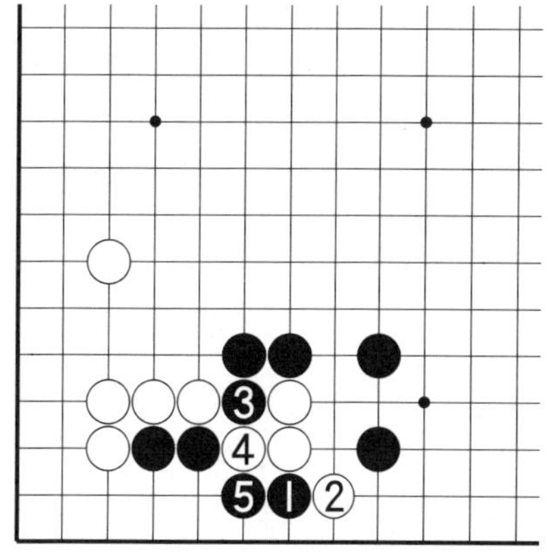

2도(변화)

2도(흑승)

흑1 때 백2면 흑3·5의 수상전으로, 여유 있게 흑승이다.

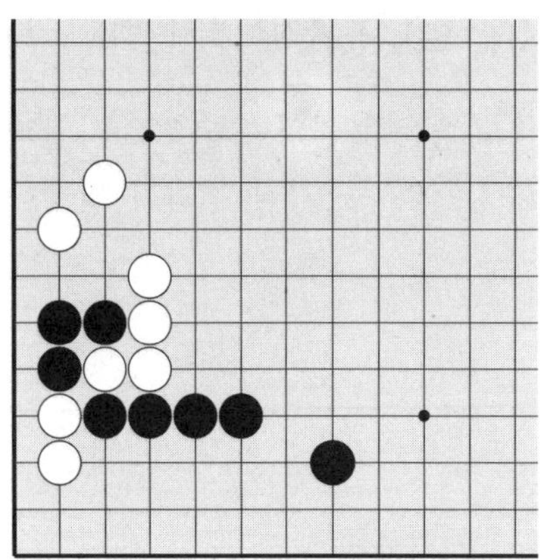

제8형 (흑선)

본형은 머리붙임의 맥 이후, 뻗기의 맥과 귀삼수의 수법이 모두 검토되어야 한다. 귀의 백 두점을 공격하는 급소는 과연 어디일까?

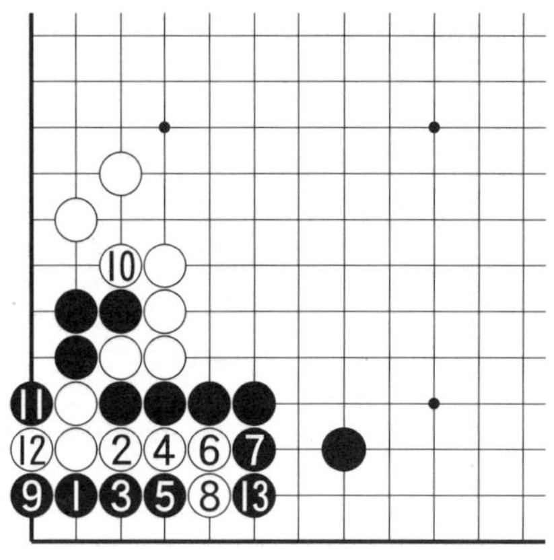

1도(정해)

1도(흑 1수승)

흑1의 붙임이 맥. 이하 백8 때 흑9의 뻗기도 맥으로, 흑13까지 흑 1수 승이다.

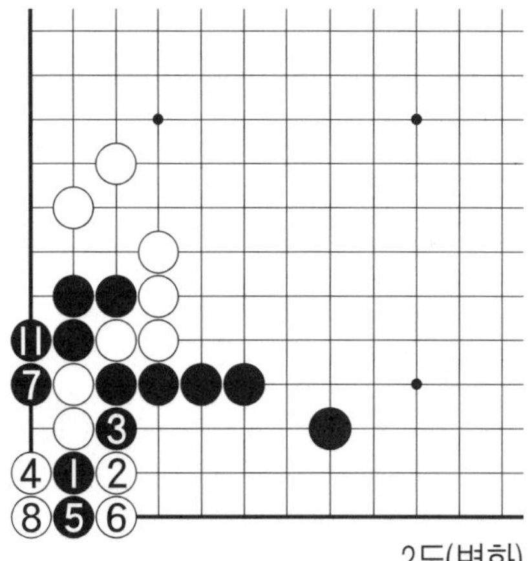

2도(변화)

2도(귀삼수)

흑1에 대해 백2로 젖혀 오면, 이하 흑11까지 그 유명한 귀삼수다. 역시 백이 잡힌 모습이다.

❾‥‥❶ ⑩‥‥❺

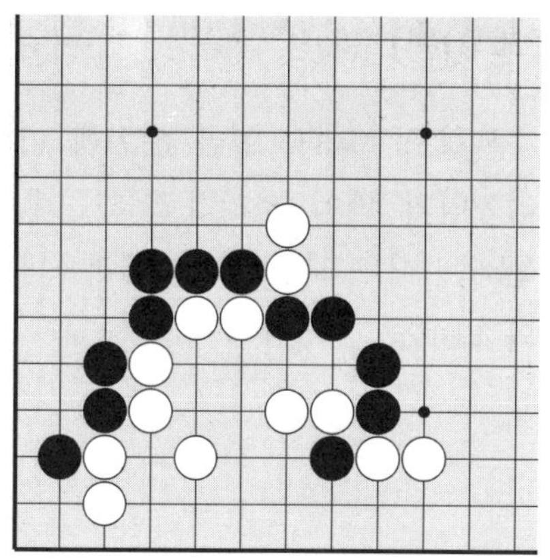

제9형 (흑선)

본형은 한 수로, 둘 중 한 곳의 돌을 잡는 일종의 맞보기 맥점을 묻는 모양이다.

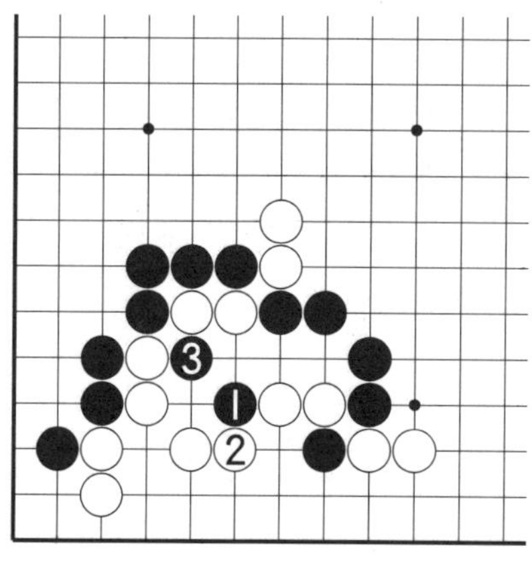

1도(정해)

1도(중앙 요석 잡힘)

흑1의 붙임이 절묘한 맥점. 계속해서 백2면 흑3으로 백의 요석 두점을 잡을 수 있다.

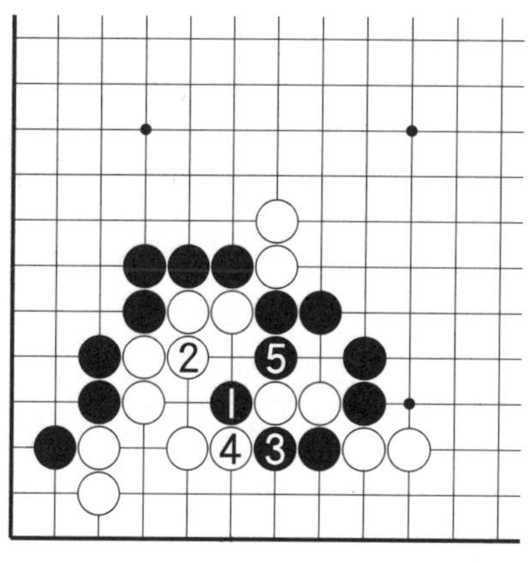

2도(변화)

2도(변의 두점 잡힘)

흑1 때 백2로 이으면, 이번에는 흑3·5로 변의 백 두점을 잡을 수 있다.

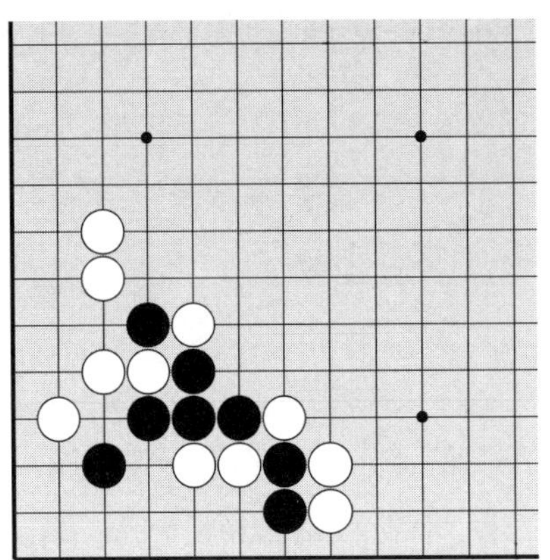

제10형 (흑선)

본형도 전형과 같은 위치에 머리붙임의 맥이 자리하고 있는데, 문제는 어느 시점에서 추궁하느냐의 타이밍 문제다.

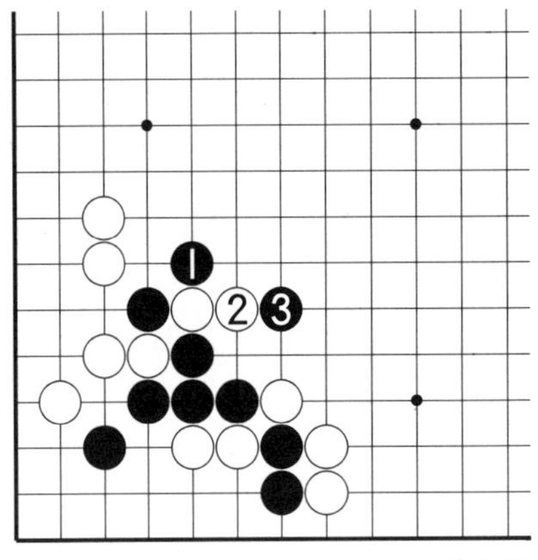

1도(정해)

1도(예비 수순)

흑1의 단수는 백2로 두게 하여 잡을 돌의 가치를 키우는 예비 수순이다. 그리고 흑3에 붙여 본 수순에 들어간다.

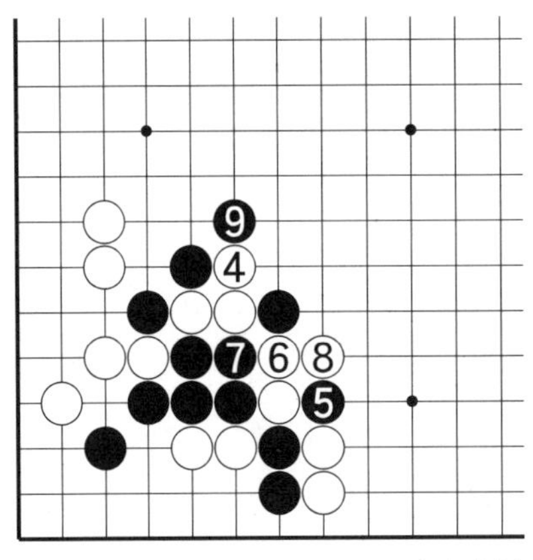

2도(계속)

2도(축)

전도에 계속해서, 백4로 그만일 것 같지만, 흑5부터 이하 흑9까지 축이다.

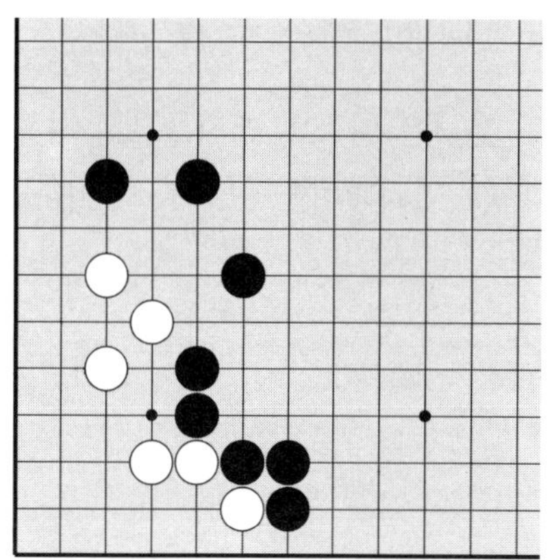

제11형 (흑선)

본형은 이런 집 모양에 숨어 있는 상용의 맥을 묻는 것이다.

1도 흑1의 붙임은 상용의 맥이다. 백2에는 이하 흑7까지 패가 최선이다.

만약 백2로 2도와 같이 반발하면 흑9까지, 이번에는 a의 곳 패가 되며, 3도 백2에는 이하 흑7까지 알기 쉽게 산다.

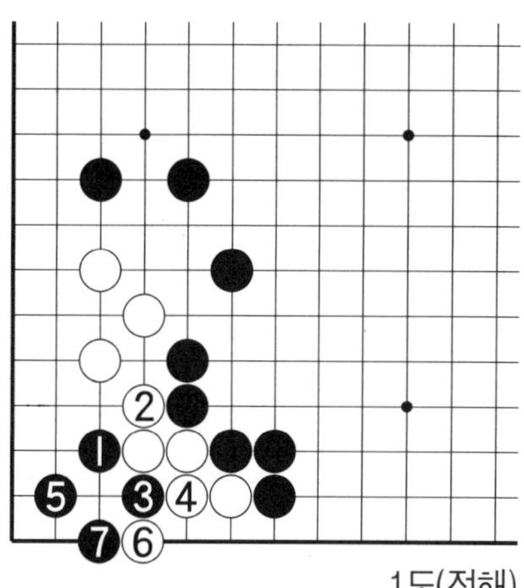

1도(정해)

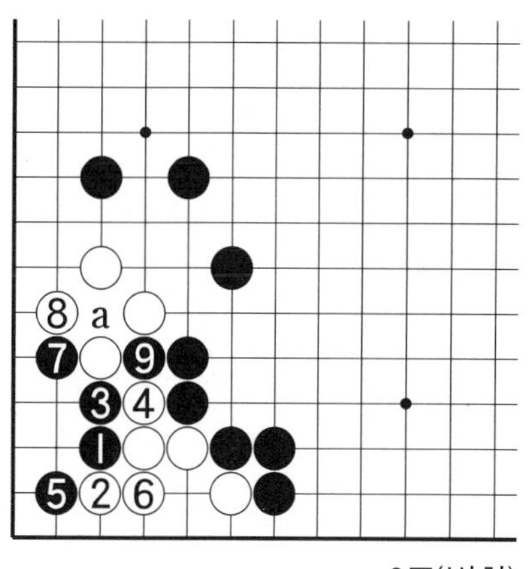

2도(변화)

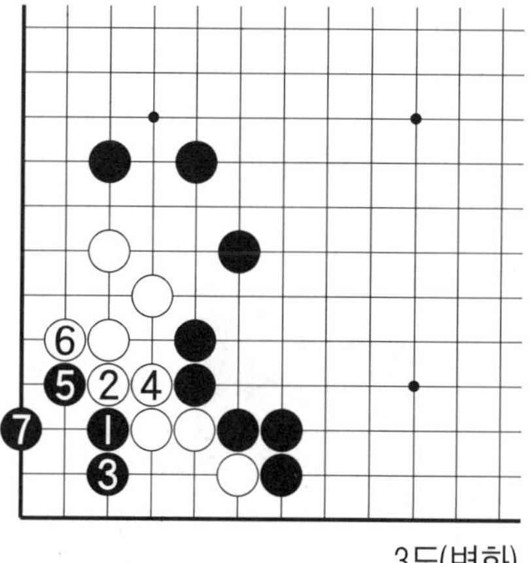

3도(변화)

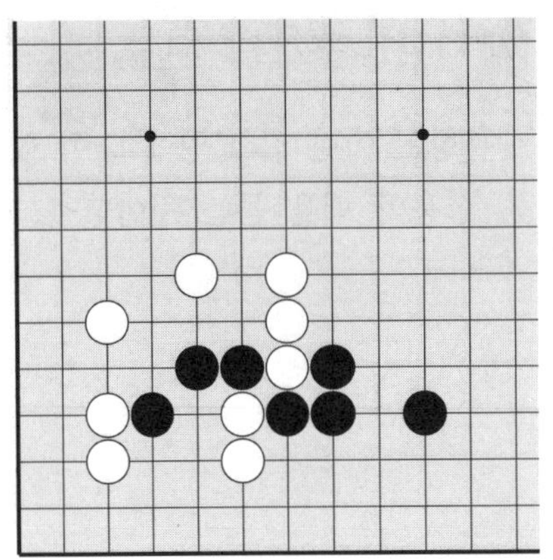

제12형 (흑선)

본형은 이득의 맥점으로서 사용되는 머리붙임을 묻는 모양이다.

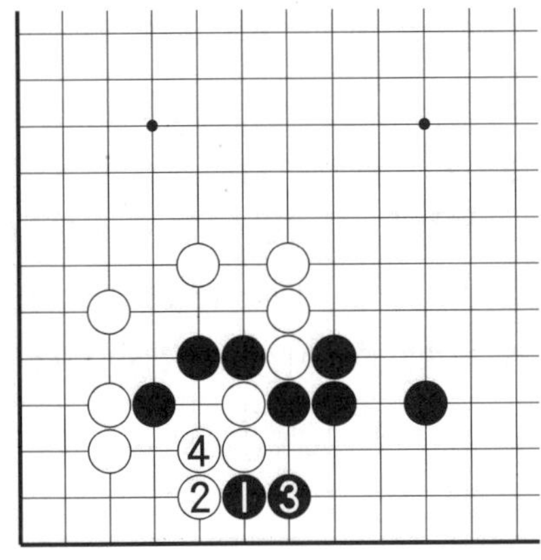

1도(정해)

1도(선수 이득)

흑1의 붙임은 백2의 후퇴를 통해 백4까지 선수로 큰 득을 보는 맥점이다.

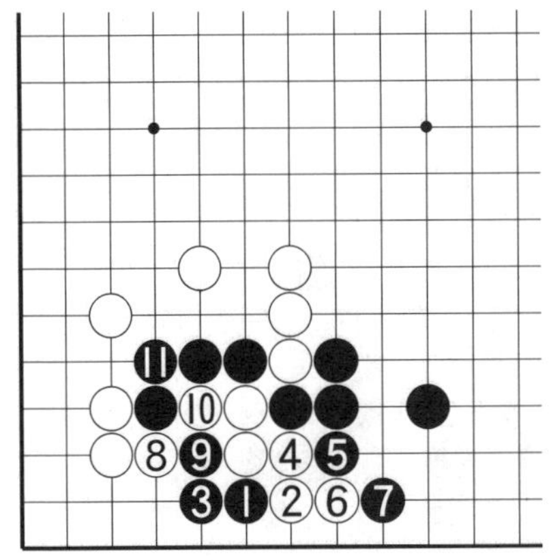

2도(백의 실격)

2도(백 무리)

흑1 때 백2의 반발은 무리다. 흑3 이하 흑11까지, 이 수상전은 흑1수 승이다.

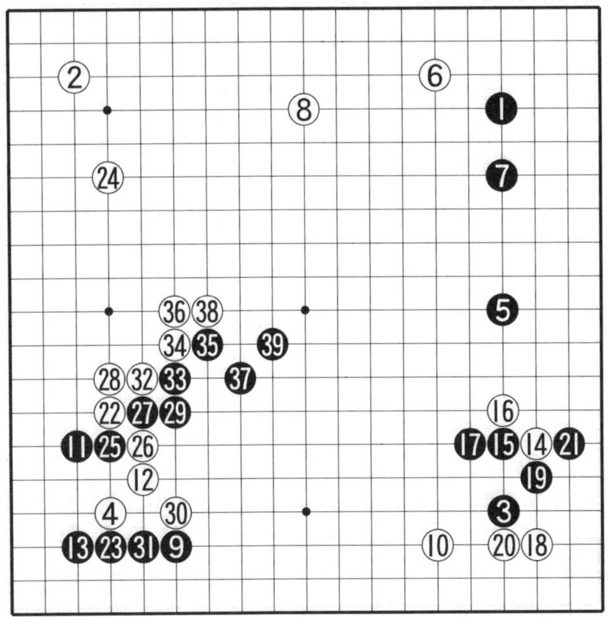

王座戰　　●坂田榮男　　○泉谷英雄

흑39까지 진행된 시점에서, 초점은 당연히 좌하귀와 좌변의 모양이다.

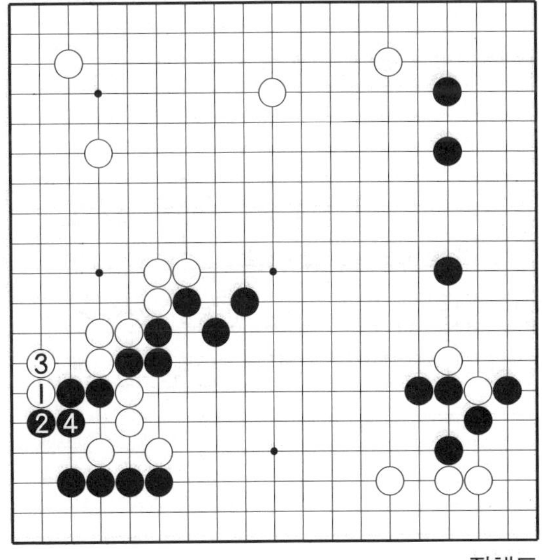

진행도

진행도(백 기민)

백1·3은 흑의 좌변에 대한 침입 의지에 찬물을 끼얹은 참으로 기민한 수법이었다. 이 수법은 제12형의 1도와 같은 것이다.

공방의 탄력적 밑붙임

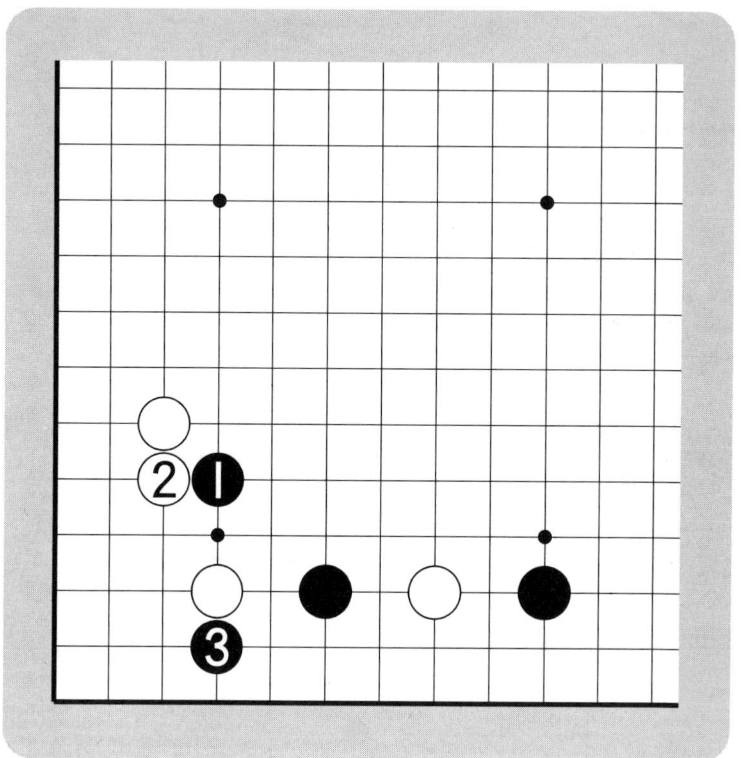

흑1에 이은 흑3의 붙임은 상용의 맥으로, 실전맥 32와
는 달리 밑으로 붙이는 수법이다. 이 수법은 돌의 위치가
밑인 만큼 방어의 입장에서는 타개나 수습, 공격의 입장에
서는 근거 위협에 관련된 것이 많다. 그만큼 탄력적인 맥
점이다.

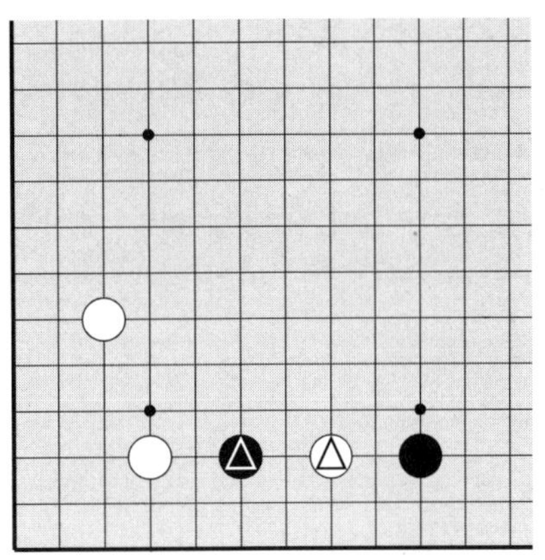

제1형 (흑선)

　본형은 백△의 침입에 대한 흑
▲의 수습 방법이 초점이다. 더불
어 백△에 대한 직접 공격이 여의
치 않을 때 사용하는 간접공격의
수법으로서, 실전적이고 상용적인
수순이다.

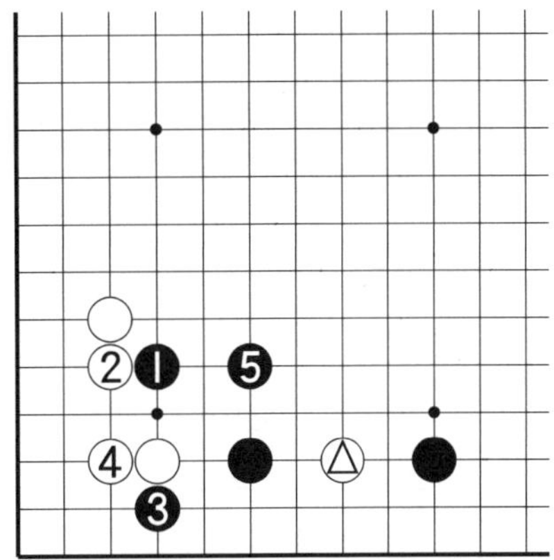

1도(정해)

1도(간접 공격)

　흑1과 흑3의 붙임이 일련의 수
순이다. 계속해서 백4로 늦춘다면
흑5로 탄력적인 모양을 만들 수 있
어, 백△에 대한 간접적인 공격이
되고 있다. 수순중 백4로-

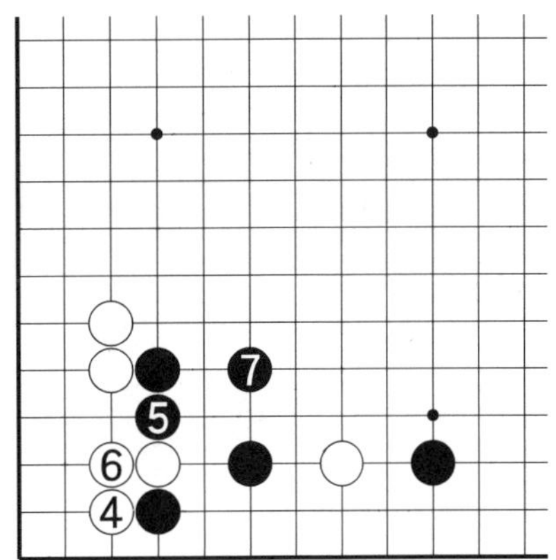

2도(변화)

2도(모양 정비)

　본도 백4에 젖히면, 흑5를 활용
한 다음 흑7로 역시 모양을 갖춘
다. 중요한 것은 이후-

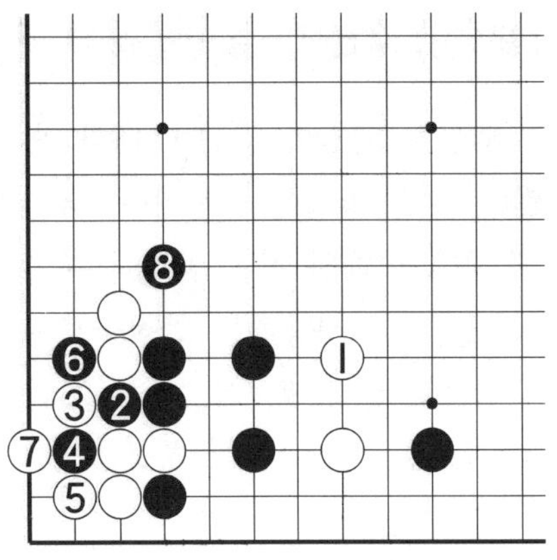

3도(계속)

3도(좌변 압박)

　백1에는 흑2 이하 흑8까지의 수단이 있어, 좌변을 압박하면서 하변 백 두점에 대해 공세를 장기화할 수 있다. 또 만약 수순중 백5로 –

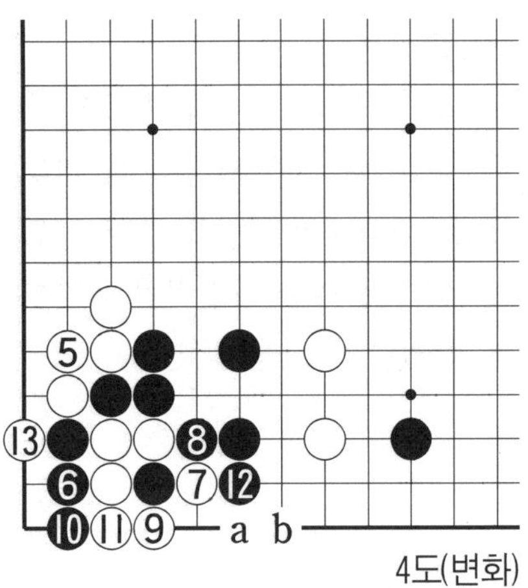

4도(변화)

4도(조여 붙임)

　본도 백5에 잇는다면 흑6 이하 흑12까지 선수로 귀를 조여 붙이며 모양을 갖출 수 있어 만족이다. 이 모양은 a, b 등이 흑의 선수로 듣고 있어, 변의 백은 근거가 없이 더욱 약한 모습이다.

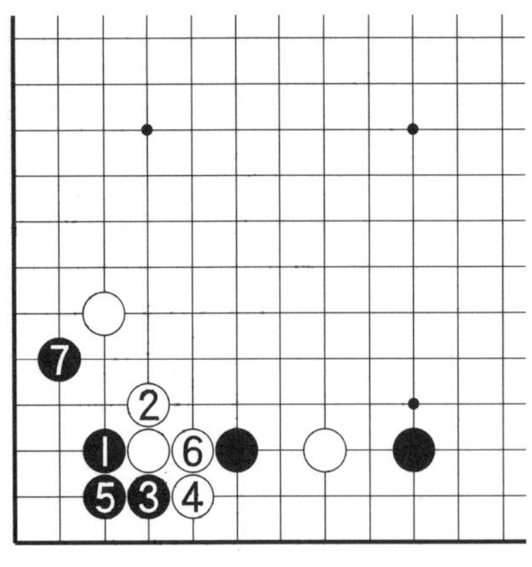

5도(별해)

5도(다른 수단)

　흑1 이하 흑7까지는, 지금까지의 수법과는 전혀 다른 수단이지만, 전혀 이렇게 둘 수 없는 것은 아니다.

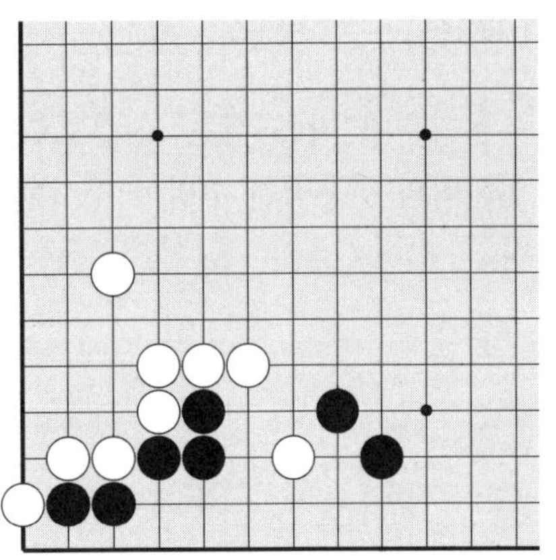

제2형 (흑선)

본 테마는 연결. 본형은 흑이 무심코 백 한점을 끊으면 실전맥 27 –제5형과 같은 모양이 되어, 역으로 백에게 젖힘의 맥을 허용하게 된다.

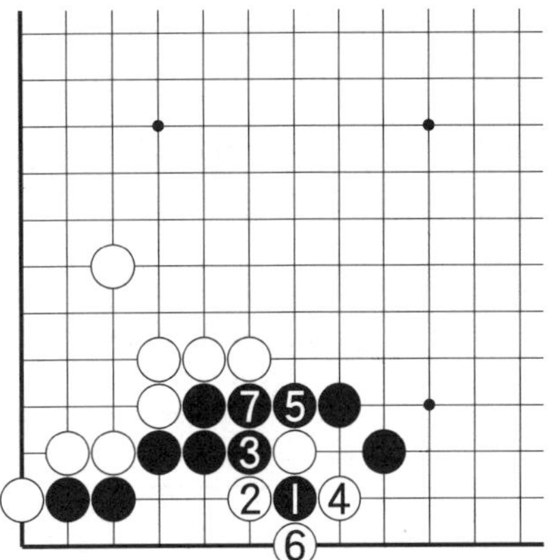

1도(정해)

1도(연결의 맥)

흑1의 밑붙임은, 일종의 연결의 맥에 해당하는 것이다. 백2에 차단하려 해도 흑3 이하 흑7까지, 연결이 가능하다.

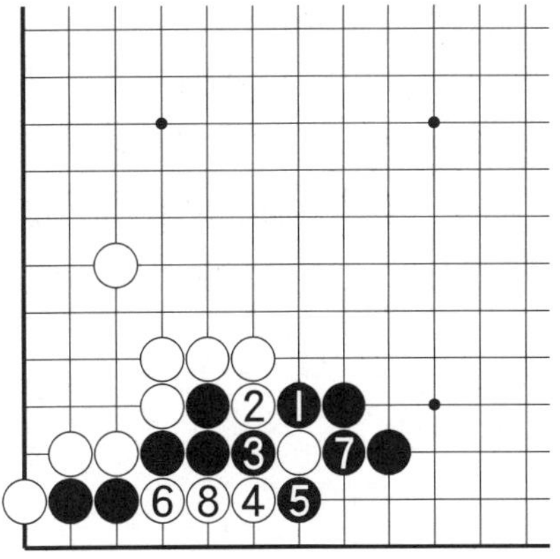

2도(실격)

2도(백 역습)

무조건 흑1·3으로 끊으면 실전맥 27–제5형과 같은 모양이 되어, 백4의 맥으로 이하 백8까지 역습당한다.

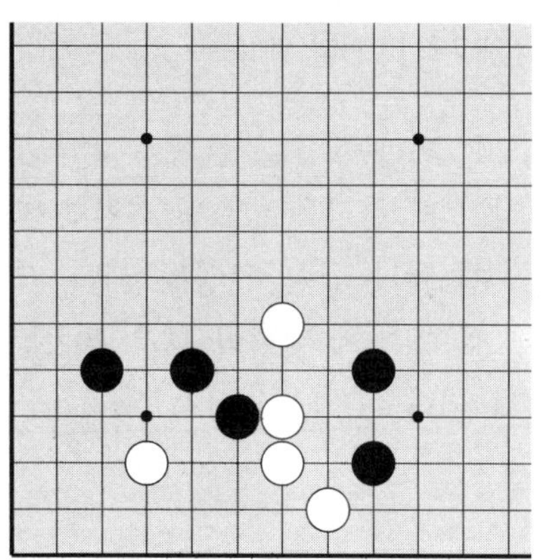

제3형 (흑선)

본형은 근거를 뺏는 수법으로, 밑붙임의 상용적인 수법이 구사된다.

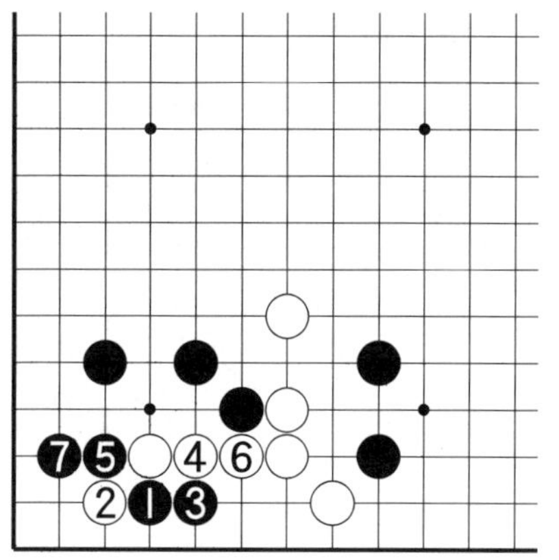

1도(정해)

1도(3단계 수순)

흑1의 밑붙임은 다음 백2의 젖힘에 대한 흑3의 끊기가 준비된 수법으로, 백4 때 흑5의 끊기까지 3단계의 수순을 가진 수법의 첫 맥점이다. 이하 흑7까지 귀의 주인은 흑으로 변한다.

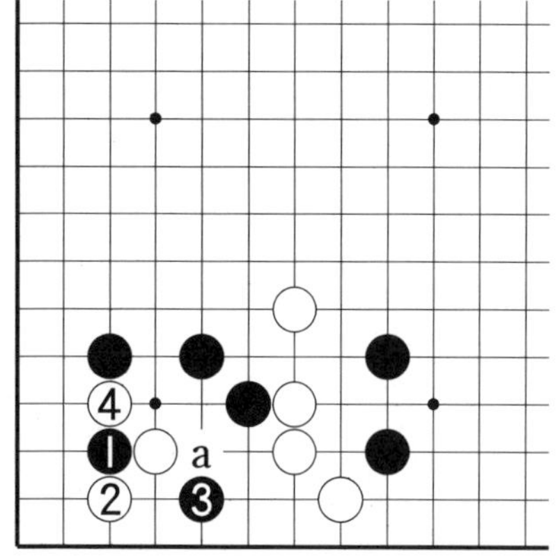

2도(실격)

2도(백, 귀차지)

흑1의 붙임도 많이 사용하는 패턴이지만, 이 경우는 흑3 때 백이 a에 두지 않고 백4로 귀를 차지하게 되므로, 흑은 근거를 잃게 된다.

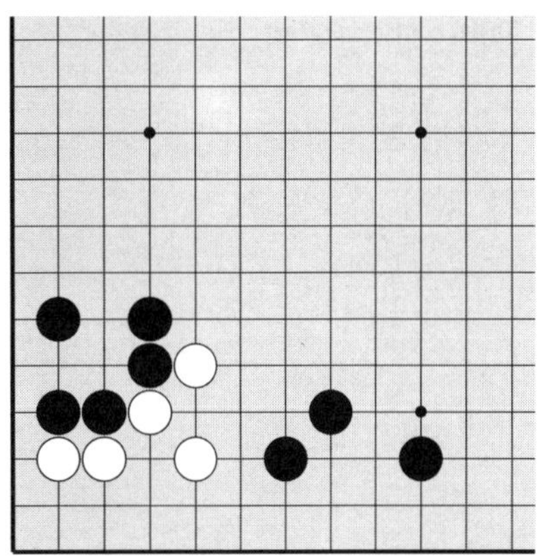

제4형 (흑선)

　본형도 근거에 관한 밑붙임의 수법을 묻는 것이다.

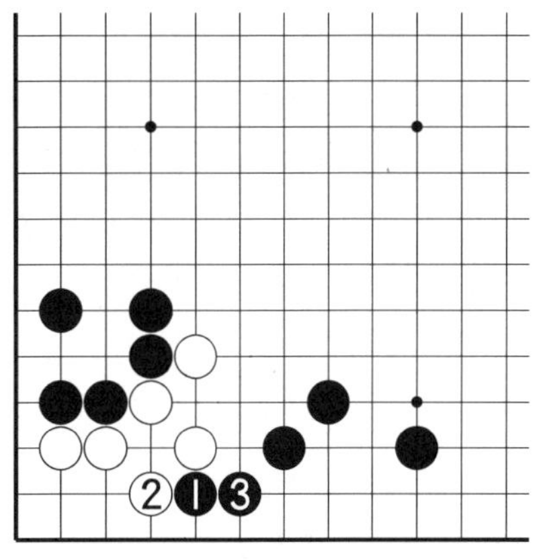

1도(정해)

1도(백 미생)

　흑1에 붙였을 때 백은 2로 받을 수밖에 없다. 다음 흑3으로 늘면 백의 근거가 빈약해지며 아직도 미생이다. 만약 백2로 –

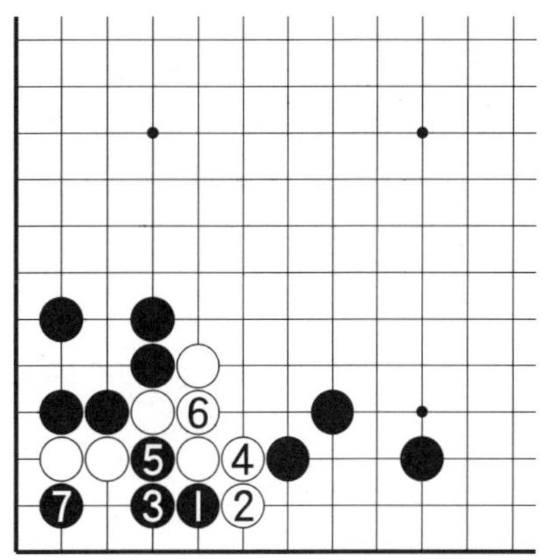

2도(백의 실격)

2도(백귀 죽음)

　본도 백2와 같이 받으면, 흑3 이하의 수순으로 흑7까지 백의 귀가 죽게 된다.

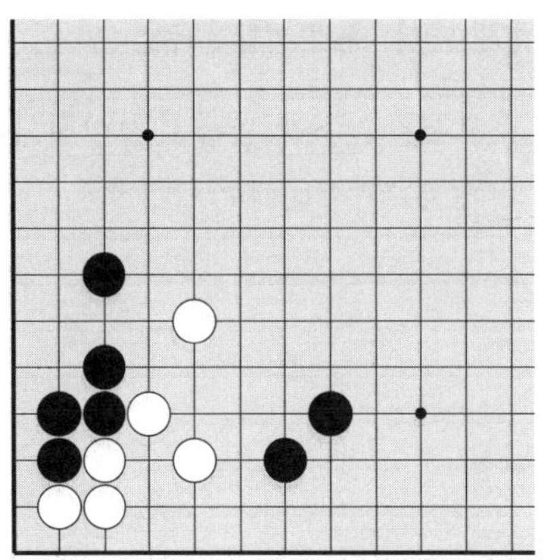

제5형 (흑선)

본형도 근거를 박탈하는 밑붙임의 맥이 사용된다.

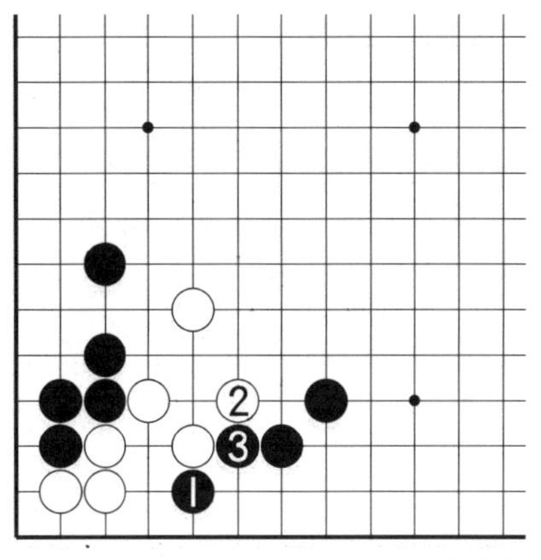

1도(정해)

1도(백의 근거 빈약)

흑1의 붙임에 백은 이 한점을 잡을 수 없다. 따라서 백2로 모양의 단점을 보강하게 되는데, 다음 흑3이면 백의 근거는 빈약해진다. 만약 백2로-

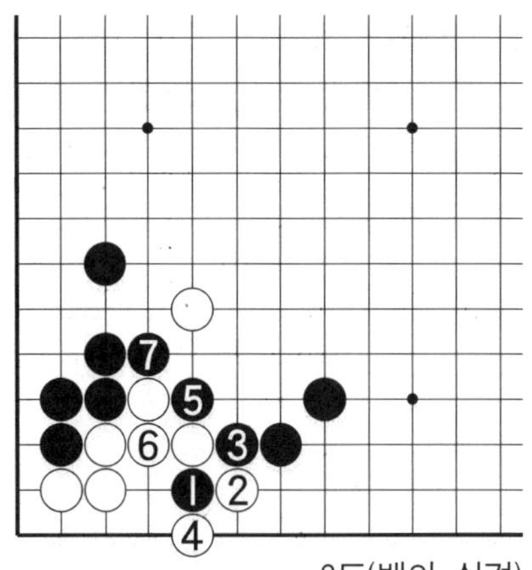

2도(백의 실격)

2도(봉쇄)

본도와 같이 백2로 젖혀 흑1의 한점을 잡으면, 흑3 이하 흑7까지 봉쇄된다.

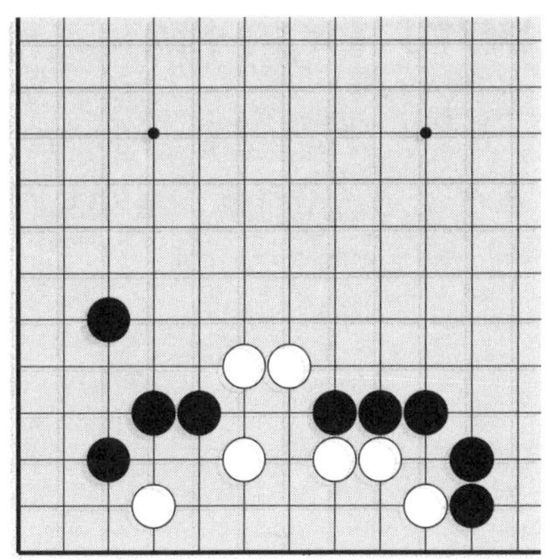

제6형 (흑선)

본 테마도 근거 박탈. 본형의 수법은 수순이 생략되어 묘수처럼 보이는 맥이므로, 실전에서는 지나치기 쉬운 수법이다.

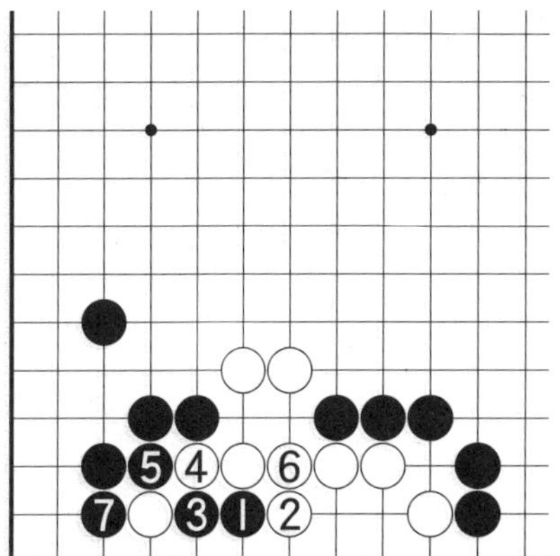

1도(정해)

1도(백의 근거 박탈)

흑1의 붙임에 백이 대응할 수 있는 방법은 크게 두 가지인데, 본도 백2에 받으면 흑3 이하의 수순이 있다. 흑7까지 흑이 이득을 보면서 백의 근거를 박탈한다.

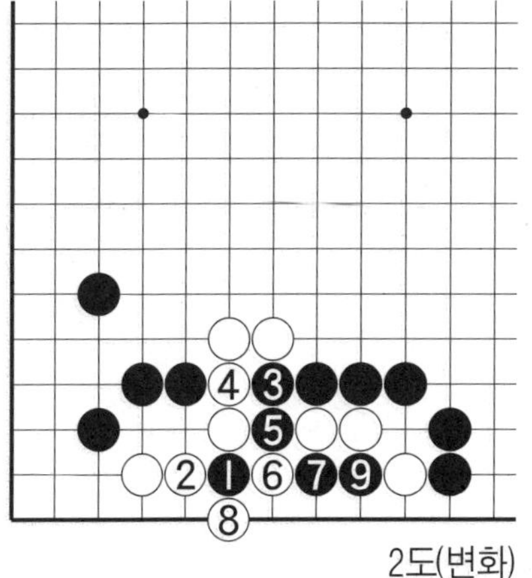

2도(변화)

2도(백 석점 잡힘)

흑1에 본도처럼 백2로 받으면 이번에는 흑이 3 이하의 수순으로 흑9까지, 우측 백 석점을 잡게 되어 만족이다.

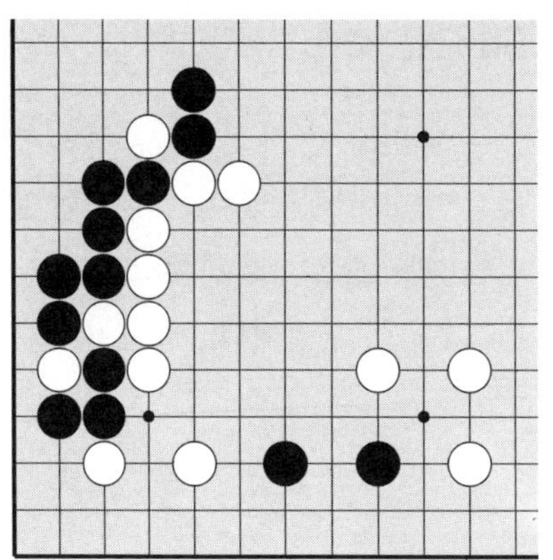

제7형 (흑선)

본형은 상용의 붙임을 이용하여 흑 두점을 수습하는 수법이다.

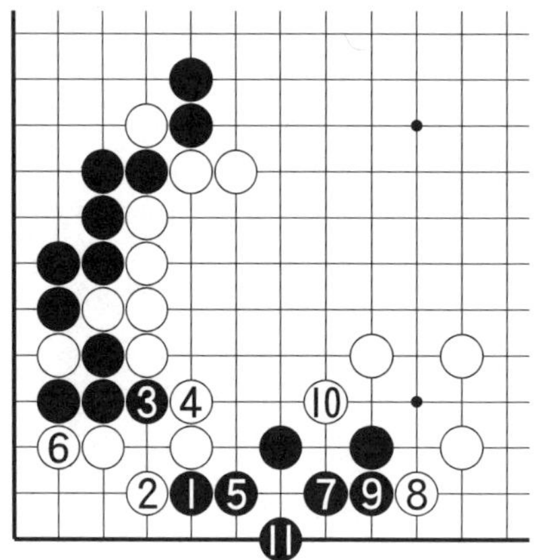

1도(정해)

1도(흑 수습)

흑1의 밑붙임이 흑3과 연관된 상용의 맥으로, 백4에 막으면 흑5를 선수로 둘 수 있어, 이하 흑11까지 수습이 가능하다.

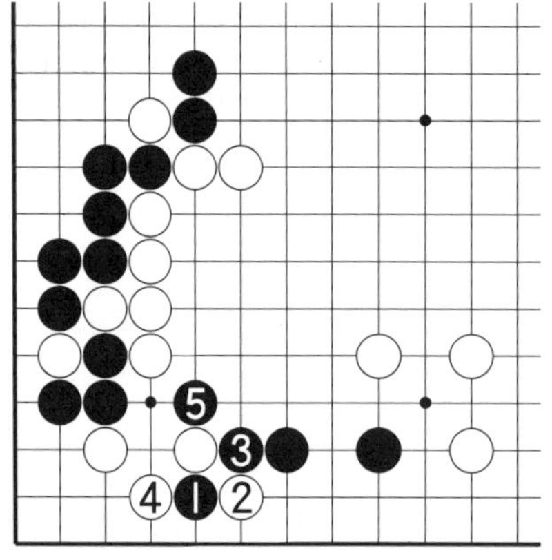

2도(백의 실격)

2도(백집 초토화)

흑1 때 백2로 강력 대응하면 흑3·5의 역습이 있다. 이 진행은 백집이 거의 초토화된다고 보아도 좋다.

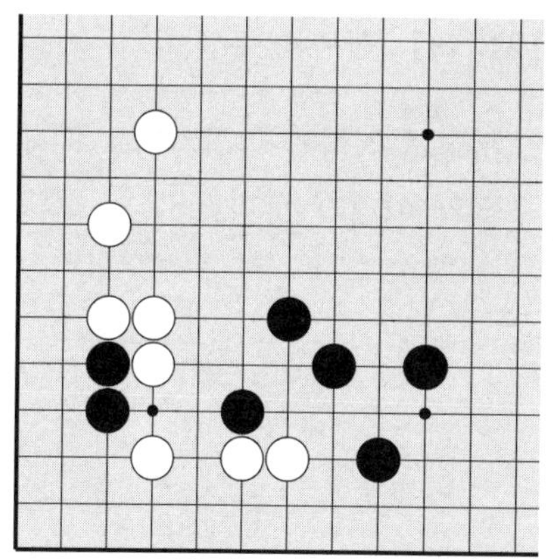

제8형 (흑선)

　본형은 백이 귀를 굳힌 모양에서 일어나는 상용적인 수법으로, 여기서 밑붙임으로 응수를 타진하는 맥은 볼 만하다.

1도(흑, 귀에서 완생)

　흑1의 붙임이 상용의 맥. 계속해서 백2에 차단하면 이하 흑9까지 무난히 살 수 있다. 만약 백2로 -

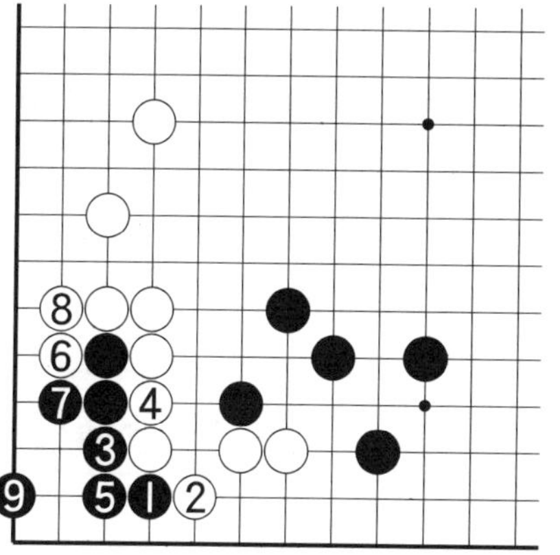

1도(정해)

2도(흑 대성공)

　본도 백2에 받는 것은 흑3의 수를 간과한 것으로, 흑5까지 우측 백 두점이 크게 잡혀 흑의 대성공이다.

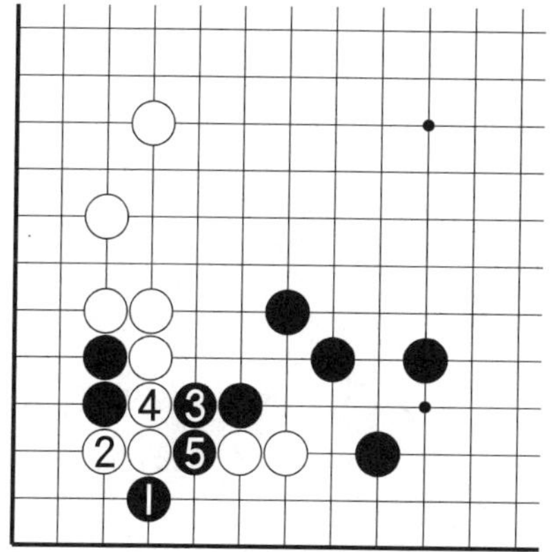

2도(백의 실격)

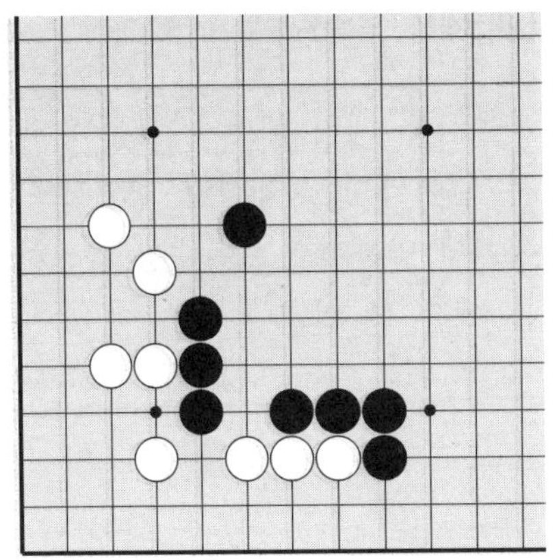

제9형 (흑선)

본형도 전형과 마찬가지로 귀에 수단의 여지가 있다.

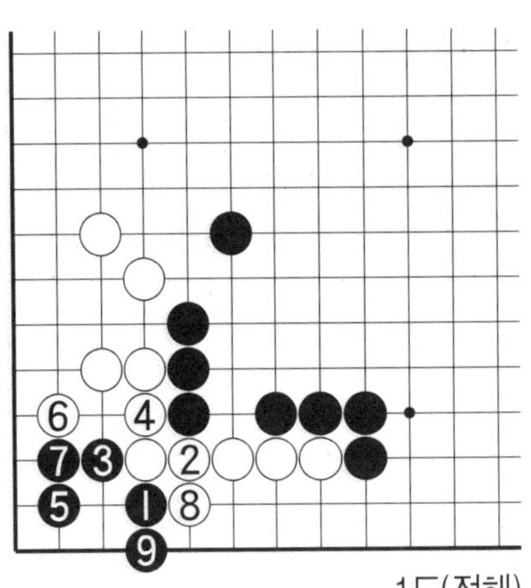

1도(정해)

1도 흑1의 붙임이 맥이다. 백2에 이으면 흑3 이하 흑9까지 산다. 만약 백2로 2도 백2에 젖히면 흑3으로 끊는 수법이 있다. 이 모양은 백이 a, b, c에 약점이 있어 수가 성립되어 있다. 또 3도 백2로 받는 것은 흑3 이하 흑7까지 a와 b를 맞보아 산다.

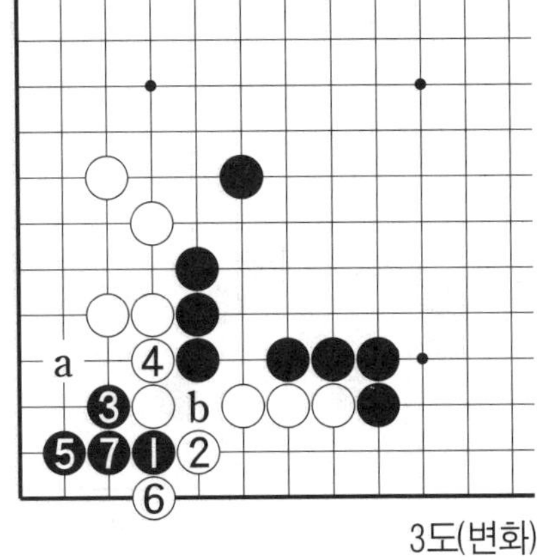

2도(변화)

3도(변화)

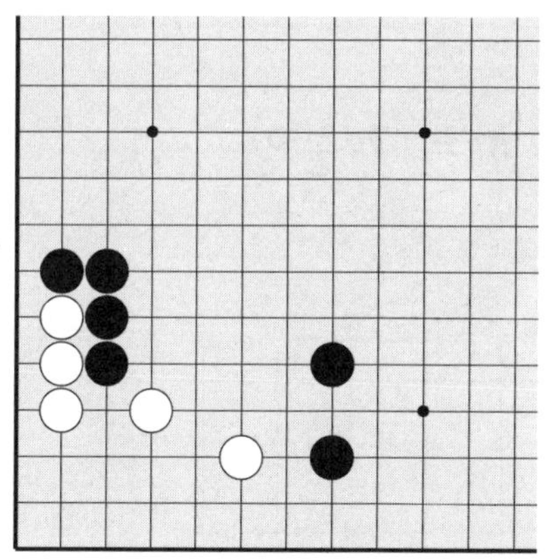

제10형 (흑선)

본 테마도 귀의 수단. 본형은 실전형으로, 그 맥점과 수법이 잘 알려진 모양이다.

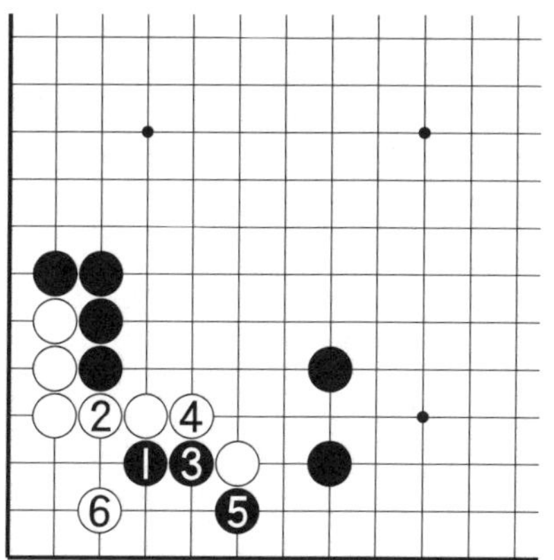

1도(정해)

1도(맞보기)

흑1의 붙임이 관통과 넘기를 맞보는 통렬한 맥점이다. 백2로 관통을 방어하면, 흑3·5로 백집을 선수로 크게 파괴하여 만족이며ー

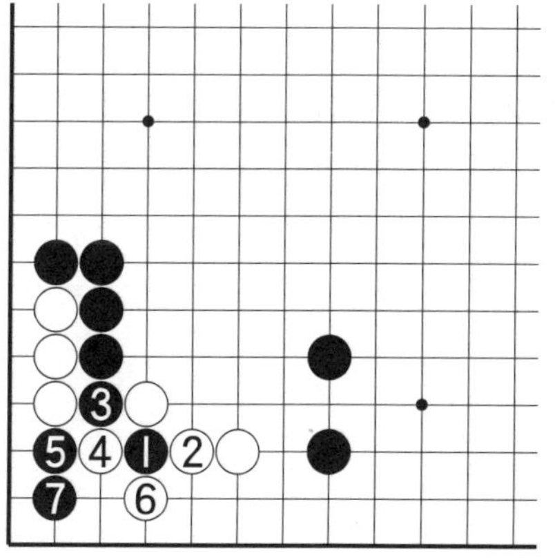

2도(변화)

2도(흑 대만족)

본도 백2로 연결을 차단하면, 흑3 이하 흑7까지 백 석점을 잡아 대만족이다.

선택을 강요하는 껴붙임

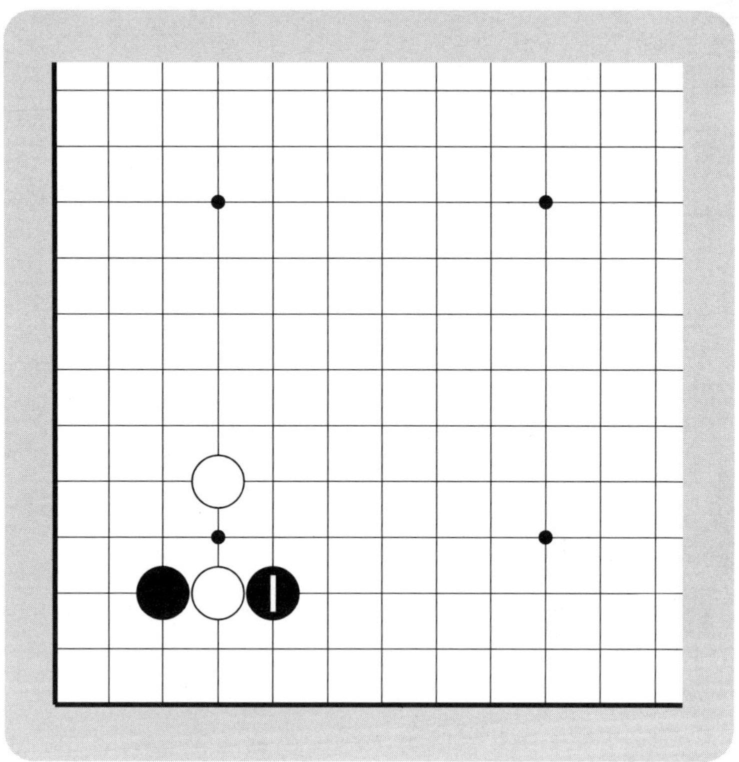

흑1은 정석의 한 수순인데, 이와 같은 껴붙임이 실전에
서 대단히 격렬하게 느껴지는 이유는 상대에게 둘 중 하
나의 선택을 강요하기 때문이다.

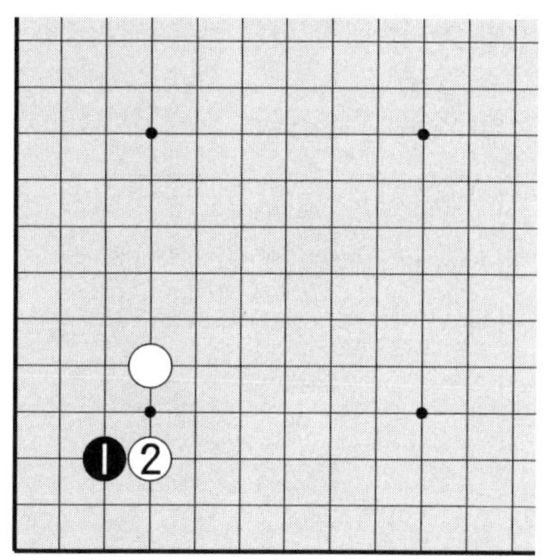

제1형 (흑선)

본형은 정석으로 흑1에 백2로 강력하게 붙여 시작되는데, 흑은 상대의 의지에 역행하는 수단이 있다.

1도(강요)

흑1의 껴붙임은 백에게 백2 또는 흑3의 자리 중 한 곳을 강요하는 것이지만, 흑3쪽은 백에게 거의 불리하므로 사실상 백2를 강요하는 것이나 다름없다. 백2 이후에는 끊은 쪽을 잡으면 되는데, 참고로 수순중 흑9로는 a에 둘 수도 있다.

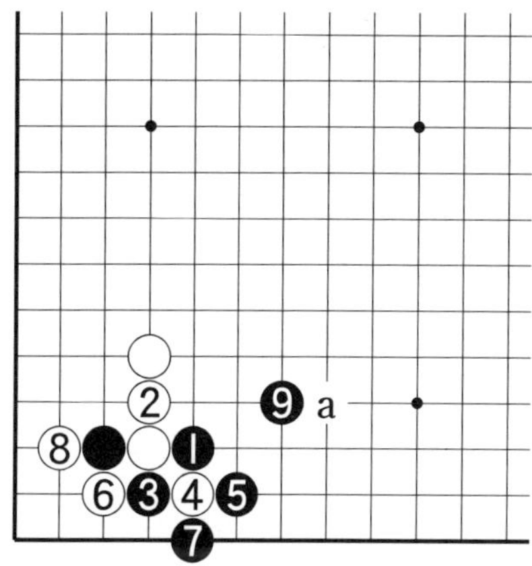

1도(정해)

2도(백 우형)

전도의 흑3 때 본도 백4로 끊으면 흑5로 잡은 후 이하 흑9까지의 진행이 되는데, 이 모양은 다음 백a로 잡는 모양이 우형인 관계로 백이 약간 불리하다.

2도(변화)

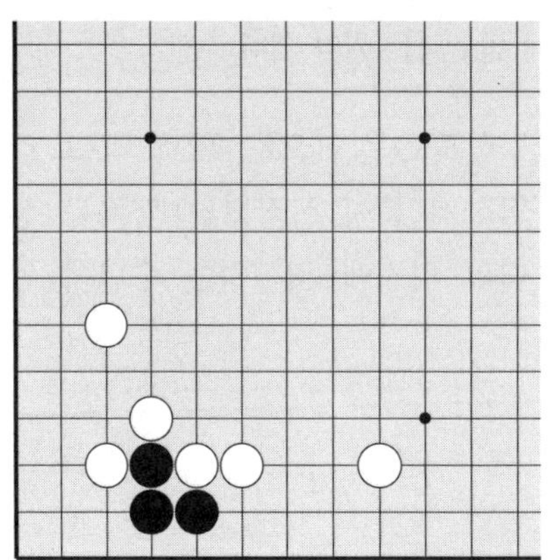

제2형 (흑선)

본 테마는 타협. 본형은 화점에서 날일자로 굳힌 백의 진영에 흑이 붙여서 침입한 진행인데, 이 장면에서 흑은 평범한 수로는 살기 어렵다.

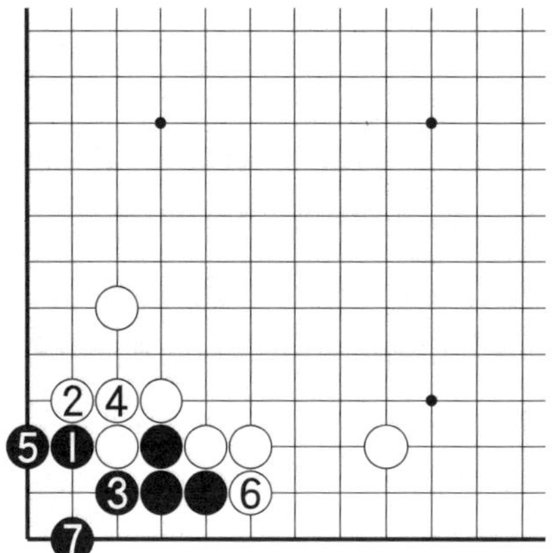

1도(정해)

1도(보통)

흑1의 껴붙임이 기사회생의 맥이다. 백2로 막으면 흑3 이하 흑7까지 사는 것이 보통인데, 만약 백2로—

2도(변화)

2도(흑 만족)

본도 백2로 관통하면, 흑3의 끊기부터 흑7까지 변화하여 불만이 없다.

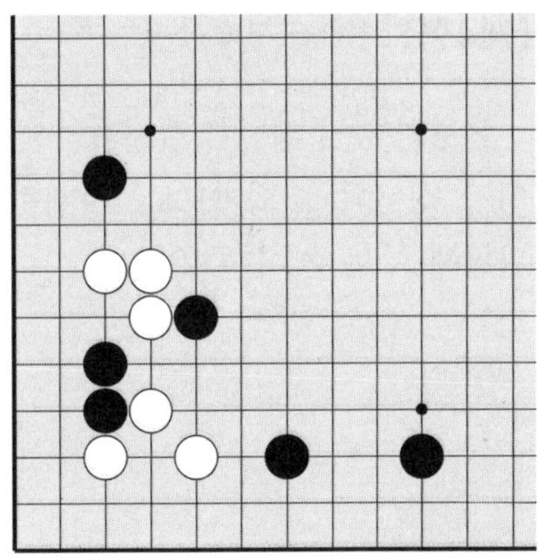

제3형 (흑선)

본 테마도 타협. 본형은 접바둑에서 일어나는 고풍형의 수법이 사용된다. 이 장면에서 흑에게는 어떤 수법이 있을까?

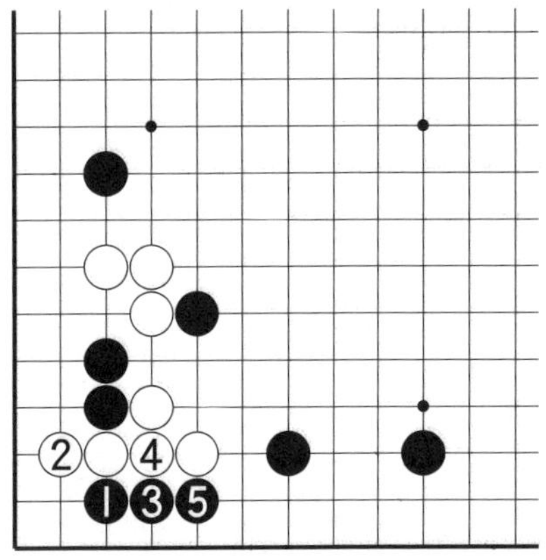

1도(정해)

1도(보통의 타협)

흑1의 껴붙임이 맥으로, 백은 흑 5까지 넘어가는 것을 허용하는 수밖에 없다. 만약 백4로—

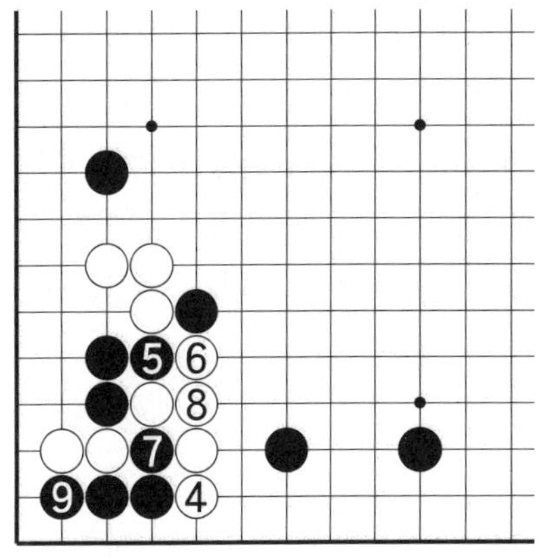

2도(백의 실격)

2도(흑 대성공)

본도 백4에 강력히 차단하면 흑은 5 이하 9까지 귀를 크게 차지하여 대성공이다.

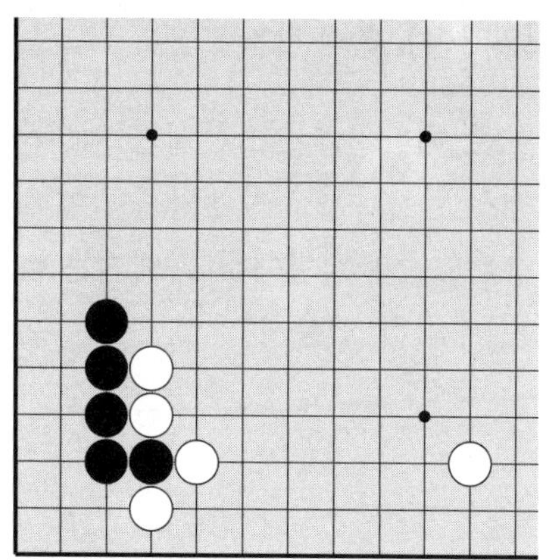

제4형 (흑선)

본형의 공격 패턴은 실전적인 맥이자 상용의 수법이므로, 자세히 관찰해 두는 것이 좋다.

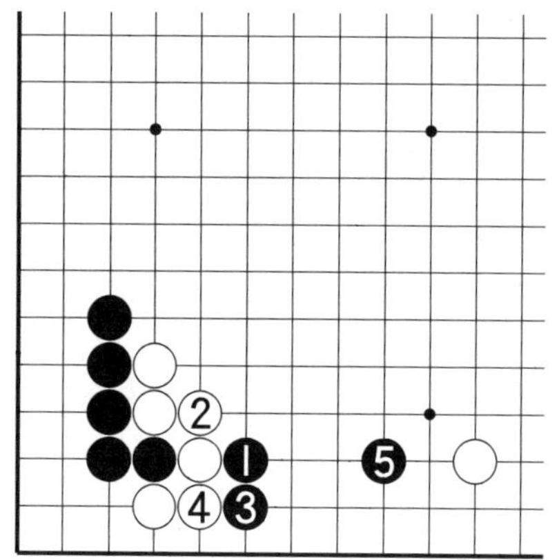

1도(정해)

1도(상용수법)

흑1의 껴붙임부터 흑3·5로 근거를 확보하면서 백을 공격하는 것이, 본형의 상용수법이다.

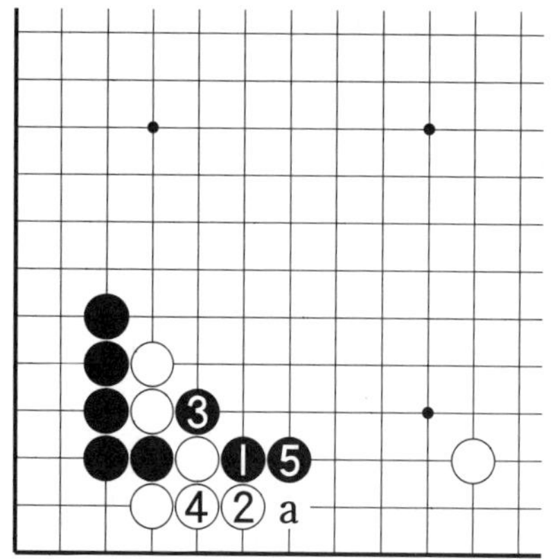

2도(변화)

2도(흑5 강력)

흑1 때 백도 2·4로 두는 것이 이런 모양에서의 반발 수법이지만, 이 경우는 흑5가 강력하여 쉽지 않다. 백a로 계속 기면 대세를 그르치기 때문이다.

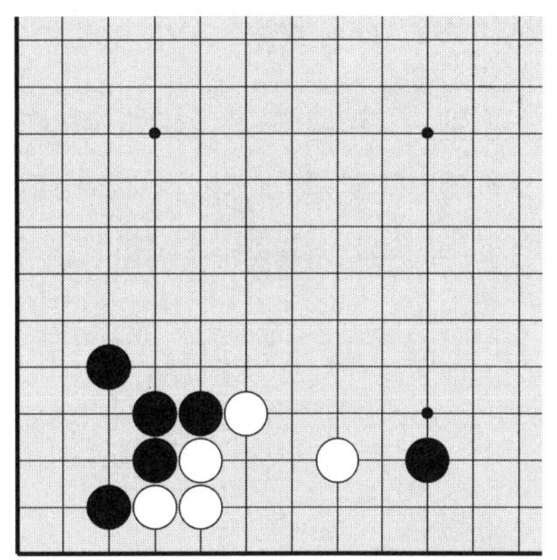

제5형 (흑선)

본형도 공격 패턴으로서의 껴붙임이 돋보이는 모양이다.

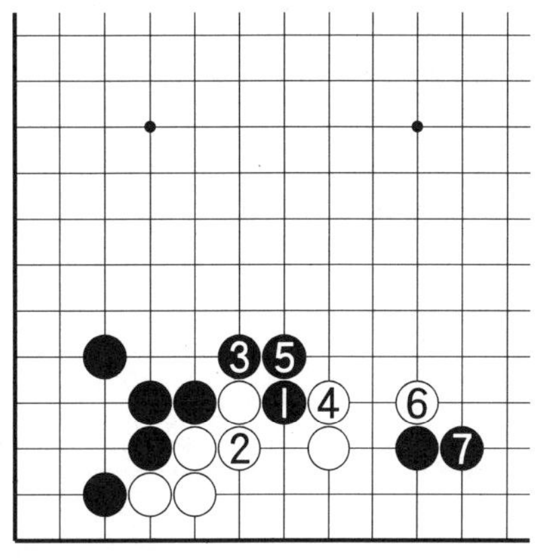

1도(정해)

1도(공격의 맥)

흑1의 껴붙임부터 이하 흑7까지, 이런 공격이 가능한 이유는 흑1의 맥점 때문이다.

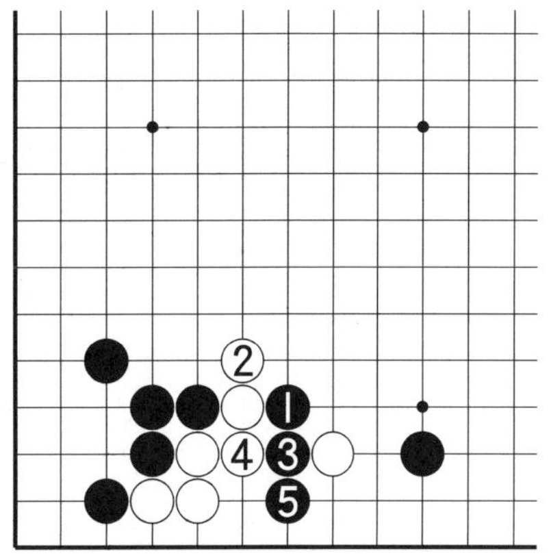

2도(백의 실격)

2도(흑 대성공)

흑1 때 백2로 나가는 것은, 이하 흑5까지 먼저 집을 뺏긴 상황에서 근거마저 없어진 모양이므로 흑의 대성공이다.

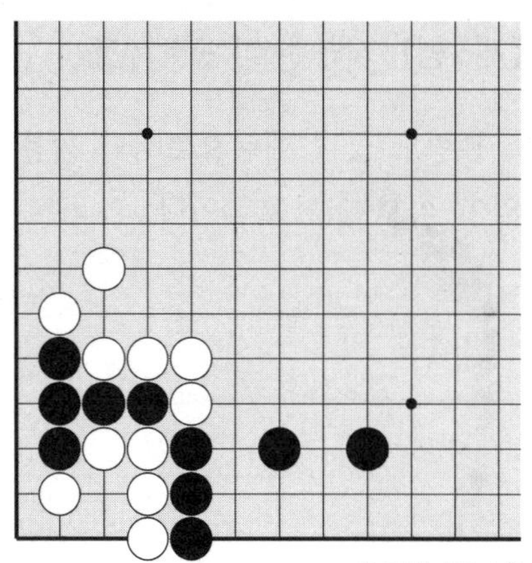

제6형 (흑선)

본형은 단 한 수로 결정되는 수 상전의 맥이 볼 만한데, 귀의 특 수성 때문에 가능한 것이다.

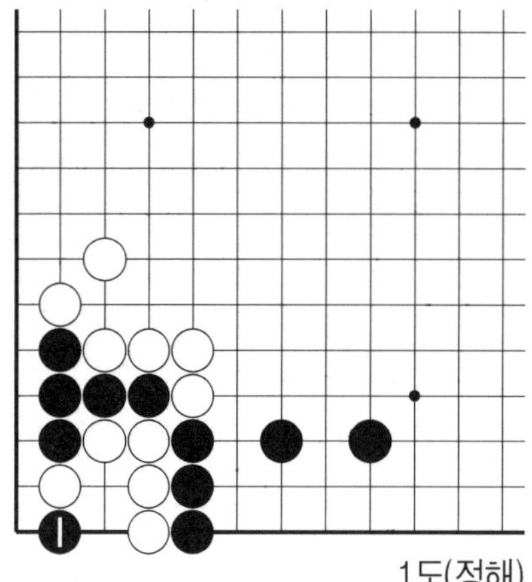

1도(정해)

1도(환격 노림)

흑1의 껴붙임은 환격을 노리는 맥으로, 이 한 수에 수상전은 끝 이다. 물론 흑승이다.

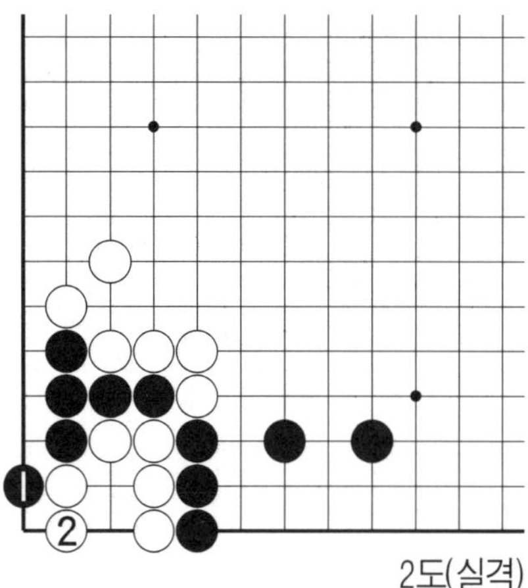

2도(실격)

2도(유가무가)

흑1로 젖히는 것은 백2로 받아 유가무가다. 따라서 이번에는 백 승이다.

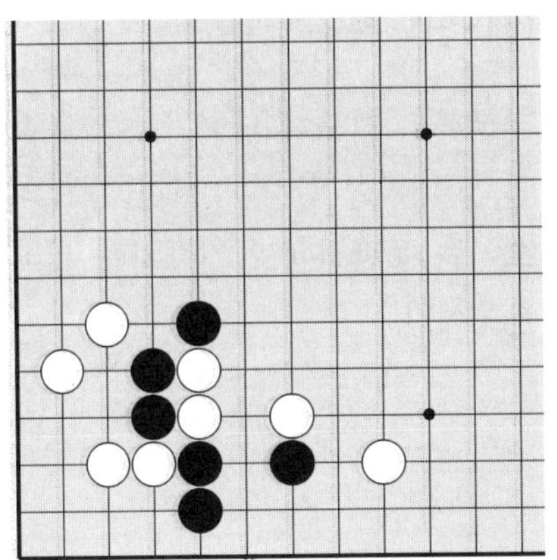

제7형 (흑선)

본형은 껴붙임의 맥 중, 잡는 형태의 가장 기초적인 모양이다.

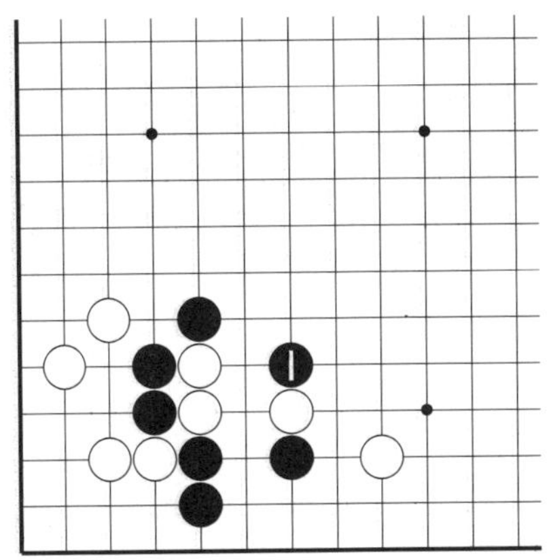

1도(정해)

1도(백 두점 잡힘)

흑1의 껴붙임으로 이 백 두점은 달아날 수 없다.

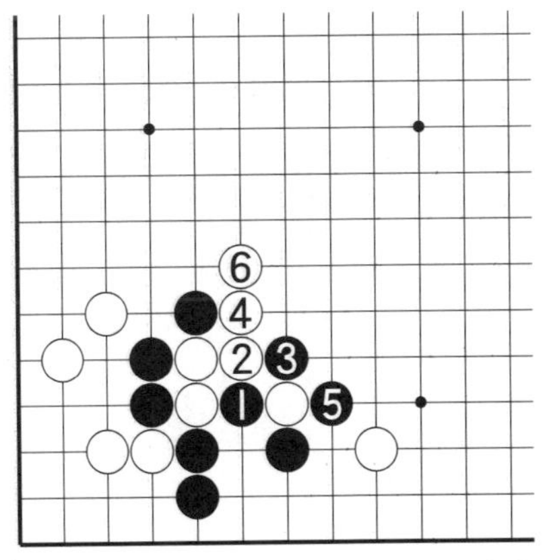

2도(실격)

2도(백 탈출)

흑1 이하의 수순은 회돌이를 노리는 것이지만, 백4·6으로 탈출하여 그만이다.

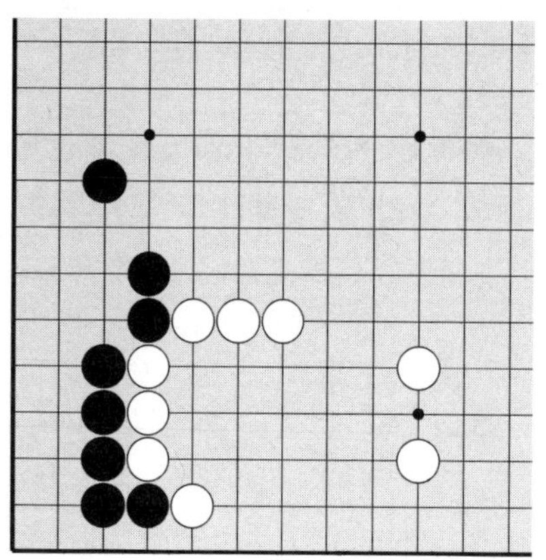

제8형 (흑선)

본형은 껴붙여 넘어가는 대표적인 끝내기형이지만, 이런 정도의 크기는 중반전에도 결행하는 것이 보통이다.

1도(후퇴)

흑1의 껴붙임에 백은 본도와 같이 후퇴하는 정도겠지만, 백6 다음 아직도 흑은 a에 붙이는 수단이 남았다.

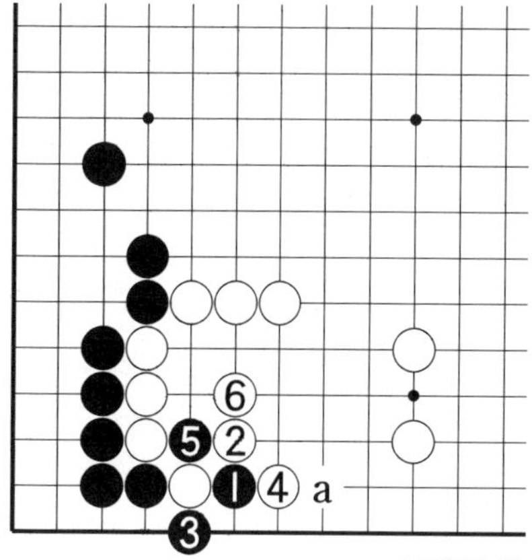

1도(정해)

2도(백 무리)

흑1에 백2 이하로 반발하는 것은 이하 흑7까지의 수단이 있어 성립하지 않는다.

2도(백의 실격)

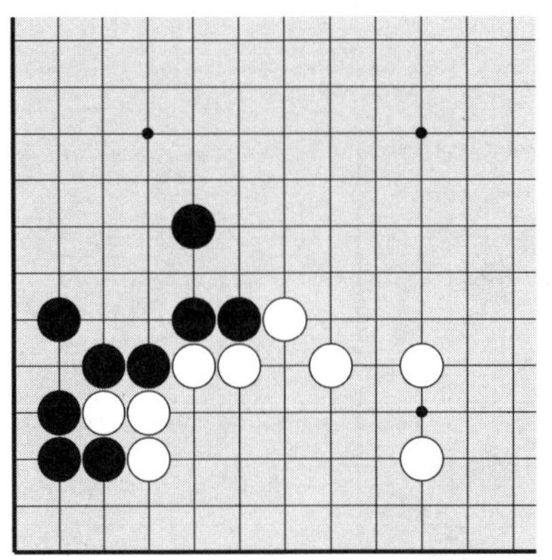

제9형 (흑선)

본형도 껴붙임의 맥으로 백집이 크게 파괴되는 수순이 있다.

1도 흑1에 이은 흑3이 격렬한 껴붙임의 맥점으로, 이하 백8까지 선수로 백집을 크게 줄일 수 있다. 수순중 백4로 2도와 같이 두는 것은 흑11까지 백 죽음이며, 3도와 같이 두는 것도 흑13까지 흑의 1 수승이다.

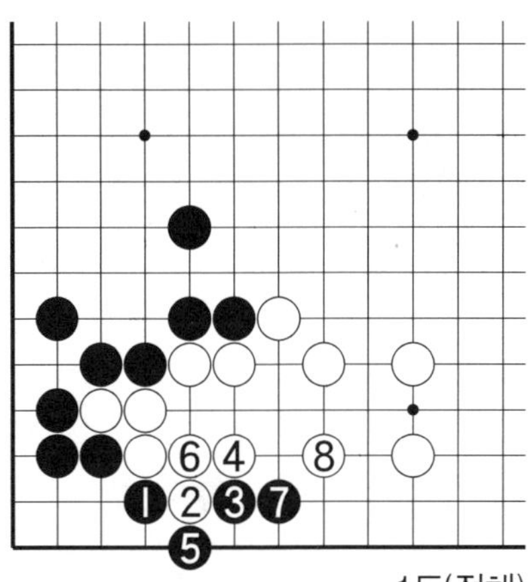

1도(정해)

⑧…❶

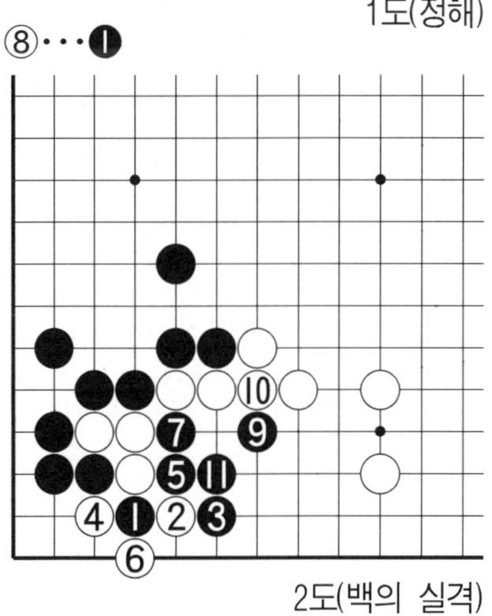

2도(백의 실격)

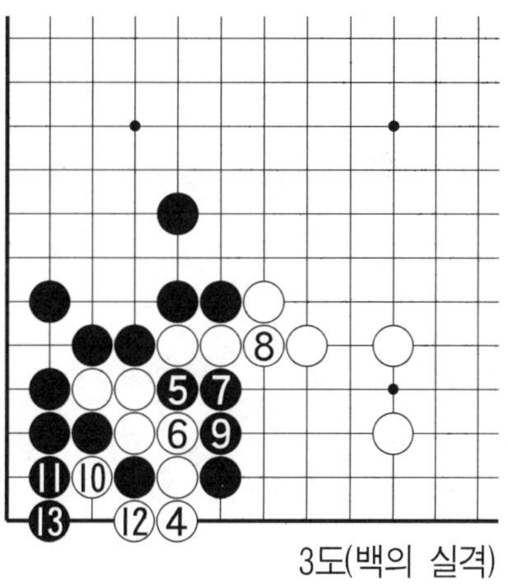

3도(백의 실격)

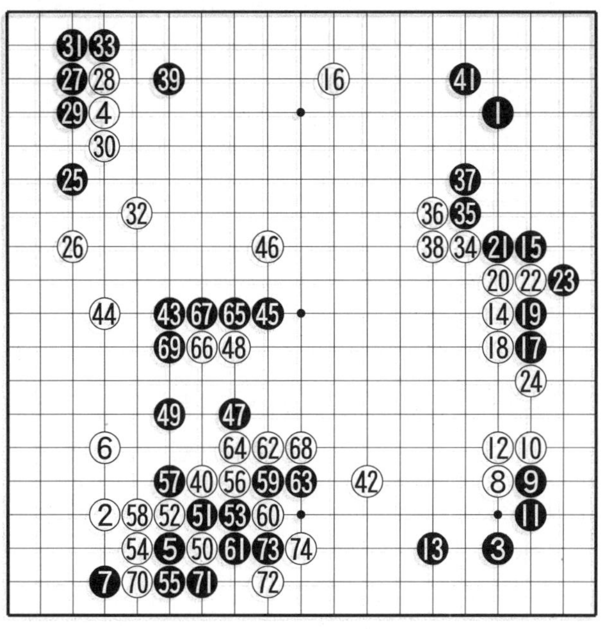

名人戰　　　　　● 趙治勳　　○ 依田紀基

초점은 하변 흑의 사활이다. 백72·74의 예리한 공격으로 곤경에 처한 흑의 대비책은 무엇이었을까?

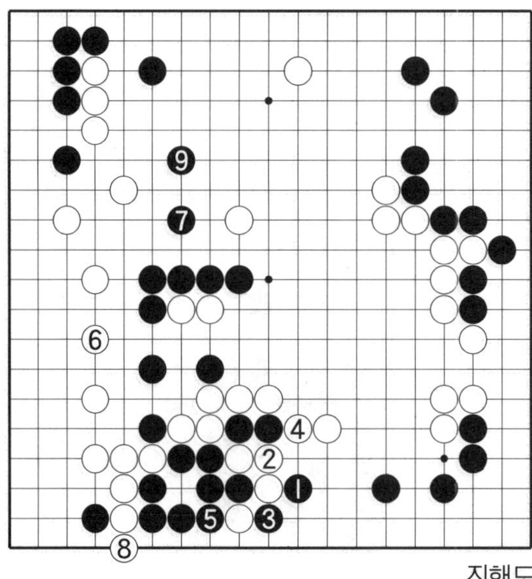

진행도

진행도(흑 필승)

흑의 다음 수는 본도 흑1의 껴붙임이었다. 백2가 어쩔 수 없을 때 흑3·5로 살아 집으로 크게 앞서게 되었고, 백6·8로 집으로 추격할 때 흑7·9로 백의 공격권에서 완전히 벗어나 필승의 국면을 만들었다.

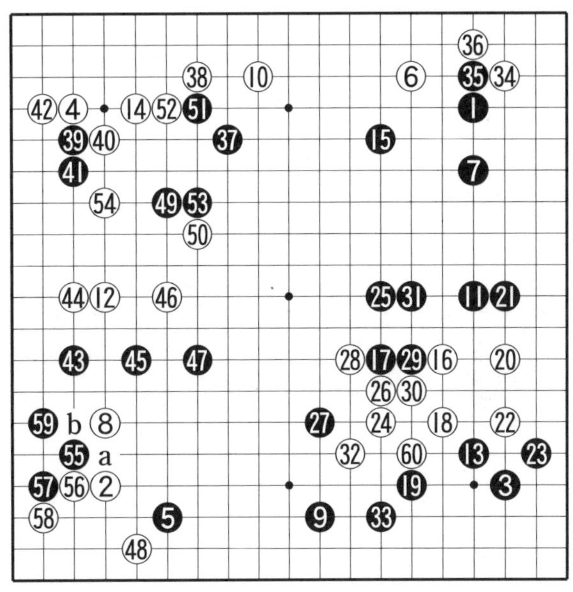

제3회 삼성화재배
결승 5번기 제1국
● 馬曉春　○ 이창호

백60은 신중한 수비
이긴 하지만 좌하귀의
약점을 방치한 완착이
었다. a 또는 b에 보
강했어야 무사했다.

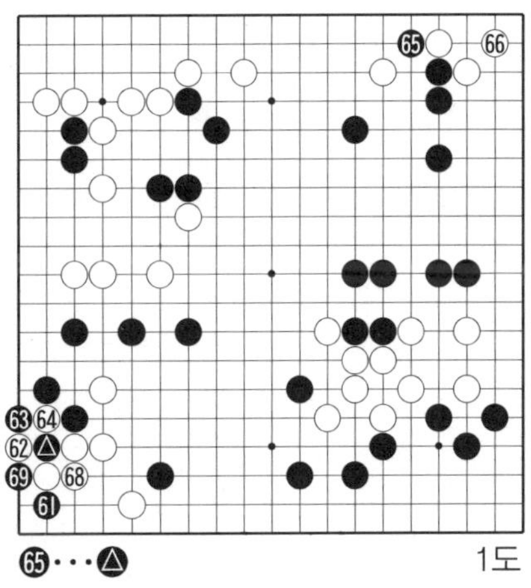

⑥⑤···▲

1도

1도(실전진행)

흑61의 껴붙임이 기민한 수법으
로 백68까지 후퇴하지 않을 수 없
다. 이것으로 흑의 승세는 부동이
되었다. 수순중 백62로 —

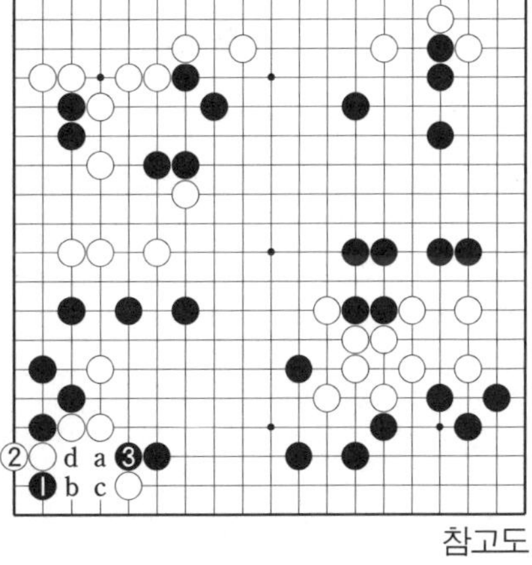

참고도

참고도(백 무리)

본도 백2로 두는 것은 무리다. 흑
3이 침착한 호수로 백a라면 흑b,
백c라면 흑d에 끊는 수가 있다.

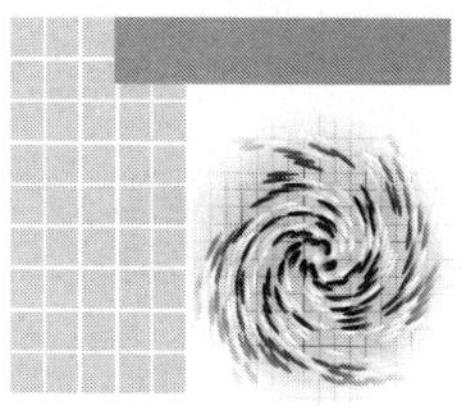

제7장
잇기·서기의 맥

- 공격형 잇기
- 인내형 수비
- 접전에서 공방의 급소

공격형 잇기

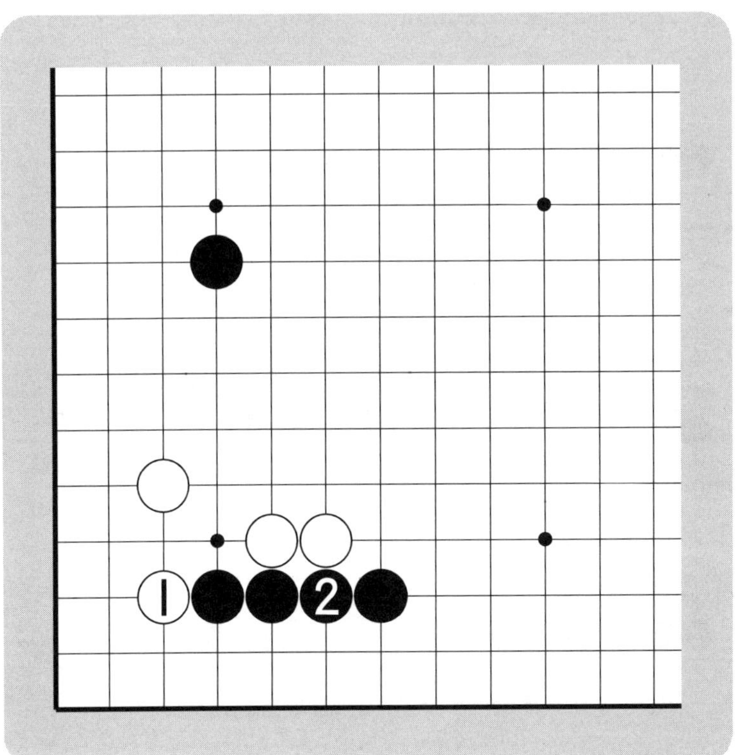

백1로 붙였을 때 흑2로 잇는 것은 두텁고 견실한 수비다. 또 백1이 맥점이라면 흑2도 그에 상응하는 맥점이다. 이 수로 달리 두는 방법이 없는 것은 아니지만, 기력이 약한 하급자들에게는 이런 수법을 권하고 싶다.

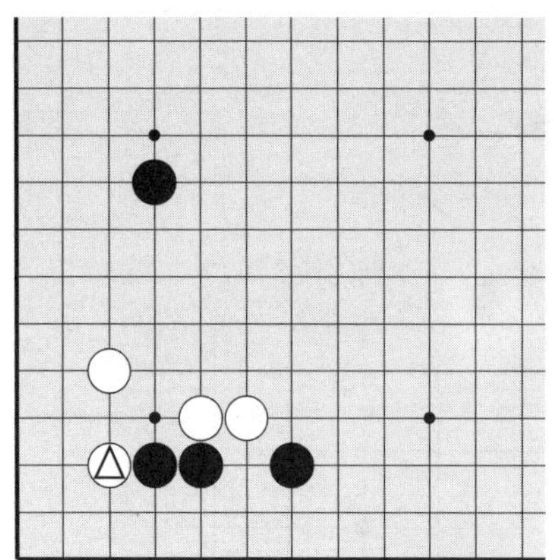

제1형 (흑선)

　본 테마는 견실. 본형의 백△도 정석의 일종이며 붙임의 맥이기도 하다. 이에 상응하는 견실한 맥을 찾아야 한다.

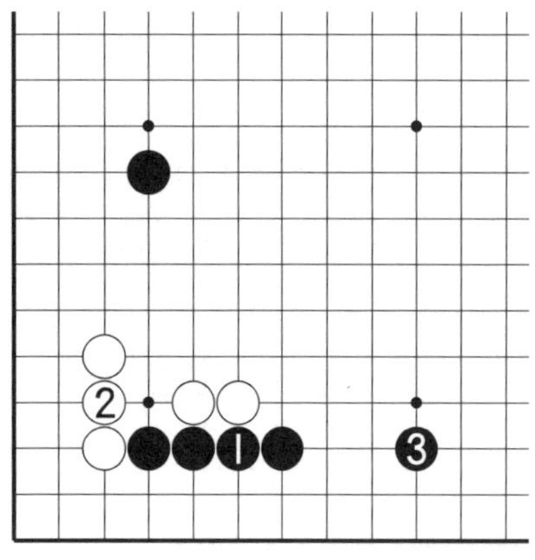

1도(정해)

　1도(정석)
　흑1의 이음은 이 경우 가장 견실한 대응이며, 백2 때 흑3으로 전개하여 정석이 일단락된다.

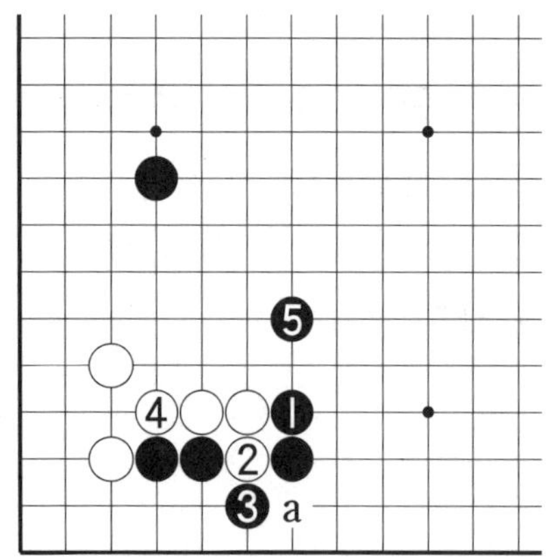

2도(변화)

　2도(우변 구축)
　흑1도 가능한 수법으로, 우변에 진영을 구축하려는 것이다. 이하 흑5 다음 백은 a로 끊어 두고 전환하는 것이 보통이다.

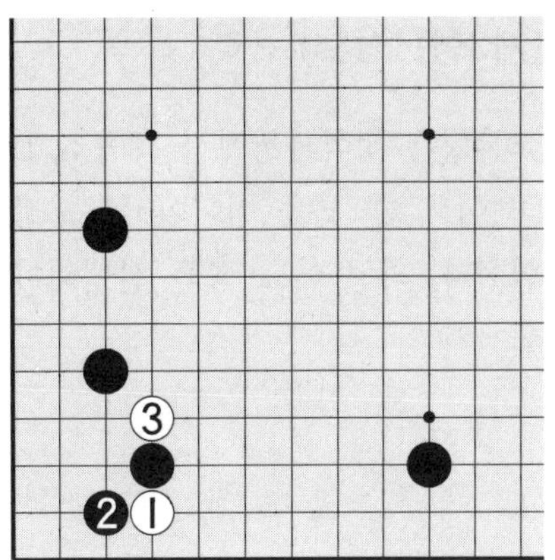

제2형 (흑선)

본형의 백1·3은 흑 진영을 삭감내지 교란할 때 사용하는 상용의 맥이자 수법이다. 이때 흑의 가장 보편적인 대응책은 견실이다.

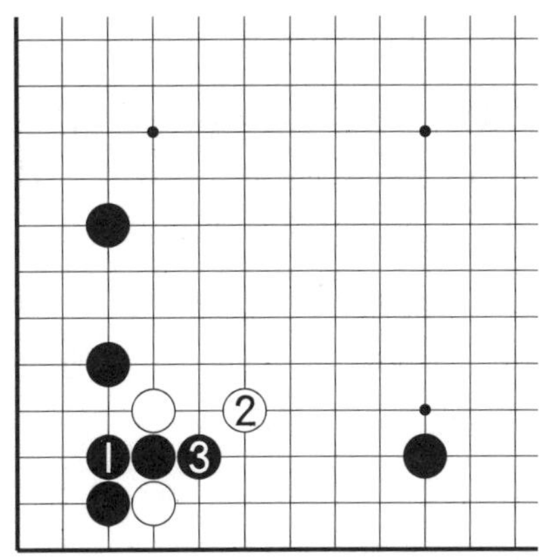

1도(정해)

1도(흑 견실)

흑1로 이은 다음 백2 때 흑3으로 뻗는 수가 가장 견실하다. 이 수의 취지는 백에게 탄력을 갖출 타이밍을 주지 않으려는 것이다.

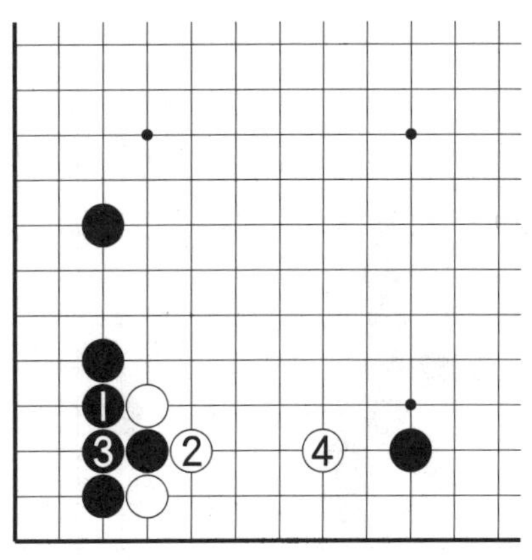

2도(실격)

2도(탄력과 근거)

흑1로 받는 것은 백에게 2·4로 탄력과 근거를 만들 호흡을 주게 되어 작전 실패다.

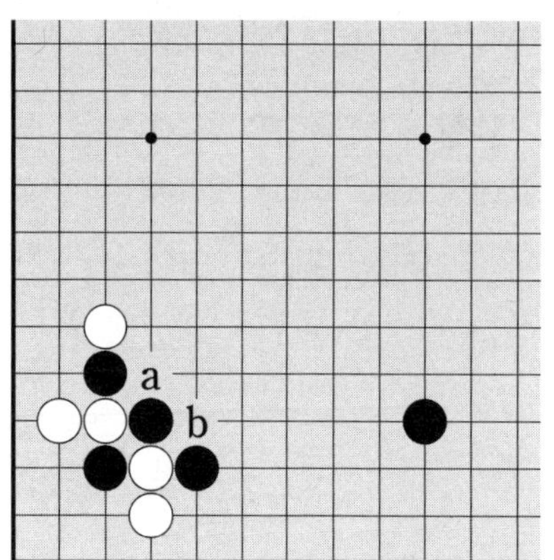

제3형 (흑선)

본형은 정석과정에서 흑이 a, b 중 어느 한 곳을 이어야 하는 장면이다. 과연 어느 쪽을 선택해야 할까?

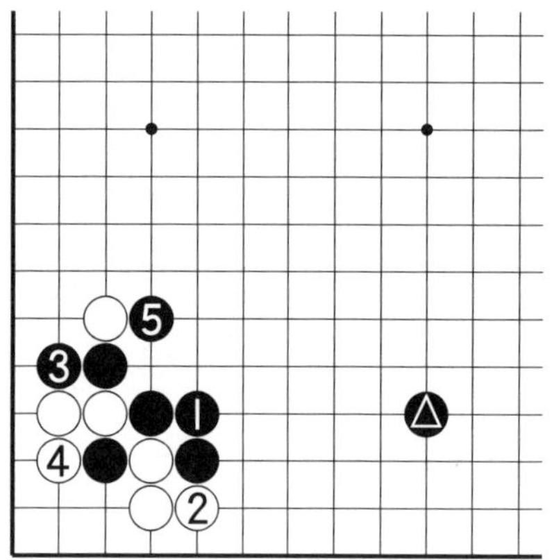

1도(정해)

1도 흑1의 이음이 맥이다. 백은 흑▲를 의식하여 백2로 두고, 흑은 3·5로 백 한점을 제압하게 된다. 백2로 2도처럼 두면 흑은 하변을 차지한다. 수순중 흑7도 맥이다. 3도 흑1로 잇는 것은 백8까지 백이 약간 좋다.

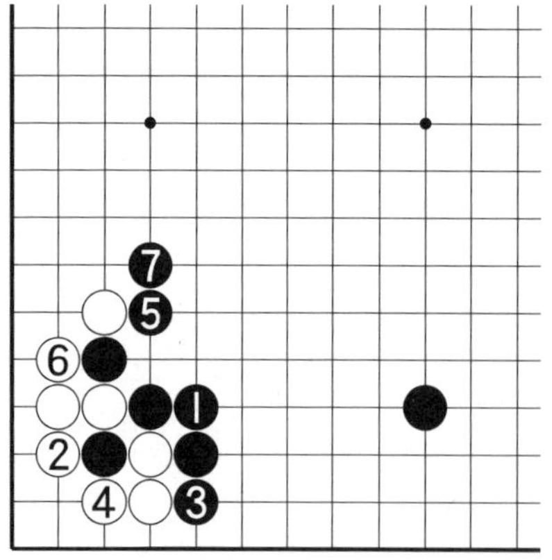

2도(변화)

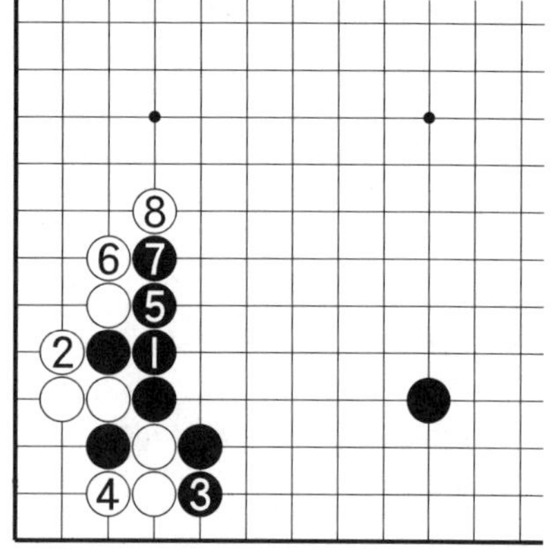

3도(실격)

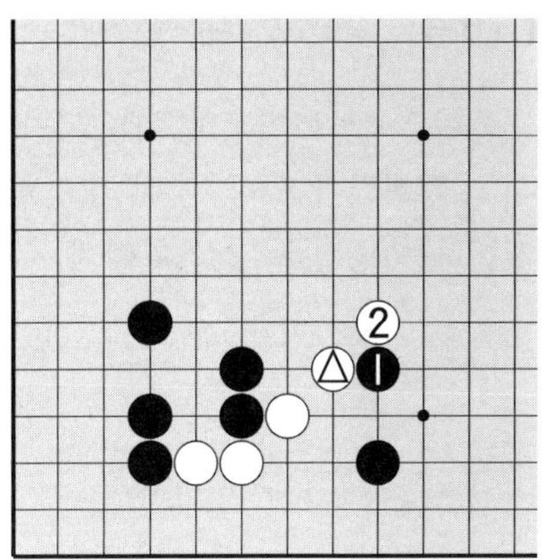

제4형 (흑선)

【제4형】 백의 결함을 추궁하는 급소

본형의 백△는 잘못된 행마였다. 흑1, 백2 다음 흑에게는 어떤 맥이 있을까?

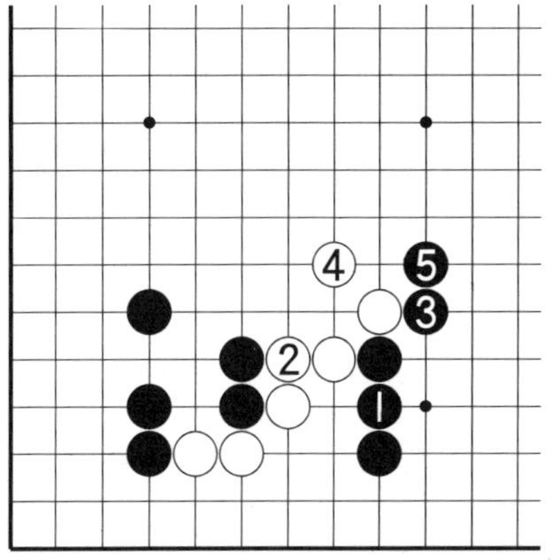

1도(정해)

1도 흑1의 잇기가 백의 결함을 추궁하는 정맥이다. 이하 흑5까지 백의 전도가 암담하다.

2도 흑1은 백2·4로 백에게 탄력을 허용하여 불만이다.

참고로 본형 백△로는 3도와 같이 두는 것이 안전했다. 만약 흑2로 5의 곳에 공격하면 백a로 뛰어 나간다.

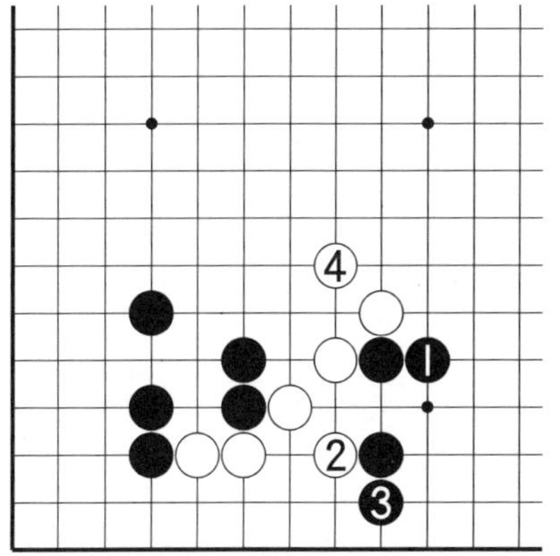

2도(실격)

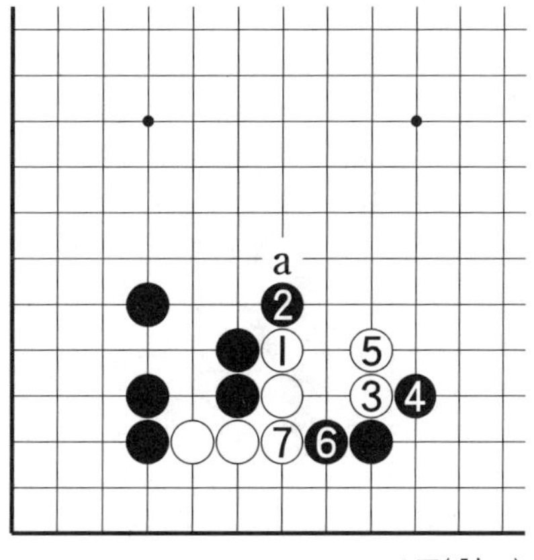

3도(참고)

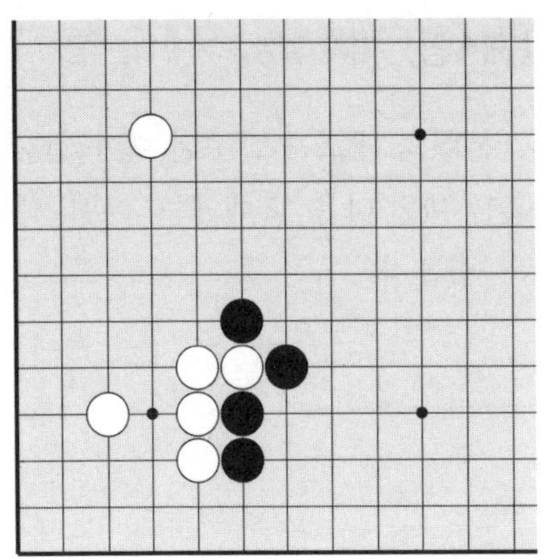

제5형 (흑선)

본형은 잇기 이후의 처리 수법이 정형화되어 있다. 흑이 모양을 정돈하는 방법을 감상해 보자.

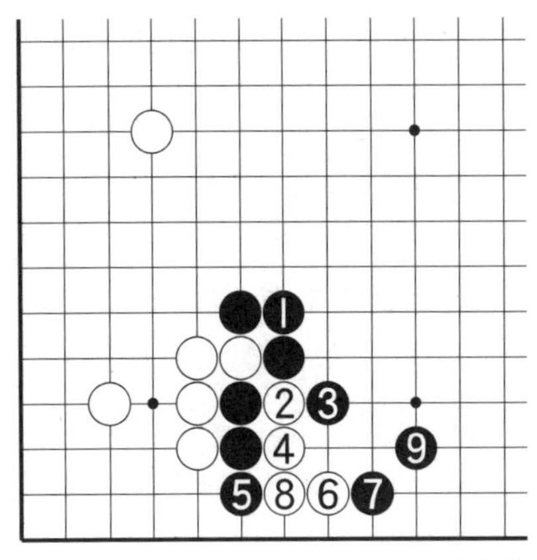

1도(정해)

1도(정형화)

흑1로 이은 다음 백2의 절단에 대해 흑3 이하 흑9까지는 정형화된 패턴이다.

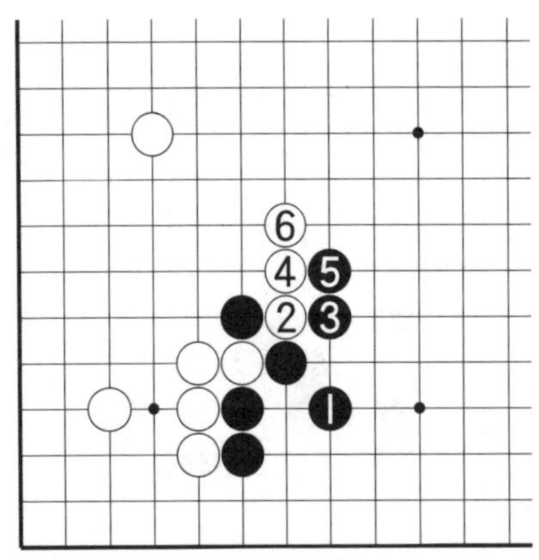

2도(실격)

2도(좌변이 크다)

흑1은 수비의 방향이 틀렸다. 백2에 끊겨 이하 백6까지, 좌변의 백 진영이 너무 크다.

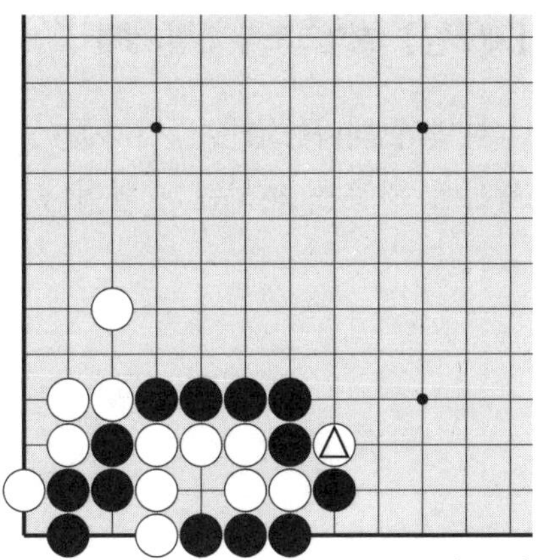

제6형 (흑선)

【제6형】 백△를 잡는 방법

본형은 잇기의 맥을 이용하여, 백△를 얼마나 득을 보며 효율적으로 잡느냐에 대해 묻는 것이다.

1도 흑1의 이음이 맥. 백2는 절대며, 흑3 때 백은 4로 나가지 말고 6으로 잡는 것이 현명하지만, 만약 백4 이하 계속 대응한다면 흑이 축이 유리할 때는 본도와 같이 두어 흑13 다음 a의 단수와 b의 축을 맞보는 수법이 있고, 축이 불리해도 2도와 같이 장문으로 잡는 수가 준비되어 있다. 3도 흑1에는 축이 안 될 때라도 백a에 나가지 않으므로 흑은 더 이상 득을 볼 수 없다.

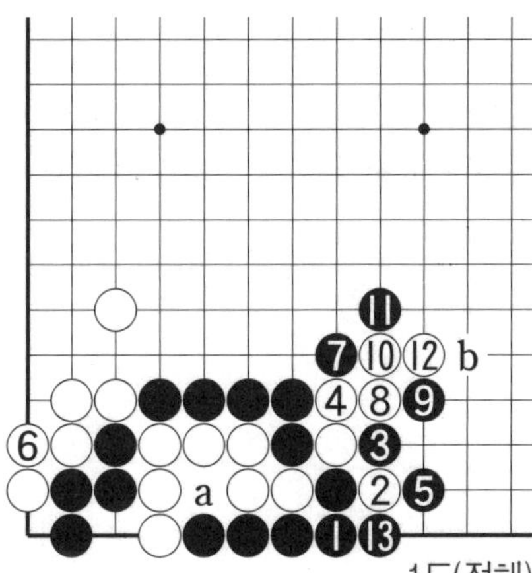

1도(정해)

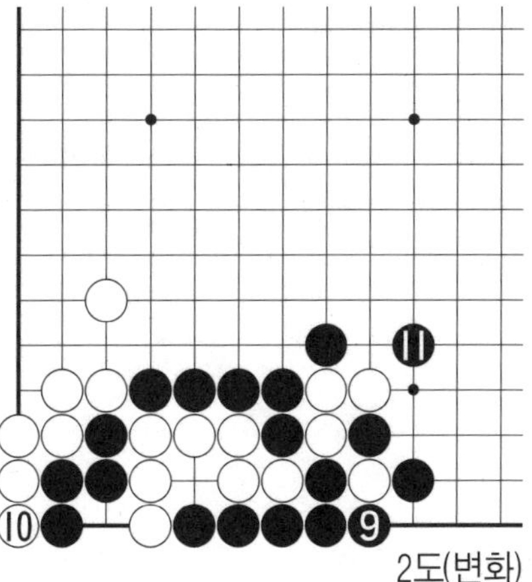

2도(변화)

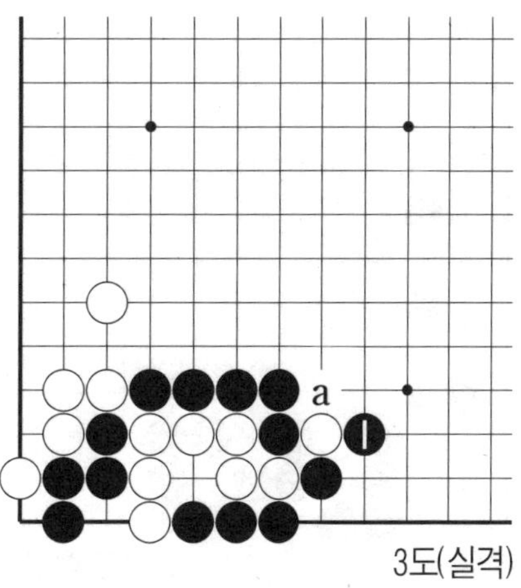

3도(실격)

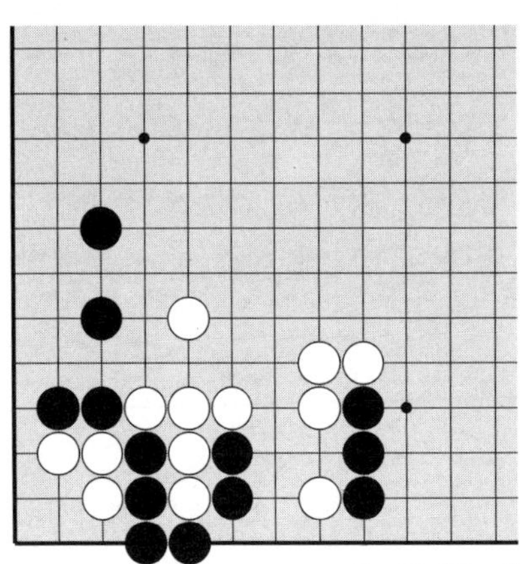

제7형 (흑선)

본형의 테마는 연결. 잇기를 선행하여 자충을 피하는 수법이다.

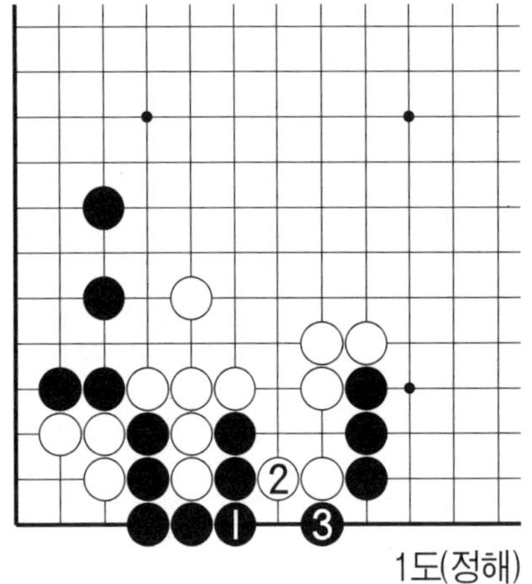

1도(정해)

1도(자충 조심)

흑1의 잇기가 침착한 맥점이다. 백2에는 흑3으로 자충을 피하며 연결한다.

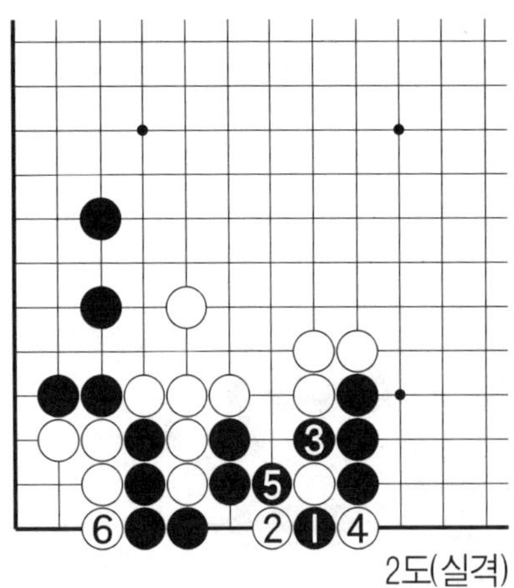

2도(실격)

2도(촉촉수)

흑1로 먼저 젖히는 것은 백2로 자충을 피할 수 없다. 계속해서 흑3·5라면 백6으로 촉촉수가 된다.

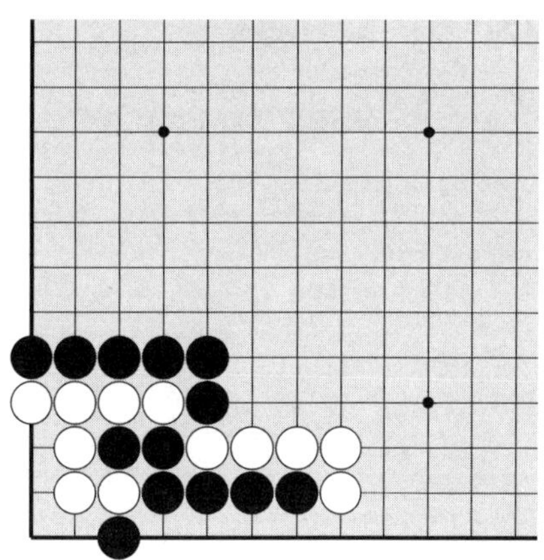

제8형 (흑선)

본형은 잇기에 관한 수상전의 대표적인 모양으로, 실전맥 23-제14형, 1도의 흑7과 같은 맥락이다.

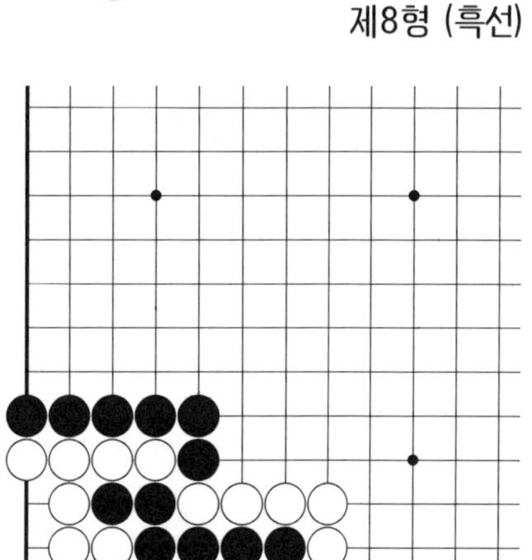

1도(정해)

1도(흑 1수승)

흑1의 잇기가 실전맥 23-제14형, 1도의 흑7과 동일한 것이다. 계속해서 수상전은 흑의 1수 승으로 결말이 난다.

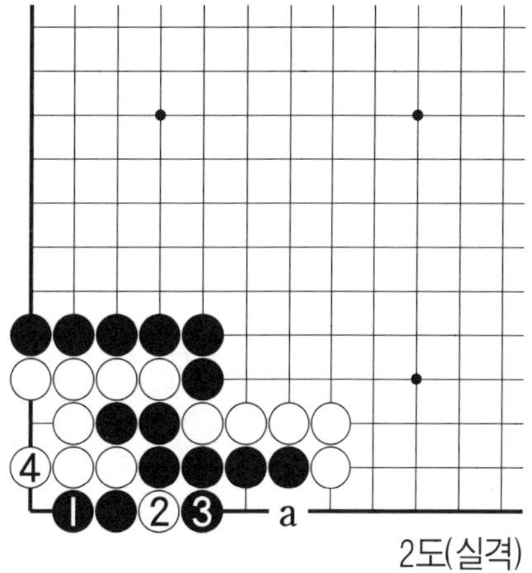

2도(실격)

2도(흑 후수빅)

단순히 흑1로 수를 줄이는 것은 백2의 먹여침을 당해, 흑은 a의 후수 빅을 감수할 수밖에 없다.

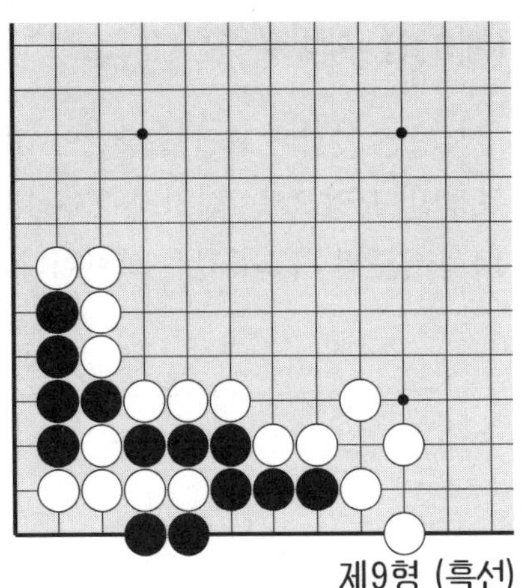

제9형 (흑선)

본형도 잇기의 맥이 아니면 수상전을 이길 수 없다.

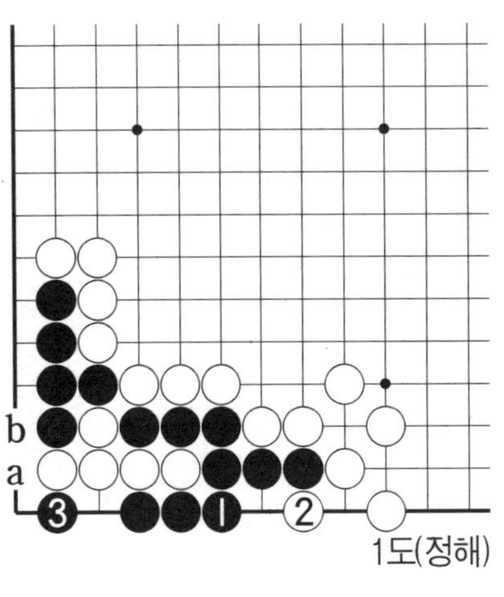

1도(정해)

1도(흑승)

흑1의 잇기와 더불어 흑3의 붙임이 이 모양에서의 수법이다. 흑3으로 a에 젖히는 것은 백b에 먹여치는 수가 있으므로 조심해야 한다.

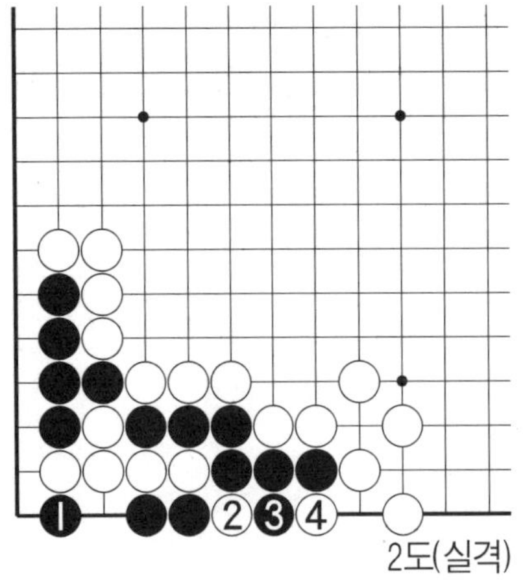

2도(실격)

2도(패)

그냥 흑1에 붙이는 것은 백2의 먹여침으로 백4까지 패가 되어 실격이다.

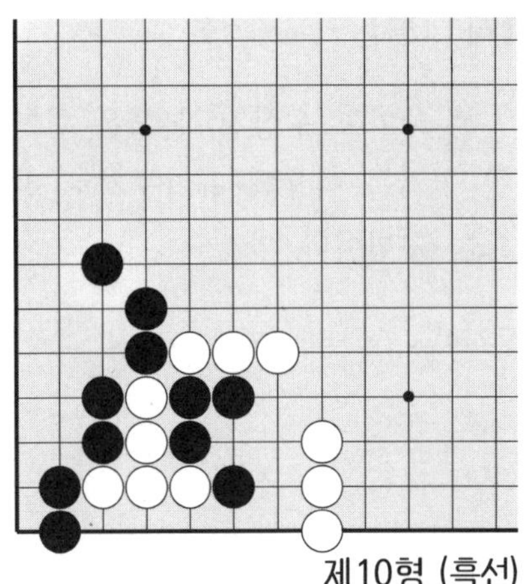

제10형 (흑선)

본 테마도 수상전. 본형은 잇기로 자신의 수를 늘리지 않으면 이길 수 없다.

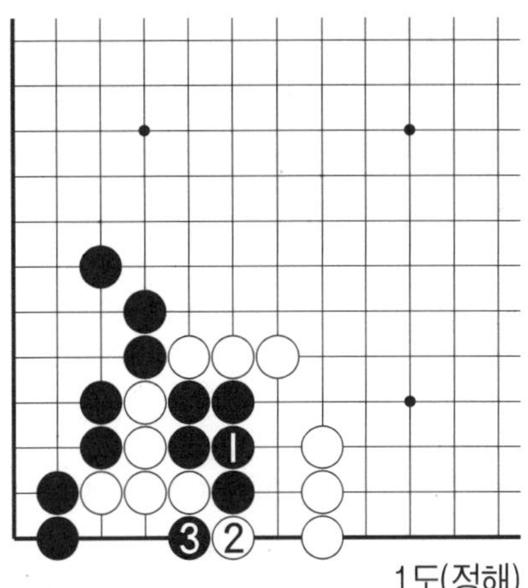

1도(정해)

1도(촉촉수)

흑1의 잇기가 우둔하지만 맥이다. 백2에는 흑3의 촉촉수로 해결한다.

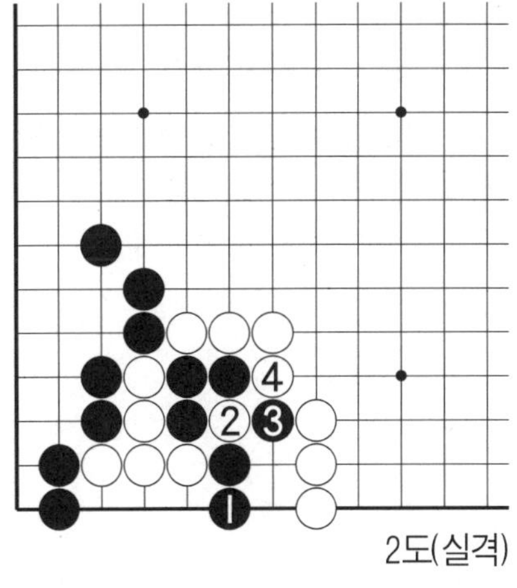

2도(실격)

2도(백 1수승)

흑1의 뻗기는 이 경우 맥이 아니다. 백2의 먹여침을 당하면 흑이 1수 부족이다.

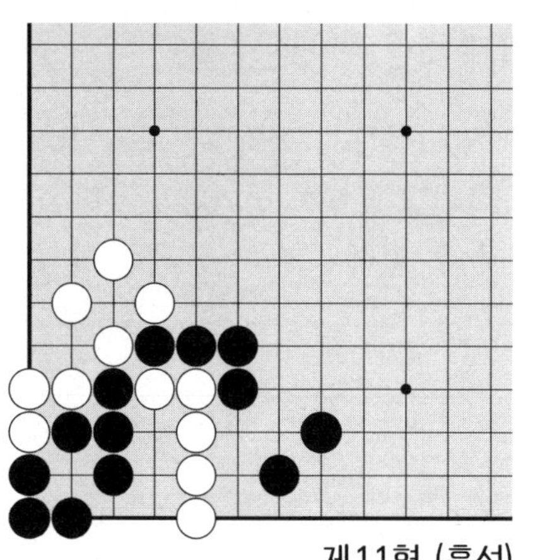

제11형 (흑선)

본 테마도 수상전. 본형은 침착한 잇기를 이용해 유가무가로 만드는 수법이다.

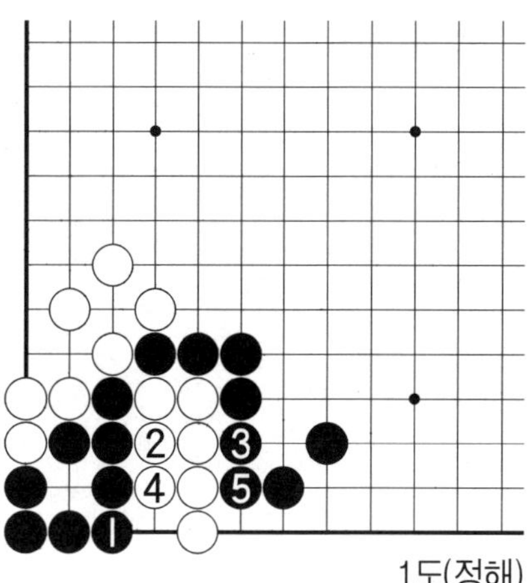

1도(정해)

1도(유가무가)

흑1의 이음이 침착한 맥점으로, 이하 흑5까지 유가무가다. 집이 없는 백이 잡힌 것은 물론이다.

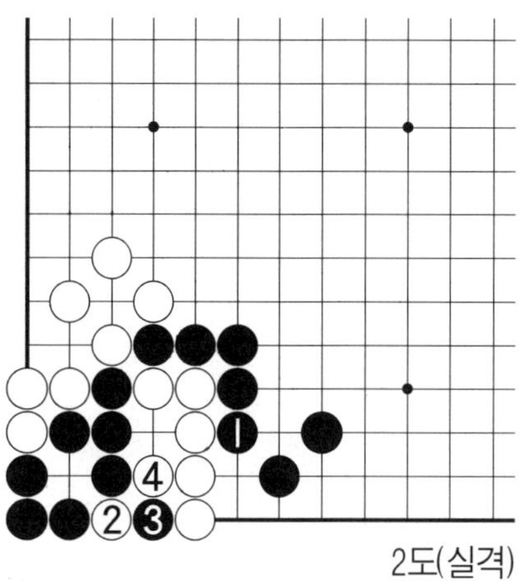

2도(실격)

2도(패)

단순히 흑1로 바깥수를 줄이는 것은 백2의 희생타로 백4까지 패가 된다.

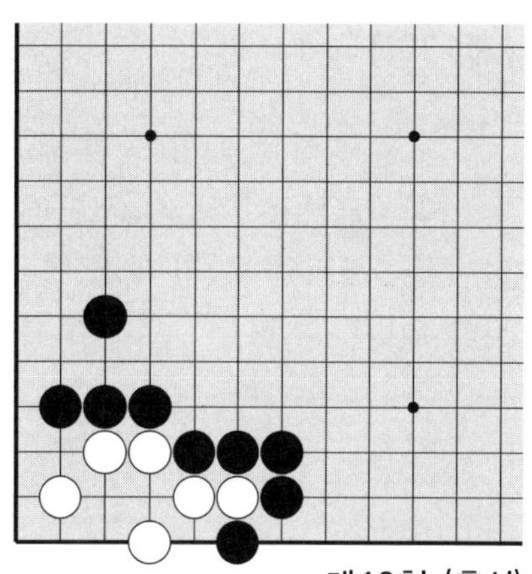

제12형 (흑선)

본형은 사활에서 나타나는 잇기의 대표적인 실전형이다.

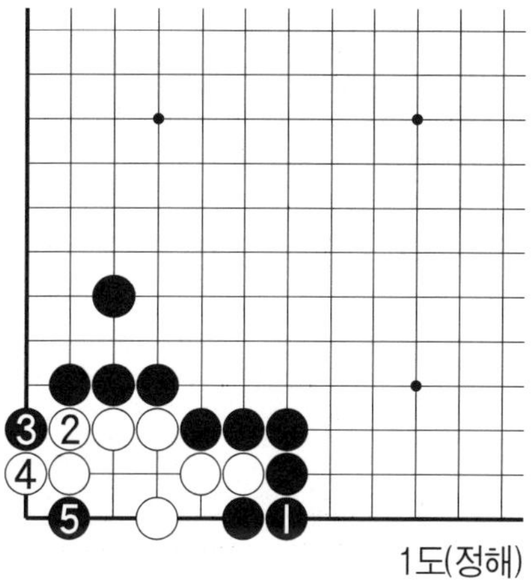

1도(정해)

1도(백 죽음)

흑1로 잇는 수순을 먼저 하지 않으면 그냥 잡는 수는 없다. 이하 흑5의 치중으로 백이 잡힌 모습이다.

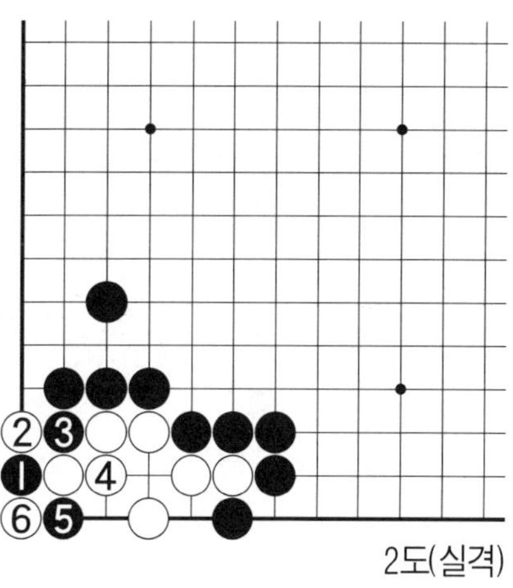

2도(실격)

2도(패)

흑1의 붙임은 조급한 수로, 이하 백6까지 패가 되어 실격이다.

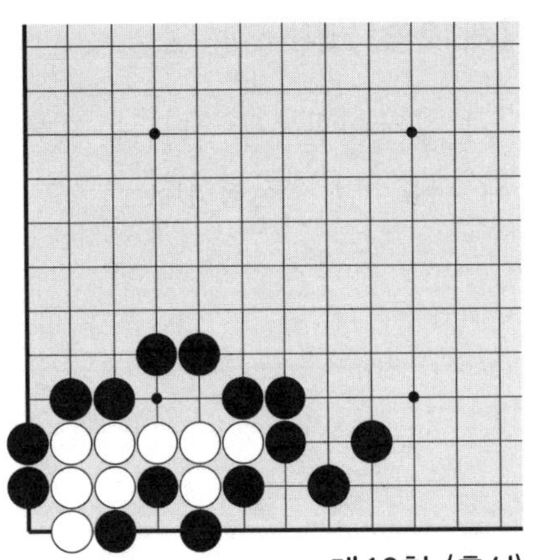

제13형 (흑선)

　본 테마도 사활. 본형은 '돌밑수' 라는 모양으로, 이 모양에서는 잇기, 치중, 뻗기의 3가지 맥이 연결되어 있다.

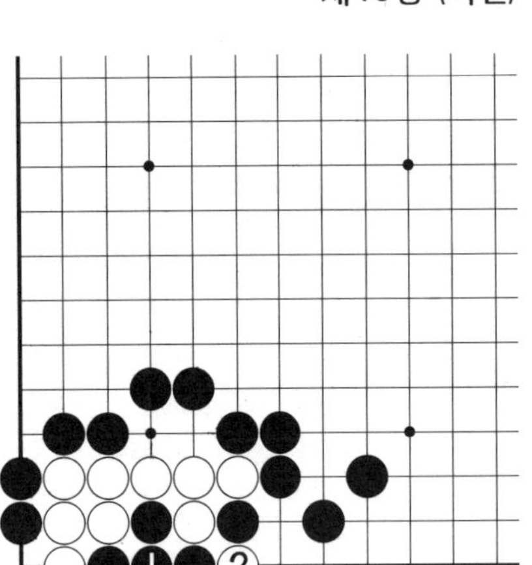

1도(정해)

1도(잇기로 시작)

　흑1의 잇기로 시작하여 백2로 따낸 다음—

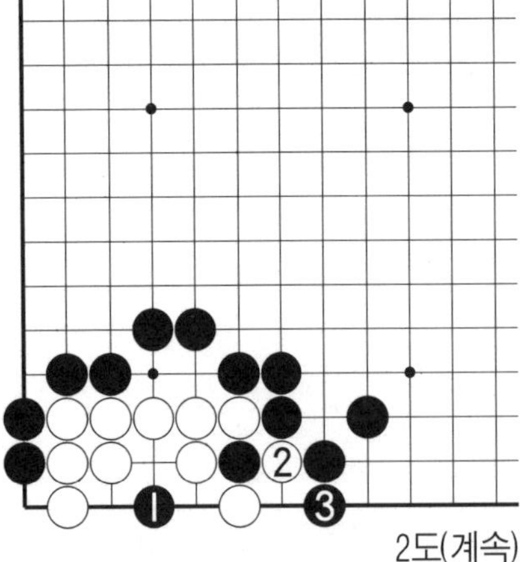

2도(계속)

2도(백 죽음)

　본도 흑1에 치중한 다음 백2로 따내면 흑3의 뻗기로 잡는 것이다.

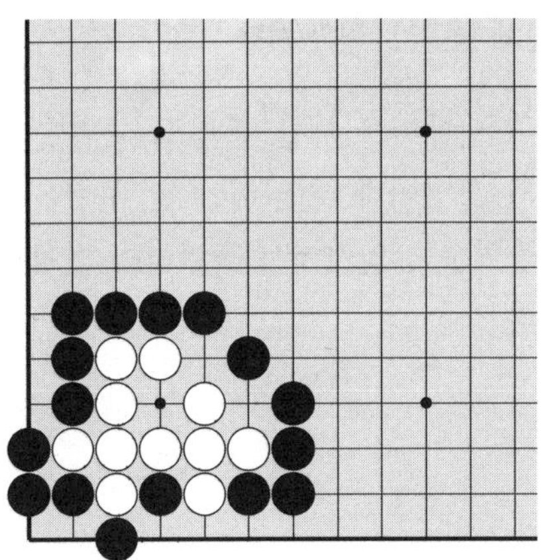

제14형 (흑선)

본 테마도 사활. 본형도 '돌밑수'의 모양인데, 잇기로 시작하여 잡게 한 후 다시 치중으로 옥집을 만드는 수법이다.

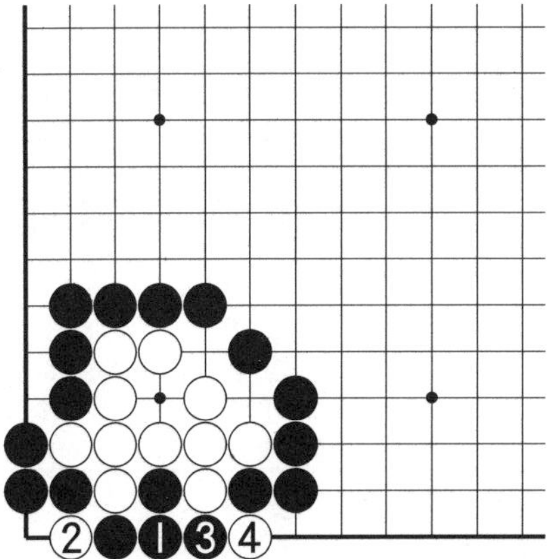

1도(정해)

1도(백 죽음)

흑1의 잇기에 백2로 먹여치면 흑3으로 키워 죽인 후, 다시 흑5로 치중하면 옥집이 되는 것이다.

⑤ … ❶

2도(백 삶)

흑1 다음 백2의 먹여치기에 흑3에 따내면 백4의 촉촉수가 있다. 이제는 이곳에 완전한 1집이 생겨 백이 살게 된다.

2도(실격)

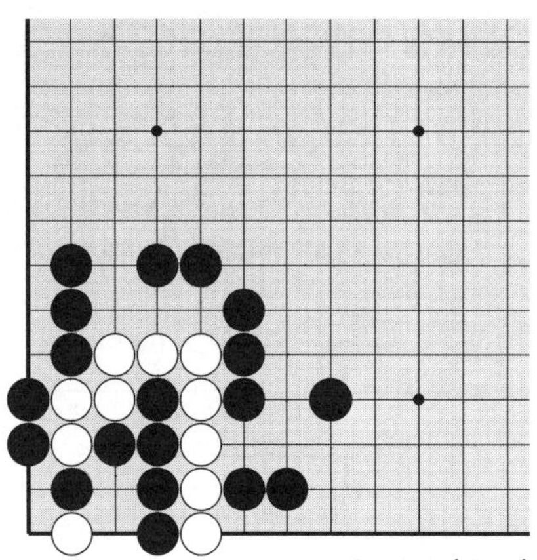

제15형 (흑선)

　본 테마도 사활. 본형도 '돌밑수'의 모양이다. 기억해야 할 사항은 돌밑수는 잇기에서 출발하는 법이다.

1도(백 죽음)
　흑1의 잇기에서 백2의 환격에 멈추지 않고, 흑3으로 따낸 다음 백4로 다시 따낼 때 흑5로 치중하여 잡는다.

④···② ❺···⍑

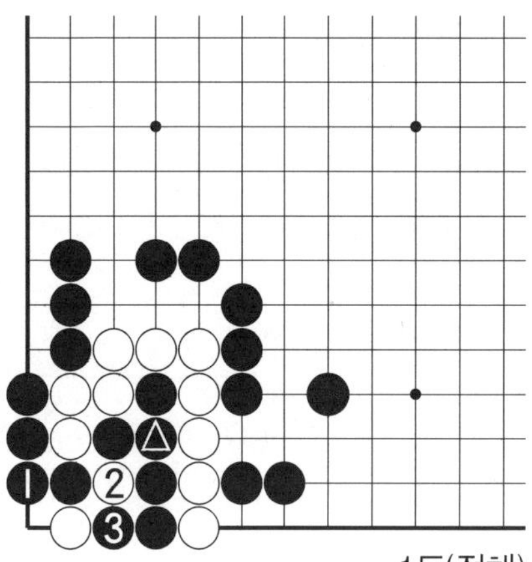

1도(정해)

2도(패)
　흑1은 잘못된 잇기. 백2로 패가 되므로 실격이다.

2도(실격)

인내형 수비

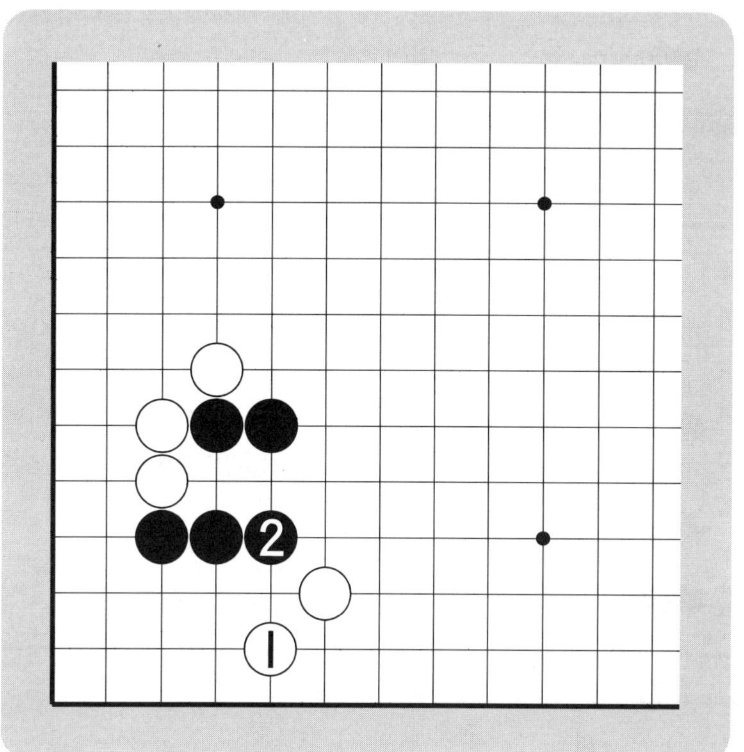

　본 장면은 접바둑에서 자주 나타나는 모양이다. 백1에 대해 흑2로 받는 모양은 쌍립이지만, 본질적으로 쌍립은 쌍점이 나란히 서 있는 모양이라 하여 쌍립이라 부르는 것이다. 이러한 쌍점을 '서기' 또는 '세우기'라 해도 무방할 것이다.

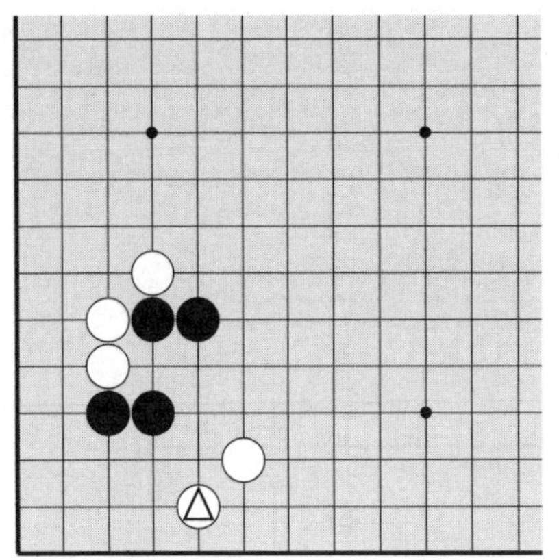

제1형 (흑선)

본형은 화점의 양걸침 정석에서 백△로 근거를 위협한 모양이다. 이에 대한 흑의 수비법은?

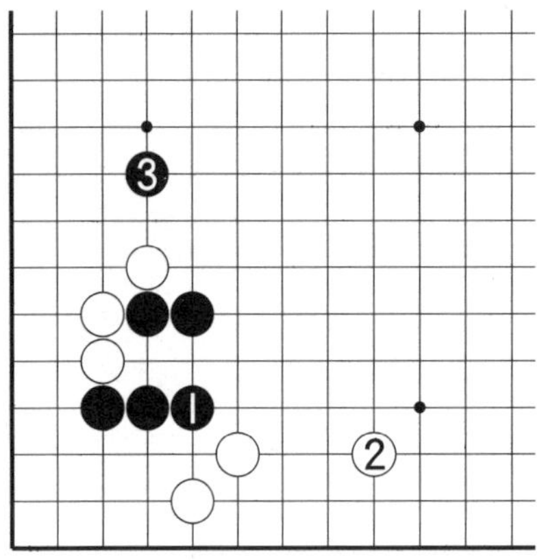

1도(정해)

1도 흑1로 튼튼히 지킨 후 백2에는 흑3으로 공격한다.

2도 흑1 때 백2로 지키면 이번에는 흑3으로 공격하는 흐름을 얻는다.

3도 흑1로 붙이는 것은 백이 2에 역으로 끼워 이어, 흑은 a의 단점 때문에 b의 공격이 어렵다.

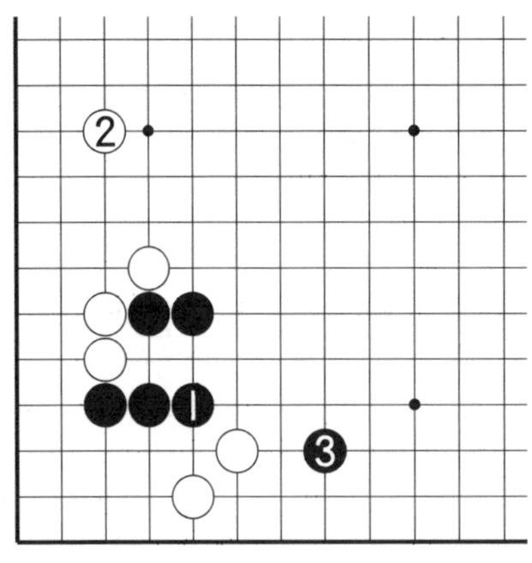

2도(변화)

3도(실격)

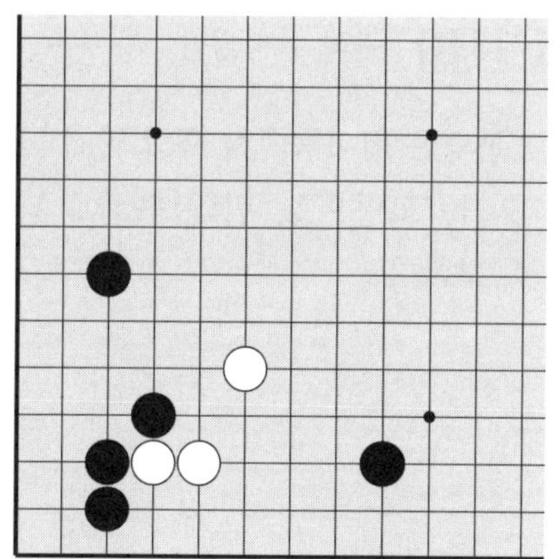

제2형 (흑선)

【제2형】 침착한 공격 방법

본형에서 흑이 백을 공격하기 위해서는 인내가 필요하다. 인내란 조급한 공격이 아닌 철통같은 수비다.

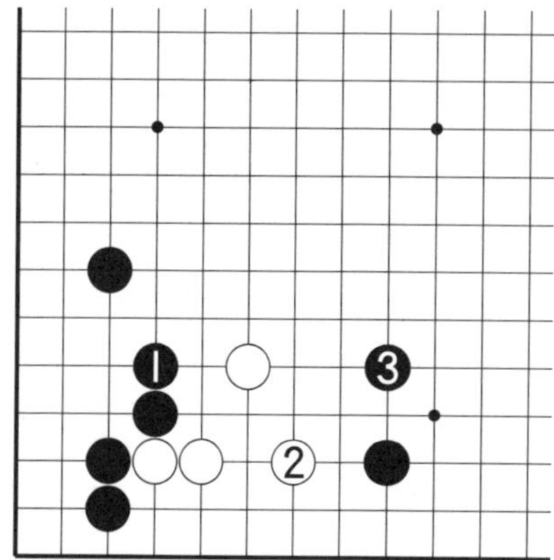

1도(정해)

1도 흑1의 서기가 침착하게 백을 추궁하는 맥으로, 백2에는 흑3으로 공격한다.

2도 흑1은 조급한 공격으로, 이하 백8까지 귀만 위축되었을 뿐 실속이 없다.

3도 흑1·3은 소탐대실이다. 이하 백10까지는 득보다 실이 많다.

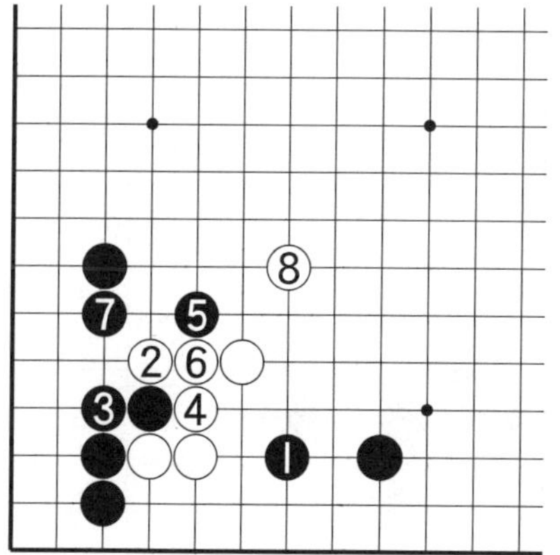

2도(실격)

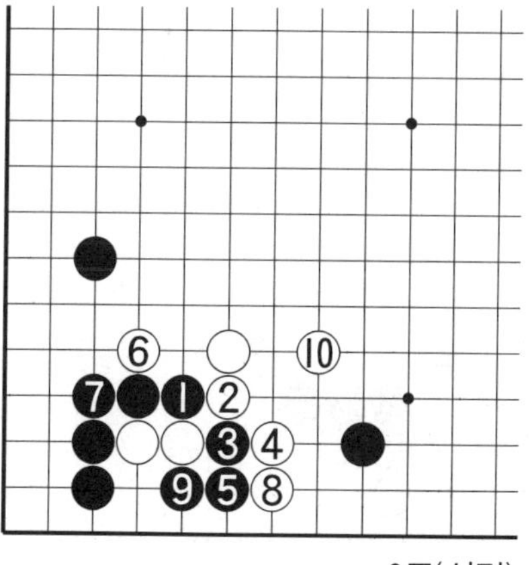

3도(실격)

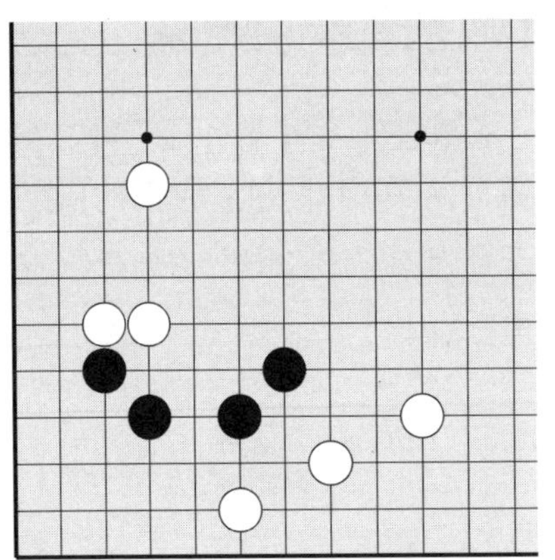

제3형 (흑선)

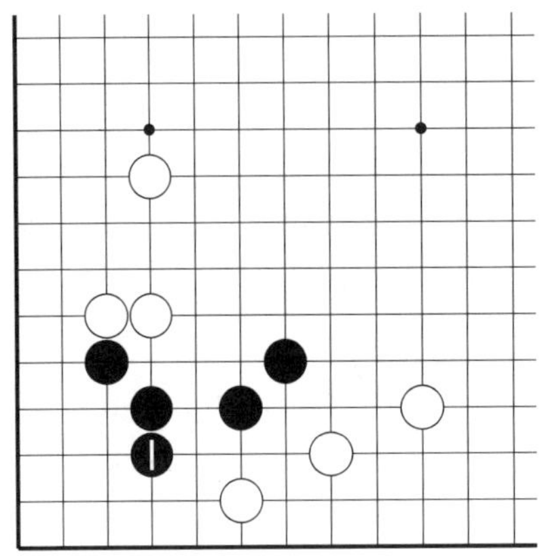

1도(정해)

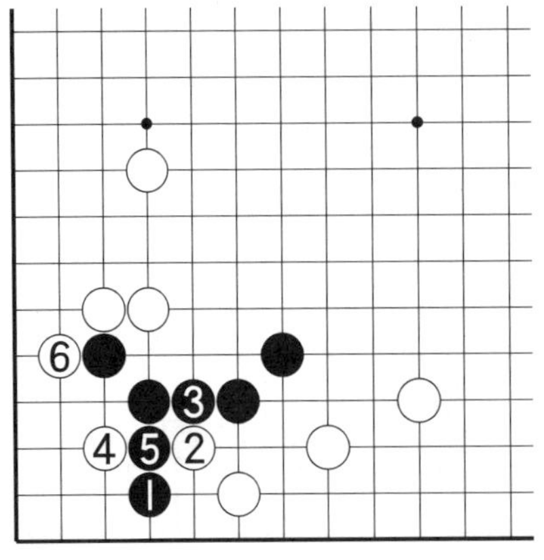

2도(실격)

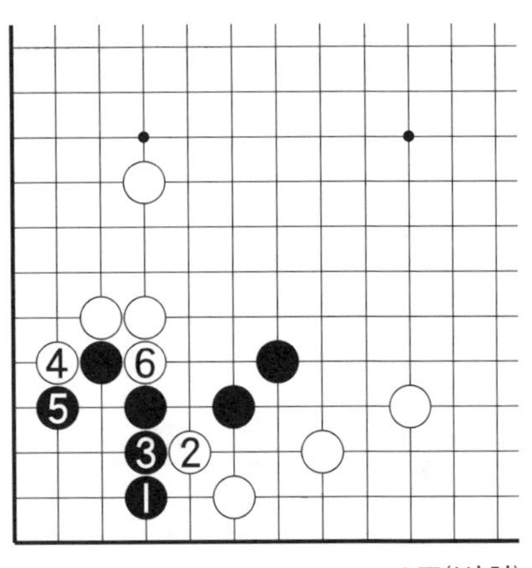

3도(변화)

【제3형】 귀의 수비 방법

본형은 접바둑에서 특히 많이 나타나는 모양으로, 귀의 수비에 관한 것이다.

1도 흑1로 서는 것이 정맥으로, 귀의 안전이 보장된다.

2도 흑1은 백2·4·6의 수단이 있어 불만이다. 수순중 흑3으로 3도와 같이 두는 것은 백6까지 손실이 크다.

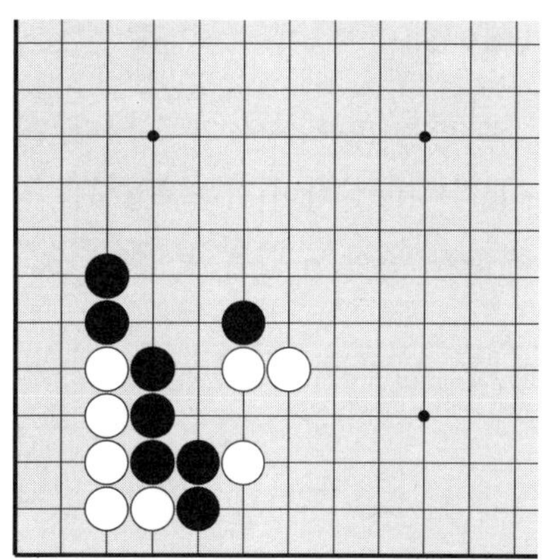

제4형 (흑선)

본형은 화점정석에서 나타난 모양으로, 흑의 마지막 수순이 필요한데, 이 때도 서는 맥이 사용된다.

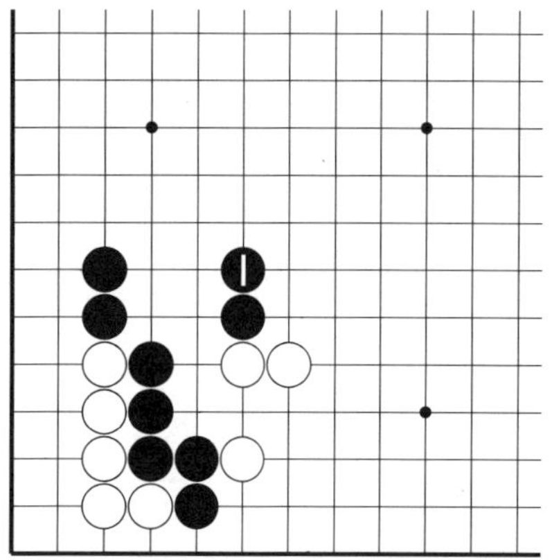

1도(정해)

1도(능률적 보강)

흑1의 서기가 가장 능률적인 보강이다.

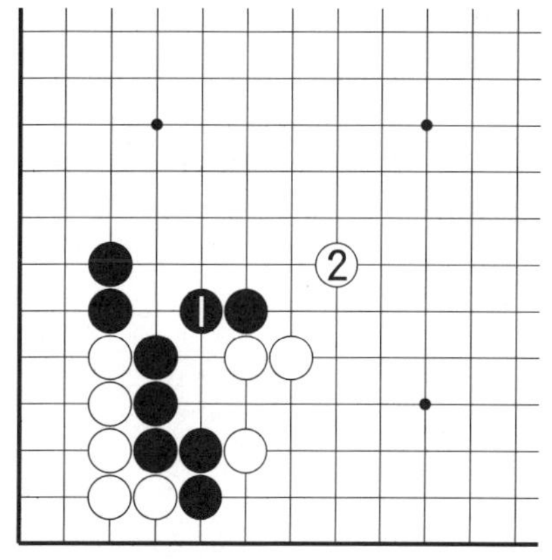

2도(실격)

2도(흑 느슨)

흑1의 늘기는 단단하기는 하나 1도에 비해 활동성이 떨어진다. 백2의 대세점을 놓고 보면 그 차이를 실감할 수 있을 것이다.

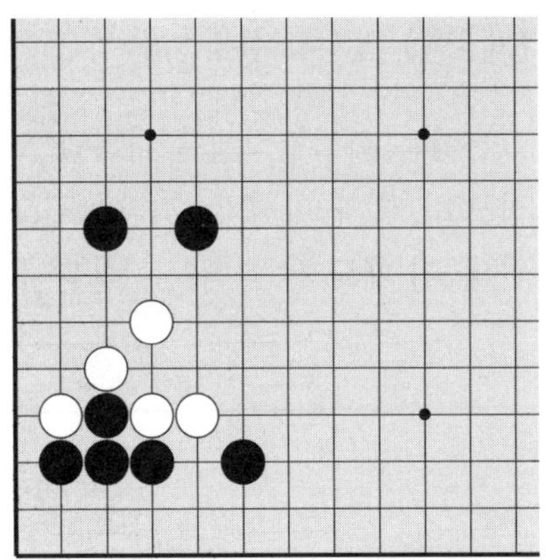

제5형 (흑선)

본형은 고풍 정석의 하나다. 흑이 의외로 탄력이 있는 백5점을 공격하기 위한 수법은 무엇일까?

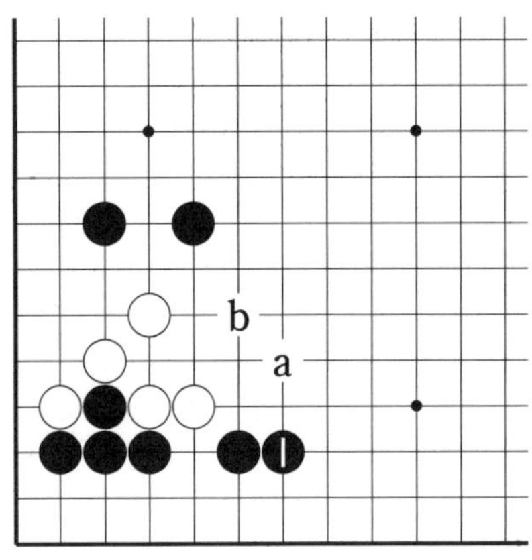

1도(정해)

1도(간접 공격)

흑1로 서는 것이 수비이자 간접 공격이다. 백a면 그때는 흑b로 추궁하며, 백b면 지금 당장 공격하지 않는다. 이것이 공격의 테크닉이다.

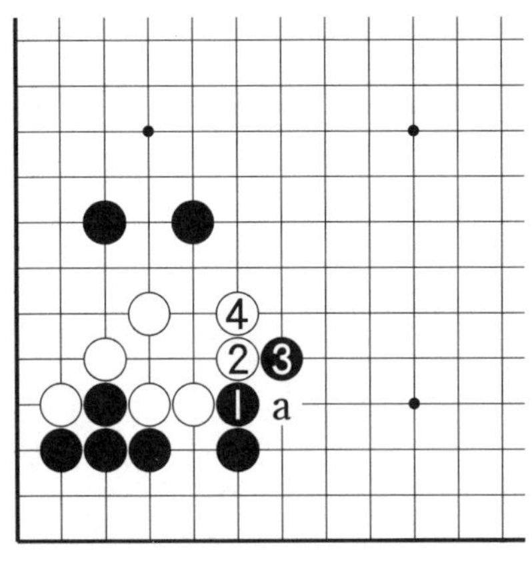

2도(실격)

2도(흑 불만)

흑1은 백에게 탄력을 제공하게 된다. 백4 이후 흑은 오히려 a의 단점만 남게 되어 불만이다.

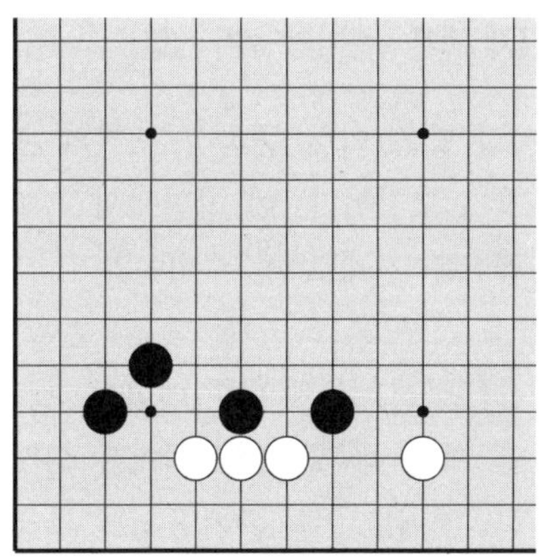

제6형 (흑선)

본형은 수비의 방법에 따라 좌변의 강약이 달라진다.

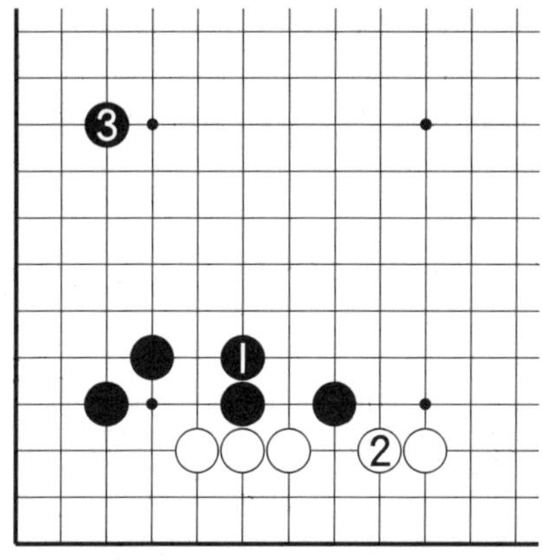

1도(정해)

1도(안전한 전개)

흑1로 서는 것이 흑3에 전개했을 때 후환이 없다.

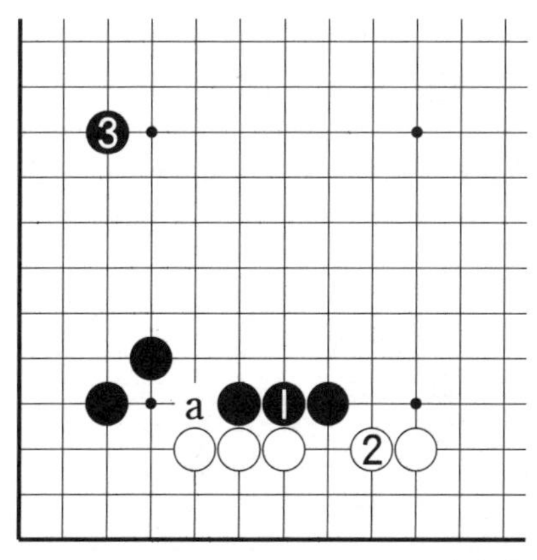

2도(실격)

2도(단점)

흑1로 잇는 것은 흑3에 전개한 다음에도 a쪽 단점이 남아 있어, 좌변 경영에 부담이 된다.

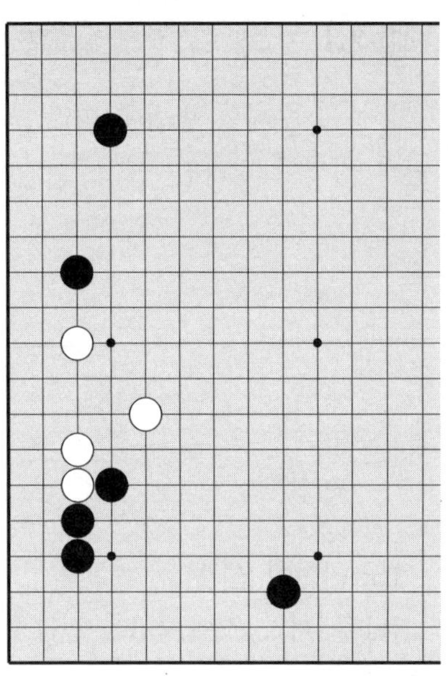

제7형 (흑선)

본형은 미니 중국식 포진의 초창기 모양이다. 이 장면에서 흑이 공격을 전제로 한 수비는?

1도 흑1의 서기가 맥이다. 백2로 지킬 때 흑3으로 진영을 완성한다. 백도 2를 손빼면 a를 추궁당한다.

2도 흑1은 백2 때 흑3을 손뺄 수 없어 백4로 삭감당한다. 이제 백은 2가 있어 a의 보강이 필요없다.

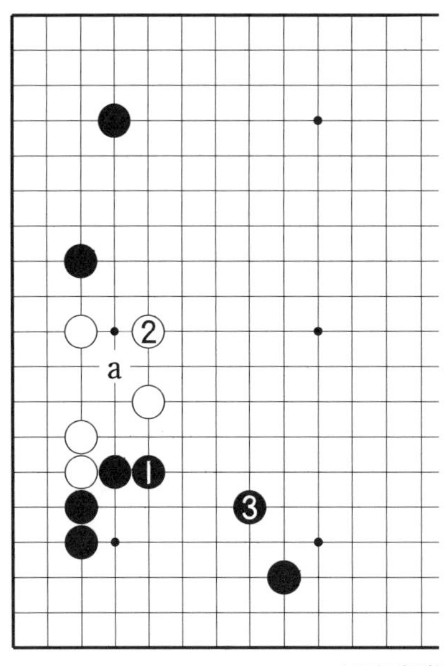

1도(정해)

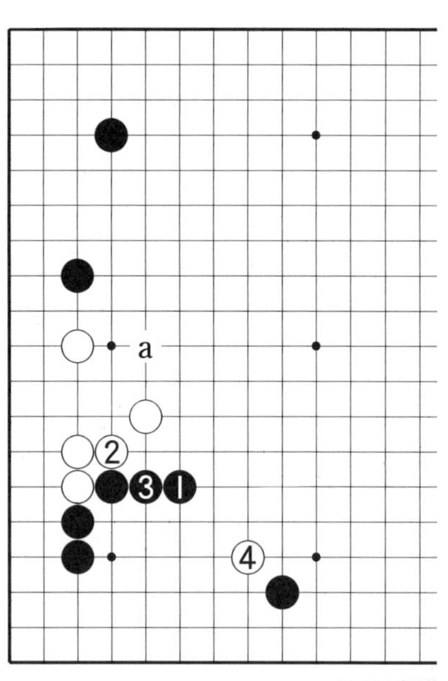

2도(실격)

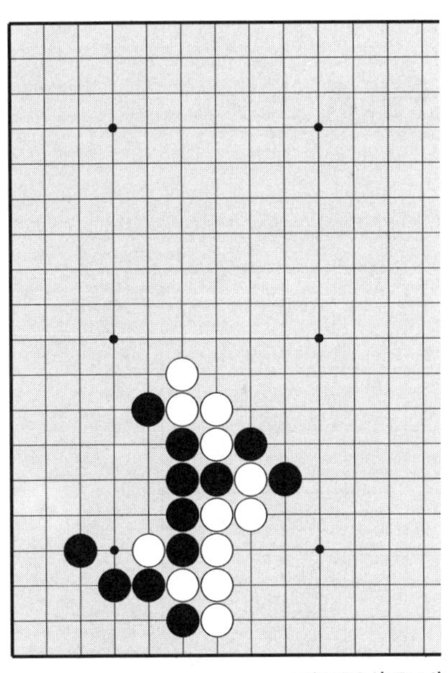

제8형 (흑선)

본형은 포석시기 대형 정석이 진행되는 과정으로, 좌변 흑의 수비가 초점이다.

1도 흑1의 서기가 수비의 맥이다. 백도 4에 두기 전 백2로 끊어 두는 것이 수순으로, 여기까지가 정석이다. 백4로는 a에 꼬부리는 복잡한 변화도 있으나 생략하겠다.

2도 흑1은 백12까지 봉쇄당해 불만이다. 백12 이후 흑집 속에는 아직도 백a의 노림이 있다.

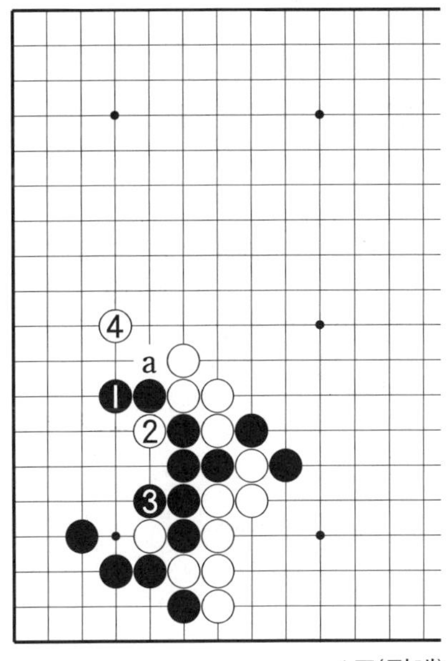

1도(정해)

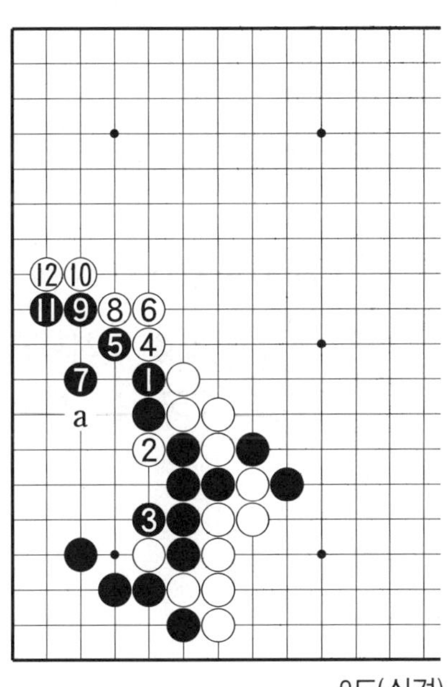

2도(실격)

접전에서 공방의 급소

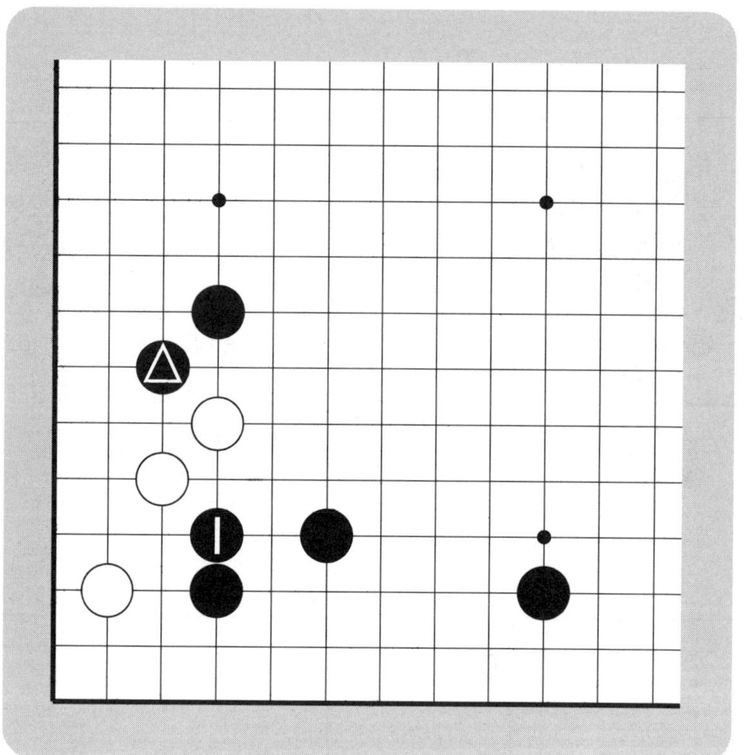

흑●로 다가섰을 때 백은 이곳을 보강하는 것이 보통이
다. 백이 이곳을 방치하면 흑1로 서는 맥점으로, 이 모양
의 결함을 추궁하는 것이 통렬한 수법이다.

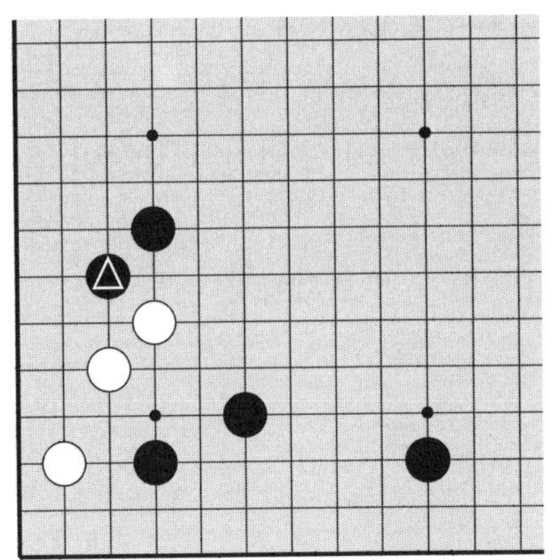

제1형 (흑선)

본형 흑▲에는 백이 손빼지 않는 것이 좋다. 다음에서 보듯 백은 흑에게 신랄한 추궁을 받게 된다.

1도(공격의 맥점)

흑1이 통렬한 맥점으로, 백2라면 흑3 이하로 귀를 차지하여 만족이다. 아직도 이 백은 가일수하지 않으면 공격당하는 모양이다.

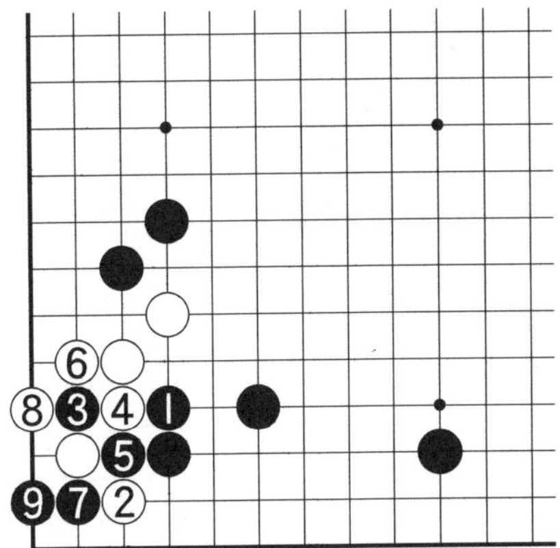

1도(정해)

2도(근거를 갖춤)

흑1도 근거를 위협하는 요소처럼 보이지만, 백2 이하 백8까지 알기 쉽게 근거와 안형을 갖추어 실격이다.

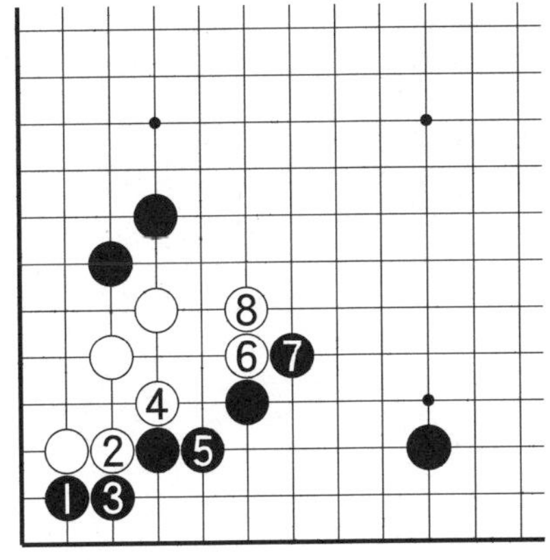

2도(실격)

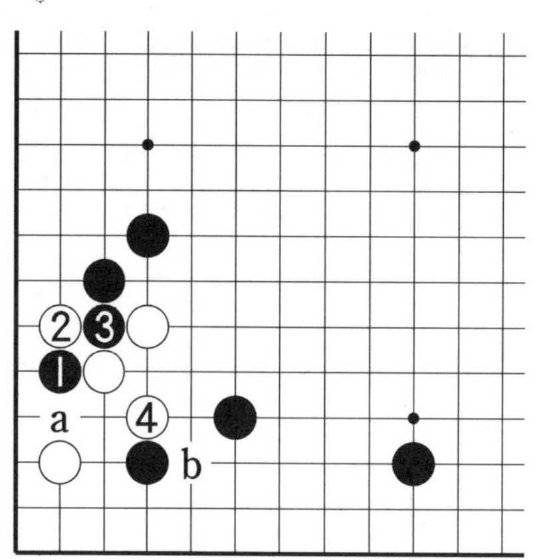

3도(실격)

3도(흑 대손실)

흑1의 붙임도 맥점 같아 보이지만, 백2·4의 수법이 교묘하여 흑은 큰 손실이 생긴다. 백4 이후 a와 b는 맞보기이기 때문이다.

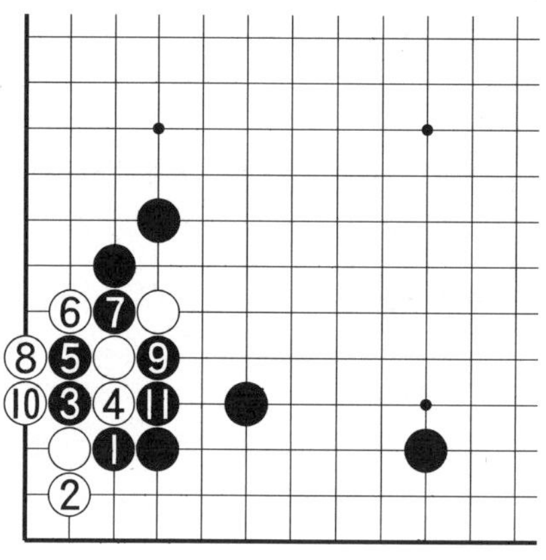

4도(별해)

4도(중앙 봉쇄)

경우에 따라서는 흑1의 치받기도 강력한 수다. 백2에는 흑3 이하 흑11까지 중앙을 봉쇄할 수 있으며 –

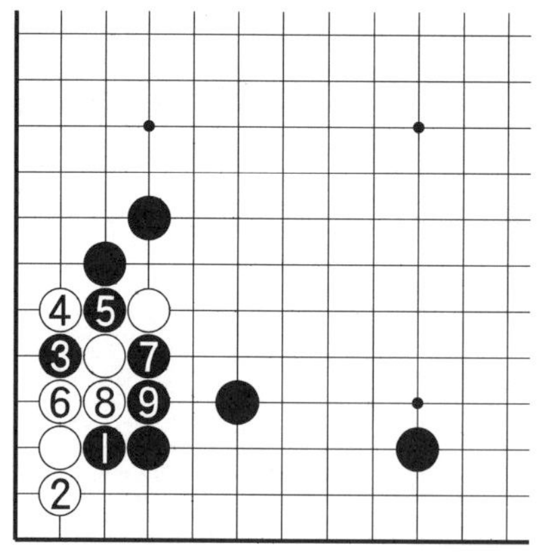

5도(변화)

5도(다른 봉쇄 수단)

본도 흑3·5의 수순으로 이하 흑9까지 봉쇄할 수도 있다.

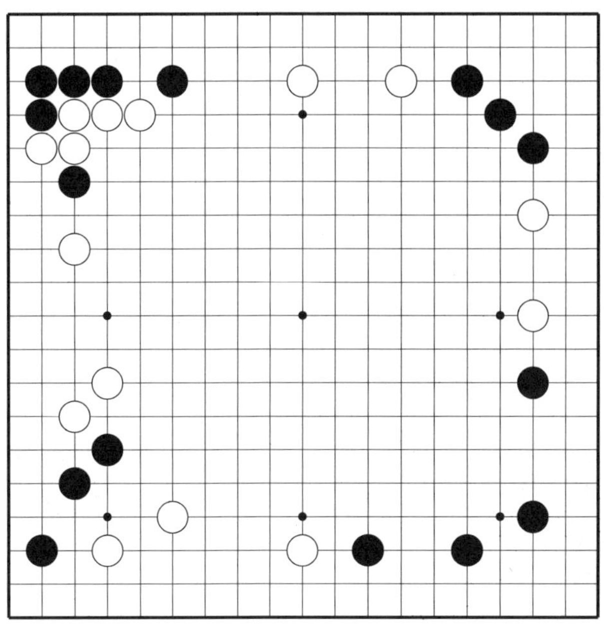

1986년 일본 名人戰　　●加藤正夫　　○趙治勳

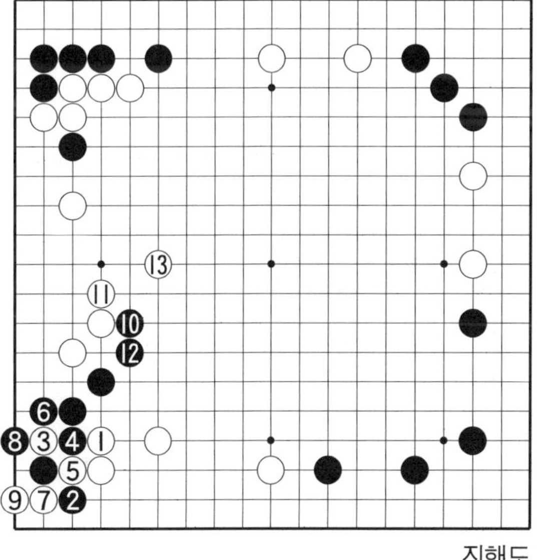

진행도

좌하귀에 제1형과 동일한 모양이 생겼다. 이때 조치훈은 대마킬러 가토(加藤)의 돌을 어떻게 공략했는지 감상해 보기로 하자.

진행도(주도권장악)

　조치훈의 수법은 백1의 서기 즉 제1형의 1도와 같은 것이었다. 이후 백 13까지 백은 일거에 주도권을 잡게 되었다.

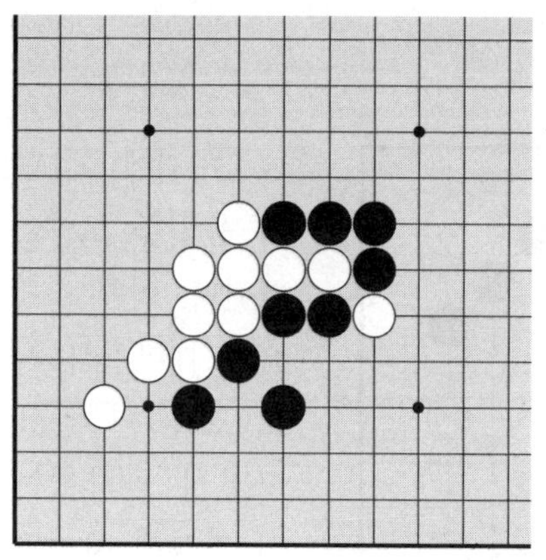

제2형 (흑선)

본형은 정맥처럼 보이는 이맥이 있으므로 조심해야 한다.

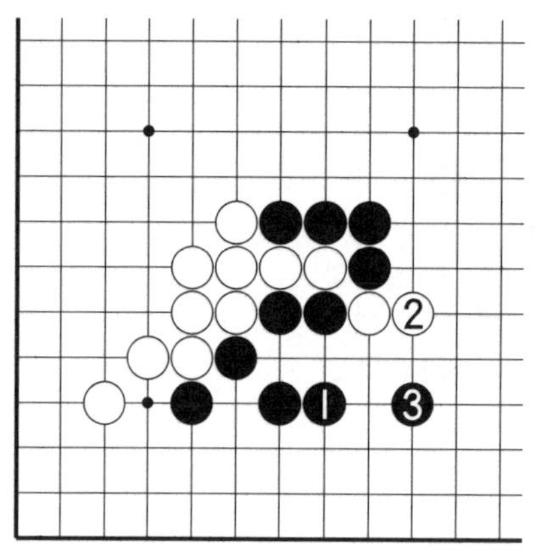

1도(정해)

1도(최선)

흑1의 서기가 정맥이다. 흑3까지 속도가 떨어지는 듯 하지만 최선이다.

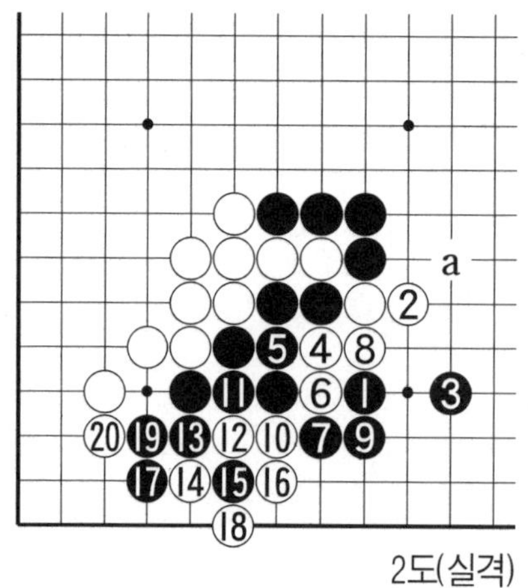

2도(실격)

2도(흑 궤멸)

흑1의 한칸은 속도감은 있으나 약점이 있다. 흑3 때 백4 이하의 추궁이 날카로워, 계속 흑이 강력하게 버티면 백20까지 궤멸하는 수가 있다.

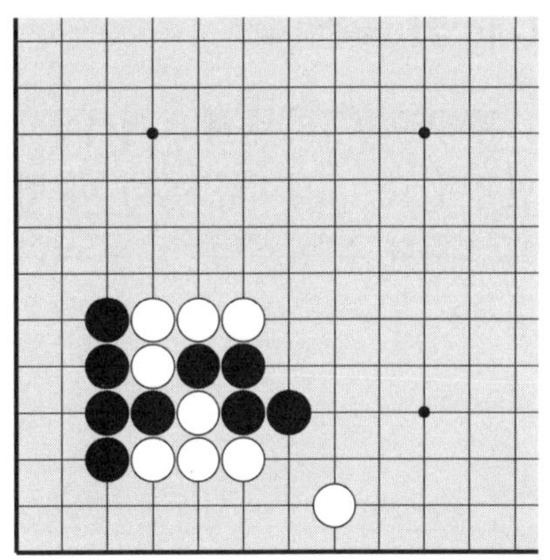

제3형 (흑선)

본형은 외목정석의 진행과정으로, 초점은 중앙 흑 넉점의 거취 문제다.

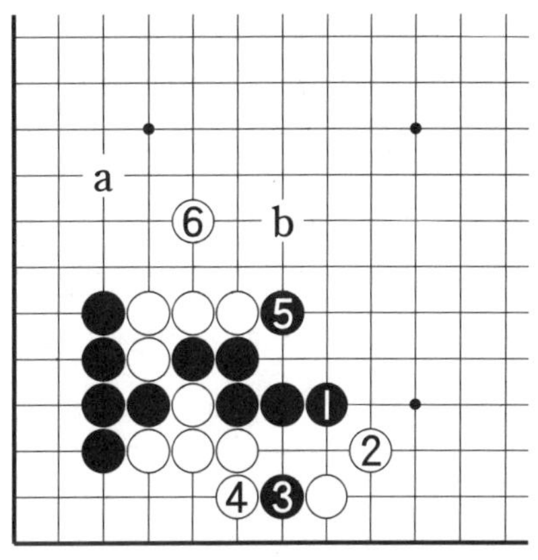

1도(정해)

1도(정석)

흑1로 서는 것이 정맥으로, 이하 흑5까지 자세를 갖춘다. 백6 이후 흑은 a나 b에 두는 것이 정석이다.

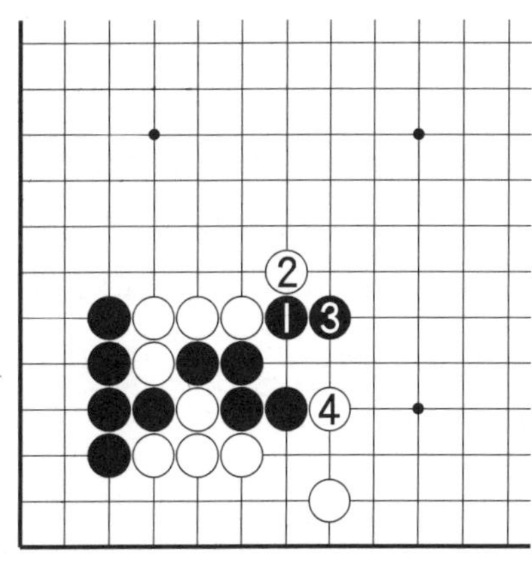

2도(실격)

2도(흑 우형)

그냥 흑1에 젖히는 것은 백2 다음 백4의 붙임을 당해 우형이 된다.

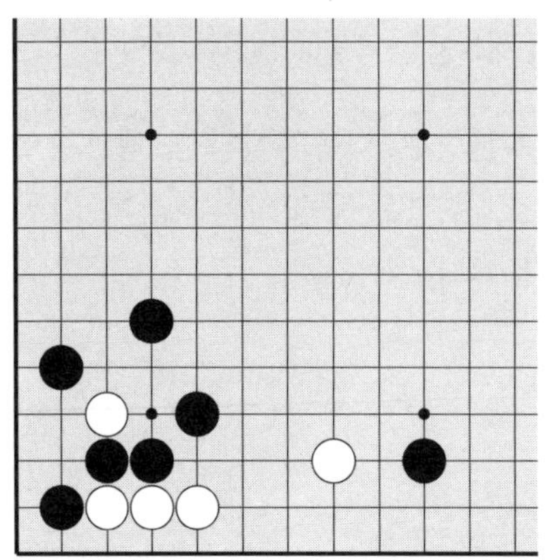

제4형 (흑선)

본형은 고목의 손빼기 정석에서 만들어지는 모양이다. 흑이 이 백을 공략할 수 있는 포인트는 어디일까?

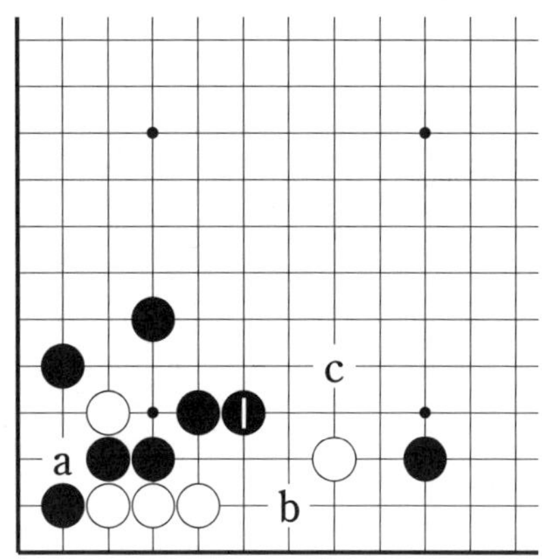

1도(정해)

1도(일석이조의 노림수)

흑1로 서는 것이 정맥이다. 이곳을 백이 붙이게 되면 a의 약점 때문에 흑이 함부로 대응할 수 없다. 또 흑은 이곳을 둠으로써, 이 외에도 b의 치중과 c의 씌우기를 동시에 노릴 수 있다.

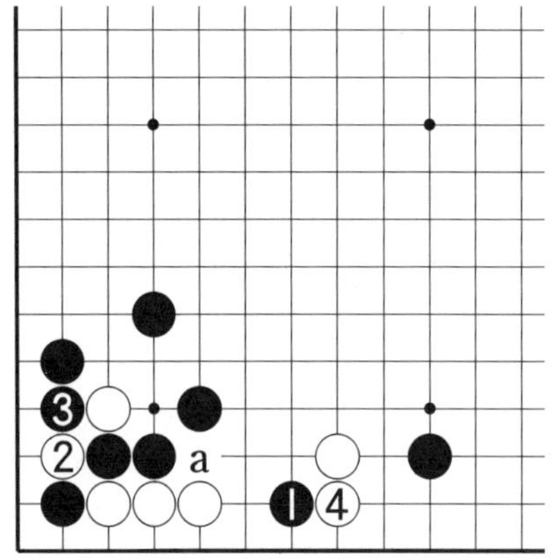

2도(실격)

2도(흑 한점 잡힘)

흑1의 치중은 근거를 박탈하려는 것이지만, 백2의 절단으로 a의 약점이 노출되어, 백4로 막으면 흑1로 둔 점이 오히려 잡히고 만다.

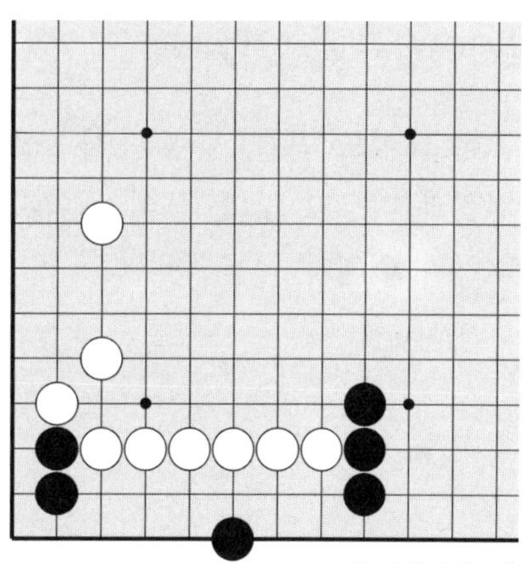

제5형 (흑선)

본형은 연결의 가장 기초적인 패턴 중 하나다.

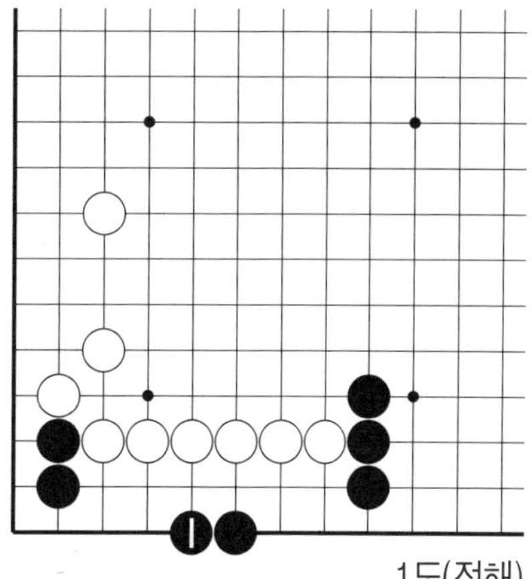

1도(정해)

1도(연결의 맥)

흑1의 쌍점으로 서는 것이 정맥으로, 이 수가 아니면 연결이 불가능하다.

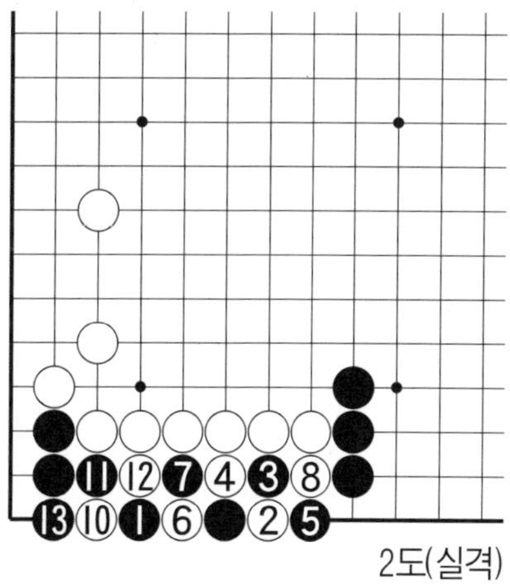

2도(실격)

2도(패)

흑1도 얼핏 연결된 것처럼 보이지만, 백이 2 이하로 반격하면 백 14까지 흑이 견디기 어려운 패다.

❾…② ⑭…⑥

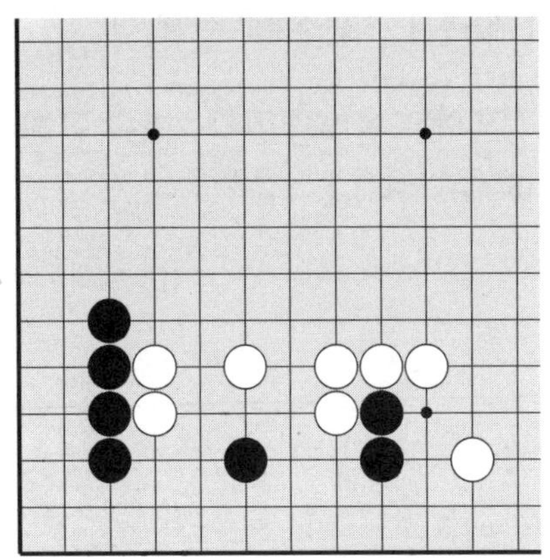

제6형 (흑선)

본 테마도 연결. 본형은 사실상 전형과 다르지 않다. 돌이 세워진 모양과 위치가 다를 뿐이다.

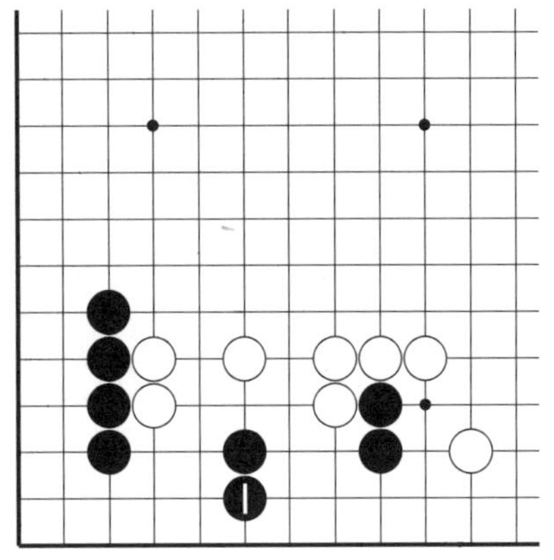

1도(정해)

1도(연결의 맥)

흑1의 서기가 유일한 연결 수법이다. 다음 백의 어떤 수단도 흑의 연결을 방해하지 못한다.

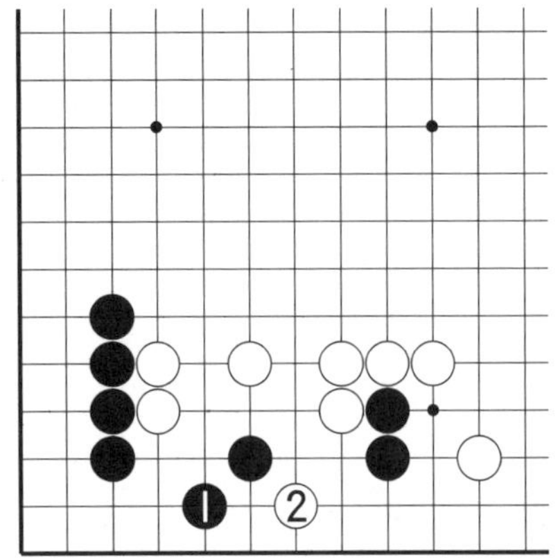

2도(실격)

2도(한 쪽만 연결)

흑1로는 백2의 치중으로 한 쪽만 연결된다. 마찬가지로 흑이 백2에 두면 백은 1의 곳에 치중하여 흑의 손실이 더욱 커진다.

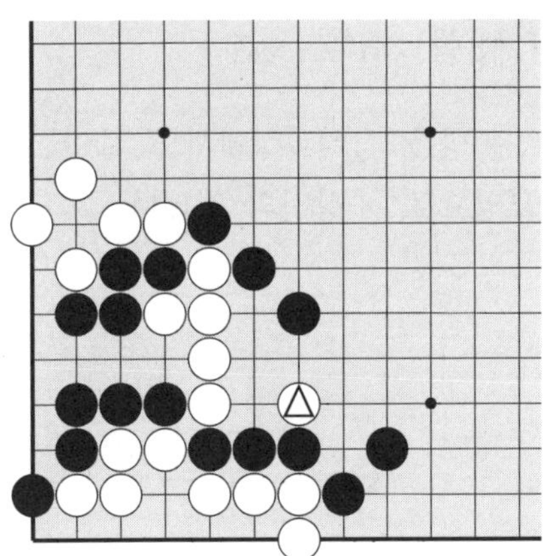

제7형 (흑선)

본형은 고목정석에서 백이 이탈하여 좌측 흑을 잡자고 한 모양이다. 흑으로서는 중앙 백을 잡아야 하는데, 백이 △로 타개하려 한다면 어떻게 될까?

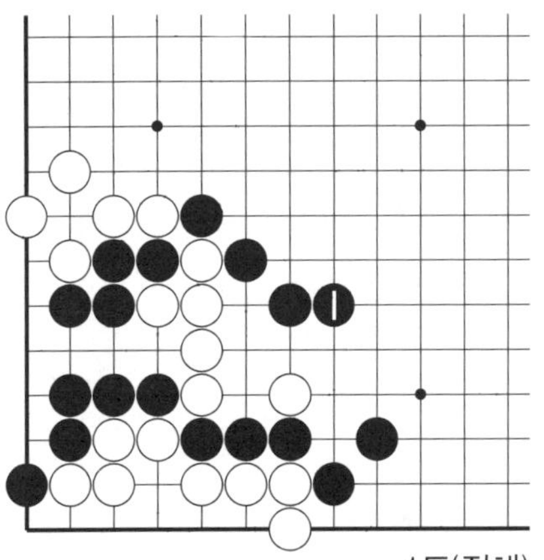

1도(정해)

1도 흑1의 서기가 백을 가두는 맥점이다. 이것으로 탈출은 없다.

2도 흑1로는 가둘 수 없다. 백2·4 다음 백6·8의 교묘한 수법으로, 백12까지 탈출하기 때문이다. 수순중 흑9로 3도 흑9에 막으면 백10으로, a와 b를 맞보아 산다.

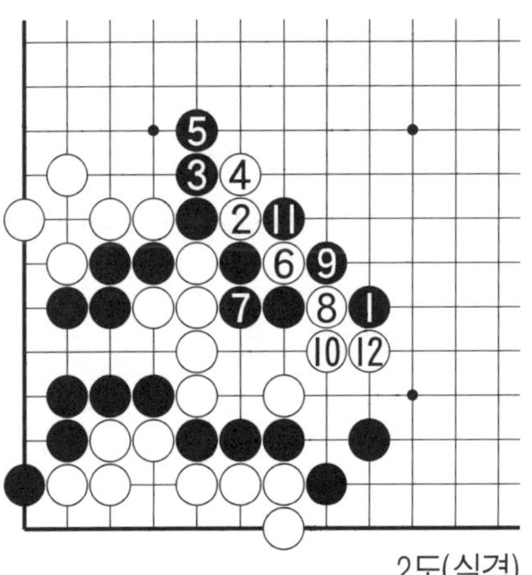

2도(실격)

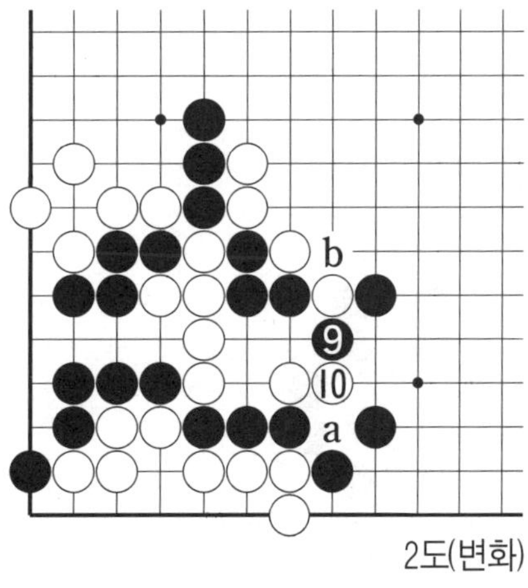

2도(변화)

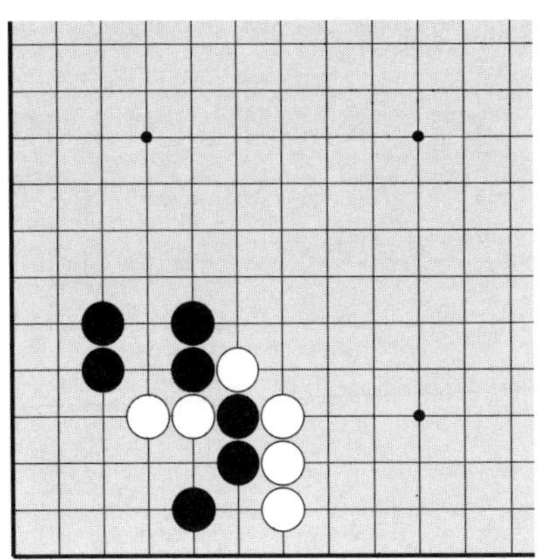

제8형 (흑선)

본형은 정석과정에서도 보이는 모양으로, 수상전의 형태다.

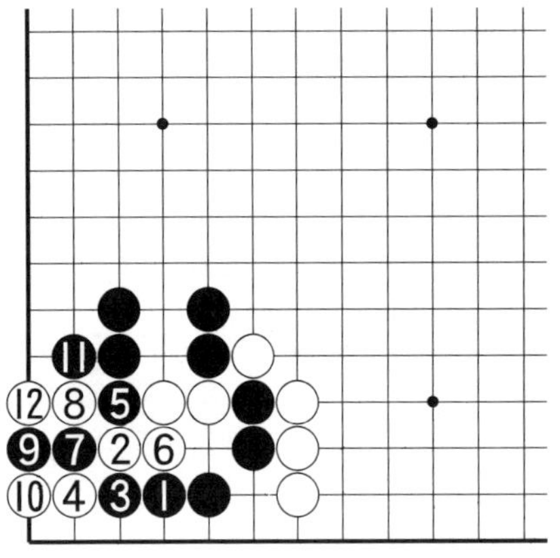

1도(정해)

1도(석탑 조이기)

흑1의 서기부터 시작하여 흑13까지는 외길 수순으로, 일명 석탑 조이기라는 별칭의 수조임이며, 이 수상전의 결과는 흑의 1수 승이다.

2도(끼움)

흑1로 한칸 뛰는 것은 백2의 끼움으로 후속수단이 없다. 다음 흑a면 백b, 흑b면 백c로 그만이다.

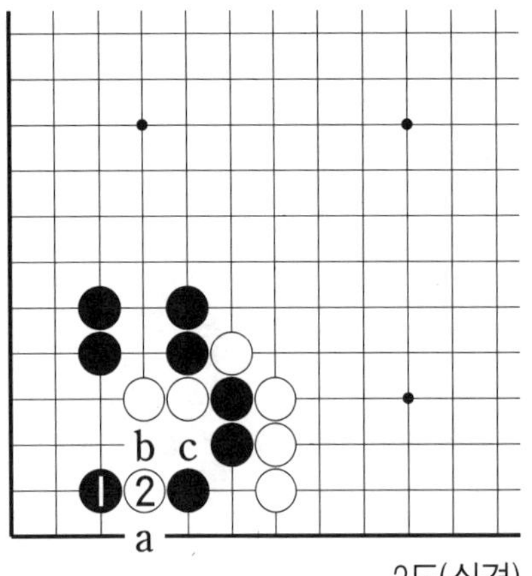

2도(실격)

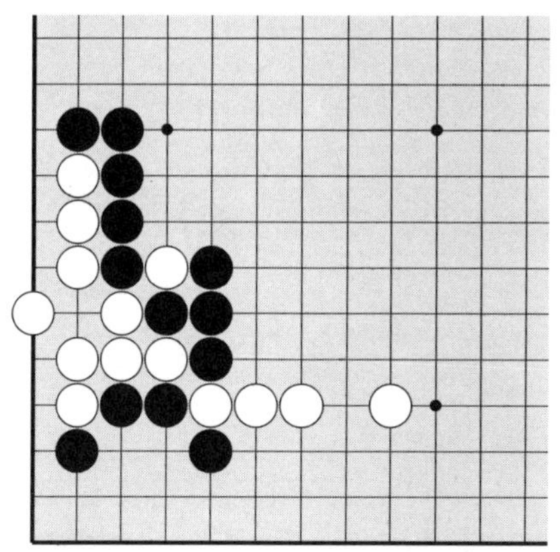

제9형 (흑선)

【제9형】 귀를 살리는 방법

본형은 화점정석이 마무리된 상황인데, 초점은 좌하귀 흑의 사활이다. 쉽게 생각하다가는 죽음이 있다.

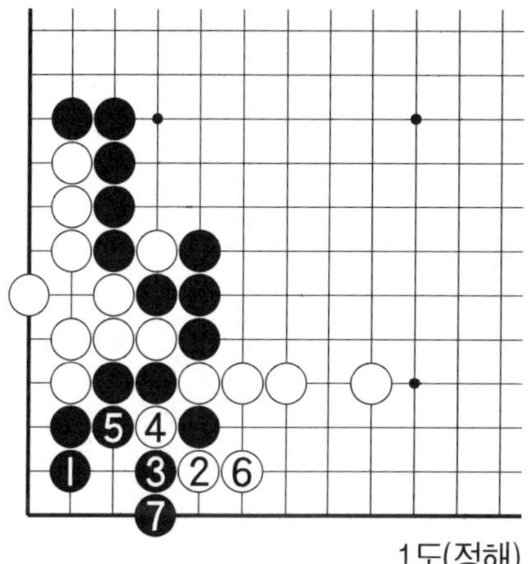

1도(정해)

1도(삶의 포인트)

흑1의 서기가 삶의 포인트다. 백2 이하로 공격해도 흑7까지 안전하다.

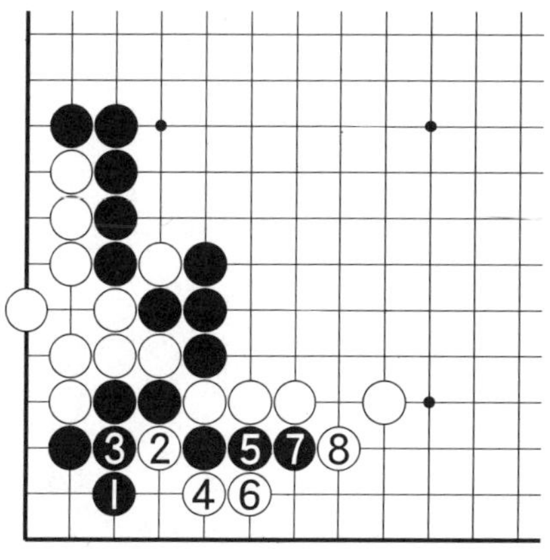

2도(실격)

2도(흑 죽음)

흑1의 호구이음은 경솔한 수로, 백2 이하 백8까지의 수순이 좋아 흑 죽음뿐이다.

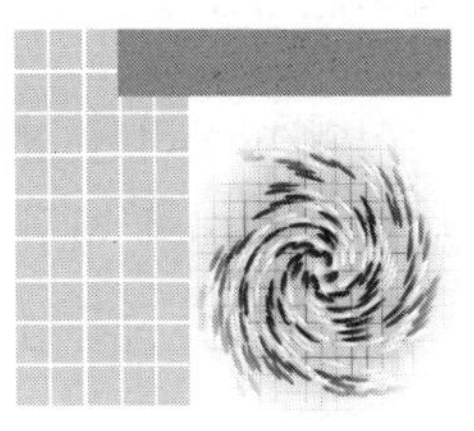

제8장
절단·단수의 맥

- 수순의 묘
- 끝내기상 이득
- 대세를 결정짓는 단수

실전맥 38
절단(1) 수순의 묘

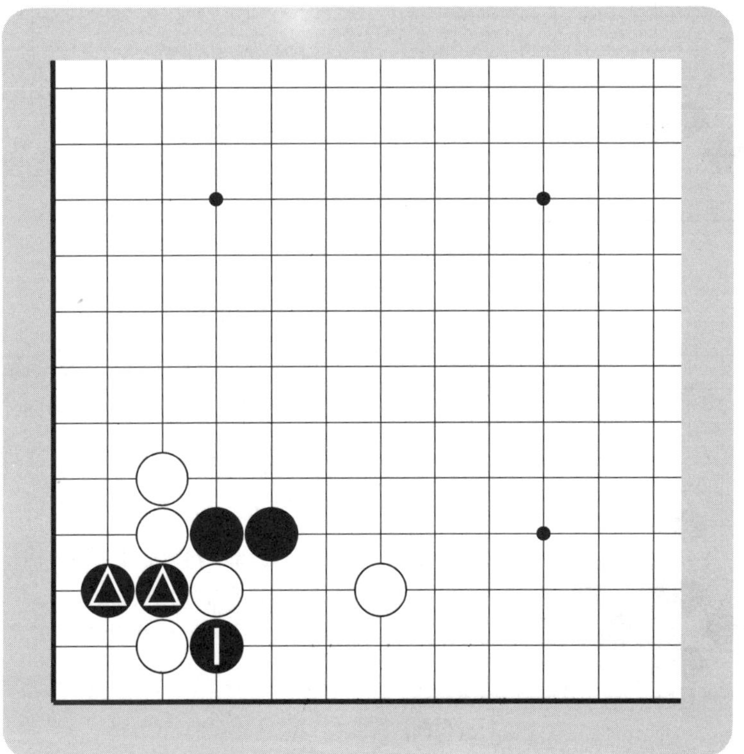

　본형은 정석과정에서 백이 이탈한 모양이다. 물론 백이 폭리를 취하려는 것이지만, 이때 흑이 ▲들을 구하려는 것은 백의 계략에 휘말리는 것이다. 또 흑▲를 포기하는 데에도 적당한 방법이 필요하며 무조건 포기하는 것은 능사가 아니다. 여기에도 맥과 일련의 수순이 필요한 것이다.

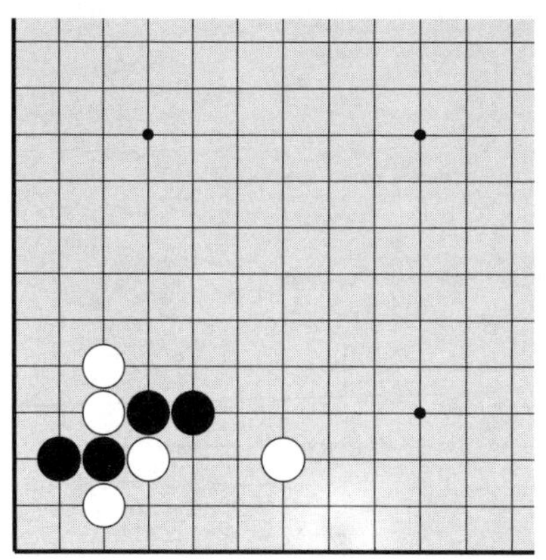

제1형 (흑선)

【제1형】 귀의 처리 수법

　본형을 흑이 처리하는 수법은 대단히 실전적이다. 맥이라기 보다는 수순 전체가 차라리 하나의 패턴일 것이다.

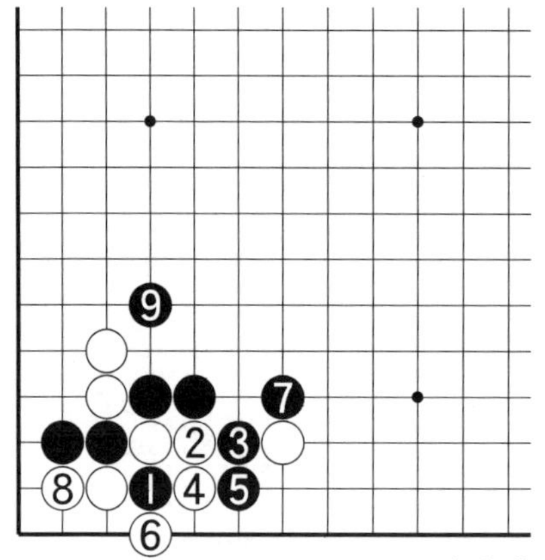

1도(정해)

1도(버리는 수순)

　흑1로 끊은 다음 흑3·5로 버리는 수순이 이 맥의 포인트다. 변의 백 한점과 완전히 밀착시켜 관통형으로 분리하는 것이다. 흑7에 백8은 불가피하며 이때 흑9로 덮어 씌어가 흑이 좋다.

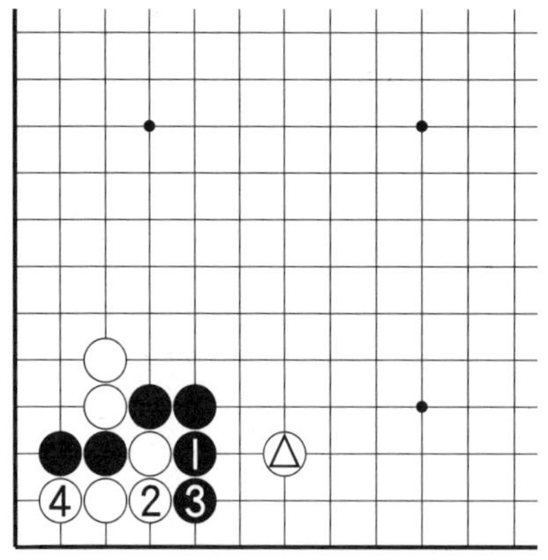

2도(실격)

2도(흑 불리)

　흑1·3으로 포기하는 것은 백△가 흑의 공격권에 있다기 보다 흑을 공격하는 위치에 있다고 보아야 하므로 흑이 불리하다.

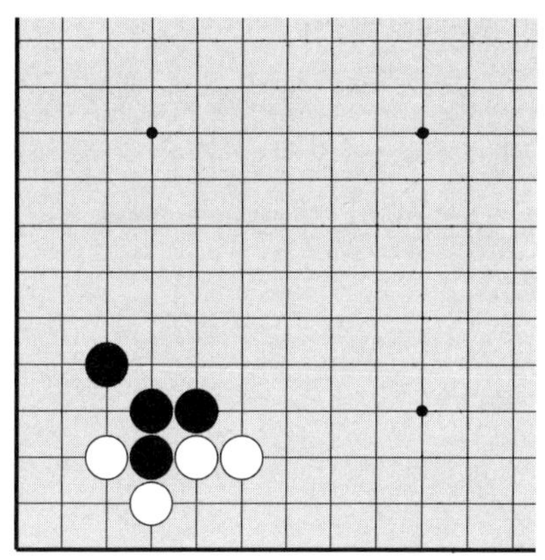

제2형 (흑선)

본형은 어느 곳을 끊어 어떻게 처리하느냐의 수법을 선택하는 것 이다.

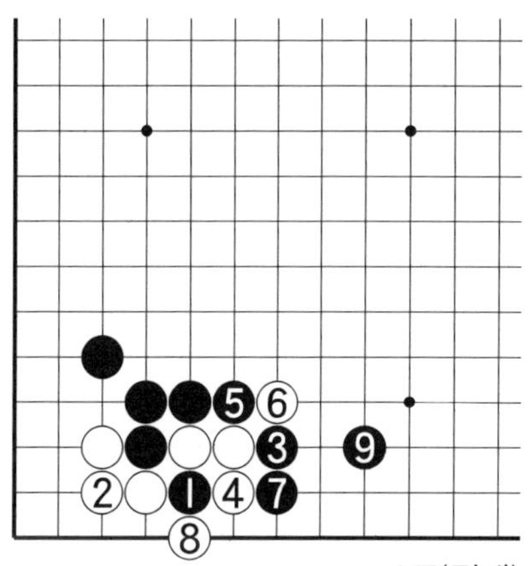

1도(정해)

1도(흑 활발)

흑1로 끊는 것이 옳은 방향이다. 또 백2 때 흑3은 실전맥 32에서 설명한 코붙임의 맥인데, 흑9까지 흑이 활발하다.

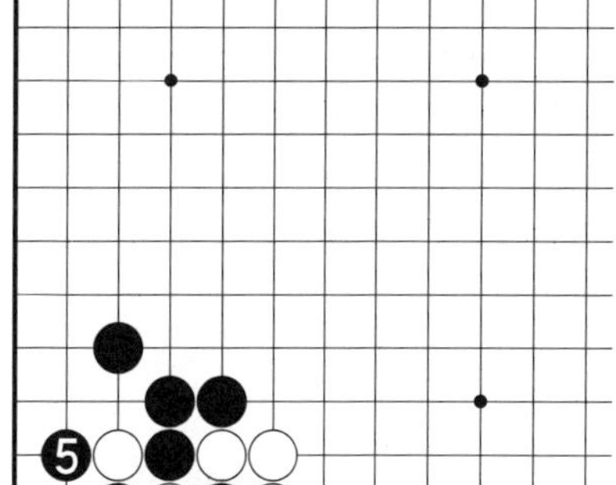

2도(백의 실격)

2도(흑 만족)

흑1에 백2로 잡으면 흑3·5로 귀를 차지해 만족이다. 흑 한점을 잡은 백의 모습이 응형이기 때문 이다.

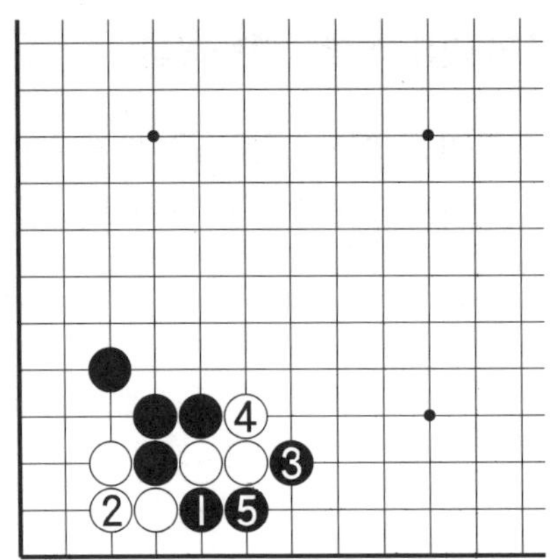

3도(백의 실격)

3도(백 무리)

1도 흑3 때 백이 본도 백4에 두면 흑5로 연결해 이것은 귀를 후수로 살아야 하는 만큼 백의 무리다.

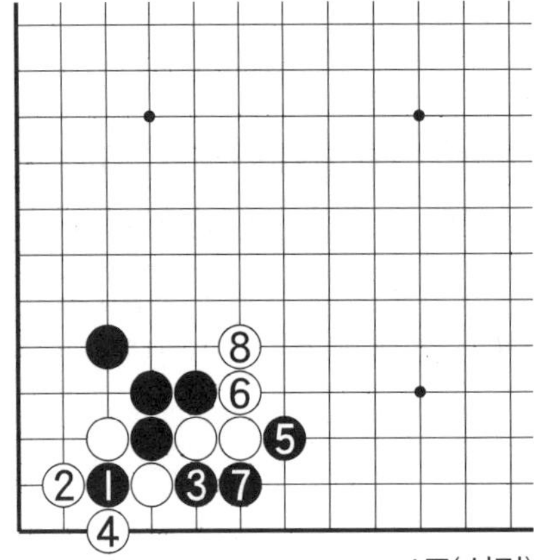

4도(실격)

4도(강력한 대응)

흑1쪽을 끊으면 이때는 백이 귀를 취하게 된다. 백귀가 살아 있으므로 흑5에는 백6·8로 자신 있게 대응할 수 있는 것이다.

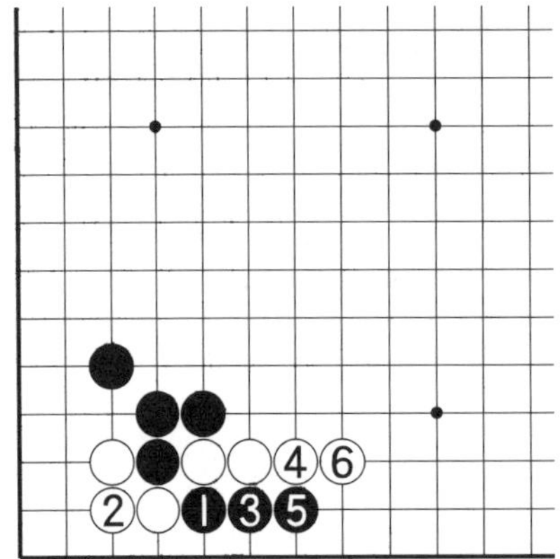

5도(3수째 실격)

5도(2선은 패망선)

1도 흑3의 코붙임으로 본도처럼 2선을 기는 것은 흑의 무리다. 설사 귀를 잡는다 해도 백에게 큰 세력을 허용하기 때문이다.

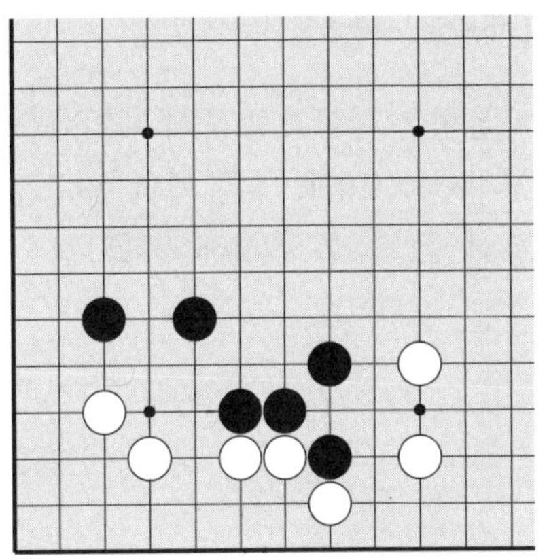

제3형 (흑선)

본형은 실전에서 숨어 있는 맥에 속한다. 눈에 선뜻 보이지 않기 때문이다. 테마는 좌우의 백을 분리시키는 방법이다.

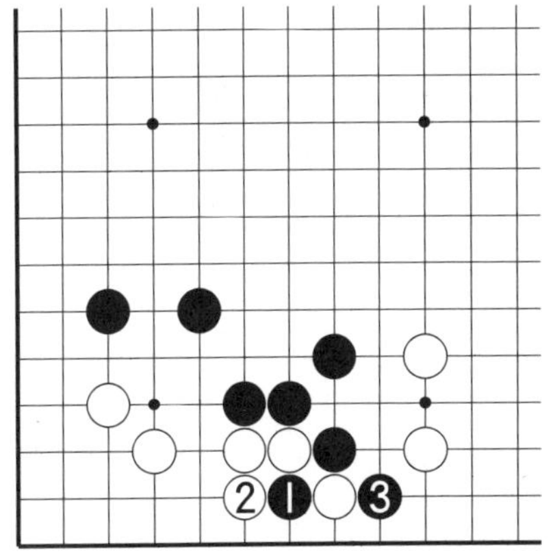

1도(정해)

1도(돌파)

실전에서 흑1로 끊는 맥이 금방 눈에 들어온다면 고단자급의 수준이다. 백2가 어쩔 수 없을 때 흑3으로 돌파하게 된다.

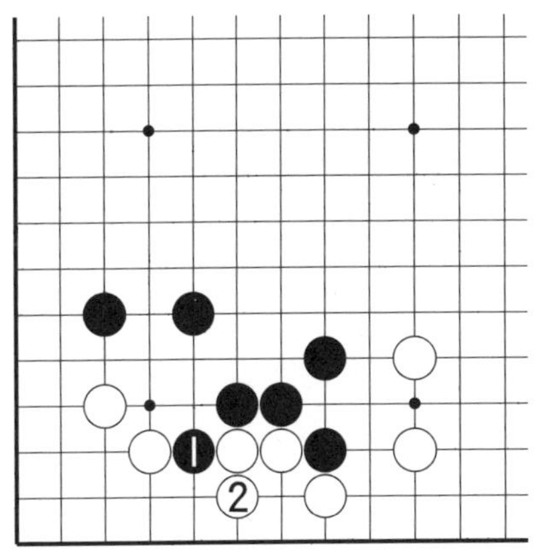

2도(실격)

2도(늦춤)

흑1로 끼워 절단점을 노출시켜 보려는 것은 백2로 늦추어 그만이다.

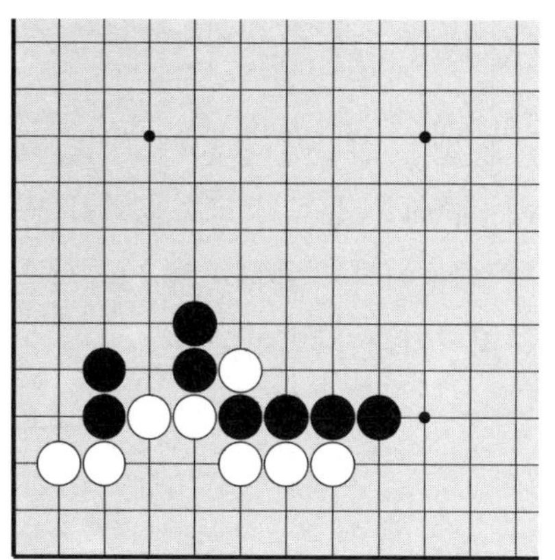

제4형 (흑선)

　본형은 정석과정 중에 나타나는 모양인데, 이때 흑은 백의 응수를 물어 그 응수 여하에 따라 다음 수를 결정한다.

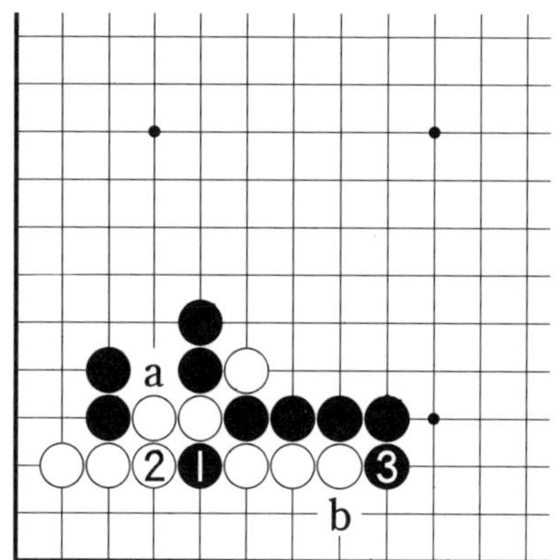

1도(정해)

1도(응수타진)

　흑1로 끊어 두는 것이 이른바 응수타진이다. 백2라면 흑3으로 막는 수가 크다. b의 젖힘이 큰 끝내기 수단이기 때문이다. 이후 백a로 두면 흑 두점은 가볍게 버린다.

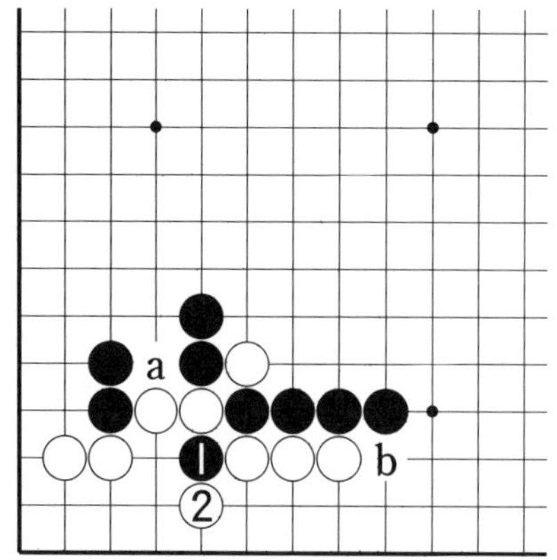

2도(변화)

2도(전환)

　흑1 때 백2면 흑b로 막지 않고 다른 곳에 전환할 수 있다. 이번에는 백이 a로 뚫고 나오는 수단을 선수로 방지하게 된다.

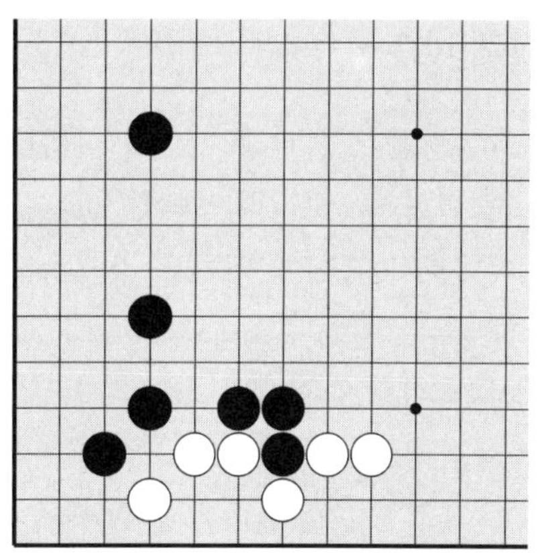

제5형 (흑선)

본형도 흑이 다음 수를 결정하기 전 응수타진하는 맥을 구사할 수 있는 모양이다.

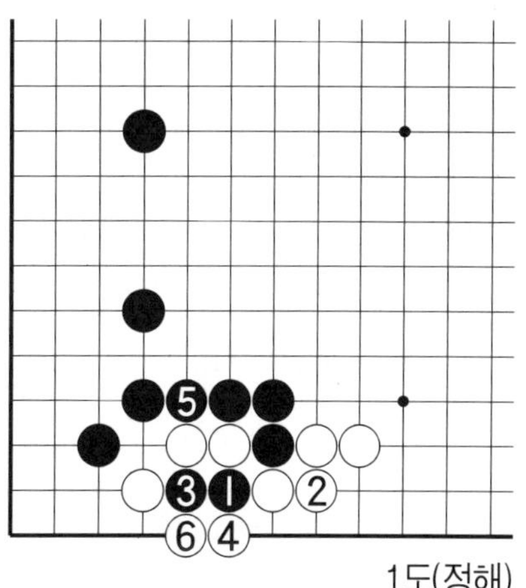

1도(정해)

1도(끊기의 맥)

흑1로 끊는 것이 백의 응수를 살피는 맥이다. 백2로 받으면 흑3·5로 약점을 선수 보완한 후, 다른 곳에 전환할 수 있다. 수순중 흑3은 눈여겨 보기 바란다. 그냥 흑5는 백이 귀를 밀게 된다.

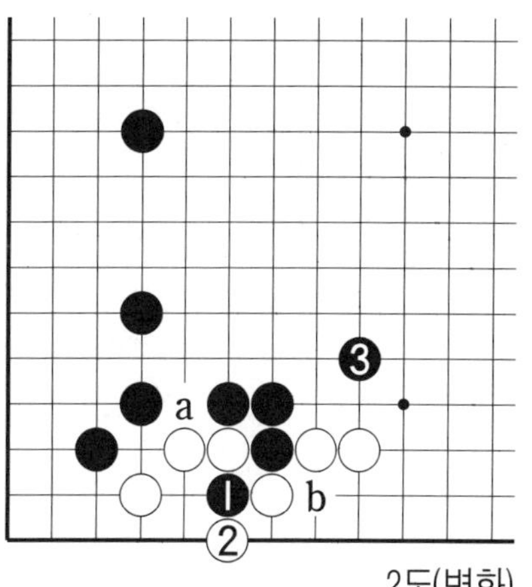

2도(변화)

2도(보강겸 확장)

흑1 때 백2로 잡으면 이때는 흑3으로 중앙을 보강겸 확장한다. a의 자기 약점을 보강하면서 이번에는 b의 상대 약점을 노리는 것이다.

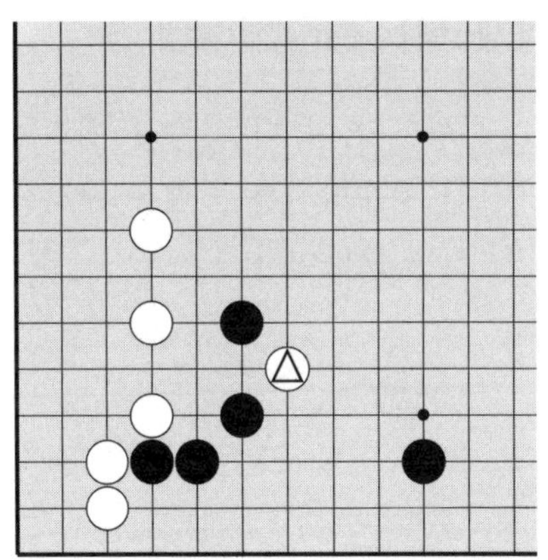

제6형 (흑선)

본형은 정석과정 이후에 나타나는 변화 중 하나다. 백이 △로 들여다보아 흑에게 잇기를 강요했을 때 흑은 잇기 전 백의 응수를 타진할 필요가 있다.

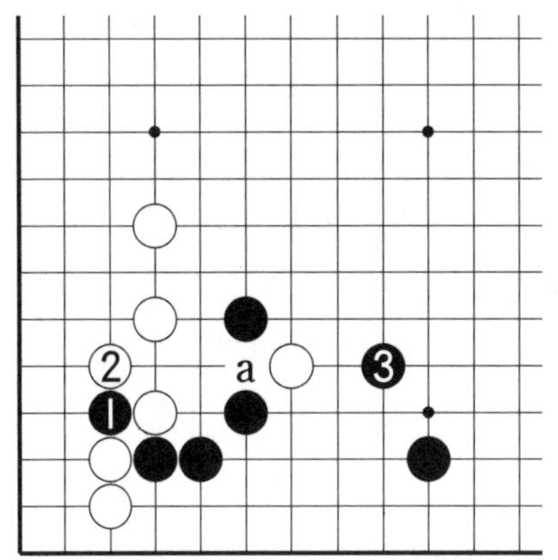

1도(정해)

1도(역공)

흑1로 끊는 것은 백이 어떻게 받느냐에 따라 다음 수를 결정하려는 것이다. 백2라면 흑3으로 역공할 수 있다. 백a로 끊기는 점이 두렵지 않기 때문이다.

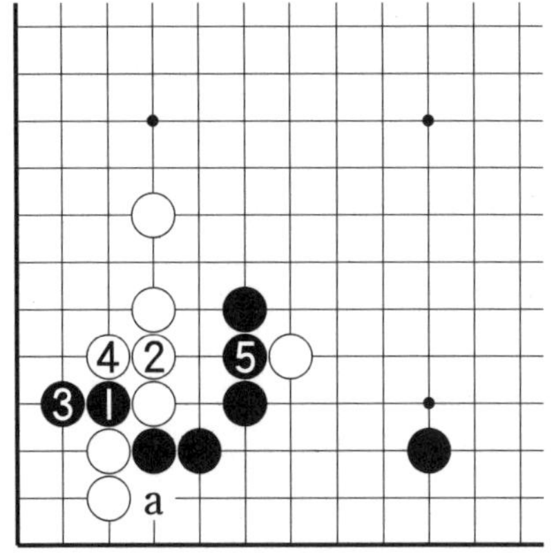

2도(변화)

2도(선수 끝내기)

흑1 때 백2로 받는다면 흑3으로 뻗어 다음 a로 막는 선수 끝내기가 보장되어 있다. 따라서 이제는 흑5로 이어도 불만이 없다.

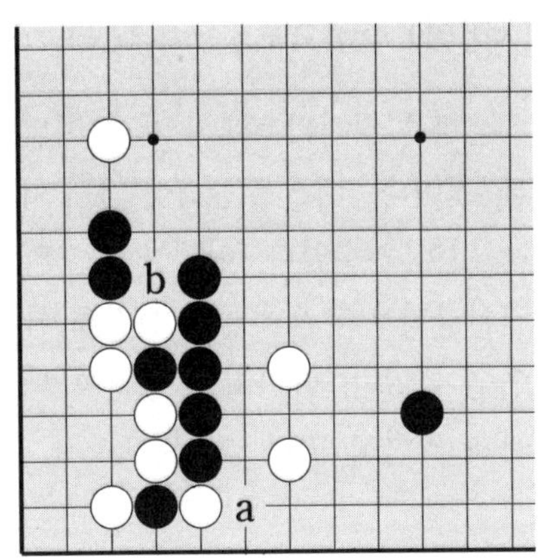

제7형 (흑선)

본형도 응수타진의 전형적인 모양이다. 흑이 하변을 a로 차단하면 백b로 좌변이 끊기기 때문에 흑은 a를 두기 전 백에게 응수를 물을 필요가 있다.

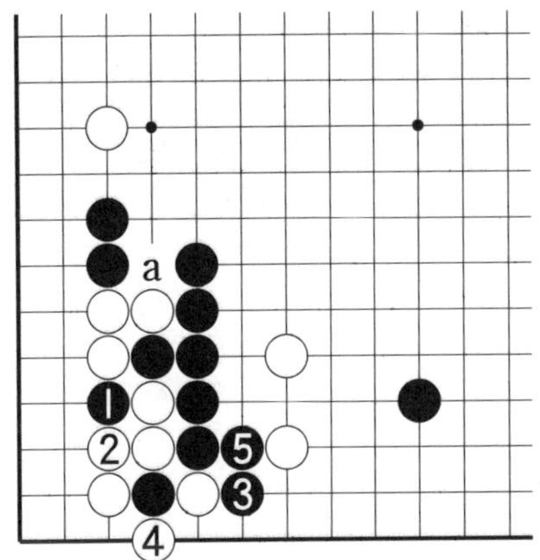

1도(정해)

1도(응수타진의 효과)

흑1이 응수타진의 한 수다. 백2라면 그때 흑3·5로 차단한다. 이제 흑1로 끊어 둔 점 때문에 백은 a로 절단을 노릴 수 없는 것이다. 수순중 백2로 4에 따내는 것은 좌변의 백3점이 죽는다.

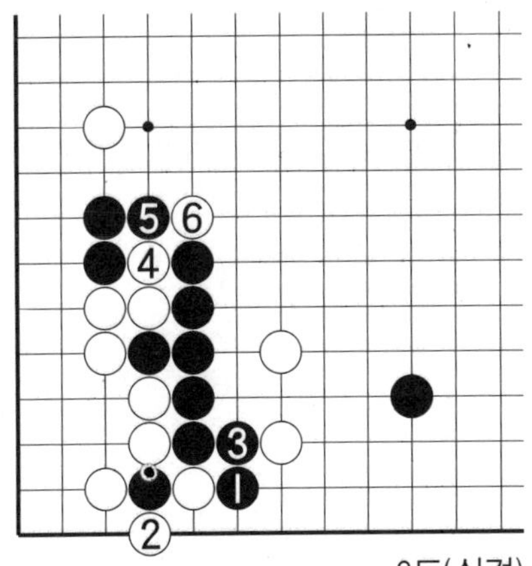

2도(실격)

2도(흑 곤란)

그냥 흑1에 차단하면 흑3 다음 백4·6으로 끊겨 일이 복잡해진다. 흑이 곤란한 것은 물론이다.

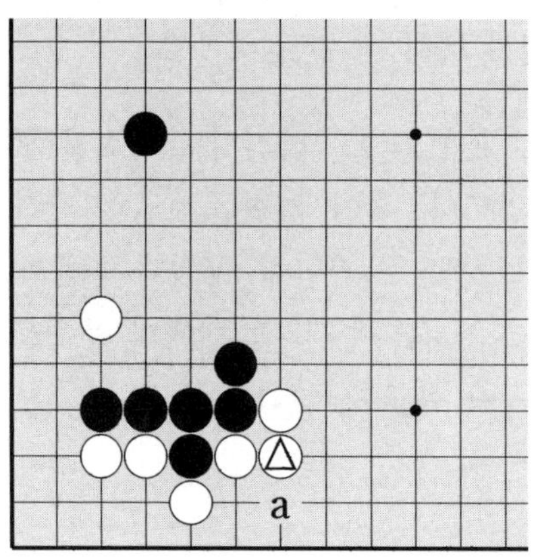

제8형 (흑선)

본형은 정석과정에서 백이 이탈한 것이다. 백△로는 a에 호구치는 것이 정수였다. 이때는 응수타진이라기보다 흑에게는 선결해 둘 수순이 있다. 타이밍을 놓치면 백에게 당하고 만다.

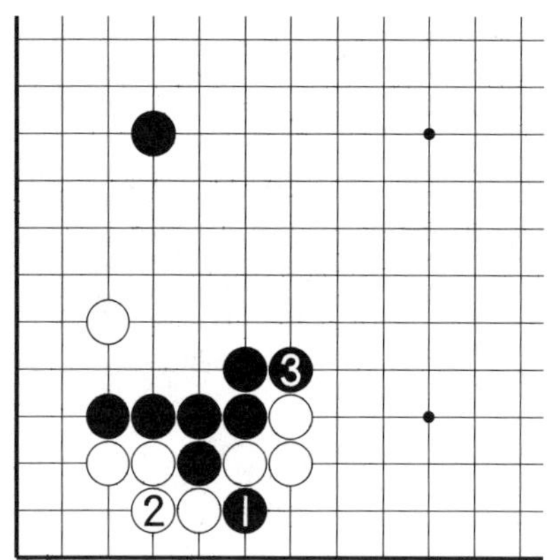

1도(정해)

1도(선결 수순)

흑1의 절단이 반드시 필요하다. 백2는 절대이며 이때 흑3으로 꼬부려 세를 확장하는 것이 일련의 수순이다.

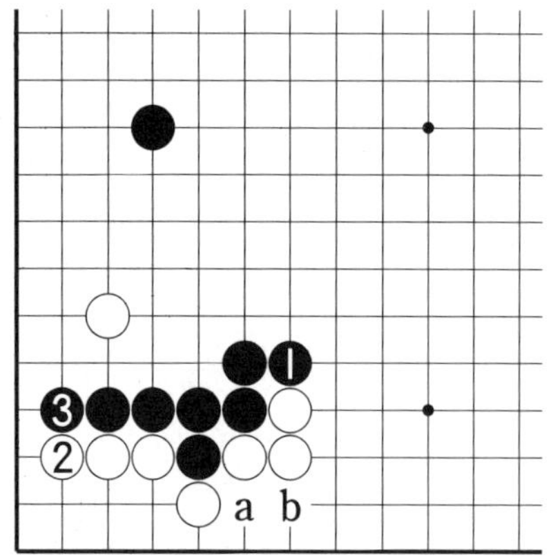

2도(실격)

2도(영향력의 차이)

그냥 흑1에 꼬부리면 백은 재빨리 2에 둘 것이다. 이제 흑a라면 백b로 잡는다. 따라서 흑1의 꼬부림은 영향력이 없어졌다.

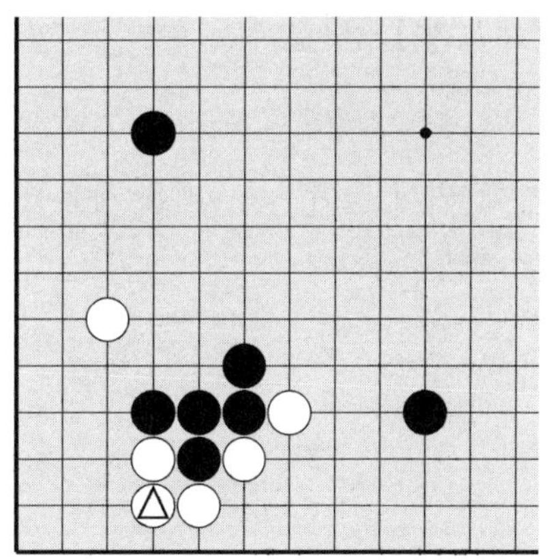

제9형 (흑선)

본형도 정석과정 중 하나로, 백 △로 이었을 때 흑의 선결 수순을 묻는 것이다.

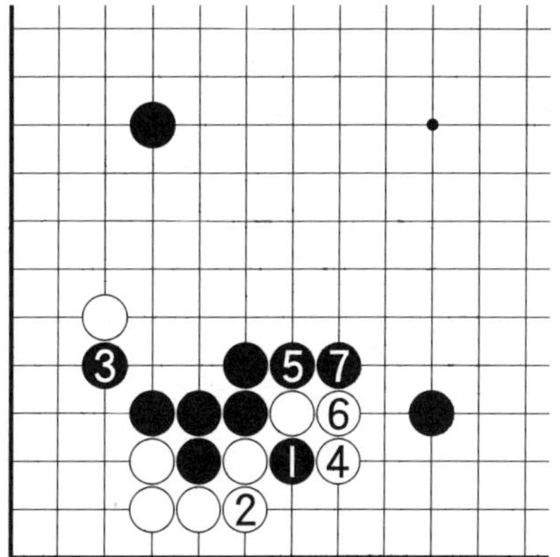

1도(정해)

1도(싸바름)

흑1은 반드시 선결해 두어야 할 수순이다. 흑3 때 백4로 잡히더라도 흑은 5·7로 싸바를 수 있기 때문이다. 만약 이를 간과하여 ―

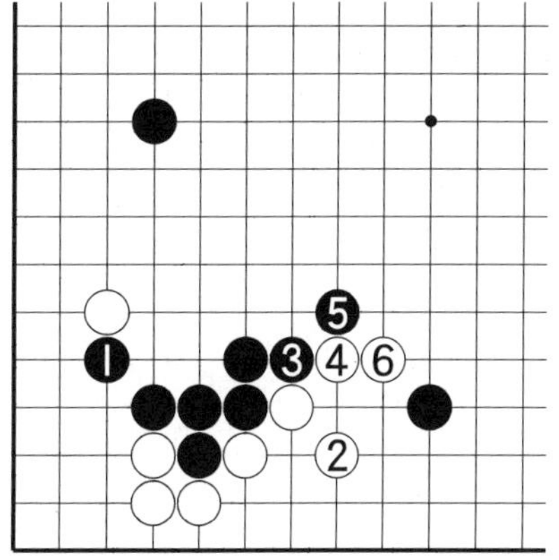

2도(실격)

2도(봉쇄 불가능)

그냥 흑1에 지키면 백도 2로 지켜 이제는 백6까지 봉쇄가 불가능하다. 그렇다고 억지로 봉쇄하려는 것은 도처에 약점이 노출되어 주도권을 잃게 된다.

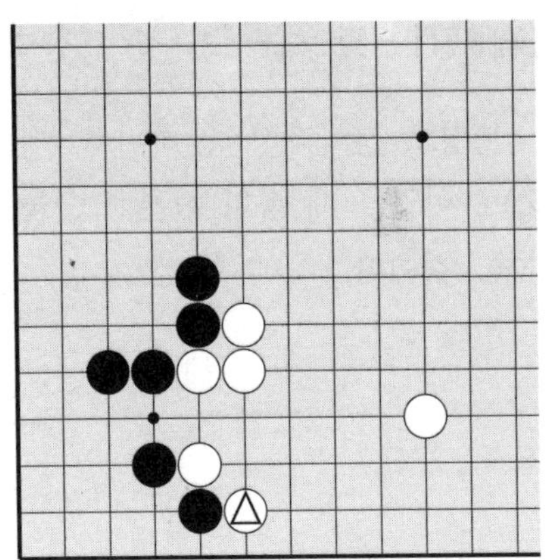

제10형 (흑선)

【제10형】 선수를 잡는 수순

　본형은 손해가 되더라도 선수를 잡기 위해 끊어 두는 맥을 사용하는 패턴이다.

1도(흑 선수)

　흑1로 끊는 것은 일단 손해다. 그러나 그 댓가로 백4까지 흑은 선수를 잡고 있다.

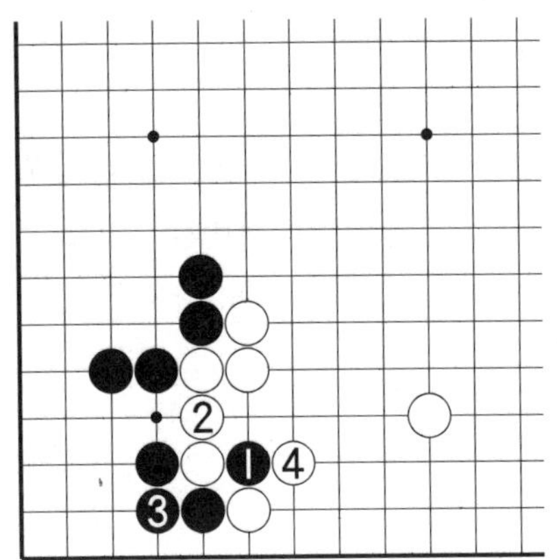

1도(정해)

2도(백 손뺌)

　흑1로 그냥 이으면 백은 손을 뺄 수 있다. 다음 흑a에는 b로 처리할 것이다.

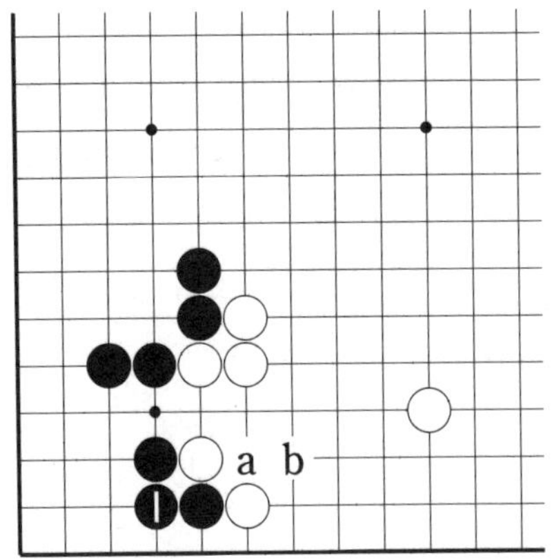

2도(실격)

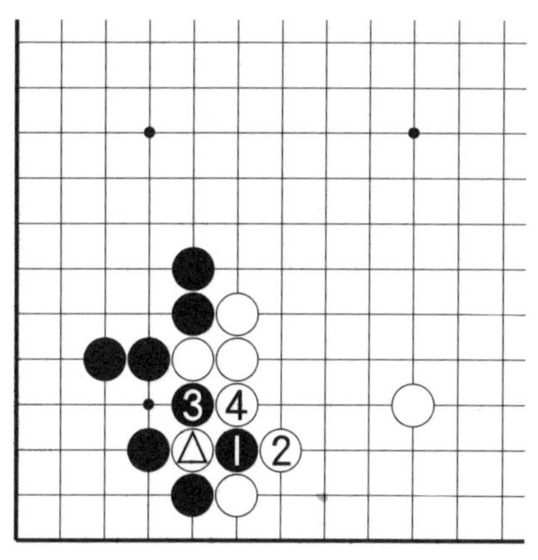

3도(1도의 변화)

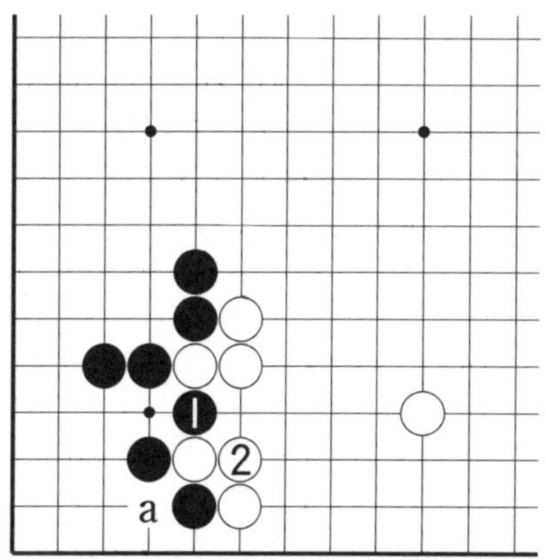

4도(실격)

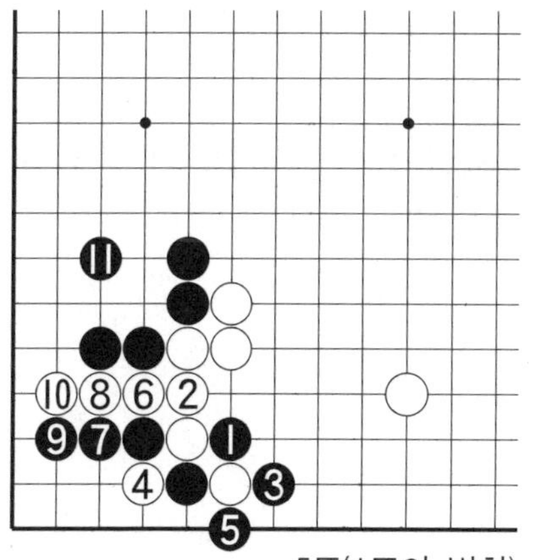

5도(1도의 변화)

3도(후수지만 크다)

흑1 때 백2로 버리는 것은 흑으로서 환영이다. 2도의 흑1과 같은 불필요한 수순 없이 백 한점을 잡은 것이므로, 이제는 후수가 되더라도 큰 것이다.

❺…△

4도(흑 손해)

흑1로 위에서 단수하고 선수를 잡는 것은 백a의 큰 끝내기를 남겨 손해다.

5도(논외)

본도와 같은 변화는 흑이 실전에서 전혀 선택할 수 없는 것은 아니지만, 이러한 변화는 국면 전체를 고려해야 하는 사항이므로 여기서는 일단 논외다.

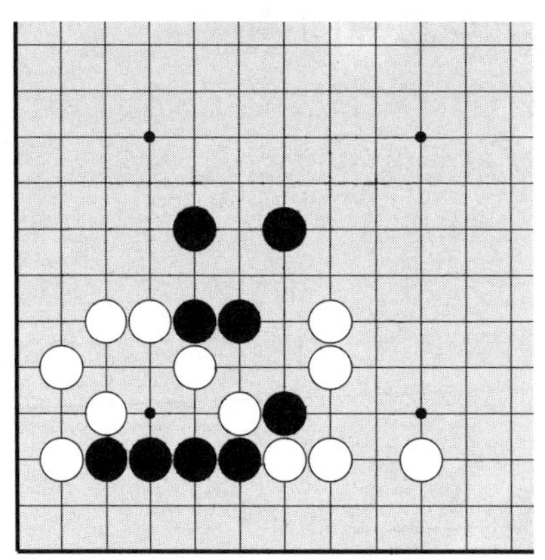

제11형 (흑선)

본형은 연결의 테크닉 중 하나로, 끊기를 이용하여 요석을 잡는 방법이다.

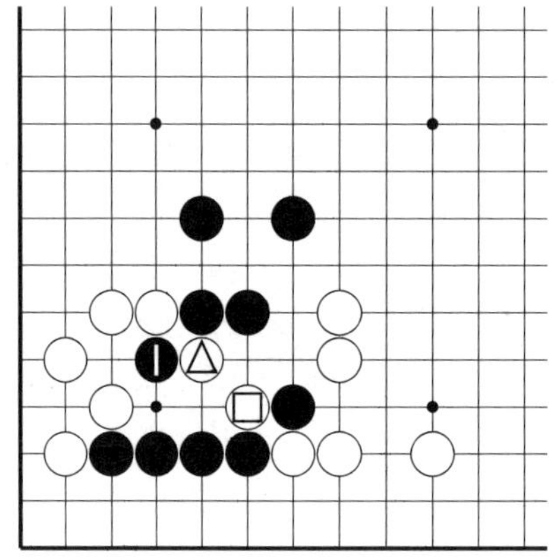

1도(정해)

1도(둘 중 하나)

흑1로 끊으면 백△, ⬚ 둘 중 하나를 잡을 수 있다. 이 형태는 마늘모로 연결된 돌을 양쪽에서 끊었을 때 만들어진다.

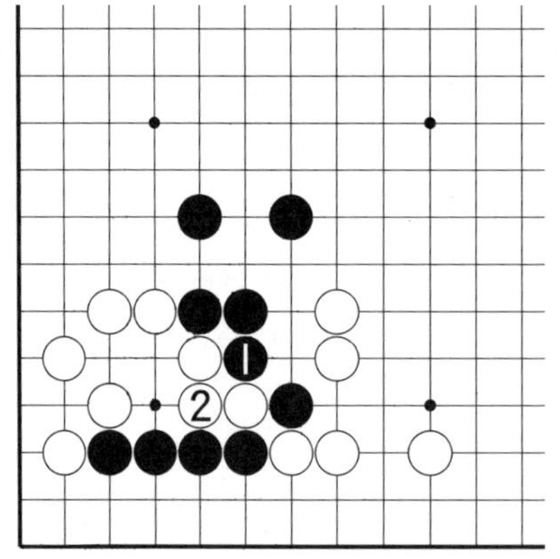

2도(실격)

2도(조급)

흑1 등으로 그냥 잡으려는 것은 조급하기만 할 뿐 백의 요석을 차단할 수는 없다.

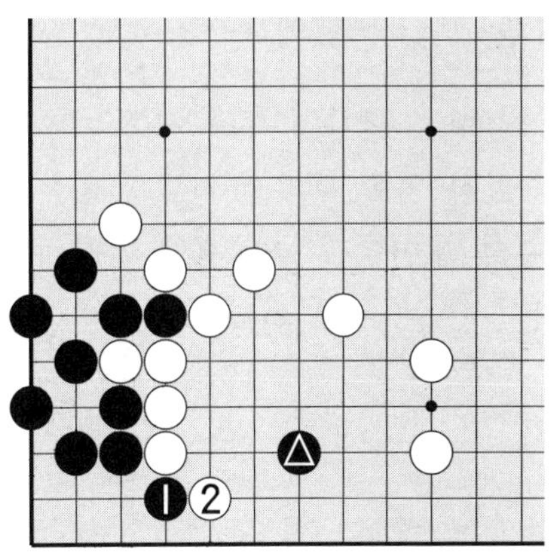

제12형 (흑선)

【제12형】 백집 속의 수단

본형은 실전형이다. 귀의 모양은 정석의 일종인데, 이후 흑▲는 일종의 노림수를 내포한 침입으로 백진에 갇혀도 수단의 여지가 있다. 우선 흑1로 젖혀 백2로 받은 다음이 문제이다.

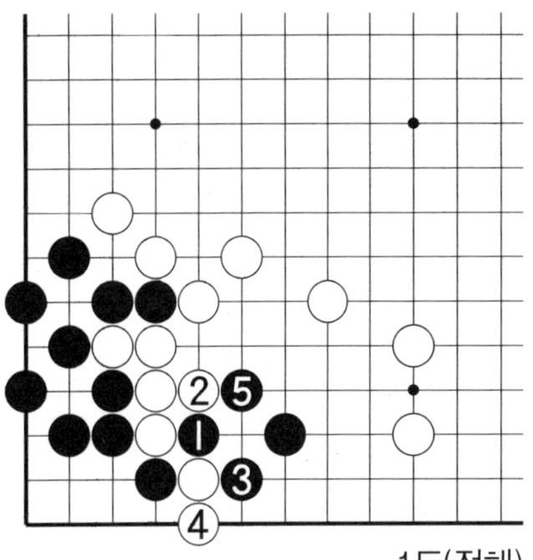

1도(정해)

1도(패)

흑1로 끊어가는 것이 격렬한 수법이다. 백2에는 흑3·5의 패로 반격한다. 만약 백2로 –

2도(백의 실격)

2도(백 전멸)

본도 백2에 두어 흑 한점을 잡고자 하면 흑3 이하 흑7까지 백이 전멸한다.

⑥…▲

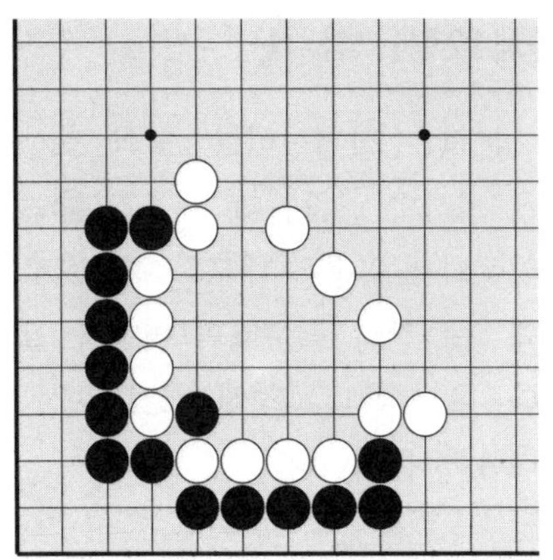

제13형 (흑선)

　본형은 끊기를 통해 백이 가장 중요한 곳을 두지 못하도록 하는 것이 포인트로, 자충으로 유도하는 수순이 볼 만하다.

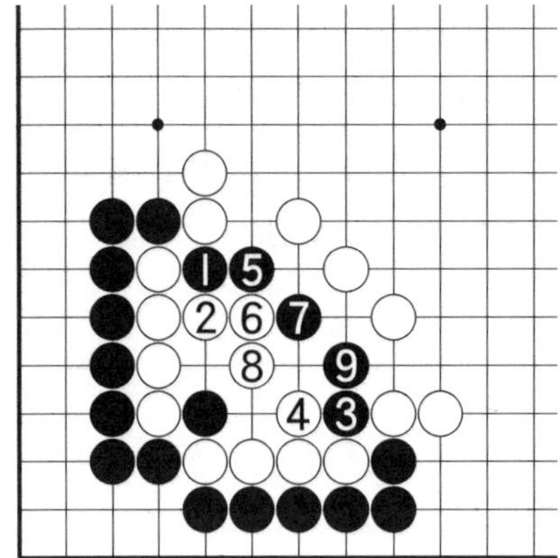

1도(정해)

1도(백 자충)

　흑1·3의 끊기부터 흑5·7·9가 빈틈 없는 수순이다. 백은 자충이 되어 아래쪽 일단이 잡히게 되는데, 여기서 가장 중요한 자리란 바로 흑7의 곳으로-

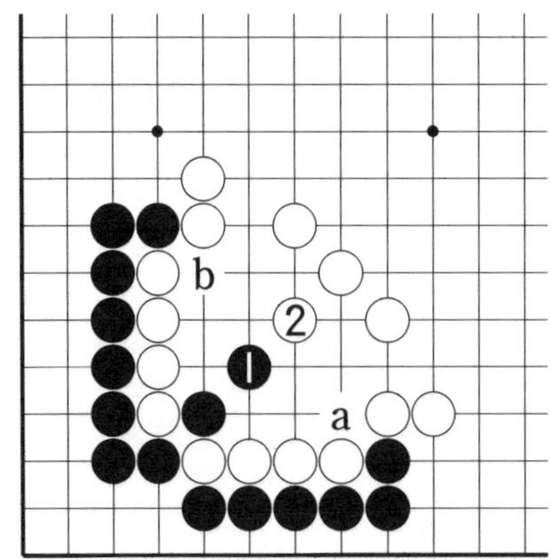

2도(실격)

2도(일석이조의 지킴)

　흑1로 두어 a, b를 노리는 것이 성립할 것 같지만, 백2에 지키면 양쪽을 동시에 방비할 수 있다.

끝내기상 이득

절단(2)

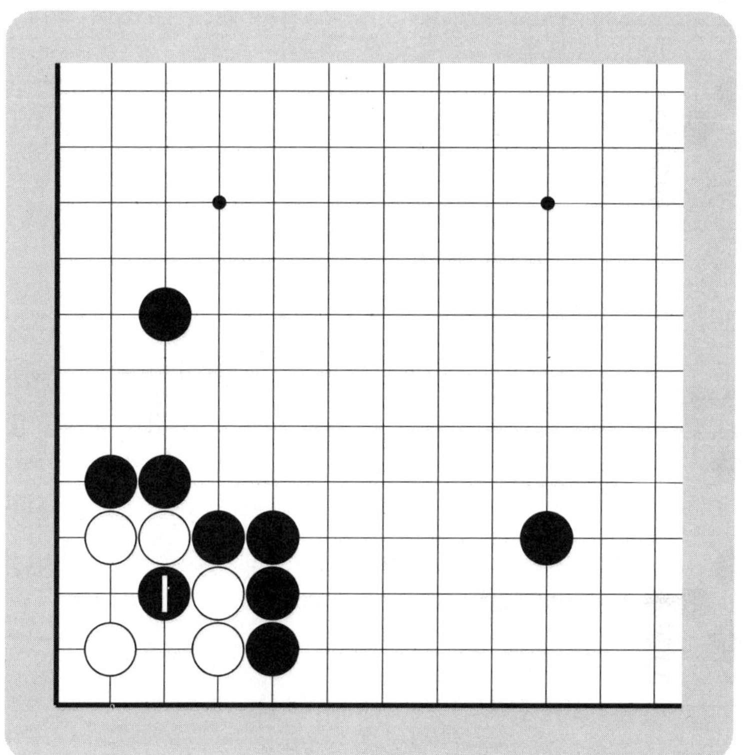

흑1로 끊는 것은 끝내기 단계에서 실행하는 것이 아니다. 이러한 응수타진은 초반전 돌의 접촉시 실행하는 이득의 맥이며, 그 가치는 무조건 2집 이상이다.

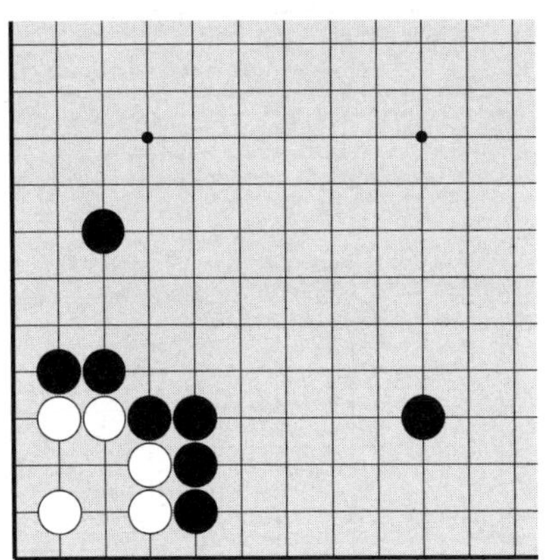

제1형 (흑선)

1도(정해)

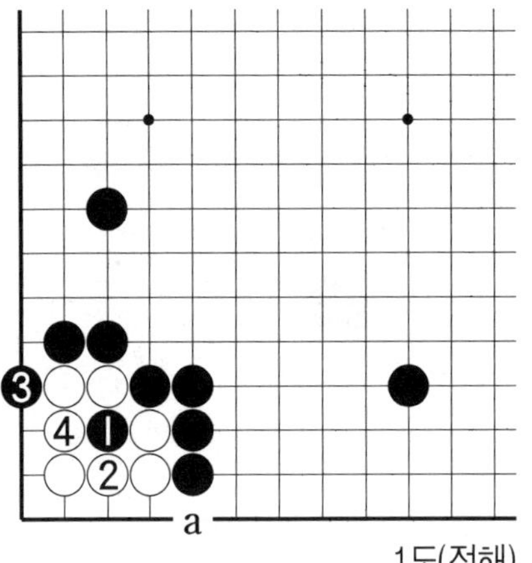

2도(참고)

【제1형】 응수타진의 수법

본형은 화점정석에서도 얻어지는 실전형인데, 흑은 반드시 응수타진을 해 두는 것이 좋다.

1도(최하 2집)

흑1로 끊어 어느 한 쪽을 단수로 몰아 두는 것이 최하 2집 득을 보는 것이 된다. 물론 다른 한 쪽은 백의 권리로 남는다. 본도에서는 a의 젖힘이 백의 권리다.

2도(무려 4집 차이)

끊기를 게을리하여 백이 본도와 같이 먼저 젖혀 이으면 이제는 끊기의 응수타진이 성립하지 않는다. a도 여전히 백의 권리이기 때문에 1도와의 차이는 무려 4집이다.

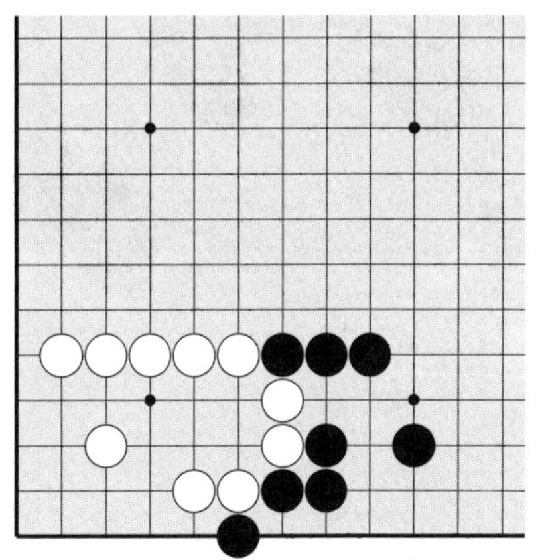

제2형 (흑선)

본형도 끊기를 이용한 응수타진의 한 패턴이다.

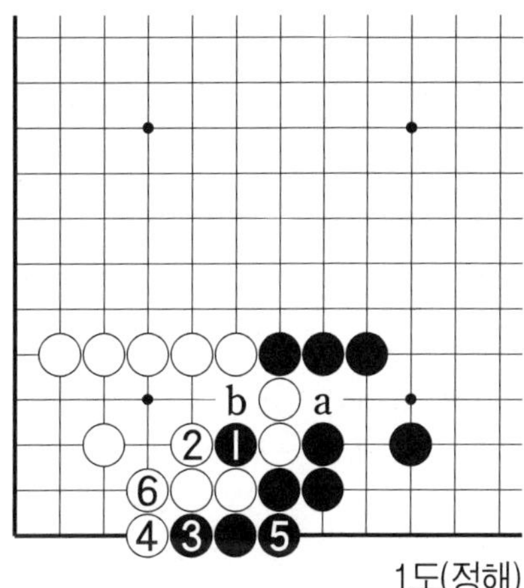

1도(정해)

1도(2집 이득)

흑1로 끊어 두는 것이 맥이다. 백2로 받은 다음 흑3 이하를 결정하면 흑a가 선수로 남고 결국 백b로 따내야 하므로 백집이 1집 줄어든다. 따라서 그냥 흑3으로 두는 것과의 차이는 2집이다.

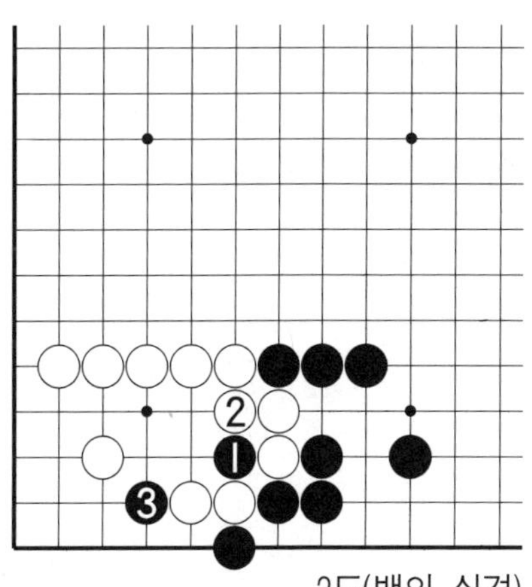

2도(백의 실격)

2도(옆구리붙임)

흑1 때 백2로 받는 것은 불가하다. 흑3에 붙이는 맥이 있기 때문이다. 마치 옆구리에 붙인 모양으로, 이 수로 인해 귀의 백진영은 큰 손실을 입게 된다.

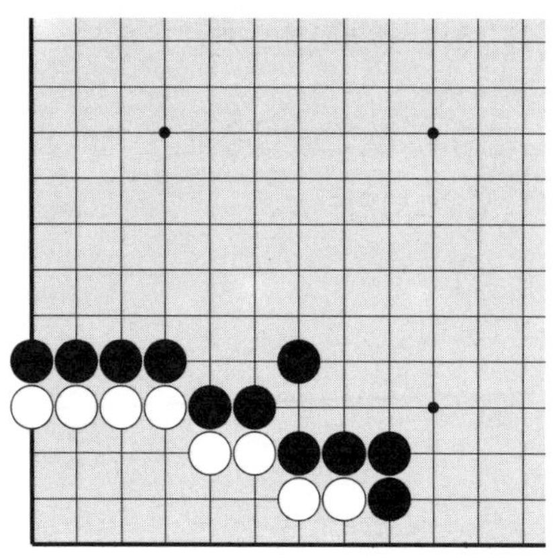

제3형 (흑선)

본형은 고전에도 실려 있는 실전적인 끝내기 유형으로, 백이 잘못 응수하면 큰 손해가 있다.

1도(3집 차이)

흑1의 끊기가 맥. 이때 백2도 정확한 수비의 맥이며 또 흑5의 치중도 끝내기의 맥이다. 백8까지 백집은 11집. 단순히 흑7에 젖히면 백5에 받아 백집은 14집. 따라서 3집의 차이가 있다.

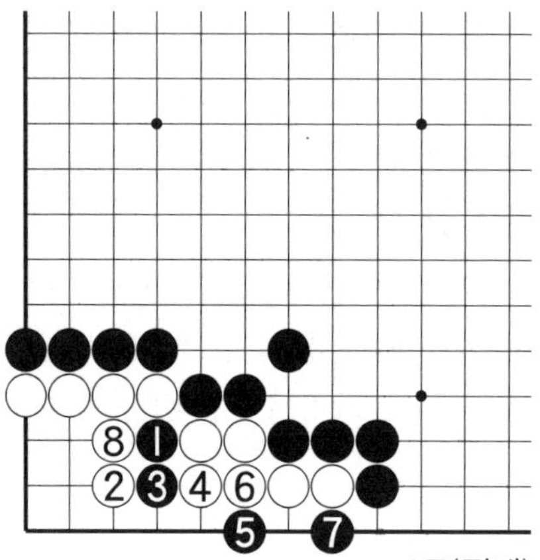

1도(정해)

2도(무심)

흑1 때 무심코 백2로 모는 것은 흑3·5로 수가 나며 –

2도(백의 실격)

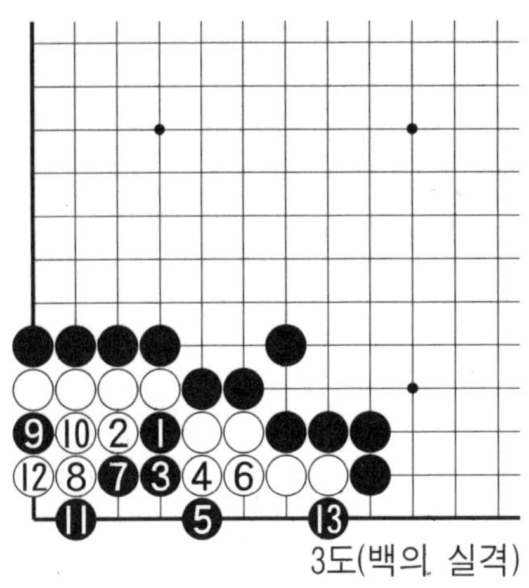

3도(백의 실격)

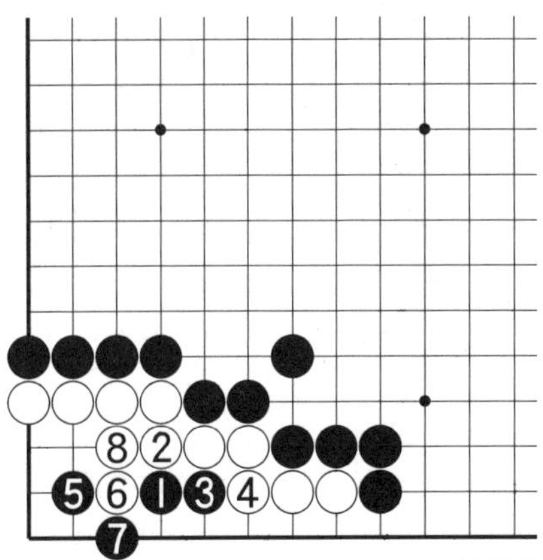

4도(실격)

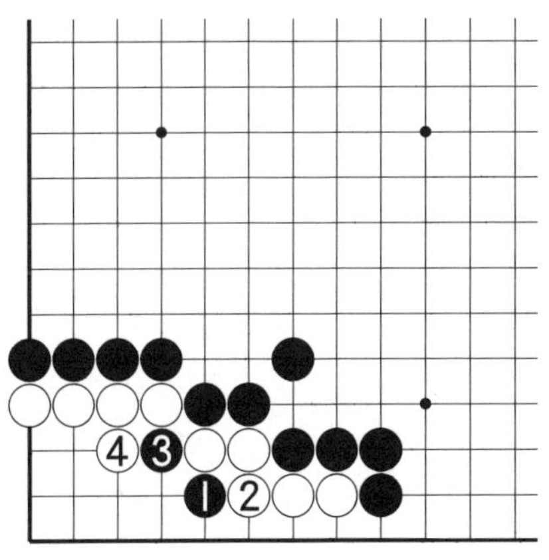

5도(실격)

3도(양자충)

흑1의 절단에 대해 백2로 몰면 흑3 이하 흑13까지, 양자충에 의해 백이 전멸하는 수도 있다.

4도(단순한 치중)

흑1의 치중이 그럴듯해 보이지만 백8까지 아무 수도 되지 않는다.

5도(수순착오)

흑1의 붙임은 기교를 부린 것이지만 수순착오. 흑3 때 이번에는 백4로 그만이다.

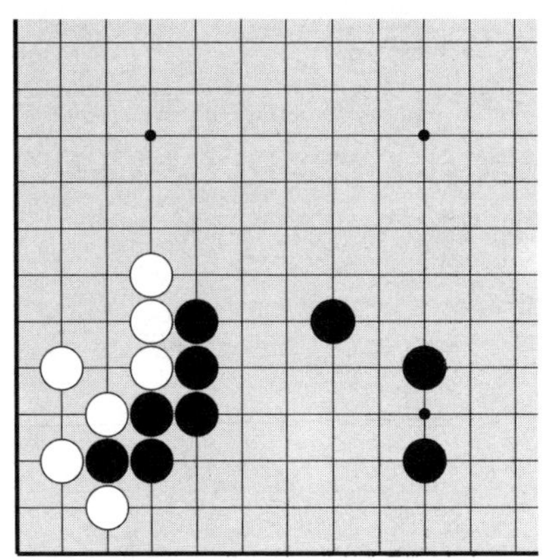

제4형 (흑선)

　본형은 실전에서 자주 등장하지만, 흑이 선수로 처리하고 전환하는 수법은 고급자들도 잘 모르는 듯하다.

1도(긴요)

　흑1로 끊어 두는 것이 긴요하다. 흑5까지는 바로 두지 않아도 되지만, 흑5를 확실하게 선수하려면 이 편이 맞다. 이후 백a에는 흑b로 물러서는 것이 보통이다. 수순중 백2로 ―

1도(정해)

2도(단수의 방향)

　본도 백2에 단수하는 것은 흑a가 선수로 들을 수 있어 백의 실격이다.

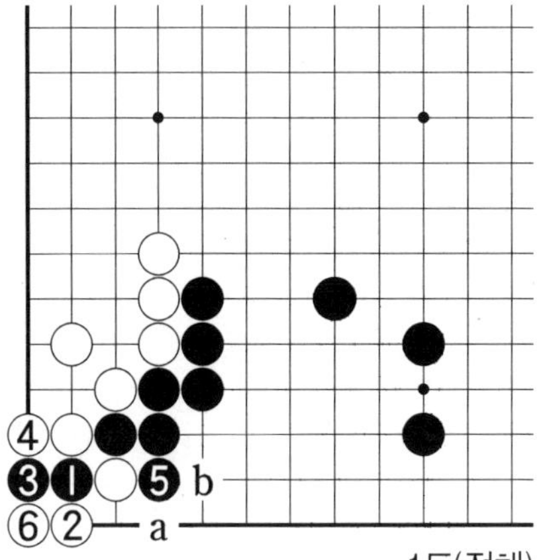

2도(백의 실격)

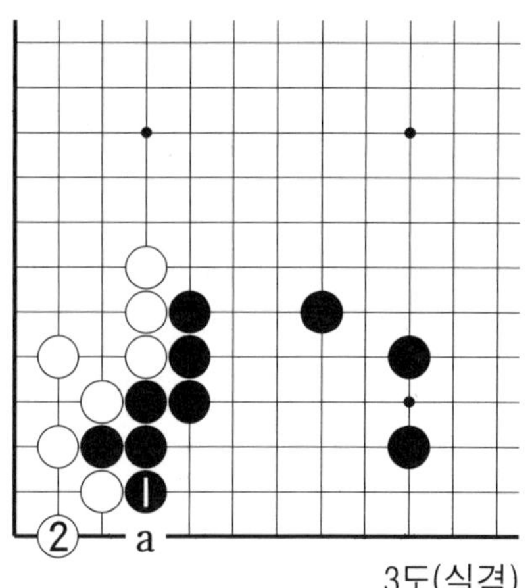

3도(실격)

3도(손뺌이 가능)

그냥 흑1에 막는 것은 백2로 받아 마찬가지로 a의 젖힘을 노리게 되지만, 중요한 것은 백이 손뺄 수도 있다는 점이다. 이 점이 1도와 다르다.

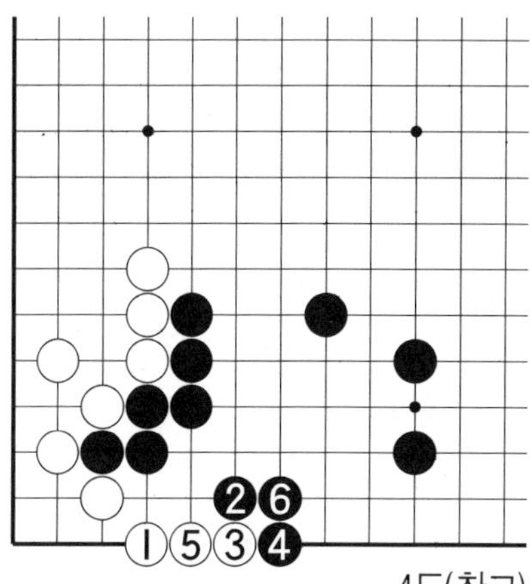

4도(참고)

4도(2집 손해)

애초에 흑이 이곳을 방치하면 백1의 맥이 있다. 다음 흑은 2로 늦출 수밖에 없으며, 1도와 본도의 차이는 흑이 2집 손해이다. 만약 백이 –

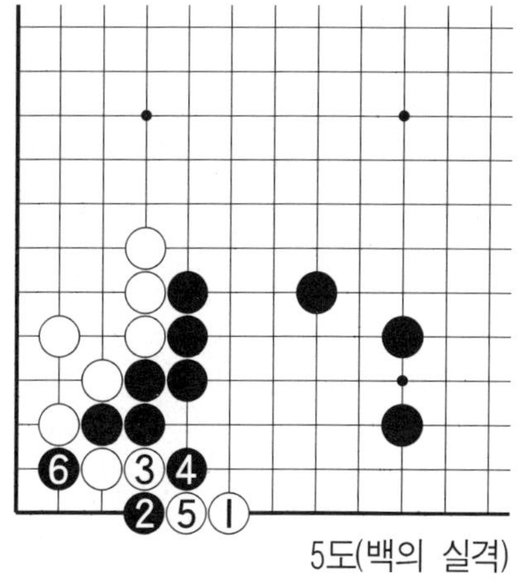

5도(백의 실격)

5도(백 잡힘)

평소처럼 백1에 깊숙히 침투하는 것은 착각이다. 흑2의 맥이 있어 연결은 불가능하다. 백3·5로 억지로 강행하면 흑6까지 죽음이 있다.

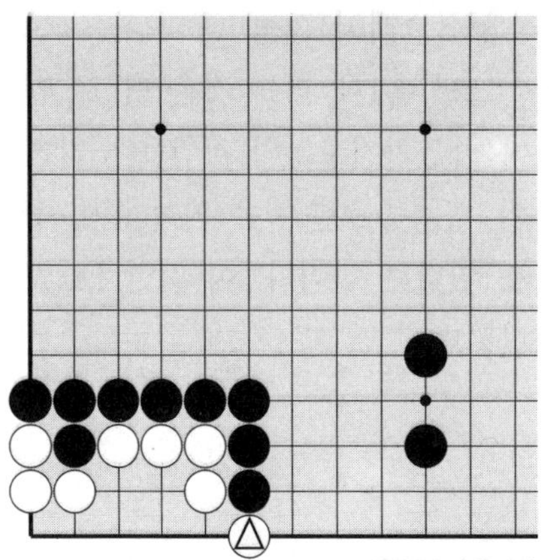

제5형 (흑선)

본형도 실전형이다. 이 모양에서 주의할 점은 백△의 젖힘에 아무런 생각 없이 받지 말라는 것이다. 이런 경우에도 맥과 수순을 알면 잠깐 사이에 1과 1/3집을 득볼 수 있다.

1도(양환격의 약점)

흑1의 끊기와 흑3의 먹여치기가 일련의 수순이다. 흑5 때 백은 a로 둘 수 없다. 흑b의 양환격이 있기 때문이다. 이것으로 백집은 1집 줄었으며, a의 단수도 권리의 절반인 1/3집이다.

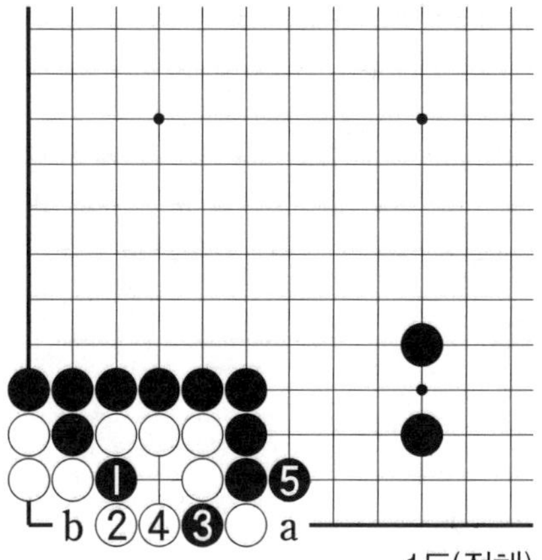

1도(정해)

2도(1집 증가)

흑1로 받는 것이 보통이지만, 이제는 1도의 수순을 잊지 않기 바란다. 본도의 백집은 6집. 1도의 귀집보다 1집이 많은 것이다.

2도(실격)

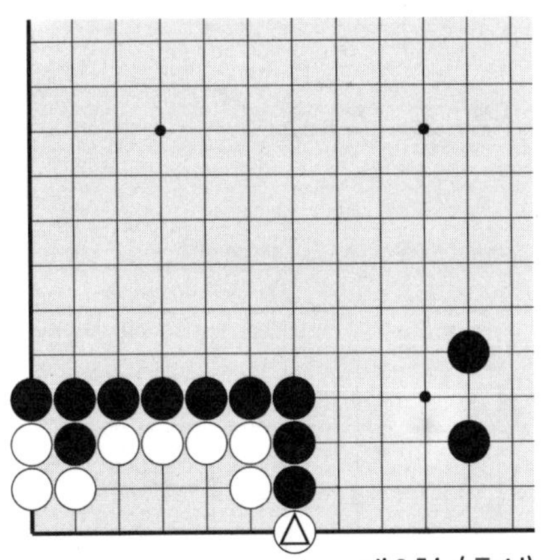

제6형 (흑선)

【제6형】 귀의 끝내기 수단

본형은 전형과 사실상 같다. 한 칸이 길지만 잇따른 먹여치기로 전형과 같은 궁도로 환원된다.

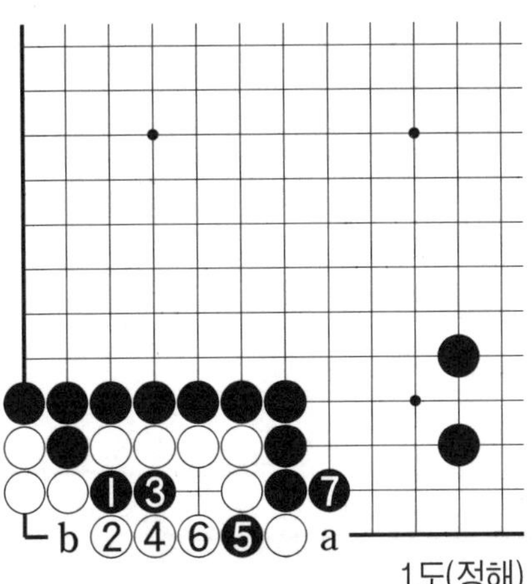

1도(정해)

1도(끝내기 이득)

흑1·3과 더불어 흑5·7의 수순으로 진행되고 보면 전형과 같다는 것을 알 수 있을 것이다. 계속해서 백a로 두는 것은, 마찬가지로 이후 흑b의 양환격이 기다린다.

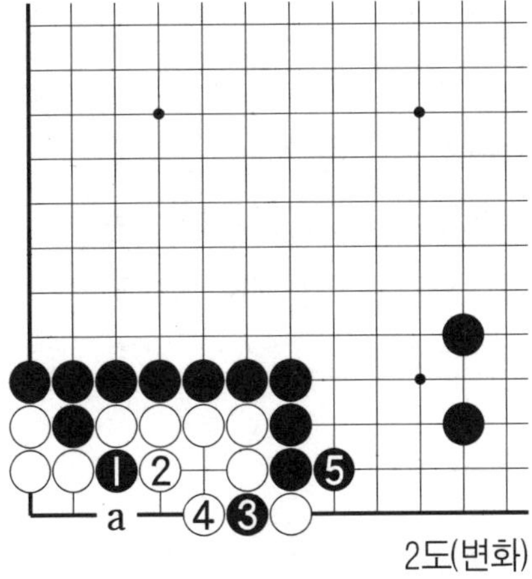

2도(변화)

2도(자충의 약점)

흑1 때 백2로 두는 것도 흑3의 먹여침이 좋아 흑5에 대해 따라 나갈 수 없다. 바깥 수가 메워지면 자충이 되어 흑a가 성립하기 때문이다. 따라서 1도와 집 차이가 같다.

대세를 결정짓는 단수

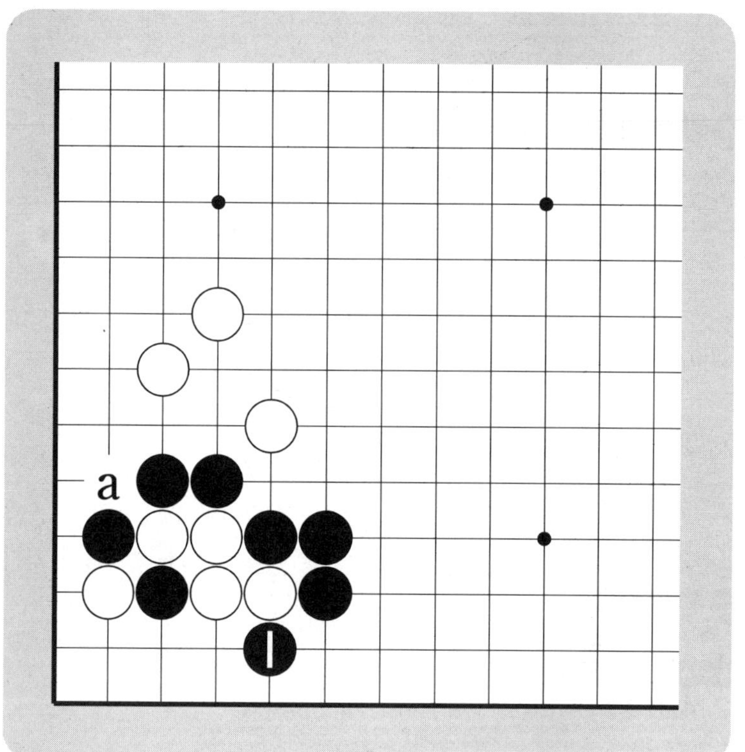

흑1은 단수다. 단수가 무슨 맥인가 하고 생각할 수도 있겠지만, 단수도 수순을 전후한 단수나 단수를 치는 방향에 따라 통렬한 맥이 되기도 한다. 예를 들어 흑의 단수는 a의 흑 한 점을 잇기 전 수순에 해당하는 것이며, 또 단수를 칠 수 있는 두 곳 중 옆으로 돌려치는 단수도 통렬한 맥이 될 때가 많다.

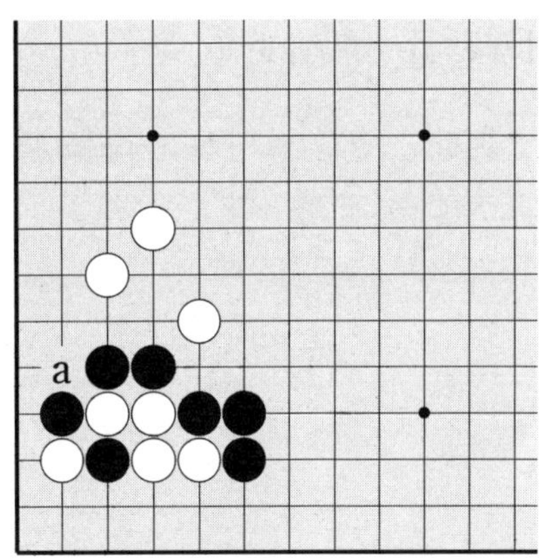

제1형 (흑선)

본형은 흑이 a를 잇기 전 밟아야 할 수순이 있다.

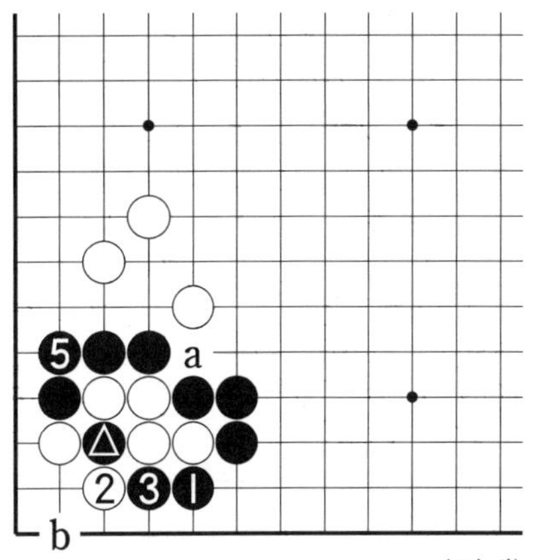

1도(정해)

1도(흑 1수승)

흑1·3의 단수가 이 백을 잡기 위한 수순으로, 흑5까지 이 백은 살 수 없다. 다음 백a로 끊는 수상전은 흑b로 흑 1수승이다.

④···▲

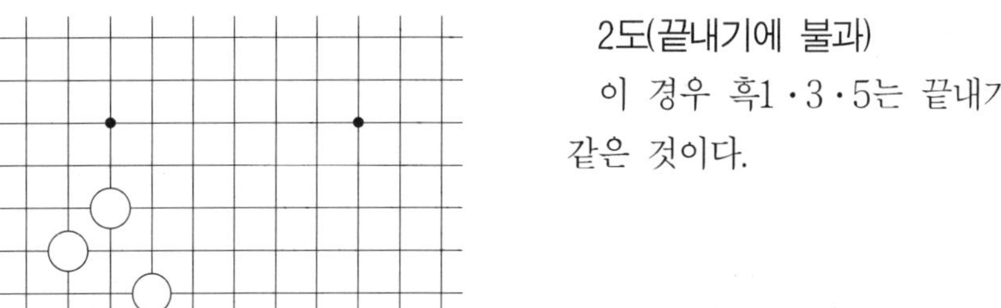

2도(실격)

2도(끝내기에 불과)

이 경우 흑1·3·5는 끝내기와 같은 것이다.

⑥···▲

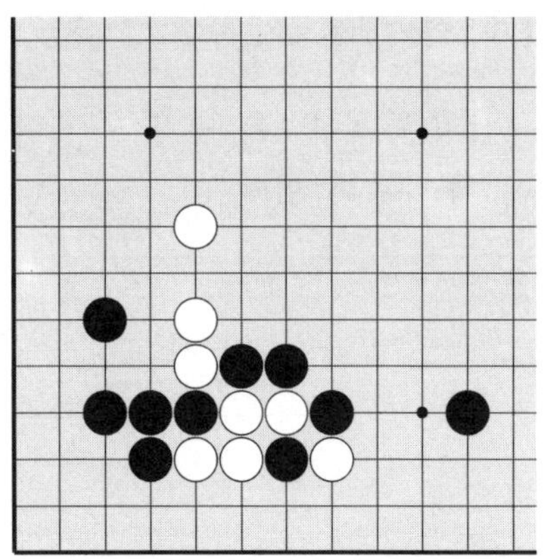

제2형 (흑선)

본형도 전형과 같은 수순을 필요로 하는 모양이다.

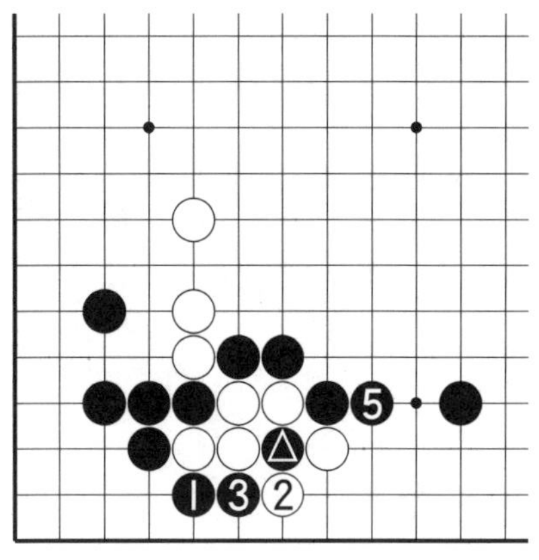

1도(정해)

1도(백 위험)

흑1·3의 단수가 흑5를 두기 전 밟아 두어야 할 수순이다. 이것으로 흑은 상당한 이득을 거두며, 백은 위험에 처한다.

④…🔺

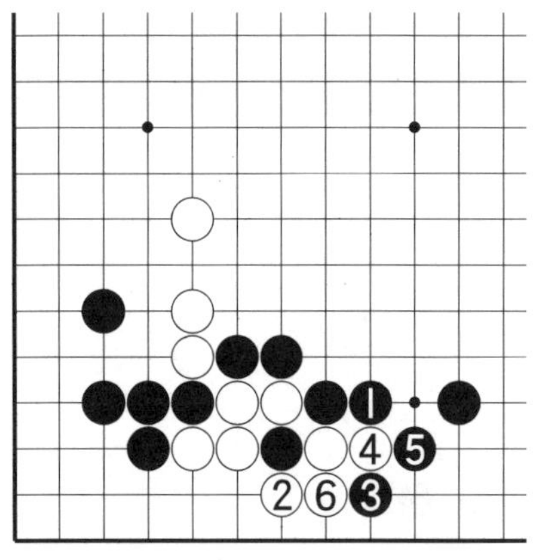

2도(실격)

2도(백 삶)

단순히 흑1에 두는 것은 백2 이하 백6까지의 수순으로 간단히 살고 만다.

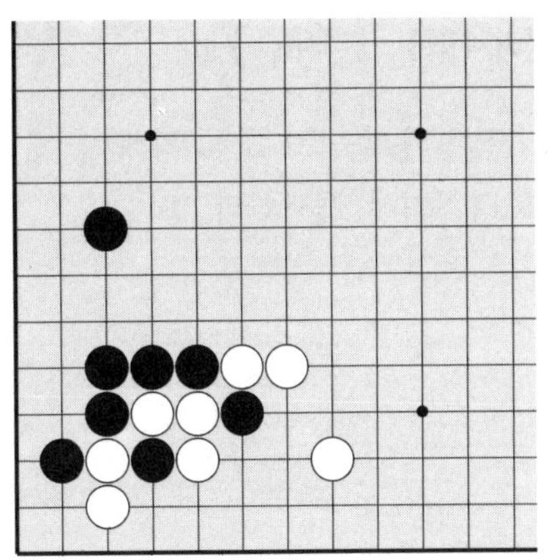

제3형 (흑선)

본형은 흔히 '돌려치기'라고 하는 단수가 맥점으로 활용되는 경우가 많다.

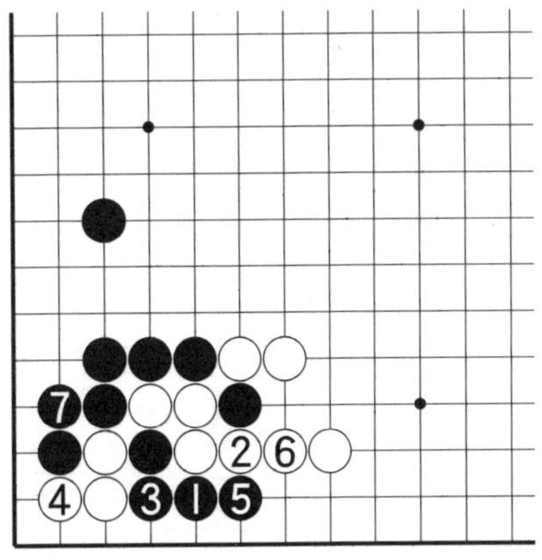

1도(정해)

1도(흑, 귀차지)

흑1의 단수에 백2면 흑3 이하 흑7까지 귀를 잡을 수 있다.

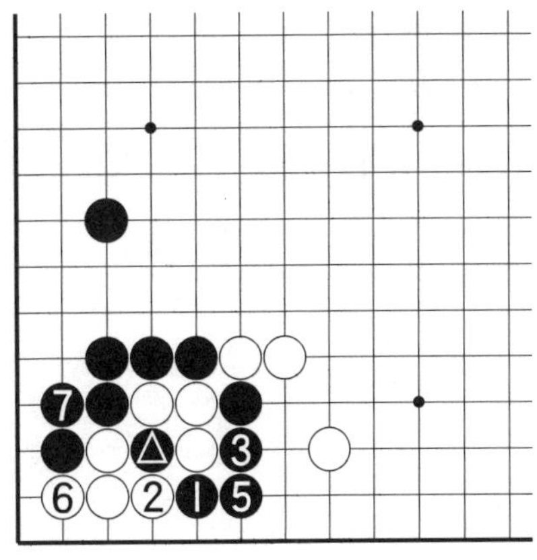

2도(변화)

2도(흑 1수승)

흑1에 백2로 잡으면 흑3 이하 흑7까지, 이 수상전은 흑 1수승이다.

④···△

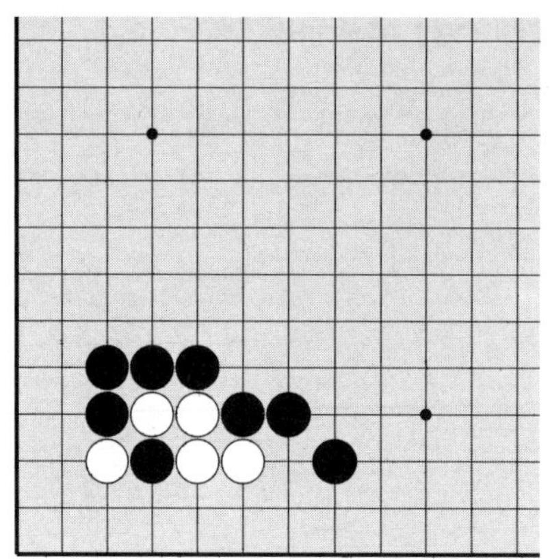

제4형 (흑선)

본형의 수법도 두 곳의 단수 중 돌려치기에 해당한다.

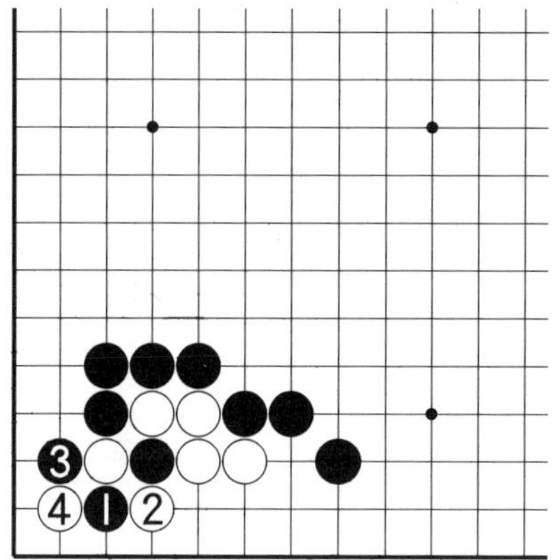

1도(정해)

1도(패가 최선)

흑1의 단수에 백은 2로 따낼 수밖에 없다. 이때 흑3으로 다시 단수하여 백4까지 패가 쌍방 최선이다. 만약 백2로 흑3에 빠지면 흑은 2의 곳에 이어, 이 모양은 수상전은 백이 안 된다.

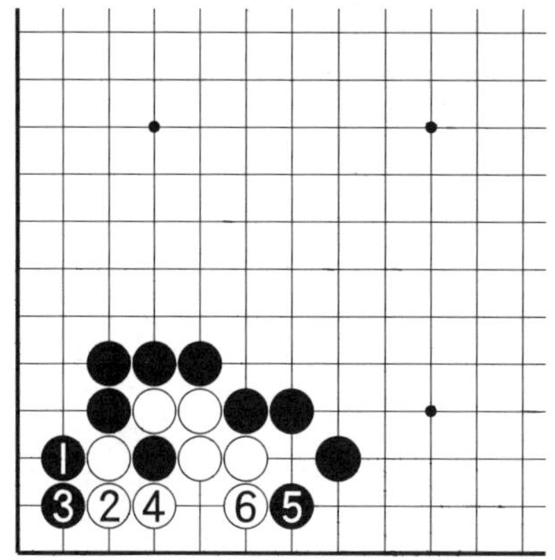

2도(실격)

2도(백 삶)

흑1의 단수에는 백이 2로 빠져 이하 백6까지 사는 수가 있다.

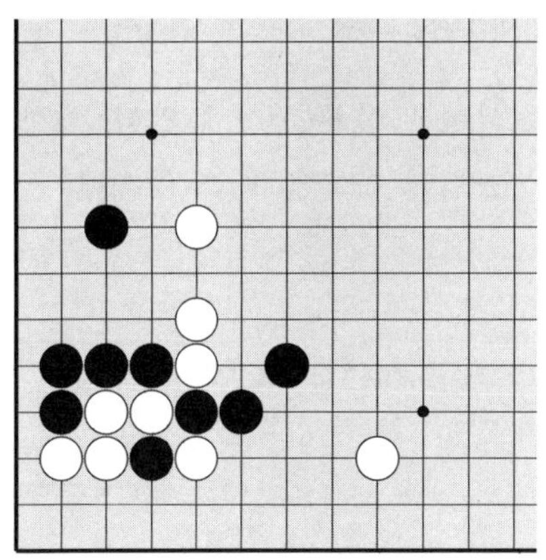

제5형 (흑선)

본형도 돌려치기의 수법이 아니면 이 백을 잡을 수 없다.

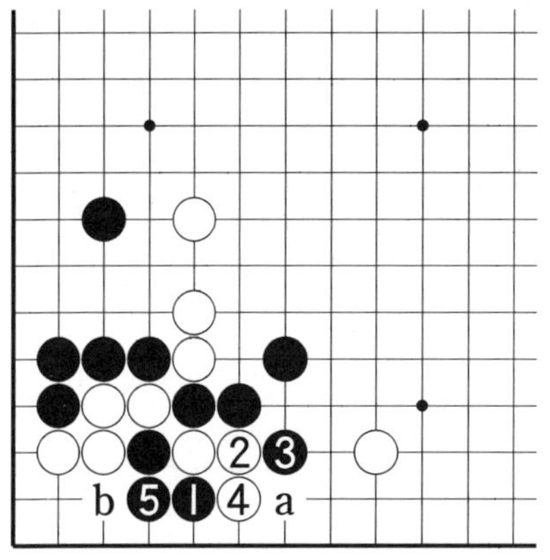

1도(정해)

1도(백귀 잡힘)

흑1의 단수가 이 백을 잡는 맥점이다. 이하 흑5 다음 a와 b가 맞보기가 되어 귀의 백은 잡힌 것이다.

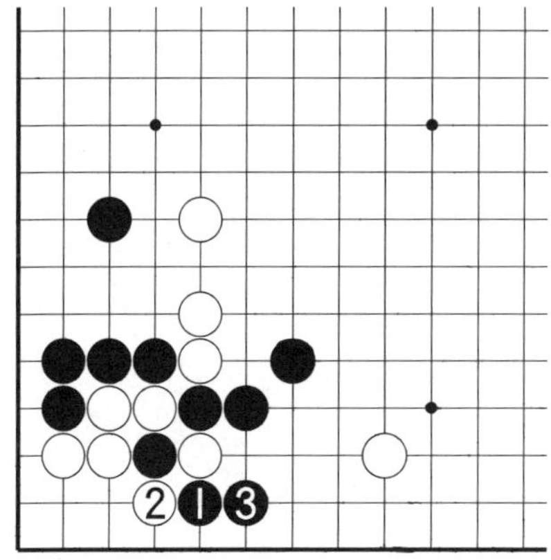

2도(변화)

2도(백 죽음)

흑1에 백2는 흑3으로 느는 수가 있어, 이것으로 죽음이다.

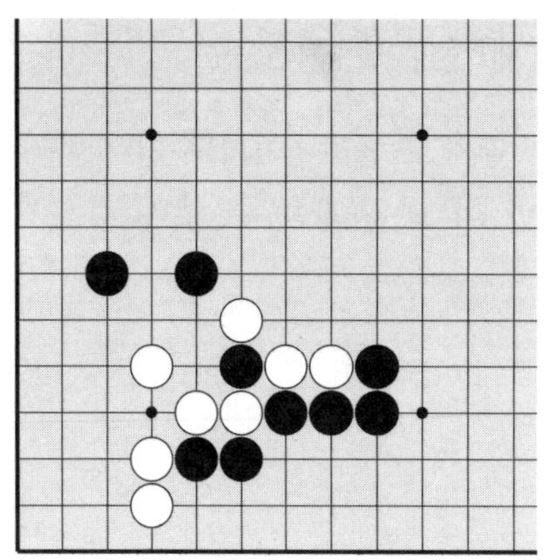

제6형 (흑선)

본형은 봉쇄를 함에 있어, 가장 능률적인 수순을 묻는 것이다.

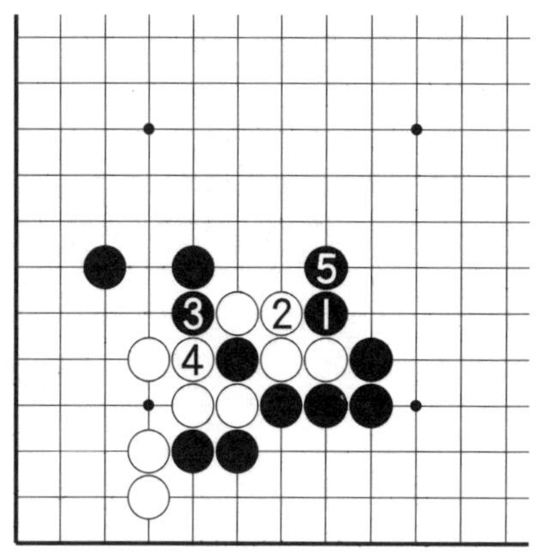

1도(정해)

1도(타이트한 봉쇄)

흑1의 단수가 먼저 선행되어야 할 수순으로, 백2에는 흑3·5로 타이트하게 봉쇄한다.

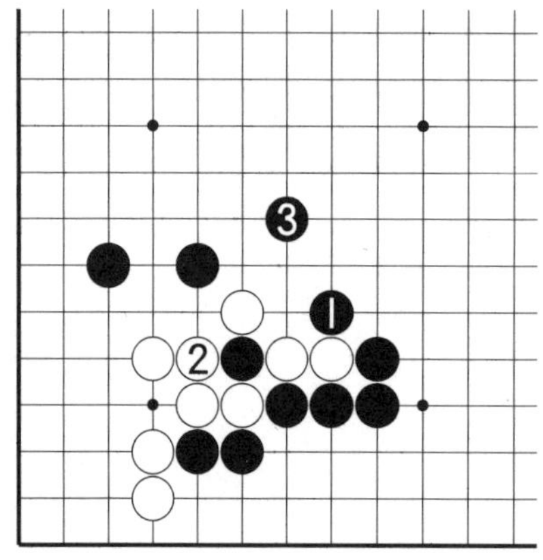

2도(변화)

2도(넓게 봉쇄)

흑1 때 백2로 따낸다면 흑3으로 넓게 봉쇄하는 것이 수법이다.

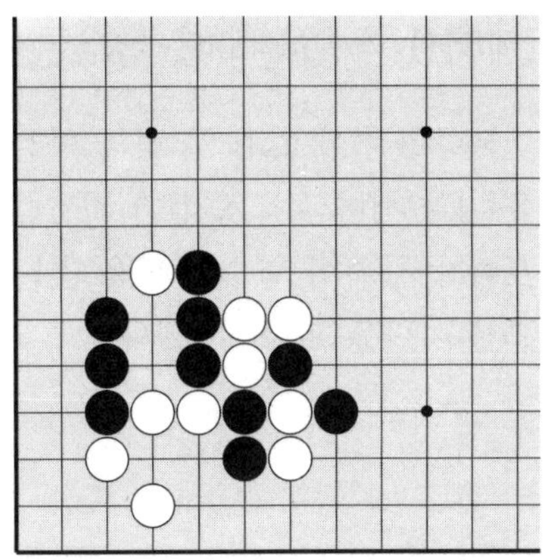

제7형 (흑선)

　본형도 전형과 마찬가지로 봉쇄하기 전 타이트한 수순을 밟는 수법이다.

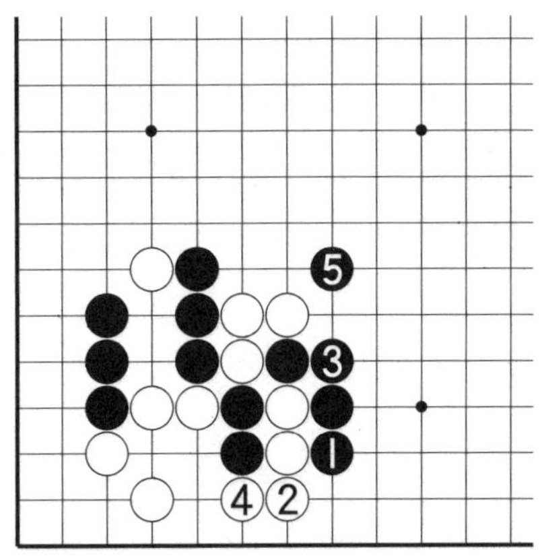

1도(정해)

1도(타이트한 수순)

　흑1의 단수가 선행 수순으로, 백2 때 흑3에 이어 벽을 만든 다음 백4에 흑5로 씌워 중앙을 봉쇄하는 것이 타이트한 수순이다.

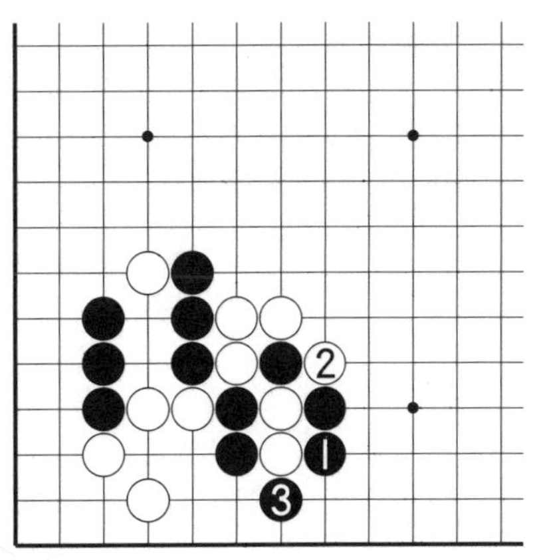

2도(백의 실격)

2도(백 무리)

　흑1에 봉쇄가 기분나빠 백2에 따내는 것은 백의 무리다. 흑3에 넘게 되면 백은 귀를 후수로 살아야 하는 부담까지 남는다.

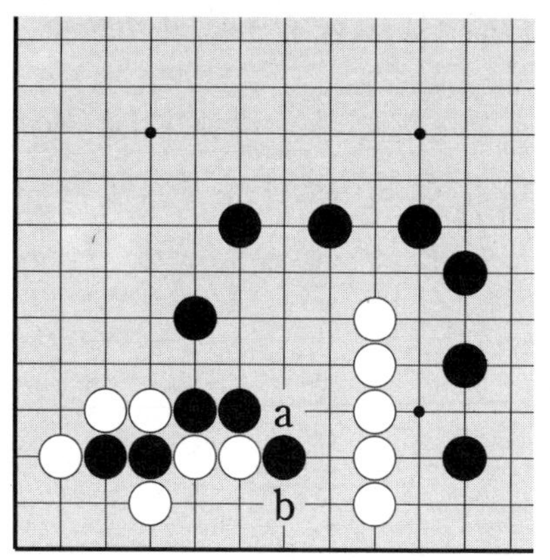

제8형 (흑선)

본형은 흑이 a, b 두 곳의 약점을 가져 백이 서로 연결된 것처럼 보이지만, 흑이 단수의 맥을 짚는 순간 차단을 피할 수 없다.

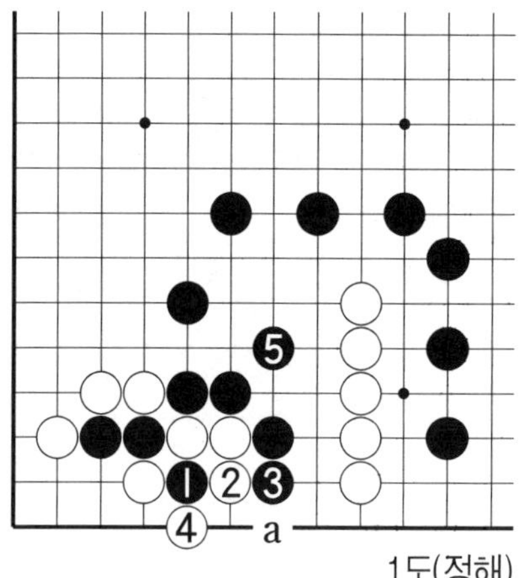

1도(정해)

1도(차단 수법)

흑1의 단수는 버림돌을 이용한 돌려치기에 해당하는 것으로 이하 흑5까지 차단이 성립된다. a의 패가 있기는 하지만 이 패는 백의 부담만 큰 꽃놀이패다.

2도(변화)

2도(역시 차단)

흑1의 단수에 백2로 따내면 흑 3·5로 역시 차단이다.

④···△

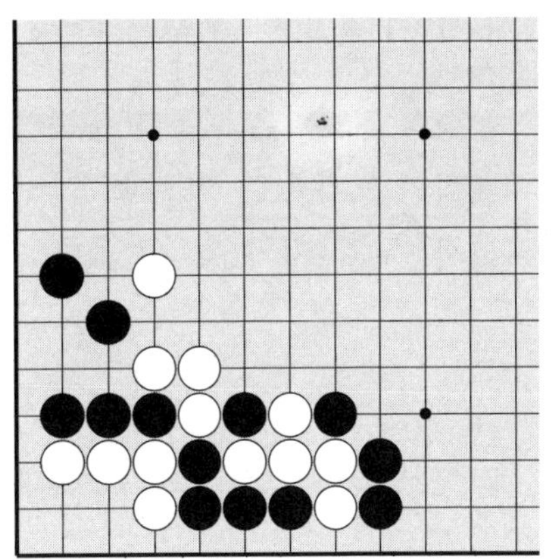

제9형 (흑선)

【제9형】 응형으로 만드는 수단

본형은 백의 모양을 응형으로 만들 수 있느냐 없느냐의 공방으로, 응형으로 만들 수만 있다면 귀의 백은 살려 주어도 좋은 것이다.

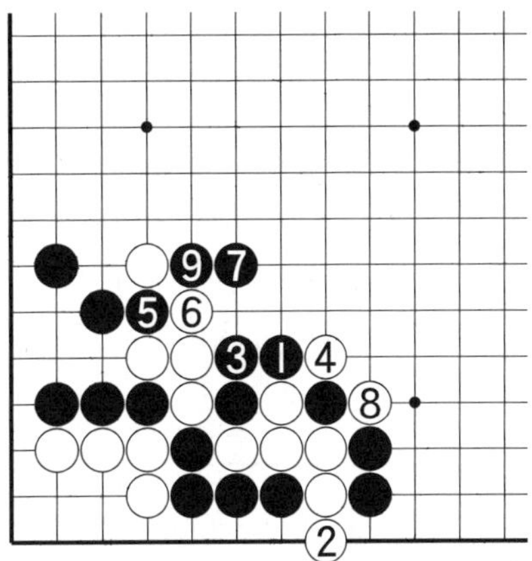

1도(정해)

1도 흑1에 백2면 흑3, 백4 때 흑5·7의 수순이 절묘하여 백의 요석을 잡아 만족이다. 수순중 백8로 2도와 같이 두는 것은 흑이 넉점을 포기하고 흑11에 이어 흑이 우세하다.

3도 흑1의 단수는 백2 이하 백6까지 귀의 백도 살고 중앙 백도 안정하여 흑이 실패한 진행이다.

2도(백의 실격)

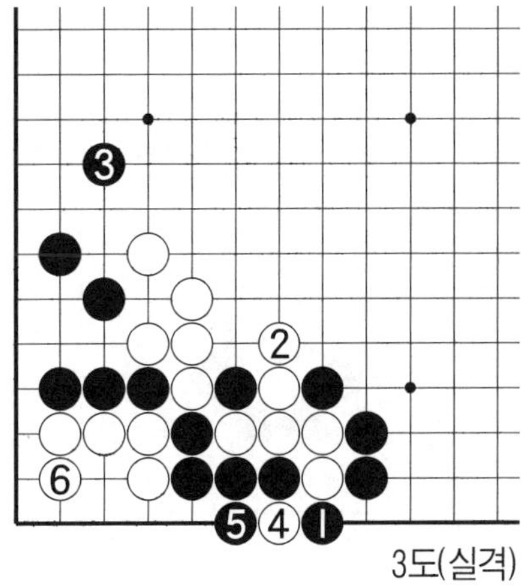

3도(실격)

실전맥 40 대세를 결정짓는 단수　507

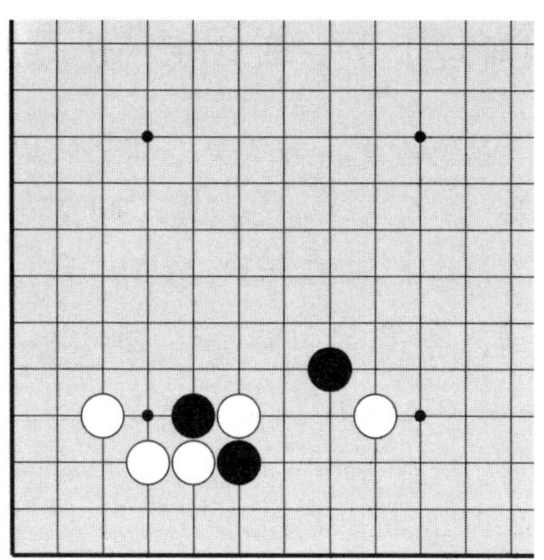

제10형 (흑선)

본형의 처리법은 관통형 분리의 대표적인 모양으로, 이 수법을 모르고서는 고급자가 될 수 없다.

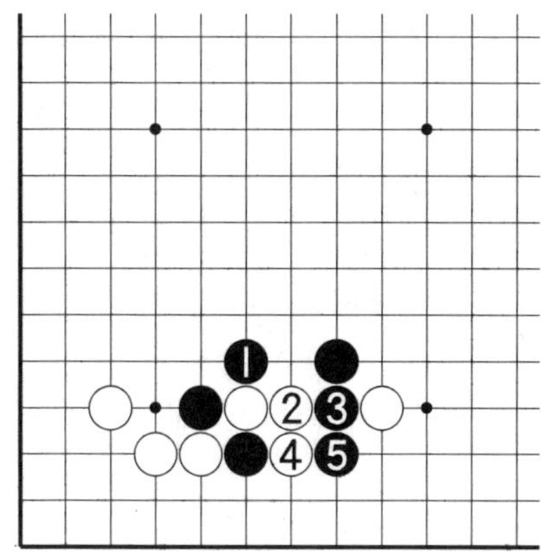

1도(정해)

1도(관통 돌파)

흑1의 단수에 이어 흑3으로 관통 돌파함으로써 백을 타이트하게 분리시키는 이 수법은, 하급자와 고급자의 기력의 차이를 극명하게 보여 주는 패턴이다.

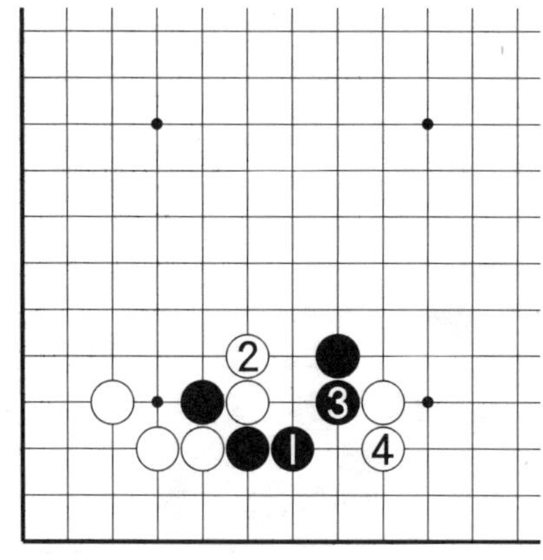

2도(실격)

2도(하급자의 패턴)

흑1·3은 기력이 약한 하급자가 선택하는 패턴으로, 이런 부분을 지양하지 않고서는 고급자가 되기 어렵다.

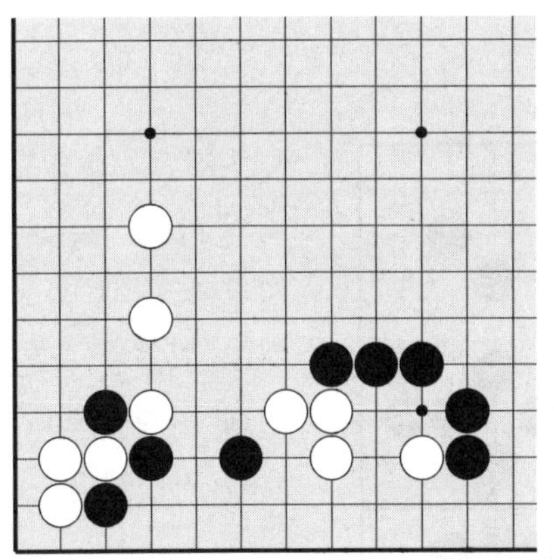

제11형 (흑선)

　본형도 전형과 동일한 관통형 분리 수법을 구사하는 패턴이다.

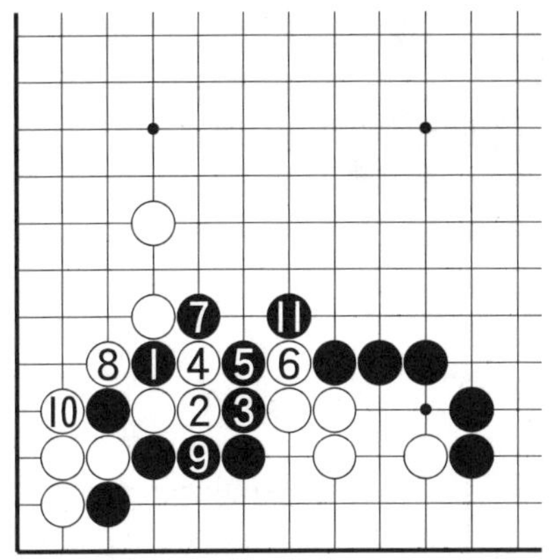

1도(정해)

1도(봉쇄)

　흑1의 단수에 이은 흑3·5·7의 수순은 정형화된 교과서적인 패턴이다. 이하 흑11까지 하변의 백을 기분 좋게 봉쇄할 수 있다.

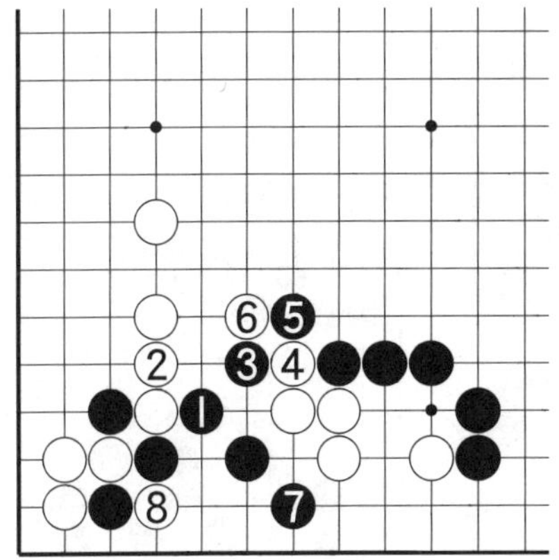

2도(실격)

2도(백, 유리한 싸움)

　흑1 이하 흑7까지는 난해한 변화가 예상되지만, 백8로 흑이 유리한 결말은 없을 것이다.

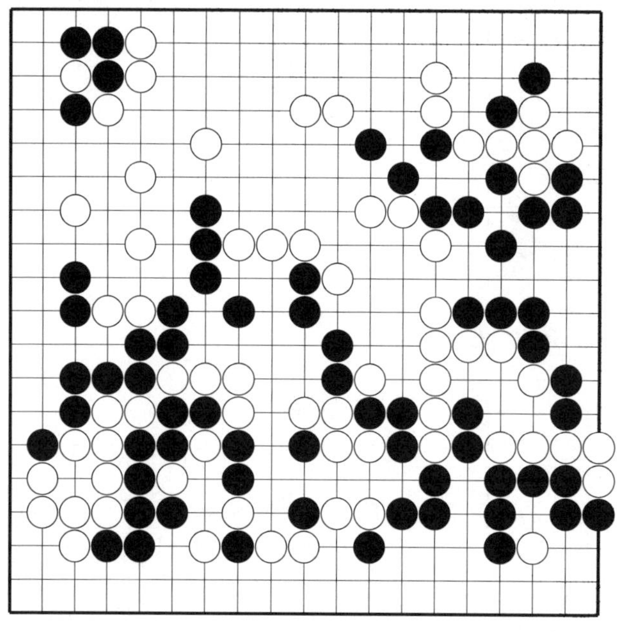

1989년 碁聖戰　　● 加藤正夫　　○ 横田茂昭

초점은 좌상귀 흑의 사활. 흑은 이 사활에 대해 과신하고 있었던 모양인데, 이때 백의 귀수가 작렬했다.

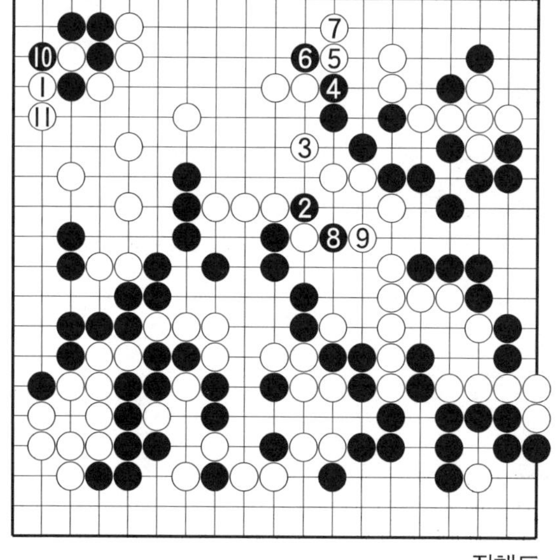

진행도

진행도(귀수)

백의 귀수란 백1의 단수였던 것. 흑의 착각은 참고도에 있었다. 참고도는 실전맥30-제8형에서 본 것이다.

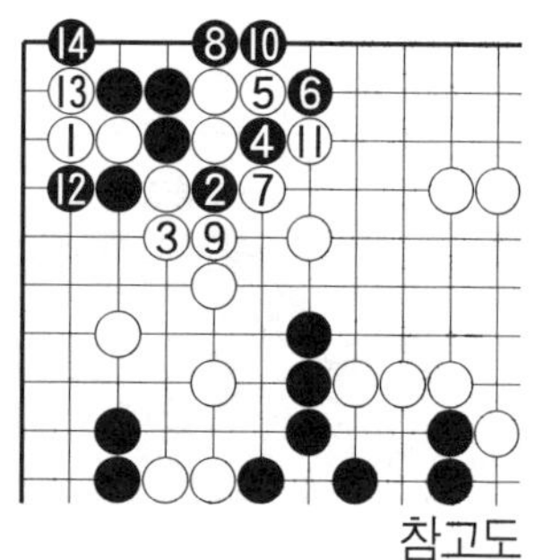

참고도

Foreign Copyright:
Joonwon Lee   Mobile: 82-10-4624-6629
Address: 3F, 127, Yanghwa-ro, Mapo-gu, Seoul, Republic of Korea
             3rd Floor
Telephone: 82-2-3142-4151
E-mail: jwlee@cyber.co.kr

바둑 新 사전 시리즈 ❾
실전맥 新 사전

2001. 1. 27. 초   판 1쇄 발행
2009. 9. 18. 초   판 3쇄 발행
2011. 6. 24. 초   판 4쇄 발행
2014. 10. 27. 장정개정 1판 1쇄 발행
2016. 7. 12. 장정개정 1판 2쇄 발행
2024. 9. 11. 장정개정 1판 3쇄 발행

저작권
본사
소유

지은이 | 양재호 九단
펴낸이 | 이종춘
펴낸곳 | BM (주)도서출판 성안당
주소 | 04032 서울시 마포구 양화로 127 첨단빌딩 3층(출판기획 R&D 센터)
       10881 경기도 파주시 문발로 112 파주 출판 문화도시(제작 및 물류)
전화 | 02) 3142-0036
       031) 950-6300
팩스 | 031) 955-0510
등록 | 1973. 2. 1. 제406-2005-000046호
출판사 홈페이지 | www.cyber.co.kr
ISBN | 978-89-315-7774-7 (13690)
       | 978-89-315-7765-5 (세트)
정가 | 20,000원

이 책을 만든 사람들
책임 | 최옥현
진행 | 정지현
표지 | 상:想 company, 박원석
홍보 | 김계향, 임진성, 김주승, 최정민
국제부 | 이선민, 조혜란
마케팅 | 구본철, 차정욱, 오영일, 나진호, 강호묵
마케팅 지원 | 장상범
제작 | 김유석

이 책의 어느 부분도 저작권자나 BM (주)도서출판 성안당 발행인의 승인 문서 없이 일부 또는 진부를 사진 복사나
디스크 복사 및 기타 정보 재생 시스템을 비롯하여 현재 알려지거나 향후 발명될 어떤 전기적, 기계적 또는
다른 수단을 통해 복사하거나 재생하거나 이용할 수 없음.

■ **도서 A/S 안내**

성안당에서 발행하는 모든 도서는 저자와 출판사, 그리고 독자가 함께 만들어 나갑니다.
좋은 책을 펴내기 위해 많은 노력을 기울이고 있습니다. 혹시라도 내용상의 오류나 오탈자 등이
발견되면 **"좋은 책은 나라의 보배"**로서 우리 모두가 함께 만들어 간다는 마음으로 연락주시기
바랍니다. 수정 보완하여 더 나은 책이 되도록 최선을 다하겠습니다.
성안당은 늘 독자 여러분들의 소중한 의견을 기다리고 있습니다. 좋은 의견을 보내주시는 분께는
성안당 쇼핑몰의 포인트(3,000포인트)를 적립해 드립니다.

잘못 만들어진 책이나 부록 등이 파손된 경우에는 교환해 드립니다.